Heinrich Leonhard Heubner

Christliche Topik

Darstellung der christlichen Glaubenslehre für homiletischen Gebrauch

Heinrich Leonhard Heubner

Christliche Topik
Darstellung der christlichen Glaubenslehre für homiletischen Gebrauch

ISBN/EAN: 9783743646674

Hergestellt in Europa, USA, Kanada, Australien, Japan

Cover: Foto ©Lupo / pixelio.de

Weitere Bücher finden Sie auf **www.hansebooks.com**

Christliche Topik

oder

Darstellung der christlichen Glaubenslehre

für den homiletischen Gebrauch

von

D. Heinrich Leonhard Heubner,

weiland erstem Director des Königlichen Prediger = Seminars, Professor,
Consistorialrath, Pastor und Superintendenten in Wittenberg.

———

Nach dessen handschriftlichem Nachlaß und den Heften seiner
Zuhörer herausgegeben.

Potsdam, 1863.

Riegel'sche Buch- und Musikalien-Handlung (A. Stein),
am Canal Nr. 17.

Die Vorlesungen des seligen Dr. Heubner über die christliche Glaubenslehre, welche hiermit veröffentlicht werden, sind wie die über das Neue Testament von ihm als Lehrer am Prediger=Seminar zu Wittenberg gehalten worden. Er pflegte sie kurzweg „Christliche Topik" zu nennen. Wie nämlich die Topik der Alten, der materielle Theil der Rhetorik, dem Redner die Quellen nachwies, aus denen er seinen Stoff zu entlehnen hatte, so sollte eine christliche Topik den Stoff oder das Material der christlichen Predigt darstellen. Da die Predigt keinen andern Zweck habe als Erbauung, d. h. Bildung und Befestigung einer wahrhaft christlichen Gesinnung, oder einer Gesinnung, welche bestimmt sei durch Glaube und Liebe zu Jesu und durch ihn zu Gott, so sei der Grund, auf dem dies geschehen müsse, die Thatsache der Erlösung der Menschen durch Christum, — Gegenstand der Predigt sei Christus für uns, Christus in uns, Christus durch uns, und es gehöre zum Stoff der Predigt Alles, was Besserung zu Gott im Glauben wirke, oder was die Hauptsumme des Gebots, nämlich Liebe von reinem Herzen, und von gutem Gewissen, und von ungefärbtem Glauben fördere. (1. Tim. 1, 4. 5.)

Wenn danach der Stoff der Predigt ein sehr umfassender ist, da er ja zu suchen ist im ganzen Christenthum, das Wort in seiner weitesten Bedeutung genommen, also in Geschichte und Lehre: so ist freilich die Darstellung der christlichen Glaubenslehre für den homiletischen Zweck nur ein Theil der christlichen Topik, — wie auch der selige Verfasser beim Beginn seiner Vorlesungen zu bemerken pflegte; immer aber ist sie doch der bei weitem wichtigere Theil, und es kann deshalb nicht befremden, daß der Verfasser dem Theile den Namen gab, den nach seiner Idee das Ganze tragen sollte. So hat auch der hochverehrte selige General=Superintendent Hahn in Breslau, als es sich darum handelte, den Titel für das Werk festzustellen, es bei dem Namen „Topik" belassen.

Derselbe war nämlich Willens gewesen, wie die praktische Erklärung des Neuen Testaments, so auch dieses Werk seines verstorbenen Schwagers mit einem Vorwort zu begleiten; doch plötzlich aus seiner reichgesegneten Wirksamkeit im Mai d. J. abgerufen, hat er ein solches erneutes Zeugniß liebevoller, ehrender Anerkennung nicht mehr ablegen können. Das Werk muß daher seinen Lauf ungeleitet antreten, und die Redactoren (P. Albrecht in Dobien bei Wittenberg, Diaconus Gebler in Wittenberg, der Schwiegersohn, und P. Heubner, der Sohn des seligen Verfassers), die das Manuscript nach denselben Grundsätzen redigirt haben, welche bei Herausgabe der Erklärung des Neuen Testaments aufgestellt waren, übergeben es den Verehrern des seligen Dr. Heubner in der Überzeugung, man werde es nicht tadeln, daß sie fast ängstlich treu die eigenen Worte des Verfassers wiedergegeben und sich enthalten haben, etwa die Form hier und da zu glätten, — zugleich aber in der Hoffnung, das Erscheinen des Werkes werde nicht blos von Vielen willkommen geheißen werden, sondern auch durch Gottes Gnade nicht ungesegnet bleiben.

Am 30. September 1863.

D. R.

Inhalt.

Erster Abschnitt.

Einleitung.

Über Religion, Offenbarung und Christenthum überhaupt.

Zweiter Abschnitt.

Darstellung der christlichen Glaubenslehre für den praktisch-homiletischen Zweck.

Kapitel I.
Lehre von Gott.

Kapitel II.
Von dem ursprünglichen und gegenwärtigen Zustande des menschlichen Geschlechts.

Kapitel III.
Lehre von dem gnadenvollen Rathschluß Gottes, die Menschen durch Christum zu erlösen.

Kapitel IV.
Von der Heilsordnung oder den Bedingungen, unter welchen das durch Christum gestiftete Heil erlangt werden kann.

Kapitel V.

Über die öffentliche durch die Kirche Christi gegründete Heilsanstalt.

Kapitel VI.

Von dem künftigen Leben.

Erster Abschnitt.

Einleitung.

Ueber Religion, Offenbarung und Christenthum überhaupt.

§ 1.
Allgemeinheit und Mannigfaltigkeit der Religion.

In so mannigfachen Gestalten und Abstufungen auch die Religion erscheint, so ist doch selbst dies ein Zeichen der Allgemeinheit religiösen Glaubens: eine Erscheinung, deren Gewißheit eben so sicher, als deren Wichtigkeit erheblich ist.

Anm. 1. Es hat kein Volk ohne Religion gegeben, nämlich kein Volk, das nicht irgend eine über die sichtbare Natur erhabene Macht angenommen hätte, welche auf unser Schicksal Einfluß habe und auf unser Verhalten sehe. Man hat das leugnen wollen und hat sogenannte atheistische Völker als Gegenbeweis angeführt, z. B. die Abiponer in Nordamerika, die Grönländer. Aber mit Unrecht. Man wollte solche Völker, weil ihnen die Vorstellung des Einen höchsten Gottes, des Schöpfers aller Dinge abging, oder weil man nichts von einem äußerlichen, sichtbaren Cultus bei ihnen bemerkte, zu atheistischen stempeln; eine genauere Bekanntschaft mit ihrer Sprache und Denkweise zeigte, daß sie wenigstens einen Glauben an höhere, übermenschliche Kräfte, ja auch an einen großen guten Geist hatten. — Die Behauptung der Allgemeinheit der Religion ist alt. So sagt Cicero (de legg. I. Cap. 8.): Ex tot generibus nullum est animal, praeter hominem, quod habeat notitiam aliquam Dei: ipsisque in hominibus nulla gens est neque tam immansueta, neque tam fera, quae non, etiam si ignoret, qualem habere Deum deceat, tamen habendum sciat. (Vgl. auch Quaest. Tusc. I., 13.) Seneca (Ep. 117.): Deos esse inter alia sic colligimus, quod omnibus de diis opinio insita est, nec ulla gens usquam est adeo extra legesque moresque projecta, ut non aliquos Deos credat. Auch Aristoteles (de Coelo I., 3.) behauptet, daß alle Menschen eine Vorstellung von Göttern haben. — Wichtig ist diese Erscheinung der Allgemeinheit der Religion; denn, wenn es absurd ist, die Religion eine Erfindung der Priester zu nennen, so muß man schließen, daß sie sich auf eine ursprüngliche Anlage, einen Trieb im Menschen gründen muß, — daß mithin der die Stimme der ganzen Menschheit wider sich hat, der Religion für eine Täuschung hält (nemo omnes fallit, omnes neminem), — endlich muß man urtheilen, daß es etwas ganz Unnatürliches ist, keine Religion haben wollen. Der Irreligiöse muß sich beschämt fühlen beim Anblick der über den Weltkreis verbreiteten Religionen. Der Wilde, der seinen Fetisch anbetet, ist eine Anklage wider ihn.

Anm. 2. So verschieden die Religionen sind in Ansehung der Vorstellungen von Gott und dem göttlichen Wesen, da der Mensch sich von den rohesten, sinnlichen Vorstellungen stufenweise zu geistigen, reinen Ideen erhebt (Fetischismus, Menschenvergötterung, Theismus. — Hegel: 1) Natur=Religionen und zwar der Zauberei, der Phantasie [indische], des Guten oder des Lichts [Zoroaster] und des Räthsels [ägyptische], 2) geistige Religionen: der Erhabenheit [jüdische], der Schönheit [griechische], der Zweckmäßigkeit [römische], und die absolute Religion), so verschieden sie ferner sind in Ansehung ihrer Aeußerung im Cultus, sinnlich und geistig, mechanisch und freithätig, äußerlich und innerlich, — und endlich in Ansehung ihrer Wirkungen, des Einflusses, den sie auf Herz und Leben und Verfassung haben: — so kann doch nicht zugegeben werden, daß die vorchristlichen Religionen nothwendige Durchgangs=Stufen zur wahren Religion seien. Dagegen ist die Urgeschichte der Bibel, nach welcher die Menschen ursprünglich in der Wahrheit standen und erst nachher in Irrthum und Lüge fielen; die Bibel betrachtet ferner die heidnischen Religionen durchweg als Verleugnung und Lästerung des wahren Gottes, als grobe Verirrungen, ja sie leitet sie vom Satan ab und setzt sie mit dem Sündenfall in Verbindung, man würde also consequent auch diesen als nothwendigen Durchgang betrachten müssen. (Vgl. 1 Mos. 3, 2 Mos. 20, 3. 4. 5 Mos. 5, 7—9. Röm. 1, 18. 23. Was für Spiegelfechtereien würden da die Strafpredigten der Propheten gegen den Götzendienst!) Man verwechselt bei dieser Annahme aber eben auch zwei ganz disparate Begriffe, nämlich den der normalen Entwickelung, auf dem der Wahrheit gemäßen Wege, und den der abnormen, der Degeneration, der Ausartung in Verderbnisse, die der Wahrheit zuwider sind. So wenig, als der Mensch, welcher vom Kinde zum Mann wächst, durch monströse Deformationen hindurchzugehen braucht, sondern auf naturgemäßem Wege durch die Stufen der Lebensalter heranreift, so wenig brauchte auch die Religion erst durch Monstra zur wahren Religion zu werden. Das Kind, obgleich noch nicht ausgebildet, ist doch wahrer Mensch, und keine Mißgeburt. Die Irrthümer der heidnischen Religionen sind Mißgeburten. — Durch diese Annahme würde auch die richtige Idee von Gott verdunkelt,

denn es läßt sich nicht denken, daß Gott diese Degeneration absicht=
lich veranlaßt habe. Diese Erscheinung kann eben nur als etwas
Verschuldetes betrachtet werden, im Zusammenhang mit dem Sünden=
fall. — Die Verschiedenheit und Mannigfaltigkeit der Religionen
darf uns nicht indifferent machen, vielmehr muß sie zu strenger
Prüfung treiben und zu dankbarer Anerkennung der Offenbarung
Gottes in Christo erwecken.

§ 2.
Die wahre Religion.

Die wahre Religion ist ihrem Wesen nach durchaus sittlicher
Tendenz (Jac. 1, 26. 27.) und besteht in einem bleibenden, be=
harrlichen Gemüthszustande, in einem Leben in Gott; wozu vor
Allem gehört, daß man Gott als persönlichen Gott und daß
jeder ihn als seinen Gott und Vater erkennen lerne.

Anm. 1. Wenn man Religion als Gefühl der Abhängigkeit
definirt, so reicht das nicht aus, denn es ist damit noch nicht das
Object bestimmt, von dem man sich abhängig fühlt, ob mit dem
Fatalisten von der absolut bestimmten Nothwendigkeit, oder mit dem
Materialisten von der blinden Masse, von dem Stoff, oder ob man
sich von dem lebendigen Gott abhängig fühlt; auch bleibt es unbe=
stimmt, von welcher Art das Abhängigkeitsgefühl ist, ob frei und
willig, oder gezwungen. (Die Dämonen haben ja das stärkste Ab=
hängigkeitsgefühl, indem sie vor Gott zittern. Jac. 2, 19.) — Die
Bibel setzt die Religion in den ganzen innern Menschen, nämlich in
die Erkenntniß, Ueberzeugung (Joh. 17, 3. Röm. 1, 21. 28.
Hebr. 11, 6.), in den Willen, den Trieb, die Gesinnung, d. i.
in die Liebe zu Gott (Matth. 22, 37 ff. Joh. 4, 24. Röm. 12, 1.),
und in das Gefühl: Furcht, Ehrfurcht, Hoffnung, Vertrauen
(Matth. 6. Röm. 8.). Sie stellt die Religion dar als eine Sache
des Herzens (Matth. 15, 8.), und als unlösbar von dem sittlichen
Verhalten des Menschen (Gehorsam gegen Gott: thätige Menschen=
liebe und Heiligung, 1. Joh. 4, 8. 20. Jac. 1, 26.). — Woran
erkennen wir also, ob wir Religion haben?

Anm. 2. Die Religion ist a) etwas tief im Innern des
Menschen Gegründetes, Wahrhaftes, Eigenes, nicht etwas blos von
außen her Aufgenommenes, Angelerntes. Sie sollte dem Menschen
das Natürlichste sein, so wie die Liebe zu Vater und Mutter. b) Sie
ist nicht etwas Isolirtes, wie ein Geschäft, das sich von allen übrigen
absondert, sondern sie ist der Geist, der alle unsere Thätigkeit durch=
bringt. Wer das für überspannt hält, hat noch keine Religion.
c) Sie ist nicht vorübergehende, momentane Aufwallung oder Be=
geisterung, sondern beharrlicher, besonnener Zustand, nämlich fort=
gehendes Leben in Gott (Joh. 17, 21—23. 26.). In einer Sache

1*

lebt ja der, der Alles mit Rücksicht auf dieselbe beurtheilt, dessen
Wünsche, dessen Bestrebungen sich alle in derselben concentriren.
So lebt der in Gott, der Alles in Bezug auf Gott denkt und ur=
theilt, dessen Wille ganz in Gottes Willen einstimmt, für den Gott
der vertraute Zeuge alles Handelns ist, dessen Gefühl also in Gott
ruht. Das ist lebendige Religion. Allerdings giebt es hierbei Grade
in Ansehung der Reinheit ihrer Quellen, in Ansehung des Umfanges
und der Lebendigkeit ihres Einflusses.

Anm. 3. Zur wahren Religion gehört vor Allem: Gott als
persönlichen Gott erkennen und annehmen, d. h. in Gott Einheit
des Selbstbewußtseins, intelligente Selbstbestimmung, moralische
Selbstthätigkeit zu setzen, — mithin Gott als unsern Schöpfer und
Herrn, als den, der Alles erhält und mit Bewußtsein lenkt, der
also über die Welt erhaben ist, und — ihn als Richter anerkennen.
Der Religiöse sagt zu Gott „Du"; er denkt an Gott nicht, ohne
daß er im Stillen dächte und sagte: Du bist mein Vater. — Der
Pantheismus hat keinen persönlichen, sich seiner selbstbewußten,
freiwollenden, von der Welt verschiedenen und sie lenkenden Gott.
Er behauptet, die Begriffe: Persönlichkeit und Unendlichkeit seien
widersprechend, das Prädicat „Persönlichkeit" sei unverträglich mit
dem des absoluten Geistes (omnis determinatio negatio), der Be=
griff der Person sei nur möglich einer andern Person gegenüber.
Das göttliche Sein sei identisch mit dem Gedachtwerden Gottes oder
seinem Sichdenken im Menschen; das Wissen des Menschen von Gott
sei das einzige Wissen Gottes von sich selbst, daher Gott ein wer=
dender Gott sei, der im Menschen zum Bewußtsein komme. Der
Gott denkende menschliche Geist sei in seiner Wahrheit der göttliche
Geist selbst. Dies folgt aus der Hegel'schen Identification des
Denkens und Seins.

Man kann den Pantheismus theoretisch bekämpfen, wie z. B.
Eschenmayer (die Hegel'sche Religions=Philosophie verglichen mit
den christlichen Principien. Tübingen 1834.) und Herrmann (die
speculative Theologie in ihrer Entwickelung durch Daub. Hamburg
und Gotha 1847.), und sagen: a) das πρῶτον ψεῦδος ist die Iden=
tität des Denkens und Seins, wodurch Gottes Sein nur ein dialec=
tischer Proceß wird. — b) Warum kannst du dir nicht eine Person
mit dem Prädicat der Unendlichkeit denken? einen unendlichen Geist,
der Alles klar denkt und sich seiner bewußt ist? Willst du ihm den
unendlichen Verstand absprechen, weil dein Verstand endlich ist? Oder
ist es nicht vernünftiger, den Ursprung der nach Gesetzen und Zwecken
geordneten Welt von einem denkenden, selbstbewußten Geist abzulei=
ten, als aus einem blinden, unbewußten Urgrunde. Nur ein intelli=
genter Geist schafft Zwecke und Gesetze, nur ein absolut freier Geist
kann freie Geister schaffen. — c) Es ist ein miserabler Begriff von
Gott, sich einen werdenden Gott denken, einen Gott, der ohne Welt
nicht sein kann, der erst im menschlichen Bewußtsein Gott wird.

(Georg Friedrich Daumer, Andeutung eines Systems speculativer Philosophie, Nürnberg 1831, sagt: Gott ist die Welt selbst geworden, sein in sie versenktes, entäußertes Selbst ist ihr eignes Wesen. In der Entwickelung der Natur und Menschheit enthüllt sich stufenweis dieses Innerste; im religiösen und speculativen Bewußtsein des Menschen kommt es zu sich selbst. Die Welt ist ein verwandelter Gott, und strebt wiederum, Gott zu werden. — Der Recensent von Hengstenberg's Christologie sagt in den Berliner Jahrb. 1831. S. 685: Der göttliche Geist kann nicht außer der Wirklichkeit, sondern nur in derselben d. h. in der Menschheit und deren Geiste sein.) Wer weiß denn nun, wenn Gott einmal ganz Gott wird? wie wenn er nun ewig nur würde, also unvollkommen bliebe? Der Weltplan Gottes wird realisirt, zur Vollendung gebracht, Gott selbst ist ewig vollkommen Gott. — Wenn Gott zu Allem, was ist, geworden ist, so könnte der Mensch, ja jedes Geschöpf, wenn es Bewußtsein hätte, auftreten und sprechen: Wäre ich nicht, so wärst du nicht. — Gott kann ohne dich sein und ohne uns alle, er kann ohne die ganze Welt sein. (1. Mos. 1. Ps. 90. Jes. 44, 6. Joh. 17, 5. 24.) — d) Dieser Pantheismus wird Autotheismus: die Verehrung des persönlichen Gottes geht über in eine Apotheose des menschlichen Geistes. — Man muß es aber auch Bornirtheit nennen, den menschlichen Geist als den einzigen existirenden Geist anzunehmen. — e) So ist der Pantheismus eigentlich Atheismus. Wenn Alles Gott ist, so ist kein Gott.

Wenn es schwierig ist, den Pantheismus so theoretisch zu widerlegen, indem der blos logisch denkende Verstand vielleicht auf keine Weise genöthigt werden kann, von der Immanenz der Welturfache zu deren Transcendenz überzugehen, so ist es dagegen leichter, ihn mit practischen Gründen zu bekämpfen und unter Berufung auf das sittlich religiöse Bewußtsein zu zeigen, wie dabei alle Religion aufhören muß. Es ist hier Folgendes zu sagen: a) Religion ist kindliche Scheu und Ehrfurcht vor Gott, dem Heiligen und Allwissenden. Heilig kann aber nur ein persönliches, freiwollendes Wesen sein. Eine bewußtlose Naturkraft oder Naturordnung kann nicht heilig genannt werden. Ebenso kann allwissend nur ein selbstbewußter Geist genannt werden. So muß beim Pantheismus die Scheu vor dem Heiligen und Allwissenden aufhören. — b) Religion ist kindliche Liebe und Dankbarkeit gegen Gott als Vater. Lieben aber kann ich nur ein Wesen, dem ich Liebe zutraue, das Kenntniß von mir hat und Antheil an mir nehmen kann. Liebe fordert ein liebendes Ich und ein wiederliebendes Du. Was kann nun der Pantheist lieben, wem danken? Kann er das Universum oder das unsichtbare Wesen der Dinge lieben, kann er von ihm geliebt werden? kann er der unbedingten Nothwendigkeit danken? — c) Religion ist Vertrauen, vertrauen aber kann ich nur einem freien, wohlwollenden Wesen, das für mich sorgt. Der Pantheist aber muß sich beugen unter die Gewalt der Nothwendigkeit, die im Weltall herrscht, in welchem er als Nichts erscheint. — d) Religion ist vertrauter Umgang mit Gott, Gebet. Beten kann ich aber nur zu einem, der meine Gedanken und Wünsche vernimmt, und von dem ich hoffe, er wird darauf achten. Zu wem soll nun der Pantheist sein Gebet richten? Wieder zu dem unsichtbaren Wesen der Dinge? Gebet muß ihm Unsinn, oder Selbsttäuschung sein. (Der Christ, dem man den persönlichen Gott nehmen will, könnte mit mehrerem Rechte sagen, was der ägyptische Abt Serapion, als ihm seine anthropomorphistische Meinung von Gott genommen war, indem er beim Gebete in große Bestürzung gerieth, ausrief: Heu me miserum, tulerunt a me Deum meum, et quem nunc teneam, non habeo, vel quem adorem aut interpellem, jam nescio. S. Cassian Collatt. X., 3. Der Mensch ist unselig, wenn er keinen Gott hat, der ihn kennt, keinen Vater, der ihn hört. — In moralischen Kämpfen wird Alles Selbstquälerei!) — e) Beim Pantheismus hört alle Sittlichkeit, alle persönliche Würde und Freiheit auf; denn der Mensch ist da nur ein nothwendiges Product des Universi: alle Erscheinungen in demselben sind nothwendig, fließen aus dem innern Wesen, mithin ist weder etwas gut noch böse, alles ist so wie es ist, und muß so sein. An die Stelle der ethischen Begriffe treten physisch-theoretische, deren Resultat freiheitsloser Determinismus ist; es giebt keinen Plan, keinen Zweck, denn davon kann nur die Rede sein bei einem freien Geiste (daher Spinoza alle Finalursachen für Abgeschmacktheiten ansieht; — seine Ethik ist eine geistige Mechanik.) Zum Glücke kann ein solches System nicht Volkssystem werden; aber eine Annäherung dazu geschieht, wenn das Volk den lebendigen Gott und seine Vorsehung verliert. — f) Der Glaube an ein ewiges Leben wird durch den Pantheismus vernichtet. Aber wie kann da ein Reich Gottes bestehen, wenn es keine Individuen mehr giebt, die durch gleiche Gesetze und Zwecke unter Gott vereinigt sind, wenn Alle gleichsam in Eine große, wenngleich geistige, Masse zusammenschmelzen? Ein Reich Gottes setzt Geister voraus mit selbstständigem, freiem Willen, mit Bewußtsein, und mit gegenseitigem Zutrauen zu ihrer Einstimmmung. — Wozu dann auch jetzt, für diesen Erdenaugenblick die Zerspaltung des Weltganzen in Einzelwesen, wenn diese wiederum aufhören? Aller moralische Zweck hört auf, weshalb wir hier als Personen lebten. — Auch alle moralische Vergeltung, Gericht hört mit dem Untergehen der Person auf. — Alle Liebe endlich hört auf. Liebe erfordert ein Ich und Du. Geht dies unter, so giebts keine Liebenden und Geliebten. Die Gegner sagen, es sei unser leidiger Egoismus, der uns an unsrer Individualität hangen lasse: Erweiterung des Geistes und des Herzens lehre darauf Verzicht thun. Aber das heißt disparate Begriffe verwirren. Aufgeben soll man das Unreine, Selbstsüchtige an unsrer Individualität; nicht aber sollen wir aufhören, eine mora-

lische Person zu sein. Wo dies aufhört, giebt es eben keine Liebes=
proben, keine Aufopferungen für Andere mehr. — Es ist demnach
ein solches Auflösen aller Persönlichkeit, ein Uebergang in einen
allgemeinen Weltgeist völlig gleich der Vernichtung. Und jene so
sublim und rein moralisch sein sollende Ansicht erscheint gerade als
eine alle Moralität tödtende. — Man könnte verleitet werden zu
glauben, daß die Vertreter jener Ansicht eine Scheu vor ihrer eige=
nen Persönlichkeit hätten und daß es ihnen graute, ewig erhalten
zu werden. — g) Der Pantheismus ist mit dem Christenthum
absolut unvereinbar. Er ist (nach Sengler, Kritik der Hegel=
schen Auffassung des Christenthums, in der relig. Zeitschr. für das
kathol. Deutschland, 1833. Juni. S. 244—269.) eine durchgängige
Umsetzung des Positiven in ein abstract Vernünftiges, wobei noth=
wendig die höchsten Ideen der christlichen Religion ihre Bedeutung
verlieren und alle geschichtliche Wirklichkeit sich in dem innern Factum
des Gedankens verliert. „Alles (nach Eschenmayer) in dem
pantheistischen System, Gott, Christus, Sünde, Versöhnung u. s. w.
wird als logisches Verhältniß aufgefaßt, d. h. aus seiner Stelle ge=
rückt und in seinem wahren Sinn gänzlich geleugnet: der Pantheis=
mus hat einen Gott ohne Heiligkeit, einen Christum ohne freie Liebe,
einen heiligen Geist ohne Erleuchtung und Erhaltung des Wortes,
ein Evangelium ohne Glauben, einen Abfall ohne Sünde, ein Böses
ohne Selbstverschuldung, eine Versöhnung ohne Sündenvergebung,
einen Tod ohne Opfer, eine Gemeinde ohne Gottesdienst, eine Frei=
heit ohne Imputation, eine Gerechtigkeit ohne Gericht, eine Gnade
ohne Erlösung, eine Dogmatik ohne Offenbarung, ein Diesseits ohne
ein Jenseits, eine Unsterblichkeit ohne persönliche Fortdauer, eine
christliche Religion ohne Christenthum, und überhaupt eine Religion
ohne Religion."

Das Christenthum und die Bibel bezeugt Gottes Persönlichkeit
auf das Stärkste und Klarste. Man lese z. B. Ps. 115, 12. „Der
Herr denket an uns und segnet uns." Nur ein persönlicher Gott
kann an uns denken. — Wenn das nun eine für uns unvermeid=
liche Form, Anthropomorphismus sein soll: so wird die ganze Reli=
gion Anthropomorphismus, das Gebet wird Form ohne Wahrheit,
es wird Heuchelei. Das kindliche Herz ist vor solchem Lug und Trug
bewahrt, denn das bedarf und verlangt einen Vater, und was ihm
den nehmen will, davon wendet es sich gleichsam instinctmäßig un=
willig hinweg. — Was soll Jesai. 40, 26: Hebet eure Augen in
die Höhe und sehet, wer hat solche Dinge geschaffen und führt ihr
Heer bei der Zahl heraus? ꝛc. was soll das für den Pantheisten
für einen Sinn haben? Wie kann ihn das Gefühl der Ehrfurcht
vor der Erhabenheit des Weltschöpfers durchdringen, wenn er keinen
persönlichen lebendigen Gott hat?

Alle Reden Christi, seine ganze Lehre betonen laut die Persön=
lichkeit Gottes. Die Lehren des Neuen Testaments haben keinen Sinn

ohne einen persönlichen Gott, vor allem die Lehre von Christo, dem
eingeborenen Sohne Gottes. In dem Factum der Menschwerdung
und Sendung Christi, in seiner Person selbst ist die Persönlichkeit
Gottes auf's Stärkste bezeugt. Vater und Sohn sind personale Verhältnisse. Wer darum an Christum glaubt, der hat darin die mäch-
tigste Waffe und Schutzwehr gegen den Pantheismus.

Wollen wir uns das Gefühl des Pantheisten, als ein religiöses,
einmal denken, so wird das sein ein mit der Phantasie sich Hinein-
versenken in das unermeßliche All, und mit ihm sich verschmelzen in
Gefühls-Harmonie. Das kann aber doch wohl nur so lange Bestand haben, als man sich in diesem All behaglich fühlt, als dasselbe uns wohlthuend ist. Wenn es aber uns drücken und zermalmen will, und anfängt uns grausig zu werden, dann wird es aus
sein mit dem Phantasie-Gefühl.

Anm. 4. Es ist wesentlich, daß der Christ Gott nicht blos
im Allgemeinen als den Herrn der Welt kenne, der sich um das
große Ganze bekümmert; sondern auch als den ihm nahen, als
seinen Gott, der ihn namentlich kennt. Es ist ein himmelweiter
Unterschied, Gott glauben, und an seinen Gott glauben. Vgl.
Matth. 6, 8. 7, 11. Luc. 18, 7. Joh. 16, 27. 20, 17. Röm. 1, 8.
1. Cor. 1, 4. Gal. 1, 15 f. Phil. 1, 3.

§ 3.
Ueber die Begründung des Glaubens an Gottes Dasein.

Die heilige Schrift lehrt uns hierbei den richtigsten Weg,
nämlich sich nicht auf speculative Demonstrationen der Existenz
Gottes einzulassen, sondern Anweisung zu geben, diesen Gott,
dessen Ahnung keiner aus sich vertilgen kann, finden zu lernen
in der Natur außer uns, in dem Gewissen in uns, in der biblischen Geschichte als der Geschichte der geistlichen Rettungs- oder
Erlösungsanstalt der Menschen, und in der Leitung des eigenen
Lebens.

Anm. 1. Es ist gezweifelt worden, ob man überhaupt von
Beweisen für das Dasein Gottes reden solle. Man hat es Anmaßung,
Frevel genannt, das Dasein dessen gewiß machen zu wollen, ohne
den wir selbst nicht wären. So Arnobius adv. gentes I., 16—18.
Auch neuere Philosophen, indem sie das Dasein Gottes für etwas
absolut Gewisses erklären, das gar keines Beweises bedürfe. Der
Religiöse freilich, der durch sein inneres Leben innig gewiß ist vom
Dasein Gottes, bedarf keiner Beweise dafür; es giebt ihm Alles
Zeugniß von Gott. Aber aus Rücksicht auf die Ungläubigen darf
wohl davon gehandelt werden.

Anm. 2. Welches Verfahren nun hierbei zu beobachten ist,
lehrt die Schrift. Sie läßt sich nicht darauf ein, durch eigentliche

Demonstrationen den Ungläubigen zur Anerkennung zwingen zu wollen. Indem sie voraussetzt, daß Jedem der Glaube an ein gött= liches Wesen natürlich sei, nennt sie den einen Thoren, der an Gottes Dasein zweifelt, und schreibt es dem verkehrten Herzen zu. (Ps. 14.) Sie macht aufmerksam auf die Spuren, in denen wir die Wirksam= keit Gottes erkennen können, die Werke, in denen er sein eignes Wesen in der Welt offenbart, sie lehrt Gott in der Natur finden. Vgl. Psalm 8. 19. 104., die Schilderungen im Jesaias, Hiob. So hat auch Jesus nie das Dasein Gottes demonstrirt, sondern er nimmt Alles als Document Gottes an, und lehrt es so betrachten. Ebenso Paulus Apg. 14. 17. Röm. 1. 2. Wenn also die demonstrirende Methode unternimmt, dem Verstande die Anerkennung des Daseins Gottes abzunöthigen, so wendet sich die Schrift an das Herz, an das Gefühl des Menschen, sie appellirt an das Gewissen und stellt es als Pflicht dar, an einen Gott zu glauben.

Anm. 3. Immer aber bedarf es doch einer Auswahl des rechten Stoffes, der geeignet ist, zur Weckung und Befestigung des Glau= bens an Gott gebraucht zu werden, zumal da unter Leuten aller Bildungsstufen sich Zweifler finden. A. Hier ist nun das Nächste und für jeden Fühlbarste die Hinweisung auf sein eignes Dasein, nämlich auf seine Beschränktheit und Abhängigkeit. Kein Mensch kann sagen, daß er durch sich selbst sei und bestehe; keiner hat sich den Leib und seine bestimmte Beschaffenheit, Gestalt, Stärke, keiner den Geist und die bestimmten Kräfte und Gaben, kurz seine Persön= lichkeit gegeben; nicht einmal die temporäre Munterkeit oder Un= tüchtigkeit der Seele hängt von uns ab. Wenn man dies fühlt, muß man innewerden, daß es eine höhere Macht giebt, von der man abhängt, der man Alles verdankt. Soll man da nicht einen höhern Ursprung seines Daseins anerkennen? Dasselbe Gefühl müssen wir in allen Menschen voraussetzen, und es liegt der Schluß nahe, daß alle Dinge nicht durch sich selbst sind und bestehen, son= dern ihren Ursprung in Gott haben. (So wird sich also der kos= mologische Beweis populär und eindringlich vortragen lassen. — Nach einer persischen Sage hat ihn einst Moses dem Pharao gegen= über gebraucht.) — B. Die Offenbarung Gottes in der Natur (physicotheologischer Beweis) ist ein noch viel reicherer, anziehende= rer und faßlicherer Stoff. Der Einwurf, der dagegen erhoben wird (Kant), daß alle Betrachtung der Natur nicht auf den Gedanken eines unendlichen Gottes führe, sondern nur auf den eines Gottes, der gerade so viel Macht hatte, um die Welt schaffen zu können, fällt in der Praxis in sich zusammen, denn hier fragt man nicht nach dem methaphysischen Begriff eines absolut unendlichen Gottes, sondern nach dem unsers Schöpfers und Vaters, des Regierers der Welt. — Fragt man nun, ob Naturpredigten gehalten werden dürfen, so ist es im Allgemeinen nicht zu verwerfen; die Schrift selbst geht ja hierin voran. Aber man lasse nicht darüber die Pre=

digt des Evangelii zurücktreten, man fülle auch nicht zu oft ganze Predigten damit aus, sondern spreche mehr gelegentlich davon, zu Zeiten, wo man von selbst daran erinnert wird; man wähle auch nur bekanntere, naheliegende Gegenstände, gehe nicht zu sehr in's Kleinliche, und knüpfe endlich überall das Christliche an. Erheben wir z. B. unsern Blick zum Himmel, so bietet sich hier viel Stoff. a) Die Unermeßlichkeit des Himmelsraumes, die Zahllosigkeit der Sterne erweckt die Idee der Unendlichkeit Gottes, hebt über das Endliche, Zeitliche empor und läßt uns unsere Verwandtschaft mit Gott fühlen. b) Die Sterne hingestreut, wie es scheint, ohne Ord- nung in diesen unendlichen Raum, gehen dennoch nach fester Regel ihre Bahn, ohne je aus ihr zu weichen oder sich zu stören: dies erweckt die Idee der Harmonie, der Gesetzmäßigkeit im Reiche Got- tes; Gottes Vorsehung umfaßt Alles. Es soll auch in unser Herz Ordnung, Harmonie, Frieden bringen: die Stille, der Friede vom Himmel soll uns über das Weltgetümmel erheben, frei machen von den Stürmen der irdischen Leidenschaften; der Lobgesang der Sphä- ren soll in unser Herz tönen, ihr himmlischer Reigen uns einladen zu Freude und Eintracht. c) Die Menge dieser Welten läßt uns den tiefen Sinn der Worte Jesu ahnen. Joh. 14, 2. d) Das stille, freundliche Licht winkt uns Liebe, Trost, Hoffnung zu. Die Sonne, der Centralpunkt unseres Systems, die Quelle von Licht, Leben, Wärme, ist ein Bild der geistigen Sonne, Christus: wer in seine Sphäre hineingezogen wird, kommt zum Licht, wird zum Leben erweckt. — Die Erde wiederum, in der Zweckmäßigkeit ihrer Einrichtung, in der Mannigfaltigkeit der Geschöpfe, predigt uns die Weisheit und Güte Gottes. (Zu vergleichen sind für diese Gedanken Scriver, Gottholds zufällige Andachten bei Betrachtung mancherlei Dinge der Kunst und Natur zur Ehre Gottes, zur Besserung und Uebung der Gottseligkeit. 1674. Ulber, der rechtschaffene Natura- list mit seinem christlichen Auge und Herzen in natürlichen und welt- lichen Dingen. 3. Aufl. 1769. Auch die Predigten von Rein- hard 1801 am 15. nach Trinitatis. „Vom Sinn für die Natur" und 1810 „Wie wir das Walten Gottes in der Natur ansehen sollen.") Man kann Themata behandeln wie diese: Wie Christus uns die Natur betrachten lehrt; auch die Natur ein Tempel Gottes; wie die Natur in uns einen himmlischen Sinn erwecken könne; die Natur als Abglanz einer übersinnlichen Welt; die Ordnung im Reiche der Natur ein Bild der Ordnung im Reiche der Gnade; der gestirnte Himmel eine laute Verkündigung der höheren Welt; das doppelte Buch Gottes, das Buch der Natur und das Buch der heiligen Schrift (1. Cor. 13, 10.); die Unvollkommenheit, Unzureichenheit der Na- turreligion (sie bringt uns Gott nie so nahe, als wir wünschen müssen, er ist und bleibt nur Schöpfer, — sie offenbart nicht seine Heiligkeit, — sie giebt besonders dem sündigen Menschen nicht die volle Beruhigung).

Anm. 4. Der Natur außer uns entspricht das Gewissen in uns, d. i. die Kraft in uns, welche uns das absolut Gute predigt, mit der Forderung, es zu thun; es übt ein Richteramt, indem es die Gehorchenden losspricht, die Widerstrebenden verurtheilt. Der Mensch hat das Gefühl, daß er sich nicht über dies Gesetz des Gewissens erheben darf, sondern daß er die Verpflichtung hat, ihm zu gehorchen; er hat Furcht vor der strafenden Stimme des Gewissens, auch wo keine sichtbaren Zeugen seiner That sind; er entschuldigt oder klagt sich vor sich an, gleich als ob er sich vor einem höheren Richter zu verantworten hätte. Das Gewissen also ist a) nichts, was sich der Mensch selbst geben kann, und was von seiner Willkühr abhinge, sondern es drängt sich ihm von selbst auf und er kann es andrerseits auch nicht ausrotten. b) Es ist auch kein Product der körperlichen Naturkräfte; denn, um Eins anzuführen: das Gewissen bringt ja gerade auf Beherrschung der sinnlichen Triebe. Eine solche Annahme wäre eben widersinnig; sie ist nur möglich von einem materialistischen Standpunkt aus. c) Das Gewissen ist nur die Wirkung einer höheren heiligen Macht, nämlich Gottes.

Anm. 5. Was den biblischen Ueberzeugungsgrund für das Dasein Gottes betrifft, so ist derselbe natürlich nicht aus einzelnen Aussprüchen der heiligen Schrift als solchen abzuleiten; das wäre ein Cirkel = Beweis; sondern aus dem Plane zur sittlich religiösen Regeneration oder zur Erlösung der Menschen, welcher in der von der Bibel erzählten Geschichte hervortritt. (Vgl. Heß vom Reiche Gottes, Zürich 1794. Köppen, die Bibel ein Werk der göttlichen Weisheit. 1797. J. Heinr. Benj. Kurtz, Geschichte des Alten Bundes. 1848.)

Anm. 6. Die höchste, aber auch unentbehrliche Gewißheit vom Dasein Gottes erlangt der Mensch nur freilich erst, wenn Gott selbst sich ihm in seinem Innern offenbart, wenn der Mensch in seinem Herzen die Zuversicht erlangt: Gott ist dein Gott, er liebt dich, er zieht und züchtigt dich, er ist dir nahe! Einem solchen Gemüthe, dem Gott innerlich nahe gekommen ist, ist Gott das allein Gewisse, auch wenn alles andere ungewiß ist. — Ohne diese Offenbarung helfen alle anderen Gründe wenig; aber so offenbart sich Gott nur d.nen, die ihn suchen, die ihn fürchten und ihm gehorchen. Der beste Weg Gott zu finden ist: ihm gehorchen, sagt Jacobi; und darum kann auch auf der andern Seite der Lehrer nicht besser seine Predigt unterstützen, als wenn er das Wort Christi Matth. 5, 16 erfüllt. So urtheilt auch Fichte (Ueber das Wesen des Gelehrten, 1806. S. 170): Ein göttlicher Wandel ist der entscheidendste Beweis, den Menschen für das Dasein Gottes führen können.

§ 4.
Nothwendigkeit der Religion.

Die Nothwendigkeit der Religion ist um so mehr darzuthun, je mehr unsere Zeit geneigt gewesen ist, Sittlichkeit ohne Religion für möglich zu halten. Doch darf man nicht etwa die Religion als bloßes Tugendmittel betrachten, sie ist vielmehr die höchste Vollendung aller menschlichen Bildung und Bedingung alles menschlichen Werthes, was durch Vergleichung mit dem Atheismus oder der Gottlosigkeit einleuchtender wird.

Anm. 1. A. Es läßt sich eine theoretische Nothwendigkeit der Religion zeigen. Ohne den Glauben an Gott giebt es keine Gewißheit über unsere Bestimmung und über den Zweck der ganzen Welt. Alles wird ein Räthsel; es fehlt an einem Ordner des Ganzen, wo soll die Ordnung herkommen? Soll sie in dem Wesen der vernunftlosen Welt liegen, oder in den einzelnen menschlichen Intelligenzen? Es fehlt ohne Gott an der Gewißheit über Harmonie und Zusammenhang aller Dinge.

B. Noch bringender ist die praktische Nothwendigkeit: a) Obgleich das Sittengesetz im Gewissen als gültig vom Menschen anerkannt werden muß, wenn er dadurch zum Glauben an Gott gelangen soll, so kann doch erst durch die Religion dieses Gesetz seine völlige Sanction erlangen. Denn man ist gedrungen zu fragen: warum soll denn das Moralgesetz unbedingt gelten? Welches ist das Etwas, in dem es seinen Grund hat? denn den muß es ja haben. Das menschliche Gemüth? das wäre Selbstvergötterung. Oder die Natur? das geht nicht anzunehmen. Gott ist der Geber des Gesetzes. (Obige Behauptung ist also kein Cirkel. Das Moralgesetz ist principium cognoscendi Dei, aber Gott ist das principium essendi vom Moralgesetz.) Nun frage man: wird das Gesetz mehr wirken, wenn man es sich blos in abstracto denkt, oder wenn man es als von Gott ausgehend, als seinen Willen enthaltend denkt? Glaube ich an Gott, so weiß ich, dieses Gesetz hat eine heilige Macht zu seinem Beschützer: widerstrebe ich dem Gesetz, so widersetze ich mich Gott. Das Moralgesetz anerkennen und thun wollen, ohne Gott als Geber und Vollstrecker desselben anerkennen zu wollen, ist Sünde, — indem dann, bewußt oder unbewußt, der Mensch zum Gesetzgeber erhoben wird, der Mensch sich zum Selbstherrn macht. Die Geschichte lehrt, daß der religiöse Glaube allein zu den edelsten Handlungen, zu den schwersten Anstrengungen und Opfern begeistert. Der Gedanke „du bist von Gott dazu berufen" entflammt die Gemüther und stärkt die Kraft. Auch das innerste geheimste Leben des Menschen wird erst durch die Religion geheiligt. — b) So folgt auch, daß der Gedanke an Gott, als das Ideal der Heiligkeit dem Menschen erst die sichere Richtschnur für das Handeln giebt. Bestimmung des Menschen ist, vollkommen zu werden wie Gott, zur Vollendung in der Heiligkeit zu gelangen. Seine Würde hat er nur in Gott, dadurch daß er ihm verwandt und ähnlich, daß er Gottes Kind ist. Wie muß nun der Gedanke, daß dieser Vater der Allsehende und Richtende ist, den Antrieb zum Rechttbun beleben! — c) durch die Religion kann auch allein das öffentliche Wohl der Menschen im bürgerlichen Wesen, im Staat bestehen. „Religion ist," wie Gentz zu Burke über die franz. Revolution II., 282. f. richtig sagt, „die einzige Basis der Freiheit und Gleichheit, einziges Fundament alles Rechts. Denn warum ist Recht Recht? weil Gott es gesetzt, weil Gott ein Gott des Rechts ist. Jeder Mensch hat wenigstens ein dunkles Gefühl davon, daß diese göttliche Sanction die Verwalter des Rechts unantastbar macht." Washington hinterließ seinem Vaterland die politische Lehre: „Religion und Moral sind die unentbehrlichen Stützen, auf denen eine jede sittliche Richtung und geistige Entwickelung beruht, welche die Wohlfahrt eines Landes befördern. Sittlichkeit, Tugend und wahre Religion allein begründen das Glück des Einzelnen, wie ganzer Staaten." (Siehe v. Raumer, die Vereinigten Staaten von Nordamerika I. Cap. 3.) So urtheilen auch die Alten, z. B. Pythagoras, Plato de legg., Polybius lib. 6., Dionysius v. Halif., Tacitus, — selbst Horaz Od. III., 6. (Delicta majorum immeritus lues Romane, donec templa refeceris Aedesque labentes Deorum et Foeda nigro simulacra fumo etc.) — d) Ohne Religion giebt es keinen Seelenfrieden für den Menschen; denn dieser entsteht erst, wenn der Mensch gewiß ist, daß Alles sich in die Ordnung des Rechts und der Pflicht füge, daß Tugend und Glückseligkeit in Harmonie sei, und daß darnach unser Schicksal gelenkt werde. Dazu muß nun aber der Mensch wissen, unter wem Alles steht. Weiß er, daß die über ihm waltende Macht allweise ist, daß sie das Gute will, daß sie Alles nach heiligem Gesetz lenkt, und unbeschränkt ist in der Ausführung ihres Willens, so kann er sich beruhigen. Wer mit Gott in Harmonie ist, ist es auch mit sich und mit der ganzen Weltregierung. Er weiß, daß Alles zu einem guten Ziele führt. — e) Ohne Religion giebt es auch keine Liebe. Denn wahre, d. h. geistige, nicht blos sinnliche Liebe muß einen ihrer würdigen Gegenstand haben. Der höchste denkbare Gegenstand ist das unendliche Ideal alles Guten und Schönen: — dieses kann aber nur geliebt werden, wenn es wirklich existirt; gegen eine abstracte Idee giebt es keine Liebe; denn diese kann nicht wieder lieben; Liebe ist nur zwischen lebendigen gleichen Wesen. Liebe ist also in höchster Vollendung Liebe gegen Gott. — Daraus folgt: alle Liebe ist nur dann edel, heilig, wenn sie mit der Liebe zu Gott zusammenhängt, wenn der Gegenstand uns als Ebenbild Gottes erscheint. Der Religiöse liebt in Allem, was er liebt, Gott. Alles andere ist nur Selbst= oder Eigenliebe, wenn auch noch so fein. — Dazu kommt:

Zwei Liebende müssen sich ewig lieben, ewig vereint sein wollen; eine Liebe mit Voraussetzung ihres Aufhörens hat in sich den Keim der Zerstörung, ist ein Widerspruch. Ewige Liebe kann aber nur durch Gott erhalten werden; er ist der Vaterschooß, in welchem alle Liebe ruht. Daher muß alle anfangende Liebe, aufrichtig und standhaft fortgeführt, zur Religion leiten. Liebende können sich ihrer Liebe nur in Gott recht erfreuen, wenn sie wissen, daß der Wohlgefallen an ihrer Liebe hat, der der ewige Vater aller Liebe und Schützer aller göttlichen Liebe ist.

Anm. 2. Nun läßt sich die Frage beantworten, ob der Mensch ohne Religion von der Seite seines sittlichen Charakters Werth habe. Einen bedingten relativen Werth kann der Mensch ohne Religion haben: er kann gelehrt, geschickt, scharfsinnig, ein guter Arbeiter, sogar zuverlässiger Diener und Beamte sein, kluger Rathgeber, brauchbarer Geschäftsmann; aber eine andere Frage ist, ob er absoluten Werth, d. h. moralischen von Seite seines Herzens habe; denn das Herz, der gute Wille giebt allein unbedingten Werth. Mithin ist die Frage, ob einer ohne Religion ein gutes Herz haben könne. (J. J. Rousseau sagt in einem Briefe an Vernes vom Jahre 1761, er habe seine Neue Heloise zu dem Zwecke geschrieben, die beiden philosophischen Parteien in Paris zu vereinigen; d'apprendre aux philosophes [an der Heloise], qu'on peut croire en Dieu, sans être hypocrite, et aux croyans [an Wolmar], qu'on peut être incrédule, sans être un coquin. Siehe die Geschichte seines Lebens II., 359 und seine Werke, Zweibrück. Ausg. XXV., 347. Allein Rousseau erreichte seinen Zweck nicht: — Das Parlament und die Geistlichkeit donnerten wider ihn, und die Philosophen rechneten ihn nicht mehr in ihre Reihen.) Wenn man unter einem guten Herzen so viel versteht, als natürliche Gutmüthigkeit, Weichheit, Empfindsamkeit, Neigung wohlzuthun, oder nachzugeben: so kann das ein Jeder haben, auch ohne Religion. Es beruht das auf natürlicher Anlage, ist zufällig und der Veränderlichkeit, so wie dem Mißbrauch ausgesetzt. Aber eine entschlossene, reine, gute Gesinnung, oder die Festigkeit, das Höchste, Beste zu wollen, giebt es ohne Religion nicht. (Denn wer kann das Gesetz ehren, wenn er den Geber und Vollzieher des Gesetzes nicht ehrt? Wer kann das Gute lieben, wenn er nicht das lebendige Ideal aller Güte, den heiligen, allein liebenswürdigen Gott liebt? Wer kann sich seiner Würde und Bestimmung freuen ohne Dankbarkeit gegen Gott? Wer kann seine Schwäche und Unvermögen fühlen, ohne Kraft zu wünschen von Gott? Wer kann mit Ernst auf das Gelingen des Guten rechnen und dafür arbeiten, ohne Zuversicht zu Gott? — Wer moralisch sein will ohne religiös zu sein, kommt in lauter Widersprüche mit sich.) Wollte man antworten, es lasse sich auch eine moralische Festigkeit ohne Religion denken, so wäre dies doch nur etwas durch Stärke der Reflexion, oder durch natürliches

Rechtsgefühl oder durch das Bewußtsein von der Nothwendigkeit des Gesetzes für das öffentliche Wohl erzeugtes: — je reiner und stärker dieses Gefühl würde, desto mehr ist es Annäherung zur Religion. Immer aber ist erst der religiöse Sinn die Vollendung. Wer das moralische Gesetz als die von Gott für das ganze Weltall gesetzte Ordnung erkennt und in diesen Willen Gottes einstimmt, steht doch höher als der, der das Rechte nur will, weil ohne Geltung des Gesetzes die Gesellschaft nicht bestehen kann.

Die Frage, ob Einer ohne ein gutes Herz doch Religion haben könne ist leicht zu beantworten. Wahre Religiosität muß eben den sittlichen Charakter des Menschen gestalten, — andernfalls ist seine Religion nur Verstandessache, äußerliche Uebung, nicht Herzenssache.

Anm. 3. Noch verstärkt werden diese Gründe durch Vergleichung der praktischen Folgen des Atheismus oder der Gottlosigkeit. Schon der Ausdruck „Gottlosigkeit" deutet an, daß der Mensch sich von Gott losmachen müsse, wenn er den Glauben an ihn aufgiebt; er ist ursprünglich und von Natur an Gott geknüpft, wie das Kind an seinen Vater. Der Gottlose hat den Glauben an Gott verloren entweder aus Verirrung des Verstandes, oder aus Verschlimmerung des Herzens, welches sein Interesse dabei hat, Gott wegzuleugnen, um den Vorwürfen des Gewissens und der Furcht vor der Zukunft zu entfliehen. Je seltner, namentlich unter dem Volke die erste Art des Atheismus vorkommen wird, desto häufiger wird sich die andere, die eigentlich so genannte Gottlosigkeit finden, und es ist daher vorzüglich die Aufgabe, zu zeigen wie unselig der Mensch sei, der ohne Gott lebe. Ohne Gott geht dem Menschen alles Licht aus über die Welt, sich selbst, seine Bestimmung. a) Die Welt wird ein Werk des blinden Zufalls oder der unbedingten Nothwendigkeit. Mit dem frei ordnenden Geist, der über die Welt herrscht, hört aller Zweck auf: Alles ist wie es ist, weil es so ist. Es kommt zuletzt bei der Leugnung Gottes auf Materialismus hinaus. Man kann daher sagen: Nimmst du Gott aus der Welt weg, so ist sie wie ein Körper, dem das Auge ausgestochen ist; du nimmst die Sonne hinweg, ohne welche Alles finstere Nacht wird. — b) Daher folgt auch, daß der Atheismus alle Freiheit des Willens und damit alle Tugend zerstören muß. Wenn Alles nothwendig ist, so giebt es keine Selbstbestimmung; der Mensch muß so sein, wie er ist, durch die Geburt und die äußeren Umstände wird er nothwendig dazu gebildet. Er wird also blos Maschine. Giebt es keinen freien Geist als Schöpfer, so giebt es auch sonst keine freie Wesen. (Wie dies auch im Système de la nature consequent behauptet wird.) — Gottesleugnung hebt auch alle Tugend und öffentliche Sittlichkeit auf. Denn ohne Gott fehlt die höchste Macht, die das Gesetz handhabt, in Ansehen erhält, darnach richtet; dasselbe muß also sein Ansehen verlieren, besonders wo das bürgerliche Gesetz gar nicht hinreicht, um Sittlichkeit zu

bewirken. — Mit der Leugnung Gottes muß auch alle Mensch-
lichkeit aufhören, weil die Menschen nur als Kinder Gottes sich
Brüder und einander theuer sein können. Wer Gott verloren hat,
muß sittlich immer tiefer sinken. — c) Folge davon ist, daß Gottesleugnung den Menschen in den trostlosesten, unseligsten Zustand
stürzt. Er kann keine Freude an einem zwecklosen Dasein haben;
ja er muß consequent ein Leben verwünschen, das ihm so viel Be-
schwerden und Schmerz auferlegt; er ist ohne alle Hoffnung, und
die Zukunft muß ihn mit Angst erfüllen. Er ist wie einer, der in
einer Wildniß wandelt und seinen Führer verloren hat. Das Glück
kann ihn nicht erfreuen, weil es ihm nicht das Zeichen einer Liebe
und Güte ist, die über ihm waltet; das Unglück muß ihn verzagt
machen und der Verzweiflung preisgeben. (Daher sagt auch Baron
Holbach im Système de la nature I. c. 14. p. 330: Un ser
est le seul ami, le seul consolateur, qui reste au malheureux.
Auch von Rousseau siehe ein merkwürdiges Zeugniß in seinen Oeuvres XXV., 141.) — Man kann sagen: der Gottesleugner ist eine
Abart der Menschheit, er ist wie ein Kind, das seinen Vater verleugnet, ohne den es doch nicht da wäre, also ein Undankbarer; es fehlt
ihm der heiligste Stempel der Menschheit, das Ebenbild Gottes.

Es fragt sich, ob dieser Unglaube schädlicher ist als der Aberglaube. Plutarch hat den letzteren für schädlicher angesehen (περὶ
δεισιδαιμονίας VI., 627—656.), weil der Aberglaube (s. v. a.
Dämonenfurcht) den Menschen ängstige und lähme. Das konnte
höchstens im Vergleich mit den ganz unsittlichen heidnischen Religionen
gelten. An sich ist aber der Unglaube bei weitem verderblicher,
denn der Aberglaube hat doch wenigstens noch eine Beimischung von
Wahrheit. Er ist zwar oft verfolgungssüchtig geworden, aber der
Unglaube wird es auch, wenn er die Macht dazu hat, wie die französische Revolution lehrt. [Vgl. das Urtheil Göthe's: „Der Aberglaube ist ein Erbtheil energischer, großthätiger, fortschreitender Naturen: der Unglaube das Eigenthum schwacher, kleingesinnter, zu-
rückschreitender, auf sich beschränkter Menschen. Jene lieben das
Erstaunen, weil das Gefühl des Erhabenen dadurch in ihnen erregt
wird, dessen ihre Seele fähig ist, und da dieses nicht ohne eine
gewisse Apprehension geschieht, so spiegelt sich ihnen dabei leicht ein
böses Princip vor. Eine ohnmächtige Generation aber wird dieses
Erhabene zerstieben." Zur Farbenlehre II., 163.) Fragen wir:
wodurch kommt der Mensch auf die Verirrung, Gott zu leugnen,
was kann ihn in dieses Labyrinth führen? so sehen wir, daß dies
theils durch unselige Speculationen geschieht, wo der Verstand Alles
ergründen zu können meint und sich nicht durch Herz und Gewissen
leiten läßt. Die Religion hat ihre Tiefen, ihre Abgründe, an die
wir uns nicht wagen dürfen, ohne von Schwindel ergriffen zu werden. Da gilt es, die Demuth zu bewahren und die Grenzen der
Erkenntniß zu erkennen. — Mehr noch kann aber ein lasterhaftes

Leben und böses Gewissen den Menschen dazu führen. Wer wider das Gewissen handelt, verachtet die Stimme Gottes und wird diesem immer mehr entfremdet. Erwacht das Gewissen, und straft es, so kann bei bösem Willen das Interesse entstehen, Gott zu verleugnen. Oder wenn der Mensch den Weg überschaut, auf dem er immer tiefer in Sünde und Verderben gerathen ist, und nun Andere Bessere, Freie mit sich vergleicht, sich selbst aber nicht schuldig geben will, so kommt er auf den Gedanken, daß eine böse, feindselige Macht über ihm waltet, der Glaube an eine höhere über Alle gleiche Liebe wird ihm eine Lüge: und dann behält er, consequent fortgehend, nichts übrig, als ein blindes Fatum, das ihn in das Elend stürze. Er fällt von Gott ab. — Auch Unglücksfälle und überhaupt der Anblick des Elendes auf der Erde, verfehlte Hoffnungen, Leiden, Verkennung und Verfolgungen können dahin führen. Gutes Gewissen bei Unglück wird den Glauben an Gott befestigen.

Die Gottlosigkeit hat viele Grade, und wenn auch Keiner den äußersten, höchsten Grad erreichen mag, so kann der Mensch sich ihm doch immer mehr nähern. Es ist heilsam, sich den äußersten Grad vorzustellen, damit man erschrecke vor der so häufigen Gleichgültigkeit gegen Gott: ist der Abgrund so fürchterlich, so fliehe auch so weit als möglich; ist's Unseligkeit ohne Gott leben, so sei auch das dein höchstes Sorgen, ganz in Gott zu leben. Die Religion muß dir Alles, das Höchste sein, oder sie ist dir nichts; sie muß ganz Natur, sie muß das Element deines Lebens werden, oder sie ist nichts als Maske.

§ 5.

Der Offenbarungs - Glaube.

Ohne den Glauben an Offenbarung gäbe es überhaupt keinen christlichen Glauben, daher muß der christliche Religionslehrer darauf bedacht sein, den Offenbarungs - Glauben zu befestigen. Es bedarf dazu aber keiner speculativen Untersuchungen über Möglichkeit und Bedingungen der Offenbarung, sondern nur der Belehrungen aus der Geschichte über den Ursprung der Religion, über den Zustand der Völker ohne Offenbarung und über das fortgehende Bedürfniß der Offenbarung. Dadurch wird ein unbefangenes Gemüth zur Anerkennung der Wahrheit und des unvergleichbaren Werthes der biblischen Offenbarung geleitet werden.

Anm. 1. Die Geschichte sagt uns, daß die Religion nur aus Offenbarung entstanden ist. Alle Völker haben den Offenbarungs= Glauben; wo eine öffentliche Religion ist, macht sie auch den Anspruch, als geoffenbarte zu gelten. So allgemein der religiöse Glaube überhaupt ist, so allgemein ist auch der Offenbarungs = Glaube. — Sollte denn nun das ganze menschliche Geschlecht einer Täuschung

in diesem Punkte hingegeben sein? Gewiß, die Allgemeinheit des Glau=
bens an Offenbarung läßt vielmehr schließen, daß derselbe eine sichere
Grundlage habe, und daß ein Bedürfniß darnach in der menschlichen
Natur begründet sei. — Wenn eingeworfen wird: aber es sind so
viele Religionen aufgetreten, die als geoffenbarte gelten wollten und
es doch eben nicht waren, die sich einander widersprachen; da liegt
es nahe anzunehmen, daß es gar keine wirkliche, wahre Offenbarung
giebt; — so ist zu antworten: dieser Schluß ist ebenso falsch, als
wenn man aus dem Glauben an die mancherlei falschen Götter fol=
gern wollte, es gebe keinen wahren Gott. Es ist vielmehr durchaus
glaublich, daß Gott den vielen falschen Offenbarungen irgendwo eine
wahre Offenbarung werde entgegengesetzt haben.

Anm. 2. Der Ursprung von Religion überhaupt d. h. der
Glaube an etwas Göttliches, Uebernatürliches läßt sich zwar ohne
Offenbarung erklären: die Betrachtung der Natur und der in ihr
wirkenden Kräfte konnte diesen Glauben wecken, konnte besonders
die Vorstellungen religiöser Furcht erzeugen; — aber der Ursprung
der wahren Religion, der Glaube an Einen Gott, den Schöpfer
und Regierer Himmels und der Erde, läßt sich ohne Offenbarung
nicht denken, auch nicht in der Geschichte nachweisen. Denn a) wenn
die Vernunft den Begriff des Einen Gottes finden soll, muß sie die
Vorstellung der Harmonie der ganzen Welt haben. Wie schwer ist's
nun dem sinnlichen Verstand, die vielen so widerstreitenden Erschei=
nungen, die einander feindlichen Kräfte, die so verschiedenen Geschöpfe
aus Einer Ursache abzuleiten! wie wenig vermag's der ungebildete
Verstand, das Böse und Gute unter Einem Herrn zusammen zu
denken, und Alles zweckmäßig zu finden: er erkennt den innern Zu=
sammenhang und die Ordnung des Ganzen noch nicht. Er wird
natürlich von der Mannigfaltigkeit der Wirkungen auf mannigfaltige
Ursachen, von dem äußerlich erscheinenden Widerstreit auf einander
widerstreitende Mächte schließen. So leicht es uns vorkommt, Einen
Gott anzunehmen, so schwer mußte dies dem menschlichen Verstande
auf der ersten Stufe des Daseins werden. — b) Es läßt sich nament=
lich bei den Stammeltern des ganzen Menschengeschlechts, beim ersten
Menschenpaare, eine religiöse Bildung ohne Offenbarung nicht denken;
denn der Mensch kann einmal nur durch Menschen erzogen werden. (*)
Für die ersten Menschen gab es aber keine menschliche Erziehung,
sie konnten also nur durch Gott erzogen werden, der sich auf irgend
eine Weise ihnen offenbarte. Dies ist so wenig wider die Vernunft,
daß schon Plato (im Politicus, Vol. VI., 35. ed. Bip. vgl. de
Legg. 4, 180. Vol. VIII.) und Andere es glaubten. Dem stimmen

---

*) Menschen, die von der Gesellschaft abgesondert aufwachsen, verwildern, ja
vertshieren, wie man das an einzelnen Beispielen gesehen hat. Vgl. solche
Beispiele in Ewald, Biblische Religionslehre I., 97. Jahn, Exercitatt.
hermeneuticae II., 208—214. Constant, Denkwürdigkeiten über das
Privatleben Napoleons, III., 27—29.

auch Neuere bei, z. B. Fichte im Naturrecht S. 32. (Treffend
schreibt Diez an Johann v. Müller — Briefe 1839. Bd. 4. S.
340. —: Kein Mensch kennt seinen Vater und Mutter, wenn es
ihm nicht gesagt wird, und der Mensch will sich vermessen, aus sich
zu wissen, wer sein Schöpfer sei?) — Alle Sagen des Alterthums
von Indien bis nach Griechenland zeugen auch für diese frühen
Offenbarungen Gottes; und es läßt sich nur annehmen, daß die
Tradition darüber, wie sehr sie auch die Wahrheit verunstaltet haben
mag, den Anstoß gegeben hat zur Fiction der vielen Götter = Erschei=
nungen bei den Alten.

Im Lichte der Offenbarung erscheint nun die Gottheit als eine
väterliche, menschenfreundliche; es ist eine viel innigere, Vertrauen
erweckendere Annäherung Gottes, als wenn er sich nur durch die
Natur zu erkennen giebt, d. h. sich nur ahnen läßt. Warum wei=
gern wir uns denn, Gott uns so nahe kommen zu lassen? Das
Bestreben, Gott möglichst fern zu rücken, hat eine Hinneigung zum
Atheismus. — Wenn eingeworfen wird (wie von Rousseau im
Emile Tom. III., Zweibr. Ausg. IX., 89. 90. und XXV., 143.):
Warum offenbart sich Gott nicht jedem einzelnen? warum nicht allen
Völkern? warum nicht jetzt noch? so ist zu antworten: die ersten
Empfänger der Offenbarung waren tüchtige Werkzeuge, auch Anderen
sie zu verkünden. Gott bildet Menschen durch Menschen. Für
die Propheten war das Predigen ohne Furcht, für die Hörer das
kindliche Glauben eine Uebung ihres Herzens. — Ferner war die
ursprüngliche Offenbarung (an Adam) allgemein; sie ist nur durch
die Schuld der Völker für sie untergegangen. Das Christenthum
ist für alle Völker. — Endlich: eine fortgehende Offenbarung zu
fordern nach einer Offenbarung wie die christliche, ist unstatthaft:
diese giebt dem Einzelnen Alles, was er bedarf und verheißt die
Leitung des heiligen Geistes.

c) Ein Beweis nun aus der Geschichte für die Offenbarung
der wahren Religion ist, daß es bei keinem Volke des Alterthums
ein öffentliches Bekenntniß des Einen wahren Gottes gegeben hat,
außer bei dem hebräischen: überall herrschte die Vielgötterei. Nur
einzelne Weise hatten bessere Begriffe von Gott, aber noch keinen
reinen; selbst die griechischen Weltweisen kannten keinen Weltschöpfer,
sondern nur einen Weltbildner oder Ordner. Wie soll das einzige
hebräische Volk schon in den ältesten Zeiten diese Erkenntniß erlangt
haben, wenn es dieselbe nicht der Offenbarung verdankte? Ohne
diese bleibt jene Erscheinung ein Räthsel. Alle natürlichen Bildungs=
mittel, die man sich denken könnte, besaßen die anderen Völker auch,
ja zum Theil viel reicher. — Der Einwand, daß diese Lehre erst
aus späterer Zeit in die älteren Bücher übertragen sei, ist ohne
allen Grund und bloßer Nothbehelf aus Desperation; denn der Glaube
an Einen Gott war in die ganze Verfassung und Geschichte der israe=
litischen Nation verflochten, und man kann nie in späterer Zeit

2*

einen bestimmten Punkt angeben, wo dieser Glaube erst in die Ge=
schichte des Volkes eingetreten wäre: er ist überall schon da. Es
müßte also die ganze Geschichte des Volkes geleugnet werden, wenn
man den dort als erstes Gesetz geltenden Monotheismus ableugnen
wollte.

Anm. 3. Das Bedürfniß der Offenbarung für das
Menschengeschlecht erweist sich an dem Zustande derjenigen Völker,
welche derselben entbehrten. Diese hatten nicht nur mangelhafte,
sondern auch unwürdige, unmoralische Vorstellungen von der Gott=
heit; sie dachten sich ihre Gottheiten beschränkt, selbst die höchste dem
Fatum unterworfen, sie dachten sie mit menschlichen Fehlern, Leiden=
schaften, Lastern behaftet, gegeneinander selbst im Streite. Solche
Religionen konnten weder heiligen, noch trösten. — Das führte
natürlich zu einem unsittlichen Cultus, der, nur auf Erregung der
Phantasie berechnet, mit grausamen Opfern, ja mit Schandthaten
und Ausschweifungen verbunden war. — Daher gab es auch bei
ihnen keine öffentlichen Anstalten zur moralisch = religiösen Erziehung,
indem die Religionen selbst die Unsittlichkeit beförderten, und nur
noch an den bürgerlichen Gesetzen ein Gegengewicht fanden; wie
Filangieri in seinem System der Gesetzgebung V., 11. mit beson=
derer Rücksicht auf Rom bemerkt.

Anm. 4. Dieses Bedürfniß der Offenbarung ist bleibend,
a) zunächst für die moralisch = religiöse Bildung der Menschen über=
haupt. Es bedarf zur sittlichen Bildung einer Erziehungs=Anstalt,
eines Vereines unter den Menschen, in welchem die Grundsätze von
Sittlichkeit und Religion in immerwährendem Andenken erhalten,
gleichsam angefrischt werden und ihr Ansehen sicher gestellt wird.
Eine solche Anstalt, eine Kirche kann aber nur auf göttliche Offen=
barung gestützt sein: Gott allein konnte einen Menschen so bilden,
daß er das geistliche Oberhaupt würde, welches diese Anstalt bedarf;
er allein konnte eine magna charta, die heilige Schrift, als die
nöthige Grundlage geben. Er allein konnte die Kirche gründen und
ausbreiten. Ohne Offenbarung fehlte das Band für die religiöse
Gemeinschaft; dieselbe mußte aufhören. — b) Insbesondere bleibt
die Offenbarung Bedürfniß für jeden Einzelnen. Zur Bildung des
Volkes, der Ungelehrten kann es kein wirksameres Mittel geben, als
ein Wort Gottes, das dem Mangel des eigenen Nachdenkens einzig
geschickt ist, zu Hülfe zu kommen; ohne dieses Wort verlieren Recht
und Sittlichkeit leicht ihre Stütze. Der Gebildete, der durch Spe=
culationen sich leicht verirren kann, wird durch die Offenbarung immer
auf den Hauptzweck seines Lebens und seiner Wissenschaft aufmerksam
gemacht; die Offenbarung ist ihm ein herrliches Leitmittel, um seinen
Forschungen die rechte Richtung zu geben und ihn vor den Täu=
schungen des Stolzes zu bewahren. — c) Endlich bei dem gegen=
wärtigen Zustande der Menschheit, wie er wirklich ist, nämlich bei
dem Zustand der moralischen Verschlimmerung und Schuld, ist das

Bedürfniß einer Offenbarung doppelt bringend. Der moralisch ver=
schuldete Mensch bedarf Versöhnung mit Gott; die kann er sich
aber nicht selbst geben, ja je zarter ein Herz ist, und je strenger es
sich demzufolge richtet, desto größere Unruhe wird es wegen der
Vergebung haben, und einen desto stärkeren Drang nach Zusicherung
derselben von Gott. Der durch die Sünde moralisch geschwächte
Mensch bedarf der Stärkung, weil er sein Unvermögen zum Guten
fühlt; er empfängt sie nur von Gott, durch Gottes Geist kann er
die Sünde überwinden. Wie fest wird der Sünder die Vergebung
nun hoffen dürfen, wenn er hört, daß Gott selbst sie ihm zusagt!
wie fest seine eigene Besserung, wenn er weiß, daß Gott ihm zu
Hülfe kommt! — Gewiß ist nach dem Gesagten freilich, daß nur
der von dem Gefühl seiner Sünde und Ohnmacht Durchdrungene
(und der Gebildete sollte am ersten dazu kommen) das Bedürfniß
der Offenbarung haben kann (Matth. 5, 3 ff.); dem Selbstgenug=
samen, dem Gerechten bleibt dasselbe fremd.

§ 6.
Geschichte der Offenbarung in der Bibel.

Die heilige Geschichte oder die in der Bibel enthaltene Geschichte der Offenbarung Gottes zeigt uns eine göttliche Anstalt
zur Erziehung und Erlösung der Menschen; ihre Epochen sind
im Neuen Testament selbst bemerkbar gemacht Matth. 21, 33—41.
vgl. Marc. 12, 1 ff. Gal. 3, 24; 4, 4. 5. Hebr. 1, 1., und sie
offenbart uns die göttliche Weisheit und Liebe in der moralischen
Fortleitung der Menschen, so wie den engen Zusammenhang der
verschiedenen Haushaltungen Gottes, giebt aber auch den Christen die ernstesten Aufforderungen zur sittlichen Fortbildung.

Anm. 1. Die Offenbarung läßt sich nicht besser und umfassen=
der bezeichnen, als so wie die Bibel selbst thut: als göttliche Er=
ziehungs= und Rettungs=Anstalt. Vgl. 5 Mos. 32, 6. Jes. 1, 2. —
Dieser Begriff ist also biblisch und nichts Neues. (Besonders ent=
wickelt und verfolgt hat diesen Begriff der Verfasser der Schrift
„die Erziehung des Menschengeschlechts" [zuerst 1777 in den Bei=
trägen aus der Wolfenbüttelschen Bibliothek], welches nicht Lessing,
sondern Reimarus ist.)

Anm. 2. Dieser Begriff der Erziehung führt auch auf den
Stufengang der Offenbarung. Denn Erziehung muß sich richten
nach dem verschiedenen Alter, den Fähigkeiten, der Reife des zu
erziehenden Subjects; so auch die Erziehung Gottes durch die Offen=
barung. Man pflegt drei Hauptstufen der Offenbarung zu unter=
scheiden, die patriarchalische, die Mosaische, die Christliche; diese
Unterscheidung entspricht der Erziehung im Kindes=, im Knaben= und
im gereiften Alter. (Vgl. an Predigten hierüber: Sailer, Sechs

Predigten zur Ehre der Fürsehung, über alttestamentliche Begeben=
heiten. Augsburg 1782. und Ewald, die Erziehung des Menschen=
geschlechts nach der Bibel. 16 Predigten. Lemgo 1783.) Im Zeit=
alter der Patriarchen (Stifter, Urväter einer heiligen Familie)
ging Gott mit den Menschen als Vater mit seinen Kindern um, und
gab sich auf eine dem kindlichen Verstande gemäße Weise zu erken=
nen, durch Offenbarungen, die auf Auge und Ohr wirkten. Einer
solchen unmittelbaren Leitung bedurfte das erste Geschlecht, dessen
Verstand noch Kindes = Verstand war, das den Gedanken Gottes
noch nicht rein übersinnlich auffassen konnte. — Dem Kinde, so
lange es noch im Hause des Vaters ist, erscheint der Vater oft. —
Gottes Erziehung in den ältesten Zeiten war eine unmittelbare,
gleichsam bei der Hand leitende. So leitete Gott den Adam, so den
Noah, so den Abraham. — Daher auch die Boten Gottes, die
Engel, und die Gemeinschaft der Menschen mit den himmlischen
Geistern. Der Inhalt der Offenbarungs = Lehre war der kindliche
Glaube an Gott, als den Schöpfer Himmels und der Erden, der
zugleich der Vater ihrer Familie war, — Glaube an seine Hülfe,
die er ihnen verheißen, — und die Forderung eines kindlichen Ge=
horsams. — So lange die Menschen noch Eine Familie bildeten,
so war es allgemeine Menschen = Religion; erst nachdem unwürdige
Mitglieder aus dieser Familie austraten, wurde dieser Glaube ein
Erbtheil einzelner Familien, so vor der Sündfluth der Familie des
Seth, darnach der des Sem, zuletzt der des Abraham. Abraham
ist auch den Christen ehrwürdig als Stammvater der Gläubigen.
Er war Erhalter und Verbreiter der Verehrung des Einen Gottes:
— groß in der Willigkeit, mit der er Gottes Ruf hörte, in der
Zuversicht, mit der er die Ausführung des göttlichen Rathschlusses
mit ihm, bei allem widrigen Anschein, hoffte und demgemäß han=
delte, und in der Treue seiner Liebe zu Gott, die er durch schmerz=
liche Opfer bewies. — Seine Nachkommen mehrte Gott ungewöhn=
lich, — ließ sie in Aegypten zum Volke heranwachsen (damit sie
dort unvermischt blieben, was in Canaan nicht geschehen sein würde),
und da sie stark genug waren, ausführen. Das Werkzeug war
Moses. Mit ihm beginnt eine zweite Stufe der Offenbarung, eine
Erziehung, berechnet auf das Knabenalter. Dies bedarf einen Zucht=
und Lehrmeister; das war Moses, und der ideale Zuchtmeister das
Gesetz. Das Volk sollte dadurch auf's Wort gehorchen lernen, und
von der Wildheit und Unsittlichkeit, von den rohen Ausbrüchen des
Lasters, der Barbarei der übrigen Völker frei bleiben, — insbeson=
dere von Abgötterei rein und im Dienste des Einen Gottes erhalten
werden. Moses selbst, und nach ihm das Gesetz, das von den
Priestern gehandhabt wurde, war der Mentor, durch den das Volk
geleitet wurde. Die Religion auf dieser Stufe war die des Gesetzes,
des Gehorsams gegen Gott und seine Gebote. (Die Gebote waren
so zahlreich und speciell, um den Gehorsam zu üben, und um das

Volk, das in Canaan, d. i. fast dem Mittelpunkte der alten Welt, wohnen sollte, so viel möglich von den heidnischen Völkern zu scheiden und vor Ansteckung des Heidenthums zu bewahren.) — Die Religion war nun aus Familienreligon Volksreligion geworden. Das Gesetz hatte zugleich die Kraft eines bürgerlichen Gesetzes; Jehovah war Landesherr.

In der Gesetzesreligion war aber der Keim zu einer vollkommenen gelegt, und dieser Keim wurde von den Propheten immer mehr gepflegt und entwickelt, so daß nun endlich aus ihr die letzte Anstalt Gottes entspringen sollte. Die Mosaische Anstalt war allerdings nur für Ein Volk berechnet. Gott erwählte dies eine Volk, um aus ihm die künftige Bildungs = Anstalt für Alle hervorgehen, die Erzieher der übrigen Völker gebildet werden zu lassen. Warum nur dies Eine Volk? ist eine Frage des Vorwitzes, welche die Bibel nicht beantwortet. (Apg. 14, 16; 17, 20.) Für das jüdische Volk war es freie, unverdiente Gnade Gottes (5. Mos. 4, 5 — 9. 2. Sam. 7, 23. 24. Psf. 147, 19. 20.). Gott hätte ebensogut ein anderes Volk erwählen können; aber Eins mußte er erwählen, wenn die Religion nicht ganz untergehen sollte. — Uns dient die Beobachtung der Vergangenheit zur Warnung: wir sehen, was die Menschheit ist und wird ohne Offenbarung; wir sollen aus dem Fall der Vorwelt lernen festhalten an Gott und seinem Wort.

Endlich ward nun die Zeit erfüllt oder das Menschengeschlecht ward reif zu einer höheren Offenbarung; diese geschah durch Jesum Christum. Gott will uns nun nicht mehr als unwürdige Knaben durch den äußeren Buchstaben, sondern als freie Söhne durch den innern Antrieb des Geistes leiten, als Söhne, die in den Willen des Vaters einstimmen, ihn ganz zu dem ihrigen machen. Der äußere Gesetzeszwang hat aufgehört, Glaube und Liebe sind eingetreten. Daher hat Gott nun uns selbst den eingebornen Sohn gegeben, daß dieser als unser Erlöser und Vorgänger in uns freien Glauben, freie Liebe erweckte: — indem Gott nicht mehr Herr, sondern Vater sein will, und zwar Vater aller Menschen. Das Christenthum ist Erziehungs = Anstalt für alle Menschen berechnet. — Inhalt der christlichen Offenbarung ist: Gott ist der sündigen Welt gnädig, will sie retten; Mittler dabei ist Christus; Bedingung ist innige Hingabe an Christum, den Erlöser, um durch diesen mit Gott vereinigt zu werden. In dem Reiche des Friedens, der Liebe, im Reiche Gottes werden die Menschen zur himmlischen Familie Gottes zurückgeführt.

Will man den hohen Vorzug der christlichen Offenbarung vor der Mosaischen angeben, so bieten sich folgende Punkte dar: a) in Bezug auf die Personen, welche Gottes Werkzeuge waren: Moses war ein Diener Gottes, Christus der Sohn Gottes, das Ebenbild des Vaters in Heiligkeit, Macht, Weisheit, Liebe. (Hebr. 1—2, 3. und 3, 1—6.) b) Was den Inhalt anbetrifft, so erscheint Gott

hier als Vater, nicht als Herr; er offenbart seine Gnade gegen die
sündige Welt, seine Liebe gegen Alle; das Wort Gottes wird nicht
als strafendes Gesetz verkündigt, sondern als Wort der Gnade.
(Matth. 5, 3. Selig!) Es ist nun nicht mehr blos der Schatten
der Versöhnung, sondern durch Christum ist eine reale Versöhnung
vollbracht; wo diese angenommen wird, entsteht freie Lust und Liebe
und das Gesetz ist nicht mehr Zwang. Forderung an Alle ist kindlicher Glaube und Liebe. — Das Christenthum will zurückführen
zur kindlichen Unschuld und Einfalt der ersten Menschen (Matth.
18, 3.), nur mit dem Unterschiede, daß die Kindlichkeit des Christen
mit Klarheit des Selbstbewußtseins verbunden ist. — Daher fordert das Christenthum eine weit höhere Vollkommenheit der That
und Gesinnung nach; es giebt aber auch höhere Verheißungen, der
ewigen Vergebung, Erlösung, Seligkeit, der Aufnahme in den Himmel.
(Hebr. 12, 22.) — c) Die Art und Weise in der Behandlung
und Erziehung der Menschen ist eine höhere. Es soll nicht mehr
eine zwingende Zucht statt finden, sondern eine Erziehung durch Antrieb des heiligen Geistes. Daher nichts von den vielen Gesetzen,
Vorschriften, Gebräuchen, sondern nur die Gebote des Sittengesetzes
und die beiden einfachen Gebräuche der Taufe und des Abendmahls. —
d) Das Christenthum ist für alle Zeiten und Länder bestimmt und
geeignet; es ist verträglich mit der höchsten Stufe der Cultur. —
Eine solche Betrachtung muß den Christen mahnen, seinen Glauben
nicht durch Indifferenz herabzuwürdigen. (Es haben selbst christliche
Theologen ihren Glauben oft in falschgepriesener Humanität weg-
geworfen, z. B. durch die Art und Weise, wie Manche im Ausgang
des vorigen Jahrhunderts um die Gunst Mendelsohns buhlten.
Treffend beurtheilt und rügt solchen Sinn v. Meyern in der Vor-
rede zu Hamann's Golgatha und Scheblimini. 1818. — König
Friedrich Wilhelm III. tadelte es in einem Briefe an den Ober-
Präsidenten hart, daß der alte Bischof Borowski an der jüdischen
Confirmation zu Königsberg Theil genommen hatte, doch wollte er
Borowski nichts darüber gesagt werden lassen, um den alten Mann
nicht zu kränken.)

Anm. 3. Wichtigkeit der verschiedenen Offenbarungs-Anstal-
ten Gottes. a) Sie zeigen uns den väterlichen Sinn Gottes gegen
die Menschen, der durch alle Zeitalter hindurchgeht und die Menschheit wie ein Kind leitete und bildete. Was hat Gott an diesem
Geschlechte gethan! wie beschämt, wie erweckt dies aber auch! wie
belebt es den Glauben, daß Gott das Menschengeschlecht immer
unter seiner Leitung behalten, daß er nie aufhören werde, sich desselben anzunehmen! — b) Wir sollen als Christen die älteren
Offenbarungs-Urkunden nicht verachten, denn damit würden wir
die göttliche Anstalt selbst verachten, die doch das Christenthum vorbereiten mußte; vielmehr sollen wir auch sie mit Dankbarkeit ehren.
Das ganze Alte Testament sollen wir immer in Hinblick auf Chri-

stum lesen, und uns an der Morgenröthe laben, um desto freudiger den vollen Tag, der mit Christo aufgegangen ist, zu begrüßen und zu genießen. — Insbesondere sollen wir auch die ältere Offenbarung zu unserer eigenen Besserung gebrauchen; denn die menschliche Natur bleibt sich ja im Ganzen ähnlich, (der einzelne Mensch hat sogar jene Stufen durchzumachen,) so daß sich also von der alten Offen=barungs=Geschichte und Lehre leicht die Anwendung auf uns machen läßt. (Röm. 15, 4. 1. Cor. 10, 11.) Die Schilderungen von Gott, seinen Eigenschaften und Werken bleiben stets lehrreich und erhebend, die Spuren der göttlichen Vorsehung Vertrauen erweckend. Die Beispiele von Sünden dienen noch uns zur Warnung, da wir gleichen Versuchungen ausgesetzt sind, die Beispiele von Besserung und Begnadigung uns zur Erweckung und Hoffnung. Die Bei=spiele von Tugend und Verdienst sind uns ernstlicher Antrieb zur Nacheiferung; denn die Frommen des Alten Testaments, insonderheit die Propheten, waren Vorbereiter des Werkes Jesu Christi, der Christ muß ihnen also nacheifern, wenn er einst nicht vor ihnen er=röthen will; überdieß um so ernstlicher mahnend, da wenn sie schon eine so hohe Stufe der Vollkommenheit erreichten, der Christ bei weit reicheren, größeren Gnadenmitteln wenigstens nicht hinter ihnen zurückbleiben darf. (Matth. 11, 11.) — Das Bewußtsein, die höchste Offenbarung Gottes im Christenthum zu haben, muß uns zu Dank gegen Gott und zu dem lebendigen Eifer erwecken, uns ihrer würdig zu machen.

§ 7.
Die historische Glaubwürdigkeit der evangelischen Geschichte.

Da der Glaube an die christliche Offenbarung auf der Wahr-heit der Geschichte Jesu beruht, und letztere aus den Schriften der Evangelisten und Apostel erkannt wird, so kann es der Re-ligionslehrer auch nicht umgehen, auf die allgemein faßlichen Gründe für die Glaubwürdigkeit der evangelischen Geschichte hinzuweisen. Sie liegen 1) in der unbestreitbaren Gewißheit der Hauptthatsache des Christenthums, 2) in der inneren Be-schaffenheit der Erzählungen, denen der Stempel der Ehrlichkeit sichtlich aufgedrückt ist, 3) in der Unmöglichkeit, diese Geschichte von solchen Männern als erdichtet anzunehmen, 4) in den sonst unerklärbaren Wirkungen der Erscheinung Jesu. — Es wäre überflüssig, diesen Beweis zu führen, wenn die christliche Kirche das wäre, was sie sein sollte; sie selbst für sich wäre dann der factische Beweis. So aber entspricht sie nicht ihrem Ideale, eine in allen ihren Gliedern heilige Gemeinde zu sein. Das Verhalten der meisten Christen ist kein Zeugniß von der Güte und Wahr-heit ihrer Sache. Zweifel aber an der Wahrheit der christlichen

Religion haben sich unter den Christen selbst ausgebreitet, und müssen daher bekämpft werden. Doch gehört das nicht in den Schulunterricht, sondern eben nur für Erwachsene.

Anm. 1. Die Geschichte der Stiftung des Christenthums ist in ihren Hauptthatsachen unbestreitbar. Jesus Christus muß wirklich vor mehr als achtzehnhundert Jahren im Jüdischen Lande gelebt haben; er muß ein Volkslehrer und Stifter einer Religionsgesellschaft gewesen sein; er muß ferner ein ausgezeichneter Mann gewesen sein, weil er in so wenig Jahren ohne Gewalt, ohne künstliche Mittel eine so ungeheure Weltrevolution gestiftet hat. (*) Er hatte eine Anzahl näherer Schüler, durch die oder durch deren Schüler uns eben die Nachrichten über Jesum aufbehalten sind. Jesus ist unter Tiberius gekreuzigt worden, aber sein Werk nahm gerade da erst rechten Aufschwung. Diese Thatsachen sind gewiß, denn sie sind die nothwendige Bedingung der Existenz der christlichen Kirche. Daher werden sie auch selbst von den Gegnern des Christenthums zugestanden. Es giebt keinen Mann, dessen Existenz und Geschichte durch solche Folgen, durch ein so großes fortdauerndes Werk bezeugt wäre, als Jesum. Die Geschichte Jesu ist also in ihren Haupttheilen sichergestellt. Dafür stehen auch die Heidenwelt und die Juden als Zeugniß da.

Anm. 2. Der stärkste Beweis für das Einzelne der evangelischen Geschichte liegt in ihrem inneren Charakter. Wer Sinn für Wahrheit und Ehrlichkeit hat, der muß, wenn er den Evangelisten in's Gesicht sieht, inne werden, daß er es mit durchaus ehrlichen, aufrichtigen, glaubwürdigen Leuten zu thun hat. Es ist in ihnen ein ernster, sittlich religiöser Sinn, dabei aber natürlich, ohne affectirte Würde. Sie erzählen ohne alle Kunst und Schmuck, wie sich ihnen die Geschichte selbst gab: — es ist als ob sich diese Evangelien selbst geschrieben hätten, so wenig hört man von dem eignen Ich der Autoren; sie sind durchaus objectiv gehalten. Die Evangelisten wenden auch keine Kunst an, den Beifall der Leser zu gewinnen, sondern sie erzählen mit kindlicher Zuversichtlichkeit, getrost es dem Leser überlassend, ob er glauben wolle oder nicht. Kurz, das Gepräge der Ehrlichkeit an den Evangelisten ist so stark, daß man fragen muß: wenn man diese Leute für verdächtig hält, wer kann denn noch Glauben verdienen? (Daher sagt Oecolampadius: Certe non est, qui legit et excusari possit, si rejicit tam fideliter tradita, tam obvia, tam fuci nescia.) Es ist natürlich, daß die Apostel diesen Stempel der Wahrheit an sich tragen: den haben sie von Jesu angenommen. Im Umgang mit einem ganz wahrhaftigen muß man doch wohl selbst wahrheitsliebend werden. — Es folgt nun aber auch, daß nur ein redliches, aufrichtiges Herz die Zeugen

---

*) Friedrich der Große gefragt, wen er für den größten Menschen halte, antwortete: Jesum. — qui avoit su avec tres peu de moyens opérer de bien grandes choses.

Jesu verstehen und anerkennen könne, oder: daß dem redlichen Sinne nur die Wahrheit der evangelischen Geschichte sich aufschließe.

Anm. 3. Nähme man an, die evangelischen Schriftsteller hätten absichtlich getäuscht, so müßte man nicht einen gewöhnlichen, leicht zu begehenden Betrug, sondern den allerfeinsten, künstlichsten annehmen; Leuten wie die Apostel könnte man aber dazu gar nicht die Fähigkeit zutrauen. — Es läßt sich auch gar kein hinreichender Grund auffinden, der sie zur Erdichtung vermocht haben sollte. Keinen weltlichen Gewinn, keine Ehre hatten sie zu erwarten, vielmehr Verlust und Anfechtung. Sagt man: „das Interesse für die Person Jesu, für den sie einmal eingenommen waren", so ist zu antworten: wenn dieses Interesse ein reines war, so vertrug sich damit nicht Betrug; ein reines mußte es aber sein, weil unreine Motive hier überhaupt keine Befriedigung finden konnten. Hätte dieses Interesse sie zur Dichtung verleitet, so würden sie die Lobredner Jesu gemacht haben; das sind sie aber nie, so wenig als sie sich in Schmähungen seiner Feinde ergehen; sie sind bloße Erzähler. — Vor Allem aber muß bemerkt werden: es war unmöglich, einen Charakter wie Jesu zu erfinden. Denn dieser Charakter hat zu viel Originalität, er ist so in sich harmonisch, so erhaben, daß er kein Gebilde der Phantasie jener Männer sein kann. Nur wenn dieser Charakter in der Wirklichkeit vorhanden war, begreift sich seine Darstellung. (So urtheilt selbst Rousseau im Emil. Theil 3. Oeuvres Deux p. IX. 114-—117.)

Anm. 4. Wenn nicht die Geschichte Jesu im Wesentlichen wahr wäre, so ließen sich auch nicht die Wirkungen erklären, die an die Erscheinung Jesu geknüpft waren. Diese Wirkungen waren beispiellos: bei Juden Aufgebung ihrer beschränkten, engherzigen Nationalrichtung und Bildung, Verlassung des statutarischen Gesetzes, des damaligen Cultus; bei Heiden Aufgabe der Volksreligionen, Uebergang von sinnlichen Religionen zu einer rein geistigen, Zerreißung der alten Bande und Kampf mit den übrigen heidnischen Welt, unter den schwersten Opfern. Das Alles vermochten allein die ergreifenden Thatsachen der Geschichte Jesu zu bewirken.

Anm. 5. Da unter Allem, was die Evangelisten erzählen, das Wichtigste die Lehre Jesu selbst ist, so ergiebt sich die Frage: ist diese rein von ihnen überliefert? Daß die Apostel die reine Lehre Jesu geben wollten, folgt aus ihrem ehrlichen Charakter. Ein Grund, ihnen zuzutrauen, daß sie absichtlich verfälschten, ist gar nicht vorhanden. Um aber die Lehre Jesu unverfälscht geben zu können, dazu hörten sie Jesu lange genug, zumal seine Lehre nicht verwickelt und dunkel war. — Jesus ließ sie auch schon bei seinen Lebzeiten eine Probe in dem Lehramt ablegen. (Matth. 10.) — Die Apostel haben ferner sich nie in der Substanz der Lehre getrennt, haben keine Secten gebildet. Diese ihre Uebereinstimmung läßt sich nicht wohl anders erklären, als durch Treue gegen Jesum und Wahrhaftigkeit. —

Sie brachten auch viele Frucht; daraus ist zu schließen, daß sie in
Jesu blieben. (Joh. 15, 4. 5. 7. 8.). — Endlich aber der Haupt=
grund: Christus selbst hat sie für vollgültige Ausleger und Zeugen
seines Wortes erklärt. Die Sendung der Apostel (Matth. 28, 19.
Luc. 24, 47. Joh. 17, 18.; 20, 21.) wäre ganz zwecklos gewesen,
wenn Christus ihnen nicht zugetraut hätte, daß sie seine Lehre rein
vortragen würden; wer hätte denn bei den Heiden die angeblichen
Irrthümer der Apostel verbessern können? Jesus erklärt, daß das
Wort der Apostel völlig wie sein eigenes gelten solle Luc. 10, 16.;
er bittet Joh. 17, 20. für Alle, die durch ihr Wort an ihn glauben
würden. Es wird bei diesem Grunde noch gar nicht die göttliche
Autorität Jesu vorausgesetzt, (das wäre Cirkel); sondern es wird
Jesu nur das Recht vindicirt, das jeder Lehrer hat, irgend einen
seiner Schüler für einen autenthischen Interpreten seiner Lehre zu
erklären und zu crebitiren. Das hat Jesus mit den Aposteln gethan.
Wollte man aber hier widersprechen: nun so müßte man so frech
sein, zu behaupten, die Apostel hätten diese Aussprüche Jesu unter=
geschoben, um ihr eigenes Ansehen zu heben, oder man müßte die
Apostel zu offenbaren Betrügern machen.

Wenn man nun die Einwendung erhebt: die Apostel haben Jesum
bei seiner Trennung selbst noch nicht ganz verstanden (Matth. 15, 16.,
Marc. 4, 13. Joh. 16, 12. Vgl. Apg. 1, 6.; 10, 14. 28. 34.),
ja sie haben ihn oft mißverstanden und Irrthümer gehegt: so ist nicht
zu vergessen, daß Jesus selbst die Mißverständnisse berichtigt hat.
Die Behauptung aber, die Lehre Jesu erscheine anders in den Syn=
optikern, anders im Johannes = Evangelium, und wieder anders
lehren die Apostel in den Briefen, ist durchaus falsch. (Vgl. die
Predigten von Reinhard 1798. I. Nr. 18. „Daß es der rechte
Geist Christi war, der in seinen Aposteln wirkte,“ und 1803. II.
drei Predigten: „Wie wichtig es ist, daß die Apostel Jesu bei allem
weiteren Nachdenken und bei allen Erfahrungen ihres Lebens dennoch
bis an ihren Tod auf einerlei Sinn gegen Jesum geblieben sind.“)

§ 8.
Die Zeugnisse Jesu von seiner göttlichen Sendung.

Wenn wir die Selbstbekenntnisse Jesu in Beziehung auf
seine Person und sein persönliches Verhältniß zu Gott, auf sei=
nen Beruf und den Ursprung seiner Lehre, auf seine Anforderungen an die Menschen betrachten; so ergiebt sich, daß Jesus
sich nicht etwa nur in dem Sinne eine göttliche Sendung zugeschrieben, als er auf natürlichem Wege zu seiner Erkenntniß
und durch den Gewissenantrieb zum Gefühl seines Berufs geleitet worden sei; sondern daß er sich einen ganz außerordentlichen,
unmittelbar von Gott empfangenen Beruf zuschrieb, und sich für
den höchsten göttlichen Gesandten an die Menschen erklärte.

Anm. 1. Die Frage ist hier noch nicht, ob das, was Jesus von sich sagte, wahr gewesen; sondern nur, was er von sich gesagt hat, wofür er sich erklärt, wofür er hat gehalten sein wollen; also eine rein exegetische Frage. Aber die Beantwortung dieser Frage ist wichtig, denn es hängt davon ab, wie wir uns gegen Jesum zu verhalten haben. Giebt er sich für einen göttlichen Gesandten im letzten Sinn, so dürfen wir's nicht dahingestellt sein lassen, wir müssen prüfen, und falls Christus nun wirklich das war, was er von sich sagt, so sind wir im Gewissen verbunden, ihm zu glauben. Ist er aber nur ein natürlich weiser und erweckter Mensch gewesen, so ist es unserm Urtheil überlassen, ob wir glauben wollen oder nicht. Es hängt also von dieser Untersuchung die Beantwortung der Frage ab, ob es eine Glaubenspflicht giebt.

Anm. 2. Darlegung der Aussagen Jesu nach den obigen drei Gesichtspunkten: a) Seine Person stellt er in das engste Verhältniß zu Gott: er sagt, er komme von Gott, sei von ihm gesendet, sei der eingeborne Sohn (Joh. 3, 16.), sei vor seinem irdischen Auftreten bei Gott gewesen (Joh. 8, 56.; 17, 5.; 16, 28.), also im Himmel; er stehe in immerwährender Gemeinschaft mit Gott (Joh. 16, 15.), er habe Gott gesehen. (Joh. 6, 46.) b) Er schreibt sich einen unmittelbaren Ruf von Gott zu, nicht in seinem Namen sei er gekommen (Joh. 5, 37. 43.), seine Lehre sei von Gott (Joh. 7, 16.); nie nennt er einen Menschen oder sonst eine Quelle, aus der er sie geschöpft (Joh. 8, 26. 28. 38. 40.; 15, 15.; 17, 8.). Er kenne daher Gott, wie kein anderer Mensch (Joh. 6, 46. Matth. 11, 27.); er sei der letzte Gesandte Gottes. (Matth. 11, 11.; 12, 41. 42.; 13, 17.; 21, 37. Vgl. Marc. 12, 6.) c) Er fordert von Allen unbedingten Glauben, und zwar stellt er den Glauben dar als Bedingung der Seligkeit (Joh. 3, 18.); er sagt, daß ohne ihn Niemand selig werde (Joh. 14, 6.), und daß der Unglaube an ihn ins Verderben führe (Joh. 3, 18—21. Marc. 16, 16.). Im Angesichte des Todes ist er gewiß, daß seine Lehre werde Weltreligion werden. (Matth. 24, 14.; 26, 13. 64. vgl. Joh. 10, 1—18.) — Alle diese Aussprüche können nur den Sinn haben, daß sie eine übernatürliche Sendung bezeichnen. Denn a) die Worte sind schon ihrem natürlichen Sinn nach so hoch, so überschwänglich, daß, wenn man sie nicht herabdeutet, sie nothwendig dies bedeuten müssen. So hat sonst kein Mensch von sich geredet. b) Die Worte bedeuten eben auch nach dem Sprachgebrauch des Alten Testaments, so wie der damaligen Juden (vgl. Philo, Josephus) nichts anderes als eine außerordentliche göttliche Sendung. (Joh. 9, 29.) Alle Widersprüche der Juden und zuletzt die Verurtheilung hätten keinen Sinn, wenn jene die Aussprüche Jesu in einem naturalistischen Sinn verstanden hätten. c) Die Versicherung „Wahrlich, wahrlich" paßt sich nur in dem Munde eines göttlichen Gesandten.

Anm. 3. In den Aussprüchen Jesu eine Accommodation zu

finden, geht nicht an. Dagegen ist der hohe, entschiedene Ernst
Christi, mit dem er seine Bekenntnisse ablegt und öfter wiederholt;
die Wichtigkeit, die er dem Glauben daran beilegt, selbst bei seinen
Jüngern (Matth. 11, 16. Joh. 17.); der Ernst, mit dem er sie
sogar im Gebete aussprach, und endlich, daß er sie mit seinem Tode
bekräftigte, — abgesehen davon, daß eine solche Accommodation,
gerade in den heiligsten Dingen, an sich unsittlich und verwerflich
wäre. — Die Evangelisten verdienen auch gerade hierbei vollen
Glauben; denn die Aussprüche geschahen so oft und wiederholt, daß
sie Jesum wohl verstehen konnten. Es ist auch undenkbar, daß sie
ihm alle diese Behauptungen hätten andichten können: wie wären sie
darauf gekommen? und viele andere Zeugen hätten ja widersprechen
können. Sodann haben diese Aussprüche aber auch so viel innere
Wahrheit und hängen alle zusammen mit der ganzen Lehre Jesu,
so daß Alles falsch sein müßte, wenn sie falsch wären. Endlich spricht
der Erfolg für die Wahrheit, indem Christus eben um seiner Aussagen willen über sich verurtheilt wurde.

§ 9.
Uebersicht der Hauptbeweise.

Je größer die Erklärungen sind, die Jesus über sich giebt, und
die Anforderungen, die er an die Menschen macht: desto mehr erfordert der Glaube an ihn eine feste, zweifellose Begründung. Gott
hat aber diesen Glauben jedem unbefangenen, wahrheitsliebenden
Gemüthe leicht gemacht, indem dieser Eine wie sonst keiner aus dem
ganzen menschlichen Geschlecht ausgezeichnet dasteht, und das Siegel
der göttlichen Sendung an sich trägt, sowohl durch das, was Jesus
an sich selbst war (d. i. seinen persönlichen Charakter, die Weisheit
seiner Lehre, die Größe seines Werkes), als durch das, was Gott
für ihn that (vor seiner Erscheinung, während seines irdischen Lebens,
nach seiner Entfernung von der Erde.). — Die Untersuchung hierüber gehört hierher, weil darauf der ganze christliche Glaube ruht,
und weil sie auch praktisch sehr eingreifend ist. — Sie muß auch
gerade an dieser Stelle ihren Platz finden, weil es lediglich von dem,
was Jesu Person gilt, abhängt, wie viel seine Lehre gelten solle;
und also um das Ansehen seiner Person zu beweisen, nicht im Voraus eine vollständige Erklärung seiner Lehre nöthig ist. — Die Beweise, die hier gegeben werden, müssen für Alle leicht faßlich, sie
müssen klar und sicher sein.

§ 10.
Der Charakter Jesu überhaupt.

Die Erscheinung Jesu ist schon an sich in einer Welt, wie die
unsere, einem Wunder gleich zu achten; es offenbart sich in ihm ein

Bild der vollendeten Menschheit, wie wir es sonst nirgends finden. Um davon gewiß zu werden, bedarf es einer theilweisen Betrachtung seines Charakters (nach der Seite des Geistes und Herzens), welcher unerschöpflichen Stoff zu den erweckendsten Vorträgen giebt. — Die Geschichte Jesu ist die Geschichte eines rein ethisch = religiösen Lebens; eines Lebens, das einzig und allein den Zweck der Besserung und Umschaffung der Menschen verfolgte, das durchaus nicht, wie doch selbst die erhabensten Geister unseres Geschlechts, in mancherlei an=dere, irdische Bestrebungen verflochten war und sich zersplitterte. Der Charakter Jesu ist die Basis des Glaubens an ihn überhaupt, durch welche alle anderen Beweise erst Haltung und Kraft bekommen. Und eine Schilderung desselben zu geben, kann man nur mit Schüch=ternheit wagen. Denn es ist schon etwas Gewagtes, den Charakter irgend eines Menschen beschreiben und beurtheilen, d. h. in das In=nerste des Menschen bringen, es aufdecken zu wollen: wie viel mehr erst bei Jesu. Nun haben Viele gemeint, es sei überhaupt unmög=lich, den Charakter eines Andern sicher zu beurtheilen. (So der Recensent von Daub's Judas Ischarioth in der Jenaer Litt. Zei=tung 1817. S. 315.), weil wir nur die äußere That erkennen könnten, nicht aber den Einfluß der äußeren Umstände, die Gemüths=lage, in der er handelte, die Triebfedern, die in ihm wirkten, zu beurtheilen vermöchten. Aber das würde, unbeschränkt festgehalten, zu einem völligen moralischen Pyrrhonismus führen, alle Gewißheit über menschliche Charaktere aufheben, alle Liebe und Zutrauen zer=stören. Es läßt sich allerdings ein sicheres Urtheil über den sittlichen Charakter Anderer fällen, so sicher, als es überhaupt in dieser Welt möglich ist, und möglich sein soll. Aus den Thatsachen im Leben Jesu (und eine tagebuchartige Vollständigkeit ist nicht nothwendig, um sich ein Bild des ganzen Lebens zu machen), aus der deutlich hervortretenden Tendenz seines Lebens, und aus den zu erforschenden Triebfedern (deren Spuren an den Handlungen selbst, so wie aus den eigenen Reden, besonders bei lebhaften Gemüthsbewegungen, bei vertrautem Verkehr mit Freunden, beim Gebete aufzusuchen sind) — aus diesem Allen kann man einen Schluß machen. Das Urtheil, das wir so gewinnen, ist nun zwar kein untrüglich gewisses, absolut evidentes; das soll es aber auch nicht, es soll uns nicht aufgezwun=gen werden. Vielmehr soll dazu kommen eine freie, edle Herzens=Anerkennung, ohne welche auch kein Vertrauen möglich ist. — Um nun den Charakter Jesu zu erkennen, dazu gehört Kenntniß der Geschichte Jesu aus gründlicher Erforschung der Evangelien, eine gewisse psychologisch = moralische Beurtheilungskraft, ja Aehnlichkeit des Sinnes und Herzens mit Jesu selbst. — Es wäre wohl das höchste, edelste, rühmlichste, wissenschaftliche Unternehmen, eine voll=ständige Charakteristik Jesu zu schreiben, aber es gehörte dazu auch der vollendetste Charakter. Noch rühmlicher jedoch ist es, Christo nachleben.

§ 11.

Von dem intellectuellen Charakter Jesu.

Schon hier ragt Jesus über alle Menschen hervor. Der höchste Beweis davon ist die von ihm vorgetragene Lehre und das von ihm unternommene Werk, sodann aber auch die ganze Art und Weise, wie er lehrte, wie er auf Menschen einwirkte, so wie die Wege, die er dazu wählte. — Man beachte hier Jesu Menschenkenntniß: er kannte die menschliche Natur überhaupt und ihre Bedürfnisse, er kannte auch die Menschen, ihrer Individualität nach; das zeigte sich z. B. in der Wahl der Apostel, in der Durchschauung derselben. Seine Lehrweisheit vereinigte alles Erforderliche; sein Vortrag war klar, einfach, würdevoll, gewaltig, besonders in den Parabeln einfach und doch tief. Vor seinem Blicke lag das ganze Geisterreich und das Reich der Natur klar in allen seinen Beziehungen und Verhältnissen. Er machte auf alle Gemüther einen gewaltigen Eindruck, selbst auf seine Feinde, denen er seine geistige Superiorität bewies. Er zeigte die größte Geistesruhe und Besonnenheit, auch in dem größten Gedränge. Auch zeigt sich seine Geistesgröße in der Freiheit von aller Uebereilung, in der Besonnenheit, mit der er zu Werke ging: so trat er erst im dreißigsten Lebensjahre, nach langer Vorbereitung und reifer Ueberlegung auf; er wählte den Beruf eines herumziehenden Lehrers und predigte öffentlich, wodurch möglichst Viele auf ihn aufmerksam wurden, wobei auch durch den Anblick seiner Person und durch das Empfinden der Macht des lebendigen Wortes ein größerer Eindruck hervorgebracht wurde. (Auf die, die einen Eindruck von seiner Persönlichkeit empfangen hatten, mußte dann auch sein Tod einen um so tieferen Eindruck machen.) Zu Festzeiten versäumte Jesus nicht zu Jerusalem aufzutreten, namentlich im Tempel; sonst war er meistentheils in Galiläa: das Volk war dort im Ganzen unverdorbener, weniger dem Einfluß der Pharisäer ausgesetzt, es war verwahrloseter, verachteter, aber auch bedürftiger. Zu den Heiden ging er nicht, um der Juden willen, und weil das seine Zeit nicht zuließ. Seine Jünger ließ er selbst Versuche anstellen im Lehren, und sich so üben.

§ 12.

Aeussere Seite des sittlichen Charakters Jesu.

Das Leben Christi erscheint als ein Leben von der höchsten, angestrengtesten Thätigkeit und als ein Leben ganz und ungetheilt dem heiligsten, aber auch schwierigsten, Aufopferungen fordernden und während seines Lebens undankbaren Berufe, das Reich Gottes herbeizuführen, geweiht.

Anm. Das Leben Christi war kein vages Umherschweifen nach verschiedenen Zielen, sondern es war ein harmonisches Leben, Einem, dem höchsten Berufe gewidmet. Das Reich des Satans mußte er bekämpfen, Gottes Reich herbeiführen. Dabei hatte er Anstrengungen zu ertragen, zu denen kaum physische Kräfte ausreichen, und sein Leben war ohne allen Lebensgenuß in unserm Sinne. Jede Zeit, jeden Ort suchte er für seinen Berufszweck zu gebrauchen: nicht blos im Tempel, in den Synagogen, auch in der Wüste, am Meere, wie an den Tafeln der Reichen sprach er die ernstesten Wahrheiten aus. Das konnte nur er, der sich über Alle so erhaben fühlte und von so heiligem Berufsdrang erfüllt war (Matth. 4, 4. Joh. 4, 34.). Ein solches ununterbrochenes Wirken für den heiligsten Zweck war ihm Natur, stehende Ordnung. — Ueberall zeigte er eine gleiche Würde; sein Wandel war ganz in Harmonie mit seiner Lehre. (Eine schöne Musik, wie es Plato im Laches nennt, wenn Wort und That übereinstimmt.) Das Christenthum zeigt sich auch ehrwürdig in den post sceniis vitae; das ist nirgend so wie bei Christus. — Der Beruf Jesu erforderte nun auch große Gebuld, denn er hatte so wenig schnellen Erfolg (Matth. 11, 20—24. Joh. 12, 37.), das Volk im Ganzen zeigte keine Umwandelung. Doch blieb Jesus unermüdet. — Mit seiner unermüblichen Thätigkeit war endlich die strengste Sittenreinheit, völlige Unbescholtenheit verbunden. Dieselbe erkannten nicht blos Johannes der Täufer und seine Jünger an, unter ihnen auch Judas, welcher gestehen mußte, er hätte unschuldig Blut verrathen; sondern auch selbst seine Feinde, die keinen Grund zur Anklage wider ihn fanden.

§ 13.

Der Charakter Jesu nach seiner inneren Seite.

In das Innere Jesu zu blicken, ist uns wohl gestattet, weil es durchaus Wahrheit, Treue ist und immer offen vor uns liegt. Es erscheint zunächst rein von allen sündlichen Regungen, niederer und feinerer Art, und wurde nur von zwei Haupttriebfedern, die ihrem Wesen nach Eins sind, bewegt: Menschen- und Gottesliebe. Sein Herz wandte sich den Menschen zu mit einer Liebe, die eben so ernst und rein, als mild und innig, eben so weit umfassend, als das Nahe sich innig aneignend, eben so zart und weich, als standhaft und unbesiegt war. Diese Liebe aber hatte, wie Jesu ganzes Leben, ihren eigentlichen Quell in Gott. Gegen Gott empfand und bezeugte er auf der einen Seite die tiefste Demuth, aber zugleich auch das innigste Gefühl seiner Gemeinschaft mit ihm, und das Bewußtsein, der höchste Gegenstand der göttlichen Liebe zu sein. Gott war das innere Licht, das ihn leitete, die einzige Regel und Kraft seines Willens und Thuns. Dieses Leben in Gott war ihm Natur, und stellt ihn als vollkommenes Bild der Heiligkeit dar; und darum bestand auch seine Liebe die schwersten, nur denkbaren Proben. So steht er da als Erscheinung der Gottheit unter den Menschen, als Urbild der vollendeten Menschheit, das alles wahrhaft Gute und Große in sich vereinigt.

Anm. 1. Wir klagen oft, wie schwer es ist, in das Innere eines Menschen zu blicken: der Mensch, der sich selbst oft nicht klar ist, sich vor sich selbst verbirgt, vermag freilich schwer durchschaut zu werden; und es ist uns daher eine je seltenere, desto erfreulichere Erscheinung, einen Menschen zu finden, der uns ganz in sein Inneres blicken läßt. — Bei keinem Menschen in der Geschichte ist dies in dem Grade möglich, wie bei Jesu: wir können es predigen, daß es uns bei keinem Menschen so leicht gemacht ist, in sein Inneres zu blicken, als bei Jesu. Warum? Weil sein Wesen Wahrheit, Treue ist. Was ist dieses? Es ist die vollkommene Harmonie seines Seins und seines Erscheinens. Die Betrachtung seines Bildes giebt Jedem den Eindruck: Jesus ist das ganz, was er erscheint; er ist ganz Eins mit sich, ganz im Klaren über sich (Unklarheit über sich ist nicht bloß Beschränktheit des Verstandes, sondern Unlauterkeit des Herzens); alles, was er spricht, ist Ausdruck des innigsten, vollsten Bewußtseins; er gehört durchaus nicht zu den räthselhaften, geheimnißvollen Menschen, wenngleich er Vielen ein Räthsel gewesen ist und noch ist; klar und offen liegt sein Wesen vor Allen, die ihn gerade anblicken. — Jesus giebt sich immer und unter allen Umständen ganz so wie er ist. Sein Herz ist in jeder seiner Reden und Handlungen ausgeprägt und ausgeschüttet. Die Wahrheit ist in seinem Bilde der Grundzug. — Diese Wahrheit hat daher auch der Sprache, der Lehrweise Jesu einen eigenthümlichen Charakter gegeben. Seine Sprache ist Sprache der Wahrheit; es ist nichts Gemachtes, Gesuchtes, Affectirtes darin, nichts, was das Gepräge des Genialen oder Originellen haben soll, sondern es ist Einfalt, Natur, ganz ungekünstelt und ungeschminkt — (Die Sprache ist Typus des Herzens) —, so wie sie die reine religiöse Anschauung schuf. (Es folgt hieraus, daß aufrichtige, wahrheitsliebende Herzen die Sprache Jesu verstehen müssen; daß wahrhaftige Seelen Jesum als den Wahrhaftigen erkennen. Vgl. Joh. 18, 37. „Wer aus der Wahrheit ist, der höret meine Stimme." 8, 43: „Warum kennet ihr denn meine Sprache nicht?") — Vor diesem Wahrheits-Menschen konnten die falschen Seelen nicht bestehen; — sie konnten seinen Blick nicht ertragen, das ist sein Flammenauge, vor dem auch einst die zu schanden werden sollen, die falsch waren Offb. Joh. 1, 7, — obgleich sie selbst, seine Feinde, seine Wahrhaftigkeit anerkennen mußten. (Matth. 22, 16. „Meister wir wissen, daß du wahrhaftig bist.")

Diese Wahrheit hat sich auch seinen Jüngern, den Aposteln mitgetheilt, wo gäbe es nach Jesu aufrichtigere, offnere Seelen? Sie sind's durch Jesum geworden. (Themata: Jesus hat Kraft, die Herzen wahrhaft zu machen; allen aufrichtigen Jesus-Freunden ist der Charakter der Wahrheit aufgedrückt; willst du wahrhaft werden, so nimm Jesum in dich auf.) Dieser Zug schon ist göttlich in Jesu, denn Gott ist die lauterste Wahrheit, das reinste Licht. (Daher: Es ist so viel Göttliches in dem Menschen, als Wahrheit in ihm ist. Was würde die Welt sein, wenn sie sich nach Jesu gestaltete, wenn seine Wahrheit sie durchdränge statt der Falschheit, die oft ihr Wesen ist!)

Anm. 2. Die erste Bedingung dieser Wahrheit ist Reinheit von der Sünde, innerer und äußerer Sünde. Wahrheit fordert ein lauteres Bewußtsein, reines Gewissen. Christus war der Eine, der diese absolute Reinheit und darum auch Wahrheit hatte: wir haben sie nur annäherungsweise. Er nennt sich selbst sünblos: eine solche Sprache führte kein Prophet, kein Apostel; sie Alle klagen über ihre Sündhaftigkeit. (Joh. 8, 46 so deuten: Jesus hätte sagen wollen, die Juden wußten keine Sünde an ihm, wobei sich doch denken ließe, daß er wohl Sünde gehabt, — ist fribol und blasphem. Jesus ruft diese Frage hinein in die sichtbare und unsichtbare Welt. Er hätte es nach seiner Wahrhaftigkeit nicht sagen können, wenn er nicht sünblos gewesen wäre.) Sein Leben, seine Thaten beweisen dies auch: wer kann auf sein Leben, auf Eins seiner Worte einen Flecken bringen? Jesus hatte nichts zu verbergen, darum konnte er wahr sein. — Die gewöhnlichen Triebfedern des menschlichen Herzens lassen sich bei ihm nicht denken: von Lust und Habsucht kann nicht die Rede sein, 1. Joh. 2, 16; ebensowenig von Ehrgeiz, denn er vermied Alles, was sonst Ehrgeizige zu thun pflegen, und was die Augen der Menge blendet; er schmeichelte auch nicht den Großen seines Volkes; er suchte sie nicht, statt dessen war er umgeben von Armen und Niedrigen. Beifallsbezeugungen achtete er nicht, Luc. 11, 27. 28. Vgl. Matth. 16, 20.; 17, 9.; 19, 17.; Joh. 6, 15. Statt der Ehre, die er hätte haben können, hat er Schmach getragen.

Anm. 3. Die wahre Triebfeder, das eigentliche Princip seines Lebens war Liebe zu Gott; doch weil auch diese aus der Menschen-liebe sich noch deutlicher ersehen läßt, so ist's zweckmäßiger, von dieser zuerst zu reden. Jesus ist die Liebe selbst, das Bild der vollkomme-nen Menschenliebe. Diese darf nicht in blos sinnlichen Gefühlen liegen, — sie muß mit Gefühl sein, nur aber Gefühl, das seinen Grund hat in dem reinen Willen und Herzen. Jesu Liebe ist Liebe der Gesinnung, Wohlwollen. — Sie ist anderer Art als die ge-wöhnliche Liebe der Menschen; sie ist auch menschlich, denn er fühlte sich durch seine menschliche Natur den Menschen angehörig; aber sie ist mehr, sie ist göttlich. Die wahre Wurzel der Liebe Jesu ist in Gott: er liebte die Menschen in Gott und um Gottes willen.

Die Liebe wird auch bestimmt durch das, wofür wir die Men=
schen ansehen: Jesus erkannte sie als Sünder, als Gefallene, als
von Gott verirrte Kinder, als Verführte, — die nur Er zurückzu=
führen, zu retten den Beruf hatte.   Daher der Charakter der Liebe
Jesu: es ist a) eine geistige Liebe, die sich ganz auf das ewige Wohl
der Menschen bezieht, auf ihre ewige, göttliche Bestimmung; daher
auch b) weise, sein Herz wurde ganz von seinem Geiste geleitet.
c) Es ist ernste, heilige Liebe, die dem Menschen den nöthigen
Schmerz nicht ersparte.   Er forderte Anerkennung der Schuld, Buße,
Selbsterniedrigung, machte die höchsten Ansprüche an die Menschen,
konnte oft die schwersten Proben aufgeben.   Eine Liebe, wie die Liebe
Jesu, konnte den Muth haben, so viel zu fordern (Matth. 10, 37.
Luc. 14, 26.); sie konnte oft scheinbare Härte und Strenge beweisen
und diese Strenge auf's Aeußerste spannen.   (Matth. 15, 24. 26.)
Jesu Liebe hat nie etwas Süßliches, sondern ist immer heilig=ernst.
Sie soll uns darin ein Vorbild sein.   Bei allem Ernst ist aber Jesu
Liebe doch fern von wirklicher Härte und Schärfe, vielmehr voll
Weichheit, Innigkeit, Herzlichkeit, hauptsächlich in dem Erbarmen
gegen Sünder: sie ist heilige Sünder=Liebe.   Wunderbar, er, der
Heilige, läßt sich so herab, daß er ganz mit Sündern wie Ein Herz
und Eine Seele wird, ohne im mindesten von der Sünde berührt
zu werden oder die Sünde zu dulden.   Welch ein Zutrauen flößt
er den Sündern ein!   Kein Wunder: Jesus hat nie einen trauern=
den Sünder von sich gestoßen, nicht die Zöllner, nicht die Sünderin
(Luc. 7, 37.), nicht die Samariterin (Joh. 4.), nicht die Ehebrecherin
(Joh. 8. vgl. Matth. 21, 31.), er löscht nicht das glimmende Tocht
aus (Matth. 12, 20.), ja er ladet sie vielmehr zu sich ein (Cap.
11, 28—30.). — Das war eine Liebe, wie wir sie brauchen;
wir können aber auch Jesu Liebe nicht verstehen, wenn wir uns nicht
als Sünder erkennen; je mehr wir dies thun, desto mehr werden
wir ihn wieder lieben. Luc. 7, 47. (Es giebt eine selbstgefällige,
hochmüthige Liebe zu Jesu, vor welcher zu warnen ist: wo man in
Jesu eigentlich nur ein selbstgeschaffenes Ideal liebt, also eigentlich
sich selbst.) — d) Die Liebe Jesu ist weitumfassend, sie geht weit
über die Grenzen des Verwandten= und Freundeskreises, des Volkes
und Vaterlandes hinaus.   (Matth. 12, 46—50.)   Tröstend und
erhebend für uns!   Jesus hat uns alle in seinem Herzen getragen
und trägt uns noch   Wie sein Geist, so ist auch sein Herz groß
und weit.   Und doch nicht falscher Kosmopolitismus, der in weiten
Kreisen glänzen will, und das Nahe versäumt.   Seine Liebe offen=
barte sich in den Kreisen, die ihm angewiesen waren, wandte sich
dem Nächsten zu, seinem Volke (Luc. 19, 41.; Matth. 23, 37.)
seinen Jüngern, Einzelnen. — e) Seine Liebe ist zart und innig
(Matth. 9, 36.), und doch stark, standhaft, beharrlich, unbesiegt.
Es ward ihm schwer gemacht, die Menschen zu lieben: nicht blos
weil sie so schwach und unempfänglich, mit allen Gebrechen und

Sünden behaftet waren; sondern auch weil sie so unbankbar und feindselig waren. Welche Selbstüberwindung gehörte dazu, seine heiligsten Ueberzeugungen vor Unempfänglichen aussprechen zu müssen, vor Pharisäern, Priestern, vor Judas, vor den Richtern (Matth. 26, 67.)! Und doch blieb er seinem Berufe für die Menschen treu, that für sie Alles, litt, betete für seine Feinde. Seine Liebe hat alle Proben bestanden, die nur je ein Mensch bestehen konnte.

Anm. 4. Das Tiefste und Heiligste in Jesu ist sein Sinn gegen Gott; die Gemeinschaft mit Gott, das religiöse Leben ist in ihm in der reinsten Vollendung, in immer sich gleichbleibender Stärke. Er war in einer religiösen Begeisterung, ohne so zu erscheinen: dieselbe war ruhiger, beharrlicher, stehender Zustand, sie war reine Natur bei ihm. Gott war sein Ein und Alles, er lebte in Gott. Daher auch die Demuth, welche ja das Grundelement des Religiösen ist, ein Grundzug seines Herzens war. Seine Demuth mußte natürlich verschieden sein von der Demuth anderer Menschen; denn diese sind Sünder, das war Jesus nicht! Seine Demuth war das Gefühl, daß sein ganzes Sein von Gott ausfließe, in ihm gegründet sei (Joh. 5, 19 ff.; 14, 10. Cap. 17.): daher die willenlose Hingebung an Gott, Einstimmung in seinen Willen, Unterwerfung unter seinen Rath. Und doch bei dieser Demuth das Gefühl der Gleichheit mit Gott und der vollkommenen Gemeinschaft mit ihm in der Liebe. Er ist Ein Herz mit seinem Vater, — ein Bewußtsein, das sich desto stärker und gewaltiger hervorbrängte, je mehr es die Feinde verkannten und lästerten. (Joh. 8, 58.) Kein Mensch hat je sein Leben in Gott mehr ausgesprochen, wie Jesus. Gottes Wille war die einzige Regel seines Urtheils (Joh. 5, 30.; 8, 29.), seines Willens und Thuns. Nie ein sich Weigern oder Sträuben, nie Verdruß und Murren; was der Vater ihm aufgegeben, das that er. Sein Wille hat nie geschwankt, nie war eine Unklarheit oder Ungewißheit bei ihm, viel weniger Widersprüche: es war nur Einheit in ihm. Natürlich! wie Gott mit sich eins ist, so muß auch, wer mit Gott eins ist, selbst die höchste Einheit haben. Bei dieser Einheit war das Band zwischen ihm und dem Vater Liebe: wie der Vater den Sohn liebt, so der Sohn den Vater. (Kein Verstand kann es ausdenken, keine Sprache beschreiben, wie der Vater sich in Liebe zu dem Sohn herabsenkte und der Sohn in Liebe hinaufstieg! Ein ununterbrochenes Liebe geben und Liebe empfangen.) Daher nun auch das Vertrauen, daß der Vater ihn nie verlassen würde, daß er sein Werk fördern werde: eine Hoffnung, die er selbst festhielt, als Alles dieselbe zu vereiteln schien; so daß er sogar erst durch den Tod die Vollendung seines Werkes erwartete. Daher ferner die Kraft und Entschiedenheit seines Handelns, — wie nach einer Naturnothwendigkeit. Sein religiöses Leben war eben nicht auf Momente, auf Stimmungen beschränkt, es war auch ohne Störungen, ohne Phasen, die bei uns Zeichen der Mangelhaftigkeit und

der Unlauterkeit sind; sondern es war seinem innersten Wesen ent=
sprechend, ein Ausfluß seines Charakters. Alles wird bei ihm von
dem religiösen Gefühl getragen: er ist von Gott berufen zu seinem
Werk, — seine Jünger sind ihm von Gott geschenkt, — der Fort=
gang und Segen seines Werkes ist ihm Freude, die der Vater be=
reitet (Matth. 11, 25. Ich preise dich 2c. Luc. 10, 21. Zu der
Stunde freuete sich Jesus im Geist 2c.), auch die Leiden waren ihm
ein Kelch, den der Vater ihm darreichte. Und so ist in Jesu die
reinste und erhabenste Kindlichkeit, — die Kindlichkeit, die allein groß
und göttlich macht.

§ 14.
Beweis aus dem Charakter Jesu.

Wenn Jesus als dieser Eine Heilige unsers Geschlechts anerkannt werden muß, so läßt sich dadurch der Glaube an ihn
auf zwiefache Weise begründen: 1) weil diese einzige Erscheinung
auch eine einzige und absichtliche Mitwirkung Gottes zur Bildung
Jesu voraussetzt und mithin Gott ihn als seinen Heiligen anerkannt, geehrt haben will; 2) weil dieser Eine an sich selbst höchst
würdig und berechtigt ist, Glauben von uns zu fordern (Joh.
8, 46.; 10, 38.; 14, 11.); wozu kommt, daß das Ableugnen
dieser Berechtigung zu den empörendsten Folgerungen führt, indem dem Ungläubigen nur die Alternative bleibt, Jesum entweder
für den tollkühnsten Schwärmer, oder für den frevelhaftesten
Betrüger und Verführer zu halten: eine Folgerung, die nicht
blos Jesum selbst, sondern die Ehre des ganzen Menschengeschlechts antastet, und folgerichtig alles Vertrauen zu dem menschlichen Herzen vernichtet. — Die subjectiven Bedingungen aber,
um diesen Beweis, der das Fundament aller Beweise und des
ganzen Christenthums ist, zu durchdringen und seine Wahrheit
zu empfinden, sind gründliche Kenntniß der evangelischen Geschichte, Vertiefung in dieselbe, — und eifriges Streben nach
Herzens-Verwandtschaft mit Christo.

Anm. 1. Wir ziehen jetzt den Schluß aus der vorhergehenden
Betrachtung. Sie stellte uns Jesum dar als den Menschen in seiner
ganzen Vollendung, in seiner Heiligkeit, Gottähnlichkeit, — einzig,
unerreicht, als Muster der fleckenlosesten Reinheit, vollkommenen
Tugend und Frömmigkeit, eine harmonische Vereinigung der verschie-
denartigsten Tugenden zeigend. Es ist in ihm Weisheit mit Einfalt
verbunden, Geistesgröße mit Herzensgüte, Ernst mit Sanftmuth,
glühender Eifer mit vorsichtiger Bedachtsamkeit, Zartheit mit Willens=
stärke, hohe Ueberlegenheit mit milder Schonung und Herablassung,
Erhabenheit mit Demuth: Alles in Ein harmonisches Bild vereinigt,
welches ebenso Ehrfurcht und Bewunderung gebietet, als es Liebe

und Vertrauen einflößt. Selbst die, die nicht seine Anhänger sind, müssen seine Reinheit anerkennen: die Juden Matth. 22, 16., der Heide Pilatus Matth. 27, 24.; Joh. 19, 6., der Verräther Judas Matth. 27, 4. Diese drei Zeugen repräsentiren das Zeugniß dreier Arten von Gegnern: fanatischer Menschen, leichtsinniger, indifferenter Verächter, falscher, untreuer Freunde. Selbst diese können im Geheimen des Eindruckes, den er auf sie macht, sich nicht erwehren; sie fühlen, daß er ihnen Ehrfurcht abnöthigt. — Nun erhebt sich die Frage: Folgt aus diesem Charakter Jesu seine göttliche Sendung? Jesus selbst schließt so Joh. 8, 46: „Welcher unter euch kann mich einer Sünde zeihen?" der vollständige Schluß lautet: Ein anerkannt Gerechter hat die Voraussetzung für sich, daß er Wahrheit rede und Glauben verdiene. Ich bin, wie ihr eingestehen müßt, ein solcher, denn ihr könnt mich keiner Sünde zeihen; also solltet ihr mir Glauben schenken. (Aehnlich Joh. 5, 41.; 8, 49.) Ist dieser Schluß richtig? können wir im Charakter Jesu einen vollen unumstößlichen Beweis seiner göttlichen Sendung und seines Anspruchs auf Glaubwürdigkeit finden? Hier muß man zur vollen Klarheit und Gewißheit kommen; wankt der Grund an dieser Stelle, so wird der ganze Grund des Christenthums unsicher. Man kann nun hier einen doppelten Weg des Beweises gehen: entweder man sucht den Grund oder die Quelle der Heiligkeit Jesu auf, oder man geht fort zu den Folgerungen einerseits aus der Heiligkeit, andererseits aus der Leugnung der göttlichen Sendung Jesu.

Anm. 2. Wenn Jesus dieser Eine Heilige war, wenn er Joh. 8, 46 sagen durfte, was nie Einer, auch der Stolzeste und Anmaßendste nicht, gesagt hat: so müssen wir fragen: wie ist Jesus das geworden? Konnte er das so von selbst, auf blos natürlichem Wege werden? Wenn dies: warum sind denn nicht Andere auf natürlichem Wege dasselbe geworden? warum ist er der einzige geblieben? Er kann es nur durch eine besondere Veranstaltung Gottes geworden sein: Gott hat diesen Einen besonders gebildet, mit seinem Geiste ausgerüstet, geheiligt. — Die Unsündlichkeit in einem Geschlecht, wo Alles von der Sünde angesteckt ist, ist ein Wunder über alle Wunder. Nur durch Gott hat Jesus heilig sein können, nur durch den steten Einfluß seines Geistes konnte er sich auf dieser Höhe in steter Gleichheit erhalten. Wenn nun Gott ihn so gebildet hat, so setzt dies eine bestimmte Absicht Gottes voraus, und diese Absicht ist: Gott hat ihn dadurch als seinen Gesandten, als der Menschen Heiland auszeichnen wollen, den wir anerkennen, an den wir glauben sollen. Wenn wir nicht blind sind gegen das Licht, das uns von Jesu entgegenstrahlt, so müssen wir darin Gottes Geist erkennen; wir müssen urtheilen: Gott war in ihm, mit ihm; wir müssen urtheilen: entweder giebt es keinen Heiland, oder Jesus ist der Heiland.

Anm. 3. Bei der zweiten Beweisart zieht man die Folgerungen aus dem Charakter Jesu. Er ist der Weiseste, Besonnenste:

konnte der sich einbilden, er sei von Gott gesandt, ohne es wirklich zu sein? Konnte dieser ruhige, klare Lehrer der Wahrheit in den Wahn verfallen, er stehe in einer außerordentlichen, einzigen, ja ewigen Verbindung mit Gott, ohne daß es so war? Ihm müssen wir zutrauen, daß er sich seiner klar bewußt war, daß er sich verstand. Er ist der Wahrhafteste: ihm müssen wir trauen, daß er grade in der heiligsten, wichtigsten Angelegenheit auch nur die Wahrheit geredet haben werde. Er ist der Liebevollste: konnte er anders als aus Liebesdrang und aus Gewissenhaftigkeit sich als Heiland anbieten und Glauben fordern? Er ist der Frömmste, den je die Erde getragen hat: konnte er anders als in Einstimmung mit Gottes Willen es behaupten, daß er von Gott gesandt sei? — Unvernünftig wäre es, diesem den Glauben versagen; aber vernünftig ist es, diesem Heiligen glauben, ihm unbedingtes Vertrauen schenken.

Anm. 4. Der Schluß wird verstärkt durch die unverholene Aufdeckung der Folgerungen, zu welchen der Unglaube führt, der empörenden Annahmen, zu welchen der Ungläubige gedrängt wird. Wenn Jesus das nicht ist, wofür er sich ausgiebt, so giebt es nur zwei Fälle: entweder Jesus hat sich's eingebildet, von Gott gesandt zu sein, er ist also in einer Selbsttäuschung befangen gewesen. Dieser Annahme steht entgegen: a) wie verträgt sich eine solche horrende Selbsttäuschung mit Jesu Geistesklarheit und Besonnenheit? Er, der das Licht der Welt war, sollte in sich Finsterniß gewesen sein? b) Wie können wir es wagen, Jesum besser verstehen zu wollen, als er sich verstanden hat? Die Ungläubigen behaupten dies, sie sagen: wir thun eigentlich tiefere Blicke in sein Inneres, durchschauen ihn besser, als er sich selbst. Welche Anmaßung. c) Wie verträgt sich diese Selbsttäuschung mit dem reinen, heiligen Herzen Jesu? Denn Selbsttäuschung über sich selbst, über das, was man ist, und über seinen Beruf fließt allemal aus Unlauterkeit, aus Eigenliebe, aus Selbstüberhebung. Das reine, das lautere, heilige Herz ist das demütige und ist eben daher auch geschützt vor allen Verirrungen und Täuschungen der Eigenliebe. Es wird die tiefste Wurzel des Charakters Jesu verunreinigt, wenn man ihm Selbsttäuschung zuschreibt. Und es ist dies, wenn es auch unschuldig klingt, desto vergifteter, je feiner es ist; indem es alle Achtung gegen Jesum schlechthin austilgen muß. — Will der Glaube nun diese Annahme nicht machen, so wird er zu der anderen, die überhaupt noch möglich ist, gedrängt: „Jesus hat wissentlich getäuscht, er hat sich für einen göttlichen Gesandten ausgegeben, ohne es zu sein: vielleicht aus guter Absicht, um dadurch Eingang zu finden und der Wahrheit Ansehen zu verschaffen." — Aber wie verträgt sich das mit Jesu Wahrheit, Aufrichtigkeit, überhaupt mit seiner Heiligkeit? Wer dafür einen Sinn hat, kann Jesu unmöglich einen solchen Betrug zutrauen; einen Betrug nicht etwa geringer, unschuldiger Art, sondern den höchsten, enormsten Betrug, den je ein Mensch begehen konnte, — sich göttliche Würde und Ansehen anzumaßen, ohne dazu berechtigt zu sein. Kein Zweck kann ja unheilige Mittel heiligen; diese Erkenntniß hatte Jesus so gut wie wir: sein Leben beweist es, daß er alle unheiligen Mittel verabscheute. Wie hätte Jesus das menschliche Geschlecht irre leiten, an sich als an den einzigen Führer ketten können, wenn er es nicht gewesen wäre? Er sänke dann ganz herab: er bliebe nicht etwa ein edler, vortrefflicher Mensch; er schlüge in das extremste Gegentheil um, er würde (Gott vergebe uns das Wort!) der frechste Lügner und Frevler gegen Gott und Menschen, Hochverräther an der Menschheit. Seine Feinde, die jüdischen Richter hätten recht gerichtet, ihre Beschuldigung wäre wahr gewesen. — Wer kann wagen, dies Jesu in's Angesicht zu sagen? Der Satan selbst wagt es nicht, dies auszusprechen; er muß durch seine Boten bekennen: „Jesum kenne ich wohl und Paulum weiß ich wohl," (Apg. 19, 15.) und ein Mensch wollte dies wagen! Verstummen, entsetzen sollten sich die Ungläubigen, wenn sie sehen, zu welchen Lästerungen ihre Behauptungen führen, welchem unvermeidlichen Abgrund sie dadurch zueilen.

Anm. 5. Es folgt, die Verwerfung Jesu ist Beschimpfung der Menschheit. Was hat sie noch Großes, Ehrwürdiges, wenn Jesus, ihre höchste Ehre, ihr geraubt wird? Wenn dieses Licht verdunkelt und ausgelöscht wird? wer kann sich noch hinstellen als Licht der Welt, daß durch ihn die Welt geehrt werde? Wie wenig verstehen die, was Ehre der Menschheit ist, die Jesum verwerfen! — Die Verwerfung Jesu ist Untergrabung alles Glaubens und Vertrauens unter Menschen. Denn kein Mensch hat solche Beweise seiner Glaubwürdigkeit und Zutrauenswürdigkeit gegeben, als Jesus. Wer Jesu nicht traut: welchem Menschen kann der sonst noch trauen? Kein Mensch kann solche Gewähr leisten für sich, als Jesus. — Gegen alle diese empörenden Folgen schützet nichts als — Glaube.

Anm. 6. Bedingungen, sich diesen Beweis ganz anzueignen, sind zwei. a) Kenntniß, Betrachtung der Geschichte Jesu, und zwar specielle, eingehende Betrachtung. Das fehlt den Meisten, — sie suchen Ergößung für die Phantasie, und die Geschichte Jesu ist ihnen zu einfach, schlicht, dünkt ihnen zu bekannt, während sie ihnen die unbekannteste ist. — Wer diese Geschichte noch nicht als die Geschichte aller Geschichten erkannt hat, kennt sie noch nicht. Verlerne andere Geschichten zu bewundern und lerne diese Geschichte recht, als den glänzendsten Mittelpunkt der ganzen Weltgeschichte. — Doch wisse: Jesus enthüllt sich nicht auf den ersten Blick. Ein wahrhaft edler, ehrwürdiger, geistes = und herzensreicher Mann wird nicht gleich beim ersten Zusammentreffen dir das entdecken, was in ihm ist, nicht den Reichthum seiner Tugenden gleichsam des Breiteren vor dir auseinander legen und sprechen: Siehe der bin ich, das habe ich in mir; — sondern nach und nach wird dir unvermerkt deutlich werden, was er in sich verbirgt. So ist's mit Christo:

nach und nach, bei anhaltendem Verkehr und zunehmender vertrauter
Bekanntschaft mit ihm sehen wir seinen ganzen Reichthum. b) Dazu
gehört aber Herzens=Verwandtschaft. Unser Beweis macht allerdings
ernste Ansprüche, er bringt in das Gewissen: in's Gewissen schiebt
er den Glauben. Das perhorresciren viele, mit Unrecht! wohin gehört sonst diese Untersuchung als vor dieses Forum? Jesus selbst
wandte sich mehr an das Herz, an das Gewissen, als an den Ver=
stand seiner Zeitgenossen: nicht als ob er blinden Glauben verlangte,
sondern weil das Herz rein und frei, enttäuscht sein muß, wenn der
Verstand soll licht sein. — Welche sind denn nun diese Herzens=
Bedingungen? Das Herz muß eine Ahnung haben von wahrer
Größe, sittlicher Vortrefflichkeit, Ahnung von Wahrhaftigkeit und
Verlangen danach, Zug nach Oben, nach Gott; es muß dadurch
in Verwandtschaft mit Jesu stehen: dann ist's ihm leicht zu glauben.
So fordert es Jesus Joh. 3, 19—21.; 5, 37. 44.; 6, 44. 65.;
18, 37. Je mehr das Herz diese Verwandtschaft erlangt, desto mehr
wird es in den Glauben eingewurzelt. — Umgekehrt: wo das
Herz Jesu ganz unähnlich, da ist der Glaube nicht möglich. Wir
können die Folgerung nicht in Abrede stellen: wie verdächtig sich
und ihr Herz diejenigen machen, die an Jesum nicht glauben, Jesum
nicht verstehen! Es kann nicht anders sein: der Charakter dessen
wird zweideutig, welchem Jesus zweideutig ist. Wir wollen nicht
richten, aber sie selbst sollen sich richten. — Wage es, Jesu ähnlich
zu werden, laß dich von seinem Geiste durchdringen, dich anwehen
von dem Hauche seiner Heiligkeit und Liebe, tritt in Harmonie mit
ihm: und er wird dir so bekannt, so vertraut werden, daß das
Glauben dir Bedürfniß, daß es dir Natur wird, da dein ganzes
Leben in das Leben Jesu verschlungen wird.

Dieser Beweis ist Fundament des christlichen Glaubens. Zwar
nur erste Grundlage des Glaubens, indem er Jesum nun erst in
seiner Heiligkeit, und als höchsten göttlichen Gesandten darstellt;
aber ohne den Glauben hieran ist auch kein Glaube an Jesum als
den Sohn Gottes und unsern Versöhner möglich.

§ 15.
Beweis aus der Lehre Jesu.

Nächst der Hinweisung auf den Charakter Jesu ist nun der
Glaube an ihn vorzüglich zu begründen auf die Beschaffenheit
seiner Lehre, wobei man sich auf Untersuchung und Widerlegung
der mancherlei Hypothesen über den historischen Ursprung des
Christenthums nicht einzulassen hat, sondern nur die innere Vortrefflichkeit dieser Lehre, ihren Vorzug vor aller menschlichen
Weisheit, und ihren für alle Bedürfnisse des Herzens berechne-
ten Inhalt in's Licht zu setzen braucht. Ob nun gleich dieser

Ueberzeugungsgrund nur subjectiv ist, so ist er doch, weil er sich auf innere Empfindung stützt, höchst wirksam und unbesiegbar; er erfordert aber einen unausgesetzten, treuen Gebrauch dieser Lehre.

Anm. 1. Wenn man von dem, was die Lehre Jesu vor aller menschlichen Lehre auszeichnet, reden will, so kann man im Allgemeinen darauf hinweisen, daß sie gerade soviel enthält, als der Mensch zu seinem Heile bedarf; daß sie sich nicht auf unnütze Speculationen einläßt, sondern von durchaus praktischer Tendenz ist; daß sie faßlich ist für die Ungelehrten, aber auch befriedigend für den tieferen Forscher. — Im Besonderen ist an ihren speciellen Inhalt zu erinnern. Der Grundton des Christenthums ist Liebe, in dem Grunde, von dem es ausgeht, in dem Fortgang, in der Vollendung. Dieses Wort verstehen Alle, es berührt alle Seiten des Herzens. Gott ist der Grund, und er ist die Liebe (Joh. 3, 16.; 1. Joh. 4, 16.). Er ist der liebende Vater, der Allen mit Liebe entgegenkommt, ihnen das Höchste zuwenden, sie zu seinen Kindern machen, sie in Ein Reich sammeln will. Diese Liebe ist wesentlich Liebe gegen Sünder, d. h. erbarmende, vergebende, rettende, heiligende Liebe. Das ist das Wunderbare, daß Gott die abgefallenen Kinder so liebt, sie in alle verlorenen Rechte wieder einsetzen will. Und es ist eine Liebe, die nicht etwa blos in Worten sich kund gethan, sondern durch die That; Gott hat seinen Sohn für die Menschen hingegeben. Daran wird zugleich der tiefe Sündenfall offenbar, das Verderben, das aus dem Reiche der Finsterniß eingedrungen ist, gezeigt; es wird der Schleier gelüftet, daß wir einen Blick thun in den tiefen Abgrund; wir sollen daran die Größe und Nothwendigkeit der göttlichen Liebe erkennen, ohne die wir verloren wären. — Es wird in der Liebe auch der göttliche Ernst verkündigt: Gott sahe nicht gleichgültig zu, ihm brach das Vaterherz; darum fordert er Eingeständniß der Sünde, Buße und Glaube, sich halten an Christum: durch ihn wird man gerettet, ohne ihn verloren. Durch seinen Geist soll eine neue Schöpfung geschehen, eine Wiedergeburt im Menschen vorgehen. — Die Forderungen, die nun die Lehre Jesu auf Grund der von ihr verkündeten Liebesthat Gottes an den Menschen stellt, sind: Gott wieder zu lieben und heilig zu werden. (Die Sittenlehre ist unzertrennlich verbunden mit der Glaubenslehre: die Liebe zu Gott ist moralisch, die Liebe zu den Menschen religiös. Das Christenthum erfaßt das Sittliche in seiner größten Tiefe und Vollendung; es begnügt sich nicht mit bloßer Natureinfalt (Cyniker), oder Klugheit (Epikur), oder Weißheit (Stoiker), oder bürgerlicher Tugend, sondern es fordert Heiligkeit, nach dem Vorbilde Christi. Dabei hat das Christenthum eine gewisse Vielseitigkeit, indem das einzelne Wahre und Gute, was sich zerstreut in anderen Lehren oder Religionen findet, in ihm concentrirt ist.) — Noch kann daran erinnert werden, daß Jesus mit der größten Gewißheit, im zuversichtlichsten Tone lehrt, indem er nur deutet und erzählt, was er beim Vater gesehen.

Anm. 2. Der Beweis aus der Lehre Jesu ist doppelt zu führen: a) auf historischem Wege. Jesu Lehre ist da: woher ist sie? Hatte er sie von Menschen? Dagegen ist erstens die ganze Geschichte seines Lebens; bis zu seinem zwölften Lebensjahre war er im Hause seiner Eltern und unter keinem Lehrer; ebenso sagt die Geschichte nichts davon, daß er in der Zeit vom zwölften bis zum dreißigsten Jahre in einer Schule gewesen wäre. Die Juden bezeugen es selbst Joh. 7, 15.; Marc. 6, 2.; Matth. 13, 54. 55. Und wenn ein Rabbi sein Lehrer gewesen wäre, würde dieser nicht dessen sich gerühmt haben? würden die Mitschüler Jesu nicht davon geredet haben? Jesus aber, wie hätte er davon schweigen, wie hätte er undankbar den Lehrer verleugnen können? Mit Recht urtheilt Fichte (Anweisung zum seligen Leben S. 347.): „Bei seiner wahrhaft erhabenen Aufrichtigkeit und Offenheit hätte er dies gesagt und seine Jünger nach seinen eigenen Quellen hingewiesen." — Ebensowenig hatte Jesus seine Lehre aus sich. Es wäre immer ein Wunder, wie er allein zu solcher Weisheit gekommen wäre. — Man kann den Beweis b) auch führen durch Berufung auf die innere Erfahrung. Die Lehre Jesu nimmt sich durchaus gar nicht als etwas von Menschen Erfundenes oder Zusammengetragenes aus; sie ist durchaus in sich eins, aus Einem Gusse, und hat eine heilige Originalität, giebt den Eindruck göttlicher Weisheit. Jedem Werke Gottes ist der Stempel der Göttlichkeit aufgedruckt; daher hat sie auch diese vielseitige Kraft, zu strafen, zu beschämen, unsern Schaden vor Gott aufzudecken, — eben so wie zu trösten, zu stärken, zu heben; sie schreckt uns, indem sie den Abgrund der Sünde zeigt, sie entzückt aber auch; sie läßt uns den Schauer des göttlichen Ernstes empfinden, sie erregt aber auch Wonne durch Darbietung seiner Gnade. Wo giebt es ein andres Wort, das so wirkte, daß wir es der Lehre Christi an die Seite stellen könnten? — Allerdings ist dieser letztere Beweis auch nur subjectiv.

Anm. 3. Es gehört, um den Beweis aus der Lehre Jesu in seiner Kraft zu erkennen, dazu, daß man diese Lehre kennt, und sich Mühe giebt, die Worte Christi zu erforschen; sodann aber, daß man seine Lehre thut, danach lebt. Das Wort Jesu Joh. 7, 17. „So Jemand will deß Willen thun, der wird inne werden, ob diese Lehre von Gott sei, oder ob ich von mir selber rede", ist ein kühner Zuruf, der viel fordert. Es ist nicht bekannt, daß irgend ein Mensch, ein Weiser dies zum Prüfstein seiner Lehre gestellt, auf eine solche Probe angetragen hätte. Jesus allein thut es, und er muthet Allen diese Probe zu. (Umgekehrt müssen wir die strafende Folgerung ziehen: Christus bricht den Stab über Alle, die nicht glauben. Wenn du die Göttlichkeit der Lehre Jesu nicht erfährst, so liegt die Schuld an dir selbst: du willst nicht Gottes Willen thun, du bist nicht göttlicher Art.)

§ 16.
Beweis aus dem Plane Jesu.

Nicht minder zeugt auch das Werk selbst, dessen Ausführung Jesus übernommen hatte, nämlich die Stiftung eines Reiches Gottes auf Erden, oder eines Vereines der Menschen unter der Herrschaft des göttlichen Geistes, ein Werk, dessen bloßer Gedanke in keines andern Menschen Seele gekommen ist, — von seiner Geistesgröße und von dem Umfang seines liebenden Herzens. Wenn auf der einen Seite dieser Gedanke ohne besondere göttliche Leitung nicht in seiner Seele geweckt werden konnte, so bedurfte es auf der anderen Seite zur völligen Gewißheit, daß ihm und keinem andern das Amt, Stifter dieses Gottesreichs zu werden, übertragen sei, eben so eines unmittelbaren göttlichen Rufes.

Anm. 1. Der Wolfenbüttelsche Fragmentist (Reimarus), 1778, behauptete, Jesus habe nur einen politischen Plan gehabt; der sei mißlungen, und hätten ihn die Apostel rasch in aller Stille in einen moralischen Plan verwandelt. Dieser Gedanke ist nicht neu. Schon bei Eusebius demonstrat. evang. III., 5. p. 113 ed. Paris. wird er erwähnt und verworfen. Die Englischen Deisten stellten auch schon diese Behauptung auf. Auch Kaiser Friedrich II. wurde dieser Lästerung vom Papste Gregor beschuldigt, mit dem er viele Händel hatte, und der ihm Schuld gab, er hätte Jesum, so wie Moses und Muhamed die drei Betrüger genannt. Die beste Gegenschrift gegen die obige Behauptung ist die von F. B. Reinhard, Versuch über den Plan Jesu 1781 (zuerst als latein. Programm 1780.). Dann vgl. Schlosser, Kleine Schriften III. 84 bis 113; die gründliche Recension des Fragments in Allgem. Deutsche Biblioth. XI., 356—428; endlich vom Zwecke des Sokrates und seiner Schüler. 1785. (Witzige Parodie des Fragmentisten.)

Anm. 2. Jesus wollte ein Reich Gottes stiften, wo der Geist Gottes die Herzen allein regierte, Alle sich seiner Herrschaft unterwürfen und unter ihr Eine Gottesfamilie bildeten, also ein heiliges Gemeinwesen, einen ethisch-religiösen Staat. Im Einzelnen: a) Es ist ein Verein, nicht isolirtes Leben; Verbindung der Herzen, Vereinigung der Kräfte für den heiligen Zweck, weil im Vereine Alles gedeiht (vis unita fortior). Vgl. Matth. 16, 18.; 18, 15—20.; 23, 37.; Joh. 10, 16.; 11, 51. 52.; 17, 20—26. Eben so die Apostel Röm. 12, 4—8.; 1 Cor. 12, 4.; Eph. 4, 3—16. b) Zweck dieses Vereines ist Ueberwindung des in der Welt herrschenden bösen Geistes oder Zerstörung des Reiches des Satans, Erlösung der Menschen aus dieser Knechtschaft, Wiedergeburt, Heiligung, Wiederbringung zur Familie Gottes im Himmel. — Die Mittel dazu waren durchaus rein: das Wort und Wunder göttlicher Allmacht. —

c) Dieser Verein sollte das ganze menschliche Geschlecht umfassen. Vgl. Matth. 8, 11. 12.; 13, 24—30. 37. 38.; 28, 18—20.; Joh. 10, 16.; Eph. 2, 15. 18. d) Dieses Werk hat eine unvergleichbare Hoheit; alles Andere ist gering dagegen: z. B. Verbesserung der bürgerlichen Verfassung, Civilisirung geht nur das zeitliche, irdische Leben an; Stiftung einer Weltmonarchie ist für einen weltlichen Eroberer etwas Großes, aber nicht heilbringend, der Ehrgeiz dabei führt zur Selbstvergötterung; Bildung durch Kunst und Wissenschaft hilft nichts ohne Veredelung, Heiligung der Herzen.

Anm. 3.   Ist nun dieser Plan Jesu beweisend für seine göttliche Sendung? Wir schließen a) auf historischem Wege: Kein anderer Mensch hat je diesen Plan gehabt. (Pythagoras wollte allerdings, die Menschen sollten sich vereinigen in einer Theokrasie; aber in die Bestrebungen seines Bundes waren politische Zwecke eingemischt.) Christus hat ferner den Gedanken dieses Werkes gefaßt in dem so engherzigen, gegen die Heiden feindseligen, exclusiven jüdischen Volke; endlich er hat ihn verfolgt ohne gelehrte Bildung: das Alles spricht durchaus für eine ganz besondere göttliche Erleuchtung bei ihm. b) Ein weiterer Schluß ist zu ziehen aus der moralischen Befugniß zu diesem Werke. Die Pflicht, der Stifter, das Oberhaupt eines solchen Vereines, eines Reiches Gottes zu werden, ist nicht eine allgemeine Pflicht (officium commune), sondern eine besondere, eigenthümliche (officium singulare), d. h. eine Pflicht, die nur Einem gegeben sein kann. Wenn Einer es geworden ist, kann es kein Anderer werden. Um aber zu der entschiedenen Gewißheit zu gelangen, daß man unter allen Menschen der Einzige sei, dem das obliegt, reicht das natürliche Bewußtsein nicht hin. Denn nach diesem kann kein Mensch wissen, ob er gerade die Fülle von Weisheit und Kraft habe, um diesem Werke gewachsen zu sein, ob er die moralische Superiorität habe, die dazu gehört. Durch eigenmächtiges Eingreifen könnte die Ausführung des Werkes eher gehindert werden. Mithin nur unmittelbarer göttlicher Ruf und Begabung kann diese Gewißheit geben, ja ohne diesen Ruf durfte es gar keiner wagen, dieses Werk zu unternehmen. Erkennen wir Jesum als den Menschen von dem hellsten Selbstbewußtsein, von der höchsten Weisheit und der lautersten Willensreinheit an: so müssen wir glauben, daß er sein Werk nicht unternommen hat, ohne der göttlichen Bestimmung dazu untrüglich gewiß zu sein. (Und — müssen wir hinzusetzen — die Ausführung zeigt, daß er sich nicht getäuscht hat.)

§ 17.
Beweis aus den Weissagungen des Alten Testaments.

Jesus ist auch durch das, was Gott für ihn that (vgl. § 9.), sichtlich für den erklärt worden, der der Menschheit den göttlichen Willen offenbaren sollte. Gott hat ihn schon vor seiner Erscheinung auf Erden verherrlicht. So wie nämlich die ganze frühere Leitung des jüdischen Volkes und die in derselben getroffenen Anstalten, auch die Zerstreuung der Juden nach dem Babylonischen Exil, als Vorbereitung auf das Christenthum dienten: so waren insbesondere die alten und damals gerade lebhaft angeregten Hoffnungen eines Messias eine nähere Hinweisung auf die Person Jesu, in welcher die dem Messias beigelegten Prädicate alle erfüllt wurden. Die Geschichte kennt außer Jesum keinen andern Menschen, auf dessen Erscheinung die Vorsehung durch die ganze Vorzeit so vorbereitet und hingewiesen hätte.

Anm. 1. Zu den göttlichen Vorbereitungen auf das Christenthum gehört eben die ganze Leitung des jüdischen Volkes: also schon die Aussonderung des Volkes, eines Theiles der Nachkommen Abrahams durch Isaak und Jakob, damit dieses Volk der Träger der wahren Religion würde bei dem Verfall derselben unter allen übrigen Völkern. Dazu diente die Anweisung Canaans als Wohnsitz Israels: es ist der Mittelpunkt der alten Welt, von wo aus die Boten Gottes sich in die übrigen Länder leichter verbreiten konnten; ferner die theokratische Verfassung, die Gott dem Volke durch Moses gab, um es an den Glauben an Einen Gott zu fesseln, der dem rohen Volke so schwer wurde; dazu die Gesetzgebung, die diesen Glauben zum ersten Gesetze des Reiches machte und eine Scheidewand zwischen Israel und den Heiden zog; dazu endlich die lange Verbannung des jüdischen Volkes in's Ausland zur Sklaverei, um durch diese empfindliche Strafe des Abfalls einen bleibenden Abscheu vor dem Götzendienst einzuflößen. Jesus fand daher in seinem Volke eine solche religiöse Vorbildung, einen so festen Glauben an Gott vor, daß er daran anknüpfen, darauf weiterbauen konnte. Die Zerstreuung der Juden war auch darum höchst wichtig, weil dadurch überall Saamenkörner der Wahrheit ausgestreut wurden. Denn es gab nun Juden in den fernen Provinzen Asiens, in Afrika, in Italien; diese machten daselbst viele Proselyten, und verbreiteten das Alte Testament, welches schon drei Jahrhunderte vor Christus in's Griechische übersetzt wurde.

Die Weissagungen des Alten Testaments erheben sich unendlich über heidnisches Orakelwesen: sie sind durchaus religiöser Art, und lassen den göttlichen Zusammenhang in der Leitung der Völkergeschichte ersehen. (Vgl. darüber Joh. v. Müller Werke. V., 432.) Die messianischen Weissagungen im weiteren Sinne sind Ankündigungen einer künftigen besseren Zeit, wo die Religion sich über alle

Völker verbreiten, der Götzendienst gestürzt sein werde. Im engeren Sinne sind es die Verheißungen eines großen Gottesmannes, der durch Weisheit und Gotteskraft ein neues Reich stiften werde zum Heil der Welt. (Pf. 110, Jesaias, Ezechiel, Daniel, Sacharja, Maleachi.) Strenge chronologische Data darf man nicht erwarten; namentlich in Jesaias fließen die Hoffnungen der Befreiung aus dem Exil immer zusammen mit der Hoffnung der Befreiung durch den Messias: wie in einem perspectivischen Gemälde, wo das Entfernte an das Nahe herangerückt ist. (z. B. Jes. 52. 53.) — Die Bedeutung der messianischen Weissagungen für die verschiedenen Zeiten ist diese: In der Zeit, als sie gegeben wurden, waren sie ein Licht, das seine Strahlen warf auf die ganze göttliche Weltregierung, auf den Zweck derselben; sie belebten das Vertrauen auf Gott, der so Großes mit diesem Volke vorhatte und schon in früher Zeit seinen Ratschluß für das spätere Heil gefaßt hatte; sie zeigten die Liebe Gottes, die im Voraus schon auf alle Völker ihre Absicht gerichtet hat, und sie waren Aufforderungen, dieses bessere Zeitalter, das sie weissagten, herbeiführen zu helfen: für die Könige z. B. eine Aufforderung, dem Messias ähnlich zu werden. In Drangsalen endlich waren sie den Besseren eine Quelle des Trostes. Im Zeitalter Christi mußten die Weissagungen die Herzen für ihn vorbereiten, ihm den Weg zu denselben bahnen. Die ehrwürdigen Stammväter des Volkes hatten sich nach dem Messias gesehnt, ihn zu ihrem Trost gemacht: das mußte auch in den Nachkommen diese Sehnsucht wecken; und wenn sie nun die Person und die Geschichte Christi mit den Weissagungen verglichen und fanden, daß Alles, Abstammung, Geburtsort, Charakter, Schicksale eintrafen, so ergab sich eben das Resultat, daß Jesus der verheißene Messias sein müsse. So konnten die Herzen der Empfänglichen dadurch zu ihm gezogen werden. Für unsere Zeit sind die messianischen Weissagungen beschämende Mahnungen, das wirklich zu sein, was jene Seher sich von der messianischen Zeit versprachen. Was sollte unser messianisches d. h. christliches Zeitalter nach der Schilderung der Propheten sein, was könnte es sein! Das Licht ist aufgegangen: sind wir auch des Lichtes Kinder? Haben die Weissagungen in uns den Glauben an die Vorsehung Gottes und an Christum befestigt?

Die letzte Vorbereitung Gottes auf Jesum war Johannes der Täufer (den Josephus Arch. XVIII., 4. § 1. 2. den Ersten seines Zeitalters nennt.). Das Urtheil eines vom Volke allgemein als Prophet geachteten, eines unerbittlich strengen, freimüthigen Mannes, wie Johannes, kann nicht unbedeutend erscheinen. Wenn ein Mann von dieser Geistesgröße, von diesem sittlichen Ernst und dieser Herzensreinheit sich so tief vor Jesu demüthigt, und seinen ganzen Beruf darin findet, auf ihn vorzubereiten, ihm als Vorläufer zu dienen; so muß man eben sagen, daß sich in ihm das Urtheil aller Besseren, aller göttlichen Menschen der Vorzeit über Jesum concentrirt.

Anm. 2. Die Beantwortung der Frage, ob denn Gott auch in der heidnischen Welt Vorbereitungen auf das Christenthum getroffen habe, möchte sich nicht für die Kanzel eignen, weil sie zuviel gelehrte Kenntniß der alten Geschichte und des ganzen Zustandes der alten Welt erfordert. Das Resultat aber der Untersuchung hierüber würde das sein, was Johannes v. Müller in seinen Werken (V., 87. VIII., 246. 255.) giebt, daß die ganze Zeit vor Christo auf Christum vorbereiten mußte. a) Christus wurde in einer Zeit geboren, die gerade für die Gründung seines Reiches durchaus günstig war; unter dem Kaiser Augustus, wo das ganze Römische Reich nach überstandenen Bürgerkriegen zu einer Monarchie vereinigt war und sich über die besten und gebildetsten Länder der Erde erstreckte, — wo mehr bürgerliche Ordnung und Friede herrschte, und ein lebhafter Verkehr der Völker statt fand. Die politische Vereinigung diente der moralischen durch's Christenthum. Die Monarchie und das Scepter unterdrückte auch das politisch=revolutionaire Umtreiben; die Ruhe drängte die Gemüther mehr in ihr Inneres hinein, — was recht ersichtlich ist an den ernsteren Schriftstellern, wie Seneca, Tacitus. Auf der anderen Seite weckte der schwere Druck der Römischen Herrschaft und die trostlosen Zeiten in Vielen das religiöse Bedürfniß. b) Die Welt hatte damals, so wie durch die Juden, die überall Proselyten machten, religiöse Cultur, so durch die Griechen, deren Sprache und Literatur durch Alexander weit verbreitet war und die auch ihre Ueberwinder annahmen, wissenschaftliche Bildung empfangen, die immer dem Christenthum einigen Weg bahnt. Die Philosophen hatten doch auch für religiöse Untersuchungen den Sinn angeregt. c) Die Sittlichkeit war allerdings sehr tief gesunken, es war ein Zeitalter der Verweichlichung und Entartung. Aber wer dies fühlte, dem mußte ein Rettungsmittel um so erwünschter erscheinen. Und ein solches bot das Christenthum an. d) Die heidnische Religion, zwar noch von Staat und Priestern geschützt, war dennoch den Denkenden längst als falsch erschienen, und auch dem Volke konnte dies nicht entgehen. Daher die Extreme: entweder entschiedener Atheismus, oder die abergläubischeste Dämonenfurcht d. i. Gespensterfurcht, wie sie Plutarch in de superstitione beschreibt; daher ferner das Haschen nach neuen Religionen und nach Mysterien. Auch dies mußte dem Christenthum den Eingang bereiten. e) Ob unter den Heiden bestimmte Erwartungen, oder wenigstens Ahnungen eines göttlichen Gesandten, eines Logos gewesen, ist freilich ungewiß. Hyde (de religione Persarum) berichtet von Zoroaster (der Umgang mit jüdischen Gelehrten gehabt), er hätte einen Menschen erwartet, welcher die wahre Religion bringen und Frieden herstellen werde. Plato sagt im Phädon: Wir brauchen zur Untersuchung der Wahrheit einen Steuermann, der von Gott gesendet werden muß. Vgl. Alcibiades II. und Timäus.

§ 18.
Beweis aus den Wundern.

Während der irdischen Lebenszeit Jesu waren es vorzüglich die Wunder, wodurch Gott ihn verherrlichte und beglaubigte. Wenn sie auch unserm Gesichtskreise ferner liegen, so behalten sie dennoch, da ihre Glaubwürdigkeit aus dem Charakter ihrer Erzählung und aus dem innigen Eingreifen in die ganze übrige Geschichte Jesu, da ferner ihr unverdächtiger göttlicher Ursprung aus dem Charakter Jesu leicht erkennbar ist, noch immer ihre Beweiskraft, und haben zugleich hohe praktische Bedeutsamkeit, wenn sie als Verherrlichungen der sittlichen Würde Jesu, als ein Beispiel, wie Gott den reinsten Willen mit der mächtigsten Kraft verbunden hat, als Denkmäler der Unterwerfung der ganzen physischen Natur unter die unsichtbare Ordnung der Dinge, und vor Allem, wenn sie als symbolische Darstellungen der Heilandskraft Jesu betrachtet werden.

Anm. 1. Auf der Kanzel muß nothwendig von den Wundern gesprochen werden; denn a) sie greifen zu tief in das Leben Jesu ein, als daß sie unberücksichtigt bleiben könnten; (daher auch viele Perikopen Wunder-Erzählungen enthalten, über die nun freilich der nicht mit gutem Gewissen predigen kann, der nicht daran glaubt.) b) Jesus selbst beruft sich auf die Wunder, als auf wichtige Zeugnisse für ihn. — Der Gegenstand an sich kann auch sehr wohl praktisch gemacht werden.

Anm. 2. Es ist nicht Sache des Predigers, die Wahrheit der Wunder gelehrt zu beweisen; er hat nur hinzuweisen auf die Gründe, deren Kraft das vorurtheilsfreie Gefühl leicht empfindet. Das ist nämlich 1) schon der einfache Ton, die kunstlose Unbefangenheit, die offenbare Redlichkeit der Erzähler, so wie das Gepräge des Erlebten und des wirklich Geschehenen, das ihre Erzählung hat. (Oecolampadius, Epp. Basil. 1592. p. 67.: Certe non est, qui legit et excusari possit, si rejicit tam fideliter tradita, tam obvia, tam fuci nescia.) 2) Das enge Eingreifen der Wunder in die ganze übrige Geschichte Jesu. Es ist ja für alle Erzählung Regel: wenn gewisse Thatsachen mit anderen schon ganz ausgemachten Thatsachen eng verbunden sind, wenn ihre Folgen überall hervortreten, so daß, wenn man ihre Wahrheit leugnen wollte, man viele andere notorische Thatsachen leugnen müßte, so sind sie offenbar als wahr anzunehmen. Das findet eine glänzende Anwendung bei den Wundern Jesu, denn diese stehen nicht isolirt da, sondern als wesentliche, integrirende Theile der Geschichte Jesu. Man beachte nur: a) das Hinströmen so vieler Kranken zu Jesu wäre unerklärlich, wenn dem Volke nicht die Wundermacht Jesu festgestanden hätte. Ebenso der Umstand, daß das Volk so oft Jesum pries, Gott um seinetwillen lobte.

b) Die gerichtliche Untersuchung des Wunders am Blinden geschehen, Joh. 9.; die Anfeindungen der von Jesu Geheilten; die Beschleunigung des Todesurtheils über Jesum in Folge der Auferweckung des Lazarus, — Alles setzt wahre Thatsachen voraus. c) Die Erklärungen so vieler einzelnen Personen über Jesu Wunder setzen deren Wahrheit voraus; so die Erklärung des Nicodemus Joh. 3, 2., das Urtheil des Herodes Matth. 14, 2. vgl. Luc. 23, 8., die Sendung des Johannes zu Jesu Matth. 11.; selbst die feindselige Ableitung der Wunder Jesu von satanischen Kräften Matth. 9, 34; 12, 24. mit der langen Selbstvertheidigung Jesu; und besonders die Verspottung Jesu am Kreuze Matth. 27, 42. d) Die Vergleichung Jesu mit Johannes dem Täufer. Joh. 10, 41. e) Die vielen Reden Jesu selbst, welche alle die Wunder voraussetzen, z. B. die Anklagen der unbekehrten Städte Matth. 11, 20., der Hartnäckigkeit der Pharisäer 12, 38., des Unglaubens überhaupt, Joh. 10, 38.; 14, 11. Die Berufung auf seine Wunder vor seinen Feinden Joh. 5, 36.; 15, 24.; die Reden, die durch seine Wunder veranlaßt wurden, Matth. 12, 24 ff.; Joh. 6. 7. 10. f) So auch das öftere Berufen der Jünger Jesu auf seine Wunder vor dem Volke Luc. 24, 19.; Apg. 2, 22. ist ein Beweis für die Wahrheit dieser Thatsachen. — Alle diese Beziehungen, die die enge Verkettung der Wunder mit der Geschichte Jesu darthun, nöthigen, wenn man nicht den listigsten Betrug, die schlauste Erdichtung annehmen will, zu dem Eingeständniß, daß den Wunder-Erzählungen Thatsachen zum Grunde liegen.

Anm. 3. Die Möglichkeit der Wunder bestreitet man, indem man sagt: sie streiten wider die Gesetze der Natur. Doch dieser Einwand ist nur stichhaltig, wenn man Gott und Natur als Eins setzt, also in dem pantheistischen System. Danach freilich sind Wunder undenkbar, es geschieht Alles innerhalb der Natur-Ordnung und durch sie. Woher aber weiß der Pantheist, daß es über der sichtbaren Natur Nichts giebt? Schon der Anblick des Sternenhimmels leitet uns zu dem Gedanken einer höheren Welt. Und kann der Pantheist beweisen, daß es keinen Schöpfer und Oberherrn der Natur giebt? Giebt es einen persönlichen Gott, so sind auch Wunder möglich; Gott ist über der Natur. — Man wendet ferner ein: Wunder sind wider die Weisheit Gottes, sie sind eine unwürdige Nachhülfe. Das wäre aber nur der Fall, wenn sie keinen Gottes würdigen Zweck hätten. Den haben sie eben, und darum stimmen sie in Gottes Weltplan. Die Ordnung der Naturgesetze ist auch keineswegs dadurch gestört worden. — Man wendet drittens ein: Aber wie ist's möglich, die göttliche Causalität der Wunder zu erkennen? sie können ja aus uns verborgenen Naturkräften entsprungen sein? Darauf ist zu antworten: So weit gehen die Naturkräfte nicht, um hervorzubringen, was Christus that, z. B. das Wasser in Wein zu verwandeln, oder Wassersüchtige, Aussätzige in einem Augenblick zu heilen, Todte zu erwecken (wobei von einer Einwirkung

auf das Nervensystem und dadurch bewirkter Heilung nicht einmal
die Rede sein kann.) Aber diese Annahme widerstreitet auch dem
Charakter Jesu. Entweder hat doch Jesus diese Naturkräfte gekannt
und wissentlich benutzt; dann wird er zu einem Betrüger, weil er
die Wunder für Gottes Werke ausgiebt, sie als eine Beglaubigung
seiner göttlichen Sendung angesehen wissen will. Oder Jesus hat
jene Kräfte nicht gekannt, sondern immer nur auf einen günstigen
Zufall gerechnet für das Gelingen seiner Thaten; dann aber wird
er zu einem tollkühnen Schwärmer. Es hat noch keine natürliche
Wunder=Erklärung gegeben, und wird keine geben, bei welcher die
Integrität des Charakters Jesu unangetastet bliebe.

Anm. 4. Die Beweiskraft der Wunder nun liegt dem Volks=
Verstande sehr nahe. Thaten, die nicht mit natürlichen Kräften ge=
schehen konnten, sind ein göttliches Creditiv, daß der, der sie ver=
richtete, gesandt und beauftragt war, Gottes Wort zu verkünden.
Einem Irrlehrer und Verführer hätte Gott niemals solche Kraft
geben, und ihn so unterstützen können. — Wenn hier eine Ein=
wendung gemacht wird durch Hinweis auf die von Jesu verworfenen
Wunderthäter (Matth. 7, 22.): so ist zu beachten, daß dieselben ihre
Thaten immer nur im Namen Jesu thun, auch daß sie nicht als
Verführer dargestellt sind. Ferner wenn Matth. 24, 24. gesagt ist,
es würden falsche Christi und falsche Propheten Zeichen und Wun=
der thun, so ist das Griechische δώσουσι so viel als: vorgeben, ver=
sprechen; entsprechend dem Hebräischen natan. 2 Thess. 2, 9. endlich
werden dem Antichrist eben falsche, lügenhafte Wunder zugeschrieben.

Anm. 5. Die Wunder Jesu haben auch an sich eine hohe
praktische Bedeutung. Schon die Art, wie Jesus sie verrichtete, dient
zur Verherrlichung seiner Würde. Er verrichtete sie ohne alle Eitel=
keit und Prahlerei, geräuschlos, ohne allen Aufwand von Voran=
stalten, ohne geflissentliche Herbeiführung von Umständen, die auf
die Sinne wirken, ohne alles längere Verweilen bei ihnen; er gab
nur Gott die Ehre dabei. Er that sie nie, um eigenen Genuß davon
zu haben; sondern gedrungen von Liebe, aus Erbarmen gegen die Lei=
denden. Er that sie auch nie, um eitle, begehrliche Wünsche zu
befriedigen; sondern um seinen Hauptzweck zu fördern, das Gottes=
reich. Er verwandelte seine Hülfe in Belohnungen des Vertrauens,
und versagte sie da, wo kein Glaube, keine Empfänglichkeit sich fand
(Marc. 6, 5.), oder wo Frechheit ihm zumuthete, ein Schauspiel
zu geben. (Matth. 12, 38.; Luc. 23, 8 ff.) Er knüpfte Belehrungen
daran an, und weckte höhere Bedürfnisse dadurch. — Die Wunder
Jesu sind ein erhebendes Denkmal, wie Gott den reinsten Willen
mit der höchsten Thatkraft verband, und zeigen uns, was der Mensch
im unverdorbenen Zustand sein sollte, nämlich Herr über die Natur.
Bei uns steht Kraft und Wille, Macht und Liebe in einem betrüben=
den Mißverhältniß; in Christo ist Liebe und Macht gleich vollkom=
men, und er erscheint eben dadurch als vollkommenes Ebenbild

Gottes. — Die Wunder sind ferner ein faktischer Beweis von einer übersinnlichen Ordnung der Dinge, ein Zeichen von dem Walten des lebendigen, allmächtigen Gottes. (Daher alles Wunderleugnen eine Tendenz zum Pantheismus oder Atheismus hat; man will keinen nahe tretenden Gott.) Die Wunder sind ein Griff aus der unsicht= baren Welt in die sichtbare; sie können darum das Herz erheben über das Irdische, sie können uns ein Unterpfand sein für dereinstige göttliche Hülfe. — Die Wunder Jesu haben endlich eine symbolische Bedeutung: sie bezeichnen die Heilandskraft Jesu, die Seelen zu retten, in der geistigen Welt schöpferisch zu wirken; um so mehr, da das physische Elend seinen Grundquell in dem moralischen hat. Sie weisen zugleich auf die Bedingung hin, unter der allein der Mensch die geistige Macht Jesu an sich erfährt, den Glauben.

Vgl. zu diesem Abschnitt die Predigten Ehrenberg's in seinen „Beiträgen zur Förderung des christlichen Glaubens und Lebens. 1834." und die treffliche Schrift von F. A. Krummacher: Ueber die Krankenheilungen Jesu. Elberfeld 1845.

§ 19.
Von dem Beweise aus der Verherrlichung Jesu nach seinem irdischen Leben.

Eben so herrlich ist endlich Christus auch durch das, was Gott nach seinem Abtreten von der öffentlichen irdischen Wirk= samkeit für ihn gethan hat, ausgezeichnet worden: durch seine Auferweckung, durch seine Himmelfahrt, durch die Ausrüstung seiner Apostel und durch die wirklich von ihnen gestiftete Kirche, welche als Wirkung aller vorhergehenden Wunder, und selbst als ein stehendes Wunder oder als Denkmal einer heiligen Weltre= gierung anzusehen ist und die wohlthätigsten Veränderungen in dem Zustande des menschlichen Geschlechts hervorgebracht hat.

Anm. 1. Die Verherrlichung Jesu in der Auferstehung war durchaus nothwendig, sonst wären die Früchte seines ganzen Werkes mit seinem Tode verloren gegangen. Ohne die Auferstehung wäre das Andenken Jesu nur in den Herzen der Apostel auf eine Zeit erhalten worden; sie wären zu ihren Berufsgeschäften zurückgekehrt, ihr Bund hätte sich aufgelöst, und da es unter den Schülern Jesu keine eigentlichen Gelehrten gab, so würde unter solchen Umständen wohl keiner von ihnen seine Erinnerungen niedergeschrieben haben, und es wäre zu uns vielleicht kaum der Name Jesu gelangt. (Auch die wenigen Erwähnungen Jesu in den heidnischen Schriftstellern würden gar nicht geschehen sein, wenn seine Verherrlichung in der Auferstehung u. s. w. unterblieben wäre.) Wenn Jesus göttlicher Gesandter war, so mußte sein Werk gelingen und fortbauern.

Der Beweis für die Wahrheit der Auferstehung Jesu gehört nicht auf jede Kanzel; er ist nur da zu führen, wo der Prediger unter seinem Auditorium Forscher oder Zweifler erwarten muß. (Vgl. dazu Hanstein, zwei Predigten: „Der Herr ist auferstanden." Berlin 1810.) Für eine populäre Darstellung bieten sich folgende Gründe dar: a) Die Evangelisten erzählen dies Factum Alle einmüthig, sie erzählen es einfach, schmucklos, mit natürlicher Lebendigkeit und Anschaulichkeit; die Apostel berufen sich darauf vor dem ganzen Volk mit der entschiedensten Zuversichtlichkeit. Es wäre ein unbenkbarer Betrug, in welchen zugleich die ganze Menge der Gläubigen hätte müssen mit hineingezogen werden, wenn die Erzählung der Auferstehung blos verabredet gewesen wäre; desto unbegreiflicher, je tiefer die Erniedrigung Jesu vorher gewesen war, und je weniger offenbar die Jünger Jesu im Anfang geneigt waren, und nach aller psychologischen Wahrscheinlichkeit geneigt sein konnten, an die Auferstehung Jesu zu glauben. b) Die Auferstehung Jesu steht auch in engem Zusammenhang mit anderen Thatsachen. Die Veränderung nämlich, die mit dem Innern der Apostel vorging, bleibt ohne die Auferstehung unerklärbar. Denn sie gingen nachher von Muthlosigkeit und Schwäche über zu Muth und Kraft, von verzagter Schaam zu unerschrockener Verkündigung des Evangelii. c) Besonders aber die Wirkung der Auferstehung, die Stiftung der Kirche und die Verehrung Jesu ist ihr unumstößlicher Beweis. Man denke sich einen aufmerksamen Beobachter auf Golgatha: konnte der ahnen, daß dieser Gekreuzigte würde der Gegenstand der Anbetung werden für die Völker der Erde? Gleichwohl ist's geschehen; es muß also zwischen dieser Verehrung Jesu und seinem Tode etwas in der Mitte liegen, das den Schlüssel zur Erklärung dieser wunderbaren Erscheinung giebt; das ist die Auferstehung des Herrn. d) Welches war das Verhalten der Feinde Jesu bei dem Kundwerden seiner Auferstehung? Sie können nichts als Schweigen gebieten und Lügen ausbreiten, statt dessen sie den im Grabe ruhenden Leichnam des Gekreuzigten hätten nachweisen sollen als beste Widerlegung der Gerüchte von seiner Auferstehung.

Die Einwendungen, die man gegen den Artikel von der Auferstehung Christi macht, sind etwa diese: man sagt, Wiederbelebung eines Todten sei unmöglich. (Strauß.) Aber doch nur, wenn es keinen allmächtigen Gott giebt. — Oder man verweist auf die Widersprüche der Evangelisten in ihren Berichten. (Wolffenbüttler Fragmentist.) Doch die sind nur scheinbar, und aus der Auffassung der verschiedenen Scenen nach der Auferstehung Jesu zu erklären. — Endlich führt man an, daß Jesus ja seinen Feinden nicht erschienen sei. Apg. 10, 40. 41. Aber durfte Jesus anders handeln nach seiner Weisheit? Hätte es im andern Falle nicht geschienen, als wolle er sie verspotten, ihnen Troß bieten; oder aber würde er ihnen dadurch nicht den Glauben aufgenöthigt haben?

Nun nehmen aber Manche an, Jesus sei nur ohnmächtig ge=
worden, scheintodt gewesen, er sei also auch nicht wirklich vom Tode
auferstanden. Daß jedoch seine Auferstehung ein Wunder war, d. h.
daß er am Kreuze wirklich starb, kann man theils durch physisch=
historische, theils durch moralisch = religiöse Gründe darthun. Was
die ersteren anbetrifft, so ist zuerst zu sagen: Die Annahme des
Scheintodes hat gar nichts Positives für sich, sie ist bloße Hypothese.
Sodann: der Tod Jesu ist vollkommen erklärbar aus den vorherge=
gangenen körperlichen und geistigen Leiden, den Martern und der
Erschöpfung Christi; besonders aus dem Joh. 19, 34 — 36 erzählten
Umstand, daß Jesu doch wenigstens eine schwere tiefe Wunde bei=
gebracht wurde: falls Jesus scheintodt war, hätte diese ihn gewiß
wieder zum Leben gerufen, was aber bei der Abnahme und Grab=
legung auch nicht geschah. (So die beiden Aerzte G r u n e r in: de
vera Christi morte. 1800.) Endlich: War Jesus natürlich erwacht,
so sage man doch: wie denn so geschwind seine Wunden geheilt sind,
das Wundfieber gestillt, daß er gleich am Auferstehungstage gesund
und geheilt sich zeigen, und Meilen weit gehen konnte? Will man
aber wenigstens eine übernatürliche Heilung annehmen: wie ist er
denn aus seinem Grabe hervorgegangen? War das Erdbeben zu=
fällig? — Die moralisch = religiösen Gründe sind folgende: Jesus
hatte vorher von seinem Tode und von der Art desselben so oft und
bestimmt geredet, daß er dies nur aus Offenbarung wissen konnte;
er kündigte dem Schächer an, daß er mit ihm im Paradiese sein
werde. Das Alles würde Täuschung, wenn Jesus nicht wirklich
gestorben wäre. Ferner: Jesus hat nach seiner Auferstehung wie vor=
her, von derselben nie anders als von einer Auferstehung von den
Todten geredet (Luc. 24, 46.), und seine Apostel in der Ueber=
zeugung von seinem wahren Tod und wahrer Auferstehung bestärkt.
Dies wäre eine Täuschung gewesen, die Christus sich schlechterdings
nicht erlauben durfte. Drittens: Ist Christus damals nicht gestor=
ben, so muß er später eines natürlichen Todes gestorben sein. Seine
Himmelfahrt wäre dann auch eine Täuschung gewesen. Wo ist denn
nun Christus gewesen von seiner Trennung von den Aposteln an bis
zu seinem vermeintlichen späteren Tode? Hat er sich etwa in den
Schooß geheimer Freunde zurückgezogen? Das widerlegt sich selbst.
Alle solche Annahmen, muß man endlich sagen, sind so empörend
und blasphem, daß ein Christ sich von ihnen wegwenden muß. Das
ganze Gewicht, das die Apostel auf die Auferstehung Christi legen,
wird dabei zu leerem Schein. Kein Apostel würde den, der dieses
Hauptfactum des Christenthums leugnet, für einen Christen halten.
Ueber die praktische Wichtigkeit der Auferstehung Christi ist zu
bemerken: a) Die Auferstehung ist für die persönliche Würde Jesu
von höchster Bedeutung. Sie zeigt, daß er unschuldig war, daß er
der Gesandte Gottes gewesen, für den er sich ausgab; sonst hätte
Gott unmöglich dies an ihm thun können. So aber hat Gott Jesu

Ehre durch seine Auferweckung gerettet, und hat ihn bestätigt. Und diese Bestätigung ist um so gewisser, da Jesus seine Auferstehung so vielfach vorhergesagt hat. b) Sie bestätigt auch die Wahrheit der Lehre Jesu und aller seiner Aussprüche über sich selbst; c) im Besondern ist sie eine Besiegelung der Gottgefälligkeit und der versöhnenden Kraft des Todes Jesu. d) Die Auferstehung und das damit zusammenhängende ewige Leben Jesu ist uns Bürgschaft unserer eigenen Auferstehung. Wir sollen Christi Schicksal theilen. (Joh. 14, 19.) e) Die Auferweckung Jesu ist überhaupt eine Offenbarung der göttlichen Weltregierung, sowohl als einer solchen, deren Macht über die Natur und über alle menschliche Gewalt erhaben ist, als auch als einer solchen, welche Alles nach heiligen Gesetzen lenkt, und der Tugend und Wahrheit endlich den Sieg verschafft über Bosheit und Unglaube. Die Auferstehung ist mithin eine Aufforderung an alle Gläubige zur standhaften Treue und zur frohen Hoffnung.

Anm. 2. Die geschichtliche Wahrheit der Himmelfahrt Jesu beruht für uns keineswegs blos auf der Erzählung des Marcus und Lucas, die nicht Augenzeugen waren; obwohl auch diese vollkommen glaubwürdig sind, da sie gewiß nicht die Sache erzählt haben würden, wenn sie sie nicht von Aposteln gehört hätten; sondern sie beruht auch auf Erklärungen von Aposteln, die offenbar darauf hindeuten, wie 1. Petr. 3, 22., mit denen Aeußerungen Jesu selbst wie Joh. 6, 62 zu vergleichen sind, und auf der sonst unerklärbaren Ueberzeugung der Apostel von Jesu himmlischem Zustande, die sie alsbald nach Jesu Entfernung aussprechen. (Apg. 2, 33. 34.) Das Leugnen der Himmelfahrt führt auf die empörendsten Folgerungen in Betreff des Charakters Jesu. — Bedeutung der Himmelfahrt Jesu für die Apostel: Sie wurden dadurch erleuchtet, von weltlichen Messiashoffnungen befreit und geläutert, und empfingen eine himmlische Richtung. Ihr Glaube an Jesum und ihre Ehrfurcht gegen ihn wurden dadurch gehoben, indem sie nun die Gewißheit von Jesu himmlischer Herrlichkeit bekamen. Endlich mußte dadurch Muth und Kraft in ihnen erweckt werden, Christi Reich auszubreiten und den Kampf auszukämpfen, in Hoffnung gleicher himmlischer Herrlichkeit. — Für uns ist Christi Himmelfahrt wichtig, da sie uns gleichfalls den Glauben an Christum stärkt, der dadurch verherrlicht worden, dessen himmlischer Ursprung uns dadurch bestätigt wird, und von dem wir darin auch die Gewißheit haben, daß er uns nahe ist; ferner weil sie uns eine himmlische Richtung giebt, zu trachten nach dem, was droben ist; endlich weil sie uns den Trost gewährt, daß auch wir einst zu Jesu sollen eingehen.

Anm. 3. Auch die Ausrüstung der Apostel und ihre Wirksamkeit sind eine Verherrlichung Jesu. Kein Lehrer ist je durch seine Schüler so verherrlicht worden, als Jesus durch seine Apostel. a) Durch die Erleuchtung ihres Geistes, durch welche sie eine hellere Einsicht in seine Lehre gewannen, alle ihre vorgefaßten Meinungen und begehrlichen Erwartungen von jüdischen Vorzügen, von irdischer Größe und Herrschaft, verließen, und fest und rein sein Wort bewahrten. b) Sie bewiesen auch den reinsten Eifer, mit dem sie sich ganz Christi Sache opferten, nur ihrem Meister lebten und starben, in seinem Geiste lebten und handelten. c) Sie thaten dies in vollkommener Harmonie unter einander; dachten nicht daran, eigene Schulen stiften zu wollen (während die Schüler der heidnischen Weisen oft unter sich zerfielen), sondern waren jeder Spur von Eifersucht gegen einander fern. Im Geiste ihres Meisters waren sie auch untereinander eins. Da es ihnen nur um ihres Meisters Namen zu thun war, erhoben sie sich auch nicht über einander. — Die Apostel vollendeten das Werk Jesu, und erfüllten die hohen Erwartungen, die er von ihnen gehabt hatte. (Joh. 14, 12.; 15, 8.) Diese Erhebung der Apostel ist aus natürlichen Ursachen nicht zu erklären; die wunderbare Veränderung, die mit ihnen vorging, erfolgte zu plötzlich und war zu groß, als daß sie eine Wirkung der auf ihre Gemüther gemachten Eindrücke sein konnte; auch ist die Geschichte Apg. 2 dagegen, so wie die ausdrückliche Verheißung Jesu (Joh. 15, 26. 27.) und die bestimmte Zeit- und Ortsangabe (Luc. 24, 49.; Apg. 1, 4. 8.). Die Wirkung der ersten Predigt Petri (Apg. 2, 37. 41.) bleibt im Vergleich mit den bei weitem nicht so durchgreifenden Wirkungen der eignen Predigt Jesu ein Räthsel, wenn wir nicht festhalten, daß hier der göttliche Geist Jesu sichtlich auf die Gemüther einwirkte. Die Apostel sind ein thatsächlicher Beweis, was Christi Geist vermag, — oder was der Mensch vermag, wenn er mit Jesu im Glauben innig verbunden ist.

Anm. 4. Der Erfolg der Wirksamkeit der Apostel war die Stiftung der christlichen Kirche. Das Entstehen und die Fortdauer der Kirche ist einem Wunder gleich zu achten, denn dieselbe widerspricht ganz dem Weltgeiste. Die christliche Kirche ist eine heilige Anstalt Gottes in der unheiligen Welt; ein Zeichen vom Himmel, das an den Himmel mahnt, in einer Welt, die in's Sinnliche versunken ist; eine Verbrüderung zu sittlichen Zwecken, in einer Welt, die nur irdische Zwecke verfolgt; eine Gottesfamilie unter Abgefallenen von Gott. Die Kirche ist mit einem Worte ein stehendes Denkmal, ein stehendes Wunder Gottes; daher sie auch fernerer Wunder entbehren kann, denn sie ist das Resultat geschehener Wunder. (Quisquis adhuc prodigia, ut credat, inquirit, magnum ipse prodigium est, qui credente mundo non credit. Augustin, de Civ. Dei. XXII., 8.)

Im Besonderen ist hier zu bedenken A. die schnelle Ausbreitung des Christenthums. In einem Menschenalter hatte dasselbe in allen damals bekannten Ländern Wurzel gefaßt, und es traf die Vorhersagung Christi Matth. 24, 14. (das Evangelium müsse in aller Welt gepredigt werden, und dann erfolge das Ende, nämlich des jüdischen Staats und Jerusalems) pünktlich ein. (Der Muhammedanismus

ist nicht in Vergleich zu bringen, denn hier ist die Religion ganz
mit der Staatsgewalt verschmolzen, ein Mittel der Politik; die Aus=
breitung geschieht ganz in der Weise der weltlichen Reiche. Er war
eine Geißel für eine abgestandene Christenheit.) — B. Die schweren
Verfolgungen, unter denen sich das Christenthum ausbreitete. Auch
Märtyrer haben den Namen Christi verherrlicht. — C. Die Werk=
zeuge, welche Gott gebrauchte: nie hat Gott durch schwächere Werk=
zeuge größere Dinge hervorgebracht. 1. Cor. 1, 25—29. Arme,
ungelehrte Leute, siegten die Apostel durch ihr Wort, das aus dem
Glauben kam. Wer ihnen nicht einen höheren Beistand zugestehen
will, der möge mehr thun, als sie gethan haben. — D. Endlich
sind zu berücksichtigen die Wirkungen des Christenthums selbst. a) Der
Sturz des Heidenthums. Dasselbe wurde vom Staat und von den
Priestern gehalten, und selbst die heidnischen Philosophen hielten es
für unstatthaft, die Religion zu reformiren oder zu stürzen. (So
sagt Plato, de Legg. V. ed. Bip. VIII., 2 27., ein vernünftiger
Mensch werde das Alles ungeändert lassen, und lib. X. Tom. IX.,
71. 72. spricht er scharf gegen Religions=Verächter und will unter
Umständen die Todesstrafe gegen sie angewendet wissen. Xenophon
bemüht sich sehr, die Anklage von Socrates abzuwälzen, als habe
er neue Götter einführen wollen. Plutarch de Is. et Os. Opp.
VIII., 419. nennt es, die Religion ändern zu wollen, ἀκίνητα
κινεῖν.) Was den heidnischen Weisen unmöglich schien, führten die
Boten Jesu Christi aus: ohne Macht und Gewalt, ohne Waffen,
ohne Reichthümer machten sie die Götzentempel leer und stürzten die
Bildsäulen. b) Der Eintritt des Monotheismus an der Stelle des
Heidenthums. Die heidnischen Religionen waren Natur=Vergötterung;
sie kannten den Vater der Menschen und sein liebevolles Vaterherz
nicht. Das Christenthum offenbart Gott als unsern Vater, weil
der Sohn selbst ihn offenbart hat. Der Monotheismus, so wie er
von Abraham ausging, ist er durch das Christenthum erst in die
Welt eingeführt worden. Durch dieses ist die dem Abraham gege=
bene Verheißung in Erfüllung gegangen, daß alle Völker des Erd=
kreises den wahren Gott erkennen würden. — Alle neue religiöse
Bildung, Alles, was etwa Vernunftreligion heißt, verdankt dem
Christenthum erst seine Entstehung; ohne Christenthum hat es nirgends
eine reine Naturreligion gegeben. c) Das Christenthum hat für die
sittliche Veredelung der Menschen die unermeßlichsten Folgen gehabt;
es hat im Allgemeinen gleich einem wohlthätigen Gährungsstoff einen
besseren Geist verbreitet; es ist als ein heiliger Sauerteig in das
menschliche Geschlecht gebracht; es hat ihm eine höhere, übersinnliche
Richtung gegeben. Im Besondern hat erst das Christenthum eine
allgemeine Menschenliebe gestiftet; es konnte das auch erst, da es
Einen Gott und Vater Aller, Einen Heiland Aller lehrt; darin ist
die rechte Vereinigung gegeben. Damit hat es auch zugleich erst die
rechte Menschenwürde bezeugt. Das Alterthum kannte nur engherzigen

Patriotismus, das Christenthum lehrt Kosmopolitismus im guten
Sinne (wodurch auch die Geschichts = Behandlung eine ganz andere
geworden ist. Vgl. Schiller's Werke I. Vorrede S. XXI.). Das
Christenthum hat bessere bürgerliche Ordnung und Gesetze herbeige=
führt, es hat die Völker civilisirt; durch Belehrung des Volkes in
Kirche und Schule hat es allgemeines Licht verbreitet. Viele Laster
und Mißbräuche hat es erst aufgedeckt und recht erkennen gelehrt.
Es hat die Sklaverei abgeschafft, hat dem weiblichen Geschlecht seine
Würde erkämpft (besonders auch durch die Maria), hat die Mono=
gamie herrschend gemacht, die Ehe geheiligt und häusliche Tugenden
eingeführt, — und hat Anstalten zur Milderung des Elends gestiftet.
Kurz, das Christenthum war das einzige Mittel, was das Sinken
des menschlichen Geschlechts zur damaligen Zeit aufhielt, und ein
Heilmittel zur Besserung wurde. Die barbarischen Völker, welche
zu eben der Zeit, als das Christenthum über das Heidenthum immer
herrlicher siegte, das Römische Reich anfielen, um es zu zerstören,
hat das Evangelium gebändigt und humanisirt. — Man hat nun
gesagt, es seien vom Christenthum auch schlechte Wirkungen ausge=
gangen (Tindal, Kant); doch mit einer solchen Behauptung be=
geht man eine fallacia non causae ut causae. Nicht dem Christen=
thum, sondern dem Mißbrauch desselben seitens der Menschen ist die
Schuld zu geben. Sind die Christen noch nicht so, wie sie sein
könnten und sollten, so haben sie sich selbst anzuklagen.

§ 20.
Schluss auf das ganze Christenthum.

Wenn nun durch alle diese Gründe die Ueberzeugung sich
feststellt, daß das Christenthum für ein von Gott gestiftetes Werk
anzusehen ist: so wird sich auch daraus die ewige Dauer des
Christenthums, die fortgehende Ausbreitung desselben, und sein
immer sich gleichbleibender Werth, seine Nothwendigkeit für das
Menschengeschlecht erkennen und bemerken lassen, welchen Einfluß diese Hoffnungen haben müssen.

Anm. 1. Gegen die ewige Dauer des Christenthums können
wohl Zweifel erhoben werden. Sehr stark sprach sie schon aus ein
Recensent in der Allgem. Lit. Zeitung 1797. I. Nr. 84. S. 667—69.
Er sagte: Wenn das Christenthum wirklich fortdauern soll, so muß
eine gesellschaftliche Anstalt bestehen, in welcher nicht allein die Lehre
rein erhalten und ausgebreitet würde, sondern wo auch durch feste
Disciplin Reinigkeit der Sitten bewirkt und befördert wird. Allein
jetzt zeigt sich eine fast gänzliche Auflösung und Desorganisation dieser
Verbindung. a) Bei weitem der größte Theil der denkenden Köpfe
hält das Christenthum für eine menschliche, mit allerlei Erdichtungen
und Täuschungen verbundene Erfindung, und schämt sich der näheren

Verbindung mit der Kirche. Der äußerliche Cultus beleidigt oft den Geschmack; dies giebt ihm Vorwand, sich ihm zu entziehen; oder er nimmt Theil nur um des Exempels willen. Die ganze Anstalt bleibt also bloßes Behelfsmittel zur vermeintlichen Cultur des sogenannten gemeinen Mannes, und wird als solches noch manchmal von Regenten und Staatsmännern gepflegt. b) Noch verderblicher ist dem Christenthum die unbeschreiblich große Anzahl systematisch=unmoralischer und die äußerste Nichtswürdigkeit in Gesinnung und Handlung mit einem äußeren Anstrich bedeckter Menschen, welche bei beibehaltener äußerer loser Verbindung mit der Kirche den Zweck derselben untergraben. Indem die Kirche jetzt nichts mehr für die Zucht und Besserung dieser Mitglieder thun kann, sondern sie in ihrem Schooße nähren muß, zerstört sie eben dadurch sich selbst. c) Endlich giebt es Viele, welche dem Christenthum Haß und Untergang geschworen haben. — Daraus schloß er nun: die innige Verbindung und das thätige Mitwirken der Einzelnen zur Erreichung des Zweckes der Kirche, die genaue Beziehung, die Tendenz der Religiosität und Tugend der Einzelnen auf die Gesellschaft, die doch zum Wesen des Christenthums gehört, existirt daher eigentlich schon nicht mehr. Das Christenthum, als Institut betrachtet, besteht daher jetzt sichtbarlich in nichts weiter, als in dem sogenannten öffentlichen Gottesdienste und dem Religionsunterrichte für die Jugend. Scheint diesen Dingen auch hier und da einmal ein vorzüglicher Religionslehrer oder ein vorzügliches Zusammentreffen und Wirken mehrerer derselben, oder allenfalls ein religiöser Fürst oder Minister, oder bessere Liturgie und Gesangbücher und dergl. ein neues Leben zu geben, so wird doch dieses bald durch den Genius der Zeit, der ihm unüberwinnlich abgeneigt ist, wieder getödtet.

Dagegen ist jedoch zu sagen: Die Gleichgültigkeit Vieler gegen das Christenthum ist noch lange nicht Auflösung des christlichen Bundes. Je mehr jene sich lossagen, desto mehr werden die wahren Christen sich aufsuchen und an einander schließen; Freunde des Christenthums giebt es noch in allen Ständen. Die Feindschaft und das Ankämpfen gegen das Christenthum wird dazu beitragen, daß die verschiedenen christlichen Parteien sich immer mehr einander nähern, ihre Trennung vergessen, um den gemeinschaftlichen Feind ihres Glaubens zu bestreiten, und an dem Wesentlichen, in dem sie Eins sind, festzuhalten. Wenn sich nun die Ungläubigen nach und nach auch äußerlich ausscheiden aus der Kirchen=Gemeinschaft: so ist dies eher eine Wohlthat für die Kirche. — Ferner: Wenn die Kirche keine weltliche Macht mehr hat, für ihre Reinheit durch strenge Zucht zu sorgen; so hört deßhalb die innere Kraft, der Geist des Christenthums, der zwanglos wirkt, nicht auf, Einfluß zu haben auf Besserung, Reinigung der Glieder der Kirche. Endlich: Die Feinde sind eben nicht zu fürchten; sie können nie eine solche Uebermacht bekommen, daß sie das Christenthum ausrotteten.

Es sprechen aber auch ganz positive Gründe für die Dauer des Christenthums: Erstens die Aussprüche Jesu selbst hierüber. Matth. 16, 18; 24, 35; 28, 20. Vgl. 1. Cor. 15, 24.; 2. Cor. 3, 11. Wenn nun Christus nach Gottes Willen die Heilsanstalt gestiftet hat, so müssen auch seine Aussprüche über den Bestand derselben wahr sein. Das Alte Testament dagegen giebt schon Winke über das dereinstige Aufhören seiner Einrichtungen. Vgl. Hagg. 2, 7.; Jer. 3, 16; 31, 31—34. Wäre das Christenthum nur von temporärer Bedeutung, so würden auch im Neuen Testament solche Winke nicht fehlen. — Sodann ist anzunehmen, daß die weltlichen Mächte das Christenthum schon aus politischen Gründen stützen, und Bestrebungen zu seiner Vernichtung nicht gleichgültig mit ansehen werden, da es ja die eigentliche Stütze aller bürgerlichen Ordnung ist. — Drittens aber ist der innere Werth des Christenthums so entschieden, daß gar keine andere Religion an seine Stelle treten kann, und daß die sich selbst verstehende Vernunft nie dasselbe kann verdrängen wollen. — Die bisherige Dauer und das Wachsthum des Christenthums unter allen Stürmen verbürgen uns auch den göttlichen Schutz für dasselbe in der Zukunft.

Anm. 2. So läßt sich auch die fortgehende Ausbreitung des Christenthums über die Erde hoffen. Wir haben hierfür erstens die deutlichen Verheißungen der Schrift, daß dem wahren Gott, d. h. dem Vater unsers Herrn Jesu Christi alle Völker, alle Zungen dienen sollen. Dan. 2, 44. „Das Reich, das Gott vom Himmel ausrichten wird, das wird nimmermehr zerstört; es wird alle diese Königreiche zermalmen und verstören; aber es wird ewiglich bleiben." Cap. 7, 14. „Dem Menschensohn ward gegeben Gewalt, Ehre und Reich, daß ihm alle Völker, Leute und Zungen dienen sollten. Seine Gewalt ist ewig, die nicht vergeht, und sein Königreich hat kein Ende." Auch Christus redet nicht anders. Matth. 13, 37. 38; 28, 19. 20.; Joh. 10, 16.; Luc. 13, 28—30. Vgl. 1. Cor. 15, 25. — Ferner die Ueberlegenheit aller christlichen Reiche über die nichtchristlichen, die politische und geistige Schwäche der nichtchristlichen Völker bestätigt diese Hoffnung. — Endlich sehen wir ja, daß die Anzahl der zum Christenthum sich Bekehrenden mit jedem Zeitalter wächst, durch Bibel und Mission. (Vgl. Heß, das Vorsehungsvolle in der Bibelverbreitung unserer Tage. Zürich. 1817.) Doch ist die Ausbreitung des Christenthums von der Vorsehung in die Hände der Christen selbst gelegt, nicht blos der einzelnen Missionare. Alle Missionsthätigkeit wirkt nicht blos nach außen, sondern auch nach innen, belebt den Eifer der Christen, weckt das Leben in der Kirche selbst. Umgekehrt aber wenn die Christen selbst besser würden, so würde auch ihre Religion bei Nichtchristen mehr Ansehen gewinnen; und wenn das Christenthum sich im Vergleich mit der apostolischen Zeit jetzt langsam ausbreitet, so haben die Christen die Schuld davon in sich selbst zu suchen. Es ist Pflicht für jeden Christen, mit-

zuwirken, daß das Christenthum sich ausbreite und blühe; der Ge=
meinsinn, den er haben soll, muß ihn dazu treiben. Und die Aus=
sicht auf die künftige allgemeine Herrschaft des Christenthums, auf
die Verherrlichung Christi muß Jeden in diesem Eifer stärken, und
froh machen bei manchem Trüben der Gegenwart; so wie dagegen
der Gedanke, daß das Christenthum aufhören könnte, unserm Glau=
ben sogleich seine Stärke rauben müßte. Wenn die lebenden Christen
die künftige Herrlichkeit der Kirche, die Majestät Christi sähen, wie
würden sie sich drängen, dem Herrn zu dienen, und zur Ausbreitung
seines Reiches beizutragen!

Anm. 3.   Das bisher Gesagte gilt aber nur von dem wahren
biblischen Christenthum.   Dieses wird bleiben: es soll kein anderes,
selbst erdachtes, angeblich besseres an seine Stelle treten.   Eine Per=
fektibilität des Christenthums giebt es nicht: wohl sollen wir subjectiv
fortschreiten; aber objectiv ist das Christenthum vollendet, es giebt
auch in ihm, wie in der Mathematik, ewige, unverrückbare Grund=
sätze, wie Grundsäulen der Wahrheit; wir sollen dieselben nur immer
mehr durchdringen und entwickeln. Christus selbst hat seinem Worte
diese Vollkommenheit zugeschrieben (Matth. 5, 17; 24, 35.; Joh.
14, 6; 17, 3. Vgl. Gal. 1, 8.; Hebr. 7, 15—25; 12, 26—29;
13, 8.). Ist er der letzte göttliche Gesandte (der einzige, geliebte
Sohn, den er sandte, Marc. 12, 6.), so hat auch seine Offenbarung
als die letzte Erklärung Gottes ewig dauernde Gültigkeit; und wer
sich über Christum setzt und sich berufen glaubt, die christliche Offen=
barung zu abrogiren, müßte sich durch weit stärkere Gründe, als
Jesus gethan hat, als höheren göttlichen Gesandten legitimiren, und
der Welt unverzüglich die vollkommene Religion bringen. — Das
Christenthum bleibt für alle Zeiten nothwendig; denn die Bedürf=
nisse, die durch dasselbe allein befriedigt werden, bleiben unverändert:
nämlich der Erkenntniß Gottes, der Versöhnung, Erlösung, der sitt=
lichen Kräftigung u. a. — Die Ueberzeugung von der absoluten
Vollkommenheit des Christenthums ist praktisch wichtig, denn sie giebt
unwandelbare Festigkeit im Glauben, treibt zu unweigerlicher Folg=
samkeit gegen Christi Gebote (denn wenn Alles perfektibel ist, so
werden es auch Christi Gebote sein), und giebt freudige Hoffnung
und Beruhigung bei allen Angriffen, bei allen Stürmen, die wider
das Christenthum losbrechen. (Bei denen man sich überdies daran
zu erinnern hat, daß es in der geistigen Welt gerade so geht, wie
in der physischen. Neue Schöpfungen erfordern heftige Umwande=
lungen des Alten; neue Lebensanregungen starke chemische Processe;
endlich erfolgt die Präcipitation, und die Kräfte kommen wieder in
ruhige Harmonie.) Schließlich wird Alles zur Verherrlichung des
Christenthums dienen.

§ 21.
Die Göttlichkeit der Bibel.

Ist die Göttlichkeit des Christenthums entschieden, so geht auch daraus die Göttlichkeit der Bibel hervor. Denn das Ansehen, welches die Boten Gottes überhaupt hatten, muß auch ihren Schriften, ja diesen als stehenden Erklärungen, zukommen. Sie bleibt daher auch zur religiösen Bildung und Vereinigung der Menschen unentbehrlich, und ihr fleißiger Gebrauch ernstlich zu empfehlen.

Anm. 1. Daß über die Bibel zu reden der Prediger Beruf habe, versteht sich von selbst. Die Bibel ist Erkenntniß=Quelle der Offenbarung; sie ist dazu in den Händen des Volks, und nach protestantischen Grundsätzen hat jeder das Recht, ja die Pflicht, in der Bibel zu forschen: wie sollte der Religionslehrer nicht Gelegenheit und auch die Pflicht haben, von der Bibel selbst zu reden? Er kann dabei auch keinen anderen Zweck haben, als das Ansehn derselben zu erhalten und zu befestigen, ihren Werth fühlbar zu machen, ihren fruchtbringenden Gebrauch zu fördern.

Anm. 2. Es ist keineswegs ein Hysteron Proteron, jetzt erst von der Bibel zu reden. Bisher wurde sie nur als historische Quelle von Nachrichten über Jesum betrachtet; von einer Inspiration wurde noch nicht geredet. Die strenge Lehre von göttlicher Eingebung ist aber nicht nöthig zu urgiren; diese läßt sich auch nicht von allen Büchern erweisen, z. B. vom Evangelium Lucä; die Abfassung der historischen Bücher brauchte auch offenbar nur auf natürlichem Wege zu geschehen. Die Bibel behält aber auch ohne Inspiration göttliche Geltung, und diese ist durchaus festzuhalten. Sie läßt sich aus dem göttlichen Ansehen Jesu und der Apostel leicht ableiten. Es ist das kein Cirkelbeweis: denn wir haben bisher keine Inspiration der Schrift vorausgesetzt, sondern nur ihre Wahrheit und Treue in der historischen Relation. Mit Hülfe dieser Relation schlossen wir, daß Jesus göttlicher Gesandter war; wenn aber Jesus seine Apostel als zuverlässige Ausleger seiner Lehre bevollmächtigt hat: so kommt das Ansehen, das ihr mündliches Wort hatte, nicht minder ihren schriftlichen Erklärungen zu, ja, wenn man einen Unterschied machen wollte, diesen eher noch mehr, da sie offenbar bedachtsam niedergeschrieben und zu längerer Dauer bestimmt waren. Von hier aus ergiebt sich auch die Göttlichkeit des Alten Testaments. Jesus hat dieselbe überall anerkannt, er beruft sich auf das Alte Testament, bedient sich seiner Erzählungen, betrachtet die Weissagungen als göttliche Rathschlüsse. Eben so gestehen die Apostel dem Alten Testament nach seinem geschichtlichen, wie nach seinem dogmatischen Inhalte göttliches Ansehen zu. Es ist daher eine arge Inconsequenz, an Christum glauben und das Ansehen des Alten Testaments bestreiten.

Anm. 3. Das Ansehen der Bibel stützt sich aber auch auf ihren Inhalt, nach dem sie das Zeugniß ihrer Göttlichkeit in sich selbst trägt. a) Sie ist das allgemeine Lehr= und Erbauungsbuch für das christliche Volk, und ist als solches unentbehrlich, um religiöse Erkenntniß zu gewinnen. („Das Neue Testament ist ein Auctor classicus, das beste Noth= und Hülfsbüchlein, das je geschrieben worden ist; daher man jetzt auf jedem Dorfe der Christenheit mit Recht einen Professor angestellt hat, diesen Auctor zu erklären. Daß es Viele unter diesen Professoren giebt, die ihn nicht verstehen, hat dieser Auctor mit anderen gemein." Lichtenberg, Schr. II., 288.) Schon für den Jugend=Unterricht ist die Bibel unentbehrlich, sie eignet sich überdies für denselben ganz besonders durch ihre kindliche Sprache. Nicht minder ist sie es für die öffentliche, wie für die Privat=Erbauung. (Daher auch selbst die Verächter der Bibel eine neue machen wollten.) — b) Die Bibel ist ferner nothwendig für den Bestand der christlichen Kirche. Jede religiöse Gesellschaft bedarf eines Bindungsmittels, einer Urkunde, die von Allen angenommen wird, und in der Alle ihren Glauben finden. Nimmt man die Bibel weg, so fällt das wichtigste Band weg. — c) Die Bibel ist sowohl im Ganzen, als im Einzelnen einzig in ihrer Art, sie verbindet mit einer wunderbaren Einheit ihres Ganzen die höchste Mannigfaltigkeit im Einzelnen. — Es ist Einheit des Inhalts: Ein Glaube geht durch die ganze Bibel, Ein Glaube an einen heiligen, gnädigen Gott, an sein heiliges Gesetz, Eine Gottesverehrung durch ein frommes gläubiges Herz, durch Gehorsam. Es ist ferner in der Bibel Einheit des Zweckes; der Eine göttliche Plan, die Menschen zu erziehen und zu erlösen, spricht sich aus in dem inneren realen, historischen Zusammenhang aller biblischen Bücher. Dieser Plan erscheint vom Keime an bis zu seiner vollen Ausbildung, — von dem Sündenfall (Genesis) bis zum Neuen Himmel (Offenbarung Joh.). Es ist endlich eine Einheit der Hauptwerkzeuge, deren sich Gott bedient; ein vollkommener Consensus zwischen ihnen. Da ist nicht ein wildes Geschrei vieler Stimmen durcheinander, sondern es tönt wie Ein Chorgesang, in dem Alles in ungestörter Harmonie ist. „Weise und Geschichtsschreiber und Gesetzgeber des Alterthums und heilige Sänger der Größe und Herrlichkeit Gottes, Fürsten und Könige und fromme Männer aus den geringsten Ständen, Propheten des Ewigen, die zu ihrer Zeit mit unbesiegbarer Festigkeit für die Sache der Gerechtigkeit und Ordnung eiferten, und ihre Blicke in die Zukunft hineinrichteten, und die Abgesandten dessen, der gekommen war, die Wünsche und Hoffnungen jener Gottgesandten zu erfüllen: diese Alle in einem nie besprochenen, nie feierlich geschlossenen, und doch so engen und unzertrennlichen Bunde, das Alte mit dem Neuen in einem so schönen Zusammenhange, die Urwelt mit der Nachwelt in so heiligem Vereine! Wie ehrwürdig erscheint uns schon von dieser Seite die Bibel." Hanstein, Christl. Belehrungen und Ermunterungen. S. 72. 73. —

Wo findet sich je in heiligen Schriften solche Einheit? Was für
ein buntes Gemisch, so bunt wie der Götzendienst und die Mytholo=
gie, bieten die Indischen Bücher dar! An einen inneren realen Zu=
sammenhang ist da nicht zu denken. — Der Koran ist etwas Zu=
sammengestoppeltes: langweilig, wenn auch einzelne erhabene Stellen
darin vorkommen; das Beste darin ist aus der Bibel; aber keine
historische Grundlage ist darin, kein die alte Geschichte umfassender
Plan Gottes. — Woher nun die Einheit in der Bibel? Von dem
Einen, heiligen, sich selbst gleichbleibenden Geiste Gottes, der die
biblischen Schriftsteller erfüllte. — Mit dieser Einheit verbindet die
Bibel aber auch die höchste Mannigfaltigkeit im Einzelnen, und
es bleibt, wenn auch immerhin vieles Temporäre und Locale vor=
kommt, kein Bedürfniß in ihr unberücksichtigt. (Vgl. 2 Tim. 3, 16.
Alle Schrift von Gott eingegeben ist nütze zur Lehre rc.) Die Bibel
ist Quelle der Wahrheit und giebt dem Wißbegierigen Licht über
die wichtigsten Angelegenheiten; sie kann den Menschen strafen, und
durchdringt Mark und Bein; sie verheißt Gnade und Vergebung dem
niedergebeugten und reuigen Sünder, in den stärksten, eindringlichsten
Zusicherungen Gottes, wie in Beispielen geretteter Sünder; sie bessert
und giebt dem Schwachen und Anfänger in der Tugend Muth und
Stärke durch Beispiele und durch die kräftigsten Antriebe und Ver=
heißungen; sie heiligt und begeistert zum Kampf wider die Sünde;
sie beseligt, indem sie den Niedrigen erhebt und ihm seine Würde
vor Gott, und die Gleichheit, die vor ihm gilt, zeigt, und indem
sie den Leidenden tröstet. — Alle diese Eindrücke geschehen aber
nur unter der Voraußsetzung des göttlichen Ansehens der Bibel.
Gelten ihre Aussprüche nur als Menschenwort, so geht sie uns um
nichts mehr an, als das, was jeder sich selbst sagen kann. Der
Rohe, der dem Laster ergebene, für die innere Schande des Bösen
wenig empfängliche Sünder, der aber doch geheime Scheu vor Gott
hat, und dem noch von der Jugend her unwillkürlich ein Glaube
an die Göttlichkeit der Bibel einwohnt, kann durch's Wort der
Bibel gestraft und von der Strafbarkeit der Sünde überzeugt werden.
Aber auch der Gebildete bedarf immer der mit Donnerkraft auf ihn
eindringenden göttlichen Gebote und Verbote Gottes. Der Ver=
zagte, der an Vergebung seiner Sünde zweifelt, kann wiederum nur
durch die Bibel getröstet, aufgerichtet werden, wenn hier Gott zu
ihm redet und ihm nach seiner unumschränkten Gewalt Gnade anbietet.

Es ergiebt sich, daß es eben so ungerecht, als heillos ist, die
Bibel herabzusetzen, oder auch nur von Bibliolatrie zu reden (wie
Henke); vielmehr soll sie hochgestellt werden: sie soll Lese= und
Lebebuch für uns sein, und ihren Gebrauch muß man auf alle Weise
zu fördern suchen. (Vgl. was Göthe in der Farbenlehre Bd. 2.
S. 138 ff. unter A. sagt: „Jene große Verehrung, welche der Bibel
von vielen Völkern und Geschlechtern der Erde gewidmet worden,
verdankt sie ihrem innern Werth. Sie ist nicht etwa nur ein Volks=

buch, sondern das Buch der Völker, weil sie die Schicksale eines Volkes zum Symbol aller übrigen aufstellt, die Geschichte desselben an die Entstehung der Welt anknüpft, und durch eine Stufenreihe irdischer und geistiger Entwickelungen, nothwendiger und zufälliger Ereignisse, bis in die entferntesten Regionen der äußersten Ewigkeit hinausführt." — Wilh. v. Humboldt — Briefe an eine Freundin, 1847. I., 132. — schreibt: „Zu den kraftvollsten, reinsten und schönsten Stimmen, die aus grauem Alterthum zu uns herabgekommen sind, gehören die Bücher des Alten Testaments, und man kann es nie genug unserer Sprache verdanken, daß sie, auch in der Ueber= setzung, so wenig an Stärke und Wahrheit eingebüßt haben. Ich habe oft mit Vergnügen nachgedacht, daß es möglich war, etwas so Großes, Reiches und Mannigfaltiges zusammenzubringen, als die Bibel. Wenn sie auch, wie bei uns, dem Volke gewöhnlich das einzige Buch ist, so hat dieses in ihr ein Ganzes menschlicher Geistes= werke, Geschichte, Dichtung und Philosophie, und Alles das so, daß es schwerlich eine Geistes= oder Gefühlsstimmung geben könnte, die darin nicht einen entsprechenden Anklang fände. Auch ist nur weniges so unverständlich, daß es nicht gemeinem schlichten Sinne zugänglich wäre. Der Kenntnißreichere bringt nur tiefer ein, aber keiner geht eigentlich unbefriedigt hinweg.")

Zweiter Abschnitt.

Darstellung der christlichen Glaubenslehre für den praktisch-homiletischen Zweck.

§ 22.
Summa des ganzen christlichen Glaubens.

Da die Art und Weise, wie man sich das Wesen oder den eigenthümlichen Geist des Christenthums denkt, auf den Vortrag von dem entschiedensten Einfluß ist, so kommt es darauf an, den rechten Standpunkt zur Betrachtung des Christenthums aufzufassen. Hier ist nun offenbar die Lehre von der durch Christum, den Sohn Gottes, gestifteten Erlösung des durch Sünde verderbten und aus dem Reich Gottes ausgeschlossenen Menschengeschlechtes das Centrum des ganzen Christenthums, aus dem sich leicht alle einzelnen Lehren ableiten lassen, und auf das alle christlichen Vorträge immer eine nähere oder entferntere Beziehung haben werden.

Anm. 1. Die Summe des christlichen Glaubens, das worin der Geist desselben am entschiedensten sich ausspricht, sein Wesen charakteristisch hervortritt, — kann natürlich nicht ein Religionssatz von allgemeinem Inhalt sein, sondern ein Satz, der das Christenthum von allen anderen Religionen unterscheidet. — Von dieser Summe des Christenthums ist es nöthig, zum Anfang zu sprechen, weil man darin den Schlüssel hat, durch den sich einem das Verständniß des Ganzen erschließt, und durch den man sich orientirt. Von hier aus erst faßt man die Einheit und den Zusammenhang des christlichen Glaubens. Auch bekommen natürlich dadurch erst die Vorträge Einheit und zugleich ein christliches Gepräge, wenn man alles Einzelne in seiner Stellung zu dem Mittelpunkt des Ganzen auffaßt. Und es ist nöthig, immer auf das Wesen, auf den Mittelpunkt des Christenthums hinzuweisen, wenn man eine echt christliche Gesinnung wecken und fördern will. (So urtheilten auch die alten Theologen, Franke z. B. sagt in der Vorrede zu seinen Catechismus-Predigten, jede Predigt solle das Ganze geben. Auch einer, der nur grade diese Eine Predigt höre, solle doch darin das Ganze bekommen; sonst bekomme der Zuhörer nur einzelne Lappen, aber nie das ganze Kleid. — Erfahrungsmäßig haben Predigten, die immer auf das Centrum des Christenthums hinwiesen, das Meiste gewirkt. Es ist die Predigtmethode derer, die den reich-

sten Segen für Mit = und Nachwelt gestiftet haben, z. B. Luther's,
Arndt's, Scriver's, G. Müller's, Spener's, der Brüderge=
meinde, der Methodisten.)

Anm. 2. Woher kann man nun diese Summe des christlichen
Glaubens nehmen? Nicht aus dem christlichen Bewußtsein; denn
kein Christ hat das a priori, es wird ihm nicht angeboren; auch
ist das etwas ganz Subjectives, was in Jedem anders ist, und es
würde dann Jeder das Recht haben, auf sein Bewußtsein zu pro=
vociren; das christliche Bewußtsein kann aber nur aus der Schrift
gebildet, und Differenzen nur nach der Schrift entschieden werden.
Die Schrift ist Regulativ und Correctiv. — Aus der Schrift nur
kann die Glaubenssumme genommen werden. Es ist diese Frage
eine historische Frage, die nur auf historischem Wege beantwortet
werden kann, also aus dem Neuen Testamente, und zwar nicht aus
den dunkleren Stellen, sondern aus denen, deren Sinn offen und
klar daliegt. Der Sinn dieser Stellen muß aber auf dem Wege
der grammatischen Interpretation gefunden werden. (Baco wünschte
sich Emanationes Scripturarum, einen Bibelausbruch, d. i. die
Summe der Lehren, die von selbst, ohne künstliche Schlüsse, aus
den klaren Stellen der heiligen Schrift sich ergeben. de Augm.
Scient. IX. cp. I., p. 605 sq. ed. Elzev. — Bengel, Erklärte
Offenb. Joh. Vorr. § 12, nennt treffend den Ausleger der Schrift
einen Brunnenmacher: der hat nicht Wasser in die Quellen zu gie=
ßen, sondern nur zu machen, daß dasselbe ohne Abgang, Verstop=
fung und Unlauterkeit durch die Teiche und Röhren in die Gefäße
läuft; so bekommen Andere, wie er selbst, Wasser genug.)

Die oben angegebene Lehre ist sogar die Hauptsumme der gan=
zen Bibel, die man einen Brief Gottes an die Menschen nennen
kann, dessen Inhalt kurz dieser ist: Ihr Menschen, die ich gut ge=
schaffen habe, seid abgefallen und verdienet Verdammniß; aber weil
ich euch von Ewigkeit liebe, habe ich mich über euch erbarmt und
meinen Sohn zu eurer Rettung gesandt; durch den sollt ihr selig
werden, aber unter der Bedingung, daß ihr an ihn glaubt und ihm
folgt. (Das ist der wahre Himmelsbrief, — nicht ein falscher, er=
sonnener, wie im achten Jahrhundert der des Bischof Adelbert in
Gallien.) Daß dies nun wirklich das Centrum des christlichen Glau=
bens ist, läßt sich nur per inductionem beweisen. a) Gleich Jo=
hannes der Täufer trat mit der Ankündigung auf: Thut Buße, das
Himmelreich ist nahe herbeigekommen. Er weist also hin auf das
sittliche Verderben der Menschen und auf den Retter, Christum.
b) Dasselbe predigt Christus zuerst, in dessen beiden Namen sogar
Alles angedeutet liegt. Seine erste Predigt in Nazareth (Luc. 4,
16—21.) über Jesaias 61 handelt von der in ihm erschienenen Erret=
tung. Die Bergpredigt fängt an mit Seligpreisung derer, die im
Gefühl ihres Sündenelends sich nach dem Heile sehnen. Besonders
zahlreich finden sich die Beweise in dem Evangelio des Johannes.

c) Beweis ist ferner das Verfahren der Apostel, besonders auch in ihren ersten Predigten. Vgl. über Petrus Apg. 2, 38.; 3, 19.; 4, 12., über Paulus Apg. 17, 30. 31.; 1. Cor. 1, 30.; 2, 2.; 3, 11. Die Briefe an die Römer, Galater, Epheser. Der Brief an die Hebräer zeigt die Vorzüge des Christenthums vor dem Judenthum aus der Wirklichkeit der durch Christum vollbrachten Erlösung. Er unterscheidet Cap. 6 Anfangslehren, gleichsam das ABC, die Elemente aller Religion, das sind die Lehren von Gott, Freiheit und Unsterblichkeit, — und die Vollkommenheit, d. i. die Lehre von Christo, seinem Priesterthum, also von der Erlösung durch ihn. — Johannes in seinen Briefen setzt gleichfalls die Hauptsumme des Glaubens in die Lehre von dem im Fleische erschienenen Sohn Gottes.

Anm. 3. Aus dem angegebenen Hauptsatz ergeben sich leicht die einzelnen Hauptlehren des christlichen Glaubens. a) Es ist Ein Gott, Schöpfer und Herr der Welt. b) Er hat das menschliche Geschlecht ursprünglich gut geschaffen, dasselbe ist nur durch eigene Schuld moralisch verdorben, indem es der Versuchung des bösen Geistes nachgab. c) Gott will es wieder retten, zur vorigen Unschuld zurückbringen, ja ihm ewige Herrlichkeit geben. Diesen Rathschluß, der schon im Alten Bunde vorbereitet war, hat er durch Christum ausgeführt. d) Buße und Glauben, oder die geistige Umschaffung des Menschen ist die Bedingung, um der Rettung durch Christum theilhaftig zu werden. e) Dazu dient die christliche Kirche mit allen ihren Heils = Anstalten; sie ist das sichtbare Reich Gottes auf Erden zur Erziehung des Menschen für das unsichtbare Reich. f) Je nachdem der Mensch die in Christo angebotene Errettung annimmt oder verwirft, wird sein ewiges Schicksal entschieden, es trifft ihn Heil oder Verdammniß. — Diese sechs Hauptsätze enthalten den ganzen Stoff der christlichen Lehre; sie lassen sich aber in drei zusammenfassen, deren Inhalt sein würde a) die Lehre von Gott (von seinem Wesen und Eigenschaften, von der Schöpfung und Vorsehung, von seinem Reiche und den guten Engeln); b) die Lehre vom Menschen (vom Sündenfall, vom Satan); c) die Lehre von Christo (von seiner Menschwerdung, dem Werke der Erlösung, der Ordnung des Heils, und der endlichen Vollendung seines Reiches).

Anm. 4. Als Schlußfrage kann hier aus dem Vorigen die Frage beantwortet werden: Wer ist ein Christ? Sie kann auf Leben und Charakter, sie kann aber auch auf die religiöse Ueberzeugung, von der freilich jenes abhängig ist, bezogen werden. Hier ist nur von der letzten Beziehung die Rede. Diese Frage zu beantworten, kann freilich jetzt höchst seltsam scheinen, ist aber gleichwohl nicht überflüssig.

a) Woher ist der Begriff eines Christen zu schöpfen? Er kann nicht willkürlich nach unseren eigenen Gedanken a priori bestimmt werden, (dann könnte man nichts dagegen haben, daß jeder zur christlichen Kirche gerechnet würde, der es nur wünschte, wie einst

die jüdischen Hausväter Berlins — vgl. ihr Schreiben, Berlin 1799
— diese Zumuthung stellten, ohne die charakteristischen Sätze des
Christenthums anzunehmen); sondern nur auf historisch = exetischem
Wege, — so wie, wer aus Plato selbst gefun-
den werden kann. Das Neue Testament ist die einzige ursprüngliche
Quelle, aus der die christliche Lehre geschöpft werden kann, mithin
aus den Erklärungen Christi und seiner Apostel kann die Frage allein
beantwortet werden. (Als moralisch richtende Frage soll diese Frage
hier also nicht genommen werden; es ist nicht unsere Sache zu richten, zu verdammen. Es soll hier nur beurtheilt werden, welchen
Inhalt die religiöse Ueberzeugung haben müsse, um zu dem Namen
eines Christen zu berechtigen.)

b) Nach dem Neuen Testament sind Christen die, die an Christum
glauben; daher heißen die Christen schlechthin Glaubende, Gläubige,
an seinen Namen Glaubende, seinen Namen Anrufende, — und
ihnen werden entgegengesetzt die Ungläubigen.

c) An einen glauben aber wird, wie der allgemeine und biblische
Sprachgebrauch lehrt, nicht in Beziehung auf einen gewöhnlichen
Menschen gesagt, — man sagt nie: an einen Philosophen glauben; —
sondern nur in Beziehung auf göttliche Gesandte, d. h. auf solche,
die ausdrücklich von Gott berufen sind, zu sprechen, und denen die
Uebrigen beistimmen sollen. An wen man glauben soll, dem muß
ein göttliches Lehr = Ansehn zugeschrieben werden. Glauben ist auch
gleich Vertrauen setzen, und das soll man nach der Schrift nicht auf
Menschen, sondern nur auf Gott.

d) An Christum glauben schließt also in sich nicht etwa nur:
ihn für einen weisen, über seine Zeitgenossen hervorragenden Lehrer
ansehen, — dann würde sich Christus nur graduell von vielen großen
Leuten unterscheiden, auch würde das noch keinen Glauben an ihn
bedingen; — sondern: ihn als einen von Gott berufenen Lehrer anerkennen, der im Namen Gottes redet und dessen Wort als Gottes
Wort gilt, — mit Einem Worte als untrüglichen Lehrer, dessen
Wort für uns verbindende Kraft hat. Solcher Glaube erkennt
Christum für den an, für den er sich erklärt hat.

Wer Christum idealisirt, so sehr er nur kann und mag, ihn
aber nicht das sein läßt, was er selbst sein wollte, ist kein Christ.
Alle sonstigen ehrenden Erklärungen sind nur Spott und Hohn,
wenn man Christo die Ehre streitig macht, die er sich beigelegt hat.
Wer Christi Wort widerspricht, ihn für fallibel hält, gehört nicht
unter die Glaubenden. Es ist natürlich auch ganz unstatthaft, unter
den Lehren Christi eine Auswahl zu treffen, und einige anzunehmen,
andere zu verwerfen. Denn Christus fordert in allen Punkten Glauben, und wer nur Einiges annimmt, glaubt nicht mehr Christo, sondern folgt seinem Gutdünken, den Eingebungen seines eigenen Geistes.
Die ganze bindende Norm hört hier auf. — Also: wer an Christum
glaubt, hält das für wahr, was Christus wirklich gelehrt hat; was

exegetisch wahr ist, das ist auch dogmatisch wahr: und es hat nun
Jeder das Recht, nach seinem Gewissen den Sinn der Worte Christi
zu erforschen, — nicht willkürlich, das ist gewissenlos, — sondern
so wie er sich's getraut, einst vor Christo verantworten zu können.
Anderen aber vorzuschreiben, wie sie interpretiren sollen, hat nach
protestantischen Grundsätzen kein Mensch das Recht.

e) Weil Christus uns nichts Schriftliches hinterlassen, sondern
an seine Apostel verwiesen hat, so folgt: wer Christo glaubt, muß
auch dem Wort der Apostel glauben. Christus hat unmittelbares
göttliches Ansehen, die Apostel mittelbares.

f) Bei den Streitfragen über Christum handelt es sich nicht
sowohl um das, was die Vernunft, sondern um das, was Christus
gelten soll. Die Vernunft ist das Organ, womit wir jede Wahrheit, und so auch das, was das Evangelium uns darbietet, auffassen.
Nie haben das Theologen geleugnet. Nirgends auch findet sich im
Neuen Testament etwas von Verwerfung der Vernunft schlechthin;
dasselbe verwirft nur den natürlichen verdorbenen Sinn und Herz
des Menschen, wodurch auch leicht die Vernunft irregeleitet werden
kann. Der Kopf wird durch das Herz regiert, und wenn sich die
Vernunft von der Offenbarung los macht, so wird sie auch gewiß
irre gehen. Das Christenthum bringt uns nun nicht um den Ver-
nunftgebrauch, sondern leitet ihn erst recht und erweitert ihn durch
die neuen Aussichten, die es uns eröffnet. „Die Vernunft wird
durch das Wort des Sohnes Gottes gereinigt und frei gemacht."
(Luther XII., 1534.) — Die allgemeinen Vernunft=Wahrheiten
läßt das Christenthum stehen, und wir können sicher annehmen, daß
es nicht mit ihnen in Widerstreit ist. — Die bescheidene, ihre Grenzen weise erkennende Vernunft wird aber freilich sich nicht überheben,
die unendliche, absolute Vernunft sein zu wollen; sondern wird es
zugestehen, daß es Wahrheiten giebt, die ihr izt noch nicht zugänglich sind: das sind nicht solche Wahrheiten, die auf die irdischen Verhältnisse sich beziehen (ἐπίγεια), sondern Wahrheiten, die die übersinnliche Welt und ihr Verhältniß zu uns angehen. Hier lehrt ja
die Kritik der Vernunft selbst, daß uns objective Erkenntniß versagt
sei. Sie muß also eingestehen, daß es Manches geben könne, was
ihr durch göttliche Offenbarung bekannt werden könne. — Das ist
mit den Wahrheiten der christlichen Offenbarung der Fall. Sie verbürgen ihre Wahrheit dem gläubigen Christen, ob er sie gleich nicht
a priori mit seiner Vernunft finden kann, doch hinterher, indem er
durch Erleuchtung des heiligen Geistes ihre Wahrheit erkennt und
ihre Kraft an seinem Herzen erfährt. Der Glaube ist bei dem
Christen lebendige Herzens = Erfahrung, er ist ganz in sein Denken
und Wollen hineingewachsen, in ihm eingewurzelt.

Es folgt, daß die Unterscheidung von sogenannten Rationalisten
und Supernaturalisten durchaus unpassend, ja absurd ist. Sie ist
unlogisch, denn dem Rationalen steht das Irrationale entgegen, dem

Supernaturalismus steht der Naturalismus entgegen; sie ist aber auch anmaßend, als wenn Einige allein Vernunft hätten oder anwendeten. Die Benennung einer Classe von Christen mit dem Namen Supernaturalisten ist eben so ungenügend; das bloße Uebernatürliche constituirt noch keineswegs das Wesen des Christenthums.

Der Hauptstreitpunkt wird immer die Frage betreffen: Was gilt dir Christus? Da ist der Wendepunkt der Parteien; und hier ist das unvermeidliche Dilemma: entweder glauben oder nicht glauben. Es ist klar, daß kein Satz in der Mitte liegen kann, beide sind contradictorisch einander entgegengesetzt. Ferner ein partielles, so wie ein limitirtes Glauben ist hier gar kein Glauben; beides hebt ipso facto das Ansehen Christi auf: was man da glaubt, glaubt man nicht um Christi willen, sondern um des eignen Urtheils willen. — Die Schrift nun unterscheidet eben so: sie kennt hinsichtlich der Stellung zu Christo nur zwei Classen von Menschen, Gläubige und Ungläubige. (Matth. 12, 30.; Joh. 3, 18.; Marc. 16, 16.) Der Prediger muß daher dieses auch seinen Zuhörern oft vorhalten und sie zur Entscheidung auffordern und drängen.

Kapitel I.

Lehre von Gott.

§ 23.

Vom Namen und Begriff Gottes.

Es lassen sich schon an die gewöhnlichen und biblischen Namen Gottes sehr fruchtbare Belehrungen über die wahre Vorstellung von Gott anknüpfen. Die Bibel bestimmt diese mehr nach dem Verhältniß Gottes zu den Menschen und nach dem praktischen Bedürfniß, und beschreibt daher Gott als Schöpfer und Herrn der ganzen Welt, das Neue Testament insbesondere als unsern himmlischen Vater oder als den geistigen Urheber und Erzieher der Menschen. So wie von dieser Vorstellung so hat auch der Prediger überhaupt von den biblischen Anthropopathien weisen Gebrauch zu machen.

Anm. 1. Es wird selten über die Lehre von Gott gepredigt. Woher? Aus Mangel an recht religiösem Leben, an vertrautem Umgang mit Gott; auch läßt man sich durch die Schwierigkeiten abschrecken, und leichter sind allerdings moralische Gegenstände zu behandeln. Ganz falsch ist die Meinung von dem unpraktischen Inhalt dieses Gegenstandes. Man muß das beklagen und mißbilli=

gen. Denn wo giebt es erhabneren Stoff! was erhebt mehr über die Erde! was reinigt, heiligt, stärkt mehr! — Zuerst über die praktische Auslegung der Namen Gottes.

Gott, ist die herrlichste Bezeichnung des höchsten Wesens; sie ist allein unfrer deutschen Sprache eigen. Gott ist das schlechthin, durchaus gute Wesen (Matth. 19, 17.), in dem kein Böses ist, von dem daher auch kein Böses entspringen kann, das nur die Quelle des Guten ist: Jacob. 1, 17., so daß die alten heidnischen Vorstellungen von einem bösen Gott verworfen werden, die im Grunde noch jeder Ungläubige heimlich nährt, indem er von Gott viel Böses ableitet. (Rousseau sagt in seinen Bekenntnissen l. 9 — Oeuvres Tom. XXI., 261 —: Voltaire wollte immer dafür gehalten sein, daß er an einen Gott glaube, eigentlich hat er immer nur an einen Teufel geglaubt; sein Gott ist ein übelthuendes Wesen, welches, wenn man ihm glauben soll, Vergnügen daran findet, uns zu schaden.) — Gott ist als absolut gut, auch der einzige Gegenstand der höchsten Verehrung, die einzig sichere Richtschnur des Willens, das einzig würdige Ziel des Strebens: Gott ist das höchste Gut — Alles außer ihm kann nicht gut sein, er ist der allein liebenswerthe, er ist der Grund alles Trostes, denn von Gott kann uns nichts als Gutes kommen.

Herr. A. Nach dem Deutschen: der höchste Gesetzgeber von unendlicher Majestät, der allein und der Allen zu gebieten hat, von dem Alle abhängen, dem Alle gehorchen müssen, dem zu dienen die höchste Ehre ist. — B. Nach dem Hebräischen entspricht es dem Jehovah, was die LXX. immer mit κύριος übersetzt hat, weil die Juden bekanntlich für Jehovah als ὄνομα ἄῤῥητον stets adonai, dominus sprachen. Luther hat es allemal, wo es dem Jehovah entspricht, groß drucken lassen, „weil es der Name ist, der allein dem ewigen, einigen, wahrhaftigen Gott gebührt und gegeben wird." Siehe Luther's Werke von Walch XII., 856 über die Trinitätsepistel Röm. 11. — Jehovah ist metaphysisch: der ewige, in sich selbst seiende, unveränderliche Gott (2. Mos. 3, 13. 14.; Offenb. 1, 8.); praktisch: der Gott der immer derselbe bleiben wird gegen die Nachkommen, wie er gegen die Vorfahren war, der seine Verheißungen hält. Nun gingen diese Verheißungen aber keineswegs blos auf die bürgerliche Rettung und Wiederherstellung des Volkes, sondern auf die Erhaltung eines Volkes Gottes, das war die Verheißung dem Abraham gegeben, 1. Mos. 18, 18. 19., mithin auf Erhaltung der Religion in diesem Volke. Daher liegt eigentlich in dieser Benennung der Gedanke: der Gott, der ewig unveränderlich seinen Willen, das Menschengeschlecht zu retten, zur Seligkeit zu führen, vollendet. Die höchste Erfüllung dieses Namens geschah durch Christum, in Christo hat sich Gott als Jehovah geoffenbart. — Trost: dieses uralte ewige Werk kann nicht in Stocken kommen, Gott müßte sich selbst verändern. „Noch ist Jehovah

Gott" x. — Anforderung: in dieses eine Werk einzustimmen; was in dieses nicht paßt, kann nicht Fortgang haben.

Herr der Heerscharen, (Jehovah Zebaoth) Herr der Sternenheere. Alle Sterne sind keine Gottheiten, sondern nur Geschöpfe des wahren Gottes. Er ist ihr Herr, ihr Heerführer. Die ganze Welt ist Ein Gottesreich. „Dich Herr lobt jeder Stern und ruft: Auf, lobt den Herrn!" — Das ganze unsichtbare Weltall dient dem unsichtbaren Gott.

Anm. 2. Die populäre Beschreibung des Begriffes Gottes geschieht am besten nach der Bibel, der man da allemal sicher folgen kann. Das Alte Testament hat besonders den Begriff Gottes als des Schöpfers und Herrn Himmels und der Erde. Dieser Begriff ist sehr faßlich und zugleich sehr eindringlich und anwendbar: er erregt sogleich das Gefühl der Abhängigkeit und das des Vertrauens; er ist Ursache alles Lebens und alles Seins, also auch mein Gott, mein Schöpfer, und er wird sein Geschöpf nicht verstoßen. Dies ist freilich nur ein physischer Begriff, aber wenn er nur als heiliger Herr und Regent gedacht wird, wie von der Bibel geschieht, so ist leicht der moralische Begriff damit verbunden. — Das Alte Testament hatte es sehr nöthig, dieses gegen heidnische Irrthümer festzusetzen.

Noch menschlicher, herzergreifender ist der neutestamentliche Ausdruck Vater, himmlischer Vater. Die Tiefe dieses Begriffs ist dem Christenthume eigen; nicht das Heidenthum, auch nicht das Alte Testament kennt ihn. Denn im Alten Testament heißt Gott nur Vater an den Stellen: 5. Mos. 32, 6.; Jes. 63, 16.; 64, 8.; Jerem. 3, 19.; Mal. 1, 6.; 2, 9, 10. (Wohlthäter der Juden) Ps. 68, 6.; Ps. 103, 13. Er wird gewöhnlich nur Vater des Volkes Israel genannt, auch ist meistens dabei nur der bürgerlichen Wohlthaten gedacht, die das Volk von Gott erfuhr: er hat es als Volk constituirt. Besonders heißt er Vater der israelitischen Könige: Ps. ⁓ 6.; Ps. 89, 27.; 2 Sam. 7, 14. Er ist hier der, welcher die ... Könige geweiht und geschützt hat. Im Neuen Testament dagegen heißt Gott der Vater aller Menschen: Matth. 5, 45. 48., der alle liebt: 6, 9.; 23, 9.; Joh. 4, 21. 23.; Ephes. 3, 15. Wir heißen Söhne Gottes, insofern wir von seinem Geiste regiert werden. Röm. 8, 15.; Gal. 4, 6.; Luc. 11, 11—13. (Hier heißt Gott der Vater, der seinen heiligen Geist giebt denen, die ihn darum bitten.) Er heißt der Vater, der alle menschlichen Väter an Liebe übertrifft; Hebr. 12, 9. der geistliche Vater, oder Vater der Geister, der seine Kinder durch Züchtigungen zur Besserung führt, sich um ihre geistliche Wohlfahrt bekümmert. Insbesondere heißt er der himmlische Vater (Matth. 6, 9.) mit einem Ausdruck des Alten Testaments, der seine Erhabenheit über alles Irdische, Beschränkte andeutet. — Die praktische Wichtigkeit dieses Ausdrucks liegt darin: a) Hiermit ⁓ ebenso der Ernst Gottes bezeichnet — als Vater ist er der heilige Gesetzgeber und Herr, dem wir gehorchen müssen —, als die Liebe Gottes, der ein Vaterherz gegen uns hat, ohne Schwäche. Welchen Sinn gegen Gott muß das einflößen! Ist er Vater, so muß ich innige Liebe, Ehrfurcht, Vertrauen zu ihm füh= len, ich kann mit ihm umgehen, wie ein Kind mit seinem Vater, mich stets an ihn wenden, ihm meine Noth klagen, soll alles, was mir gut ist, von ihm hoffen. Ein Vater kann sein Kind nicht lassen. Nur aussprechen dürfen wir das Wort Vater, um wieder Muth und Hoffnung im Herzen zu fühlen. b) Dieser Ausdruck lehrt die Würde und Gleichheit aller Menschen als Brüder. Wenn Gott der Vater Aller sein will, so sind sie alle gleich. Es soll dies die Trennung der Völker, die auch in der Verehrung verschiedener Gottheiten ihren Grund hatte, aufheben. Wenn ferner Gott himmlischer Vater, Ur= heber und Oberhaupt einer Geisterfamilie ist, so gehören wir einer großen Familie Gottes an, von der wir nur ein kleiner Theil sind, deren wir uns aber erfreuen dürfen, weil Gott auch unser Vater ist. Weil wir Einen Vater haben mit allen Geistern des Himmels, so sind wir ihnen verwandt, Ephes. 3, 15. Wenn wir dies nie vergäßen! welche Würde für uns! welche Anforderung an uns! Ein Kind darf nach niemandem größere Sehnsucht haben, als nach dem Vater. Weil Gott Vater, und wir jetzt noch eine, durch die Sünde von ihm geschiedene Familie sind, so ist unsre Hoffnung, daß wir einst in den Schooß seiner Familie zurückkehren, und ihn, den Vater, sehen werden. c) Gott, als Vater seiner Familie, ist ein erhabenes Vorbild für alle menschlichen Väter. Was Gott im unendlichen Umfang ist, sollen sie im kleinen sein, nicht blos leib= liche Gründer eines Hauses, sondern auch Stifter einer geistigen Gemeinde, einer Familie von Kindern Gottes. In dieser Aehnlich= keit mit Gott liegt die überschwängliche Würde eines menschlichen Vaters und die Verpflichtung, durch Unschuld und Heiligkeit einer solchen Würde sich theilhaftig zu machen.

Anm: 3. Die biblischen Anthropopathien gehören ganz eigentlich zum populären Vortrag. Der Sprachgebrauch der Wör= ter: Anthropopathien und Anthropomorphismen ist sehr unbestimmt geworden, weil man den ursprünglichen Sprachgebrauch verließ, nach welchem „Anthropopathien" eine rechtmäßige und erlaubte, hinge= gen „Anthropomorphismen" eine fehlerhafte Redeweise bezeichneten. (Crusius Metaphys. S. 600—607 hat vorzüglich genau und klar das Wesen der Anthropopathien erläutert.) — a) Was ist Anthro= popathie? Diejenige Vorstellungs= und Redeart, wo wir Gott ge= wisse Eigenschaften und Wirkungsarten der Geschöpfe beilegen, um dadurch in Gott ähnliche aber unbeschränkt und eminenter vorhan= dene auszudrücken, obgleich jene in der Wirklichkeit nicht so in Gott vorkommen. In diesem Sinne unterscheidet sie sich von Anthropo= morphismus, der erstens re vera Gott solches zuschreibt, und so= dann etwas seiner unwürdiges oder moralisch böses von Gott aus=

sagt. Tadelnswerth werden Anthropopathien nur, wenn sie Gottes
unwürdiges aussagen, ihn erniedrigen und insbesondere die Begriffe
seiner Heiligkeit und seiner Güte verdunkeln. So lange dies nicht
geschieht, sind sie anwendbar. b) Die Anthropopathien sind unent=
behrlich bei den Grenzen unsrer Erkenntniß: wir haben eigentlich
keine scharf abstracte Erkenntniß Gottes. Ohne Anthropopathien
würde unser Begriff von Gott, wenn man ihn ganz verfeinern
wollte, endlich ganz verflüchtigt und aufgelöst. Vorzüglich aber für
Ungelehrte sind sie unentbehrlich; sie reden am stärksten und einbring=
lichsten. Z. B. der reine Begriff der göttlichen Erkenntniß wird kla=
rer, wenn wir denken, Gott sieht und hört Alles; — bei Kindern:
Gott steht gleich hinter dir und beobachtet dich. Der Begriff des
göttlichen Einflusses oder seiner Wirksamkeit zu unserm Wohl, als
unser Beschützer, wird deutlicher, wenn wir ihn uns als Führer
mit seiner Hand vorstellen. Das verschiedene Verhältniß Gottes
zu den moralisch verschiedenen Menschen wird am faßlichsten und
eindringlichsten mit zürnen und lieben oder Wohlgefallen haben, mit
lachen und spotten u. s. w. bezeichnet. — Zu vergl. **Luther**, I.
2302 und 3. „Darum haben wir diese Art und Weise zu reden
lieb, da in der Schrift Gott nach menschlicher Gestalt und Geber=
den beschrieben wird, als in den Psalmen: Herr, warum schläfest
du? (Ps. 44, 24.) item: Die Augen des Herrn sehen auf die Ge=
rechten (Ps. 34, 16.), du thust deine Hand auf (Ps. 145, 16.)
und was dergleichen Stücke mehr sind, so von den Menschen Gott
zugeeignet werden um der Schwachheit willen unseres Verstandes.
Und sollen wir mit diesem Bilde, dadurch uns Gott gleichsam für=
gemalet wird, gerne zufrieden sein, uns daran genügen lassen und
für den Vorwitz menschlicher Vernunft und Weisheit hüten, welche
die Majestät ausforschen will; denn darum ist zuvor verkündigt wor=
den, daß Gott sollte Mensch werden, auf daß wir eine gewisse Weise,
wie man Gott erkennen und ergreifen sollte, haben möchten." **Ja=
cobi** in Allwill's Briefsammlung S. 314 und 15 bemerkt: „Hat
dich der lebendige Gott mit Häuben gemacht? — Dem Frager
mit diesen Worten antwortet die Vernunft ein festes Ja! Denn
hier, wo jeder, auch der entfernteste Versuch, durch Analogien einer
wirklichen Einsicht näher zu kommen, dem Irrthum entgegen schreitet,
ist der stark anthropomorphisirende Ausdruck als offenbar symbolisch,
der Vernunft, die entgegengesetzte Wirkungsarten nie kann assimi=
liren wollen, der liebste." — c) Auflösung der Anthropopathien.
S. **Crusius** a. a. O., S. 604. Wir müssen das Wesentliche und
Nothwendige bei einer Bezeichnung von der zufälligen, angehängten,
unvollkommenen Bestimmung absondern. Z. E. Zorn Gottes ist
nur Verabscheuung, Verwerfung des Bösen, ohne die veränderliche
Heftigkeit und Unruhe im menschlichen Gemüthe. Gott reuet es,
heißt, die Sache, die Gottes Reue erregt, entspricht nicht mehr seiner
Absicht; es liegt die schärfste Bestrafung des Menschen darin.

§ 24.
Lehre von den ontologischen Eigenschaften Gottes.

Auch diese ersten aller Eigenschaften Gottes — seine Selbstständigkeit und Nothwendigkeit, seine Einheit, seine Einfachheit,
seine Unendlichkeit, worin die Allgegenwart und Ewigkeit mit
einbegriffen ist, — liegen nicht außerhalb der Grenzen des Kanzel-
Vortrages, da die Bibel sie oft schildert, da sie die Erhabenheit
Gottes über alles Geschaffene und Zeitliche fühlen lassen, und
da sie allen übrigen Eigenschaften zur Grundlage dienen, mithin
die praktische Fruchtbarkeit derselben vermehren. Die Schwierigkeit ihrer Darstellung muß man durch Vergleichungen zu mindern suchen.

Anm. 1. Sind wir berechtigt, Gott Eigenschaften zuzuschreiben? Man hat sie als menschliche Denkweisen bezeichnet, denen
objectiv in Gott nichts entspreche. Dagegen sind gute Bemerkungen
in Bruch (des Straßburgers) Lehre von den göttlichen Eigenschaften.
Hamburg 1842. (In der Einleitung S. 1—66 werden die Einwürfe Schleiermacher's, Hase's, Hegel's und Strauß's gegen
die Lehre von den Eigenschaften Gottes widerlegt. Eigenschaften
Gottes sind Bestimmtheiten, Modalitäten, unter denen sich Gott
offenbart und sein unendliches Sein in die Erscheinung treten läßt.)
Eben so ist auch zu vgl. Martensen, Christl. Dogm. S. 110. f.
„Das göttliche Wesen offenbart sich in seinen Eigenschaften. Wäre
Gott der einfach Eine, der mystische Abgrund, in den alle Bestimmtheit verschlungen wird, so gäbe es da nichts weiter zu erkennen in
dieser Einheit. Der lebendige Gott aber offenbart die Einheit seines
Wesens durch eine Mannigfaltigkeit von Wesensbestimmungen oder
Eigenschaften. Die Eigenschaften drücken ein und dasselbe Wesen
von verschiedenen Seiten aus, sie sind verschiedene Grundäußerungen
eines Wesens. Sie sind also nicht außereinander, sondern ineinander, durchdringen einander und haben ihren Einheitspunkt in ein
und demselben göttlichen Ich. Wiewohl sie so Unterschiede sind, die
eben so aufgehoben als gesetzt werden müssen, sind sie doch keineswegs als blos menschliche Auffassungsweisen des göttlichen Wesens
zu betrachten, sie sind eigne Offenbarungsweisen Gottes. — Der
Nominalismus ist eine Verletzung des Offenbarungsbegriffs. Es ist
eine Verletzung der innersten Wahrheit des Glaubens, wenn nur
wir es sind, die Gott als den heiligen, den gerechten u. s. w. denken, und er nicht in sich selber heilig, gerecht u. s. w. ist, wenn nur
wir es sind, die Gott in diesen Namen anrufen, und er nicht selber
sich uns so kund giebt. Die Eigenschaften sind objective Bestimmungen in der Offenbarung und wurzeln im Innern seines Wesens.
Die Idee der Allmacht ꝛc. ist ein blinder Gedanke, wenn es nicht
einen Allmächtigen ꝛc. giebt." — Ohne uns die Eigenschaften in

Gott zu denken, würde unsere Erkenntniß von ihm ganz leer wer=
den; Gott würde für uns ein todtes, abstractes Wesen, ohne alle
Beziehung auf uns. Wir könnten uns bei dem Worte „Gott" ei=
gentlich nichts denken. Wie gut hat dies die Bibel bedacht; sie führt
uns auf den Begriff der Eigenschaften Gottes. — Das Leugnen
derselben streift an Pantheismus; — es hebt natürlich auch den
praktischen Gebrauch dieser Lehre auf, denn es vernichtet den Ein=
druck, den die göttlichen Eigenschaften auf uns machen sollen.

Eintheilung der göttlichen Eigenschaften. Eine Ord=
nung ist hier und auch im Schulunterricht zu beobachten. Leicht
einzusehen, scharf abschneidend, leicht behältlich selbst auch für noch
ganz ungeübte Kinder ist die, welche hergenommen ist von dem drei=
fachen Verhältniß Gottes zur Welt, nämlich 1) zur Welt, insofern
sie ist; Gott allein ist absoluter Grund alles Seins: Ontologische
Eigenschaften; 2) zur Welt als eines zweckmäßigen Ganzen; Gott
ist der Ordner dem Wissen und Können nach: Physiologische
Eigenschaften; 3) zur Welt als eines moralischen Ganzen; Gottes
heiliger Wille ist höchstes Gesetz: Moralische Eigenschaften. —
Kurz ausgedrückt, sind es Eigenschaften 1) des reinen, abstracten
Seins; 2) der Kraft, sowohl der intellectuellen als der physischen
Kraft; 3) des Willens.

Anm. 2. **Selbstständigkeit** oder **Unabhängigkeit Gottes.** Po=
puläre Erklärung 1) an sich: Gott ist und besteht blos durch seine
eigne Kraft, er bedarf nichts weder zu seinem Dasein noch zu seiner
Fortdauer; er ist nothwendig; er kann nicht anders sein als er ist;
er ist keines Wachsthums und keiner Minderung fähig; er ist selbst
der einzige Grund alles Seins und alles Lebens. — 2) Durch
Vergleichung mit andern Dingen: Nichts anderes ist durch sich da;
Alles könnte auch nicht sein; Alles hängt ab von der ewigen Ursache
aller Dinge; die ganze Kette aller Schöpfungen muß zuletzt doch in
dem ersten Schöpfer ihren Grund haben. (Vgl. z. B. Jes. 4, 4;
43, 10; 44, 6.; Röm. 11, 36.; Offenb. 1, 8.) — 3) Praktischer
Gebrauch. a) Diese Eigenschaft erweckt in uns das Gefühl der un=
begrenzten Ehrfurcht und Demuth gegen Gott, das Gefühl der eignen
Ohnmacht, Schwäche und Abhängigkeit von ihm. Gott ist das Wesen
aller Wesen, es ist dasjenige, ohne welche nichts das Sein hätte,
der eigentlich allein ist. Wie könnte ich Gott so denken, ohne tief
anzubeten! — (Ueber der Thür des Apollotempels in Delphi stand
die Inschrift EI, an den Seiten, an den Mauern, standen andere
Inschriften, z. B. „Niemand der unreine Hände hat, trete herein."
Lucian de sacrificiis § 12. Ed. Bip. III., 77. τὸ μὲν πρόγγραμμα
φησὶ, μὴ παριέναι εἴσω περιῤῥαντηρίων, ὅστις μὴ καθαρός ἐστι
ταῖς χεῖρας. Die erstere erklärt Plutarch VII., 510 — 556. ed
Reisk. „Wenn der Gott den Eintretenden zurufe: γνῶϑι σεαυτόν,
so sei das i. q. χαῖρε, und die Eintretenden erwiderten: EI: Du bist
der wahrhaft Seiende, wir haben nicht das wahre Sein. — Der

Mensch hat immer ein veränderliches, flüssiges Sein, er ist im nächsten Augenblick nicht mehr, was er jetzt ist.) — b) Daran knüpft sich das moralische Gefühl inniger Dankbarkeit. Wenn der Allgenugsame, der in sich selbst das vollkommene Sein hat und keines Anderen bedarf, mich durch sich sein und bestehen ließ, zu welchem Dank fordert dies mein Herz auf! Ich bin alles, was ich bin, nur durch ihn; ich habe ihm nichts zuvorgegeben, kann ihm nichts wiedergeben, mein Dank, meine Liebe, ist das einzige Opfer, das ich ihm bringen kann. — c) Je mehr du mit Gott eins wirst, nichts als Gott bedarfst, desto mehr wirst du dich auch frei und unabhängig von der ganzen Welt fühlen, innere Selbstständigkeit durch diesen deinen Gott erhalten, auch in dieser Hinsicht der göttlichen Natur theilhaftig werden.

Anm. 3. Die **Einheit Gottes** kann zwar durch Vernunftgründe dargethan werden, allein sie ist nicht durch die Vernunft a priori erkannt worden, sondern erst aus der Offenbarung. Die Geschichte lehrt, daß es in keinem andern Volke einen reinen Monotheismus gegeben hat, als im israelitischen, und dort gab es keine Philosophie. Die Lehre von der Einheit Gottes war nicht blos für die Zeiten der herrschenden Vielgötterei, so wie für die abgöttischen Nationen eine wichtige Glaubenslehre, sondern sie ist es noch itzt. Der ehedem allgemein verbreitete Götzendienst, der starke Abfall der Juden zu demselben, läßt sich kaum erklären, wenn es nicht im menschlichen Herzen einen natürlichen Hang zur Vielgötterei und zum Götzendienst gäbe. Diesen bekämpft der Glaube an Einen Gott. a) Er warnt vor dem feinen Götzendienst, der auch unter Anbetern Eines Gottes statt finden kann. Wenn man an irgend etwas, sei dieses Etwas ein irdisches Gut: Geld, Ehre, Herrschaft, oder ein Mensch, oder Wissenschaft und Kunst, sein Herz so hängt, daß dieses allein darin lebt, so ist es Götzendienst. (Das menschliche Herz hat immer seine Götzen, wenn auch nicht die gemalten 2c. doch andere, es wechselt seine Götzen nur. Es hat sich auch unter Christen oft ein heidnischer Sinn ausgesprochen. Man denke an den Marquis d'Argens, an Schillers Götter Griechenlands, an Göthes Braut von Corinth. Vgl. Winkelmann und sein Jahrhundert, herausg. von Göthe. Tübingen 1805. S. 397: „Nur der heidnische Sinn sei vereinbar mit wahrem antiken Kunstsinn." Vgl. dagegen Salat: Vernunft und Verstand II. 328. Clodius: von Gott in der Natur. I. Th. I. Abth. S. 100. f. Göthe nennt Winkelmann selber einen „gründlich geborenen Heiden, den die protestantische Taufe zum Christen einzuweihen nicht vermögend gewesen war." Diese ihm als einer durchaus antiken Natur innewohnende ächt heidnische Sinnesart, die aller christlichen Denkweise widerstritt, erleichterte ihm auch den Entschluß gar sehr, Katholik zu werden. Die feine Sinnlichkeit findet ihre Befriedigung mehr beim Heidenthum, welches das Sinnliche als das Göttliche anbetet, auch mehr beim Katholicismus, als bei dem ganz geiſtigen evangeliſchen Chriſtenthum.) — Der Glaube an Einen Gott warnt aber auch vor Unlauterkeit in der Gottesverehrung, wo man ſein Herz theilen will, als ob zwei Götter wären. Iſt Ein Gott, ſo verehre dieſen allein, ganz und ungetheilt, dem ſchenke dein ganzes Herz, dem diene allein; alles, was du thuſt, treibe um Gottes Willen, ihm unterworfen. Dazu erwecke dich Chriſti Bei-ſpiel. Stelle dir alle Laſter, alle Leidenſchaften, als Götzendienſt, als Anbetung des Satans vor. — b) Wenn nur Ein Gott, ſo giebt es auch nur Ein Geſetz, dem Alles unterworfen iſt. Eine Regel des Handelns. Mit dieſem Einen Geſetz muß ich übereinſtim-men, wenn ich mit Gott und mit mir ſelbſt eins ſein will. Wider-ſpruch in meinen Grundſätzen bringt mich in Widerſtreit mit Gott, der nur Einer iſt und nur Einen Willen haben kann. — c) Der Eine Gott lehrt mich die Einheit des menſchlichen Geſchlechts. Wir haben alle einen Gott und Vater: „Wir glauben All' an einen Gott 2c." Sollten da nicht alle ihr gemeinſchaftliches Band fühlen, das ſie umſchlingt, und in dieſem Einen ſich vereinigen, damit aller Widerſtreit aufhört? O, wenn dieſe Zeit ſchon da wäre, wo alle einander zuriefen: Sind wir nicht Kinder Eines Gottes; ſollten wir uns haſſen? — d) Die Einheit Gottes führt auch auf den Glauben an die Einheit des ganzen Weltalls, der Eine Gott hält Alles zu-ſammen, Alles muß auf Ein Ziel hinkommen. Allgemeine Harmonie iſt Geſetz und Zweck des Univerſums. Nur der Religiöſe ſtimmt ein in dieſe Harmonie und wird einſt Theil nehmen an dem ewigen Lob-geſang, den alle Schöpfungen dem Einen Schöpfer ſingen.

Anm. 4. Die **Einfachheit** Gottes, ſeine Geiſtigkeit iſt diejenige Eigenſchaft, nach der wir von Gott alles Zuſammengeſetzte, Körper-liche ausſchließen, ihm auch Unſichtbarkeit zuſchreiben. Schon das Alte Teſtament leitet mit ſeinem ſtrengen Verbot aller Bilder darauf hin. Auch dieſe Eigenſchaft giebt praktiſche Folgerungen: a) Gott ſich als etwas Körperliches denken, würde die Religion verdunkeln und vernichten; dann hörte die Freiheit auf, die man ſich bei einer körperlichen Subſtanz nicht denken könnte; am Ende würde auch das Böſe in der körperlichen Subſtanz Gottes gegründet ſein. b) Iſt Gott einfach und geiſtig, ſo kann er auch durch keine Verehrung würdig angebetet werden, die nicht aus dem Geiſte, aus dem Herzen, kommt. Er kann zwar auch durch äußerliche, körperliche Handlungen und Geberden verehrt werden, aber doch nur inſofern ſie Ausdruck der Geſinnung ſind. c) Iſt Gott unſichtbar, ſo muß auch unſer Herz ſich von der Liebe zum Sichtbaren losmachen und am Unſicht-baren Gefallen finden. Dann erſt wird man vertraut mit Gott.

Anm. 5. Die **Unendlichkeit** Gottes bezieht ſich auf alle Voll-kommenheiten Gottes: nichts iſt in ihm beſchränkt, Gott iſt mithin unendlich in ſeinem Wiſſen, in ſeiner Kraft, in ſeiner Liebe, Heilig-keit, Wirkſamkeit, Dauer. Kein Menſch kann ihn erkennen und umfaſſen, noch wird ihn je einer umfaſſen können. Gott iſt unbe-

greiflich und unermeßlich. (Vgl. Saurin's Predd. I., 146 und
II., 37. Von den Tiefen Gottes — und von der Unermeßlichkeit
Gottes.) — Dieser Gedanke verstärkt a) unsere Ehrfurcht gegen
Gott. Gott als unendliches Wesen ist von allen andern unterschie=
den und kann mit nichts verglichen werden (Micha El = wer ist
wie Gott?), darum gebührt ihm auch unendliche Verehrung. Wäre
Gott endlich, so wäre er nicht Gott. — b) Zugleich flößt dieser
Gedanke Vertrauen ein, denn ein endlicher Gott könnte von einem
andern, größeren Wesen gehindert, gestört werden. Nur auf einen
Unendlichen kann das Herz vertrauen!

Wenn die Unendlichkeit Gottes auf Raum und Zeit bezogen
wird, so bekommt sie die besonderen Namen: Allgegenwart und
Ewigkeit.

Die **Allgegenwart** Gottes. Wie der Geist sich in Gedanken
überall hin versetzen kann und nur wegen seiner Einschränkung durch
den Körper nicht überall wirken kann, auf ähnliche Weise ist Gottes
Geist überall und überall wirksam, er ist überall mit seiner ganzen
Kraft zugegen. Es giebt keinen Ort, von dem man sagen könnte:
Hier ist Gott nicht. Ps. 139. Vgl. aber Martensen a. a. O.
S. 113. „Der allgegenwärtige Gott ist das innerste Grundsein in
allem Dasein. Das Leben in allem Lebendigen, der Geist in allen
Geistern. Wie er Alles in Allem ist, so ist Alles in ihm. Aber
obgleich die Schöpfung in Gott beschlossen ist, so ist Gott doch nicht
in seiner Schöpfung beschlossen. — Die Allgegenwart Gottes muß
nicht gedacht werden als die unfreie, was der Grundfehler des Pan=
theismus ist, sondern als die Gegenwart des freien, sich selbst be=
stimmenden Gottes, die sich verschieden bestimmt im Verhältniß zu
den verschiedenen Schöpfungen. Auf andere Weise giebt Gott sich
Gegenwart in der Natur als in der Geschichte, anders in der Kirche
als in der Welt, anders in dem Herzen der Frommen als in dem
der Ungöttlichen, anders im Himmel als in der Hölle. Worauf es
ankommt, ist nicht die allgemeine blos wesentliche Allgegenwart, die
gleicher Weise alle Geschöpfe umfaßt, und worin nichts Seligmachen=
des ist, sondern Gottes besondere Gegenwart in der Gemeinde." —
Von großer praktischer Wichtigkeit ist diese Eigenschaft Gottes: a) Die
Verehrung Gottes ist nicht auf einen Ort eingeschränkt; überall kann
und soll er verehrt werden; jeder Ort kann ein Tempel Gottes werden.
Alles ist seiner Ehre voll. — b) Ich soll überall recht gewissenhaft
handeln, weil Gott allgegenwärtiger Zeuge ist. Ich kann Gott nie
entfliehen. Wo ich auch aus einem Orte, aus einem Stande wiche,
um einer schweren Pflicht, einem schweren Kampfe zu entgehen, Gott
ist mir doch überall nahe und verbindet mich. Vgl. Jonä des
Propheten Beispiel. Ich kann nicht aus Gottes Reich entfliehen,
überall ist sein Gebiet, überall hin reicht seine Herrschaft. — Der
Zeuge des allgegenwärtigen Gottes ist das Gewissen in uns. —
c) Trost: Wenn ich recht thue, ist Gott mit mir, seine Hand schützt

den Frommen überall; Gott folgt dem muthigen Zeugen der Wahrheit vor das Gericht, in's Getümmel der Menschen, folgt dem Vertheidiger des Vaterlandes, Gott ist bei den Verlassenen, Verstoßenen,
Verbannten, der Welt fremden (Joh. 8, 29. 30.), Vertriebenen,
Gefangenen, bei hülflosen Kranken.

Die **Ewigkeit** Gottes, d. h. negativ: Gott hat keinen Anfang
und kein Ende, es giebt in ihm kein prius und kein posterius, mithin ist bei ihm keine Folge aufeinanderkommender Abwechselungen,
auch kein Unterschied des Vergangenen, Gegenwärtigen und Zukünftigen möglich. (Jedoch gilt das nur von Gott selbst, seinem innern
Wesen nach, nicht nach seinem Verhältniß zur Welt.) Positiv: Gott
hat eine nothwendige und ununterbrochene Dauer. (Vgl. die Beschreibung der Ewigkeit Gottes bei Saurin II., 193. f. „Wenn
ich mir die Ewigkeit vorstellen will, so nehme ich das allerlängste
und dauerhafteste, was ich finden kann, zusammen. Ich setze Einbildung auf Einbildung, Bilder auf Bilder. Anfangs stelle ich
mir jenes lange Leben vor, nach welchem sich die Menschen so sehr
sehnen; jene Greise, die das vierte und fünfte Glied ihrer Kinder
erlebten, und die an der Geschichte eines ganzen Jahrhunderts Theil
hatten. Ich thue noch mehr. Ich grüble in den alten Geschichts-
büchern nach, ich gehe bis in die Zeit der Erzväter zurück, ich stelle
mir ihre Lebenstage vor, die sich oft bis auf tausend Jahr erstreckt,
und ich spreche zu mir selber: die Ewigkeit ist nichts von dem allen.
Das alles ist lediglich ein Punkt gegen die Ewigkeit. ... Eben so
fange ich es mit Einbildungen an. Ich gehe von unserer Zeit zurück ... bis auf die Zeit der Schöpfung. Wenn Adam bis auf
diesen Tag gelebet hätte, .. wenn er die ganze Zeit im Feuer oder
auf dem Rade gelegen hätte, was für einen Begriff würde man sich
von seinem Zustande machen! .. Indessen ist das noch lange nicht
die Ewigkeit u. s. w.") Man hat den praktischen Gebrauch
dieser Eigenschaft bezweifelt, aber mit Unrecht. Freilich setzt diese
praktische Anwendung der Ewigkeit Gottes schon die andern, moralischen Eigenschaften Gottes tacite mit voraus, nur wird alles hier
von der Seite der Ewigkeit her betrachtet. Allein der praktische Gebrauch irgend einer Eigenschaft fordert es und setzt es in's hellste
Licht, daß alle Eigenschaften Gottes unzertrennlich sind und im Grunde
eins. Das Ewigsein rein für sich gedacht giebt freilich noch nichts
erbauliches. Aber was wäre Liebe, Heiligkeit u. s. w. ohne Ewigkeit? was Gerechtigkeit ohne Allwissenheit? ohne Allmacht? u. s. f.
In Gott ist das absolute, allseitige Sein eins. — a) Die Ewigkeit Gottes läßt uns zunächst unsere Hinfälligkeit fühlen: — wir
sind von gestern! Sie flößt uns die tiefste Ehrfurcht gegen Gott
ein. Er ist allein der Ewige, alles Andere ist geschaffen; was ist
das Endliche und Zeitliche gegen ihn den Ewigen! — b) Sie erhebt und tröstet aber auch. In Beziehung auf die Zeit, wo wir
noch nicht da waren, erhebt uns der Gedanke, wir sind in Gott

von Ewigkeit her vorhanden. (Vgl. Reinhard Predd. 1812. Nr. 1.
„Ueber unser ewiges Vorhandensein in Gott. Text: Luc. 2, 21."
Bengel, Reden über die Offenb. S. 19. 20.: „Gott ist, er hat
ein unveränderliches Wesen. Wir Menschen haben ein Wesen, aber
es hat einen Anfang, es ist flüchtig und vergänglich. Vor weniger
Zeit hat man noch von keinem unter uns sagen können: dieser ist;
was einer heute ist, das war er etwa gestern noch nicht, oder er
wird es morgen nicht mehr sein, und über eine Weile werden unsere
Nachkommen von keinem unter uns, so wie man jetzt sagt, sagen
können: dieser ist. Von Gott hat man zu Adams, zu Noah, zu
Davids und aller Propheten und schlechterdings zu allen Zeiten ge=
sagt, und von ihm wird man sagen können: Er ist.") Die Ewig=
keit Gottes ist der einzig sichere Grund meiner eignen ewigen Fort=
dauer, sie sichert mich gegen den schrecklichen Gedanken der Vernich=
tung. Was ist uns ohne Gott die ewige Zeit? Ein schrecklicher
Abgrund, in den wir trostlos, ohnmächtig wie nichts versänken.
Denke dir, wenn du dich fragst: Was wird nach Millionen Jahren
mit dir sein? Wirst du leben oder verschlungen sein von der alles
verschlingenden Zeit? Verschwunden wie ein Tropfen im Meere der
Ewigkeit? Ich stürze gleichsam von unermeßlicher Höhe herab in
unabsehbare Tiefe; nichts hält meinen Sturz; nur Gott der Ewige
kann mich retten. An ihm hängt das Leben der Wesen! — Lerne
gegen den ewigen Gott alles Zeitliche verachten, den Werth alles
Endlichen nach dem Maßstab des Ewigen beurtheilen. — c) Die
Ewigkeit Gottes verbürgt die ewige Dauer seines heiligen Gesetzes,
den ewigen Werth des Guten, aber auch die ewige Schande des
Bösen. Vor Gott gilt nicht, wie Menschen sagen, daß das Böse
verwischt wird oder sich verwächst, daß Gras darüber wächst. —
d) Sie verbürgt das Gelingen des höchsten Zweckes. Gott ist nicht
an Zeit gebunden, die Ewigkeit ist sein. Ob's nicht geschieht, wenn
mein schwaches Herz wünscht, so geschieht's doch einmal. Lerne die
Nichtigkeit aller Schmerzen, aller Leiden; blicke es an wie der ewige
Gott. Spr. 13, 12.: „Die Hoffnung, die sich verzieht, ängstiget
das Herz", uns dauert es lange, vor Gott ist alles gegenwärtig
da. Ihm war von jeher gegenwärtig der Sturz aller Unterdrücker,
aller Bösewichter, ihm ist schon gegenwärtig der Sieg der Wahrheit,
er weiß schon und sieht die Zeit, wo man rufen wird: „Sie ist ge=
fallen, die stolze Babylon und eine Behausung der Teufel gewor=
den!" (Offenb. 14, 8.; 18, 10.; Jes. 13, 21. 22.). — Gott
ist der ewige Führer des Menschengeschlechts. „Gott lebet noch,
Seele, was verzagst du doch! 2c." — Es ist trostvoll bei der all=
gemeinen Hinfälligkeit der sichtbaren Dinge, einen ewigen Gott zu
wissen. Es macht Kummer, alles um uns und in uns flüchtig und
unzuverlässig zu finden, zu sehen, daß alles vergeht, daß man nicht
einmal sich selbst trauen kann. Gott, der nicht stirbt und nicht ver=
geht, dessen Macht nie erschüttert, dessen Gesinnungen nie geschwächt

werden, ist der unsterbliche Freund. — Weil Gott ewig ist, kann man getrost sterben und auch die Seinen ruhig hinterlassen. — Die Ewigkeit Gottes macht auch die Stiftung guter Werke auf Gottvertrauen hin möglich. — Dem Ewigen stirbt nichts ab.

§ 25.
Physiologische Eigenschaften Gottes.

Gott in Ansehung seines Verhältnisses zur physischen Welt ist als Geist, mithin als lebendiges Wesen mit unendlicher Kraft zu denken und zu wirken begabt vorzustellen. Die Eigenschaften, die ihm hier zukommen, sind: seine **Allmacht**, seine **Allwissenheit** und seine **Allweisheit**, deren praktischer Gebrauch leicht darzuthun ist.

Anm. 1. Die zweite Gattung von Eigenschaften ist die, nach denen Gott als Urheber der Welt, des bestimmten Umfanges von Dingen, die unsre Welt ausmachen, betrachtet wird. Da unsre Welt nicht ein rohes Aggregat oder Chaos ist, sondern ein zu gewissem Zwecke regelmäßig geordnetes Ganzes von Substanzen und Kräften, so muß jenes absolute Wesen ein Geist, ein verständiges, wollendes Wesen sein. So ist der Uebergang zu machen. Das Verhältniß zur Welt als einem zweckmäßigen Ganzen führt auf die Begriffe der Macht und des Verstandes.

Anm. 2. Gott muß Geist sein, ein Wesen mit Verstand und Willen begabt. Das innere Wesen des Geistes ist zwar unerforschlich, namentlich die Einfachheit unbegreiflich, aber die geistigen Eigenschaften und Kräfte sind sehr wohl nachzuweisen. Die Lehre von Gott als Geist ist praktisch wichtig: — a) Ohne Geistigkeit würde Gott nur blinde, bewußtlose Ursache der Welt sein, alle Freiheit würde aufhören, alle freie Weltregierung, alle Zwecke, alle moralischen Eigenschaften Gottes. Unsre eigne Freiheit wäre nur Täuschung. Die Vermischung Gottes mit der Körperwelt würde ganz Gott herabziehen, und dann hätten wir wieder die Ausgeburt des alten Heidenthums. — b) Gott würde nicht angebetet werden können. Nur den Geist kann der Geist anbeten. Joh. 4, 24. Nur der Geist vernimmt die Gedanken und Empfindungen des Geistes; — und wenn wir das nicht wüßten von Gott, wer könnte ihn anbeten! Alle Richtung des Herzens zu ihm setzt voraus, daß Gott in unser Herz schaue, alle Liebe setzt einen Wiederliebenden voraus, alle Ehrfurcht einen gebietenden Richter, alles Vertrauen einen Wohlwollenden. — Ist Gott Geist, so ist er auch Leben.

Anm. 3. Die erste Beziehung Gottes zur Welt ist: er ist ihr Schöpfer, und daher die Erste Eigenschaft, die ihm in seinem Verhältniß zur Welt zugeschrieben werden muß, ist **Allmacht**, d. h. die Kraft Gottes, nach der er alles zu bewirken vermag, was er wollen kann, aber auch keine andre Schranke hat, als seinen Willen. (Vgl. Martensen Dogm. S. 115. „Die Allmacht Gottes ist nicht in dem Zusammenhang der Weltordnung beschlossen und abgeschlossen, nicht in die Weltgesetze eingeordnet (Pantheismus). Gott hat seine Schöpferkraft nicht zugesetzt bei den Gesetzen und Kräften der Natur, sondern es liegt in seinen Tiefen eine unerschöpfliche Quelle von Möglichkeiten zu neuen Anfängen, neuen Offenbarungen, neuen Wundern.") Nirgends ist diese Eigenschaft reicher und erhabener beschrieben, als in der Bibel (besonders in Jesaias, Hiob, den Psalmen). — Es ist dem Verstande leicht, zu der Ueberzeugung von der Allmacht Gottes zu gelangen: das unermeßliche Weltgebäude mit der Mannigfaltigkeit und Stärke der Kräfte, die Empfindung unseres Unvermögens etwas ins Dasein zu rufen, solche Wirkungen zu schaffen oder aufzuhalten, alles nöthigt uns, die göttliche Allmacht anzuerkennen. Die Schöpferkraft ist die höchste Aeußerung dieser Allmacht. Sie ist uns unbegreiflich. Wir nehmen nur Entwickelung und Zusammensetzung wahr, und vermögen nichts, als eine Verbindung von Dingen zu bewirken. Ganz anders ist wahre Schöpfung. — Eben so ist die Ordnung aller Dinge nach Gesetzen und Zwecken ein Zeichen seiner Allmacht. Vgl. Jes. 40, 12. 26.; Hiob 38, 8. — Diese Allmacht Gottes bedarf nichts um ihren Willen auszuführen, als seinen Willen selbst, sie braucht keinen Widerstand zu scheuen. Ps. 135, 6.; 115, 3.

Es geht das auch über unsern Verstand und unsere Erfahrung; unsere Wirksamkeit ist an Mitteln gebunden, an unsere Sinne und Werkzeuge. Was kann der Wille unseres Geistes ausrichten ohne Körper! — Gottes Allmacht giebt sich aber nicht blos in Wundern, unmittelbaren Wirkungen, sondern auch in den gesetzmäßigen, natürlichen Wirkungen zu erkennen. Sie ist geregelt durch Weisheit. Sie wirkt nicht unwiderstehlich auf's menschliche Herz — das höbe alle Freiheit auf —, sie rechnet auf die Mitwirkungen freier Wesen, z. E. bei der Erhaltung, bei der Ausführung moralischer Werke. Es wäre unverständig, zu behaupten, weil Gott allmächtig ist, sind alle seine Wirkungen unbeschränkt. Der Allmächtige hat auch den Grad seiner Wirksamkeit in seiner Gewalt, so wie ein starker Mann z. E. die Anwendung seiner Kraft auf ein Kind in seiner Gewalt hat. (Vgl. Luther X., 2323.: „Ein Starker, so er mit einem Schwachen wandert, muß er wahrlich sich schicken, daß er nicht nach seiner Stärke laufe; er liefe sonst den Schwachen bald zu Tode.") — Der praktische Gebrauch der Lehre von der göttlichen Allmacht. a) Die Vorstellung der göttlichen Allmacht hat zunächst etwas Schreckendes und Warnendes. Ein allmächtiges unwiderstehliches Wesen, welchem endlichen Wesen muß es nicht Furcht und Entsetzen einflößen! Nichts sind wir gegen den Allmächtigen! Doch diese Furcht bleibt nur bei rohen oder bösen Gemüthern die einzige und vorherrschende Empfindung. Für Böse ist der allmächtige Gott ein Schrecken. (Vgl.

Saurin Predd. III., 207.: „Daß man sich nur vor Gott allein
zu fürchten habe.") Denn wer Böses will und unternimmt, handelt
wider den Allmächtigen, nimmt es mit ihm gleichsam auf. Jede böse
That ist Auflehnung. Das Böse kann also nie gedeihen und bestehen.
Wer Böses begünstigt, hat es mit dem Allmächtigen zu thun, mit
dem, der ihn sogleich zermalmen kann. Gott der Allmächtige läßt
ihm eine Zeit lang Freiheit, aber nur als Werkzeug. Jes. 10. —
b) Gottes Allmacht erweckt aber auch zu Demuth und Dank.
Denn wir sind nichts ohne ihn, haben nichts als von ihm, jede
Kraft ist die seinige. Darum sei nicht stolz auf dein Vermögen, deine
Geisteskraft, deine Herrschaft und Macht; was ist's gegen den Allmächtigen! — Beweise ihm aber deinen Dank dadurch, daß du alles
als sein Eigenthum, nach seinem Willen gebrauchst. — c) Ueberdies
kann ebenfalls Gottes Allmacht antreiben, ermuntern, trösten.
Wer das Gute und Rechte will und thut, hat einen allmächtigen
Gott zum Freund und Beschützer; der ist gleichsam der Alliirte, mit
dem sich Niemand messen kann. Denn die Allmacht dient ganz einem
heiligen Willen. Das benimmt Furcht und flößt Vertrauen ein.
Glaube an den Allmächtigen macht furchtlos. (Δεινος ος Θεους
σεβει. Aeschylus, Sept. adv. Thebas. -- Die Gesandtschaft, welche
die am adriatischen Meer wohnenden Celten an Alexander schickten, fragte dieser: was sie am meisten fürchteten [in der Erwartung,
daß sie ihn nennen würden]. Sie antworteten, sie fürchteten sich
vor gar nichts, außer vor dem einen, daß der Himmel nicht möge
einmal einfallen. Strabo l. VII. p. 302.) — Welcher Trost für
den Freund der Wahrheit, dem widersprochen wird, für den Unschuldigen, Bedrückten, für jeden Nothleidenden, Rathlosen und Trostlosen,
für jeden, der Gefahr zu bestehen hat, für jeden, dem sein Beruf
über seine Kräfte zu gehen scheint, wenn er weiß, es giebt noch
einen, der helfen kann! Gottes Allmacht ist der Trost beim Anblick
der Macht des Bösen. — Hoffe auf den Allmächtigen, wenn dir
etwas fehlt; aber hoffe mit Weisheit. Prüfe, ob es nicht eitle,
thörichte Wünsche sind, die der Allmächtige erfüllen soll. Erwarte
nicht Wunder von Gott, wo seine Natur noch Kräfte und Mittel
hat. Doch sei auch nicht kleinmüthig, und laß dich nicht von dem,
was Menschen Unmöglichkeiten nennen, schrecken; bei Gott ist nichts
unmöglich. Was wollen wir unmöglich nennen? Was unsere Kräfte
übersteigt? Sind unsere Kräfte der Maßstab? Was nach Gottes
heiligem Willen möglich, ja nöthig ist, das wird auch der Allmächtige ausführen können.

Anm. 4. Gottes Allwissenheit ist die vollkommene und unendliche Erkenntniß Gottes von sich und von allen Dingen. Sie ist
unterschieden von menschlicher Erkenntniß: sie ist allgegenwärtige
und unvermittelte Anschauung, nicht aus einzelnen Empfindungen,
Vorstellungen, Begriffen und Schlüssen gebildet; sie ist untrüglich,
nie dem Irrthum oder der Täuschung ausgesetzt; sie ist immer sich

gleich), keiner Verminderung und keines Wachsthums fähig, daher auch in Gott keine Erinnerung und kein Vergeſſen. Gott liegt Alles als gegenwärtig vor Augen. — Sie umfaßt alles, was nur Gegenſtand der Erkenntniß ſein kann. Mithin muß Gott zuerſt ſich ſelbſt ſeinem Weſen und ſeinen Eigenſchaften nach vollkommen kennen. Jeder Geiſt iſt um ſo vollkommener, je mehr er ſich ſelbſt kennt; auch Gott muß ſich ſelbſt kennen. Ohne dieſe Kenntniß gäbe es in Gott keine Seligkeit, keine Thätigkeit als nur eine bewußtloſe. Und da Gott allem, was nicht Gott iſt, nie ganz bekannt werden kann, ſollte er auch ſich ſelbſt unbekannt bleiben? Sollte er, von ſo vielen ſeiner Geſchöpfe verkannt, herabgezogen, verläſtert, ſich ſelbſt in ſeiner Größe nicht fühlen? Nein, Gott kennt ſich, und bleibt unter allen Arten des Verhaltens der Menſchen gegen ihn derſelbe der er iſt, weiß, was er iſt und hat, iſt ſich ſelbſt genug, und hat Mitleiden mit allen Verſuchen der Menſchen, die ihn aus Schwäche oder Verkehrtheit verkleinern. 1. Cor. 2, 10. 11. — Ebenſo hat Gott Kenntniß aller ſeiner Werke; Gott kennt ihr Inneres, ihre Kräfte, ihre Verhältniſſe, ihre Entwickelung, ihre Dauer, ihre Wirkungen und ihren Einfluß auf das Weltganze. Die unüberſehliche Menge der Himmelskörper, alle ihre Bewohner mit all ihren Veränderungen kennt er; er kennt die Erde, die Menſchen, alle Geſchöpfe bis auf den Wurm herab. Er kennt alſo jeden Menſchen, ſein ganzes Leben, ſeine Handlungen, Reden und Geſinnungen. Siehe die Unbegreiflichkeit der Allwiſſenheit Pſ. 139. — Erſt künftig wird uns der glänzendſte Beweis der Allwiſſenheit Gottes gegeben werden im Weltgericht; da wird ſie ſichtbar hervortreten. Daß ſie jetzt noch nicht ganz offenbar iſt, mag wohl die Urſache ſein, warum bei ſo vielen dieſer Gedanke unwirkſam bleibt.

Zur Allwiſſenheit gehört nun auch das Vorherwiſſen, die Präſcienz Gottes. Dieſe erſtreckt ſich auf Alles, auch auf die freien Handlungen der Menſchen. Zweifel dagegen ſind vielfach aufgeworfen, theils von der menſchlichen Freiheit, theils von Gott ſelbſt hergenommen: es würde dadurch die menſchliche Freiheit aufgehoben, und es entſtände dadurch ein ewiges Einerlei in Gott. Cicero ſchon gab um der menſchlichen Freiheit willen die Präſcienz der Gottheit preis. Ja ſchon die alten indiſchen Schaſtras und Bramineu leugneten das göttliche Vorherwiſſen der freien Handlungen der Menſchen. Die Jabajachiten, eine muhamedaniſche Secte, ſagen: Gott wiſſe nicht alles und jedes, ſondern müßte die Wiſſenſchaft einiger Dinge erſt durch die Erfahrung bekommen. Leugner der Präſcienz Gottes ſind auch die Socinianer und einige Arminianer. (Ueber Andere vgl. Gerhard Loci theol. ed. Cotta I., 171.) Die Socinianer berufen ſich zum Beweiſe gegen die göttliche Präſcienz aller Dinge auf 1. Moſ. 6, 6. 7.; 22, 12.; 4. Moſ. 14, 12—30.; Jeſ. 5, 4. 7. In neuerer Zeit endlich haben Viele das unbedingte Vorherwiſſen Gottes geleugnet. Aber dieſes Leug-

nen a) ſtreitet ganz und gar mit der Bibel mit den Weiſſagungen
im Alten Teſtament, mit den Weiſſagungen Chriſti, z. E. von Petri
Verleugnung und Judas Verrath. Wieviel muß Gott dann nicht
vorherwiſſen, wenn er die freien Handlungen nicht vorherweiß!
Mit dieſen hängt ja das ganze Gewebe der Begebenheiten zuſammen. Weiß nun Gott die Wirkungen vorher, ſo weiß er auch die
Urſachen. Hat Gott von Ewigkeit her den Rathſchluß der Erlöſung
gefaßt, ſo mußte er auch den Sündenfall Adams vorherwiſſen;
wußte er dieſe freie Handlung vorher, warum nicht die übrigen
ebenſo gut? Wie giebt es ohne Vorherwiſſen der freien Handlun=
gen ein Vorherwiſſen der Auserwählten (Röm. 8, 29.)? — b) Es
hebt Gottes ganze Allwiſſenheit auf. Was wird Gott? Einer,
der noch zu lernen hat und unaufhörlich Neues erfährt, alſo einen
Zuwachs an Kenntniſſen erlangt. Was ſoll das für ein Gott ſein!
Ein veränderlicher, des beſtändigen Zuſatzes zu ſeiner Erkenntniß
fähiger und ſo in ſeiner ganzen Erkenntniß mangelhafter und un=
vollkommener Gott! Alle Beſchlüſſe in Bezug auf der Menſchen
freie Thaten werden dann erſt in der Zeit gefaßt. — Allerdings
iſt die Vereinigung des göttlichen Vorherwiſſens und der menſch=
lichen Freiheit ſchwierig. Den deshalb hier möglichen Zweifeln iſt
entgegenzuhalten: — a) Das Vorherwiſſen Gottes iſt kein unwider=
ſtehliches Vorherbeſtimmen oder Nöthigen zur Handlung. Das ſagt
uns unſer ſittliches Gefühl. Bei unſern Vorſätzen und Handlungen
finden wir nie im Gedanken der Präſcienz ein zwingendes Motiv,
wodurch Ueberlegung und Wahl abgeſchnitten und unſre Kraft zum
Handeln fortgeriſſen würde. — b) Will man die Präſcienz Gottes,
weil ſie auf die von Gott beſtimmte urſprüngliche Einrichtung aller
Dinge ſich gründet, für unverträglich halten mit Freiheit, ſo liegt
die Schwierigkeit überhaupt darin, daß geſchaffen ſein und frei
ſein ſich gegenſeitig aufzuheben ſcheint. Aber das iſt und bleibt ein
Räthſel. Das Gewiſſen bringt uns durch ſeine Urtheile über uns,
uns ſelbſt als Urheber unſrer Handlungen anzuſehen, ohne an Schwie=
rigkeiten ſich zu kehren. Wir müßten das Gewiſſen Lügen ſtrafen,
wenn wir die Freiheit leugnen wollten.

Praktiſcher Gebrauch. Glaube an den allwiſſenden Gott
iſt wichtig a) für unſern Glauben an die alles umfaſſende und alles
lenkende Weltregierung Gottes. Denn wenn die Regierung Gottes
alles umfaſſen ſoll, muß Gott auch von allem Kenntniß haben.
Nichts iſt geringfügig, auch das Geringſte hat Einfluß. Die Welt
iſt ein Werk von unzähligen, ineinander eingreifenden Rädern: welche
Unordnung könnte entſtehen, wenn Gott etwas nicht wüßte! wenn
Gott namentlich nicht die von Menſchen gemachten Fehler und Ver=
kehrtheiten doch nach ſeinem Zwecke zu leiten wüßte! Was würde
aus dem Ganzen der Welt werden ohne Gottes Wiſſen! — Dieſer
Gedanke giebt uns allein feſten Glauben an Gottes Regierung. —
b) Gott der allwiſſende, unerforſchliche iſt für uns Quell alles Wiſ=

sens; wenn wir auch alles erschöpft haben, so ist er selbst noch übrig, der Unerforschliche; er ist stete Nahrung für unsere Wißbegierde. — c) Ebenso unentbehrlich ist dieser Glaube zum Gebet, zum stillen, innigen Umgang mit Gott. Wie ist dies möglich, wenn wir nicht wissen: Gott versteht uns, Gott ist der geheime Zeuge unseres Gebetes! Ohne Allwissenheit Gottes ist keine Mittheilung an ihn möglich, kein „Du zu Gott sagen.“ Matth. 6, 4. 6. Namentlich ist auch das Vorherwissen für die betende Liebe wichtig. Du hast es vielleicht versäumt, für jemand zu beten, wo er es gerade brauchte; du holst es nach mit Trauer, es versäumt zu haben: das hat Gott vorhergesehen und dein Gebet auch so gehört und gewährt! — d) Wenn Gott allwissend ist, so liegt darin eine ernstliche Warnung vor allen bösen Thaten nicht blos, sondern auch Gesinnungen. Zu bösen Thaten sucht der Mensch Dunkel und Verborgenheit. Die menschlichen Zeugen sind entfernt; er schließt sich in Mauern ein; er braucht die Nacht; er vermuthet keinen Verräther. Was soll ihn zurückhalten? Der Gedanke an den, dessen Auge alles sieht und erforscht, vor dem die Nacht ist wie der Tag. Amos 9, 2. 3.; Ps. 139, 8. Ja schon vor bösen Absichten, Gesinnungen, vor Unlauterkeit, vor Falschheit und Heuchelei warnt der Gedanke an den Allwissenden. Magst du auch Alle täuschen, Gott täuschest du nicht. Du bist nie allein, Gott beobachtet dich: hüte dich! — Gott vergißt nichts, also auch das lange ungestraft und unbereut gebliebene Böse nicht. Das künftige Gericht wird alles aus den Büchern Gottes aufthun. Offenb. 20, 12. Das Gewissen ist das Gegenbuch. Es ist ein durchbringendes Wort Christi, Offenb. 2, 8.: „Ich weiß deine Werke ꝛc.“ „Wir gehen von einer Stunde zur andern, von einem Tage und Jahre zum andern dahin, und was einmal vorbeigegangen ist in unserm Thun, Lassen und Leiden, das achten wir fast nicht, es ist wie eine Welle im Wasser, die dahin geflossen ist. Aber in der Allwissenheit Christi ist Alles aufgehoben. O, wie viel liegt daran, daß das, was der Herr Jesus in seiner Allwissenheit von uns beilegt, nicht möge einen bösen, sondern einen guten Vorrath abgeben!“ Bengel a. a. O. S. 75. — e) Die Allwissenheit Gottes ist ebenso starke Ermunterung zum Rechtthun, zur Tugend und zur lautern, reinen Gesinnung. Wenn du deine Pflicht thust, so frage nicht, ob es von der Welt bemerkt, anerkannt wird (der Gedanke soll dich nicht bestimmen). Einen giebt es wenigstens, vor dem du recht thun sollst, der alles Gute bemerkt. Dem kannst du nur durch Treue und Lauterkeit in deiner Pflichterfüllung gefallen. Ja er bemerkt am liebsten das Gute, was in der Stille unbelohnt gethan wird; vor ihm geht keine gute That, ja kein guter Vorsatz verloren. Wie du es meinst, das sieht er; er kennt dein aufrichtiges Herz, deinen redlichen Pflichteifer, deine uneigennützige Liebe! Er wird's an den Tag bringen, desto herrlicher, je verborgener vorher. Matth. 6, 4. „Dein Vater, der ins Verborgene sieht, wird dir's vergelten öffentlich." Was in den Büchern Gottes aufgezeichnet steht, steht unauslöschbarer, als was auf dem modernden Papier menschlicher Annalen steht. — Gott vergißt auch nichts Gutes, keine verborgene gute That, keine gute Gesinnung, kein Gebet. Die ganze Geschichte unseres Lebenslaufes weiß er, als wenn sie geschrieben vor seinen Augen läge. Hiob 16, 19. — f) Die Allwissenheit Gottes ist endlich ein vorzüglicher Trost für den Bedrängten und unschuldig leidenden. Gott kennt alle deine Noth, alle deine Bitten und Seufzer, er sieht deine Thränen. Ps. 56, 9.: „Zähle meine Flucht, fasse meine Thränen in deinem Sack; ohne Zweifel du zählest sie!" Ps. 38, 10.: „Herr, vor dir ist alle meine Begierde, und mein Seufzen ist dir nicht verborgen." Gott weiß, was du bedarfst. Er kennt deine Kräfte und weiß, was du tragen kannst. Und wenn du verkannt wirst, denke: er verkennt dich nicht! Gott kennt dich. Ueberschwenglicher Trost! Wer je verkannt und angefeindet worden ist, weiß, wie dieser Trost stärkt.

Es ergiebt sich hieraus, wie nöthig es ist, diesen Glauben festzuhalten und wider feindselige, fatale Zweifel zu verwahren. Glücklich, wer solche Klippen nicht findet. Keine Eigenschaften Gottes, wenn man sich zu sehr in Speculation verliert, können so leicht in die Untiefen des Pantheismus führen, als die Allgegenwart, Allmacht und Allwissenheit Gottes. (Finden wir doch selbst bei Hieronymus Zweifel an der Allwissenheit Gottes. S. Hahn's Lehrb. d. christl. Gl. S. 314.) Hüte dich, dich der verbotenen Speculation zu überlassen. Denke nur Gott, wie er für dich Gott ist. Alle Zweifel an der Allwissenheit Gottes kommen darauf hinaus, daß wir nicht begreifen, wie in einem Geiste diese unbeschreibliche Menge von Gedanken sein kann, d. h. mit andern Worten, weil wir meinen: da wir nicht allwissend sind, kann es Gott auch nicht sein, oder, weil ich nicht Gott bin, kann ich mir Gott nicht denken. Werde nur ein Kind: glaube! bekümmere dich um das übrige nicht; denke nur, daß Gott dich und all das deine kennt; achte auf Zeichen der Gebetserhörung.

Anm. 5. Die **Weisheit** Gottes steht in der Mitte zwischen den physiologischen und moralischen Eigenschaften Gottes, und bahnt den Uebergang von den einen zu den andern. Sie läßt sich von einer theoretischen und von einer praktischen Seite betrachten. Als Erkenntniß des besten und höchsten Endzweckes der Welt ist sie physiologische Eigenschaft, als Wahl ist sie Sache des Willens und somit moralische Eigenschaft. Es gehört zu ihr also: a) Gott handelt bei allen seinen Werken nicht nach Zufall oder Nothwendigkeit oder blinder Willkür, er handelt nicht zwecklos, sondern er hat seine Absichten und diese müssen sich in einem höchsten Endzweck vereinigen (es kann keinen Widerspruch geben; Gottes Reich ist ein Reich der Zwecke), und dieser ist: die Vollkommenheit und Glückseligkeit seiner vernünftigen Geschöpfe, ihre Theilnahme an seiner Seligkeit durch

Aehnlichkeit mit ihm. — b) Er wählt zur Erreichung dieser End=
zwecke die besten Mittel, d. h. solche, die nicht nur ihren nächsten
Zweck fördern, sondern auch den höchsten Endzweck nicht hindern.
Hierbei müssen die Unvollkommenheiten menschlicher Weisheit entfernt
werden: bei Gott findet kein abwägen, versuchen, untersuchen, ver=
werfen, endliches entscheiden statt, wie bei Menschen; nach seiner
Allwissenheit hat er von Ewigkeit her das beste und höchste erkannt.

Zu erkennen ist diese Weisheit Gottes aus der Natur und aus
den Zeugnissen der Schrift, und vor allem aus dem Factum der
Erlösung der Menschen durch Christum.

Praktischer Gebrauch der Lehre von der göttlichen Weisheit.
a) Der Glaube an Gottes Weisheit lehrt uns an dem Dasein der
Welt Wohlgefallen und Freude finden; lehrt uns unsere Bestimmung.
Wäre kein weiser Gott, so wäre Alles ein Chaos voll Unordnung
und Zwecklosigkeit — ein widriger Anblick! Wo Harmonie ist, Zweck
und Plan, da findet der Geist Befriedigung, da wird er gereizt zum
Forschen. Wo kein weiser Gott wäre, hätte der Mensch auch keine
Bestimmung, unser Dasein wäre zwecklos, die Weltgeschichte ein
blindes Spiel. Wie hebt uns der Gedanke an den weisen Gott und
an die Bestimmung, die er uns gab! — b) Der Glaube fordert
auf zur Bescheidenheit. Wir dürfen uns nicht anmaßen, die Weisheit
Gottes ganz zu verstehn, denn wir erkennen nie den Zusammenhang
aller Dinge, um sie aber immer mehr zu verstehen, müssen wir auf's
Ganze sehen, besonders auf den Ausgang aller Veranstaltungen und
Führungen Gottes, denn daran offenbart sie sich am herrlichsten.
Wir sehen der Herrlichkeit Gottes hinten nach, 2. Mos. 33, 23.
Je umfassender und tiefer die Einsicht ist, die sich Jemand von dem
Gang der Weltgeschichte erwirbt, vornehmlich aber von dem heiligen
Weltplan, der in der Geschichte des Reiches Gottes, wie sie die
Bibel giebt, sich entwickelt, desto besser kann er Gottes Weisheit
erkennen. — c) Wir müssen in die Zwecke dieser Weisheit selbst
einstimmen, und alles andere, was ihnen hinderlich ist, für bloße
Thorheit achten. Wahre Weisheit ist ein Ausfluß aus der göttlichen
Weisheit, alle andere Weisheit wird zu Schanden. Blicke thun in
Gottes Rath, ist der höchste Ruhm der Weisheit. Dem Gottes=
fürchtigen wird es gewährt, Ps. 25, 14. „das Geheimniß des Herrn
ist bei denen, die ihn fürchten; und seinen Bund läßt er sie wissen." —
d) Wir müssen dieser göttlichen Weisheit trauen auch da, wo es
uns scheint, als ob ihre Zwecke nicht erreicht werden, oder wo es
uns thöricht scheint; denn Gott kann nur das Beste wollen. Gott
der Weise ist anbetungswürdig. Der, der die Millionen Geschöpfe
in ihrem Zusammenhang übersieht, sieht auch dich und deine Stellung
zum Weltganzen. Gottes Weisheit mildert das Schreckliche der All=
macht und verscheucht die Finsterniß des unwiderstehlichen Schicksals.
Laß dich von dem weisen Gott leiten, wie von einem weisen Freunde.
Unterwerfung und Hoffnung ist Pflicht. (Vgl. Saurin „Gott groß

von Rath und mächtig von Thaten." Prebb. VII. S. 39. ff. „Von den übereilten Urtheilen der Menschen über das Verhalten Gottes." VIII. Nr. 8.)

§ 26.
Moralische Eigenschaften Gottes.

Insofern endlich Gott Vater und Oberherr freier ihm ähnlicher Wesen ist, legen wir ihm die moralischen Eigenschaften, d. h. die er seinem Willen nach hat, bei. Sein Wille ist durchaus frei und unbedingt gut, Gott ist seinem ganzen Wesen nach Liebe. Im besondern kommt ihm hier zu die Heiligkeit, nach der er nur das Gute will und gebietet; die Güte, mit der er beglückt und belohnt; die Gerechtigkeit, mit der er richtet und bestraft: alles Eigenschaften, die, so wie die daraus abgeleiteten, von unmittelbarem Einfluß auf die Bestimmung des Willens sind.

Anm. 1. Gott wird hier in Beziehung zur Welt als einem moralischen Ganzen betrachtet. Da kommen ihm die moralischen Eigenschaften, oder die Eigenschaften des Willens zu. Wenn man Gottes Willen erkennt als das Vermögen, sich nach den vollkommensten Vorstellungen zu bestimmen, so darf nun in Gott das Vorstellen und Wollen nicht getrennt werden. In Gott ist Erkennen und Wollen eins. Was er als gut erkennt, das will er, und was er will, erkennt er als gut, und eben so was er als Böses verwirft, erkennt er als böse. Dies ist deswegen nöthig zu erinnern, damit man nicht das Gute, Vollkommene, das Gott liebt, sich vorstelle als etwas Gott gegebenes, von außen her ihm vorgehaltenes, gleichsam als ob eine fremde Regel ihn bestimmte, über Gott stände! Nein, was Gott will, ist eo ipso weil er es will, gut. Der menschliche Geist hat auch darin eine gewisse Aehnlichkeit mit Gott, daß er ein Vermögen hat, etwas schlechthin zu wollen, das ihm nicht empirisch gegeben ist, sondern das er in sich selbst schafft, das er a priori will. — Diesem göttlichen Willen kommt Freiheit zu, absolute Freiheit; er kann durch nichts außer ihm bestimmt werden, er ist keinem äußeren Zwang unterworfen, ebensowenig einem inneren. Daß alles, was Gott will, gut ist, und daß er nichts als das Gute wollen kann, ist immer Nothwendigkeit, aber eben die rechte Freiheit; sein Wille kann nicht schwanken. Mithin giebt es in Gott keine Willkür, keine Begierden wider die Weisheit; er hängt auch nicht ab von einem fatum, nicht von äußeren Dingen; menschliche Handlungen können ihn nicht hindern.

Anm. 2. Seinem Willen nach ist Gott absolut gut: er ist die Güte selbst, Matth. 19, 17. „Niemand ist gut als der einige Gott" — er ist auch die Quelle alles Guten. — „Gott ist die Liebe" 1. Joh. 4, 16.; Joh. 3, 16. Klopstock Messias I:

Siebenmal hatte das heilige Dunkel der Donner eröffnet,
Und die Stimme des Ewigen kam sanftwandelnd hernieder:
»Gott ist die Liebe. Der war ich vorm Dasein meiner Geschöpfe
Da ich die Welt schuf, war ich auch der; jetzt bei der Vollendung
Meiner geheimsten erhabensten That bin ich eben derselbe.
Aber ihr sollt durch den Tod des Sohnes den Richter der Welten
Ganz mich kennen und neue Gebete dem Furchtbaren beten.
Hielt euch dann nicht des Richtenden Arm, ihr würdet im Anschaun
Dieses großen Todes vergehen, denn ihr seid endlich.«

Das Wort: Gott ist die Liebe ist ein Wort der christlichen Offenbarung; wer kann es erschöpfen?

a) Beschreibung der Liebe Gottes. Man unterscheidet amor Dei activus, Liebe, mit welcher Gott liebt, und amor Dei passivus, Liebe, mit welcher Gott geliebt wird. Hier ist von der ersten die Rede. Sie ist der innere freie Drang in Gott, sich mitzutheilen, die Geschöpfe an seiner Lebensfülle und Seligkeit Antheil nehmen zu lassen; es ist die innige Zuneigung oder das innige Wohlwollen, wonach er ihre Seligkeit will, nie an ihrem Verderben und Elend Wohlgefallen hat. Gott kann nicht hassen, er ist durch und durch Liebe. Diese Liebe ist in Gott, weil er Leben, immer ausfließendes Leben ist, und das Leben will sich mittheilen. Diese Mittheilung geht durch unendliche Stufenunterschiede, nach dem Grade der Empfänglichkeit der Geschöpfe oder ihrer Vollkommenheit. Diese Liebe oder das Sichhingeben, das Sichausströmen, als Grundtrieb, Grundnatur in Gott ist das reine Gegentheil von dem sich in sich verschließenden, auf sich allein beziehenden Egoismus. Ohne Liebe wären die andern Eigenschaften Gottes für uns schreckend, drückend, z. E. seine Allmacht, seine Gerechtigkeit; die Liebe temperirt sie. — Die Liebe Gottes ist ewig und nothwendig, entgegengesetzt der menschlichen Liebe, welche zeitlich und zufällig ist. Sie ist beständig und unveränderlich, nicht wie die von Laune u. dgl. abhängige menschliche. Sie ist heilsam, nur auf das wahre Heil gerichtet; brünstig, nicht matt und kalt. Bernhard Tract. de diligendo Deo: Prius dilexit nos tantus, tantum gratis tantillos et tales. Er ist Liebe gegen die unwürdige Welt. Willst du die Größe dieser Liebe messen, so nimm aller Vater- und Mutterherzen Liebe in eins zusammen, und es ist ein Tropfen gegen das Meer der göttlichen Liebe!

b) Offenbarung dieser Liebe. Sie offenbart sich durch das Schaffen einer Welt. Wozu hätte sie Gott für sich geschaffen? Sie offenbart sich durch die Gaben des Lebens, der Vernunft, der Freiheit, der Aehnlichkeit mit Gott an seine Geschöpfe. — Sie offenbart sich in der Natur. Die Natur ist zwar nur ein schwacher Abglanz seiner Liebe: „Die Erde ist seiner Füße Schemel, der Himmel ist sein Thron;" und doch wie erhebend, tröstend und erquickend ist schon dies! Die Natur spricht jeder offnen, sorgenfreien Seele Leben und Freude aus, und der heitre blaue Himmel strahlt uns entgegen als ein lächelndes Angesicht voll Trost und Verheißung, welches

obwohl oft umwölkt doch im tiefsten Hintergrunde Licht und Wonne
ausgießt. Die Sonne ist ein Bild dieses göttlichen Wesens. —
Sie offenbart sich in der Einrichtung des menschlichen Lebens, in der
Verbindung der Menschen durch Liebe und Freundschaft: das ist im
Leben der herrlichste Beweis der Liebe Gottes. Du mußt es wenig=
stens einmal in seiner ganzen Fülle geschmeckt haben, was es heißt:
lieben und geliebt werden, wenn du empfinden willst, daß Gott die
Liebe ist. Ja, je seliger du bist durch Liebe, desto mehr wird dir
ein Licht über Gottes unendliche Liebe aufgehn. Besonders ist die
allen Vätern eingepflanzte, mächtige Liebe gegen ihre Kinder ein
Document der Liebe des himmlischen Vaters. Von dem, der diesen
Trieb in uns legte, erwarten wir die höchste Liebe gegen seine Ge=
schöpfe; nur ein liebender Gott konnte den Liebestrieb in uns pflan=
zen! — Die Liebe Gottes offenbart sich am höchsten in der Sen=
dung Christi. Da wird das Wort wahr 5. Mos. 33, 3.: „Wie
hat der Herr die Leute so lieb!“ (Mehr davon in der Lehre vom
Sohne Gottes). — Am herrlichsten wird sie sich erst dereinst offen=
baren, wenn der Vorhang weggezogen ist.

c) Verpflichtungen für uns. 1. Die Liebe Gottes ist beschä=
mend für jeden. Er hat sie spät erkannt, lange verkannt, wie viele
verkennen sie noch! Augustinus Confess. X. 27: Sero te amavi
pulcritudo tam antiqua et tam nova; sero te amavi. Man
kann hinzusetzen: Sed praestat sero amare, quam nunquam
amare. Die Liebe Gottes macht unsere Sünde erst recht strafbar.
Wer Sünde thut, vergeht sich an der höchsten, reinsten Liebe, ver=
liert, verletzt diese Liebe, geräth in Unglauben an diese Liebe. Dies
ist der tiefste Fall eines erschaffenen Wesens. Dann bleibt nichts
übrig als Haß und Grimm wider Gott: das ist die volle Unseligkeit.
Das Sündigen, das fortgesetzte Sündigen ist deshalb so schrecklich,
weil es immer mehr zum Unglauben an Gottes Liebe führt und den
Menschen der Verzweiflung Preis giebt und dem Wahne, es walte
über ihm ein tückisches Fatum. Diese Meinung war dem alten
Heidenthume eigen: φθονερὸν τὸ θεῖον. Göthe in seinem Wilhelm
Meister: „Wer nie sein Brod mit Thränen aß, der kennt euch nicht
ihr himmlischen Mächte!“ — 2. Wie können wir diese Liebe wie=
der verehren? Aeußere Anbetung, Werkgehorsam reicht nicht hin,
nur Herzensliebe, volle, ungetheilte Herzenshingabe. Die Liebe lei=
det keine Käufer als sich selbst. Gott will wieder geliebt sein, über
Alles geliebt sein. Es ist die höchste Ehre für uns, daß Gott von
uns geliebt sein will: kann unsere Liebe ihm so viel gewähren?
Darum sei Gott unser Ziel! Du sollst Gott lieben! — Aristo=
teles in der Schrift Magna Moralia II. c. 11 sagt, es sei unge=
reimt, von einer Liebe zu Gott reden: Ἔστι γάρ, ὡς οἴονται, φιλία καὶ πρὸς θεὸν καὶ τὰ ἄψυχα· οὐκ ὀρθῶς. τὴν γὰρ φιλίαν
ἐνταῦθα φαμὲν εἶναι, οὗ ἐστιν τὸ ἀντιφιλεῖσθαι. ἡ δὲ πρὸς
θεὸν φιλία οὔτε ἀντιφιλεῖσθαι δέχεται, οὐδ᾽ ὅλως τὸ φιλεῖν.

ἄτοπον γάρ ἂν εἴη, εἴ τις φαίη φιλεῖν τὸν Δία. Daß Aristo=
teles so urtheilt, kann nicht befremden, da er keinen in Liebe sich
offenbarenden Gott kannte. Der Christ kann Gott wieder lieben.
Wir sollen Gott in Allem lieben; nur in Beziehung auf Gott. Werde
Gott in der Liebe ähnlich! Je reicher das Herz in der Liebe, desto
gottähnlicher, desto seliger. Nimm Gottes Liebe in dein Herz auf.
Es giebt keine wahre Liebe, wenn sie nicht ein Ausfluß von Gottes
Liebe ist. Wen ein Strahl von Gottes Liebe beschienen hat, der
kann lieben. Der Fromme kann nie hassen, sein Herz ist nur Liebe
wie Gottes Herz. Aller Groll, aller Haß und Neid, alle Rache
kann in einem frommen Gemüthe nicht aufkommen. — (Kann man
ohne Glauben an eine ewige Liebe selbst Liebe haben im Herzen? —
Nein! Denn α) wenn es nicht eine ewige Liebe und eine ewige
Grundquelle der Liebe giebt, so giebt es gar keine Liebe. Wo soll
denn die Liebe herkommen? Sprichst du: Ich fühle aber doch in
meinem Herzen Liebe, z. B. ich Vater, ich Mutter: so mußt du
auch schon einen Glauben haben; dein Gefühl ist Zeuge von der
ewigen Liebe. Du hättest keinen Funken von Liebe in dir, wenn
ihn dir nicht die ewige Liebe ins Herz gelegt hätte. — β) Wo keine
ewige Liebe wäre, bleibt nichts übrig als ein tyrannisches, blindes
Fatum; da kann man nichts mehr lieben. — γ) Dies ergiebt sich
auch a posteriori. Man erfährt's; wo das Herz von Zweifeln an
der ewigen Liebe angefochten wird, wird es sogleich bitter, kalt,
verschlossen gegen alle Liebe, man sieht alles mit Unmuth, Widrig=
keit oder Groll an; das Herz vertrocknet, verknöchert. O, wie über
alle Maßen wichtig ist es, diesen Glauben zu retten! Ohne die=
sen Glauben wird das Leben das höchste Unglück. Der Geist muß
diese Liebe Gottes uns schmecken lassen. Röm. 5, 5. Babe dich
ganz in der Liebe Gottes und du wirst rein. Kämpfe gegen alle
Hindernisse des Glaubens an die Liebe Gottes, als da sind: Uebel
und Elend in der Welt, die von der äußeren Natur, von der leib=
lichen Schwäche kommen, — der Anblick des Uebels, des Bösen in
der Welt, — oder endlich deine eigene Sünde. Chrysostomus
de lapsis (Ed. Montf. I., 27) sagt: „Wenn der Satan glauben
könnte, daß Gott die Liebe ist, wäre ihm geholfen!") — 3. Die
Liebe Gottes ist für alle geschaffenen Wesen der einzige Trost, die
einzige Hoffnung. Bei ihrer Endlichkeit und Schwäche, bei ihrer
Mangelhaftigkeit und Abhängigkeit von dem Allmächtigen müßten
sie vor Furcht vergehen, wenn nicht der Gedanke sie erhielte: Gott
ist die Liebe! Ohne die über alles waltende Liebe wäre das Leben
ein Wahn: es gäbe keine Gewißheit über unser eigenes Schicksal,
die Zukunft wäre furchtbar und grausam, kein Vater hätte Ruhe
und Fassung über das Schicksal der Seinen, er wüßte nicht, wem
er sie übergeben, in wessen Aufsicht er sie geborgen wissen könnte.
Nur der Glaube an Gottes Liebe bringt Licht in diese Finsterniß,
Ordnung und Klarheit in das Labyrinth des Lebens. Laß kommen

was da wolle, wenn die Liebe Gottes bleibt, kannst du getrost sein. Darum laß dir alles genommen werden, nur nicht den Glauben an Gottes Liebe. Magst du selbst tief sinken, hast du diesen Glauben gerettet, bist du nicht verloren! Gottes Liebe kann dich retten, will dich nicht verloren gehen lassen! Magst du der Menschen Liebe entbehren, Gottes Liebe genüge dir! Wenn du kein liebendes Herz dein nenntest, du hast einen, der dich liebt, dessen Liebe mehr als aller Menschen Liebe werth ist. Setze dein Vertrauen nicht auf deine Liebe zu Gott, sondern auf Gottes Liebe zu dir, der dir sagt: „Ich habe dich je und je geliebet, darum habe ich dich zu mir gezogen aus lauter Güte." Jerem. 31, 3.

Anm. 3. Die Liebe ist der Grundtrieb in Gottes Willen. Wenn wir aber diesen Willen im Verhältniß zur Welt betrachten, so geht daraus eine dreifache Beziehung hervor, analog der dreifachen Gewalt im Staate, nämlich der gesetzgebenden, verwaltenden und richtenden. Gott kann gedacht werden als Gesetzgeber, als Regent und als Richter, und das führt auf die drei moralischen Eigenschaften, die in dieser dreifachen Qualität ihm zukommen: als Gesetzgeber ist Gott heilig, als Regent gütig, als Richter gerecht.

Die Heiligkeit Gottes ist an sich betrachtet die unendliche Liebe des Guten, wonach auch kein Böses in Gott sein, und er nicht Urheber oder Förderer des Bösen sein kann. Sie ist in Beziehung auf die Welt dasjenige Verhältniß Gottes, wonach er ein Gesetz giebt, das seiner Liebe gemäß ist, also ein Gesetz, durch welches die Harmonie und Seligkeit in seinem Reiche bewirkt wird. Dies Gesetz ist weder gnädig noch nachsichtig für die Schwäche, noch ist es despotisch oder willkürlich oder unserm Begriffe von Sittlichkeit ganz fremd.

Wenn man erklärt: Heiligkeit ist die vollkommene Uebereinstimmung mit dem Sittengesetz (Kantische Schule), so muß man nur den Uebelstand vermeiden, daß es herauskommt, als ob das Sittengesetz Gott vorgeschrieben, dem Willen Gottes als eine Norm gegeben wäre. Das klingt zuletzt so, als ob der Mensch, der das Sittengesetz aufstellt oder bestimmt, Gott ein Gesetz geben könnte! Vielmehr verhält es sich so: Gottes Wille ist allein die Quelle und Norm des Gesetzes, bestimmt, was als gut gelten soll, er ist principium escendi des Moralischen; was Gott will, ist schlechthin gut, eben dadurch, weil es Gott will. Unser Gewissen dagegen ist das principium cognoscendi des Moralischen; wir können nichts anderes für Gottes Willen erkennen, als was mit unserm Gewissen übereinstimmt: im Gewissen giebt Gott uns seinen Willen zu erkennen.

Gottes Heiligkeit ist verschieden von der Heiligkeit, die auch wohl Menschen zugeschrieben wird. Denn 1) Gott ist von Ewigkeit her heilig, der Mensch wird es erst in der Zeit; 2) Gott ist seiner Natur nach nothwendig heilig; der Mensch kann auch unheilig sein, er bedarf zur Heiligkeit des Strebens, des Kampfes, ihm stehen viele

Hinderniſſe entgegen, obgleich der daraus von den Stoikern gezogene Schluß unverſtändig iſt: die Heiligkeit oder Tugend des Weiſen ſei größer als die Tugend Gottes, weil es dieſen keine Mühe koſte, tugendhaft und heilig zu ſein. (Seneca Epist. 53: Est aliquid, quo antecedat Deum: ille naturae beneficio non timet, suo sapiens: ecce res magna, habere imbecillitatem hominis, securitatem Dei. Und de providentia c. 6: Ferte fortiter, hoc est, quo Deum antecedatis. Ille extra patientiam malorum est, vos supra patientiam. Lipſius bemerkt: Sunt istae voces Stoicae μεγαληγορίας.) Schlimm genug, daß uns wegen unſrer Sündhaftigkeit die Tugend ſo ſchwer wird; es iſt allemal rühmlicher, wenn ſie uns leicht und natürlich wird. 3) Gott iſt vollkommen heilig, ſeine Heiligkeit iſt keiner Abnahme oder Zunahme fähig, ſie bleibt ſich gleich. Unſre Tugend iſt mangelhaft und bedarf des Wachſens.

Praktiſche Kraft dieſer Lehre: 1) Der Glaube an Gottes Heiligkeit iſt die Grundbeſtimmung aller wahren Religion, das Hauptcriterium der wahren Religion; die chriſtliche Offenbarung hat dies erſt recht ins Licht geſetzt und eingeſchärft. — 2) Gott wird vermöge ſeiner Heiligkeit für uns der Gegenſtand der tiefſten Anbetung und Verehrung, welche das Geſetz des Gewiſſens unbedingt fordert. Er iſt zugleich die Norm und das Ideal, das Unendliche, dem wir uns annähern müſſen, ſo wenig wir es erreichen. Eph. 5, 1: „Seid Nachfolger Gottes"; Matth. 5, 48: „Darum ſollt ihr vollkommen ſein, gleich wie euer Vater im Himmel vollkommen iſt." (Clemm [Einleitung in die Theologie] benutzt eine Vergleichung von der Hyperbel [dem dritten Kegelſchnitte] hergenommen: „der Menſch, indem er nach der Heiligkeit Gottes in alle Ewigkeit ringt, verhält ſich zu Gott, wie die Aſymptote zur Hyperbel. So wie jene der Hyperbel ſich unendlich nähert, ohne je mit der Hyperbel zuſammen zu fallen, ſo nähert ſich der Menſch Gott, ohne je ihn zu erreichen." Aber die Diſtanz der Aſymptote von der Hyperbel ſinkt endlich doch auf ein Minimum herab, kann das von dem Menſchen je geſagt werden? Unſer und aller Geiſter Abſtand von Gott muß unendlich bleiben.) — 3) Gott iſt spes et horror mortalium, Hoffnung für alle Guten, die, obſchon ſelbſt gebrechlich, ja ſündlich, doch ernſtlich das Gute wollen und aufrichtig in Gottes Willen einſtimmen. Denn auf einen Weltſchöpfer, auf einen Allmächtigen, der nicht heilig wäre, könnte kein Menſch ſicher und feſt trauen, auf einen ſolchen dürfte niemand rechnen, es gäbe keine ſichere Regel, nach welcher man ſein Wohlgefallen erlangte; es herrſchte Willkür, Parteigeiſt, Despotismus. Es iſt alſo für jeden, der ſich's deutlich denkt, unmöglich, zu wollen, daß ein andrer als ein heiliger Gott ſei; nur dieſer giebt einen unwandelbaren Grund der Hoffnung. Denn nun iſt es in alle Ewigkeit ausgemacht, was er will und wie wir ihm wohlgefällig werden können; wir wiſſen nun, woran wir sind. — Aber derselbe Gott ist auch der Schrecken der Bösen: sie sind, so lange sie Sünder bleiben, ein Gegenstand des göttlichen Mißfallens oder Zornes, sie müssen sich dem Gedanken an Gott zu entziehen suchen; sie wollen ihm entfliehen, weil sie den Widerstreit ihres und des göttlichen Willens fühlen, und können doch Gott nicht entfliehen. — Darum unterwirf dich dem göttlichen Willen, so kommt dein Wille in Uebereinstimmung mit Gottes Willen, in Einheit mit sich selbst; folge dem Gewissen, dem inneren Gerichtshof des heiligen Gottes; laß dich durch den Gedanken des heiligen Gottes von jedem Bösen abschrecken!

Anm. 4. Die zweite Eigenschaft Gottes in seinem Verhältniß zur sittlichen Welt ist die **Güte**. Sie ist die Liebe Gottes, wie sie sich in seiner Weltregierung zeigt: Gott ist ein gütiger Weltregent. Sie coincidirt insofern mit seiner Liebe, insofern die Güte ein Ausfluß seines Liebeswesens ist. Es ist die Eigenschaft, nach welcher Gott aus freier Liebe die erschaffenen Wesen der Glückseligkeit fähig macht und ihnen die Erreichung des höchsten Zweckes auf alle Weise förbert. Ihr Umfang ist allgemein, sie erstreckt sich auf alle Geschöpfe.

Wir betrachten die Güte Gottes gegen die Menschen nach den Kreisen oder Sphären in dreifacher Beziehung: die allgemeine Güte, die Güte gegen die noch Unbekehrten und die Güte gegen die Bekehrten.

1. Die allgemeine Güte. Gott schuf die Menschen und begabte sie an Leib und Seele so, daß sie der Glückseligkeit und der Aehnlichkeit mit Gott fähig waren. Die Bildung und Einrichtung der ganzen menschlichen Natur ist Werk der Güte: die Einrichtung der menschlichen Gesellschaft, der häuslichen, bürgerlichen und kirchlichen — sie dient zur Erziehung und Bildung der Menschen. Gott sorgt für die Menschen im Leiblichen, er bietet ihnen Lebensmittel, Genuß, Freude dar; im Geistlichen läßt er es keinem an Gelegenheit zur Bildung fehlen; er lenkt den Gang der Veränderungen unseres Lebens, daß er dem höchsten Zwecke dienstbar wird.

2. Die besondere Güte nach der Verschiedenheit der menschlichen Charaktere und zwar: A. Güte gegen die Unbekehrten. — a) Gott erhält auch ihnen das Leben, um ihnen Zeit zur Besserung zu gewähren. Matth. 5, 45. — b) Er läßt sie in Besitz der Mittel zu ihrer Besserung, gönnt ihnen den Platz in der menschlichen Welt, in der Kirche (Matth. 13, 29. „Unkraut"), entzieht ihnen nicht die Gnadenmittel, läßt sie unter Bekehrten leben. Matth. 5, 16. — c) Er thut nach einem bestimmten Plan noch viel Besonderes zu ihrem Heil. Er tritt oft hindernd ihren bösen Werken in den Weg, um sie zurückzuschrecken, er läßt Aufregungen und Reizungen zum Guten an sie gelangen. — d) Er beweist Langmuth und Geduld in Strafen. Die Strafen, obgleich an sich nothwendig und geboten von seiner Gerechtigkeit, werden doch zugleich mit so eingerichtet, daß

sie die Besserung fördern können; sie erfolgen langsam, anfangs gelind, immer gemäßigt, nie zwingend. — **B. Güte gegen die Bekehrten.** — **a)** Gott zeigt gegen sie volles Erbarmen, indem er ihnen ihre Sünde vergiebt, sie begnadigt, ihre Schwachheiten mit Langmuth trägt, Pf. 103., auch ihnen durch seinen Geist das Gefühl seiner Gnade zu schmecken giebt. — **b)** Gott führt sie auf ihrem Lebensgange so, daß sie immermehr wachsen an dem inwendigen Menschen, daß sie überall Förderungen und Uebungen im wahren Christenthume finden. Röm. 8, 28. — **c)** Er belohnt ihre Treue und ihren Gehorsam, zum Theil mit irdischen, zeitlichen Gütern, an Leib und Seele, durch Familienglück, Liebe und Achtung bei den Menschen — doch das alles mit Einschränkung, insofern es dem geistlichen Wohl zuträglich ist; er stärkt sie unter dem Kreuze und läßt gerade da seine Gnade recht kräftig in ihnen wirken; er belohnt sie aber weit mehr schon hier mit himmlischen Gütern in Christo; er läßt ihnen ihr Werk gelingen. — **d)** Gott zeigt ihnen von ferne schon den Lohn der Ewigkeit. — Vgl. Paul Gerhard's Lied: „Sollt' ich meinem Gott nicht singen?" und Gellert's: „Wie groß ist des Allmächt'gen Güte!" (von denen das erste doch viel mehr durchdrungen ist von kräftigem christlichem Geiste.)

Praktischer Gebrauch dieser Lehre. 1) Die Güte Gottes verpflichtet uns zum innigsten Dank für all das unzählige Gute, das wir tagtäglich empfangen. O, daß wir es erkennten, was wir empfangen! daß wir für jedes Gute dankten, für unser Leben, für alle Kräfte! Dieser Dank muß übergehen in Lob, immerwährendes Lob. Immer soll es in uns klingen: Lobe den Herrn, meine Seele, und was in mir ist, seinen heiligen Namen! Des Lobens Gottes ist wenig, viel mehr des Klagens! „Die Welt, die gar im Argen liegt und uns durch Falschheit oft betrügt, hält zwar von Gottes Lob nicht viel, weil Eigenlob ihr höchstes Ziel, wir selbst, die wir noch irdisch sind, sind oft nicht dankbar g'nug gesinnt." (Aus dem Liede: „Kommt Menschenkinder, rühmt und preist ꝛc." V. 5. 6.) — 2) Die Güte Gottes ruft uns zur Buße. Besser ist's, durch Güte erweckt werden als durch Strafe. Die Güte erweckt zur Treue und zum Gehorsam, wodurch wir uns sollen der Güte Gottes werth beweisen. Wie viel Undank erfährt der gütige Gott! — 3) Sie verpflichtet uns zur Zufriedenheit mit dem uns angewiesenen Theil. Vgl. Horaz: Qui fit Maecenas etc. Nicht murren sollen wir, nicht immer nur Besseres wünschen; Gottes Güte theilt jedem das Rechte zu. Erkenne nur in Allem Gottes Güte, das wird dich zufrieden machen und jeder Gabe den höchsten Werth in deinen Augen geben. Jede Unzufriedenheit ist Sünde wider Gott, weil sie Undank ist. — 4) Sie giebt uns Trost im Leide, Hoffnung der Seligkeit, auch Vertrauen, daß Gott uns werde im Gnadenstande bewahren.

Die Güte Gottes bekommt auch die Namen Gnade, Barm=
herzigkeit nach verschiedenen Beziehungen. **Gnade** ist die Güte,
insofern sie Gott als Herr denen, die ihm unterthan sind, ohne ihr
Verdienst und Würdigkeit erweist, auch insofern er sie Sündern,
Schuldigen, Strafbaren erweist. Die Güte als Gnade zu erkennen
ist nothwendig, um unsere rechte Stellung zu Gott zu finden. Wir
haben nie Rechte an Gott; es ist alles Gnade. Selbst ungefallene
Geister müssen Gottes Gnade anerkennen. Das giebt kindlichen
Sinn. — **Barmherzigkeit** ist die Güte oder Liebe Gottes, insofern
er sie Elenden, Hülfsbedürftigen erweist. Das ist das, was wir
vor allem bedürfen. Gott ist barmherzig, mitleidig gegen die durch
Sünde elenden Menschen, es bricht ihm sein Herz! Wie ganz an=
ders kann ein solcher Gott anziehen, als ein harter, eiserner. Diese
Gnade soll dem Sünder Muth machen zur Bekehrung, ihn vor
Verzweiflung schützen. Doch dürfen wir diese Eigenschaft nicht ein=
seitig betrachten, nicht abgesondert, nicht die Gnade allein: „das
kann leicht zu vertraulich, wohl gar frech machen, — sondern in
Verbindung mit der Heiligkeit und Majestät Gottes. So bleibt der
Mensch in tiefem Respect, und das Vertrauen zur Gnade Gottes
selbst wird dadurch verwahrt." Bengel, Reden über die Offenba=
rung N. 12, S. 220. — Schön ist dieß angezeigt in den Farben
des Regenbogens um Gottes Thron, Offenb. 4, 3.: „der war gleich
anzusehen, wie der Stein Jaspis und Sardis; und ein Regenbogen
war rings um den Thron, gleich anzusehen wie ein Smaragd."
Jaspis und Sardis haben zwei verschiedene Farben, weiß und roth,
jede, wenn sie besonders rein und leuchtend ist, unserm Augen un=
erträglich; der Smaragd, grün und erquickend, ist in der Mitte da=
zwischen. „Wenn Gott sich ansehen läßt als wie der Jaspis und
Sardis, so zeigt er sich in seiner Herrlichkeit und Heiligkeit, und die
ist dem Menschen erschrecklich. Der grüne Regenbogen aber ist ein
Zeichen der göttlichen Leutseligkeit, Versöhnlichkeit und Verträglich=
keit, welche machet, daß man auch von den Eigenschaften Gottes,
die dem Menschen erschrecklich wären, nicht versehrt oder verzehrt
wird." (Bengel a. a. O. S. 219.) „Rings um den Thron herum
ist der Regenbogen, und rings herum sind diejenigen, von welchen
die ewige Majestät angebetet wird. Deswegen muß der Regenbogen
ihnen einen Schirm abgeben, damit sie dem göttlichen Feuer nicht
zu nahe kommen und verzehrt werden." (S. 221.) Die Barmher=
zigkeit Gottes lehre uns auch barmherzig sein. —

Aehnlich sind die Bezeichnungen: **Freundlichkeit** (χρηστότης)
und **Leutseligkeit** (φιλανθρωπία). Jenes ist die milde, zarte, sanfte
Behandlung, die dem Andern Muth und Vertrauen einflößt, entge=
gengesetzt der Härte und Rauhheit. Erst in Christo ist diese Freund=
lichkeit erschienen, weil Christus selbst der freundlichste war; das hat
er bewiesen gegen Schwache, Blöde, gebrochene Sünder. Leutse=
ligkeit so viel als Menschenfreundlichkeit: Gott ist Freund der

Menschen, ja er liebt sie besonders. — Hierher gehören auch: die Geduld Gottes, nach welcher er den Schwachen und Unbekehrten erträgt, es mit ihm aushält, ihm Güte erweist; und die Langmuth, wonach er die Strafe verschiebt, die Gerichte zurückhält.

Anm. 5. Als Richter wird Gott Gerechtigkeit zugeschrieben. Hier ist erst die gewöhnliche Theorie zu beurtheilen. Man unterschied die gesetzgebende Gerechtigkeit (justitia legislatoria) — aber das Gesetzgeben kommt der Heiligkeit Gottes zu, und das Gesetz muß der Gerechtigkeit vorausgehen. Denn ein Richter kann nur nach dem Gesetz richten; Gesetze müssen also vorher da sein, ehe gerichtet wird, und die gesetzgebende und richtende Gewalt ist zu unterscheiden. Neben die gesetzgebende stellte man die vergeltende Gerechtigkeit (just. distributiva), welcher man die doppelte Function zuschrieb, das Gute zu belohnen und das Böse zu bestrafen (just. remuneratoria und punitiva). Allein dieser Erklärung steht entgegen: a) Wenn man von dem ursprünglichen, stehenden Begriff der Gerechtigkeit, den man zu Grunde legen muß, ausgeht, so liegt das Belohnen schlechterdings nicht darin. Ein Richter ist vermöge seiner Gerechtigkeit nicht verbunden, die, welche den Gesetzen gehorchen, zu belohnen; sie haben ihre Schuldigkeit gethan: wenn er belohnt, ist's freie Güte. Der Richter ist gerecht, wenn er den Unschuldigen losspricht, den Schuldigen straft. Wer wird vor Gericht Belohnung erwarten, wenn er z. B. nicht der Theilnehmer eines Mordes oder Diebstahls gewesen ist! Also schon der gemeine Begriff der Gerechtigkeit schließt das Belohnen nicht in sich. — b) Wollte man sagen, Gott sei nach seiner Gerechtigkeit verbunden zu belohnen, so hieße dies behaupten, daß der Mensch Rechtsansprüche an Gott habe, die er nie haben kann. (Vgl. Kant, Tugendlehre. S. 184.) Der Mensch hat nur Pflichten gegen Gott, nie Rechte. Auch wenn wir wollten Belohnung, Seligkeit haben, so müssen wir vorneweg Vergebung der Sünden haben, denn ohne diese giebt es keine Seligkeit. Wer wird aber diese von der Gerechtigkeit Gottes fordern? — c) Man sieht nicht, im Fall das Belohnen zur Gerechtigkeit gezogen wird, wie noch ein Unterschied zwischen dieser belohnenden Gerechtigkeit und der Güte Gottes sein soll, den es doch geben muß. Oder wollte man eine Güte Gottes statuiren, die schlechthin, ohne alle Bedingung, nur Glückseligkeit austheilte, so wäre dies ein Unding. Die Gesetze Gottes sind an sich heilig und unverletzlich und an sich mit keinen Verheißungen verbunden. Verheißungen sind das Werk der Güte. — d) Wenn durch Vermengung der Gerechtigkeit und der Güte Gottes die Strafen als Zeichen der Güte Gottes aufgefaßt werden, welche nur die Besserung der Menschen zum Zwecke haben, so ist dies unrichtig. Strafen sind an sich nothwendig, weil das Gesetz heilig ist, und es würde sonst folgen, daß Gott aufhören müsse zu strafen, wenn der Mensch durch Strafen sich nicht will bessern lassen. Gott kann wohl mit den Strafen den Zweck der Besserung

verbinden: das thut er aus Güte. — e) Die Eintheilung der Stra=
fen in natürliche und willkürliche oder positive ist selbst willkürlich,
oder wenigstens unnütz. Denn es setzt voraus, als wären manche
Strafen nur das Werk der Natur, andere das Werk der Willkür.
Bei den Strafen kommt es darauf an, daß sie gerecht sind, gegrün=
det in der heiligen Weltordnung Gottes. Wie oder woher die Stra=
fen kommen, ist für die moralische Weltordnung ganz gleich, sie
mögen nach physischen Gesetzen erfolgen oder nicht.

Die richtige Theorie der göttlichen Gerechtigkeit ist diese: a) die
göttliche Gerechtigkeit folgt ebenso wie die Güte aus seiner Heilig=
keit. Da Gott nach seiner Heiligkeit schlechthin das Gute will und
mithin auch von allen freien Wesen absoluten Gehorsam gegen sein
Gesetz verlangen muß, so muß er auch dieses moralische Gute för=
dern, oder das Gesetz aufrecht erhalten. Dies geschieht auf doppelte
Weise, durch Belohnen und Bestrafen. — b) Insofern Gott das
Gute belohnt, ist er gütig. Denn da das Gesetz Gottes an sich
heilig und unverbrüchlich ist und mithin unmittelbar keine Belohnung
verheißt und da wir durch Gehorsam kein Verdienst um Gott uns
erwerben (Luc. 17, 10), das bloße Bedürfen der Glückseligkeit aber
noch nicht Ansprüche auf dieselbe giebt: so ist die Glückseligkeit ein
Werk der göttlichen Güte, und hat den Endzweck, das moralische
Gute zu befördern. Wenn Paulus 2. Tim. 4, 8. die Belohnung
vom „gerechten Richter" erwartet, so ist zu merken, daß δίκαιος die
ganze moralische Vollkommenheit Gottes in sich faßt, und insofern
der Gnadenlohn verheißen ist, ist Gott gewissermaßen an sein Wort
gebunden und kann es nicht brechen; er ist gerecht als der wahrhaf=
tige und zuverlässige Gott. — c) Insofern Gott gerecht ist, übt er
sein Recht gegen die Menschen aus, d. h. er spricht den wirklich
Unschuldigen los und er verurtheilt den Schuldigen. Da nun kein
Mensch unschuldig ist, und keiner die göttliche Lossprechung wegen
seiner Unschuld hoffen kann, so ist bei uns verschuldeten Menschen
die Lossprechung ein Act der göttlichen Gnade, und die Gerechtigkeit
besteht mithin (in Bezug auf alle Menschen) in der göttlichen Hei=
ligkeit, insofern sie die Uebertreter des Gesetzes, also die der Glück=
seligkeit unwürdig sind, bestraft. — d) Die Belohnung der Guten,
die sich die Vernunft gleichwohl ebenso nothwendig denkt, wie die
Bestrafung der Bösen, bleibt auch bei dieser Theorie nichts desto=
weniger nothwendig: nur ist sie nicht juridisch oder rechtlich nothwen=
dig, sondern ethisch nothwendig, d. h. nothwendig zur Erreichung
des höchsten Gutes, zur Herstellung einer moralischen Ordnung. —
e) Gott übt seine Gerechtigkeit aus nicht nach der absoluten Forde=
rung seiner Heiligkeit, denn vor dieser ist Niemand gerecht; sondern
er beschränkt die letztere nach seiner Gütigkeit auf die Bedingung,
daß die Menschenkinder in so weit mit dem Gesetze übereinstimmen,
so weit sie nach ihrem Vermögen den Anforderungen des Gesetzes
gemäß sein können. Gott wird bei seinem gerechten Gericht auf die

natürliche Schwachheit der Menschen und auf ihre individuelle Lage Rücksicht nehmen. (Kant: Relig. 214.) — f) Gott ist in Hinsicht der Belohnung und Bestrafung nicht an Zeitbedingungen geknüpft. Es ist blos erforderlich, daß in der Totalität der Existenz die Summe der Glückseligkeit oder Unglückseligkeit dem moralischen Werthe der freien Wesen proportionirt sei. Mithin kann der Gerechtigkeit Gottes weder das temporäre Glück der Bösen, noch das temporäre Unglück der Guten Abbruch thun.

Ueber die Vollziehung der göttlichen Gerechtigkeit ist Folgendes zu erinnern: — a) Gott richtet die Menschen und straft sie mit strenger Unparteilichkeit nach der Wahrheit. Er richtet nicht blos wie menschliche Richter nach der äußeren That, die oft viel böser, oft viel geringer aussehen kann, als sie ist (manches grobe Verbrechen ist vor Gottes Augen nicht so strafbar, als manche feine, geheime Bosheit), sondern nach der Gesinnung. Er nimmt Rücksicht auf die äußere und innere Lage des Menschen, Erziehung, Umgebung, besonders auf den Grad der Erkenntniß (Luc. 12, 47. 48.). — Kein Mensch wird sich je beschweren können, von Gott unbillig behandelt worden zu sein. So nimmt Gott Rücksicht auf das Gefühl des Menschen: bei dem zartfühlenden reicht eine geringe Berührung hin, um ihn zu züchtigen, bei dem roheren, hartfühligen bedarf es einer starken Züchtigung. — b) Gottes Strafen fallen nicht immer gleich mit der Sünde zusammen. Das wäre der moralischen Erziehung, der freien Selbstbestimmung hinderlich. Ließe Gott auf jede Uebelthat sogleich die bestimmte Strafe erfolgen, so würde dies ein indirecter Zwang werden, der den Menschen zur Besserung oder zur Unterlassung des Bösen nötigte. Darum sind Gottes Gerichte nicht an die Zeit gebunden; sie kommen oft spät. Ὀψὲ θεῶν μυλεοῦσι μυλαί, μυλεοῦσι δὲ λεπτά. Ja, der Mensch kann oft unschuldig zu einer Strafe für etwas nicht gethanes gezogen werden, während Gott ihn damit für etwas anderes, von ihm gethanes straft. Ein merkwürdiges Beispiel dafür bietet die Jugendgeschichte des Ephraem Syrus dar. Vgl. aus seiner confessio et sui ipsius reprehensio in Tillemont's Mémoires etc. VIII., 264—271, auch in Hillmer's christl. Zeitschrift II., 69—74. — Baco de augm. scient. l. II. c. 11. wünschte eine Geschichte der göttlichen Nemesis, worin, wenn gleich oft die Rathschlüsse und Gerichte Gottes dunkel und unerforschlich sind, doch andere Schickungen Gottes so klar mit Capitolschrift geschrieben wären, daß sie auch der Vorüberlaufende lesen könnte, d. h. auch der Leichtsinnige Gottes Finger erkennen könnte. — Die ganze Weltgeschichte ist eine Geschichte der göttlichen Gerechtigkeit. Vgl. Nicol. Vogt, System des Gleichgewichts und der Gerechtigkeit. Frankfurt a. M. 1802. II. Darstellung der gerechten Vergeltung Gottes in den Schicksalen der alten Völker. Vgl. auch Herder über die Nemesis der alten Griechen, in den zerstr. Blättern II. Werke zur schönen Litteratur und Kunst. XIX., 154—190. J. Georg

Müller die säumende Nemesis, in seinen Reliquien für Jünglinge. I., 34—58. Vorzüglich Plutarch de sera numinis vindicta (περὶ τῶν ὑπὸ τοῦ θείου βραδέως τιμωρουμένων) Opp. ed. Reiske VIII., 165—246: Strafen treffen oft Nachkommen; Verbrecher bereiten sich selbst ihre Strafruthen. Melanchthon in der Vorrede zu Luthers Werken (Walch. XIV., 593 oder Corp. Ref. VII. 702) führt den Pompejus als Beispiel an, der in Jerusalem ungebührlich in's Allerheiligste eindrang (Josephus Antiqu. XIV., 4.) und dann bei seiner Flucht nach Aegypten auf Anstiften des Ptolemäus durch den Septimius u. A. auf dem Schiff erstochen wurde „nicht fern von dem Lande Judäa, da er das Land Judäa und den Tempel im Gesicht gehabt hat." (?). Plutarch Pompejus c. 76. 77. ed. Reiske III. 862 sqq. — c) Die Strafen Gottes bei öffentlichen Gerichten, allgemeinen Landplagen u. dgl sind ungleich; sie treffen nicht allemal die Schuldigsten, Luc. 13, 1—5. weil sonst die freie Besserung gehindert und der Mensch nur durch Strafen abgeschreckt würde. Die Betroffenen müssen sich entweder für Gestrafte oder für Gezüchtigte betrachten. Aber eben deßhalb sind auch solche außerordentliche Gerichte selten, und Gott will lieber durch stille, dem Auge der Welt sich entziehende Gerichte den Menschen innerlich strafen und das Gefühl der Schuld im Gewissen erregen. Hier ist das Gewissen der strafende Richter; seine Kraft zermalmt auch oft mächtige Verbrecher. Tiberius (Tacitus Annal. VI., 6.) war von Gewissensbissen so zerrissen, daß er in einem Brief an den Senat sein Elend bekannte. Caracalla sah den Geist seines ermordeten Bruders Geta und den seines Vaters mit fürchterlich drohenden Blicken vor sich. (Dio Cassius lib. 77. c. 15.) Constantius III., Mörder seines Bruders, des Diacon Theodosius, sah diesen immer als Schreckensgestalt vor sich, wie er ihm einen Becher voll Bluts anbot mit den Worten: Trink, Bruder, trink! Carl IX. hatte nach der Bluthochzeit keine Ruhe mehr. Tilly auf seinem Schmerzenslager war gequält von den Gestalten der gemordeten Magdeburger. — d) Die Gerechtigkeit Gottes, insofern sie straft, heißt auch Zorn Gottes. Die älteren Philosophen (Epikuräer und Stoiker) leugneten, daß Gott zürne, daher sie auch keine Belohnung und Bestrafung statuirten. Cicero de Off. II. 28. Gegen diese schrieb Lactantius sein Buch de ira dei, vgl. Schröckh V. 270—272. Auch Socinus u. A. leugnen den Zorn Gottes. Gegen solche siehe Baumgarten Polemik I. 161. ff. Gerhard Loci ed. Cotta. III., 176. — Alles menschlich-pathologische, Aufregung, Störung der inneren Ruhe, ist wegzudenken. Das Richtige ist: Zorn Gottes ist die kräftige Wirksamkeit Gottes, wonach er die, die sich von seiner Liebe abwenden, eben das Entbehren seiner Liebe, ihr Mißverhältniß zu ihm fühlen läßt. Luther (V. 719) zu Ps. 51, 3: „Wenn du die Gnade Gottes nicht ergreifst noch gläubest, so hat Gott gewißlich kein Gefallen an dir, sondern du bist und bleibest unter dem Zorn Gottes.

Der Gedanke von Gottes Zorn ist wohl an ihm selbst falsch und erdichtet; denn Gott hat uns Barmherzigkeit zugesagt: doch wird gleichwohl solcher Gedanke wahr, weil du ihn für recht und wahrhaftig hältst... Wenn du gedenkst, Gott zürne mit dir, hast du gewißlich einen zornigen Gott und einen Feind an ihm, das geschieht aber durch deine verkehrten, abgöttischen und teuflischen Gedanken." Es ist also Wahrheit, Realität darin. Wie Gott liebt, so muß er auch zürnen können. Wer nicht zürnen kann, kann auch nicht lieben. Gott kann nicht anders als die Bösen die Pein der verschmähten Liebe empfinden lassen. — Es ist zum Ernst wider das Böse und zur Ehrfurcht vor Gott nöthig, diesen Gedanken zu bewahren. (Vgl. Saurin: „Von dem Ernst und Eifer Gottes." VI. 99.)

Harmonie der Güte und Gerechtigkeit Gottes, oder des Vergebens und Strafens, ist 1) eine allgemeine, rationelle. Bei dem Unbekehrten kann Gott Strafen einbrechen lassen; dieser hat noch keine Vergebung, und daß Gott die Strafe noch zur Besserung einrichtet, als finis in consequentiam veniens, thut der Gerechtigkeit keinen Abbruch. Bei Bekehrten verwandeln sich die Strafen in heilsame Zuchtmittel. 2) Es giebt eine besondere, christliche Harmonie. Der göttlichen Gerechtigkeit ist durch Christum genug gethan; er hat für uns, für die sündige Welt gebüßt.

Praktischer Gebrauch der Lehre von der göttlichen Gerechtigkeit. 1) Die göttliche Gerechtigkeit wie seine Heiligkeit soll uns zur Demüthigung vor Gott treiben. So wie wir uns vor dem heiligen Gott als unheilig, als Sünder, so sollen wir uns vor dem gerechten Gott als Schuldige, Strafbare erkennen und beugen. Dan. 9, 7.: „Du Herr bist gerecht, wir aber müssen uns schämen." Wir sollen seiner Gerechtigkeit die Ehre geben, und also, was wir als verschuldete Leiden erkennen, geduldig tragen, sollen ohne Murren seine Strafen und seine Züchtigungen annehmen, ja auch unter Umständen unsere Sünde bekennen, Ps. 51, 6., um Gottes Gerechtigkeit zu offenbaren. Die rechte Erkenntniß dieser Eigenschaft ist auch nöthig zur Buße. — 2) Doch knechtische Furcht vor dem gerechten Gott ist blos bei den Unbußfertigen, bei den rohen Sündern. Sie haben noch nicht durch Buße Vergebung gesucht, und haben also nichts von der Gnade zu hoffen, von der Gerechtigkeit alles zu fürchten. Dies findet besonders bei denen statt, die hier das Böse, das sie thun, entweder zu verdecken — durch List die menschliche Gerechtigkeit zu täuschen — wissen, oder die bei ihrer Uebermacht der menschlichen Gerechtigkeit trotzen und der Strafe unzugänglich sind. — 3) Vielmehr müssen wir den Ernst der göttlichen Gerechtigkeit als Gegengewicht gegen den Reiz der sündlichen Lust gebrauchen; wir müssen durch den Gedanken an die Strafe die Begierden zähmen, um vor der göttlichen Gerechtigkeit als unschuldig erfunden zu werden, ob wir es gleich nie vollkommen vermögen. — 4) Tröstend ist der Glaube an den gerechten Gott beim Anblick des frechen, ungebrochenen Bösen in dieser Welt. Hier kann der Wunsch einer endlichen Entlarvung und Demüthigung eines übermüthigen, lange ungestraften, wohl gar glücklichen, angesehenen Verbrechers sehr moralisch sein, Pf. 73, 16—20., wiewohl man sehr über sich zu wachen hat, daß sich nicht egoistisches Rachegefühl einschleiche, dem etwa der Arm Gottes dienen soll. Pf. 139, 23. 24. vgl. mit V. 19—22.

Anm. 6. Betrachtung einiger **abgeleiteten Eigenschaften** Gottes.

Die **Wahrhaftigkeit** Gottes ist die vollkommene Harmonie aller Erklärungen und Offenbarungen Gottes mit seinen Gedanken und seinem Willen. Gott ist nicht anders an sich, wie er für sich denkt und will, als wie er sich uns kund giebt. Was er sagt, ist Wahrheit. Seine Wahrhaftigkeit heißt auch Treue mit Bezug auf Versicherungen und Verheißungen: er hält seine Zusagen, auch seine Vorherverkündigungen werden unausbleiblich erfüllt. — Diese Eigenschaft fließt aus seiner Heiligkeit und Güte. Weil Gott heilig ist, kann er sich nie widersprechen, kann er nie täuschen, nie Falsches gebieten. — Diese Wahrhaftigkeit Gottes heißt die äußere in Bezug auf seine Manifestationen an erschaffene Geister, zum Unterschied von der **inneren** Wahrhaftigkeit, d. i. der inneren Harmonie aller göttlichen Eigenschaften, des ganzen göttlichen Wesens; es kann kein innerer Widerstreit in Gott sein. — Dem widerstreitet nicht 1. Kön. 22, 19., wo der Prophet Micha erzählt, er sehe es in einem Gesicht, daß Gott einen falschen Geist in gewisse Propheten ausgesandt, um die zwei Könige, Josaphat von Judäa und Ahab von Israel, zu dem unglücklichen Kriege gegen Syrien zu reizen. Es ist eine gerechte göttliche Zulassung, daß Könige, die Gott nicht fürchteten und sein Wort nicht hörten, der Täuschung schmeichlerischer Propheten hingegeben wurden. Aehnlich 2. Thess. 2, 10—12.

Die Wahrhaftigkeit Gottes ist wichtig: a) weil darauf der Grund unseres Glaubens an die Offenbarung der Schrift, ja selbst die Gültigkeit der Natur= und Vernunftwahrheit beruht. Weil Gott nicht täuschen kann, kann er auch nicht widersprechende göttliche Offenbarungen geben: diejenige, die einmal als wirklich göttliche Offenbarung beglaubigt ist, muß schlechthin wahr sein und unbeschränkten Glauben verdienen. Eben so dürfen wir der Vernunft und dem Gewissen trauen. Wäre Gott nicht wahrhaftig, so könnte er auch in der Natur uns täuschen, durch immerwährende Widersprüche und Verwirrungen der Dinge, eben so durch eine uns irreleitende Vernunft. — b) Gottes Wahrhaftigkeit ist für uns das höchste Vorbild der Wahrhaftigkeit, der Harmonie des Inneren und Aeußeren. Durch Wahrhaftigkeit wirst du Gott ähnlich, wie durch Lüge dem Teufel. Das Gepräge des göttlichen Menschen ist Wahrheit; Falschheit ist ungöttlich. — c) Unser höchster Trost ist, daß Gottes Gnade und Liebe wahr ist und nichts Falsches darin; daß seine Verheißungen zuverlässig sind und uns ewig bleiben. Wer auf sie baut, wird nicht zu Schanden.

Die **Unveränderlichkeit** Gottes, nicht blos die metaphhsische des Wesens, sondern die moralische, ist die Eigenschaft, vermöge deren sich Gottes Wille nie ändert, Gott immer dasselbe will und dasselbe nicht will. 1. Mos. 6, 7. (d. h. der Mensch entsprach nicht mehr der göttlichen Absicht; schneidende Anklage gegen den Menschen!) Jerem. 18, 7. 8. (Gottes Verhältniß ist immer dasselbe, aber der Mensch kann seinen Standpunkt ändern). Jerem. 26, 19. ist kein Widerspruch. Dagegen Bekräftigungen der göttlichen Unveränder= lichkeit 4. Mos. 23, 19.; 1. Sam. 25, 19.; Röm 11, 29.; Hebr. 6, 17.; Jak. 1, 17. (Vgl. Saurin „die Gleichförmigkeit Gottes in seinem Verhalten." VII., 225.) — Praktischer Gebrauch. Wenn unser Wille dem göttlichen Willen conform wird, wenn wir in Gottes Sinn eingehen, so werden auch wir eine gewisse Bestän= digkeit erlangen, bei der wir uns gleich bleiben. Ungöttliche Men= schen sind wankelmüthig, veränderlich, inconsequent.

Resultat: Wenn wir nun diesen Umfang aller dieser göttli= chen Eigenschaften betrachten, so kann dies wieder in einem doppel= ten Verhältniß gedacht werden: entweder in Beziehung auf Gott selbst (oder auf den Zustand Gottes, in welchem er bei dem Besitz dieser Eigenschaften ist), oder in Beziehung auf die Geschöpfe, besonders auf die vernünftigen. Die erstere Beziehung ergiebt die Eigenschaft der Seligkeit Gottes, die andere die der göttlichen Majestät.

Die **Seligkeit** Gottes ist das aus dem Besitz und Genuß des höchsten Gutes, der höchsten Vollkommenheit entspringende Wohlsein Gottes, der Genuß Gottes seiner selbst. Gott muß selig sein. Denn glücklich ist der, dem alles nach Wunsche geht, oder dessen Bedürfnisse befriedigt sind. Da nun Gott einen durchaus heiligen Willen hat, da nach diesem alles geschehen muß, was zu seinem moralischen Weltplan gehört, und da er hierin durchaus unabhängig ist, keines bedarf: so muß Gott absolut glücklich sein; ihm fehlt nichts, ihm kann nichts genommen werden, mithin ist Gott selig. Er ist allein selig 1. Tim. 6, 15.; dies schließt nicht die Seligkeit der Frommen aus, sondern zeigt nur die absolute Nothwendigkeit und die Voll= kommenheit seiner Seligkeit an, und daß er allein die Quelle der Seligkeit ist. Es ist in Gott ein absolutes, ewiges, von äußeren Dingen unabhängiges Wohlsein. 1. Tim. 1, 11.; Ps. 16, 11.; Ps. 50, 8 — 14.; Apg. 17, 24 — 28. — Die Seligkeit Gottes kann nicht gestört werden durch das moralische Böse, das von Men= schen gewollt und gefördert wird. Denn daß diese Wesen existiren, stimmt mit seinem Willen überein, mithin auch die bestimmte Art ihres Wesens, nämlich ihre Willensfreiheit, wobei die Möglichkeit zu sündigen nothwendig übrig bleiben mußte. Die Willensbestim= mung selbst jener Wesen rührt nicht von Gott her. Die Bestrafung solcher Wesen kann seine Seligkeit auch nicht stören; denn sie ist nothwendig wegen seiner Gerechtigkeit, mithin gehört sie selbst mit zu seinem Weltplan; dieser kann also durch das Böse nicht vereitelt werden. Denkt man sich moralisch gute Menschen betrübt über die Unmoralität anderer, so wird dies wenigstens in dem dunkeln Gefühle bestehen, das aus der Selbstanklage kommt, daß sie nicht alles gethan haben, um andere zur Seligkeit zu führen. Die Seligkeit Gottes ist für uns unerreichbar, ein Ideal, dem wir nachstreben müssen. **Praktischer Gebrauch:** 1) Da Gott die einzige Quelle der Seligkeit ist, so ist außer Gott nur Unseligkeit. Eine Warnung für alle von Gott getrennte! Bist du ohne Gott, so fehlt dir die Seligkeit. Alles Glück und alle Ergötzung ohne Gott ist Schein und Täuschung. — 2) Ringe nach Gemeinschaft mit Gott, um die Seligkeit zu besitzen. Je ähnlicher du Gott bist, desto seliger; je näher Gott, desto näher der Seligkeit. — 3) Laß dir an Gott genügen. Hast du Gott, so hast du genug; ob dir alles fehlt, so hast du doch die Seligkeit.

Denkt man sich den Umfang der Eigenschaften Gottes in Beziehung auf die Welt außer ihm, so wird Gott beigelegt: **Herrlichkeit** und **Majestät**. **Herrlichkeit** ist die unvergleichbare Würde Gottes, wonach ihm unendliche Verehrung gebührt. Man unterscheidet die **innere**, diese kann nicht gemehrt und gemindert werden, und die **äußere**, insofern sie nämlich anerkannt und verehrt wird; diese kann gemehrt werden. Zu der Herrlichkeit Gottes gehörte nothwendig, daß Gott seine Vollkommenheit offenbaren mußte, mithin, daß er freie vernünftige Wesen schuf (denn diese allein können verehren), und daß er die ganze Welt, die geistige und Körperwelt, so einrichtete, daß sie ein Spiegel seiner Vollkommenheit wurde. In beidem liegt also für vernünftige Wesen die Verpflichtung, Gott über alles zu verehren. Diese Pflicht, die Pflicht, die Ehre Gottes zu vermehren und seinen Namen zu verherrlichen ist die erhebendste Pflicht; nichts kann darüber gehen, ja alles Thun ohne sie ist Eitelkeit und Greuel. Der Mensch sucht dann seine Ehre, anstatt daß er Gottes Ehre suchen sollte. O, wolle nur Gottes Lob vermehren durch: Beten, Preisen, Predigen, durch Handeln und Leben. Darin suche deine Ehre. „Wer mich ehret, den will ich auch ehren!" 1. Sam. 2, 30.

Majestät ist die Würde Gottes, wonach er allein der Herr ist, so daß er keinen über noch neben sich hat. So wie einem König in rechtlicher, bürgerlicher Hinsicht Majestät zugeschrieben wird, weil von ihm Alle abhängen und er Niemandem Rechenschaft zu geben hat, so wird sie auch Gott in dem höchsten Sinne und in unumschränkter Hinsicht zugeschrieben. Er ist Oberherr und Gebieter über Alles, über den erhabensten Seraph, wie über den geringsten Wurm. Denn er ist Schöpfer von Allen. Sein Wille muß von Allen gefürchtet und geehrt werden; denn nur was er will ist gut. Die Schrift beschreibt diese Majestät mit erhabenen Worten: 2. Mos. 15, 11.; Jes. 40, 25.; Jerem. 10, 6.; Ps. 86, 8.; 113, 4.; 1. Tim. 6, 15. 16. — Fürchte, ehre die Majestät Gottes über alles! Alles andere ist gering; selbst Könige haben nur als Gottes Diener Majestät. Folge ihm frei und mit Liebe, und suche ihn zum Freunde zu haben. Frevel ist es, die Majestät Gottes zu verachten durch Sünde und Lästerung.

Praktischer Gebrauch der gesammten Lehre von den göttlichen Eigenschaften. Um die Größe Gottes zu empfinden, um sich ein würdiges Bild von Gott zu machen, ist ein immer wiederholtes, ernstes Nachdenken über ihn nöthig, und gewöhnen müssen wir uns, die Idee Gottes nie gedankenlos oder leichtsinnig zu gebrauchen. Matth. 6, 10. ἁγιός ᾖτω τὸ ὄνομά σου. Eine ernste Richtung auf Gott veredelt den ganzen Geist und giebt ihm eine erhabene Richtung über alles Niedere und Gemeine. Wer mit dem Größten und Erhabensten vertraut ist, den kann nichts Kleines und Irdisches mehr fesseln. Alles Andere verliert sich in nichts. Es ist zu beklagen, daß wir uns viel zu wenig mit Gott selbst, wie er an sich ist, mit seiner eigenen Größe und Herrlichkeit und Liebe beschäftigen; o welcher Erhebung, welcher Beseligung berauben wir uns hierdurch! Mitten im Dunkel einer Welt, die ohne Gott hingeht in ihrer Eitelkeit, ist es doch wohlthuend, unter allen Völkern oft Bekenntnisse von Seelen zu finden, die, voll von Gott, ihre Empfindungen der Liebe, der Anbetung und Wonne ausströmen. Das sind die edleren Seelen, in denen das Leben aus Gott ist, gottverwandte, die besten, reinsten. Könnten denn nicht alle Gott finden? Wollen sie nicht? — Die Hauptsache aber ist, daß wir diesen unendlichen Geist auch so wie er es will, mit ganzer Kraft und mit aufrichtigem Sinn verehren, da ihn kennen, und nicht verehren wollen, die größte Thorheit wäre und außer ihm für uns nichts als Unseligkeit sein kann; daß wir mithin ihm zu dienen für die größte Ehre halten, und uns bemühen, daß unser ganzes Leben ein Lobgesang seiner Herrlichkeit sei.

§ 27.
Ueber den Vortrag der Lehre von Gott dem Vater, Sohn und heiligen Geist.

So viel man auch wider den Gebrauch dieser Lehre eingewandt hat, so kann sich doch der christliche Lehrer von der Verbindlichkeit nicht freisprechen, auch diese Lehre vorzutragen, theils weil sie ihrem Hauptgrunde nach ein biblischer Lehrsatz ist, der sich durch das ganze Neue Testament hindurchzieht und in alle übrigen Lehren eingreift, theils weil sie das Unterscheidende unseres Glaubens von andern Religionsbekenntnissen ausmacht und den entschiedensten Einfluß auf den christlichen Charakter hat. Daher die Aufgabe für den Lehrer erwächst, diese Lehre in höchster biblischer Reinheit und Einfachheit vorzutragen, zu selbstständiger Ueberzeugung aus eigner Schriftforschung anzuleiten, vor allem aber die gewaltige Kraft dieser Lehre recht fühlbar zu machen.

Vorerinnerungen. 1. Ob diese Lehre, in der kirchlichen Sprache Lehre von der Dreieinigkeit genannt, unter die homiletischen Stoffe, unter die praktischen Lehren gehöre? (Vgl. Fuhrmann: Christliche Glaubenslehre von ihrer praktischen Seite bearbeitet, in alphab. Ordnung. Lpz. 1802. Art. „Dreieinigkeit." I. 245—257.) Geleugnet haben es: Niemeier, populäre praktische Theologie. 4. A. S. 310. Spalding, von der Nußbarkeit des Predigtamtes. 2. A. S. 124 ff. — Löffler, Magazin für Prediger III. 1, 51 (bei Fuhrmann S. 216) führt u. A. folgende Gründe an: a) die Lehre sei unbiblisch nicht blos dem Namen sondern auch der Sache nach; ihr menschlicher Ursprung aus der Geschichte nachweisbar. b) Sie sei der Vernunft anstößig, für Gebildete lästig und bei abergläubischer Denkart dem heuchlerischen Bekenntniß förderlich. c) Sie sei nicht blos ohne Nutzen, sondern auch verderblich, thue der Verehrung des Einen Gottes Abbruch, habe unseligen Streit und Spaltungen in der Kirche veranlaßt und von dem Gebrauch und der Bearbeitung des echt praktischen abgeführt. Jean Paul sagt (siehe Wahrheit aus J. P. Leben, Heft 4. Breslau 1829. Brf. an Pf. Morg in Töpen): „Ahmten Sie den sanften, liebevollen Geist des Stifters unserer Religion und die Apostel nach, die nicht auf Meinungen" [gehört der Glaube an Christum auch zu diesen Meinungen?] „sondern Thaten drangen, die nicht irgend eine sogenannte Hauptlehre [?] sondern Liebe zum Lebensgeiste, zur Wurzel des Christenthums machten, und die keinen wegen seines Irrthums" [aber wohl wegen des Unglaubens] „sondern um der Laster willen verdammten, so würden Sie nicht so von mir geurtheilt haben. Lassen Sie mich glauben, daß diese Welt nur für die Nachahmung Gottes und Christi, und die künftige für die genaue Erkenntniß desselben ist, und daß einer, der lieber Christi Gottheit beweist als seine Lehre vollstreckt, einem Bauer gleicht, der den ganzen Tag untersucht, ob sein Herr von echtem Adel war, übrigens aber ihm weder Liebe noch Gehorsam gewährt."

Antwort darauf: (ad a.) Nicht biblisch sind allerdings gewisse metaphysische Bestimmungen und Terminologien, aber wohl biblisch ist der Grund, die Substanz, das Wesentliche dieser Lehre; dies hat eben der evangelische Prediger zu erklären. Daß die Lehre im Alten Testament noch nicht klar vorgetragen wurde (obgleich Hindeutungen darauf vorkommen), geschah aus weisen Ursachen: weil das Volk auf der damaligen niederen Stufe diese Lehre vom Vater, Sohn und Geist noch nicht mit dem Monotheismus vereinigen konnte, dieser aber damals vor allem zu gründen und zu sichern war; weil der Sohn Gottes noch nicht in der Menschenwelt erschienen, und die Austheilung des Geistes noch nicht erfolgt war. Im Neuen Testament wurde die Lehre daher klar offenbart. Und gesetzt, sie würde nicht in einer Stelle vollständig vorgetragen, sondern zerstreut an vielen Stellen (was aber zu bezweifeln), so zieht sie sich doch durch's ganze Neue Testament hindurch. Sie enthält das Wesen des Christenthums, und ohne die Trinitätslehre würde sich das Christenthum in bloßen Naturalismus (Ammon: Entwurf einer wissenschaftlich praktischen Theologie, S. 95) aufgelöst haben; es würde wenig Unterschied zwischen ihm und dem Judenthum und Islam statt finden. Wie dürfte eine Lehre übergangen werden, die alle großen christlichen Gemeinden bekennen, die unsere Kirche gleich anfangs im ersten Artikel der Augsburger Confession bekennt, die in den Kirchen=Katechismus, in Gesangbücher, in den Cultus übergegangen ist und durch das besondere Fest der Dreieinigkeit alljährlich verherrlicht wird? — (ad b.) Daß die Lehre manchem in unsern Tagen anstößig ist, entscheidet nichts wider sie. Sie ist es sonst nicht gewesen, und nach diesem Schlusse müßten alle Lehren, die jemandem mißfielen, ausgestoßen werden. Das ist nirgends Criterium des Wahren. Das war nicht das Princip Jesu, oder Johannis, oder Pauli, erst zu fragen, ob eine Lehre dem Geschmack der Zeitgenossen gefalle oder nicht. Wenn das Norm einer Lehre sein soll, ob sie manchen Geistern anstößig ist, so hätte nie dürfen ein Christenthum in die Welt kommen. Luc. 2, 34.; Matth. 11, 6.; 1. Cor. 1, 23. — (ad c.) Die praktische Unnützlichkeit oder gar Schädlichkeit dieser Lehre ist ganz unerweislich; Mißbrauch fällt den Menschen zur Last, ihm wird vorgebeugt nicht durch Leugnung, sondern durch rechten Vortrag und durch Enthüllung des praktischen Reichthums dieser Lehre, was unsere Hauptaufgabe hier ist.

2. Anweisung zur christlichen Erkenntniß dieser Lehre. Was hat der Christ zu thun? a) Er hat sich lediglich an die Schrift zu halten, ihren Sinn nach grammatisch=historischer Auslegung zu erforschen. Er muß schlechthin kein System (z. E. nicht das kirchliche) im voraus als das einzig wahre bestimmen, mit dem das Neue Testament übereinstimmen müsse, und sich nur dessen Vertheidigung zum Zwecke machen: das ist willkürlich, unprotestantisch. Ebensowenig aber auch darf er ein philosophisches System, eine philosophische Idee a priori feststellen und behaupten, daß diese nur in der Trinitätslehre sich finden könne. Denn auch dies ist willkürlich und führt bei der großen Verschiedenheit philosophischer Ideen zu lauter verschiedenen Theorien, wo eine so viel oder so wenig Recht hätte, als die andere. Woher weiß man denn a priori, daß in einer neutestamentlichen Lehre nichts als eine Vernunftwahrheit, ein Philosophem enthalten sein könne? Frei von allen Vorurtheilen und von menschlichem Ansehn muß er nur die Schrift hören, aber auch ihre

Aussprüche gelten lassen, — Glauben an die Schrift muß er mit=
bringen. — b) Er bleibe der Grenzen seiner Erkenntniß eingedenk,
lasse sich nicht durch Dunkelheiten abschrecken, sondern begnüge sich
mit dem, was Gott in der Schrift zu unserm Heile geoffenbart hat.
Mirari, non rimari prudentia summa est. — c) Er betrachte
die Erkenntniß dieser Lehre nicht als theoretische Verstandessache, um
nur neugierig zu grübeln, sondern mehr als Herzenssache, um für
sein inneres Leben sie zu gebrauchen. Er fasse sie auf mit kindlichem,
einfältigem Sinn Matth. 11, 25., sein Ziel sei, die Kraft der Lehre
am Herzen zu empfinden. Die Apostel des Herrn sind Muster, wie
wir diesen christlichen Glaubensartikel auffassen und gebrauchen sollen.
Bei ihnen war er nicht Speculation, sondern Herzenserfahrung, seine
Kraft ging über in ihr ganzes inneres Leben und in das Wirken;
das sieht man an der Art, wie in ihren Briefen durch Alles sich
der Geist dieser Lehre hindurchzieht.

Darstellung der biblischen Lehre.

Was die Summe, der eigentliche Kern dieser Lehre sei, kann
nicht füglich an die Spitze, sondern muß als der Befund, als End=
resultat, zum Schluß gestellt werden. Wir fragen demnach: giebt
es Stellen, wo die Summe, das Ganze dieser Lehre kurz und bündig
zusammengestellt ist? Die Hauptstellen sind: Matth. 28, 19.; 2. Cor.
13, 13.; 1. Petr. 1, 2.

Die Stelle Matth. 28, 19. ist von der entscheidendsten Wich=
tigkeit; ein Beweis davon ist das Bemühen mehrerer Gegner, die
Stelle wider alle inneren und äußeren kritischen Zeugnisse für unecht
auszugeben, z. B. Blandrata in Sand Interpretatt. paradox.
4 Evangeliorum p. 115. Der Fragmentist vom Zweck Jesu.
S. 72. Teller in Burnet de fide et offic. Christianorum. p. 262.
De Wette: kurze Erklärung des Matth. zu 28, 19. sagt: „Eine
solche reflectirende Zusammenfassung der dreifachen Ansicht Gottes
konnte wohl bei den Aposteln vorkommen (2. Cor. 13, 13.), schwer=
lich aber bei Christus, und auch bei jenen schwerlich als Gegenstand
des Bekenntnisses. Dazu kommt, daß in der apostolischen Zeit, we=
nigstens zuweilen, alle Beziehung der Taufe auf den heiligen Geist
fehlte (Apg. 8, 16.)." Als ob Jesus nicht überall Vater, Sohn
und heiliger Geist in seinen Reden erwähnte, und also wohl zusam=
menstellen konnte! Und Apg. 8, 16. beweist eben, daß die Taufe
ohne Beziehung auf den heiligen Geist keine wahre war! — Die
Aechtheit dieser Stelle zu bezweifeln, würden diese nicht versucht ha=
ben, wenn sie nicht ihre Beweiskraft fühlten. — Christus sendet
hier seine Jünger aus und giebt ihnen Instruction, wie sie die Völ=
ker lehren sollen, daraus sieht man, daß eben dies, worauf jeder
bei seiner Taufe verpflichtet werden soll, wesentliche Christuslehre,
ja das eigentlich Unterscheidende dieser neuen Lehre von allen andern
Religionen sein muß.

Was gebietet hier Christus? Wir sollen getauft werden auf den Namen des Vaters und des Sohnes und des heiligen Geistes. a) Getauft werden auf ꝛc. heißt, durch die Taufe verpflichtet werden zur Anerkennung und Verehrung des Vaters, Sohnes ꝛc. Vgl. Vitringa de germano sensu dictionis baptizari in nomen etc. in seinen Observatt. sacr. l. 3., c. 22., p. 813 — 27. So folgt es aus 1. Cor. 1, 13.: „Seid ihr in Pauli Namen getauft?" 1. Cor. 10, 2.: „Die Juden sind alle auf (εἰς) Mosen getauft." — b) Schon daraus folgt, daß so wie der Vater und der Sohn, so auch der Geist als persönliches Subject dargestellt wird, weil die persönliche Verpflichtung und Verehrung sich nur auf ein solches beziehen kann. — c) Dies folgt auch aus dem Worte ὄνομα, Name. Dies, wie schem, wird im Alten und Neuen Testament nie anders als von persönlichen, subsistirenden Subjecten gebraucht, nie von innerer Qualität oder Kraft oder Gesinnung oder von etwas dergleichen Abstractem. Niemals wird z. E. ὄνομα, weder im Alten noch im Neuen Testament, von einer göttlichen oder menschlichen Eigenschaft gesagt (Beweis geben Buxtorf's und Schmidt's Concordanzen), sondern nur von Personen, Apg. 1, 15. ὄχλος ὀνομάτων. Dies setzt Ernesti (Opp. theol. ed. 2. 567 — 72 und Theol. Biblioth. V., 144 — 47 und Neuste Theol. Biblioth. II., 523. Vgl. auch die Schrift (Lynar) „Noch ein paar Worte über Dr. Ernesti, hauptsächlich über seine Orthodoxie." Leipzig 1782. S. 5 und 6.) gut auseinander. Es ist albern, wenn Johannsen, Grundsätze der Abfassung eines Lehrbuchs der Religion S. 252, opponirt: ὄνομα sei ganz pleonastisch. Sei es, so steht es doch nur bei Personen! Selbst die Einwendung des Julian (Cyrillus adv. Jul. l. IX., p. 291.), daß das Christenthum sich widerspreche, Einen Gott lehre und doch Vater, Sohn und heiligen Geist zu verehren gebiete, zeigt, daß er es verstand, daß nach der Bibel Vater, Sohn und Geist drei Personen seien. — d) Der Grad der Verehrung möchte wegen 1. Cor. 10, 2. noch nicht sicher aus der Formel allein geschlossen werden können, allein der Zusammenhang und der christliche Sprachgebrauch lehrt es. Wenn dem Vater göttliche Verehrung gebührt, so nothwendig auch dem mit ihm gleichgestellten Sohn und Geist.

Alle anderen Erklärungen sind höchst gezwungen und ganz ungrammatisch. Z. E.: „Taufet sie auf Glauben an Gott, aller Vater, auf Jesum Christum, den Sohn Gottes, und auf einen heiligen Sinn, den wir als Christen annehmen müssen," — dann muß bei jedem Subjecte das εἰς ὄνομα in anderm Sinne genommen werden. Oder wie Cannabich Critik alter und neuer Lehren: „Auf das Bekenntniß des Vaters, als des allein wahren Gottes, des Sohnes, als des göttlichen Gesandten, und zum Bekenntniß seiner Lehre oder der göttlichen Kraft, die sich zur Bestätigung meiner Lehre so wirk-

sam bewiesen hat." Bretschneider Unzuläßigkeit des Symbol=
zwanges: „Lasset sie bekennen den einen wahren Gott, der mein
Vater ist und mich gesandt hat, und Jesum als den Christus oder
Gesandten Gottes, und verpflichtet sie zur Umwandlung ihres Ge=
müthes und ihrer Sitten durch die Kraft des göttlichen Geistes."
Oder im Repert. f. bibl. und morgenl. Litt. X. 278—292: „Er=
kenntniß Gottes als Vaters der Juden und Heiden, Glaube an Je=
sum als Messias und an den Geist der Wunder, auf die Wunder=
kraft Jesu, als sein Credativ; diese werden hier gleichsam personifi=
cirt." Die damals passende Taufformel sei es jetzt nicht mehr! wie
auch der Recensent in der Jenaer Litteratur=Zeitung 1821, Novem=
ber, S. 159 behauptet. Derselbe sagt ferner, „die Taufformel habe
blos für 𝔩𝔯𝔶𝔷, d h. für die in alle Weltgegenden zerstreuten Juden
gegolten; diese seien verbunden worden, nicht blos wie bisher Gott
den Vater als den einzig wahren Gott und Herrn Himmels und
der Erde zu verehren, sondern auch seinen Gesandten, den verhei=
ßenen Messias und den in ihm wohnenden und in seiner Lehre
kräftig wirkenden heiligen Geist (so daß sie ihren unheiligen, irbi=
schen Sinn ablegten), und anstatt des bisher geglaubten und gehoff=
ten weltlichen Messias den geistlichen anzunehmen und seine heiligen
Lehren und Vorschriften zu befolgen. Was aber bei Juden und
Heiden Grundlage des Glaubens sein sollte, das kann ja nicht als
Grundlage des Bekenntnisses bei geborenen Christen angesehen wer=
den, die schon wirklich an Gott den Vater, an seinen Gesandten
Jesus und an den in seiner Lehre kräftig wirkenden heiligen Geist
glauben und an diesen Glauben von dem ersten Unterricht der Kind=
heit an gewiesen sind. Dieser Glaube aber ist kein Glaube an die
Dreieinigkeit, sondern an einen Gott und dessen Gesandten Jesum
und den heiligen Geist, der Gott selbst ist." Dagegen ist zu be=
merken: 1) Warum soll der erste Glaube jetzt nicht mehr Christen=
glaube sein? 2) Ist der Glaube den Kindern schon angeboren?
etwa wie die fünf Sinne? wozu dann Unterricht? 3) Wo bleibt
die Beweiskraft von ὄνομα? Recensent nennt es Verblendung,
diese Lehre als Grundlehre des Christenthums anzunehmen! —
Jacobi: Geschichte Jesu (Gotha und L. 1816). S. 269. „Va=
ter, Sohn und heiliger Geist bezeichnen zusammen in der höheren
Theologie der Juden dasselbe, was der Name Jehovah ausdrückt,
nämlich: Einen der da ist, war und sein wird, — den Unendlichen.
Der Vater entspricht der Vergangenheit, der Sohn der Gegenwart,
der Geist der Zukunft." Wenn das nicht verkehrt ist, so giebts
keine Verkehrtheit. Hat der Vater aufgehört, Vater zu sein? Ist
der Sohn nicht schon in der Vorwelt wirksam gewesen und bleibt
es? Und der Geist, das ewig wirkende Prinzip, ist bisher unthä=
tig gewesen? Schultheß: Exeget. theolog. Forschungen (1815):
„Verpflichtet sie auf das Ansehen Gottes, Jesu Christi und aller
derer in der christlichen Kirche, die den heiligen Geist haben." πν.

άγ. seien geistliche Vorzüge, die man von Jesu Christo erhalte. — So wäre ja gar das hierarchische System geheiligt und diese Bevorzugten würden hier dem Vater und Sohne an die Seite gestellt! Die zweite wichtige Stelle 2. Cor. 13, 13. Hier stehen wieder Vater, Sohn und Geist zusammen, von jedem wird etwas Besonderes gewünscht, vom Sohn die Gnade, vom Vater die Liebe, vom heiligen Geist die Gemeinschaft. Das, von dem angewünscht wird, wird als göttliches Wesen bezeichnet; ist der Vater göttliche Person, so auch der Sohn, besonders, da er hier vorangestellt wird. (Der Sohn steht hier voran, weil durch ihn erst der Vater offenbart ist und wir durch ihn erst zum Vater gelangen). Die Unterscheidung des Sohnes und des Vaters führt auch auf die Unterscheidung des Geistes.

1. Petr. 1, 2. findet sich die ganz ähnliche Zusammenstellung: „Nach der Vorsehung Gottes des Vaters, durch die Heiligung des Geistes, zum Gehorsam und zur Besprengung des Blutes Jesu Christi." Hier wird wieder diesen drei Subjecten eine bestimmte Wirksamkeit, jedem eine besondere, zugeschrieben: dem Vater die Vorsehung oder Verordnung, dem Sohn die Versöhnung, dem heiligen Geist die Heiligung, άγιασμός sensu activo, d. i. Heiligung, die der heilige Geist in euch wirkt.

Matth. 3, 16. 17. wird der Vater, der sein Wohlgefallen ausspricht, der Sohn, an welchem der Vater Wohlgefallen hat, und der Geist, der über Jesum kommt, unterschieden.

Joh. 3. wird der Vater, oder Gott, als der Sendende, Liebende, der Sohn als Gesandter und Erlöser, und der heilige Geist als Stifter der Wiedergeburt beschrieben.

Joh. 14—16. redet Christus vom Vater, der ihn gesandt, vom Sohne, der zum Vater führe und vom heiligen Geiste, der Christi Stelle vertrete, — alle drei innig verbunden.

Offenb. 1, 4. 5. Segenswunsch von dem ewigen Gott, von den sieben Geistern, d. i. dem in siebenfacher Wirkung sich offenbarenden heiligen Geiste, und von Jesu Christo. Gnade und Friede von diesen dreien.

Zu diesem biblischen Zeugniß kommt noch das Zeugniß der uralten christlichen Kirche. Diese hat von jeher den Vater, Sohn und heiligen Geist als Objecte des christlichen Cultus anerkannt. Möge immer die Vorstellung über das innere Wesensverhältniß dieser drei damals noch unbestimmt gewesen sein, so ist so viel unbestreitbar, daß die Kirche nicht bloß den Vater, sondern auch den Sohn und Geist göttlich verehrte. Dieß ist von vielen gezeigt worden. Vgl. Georg Bull: defensio fidei Nicaenae. Burscher: ecclesiae christ. post Apostolos scriptorum antiquissimorum doctrina publica de Deo triuno etc. 1780. Auch Möhler's Athanasius enthält viel hierher gehöriges. (I., 1—116 Trinitätslehre der ersten 3 Jahrhunderte). Die Resultate aller von Münscher und Burscher

angeführten Stellen kommen auf folgendes hinaus: 1) Alle Kirchen-
Väter sind von dem System des Unitarismus ganz entfernt. Sie
unterscheiden sehr deutlich den Vater von dem Sohn und Geist. Auch
vermengen sie keineswegs den Logos und den Geist. Sie mißbilli-
gen alle im 2ten und 3ten Jahrhundert entstehenden Secten, die
nur drei Kräfte oder Relationen in Gott annahmen. 2) Es war
einstimmiger Glaube der ganzen alten katholischen Kirche, daß Gott
als Vater, Sohn und Geist müsse verehrt werden. Dies erhellt
z. B. aus Justinus Mart. Apol. II. p. 56 (ed. Colon. 1686),
der ausdrücklich sagt: Ἡμεῖς χριστιανοὶ τὸν θεὸν ἀληθέστατον,
πατέρα τῆς δικαιοσύνης καὶ τὸν παρ' αὐτοῦ ἐλθόντα καὶ διδάξαν-
τα ἡμᾶς στρατηγὸν (für στρατόν), πνεῦμά τε τὸ προφητικὸν
σεβόμεθα καὶ προσκυνοῦμεν. Und pag. 60: υἱὸν αὐτοῦ τοῦ
ὄντως θεοῦ μαθόντες καὶ ἐν δευτέρᾳ χώρᾳ ἔχοντες, πνεῦμά τε
προφητικὸν ἐν τρίτῃ τάξει, ὅτι μετὰ λόγου τιμῶμεν, ἀποδεί-
ξομεν. Ignatius braucht die erhabensten Ausdrücke von Christo;
er führte Wechselgesänge zu Ehren der heiligen Dreieinigkeit ein.
Irenäus adv. gnost. (I. c. 10.) sagt: die Kirche auf der ganzen
Erde glaube an den Vater, Schöpfer, an Jesum Christum, Gottes
Sohn und an den heiligen Geist. Polycarpus betete als Märtyrer: Ich lobe dich, ich preise dich, ich verherrliche dich mit dem
ewigen und himmlischen Jesu Christo, deinem geliebten Sohn, mit
welchem dir und dem heiligen Geiste sei Ehre nun und in Ewigkeit!
Amen. (Ecclesiae Smyrn. epist. cirularis de martyrio S. Polyc.
§ 14. bei Cotelier Patres apostol. II. 201.) Sehr bestimmt ausgedrückt ist die Trinitätslehre in dem apokryphischen Buche ascensio
Jesaiae (aus Neros Zeit) ed. Laurence. Oxon. 1819.

Das Zeugniß der alten Kirche ist wichtig. Denn wie hätte
diese Urkirche auf ein solches Bekenntniß — wozu sie weder im Judenthum noch im Heidenthum angeleitet war — verfallen können,
wenn es nicht Apostellehre war? Das Alter und die Allgemeinheit
dieses Glaubens verrathen, daß er einen apostolischen Grund hatte.
Unsere Reformatoren erkannten das Gewicht dieses Zeugnisses; so
Melanchthon Ep. ad Camerar. p. 129: de multis magnis rebus
vix suspicari possumus, quid senserint veteres. Causam de
divinitate filii video firmissimam esse, et sane gaudeo, me in
promtu tam multa habere de re tanta testimonia.

Ueber die einzelnen Punkte in der Lehre von der Dreieinigkeit.

In welchem Sinne Gott Vater der Menschen heißt, ist oben
(§ 23.) gezeigt. In welchem Sinne er aber Vater unseres Herrn
Jesu Christi heißt, dies ist abhängig von der Erklärung der Sohneswürde Jesu Christi. Wollen wir wissen, in welchem Sinne
Jesus Gottes Sohn heißt, so müssen wir unterscheiden, wer ihn
so nennt. Denn daß alle, die ihn im Neuen Testament so nennen,

Juden und Heiden (Marc. 15, 39. der röm. Hauptmann), einerlei
Begriffe damit verbunden haben, ist ganz unerweislich. Wir fragen
also, was Jesus selbst und seine Apostel darunter verstanden
haben (Luther X. 1206: Christus ist Hauptartikel des ganzen
Glaubens; wer darin irrt, irrt im ganzen Glauben). Hier ist nun
gewiß:

a) Jesus Christus heißt nicht ein Sohn Gottes, unus e
multis, dergleichen es mehrere gab, der viele seines gleichen habe,
sondern der Sohn ausschließlich; so heißt kein Mensch, kein Erz=
engel. Daher nennt Christus immer sich κατ᾽ ἐξοχήν den Sohn.
Joh. 3, 5. Er heißt der Eingeborne Joh. 3, 16; 1, 14., der ei=
gene Röm. 8, 32., der einzige in seiner Art. Jesus deutet Joh.
20, 17. offenbar an, daß Gott sein Gott und sein Vater in anderm
höheren Sinne sei, als er es von den Aposteln war (sonst wäre es
nicht klar, wie Jesus beides von einander trennen könnte.) — b) Die
Apostel denken sich offenbar etwas viel höheres als einen besonders
begabten Menschen unter Sohn Gottes. Matth. 16, 16. 17. giebt
Petrus zu erkennen, daß der Sohn mehr sei, als alle Propheten.
Besonders aber wird Hebr. 1, 4 — 14. die überschwängliche Würde,
die Christus als Sohn hat, deutlich gezeigt. — c) Die Juden fan=
den in dieser Benennung auch die Behauptung einer übermenschlichen,
göttlichen Würde Joh. 5, 18. 19. 33. und finden sie anstößig. Wäre
ihre Erklärung nicht nach Christi Sinn gewesen, käme ihm diese
Würde nicht zu, so hätte Christus widersprechen müssen. Er thut
es aber nicht. — d) Auch die ältesten Kirchen = Väter verstehen
„Sohn Gottes" eben so. Justin Apol. II. p. 67. sagt, Jesus
habe schon wegen seiner Weisheit und Heiligkeit Gottes Sohn heißen
können, allein er sei ἰδίως κυρίως Gottes Sohn, er sei es φύσει,
während wir nur θέσει Gottes Kinder würden. — e) Daß Sohn
Gottes und Messias synonym seien, dem steht das entgegen, daß in
allen den Stellen, wo beide Ausdrücke verbunden sind, leere Tau=
tologien entstünden; vielmehr heißt dieselbe Person in zwiefacher Be=
ziehung so: in Beziehung auf die höhere Natur und auf das Ver=
hältniß zu Gott heißt Jesus Sohn Gottes, in Beziehung auf sein
Amt und das Verhältniß zu den Menschen Messias oder König,
Heiland. Daß beide Bezeichnungen verwechselt werden, ist natürlich,
weil beide Benennungen Jesu zukommen, daraus aber folgt noch
nicht, daß beide identisch sind.

Indessen, wie viel in der Benennung liegt, geht erst aus der
vollständigen Zusammenstellung aller Prädicate, die dem Sohn Gottes
gegeben werden, hervor. Die Hauptsumme der Beschreibung, die
das Neue Testament vom Sohne Gottes giebt, ist folgendes, (wo=
bei es nicht nöthig ist, die einzelnen Schriftstellen zu unterscheiden,
weil kein Widerspruch unter ihnen erweislich ist):

a) Der Sohn erscheint als ein Wesen, das zwar vom Vater
verschieden (wie schon die Benennung Vater und Sohn andeutet)

aber in der engsten Gemeinschaft mit Gott steht, wie kein anderes
Wesen, kein Mensch, kein Engel Joh. 1, 1. bei Gott; 1, 18. in
des Vaters Schooß; 6, 46. er sieht allein Gott; Matth. 11, 27.
Niemand kennet den Vater, als der Sohn; Joh. 10, 30. beide sind
eins. — b) Als Wesen, das den Anfang seines Daseins nicht in
der Zeit genommen hat, sondern vor allen erschaffenen Dingen, vor
der Welt dagewesen ist. Joh. 1, 1. 2.; 8, 58.; 16, 28.; 17, 5.
Dies kann nicht im Arianischen Sinne von einer nur relativen, be=
schränkten Ewigkeit verstanden werden, sondern bedeutet die absolute
Ewigkeit, weil nach hebräischem Sprachgebrauch die absolute Ewig=
keit Gottes Ps. 90, 1. eben so beschrieben wird. Ja Hebr. 1, 10
bis 12.; Offenb. 1, 17.; 2, 8.; 21, 6.; 22, 12. 13. wird er ge=
radezu mit denselben gleichstarken Ausdrücken wie nur Jehovah im
Alten Testament der Ewige genannt. Daraus folgt, daß der Sohn
Gottes nicht zur Classe der erschaffenen Wesen gehört; daß sein Da=
sein nicht zufällig ist, daß er vielmehr gleichewig mit Gott, im
Wesen Gottes selbst gegründet sein mußte, oder sein Dasein ist ab=
solut nothwendig. — c) Als ein Wesen, dem volle Gemeinschaft
der göttlichen Natur zugeschrieben wird hinsichtlich der Eigenschaften
und der Werke. Joh. 5, 26. er hat das Leben in ihm selber, 1, 4.
in ihm war das Leben, 16, 15. was der Vater hat, ist sein, 17, 10.
„was dein ist, das ist mein", Col. 2. 19. „in ihm wohnet die ganze
Fülle der Gottheit leibhaftig", θεότης ist nicht blos auf eine gött=
liche Eigenschaft zu beschränken, σωματικῶς wirklich, realiter, nicht
blos im Abbilde. Er hat Allwissenheit: Matth. 11, 27. „Niemand
kennet den Vater, denn nur der Sohn", Joh. 6, 46. „der vom
Vater ist, der hat den Vater gesehen", 6, 64. „Jesus wußte von
Anfang wohl, welche nicht glaubend waren, und welcher ihn ver=
rathen würde", Apg. 1, 24. Herzenskündiger, vgl. Joh. 15, 16.
„ich habe euch erwählet", was auch aus dem Herzensgericht folgt,
1. Cor. 4, 5. er wird den Rath der Herzen offenbaren, vgl. Apg.
17, 31.; Joh. 5, 22. „alles Gericht hat er dem Sohne gegeben",
vgl. V. 27. Jerem. 17, 9. 10. Er besitzt Allmacht, Allgewalt:
Matth. 28, 18. alle Gewalt im Himmel und auf Erden, Joh. 5, 19.
„was derselbige thut, thut gleich auch der Sohn", 14, 13. 14.
„was ihr bitten werdet in meinem Namen, das will ich thun."
Phil. 3, 21. kann alle Dinge ihm unterthänig machen, Hebr. 1, 3.
„trägt alle Dinge mit seinem kräftigen Wort." Hinsichtlich der
Werke: Schöpfung Joh. 1, 3. 10.; Col. 1, 15—17.; Hebr. 1, 2.
10—12. Es ist dies ganz besonders wichtig, da nach Vernunft
und Schriftbegriff Schöpfung das Merkmal des wahren Gottes ist,
Ebr. 4, 10.; 11, 3. Regierung Matth. 11, 27. „alle Dinge sind
mir übergeben von meinem Vater", Marc. 16, 19.; Joh. 17, 2.;
Hebr. 1, 3. Auferweckung der Todten Joh. 5, 21.; Phil. 3, 20.
Gericht Matth. 7, 22. 23.; 25, 31.; Joh. 5, 27. — d) Daher
erklärt es sich, warum er selbst göttliche Namen und Verehrung

empfängt. Namen Joh. 1, 1. „Gott war das Wort", Joh. 20, 28. Herr und Gott. Röm. 9, 5. Gott über Alles. (Apg. 20, 28.; 1. Tim. 3, 16. var. lect.) Er heißt schlechthin der Herr. Vgl. Ernesti opusc. crit. p. 336 – 38, wo bemerkt wird: κύριος wird bei Hellenisten in der doppelten Bedeutung gebraucht 1) als Ehrentitel bei Anreden, i. q. δεσπότης, Adonai; in diesem Sinne läßt sich erklären κύριος Ἰησοῦς. 2) Als Name des wahren Gottes = Jehovah, welches von den LXX. beinahe immer durch κύριος, selten durch θεός gegeben wird. Wenn nun von Christo das Wort κύριος schlechthin ohne nomen propr. gebraucht wird, so kann es nur die zweite Bedeutung haben, denn bei der ersten Bedeutung müßte das nomen propr. dabei stehen, wie bei uns. Ernesti will daher κύριος fast für beweisender als θεός halten. Er heißt immer derselbe ὁ αὐτός Ebr. 1, 12.; 13, 8. welches bei Hebräern und Arabern die gewöhnliche Benennung von Gott ist. 5. Mos. 32, 39.; Jerem. 5, 12. (Vgl. Simonis onomast. p. 549. not. Charbin, voyages en Perse II., 94. ed. 1811.) Mit dem Namen wird ihm auch die Verehrung vindicirt, Jesus selbst fordert sie Joh. 5, 23. „auf daß sie alle den Sohn ehren, wie sie den Vater ehren. Wer den Sohn nicht ehret, der ehret den Vater nicht, der ihn gesandt hat." Auch in Matth. 28, 19. ist dies ausgesprochen. Die Apostel fordern sie Phil. 2, 10. und erweisen sie Luc. 24, 52. (das Niederfallen ist im Neuen Testament keine orientalische Höflichkeitsbezeugung, vgl. Apg. 10, 25. 26.; Offenb. 22, 8. 9.); sie rufen ihn an Apg. 1, 24. Stephanus thut es c. 7, 59. Paulus 2. Cor. 12, 8. Die Christen heißen daher „die den Namen des Herrn anrufen" Apg. 9, 21. 14.; 1. Cor. 1, 2. das heißt 1) nicht: Schüler Christi sein oder seine Lehre befolgen; das ist ganz wider den alttestamentlichen Sprachgebrauch, wo es nicht etwa von den Schülern des Moses und der Propheten gebraucht wird, sondern vom Anrufen des wahren Gottes im Gegensatz zur Anrufung falscher Götter gesagt wird. 2) Kann es nicht auf die Anrufung Gottes überhaupt gehen, denn dann würde es keinen Unterschied zwischen Christen und Juden geben. Die Apostel wünschen an von Christo wie von Gott, 1. Thess. 3, 11.; 2. Thess. 2, 16. 17.; Röm. 1, 7.; 1. Cor. 1, 3. Daher auch Heiben wie Plinius Ep. 10, 97. sagten: carmen Christo quasi Deo dicunt invicem, und Eusebius H. E. 5, 28. bezeugt, die Christen haben von den ältesten Zeiten Christum in heiligen Liedern und Psalmen als Gott gepriesen, und Paulus aus Samosata, Bischof von Antiochia, der die Psalmen auf Christum abschaffte und Christum einen bloßen Menschen nannte, wurde allgemein verworfen, H. E. VII. 30. S. 316. 17. „Die Gesänge auf unsern Herrn Jesum Christum schaffte er ab, als ob sie etwas Neues und Schriften neuerer Männer wären. Auf sich aber [nämlich als einen vom Himmel gekommenen Engel] ließ er mitten in der Kirche am großen Passatage durch angestellte Weiber Lieder singen, die man nicht ohne

Schauer hören konnte." (Es sind Worte aus einem Briefe vieler
Bischöfe an den Bischof Dionysius in Rom, wozu Neander K.
G. I., 3. 1010. sagt: „Man kann eine solche Beschuldigung aus
dem Munde heftiger Gegner zwar nicht für ganz zuverlässig ausgeben, aber man hat auch durchaus keinen Grund, sie geradezu für
falsch zu erklären.")

Wenn dies alles zusammengefaßt wird, wer kann bei den strengen Begriffen, die die Bibel von der Gott allein gebührenden Ehre
hat — (und wobei die heiligen Schriftsteller himmelweit entfernt
werden von den heidnischen Apotheosen, z. B. Horaz II. epist.
1, 5. 15.) — noch zweifeln, daß Christo wahre Gottheit zugeschrieben wird?

Vertheidigung der Lehre von der Gottheit Christi.

A. Gegen exegetische Einwendungen.

Einwendungen dieser Art sind:

1. „Warum hat Christus selbst nicht sich Gott und Weltschöpfer genannt? Aus seinen Reden kann keine ewige Gottheit ge-
folgert werden." So haben schon alte Antitrinitarier gesagt, wie
aus der Antwort von Athanasius epist. de sententia Dionysii.
Opp. I. 553. sq. ed. Paris 1627, und Chrysostomus Hom. I,
daß der Sohn mit dem Vater eins sei (in Cramer's Uebers. I. 393)
ersehen werden kann. Ferner Socin ad Joh. 1, 10. Biblioth. Fratrum Polon. I., 82., Edelmann Glaubensbekenntniß S. 86. 101.
Ja schon Muhamed Koran Sure V. V. 81. (Vgl. auch bei Maracci p. 196 — 218. Argumenta Moslemorum contra Christi
divinitatem.) Ebenso die Neologen. Schon Luther führt (VIII.
143.) in s. Ausl. von Joh. 14, 13. denselben Einwand an: „Frau
Unhulde, die spitzige Vernunft, sucht mancherlei Behelf und Aus-
flüchte wider diesen Artikel: Wo stehets geschrieben, spricht sie, daß
Christus sich wahrhaftigen Gott rühmet oder nennet? Ist er wahrhaftig Gott, warum fähret er nicht frei heraus und spricht: Ich bin
Gott?... Gerade, als stände es nirgend in der Schrift, daß Christus sei und geglaubt soll werden Gottes Sohn und Heiland der
Welt, deß doch die ganze heilige Schrift, sonderlich Neuen Testaments voll ist."

Antwort auf diesen Einwurf:

a) Es würde schon überhaupt für die Menschen etwas Anstößiges gehabt und sie von Jesu entfernt haben, wenn er äußerlich
gering, arm, ohne Glanz, verachtet und verfolgt von den Großen
sich Gott genannt hätte. Dazu mußten die Gemüther erst durch den
Glauben an seine göttliche Sendung vorbereitet werden; wo dieser
noch fehlte, wäre es zweckwidrig gewesen, jenes auszusprechen. Um
Jesu göttliche Natur zu glauben, muß man vorher seine göttliche
Sendung glauben. — b) Besonders würde es den Juden anstößig

und ärgerlich gewesen sein, wenn Jesus sich Gott und Weltschöpfer
genannt hätte. Bei der starken Opposition, die es immer gegen
Jesum gab, würden sie desto unempfänglicher, undisponirter gewesen
sein, dies mit ihrem Monotheismus zu vereinigen. Es hätte dies
die Herzen dem übrigen Unterricht Jesu verschlossen. Der weise
Lehrer aber darf das nicht eröffnen, wofür die Gemüther noch gar
nicht reif sind. Dies bemerkt auch Athanasius l. c. in Bezug
auf die Lehrweise der Apostel vor den Juden. Die palästinensischen
Juden überdies hatten keineswegs den Glauben, daß der Messias
eine göttliche Person sei. Dies geht ganz klar aus Matth. 22, 42—46.
hervor. — c) Gleichwohl hat Jesus alles gethan, um die Gemü=
ther der Menschen auf seine göttliche Sohneswürde vorzubereiten
und sie allmählig dazu hinzuleiten. Er handelte und bewies sich
so, wie ein unter den Menschen auftretender Gott handeln mußte,
heilig in seinem ganzen Denken und Lehren, nichts als das höchste
Werk der Beseligung der Menschen treibend, über die Natur wohl=
thätig gebietend, mithin als der moralische Oberherr über Alles.
Was die Hauptsache aber und eben das praktisch Wichtige in dieser
Lehre ist, er lehrte die Resultate jener Lehre und den rechten Ge=
brauch davon; er machte sich kenntlich als den, den man wie Gott
verehren müsse, als den, von dem allein das Heil der Menschen
abhänge, dem Gott alles übergeben habe, dem alle vertrauen soll=
ten. Was sind das alles anders, als die zum Heil zu wissen noth=
wendigen Folgerungen, zu welchen seine Apostel die Prämisse gelie=
fert haben? — d) Eben diese Apostel aber sind unstreitig nicht
durch bloße Reflexion oder gar durch eigene Einfälle oder jüdische
Ideen, sondern durch die späteren Belehrungen Jesu (Joh. 16, 12.
vgl. Apg. 1, 3.) und durch die Leitung des verheißenen Geistes auf
die gründlichere, tiefere Erkenntniß der Person Jesu geleitet worden.
— So haben schon die Kirchenväter auf jene Frage geantwortet.
Athanasius l. c. und serm. major de fide. Chrysostomus
Homil. I. in Act. (Vol. VIII., 447.) „In Athen nennt Paulus
Jesum nur einfach einen Menschen, nichts weiter; aus sehr gutem
Grunde, weil er sich sonst allen Weg versperrte." So lobt er das
Verfahren des Petrus Apg. 2. Homil. II. in Ioann. Ebenso dachte
Theodoret Vol II. 353. über Petrus: „Petrus, da er öffentlich
redete, maß seine Lehre nach der Schwachheit seiner Zuhörer." So
auch schon Schröckh XVIII., 350. 51. Köppen: Wer ist ein
Christ? S. 172—75. Hillmer: Christl. Zeitschr. II., 511—13.
Oberthür: Bibl. Anthropologie III. 201.

2. „Aber es giebt Stellen, die den früheren widersprechen,
die also das ganze Zeugniß von der Gottheit Jesu aufheben, Stel=
len in den Aussprüchen Jesu selbst und seiner Apostel."

Matth. 19, 17.: „Was heißest du mich gut? Niemand ist
gut, denn der einige Gott." Hier ist zu bemerken, daß Jesus hier=
mit den Vorwitz des Jünglings strafte, der ohne Christum genug

zu erkennen, ihm ein solches Prädikat gab, und der, wenn er wußte,
wer und was gut sei, nicht erst über das Gutes thun zu fragen
brauchte. (Er hätte fragen sollen, wie er die Kraft dazu erlangte;
er schrieb sich diese mit dem Wissen schon zu.) Christus nahm die
Worte überall streng. Außerdem hat aber Christus an vielen Stellen von sich gesagt, was er hier abweist: z. B. Joh. 8, 46.; 8, 29.;
10, 1. — Matth. 20, 23.: „Das Sitzen zu meiner Rechten und
Linken zu geben stehet mir nicht zu, sondern denen es bereitet ist
von meinem Vater"; d. h. diesen Ehrenplatz darf ich nicht, wie ihr
wünscht, nach parteilicher Vorliebe ertheilen, sondern er kommt nur
denen zu, die dessen nach Gottes heiligem Urtheil werth sind. Siehe
Chrysostom. 2 Pred.: „daß der Vater mit dem Sohne eins ist."
(Cramer I., 435—441.) — Marci 6, 5.: „Er konnte allda
nicht eine einzige That thun" — nämlich wegen ihres Unglaubens:
er drang seine Wunder nicht auf. Es war ein moralisches Nicht-
können. (Saubert Opp. posth. p. 72.) — Marci 13, 32.:
„Von dem Tage aber und der Stunde weiß niemand, auch die Engel nicht im Himmel, auch der Sohn nicht, sondern allein der Vater." Manche machen sich die Hebung der Schwierigkeit dieser Stelle
leicht; nach des Ambrosius Zeugniß (de fide l. 5. cp. 8.: veteres codices graeci non habent: »nec filius scit«: sed non
mirum est, si et hos falsarunt, qui scripturas interpolavere
divinas.) seien die Worte „auch der Sohn nicht" unächt. Allein
an der Aechtheit läßt sich nicht zweifeln, weil die katholischen Christen unmöglich in ihren eignen Handschriften eine ketzerische Verstüm-
melung würden geduldet haben. Die Worte stehen aber in allen
unsern Handschriften, in allen Uebersetzungen, auch bei den Kirchen-
vätern. (Ueber die Erklärung dieser Stelle von den Alten siehe
Suicer thes. II. 164 — 170.) Andere (z. B. Tittmann) schlagen
vor, οἶδεν als Hiphil zu nehmen „läßt wissen." Das paßt aber
nicht, denn es folgt: „sondern der Vater allein weiß es", hier
müßte es also auch „offenbaren" heißen, und das hat nach dem
Zusammenhange keinen Sinn, denn der Vater offenbart wieder durch
den Sohn. Melanchthon (ähnlich schon viele PP. vor ihm, auch
Augustin lib. de div. quaestt.) in epist. ad Io. Matthes. ed.
Peucer II. p. 99: filius, in quantum missus ad ministerium
evangelii profitetur ea se scire, quae mandarit pater exponi.
Nescit alia arcana, i. e. nobis ea nescit, quia non vult eum
pater alia profiteri extra mandatam revelationem evangelii.
Aus Melanchthon ist dies wahrscheinlich übergegangen auf Vict.
Strigel, Chemnitz, Calixt und Bengel. Aber Calvin
erinnert mit Recht: „in welchem Sinne das Wissen von den Engeln gesagt wird, in diesem muß es auch von Christo gesagt sein",
und nach dieser Erklärung könnte eben so gut gesagt werden: auch
der Vater weiß es nicht. Am natürlichsten und leichtesten ist es,
υἱός sc. ἀνθρώπου, den Messias als Mensch, als menschlich leh-

renb und handelnd zu verstehen: selbst der Messias weiß die Zeit
nicht, weil nämlich die göttliche Natur in ihm nicht auf unbeschränkte
Art wirkte, also z. B. ihm als Menschen nicht eine unendliche Weis=
heit mittheilte. — Joh. 10, 29.: „Der Vater ist größer, denn
Alles", nämlich feindliche; denn V. 30. setzt Jesus hinzu: ich und
der Vater sind Eins. — Joh. 14, 28.: „Der Vater ist größer,
denn ich." Betrachtet man den Zusammenhang, so sagt Jesus: Es
ist für mich erfreulicher, und ihr solltet mir Glück dazu wünschen,
daß ich bald den irdischen Schauplatz meiner Thätigkeit verlasse und
in einen höheren bei Gott versetzt werde; „denn der Vater ist grö=
ßer, denn ich"; das kann nun nicht heißen, er ist dem Wesen nach
größer als ich, sondern vielmehr, der Vater ist in einem höheren,
erhabneren Zustande als ich jetzt bin, der Vater genießt eine grö=
ßere Seligkeit und Herrlichkeit, als ich in meinem gegenwärtigen
Zustande. Massillon, Preb. über d. Gotth. Christi VII. Nr. 2,
sagt mit Recht, solche Rede in jedes Menschen Munde, der nur
Mensch ist, ist unerträglich. Die Worte enthalten sogar einen un=
läugbaren Beweis von der unvergleichbar übermenschlichen Würde,
die Jesus sich selbst beilegte, und deren Glauben er auch bei seinen
Jüngern voraussetzte. Denn wenn es ihm nie eingefallen wäre,
etwas mehr als ein Mensch zu sein, wenn er geglaubt hätte, seine
Jünger hielten ihn für nicht mehr, konnte es ihm nöthig scheinen, zu
sagen: der Vater ist größer, denn ich? Versteht sich dies nicht von
jedem Menschen? Wäre es nicht Unsinn, daran erst noch erinnern
zu wollen? — Joh. 17, 3. heißt der Vater allerdings μόνος
ἀληθινὸς θεός, dies wird aber nicht Jesu Christo entgegengesetzt,
sondern den falschen heidnischen Götzen. Nach V. 2. nannte er sich
Herr aller Menschen, der Juden und der Heiden, die durch ihn selig
werden sollen. Die Ordnung der Erlangung dieser Seligkeit war
die, daß die Heiden statt i h r e r Götzen den Vater Jesu Christi
für den allein wahren Gott, und die Juden den von ihnen verwor=
fenen Gesandten Gottes Jesum für den Messias erkannten. Das
wahre Christenthum wird hier im Gegensatz gegen das Heidenthum
und Judenthum beschrieben. — 1. Cor. 3, 22. 23.: „Alles ist
euer, ihr aber seid Christi, Christus aber ist Gottes"; also, folgert
man, ist Christus Gott untergeordnet. Aber dem Zusammenhange
nach will Paulus hier nur sagen: Macht nicht Secten, brüstet euch
nicht mit gewissen Namen, an die ihr euch hängt; denn a l l e Lehre
und a l l e Lehrer sollen euch a l l e n auf gleiche Weise dienen, nicht
also sich eine Partei, einen Anhang machen, wie selbst Christus
eigentlich nicht für sich, sondern für Gott wirkte. Alle Lehren sol=
len nur euer christliches Wohl fördern, wie ihr Christi Absichten,
Christus aber Gottes Absichten förderte. Es steht hier also nichts,
als was unzählige mal gesagt wird: Christus war von Gott ge=
sandt und hat seines Vaters Aufträge erfüllt. — 1. Cor. 8, 6.:
„Einen Gott, den Vater, von welchem alle Dinge sind und wir zu

ihm; und Einen Herrn Jesum Christ, durch welchen alle Dinge
sind, und wir durch ihn." Hier heißt der Vater der einige Gott
im Gegensatz gegen die Götter, die fälschlich so heißen (V. 4.). Es
ist um so gewisser, daß es kein Gegensatz gegen Christum sein solle,
weil Christus der einige Herr ist. Ein Gott und Ein Herr
steht den V. 5. genannten vielen Göttern und vielen Herren
gegenüber. So wenig dadurch, daß die einzige κυριότης Christo
zugeschrieben wird, die Herrschaft des Vaters aufgehoben wird, so
wenig hebt der Satz: „Einen Gott, den Vater" die Gottheit Christi
auf. Diese Bemerkung hat schon Origenes Comment. ad Rom.
IX. 5. — 1. Cor. 11, 3.: „Gott aber ist Christi Haupt." In
Ansicht seines messianischen Amtes (Christi heißt es ja) ist Gott das
Oberhaupt Jesu Christi; Verschiedenheit des Wesens folgt nicht, sonst
müßte ja auch der Mann, welcher kurz vorher des Weibes Haupt
genannt ist, nicht mit dem Weibe gleiche menschliche Natur haben. —
1. Cor. 15, 28.: „Wenn aber alles ihm unterthan sein wird, als=
dann wird auch der Sohn unterthan sein dem, der ihm alles unter=
than hat, auf daß Gott sei Alles in Allem." Hier redet Paulus
von der messianischen Oekonomie oder von der christlichen Kirche,
durch welche Christus ein sichtbares Reich unter uns hat. Tittmann:
Filius imperium quod habuit tanquam Messias in his terris
ad salutem humanam reddet Deo, h. e. non regnabit amplius
in his terris; cessabit aliquando oeconomia Mess., non erit
visibilis externa ecclesia, sed Dei spiritus in omnibus imme-
diate sine externae revelationis ope regnabit; erit acsi homines non peccassent, nam propter peccatum constituta erat
ecclesia. Die messianische Oekonomie wird einst einer unmittelbaren
Offenbarung Gottes weichen müssen; die jetzige Offenbarung geschieht
durch eine äußere Vermittelung, Wort, Sacramente; wenn nun die
unmittelbare Offenbarung eintritt, wird der Sohn unterworfen, in=
sofern er die mittelbare Offenbarung leitete. S. Luth. VIII. 1254.
1279.: „Der Apostel redet von dem Reich Christi jetzt auf Erden,
welches ist ein Reich des Glaubens, darinnen er regiert durch das
Wort, nicht in sichtlichem, öffentlichem Wesen; sondern ist gleichwie
man die Sonne siehet durch eine Wolke, da siehet man wohl das
Licht, aber die Sonne selbst siehet man nicht; wenn aber die Wol=
ken hinweg sind, so siehet man beide, Licht und Sonne zugleich, in
einerlei Wesen. Also regieret jetzt Christus mit dem Vater unge=
theilet, allein ist der Unterschied, daß es jetzt dunkel und verborgen
ist, im Glauben und ins Wort gefasset u. s. w."
     Hierher gehören auch alle Stellen, in denen gesagt ist, daß der
Sohn Gottes alle seine Macht, seine innere Lebenskraft, alles von
Gott habe, daß ihm die Herrschaft gegeben sei. „Dies Empfan=
gen und gegeben werden kann von einem wahren Gott nicht gesagt
werden. (Matth. 11, 27.; 28, 18.; Joh. 3, 35.; 5, 22. 26.;
Phil. 2, 9. ff.) Und so heißt es auch: der Vater hat durch den

Sohn die Welt geschaffen." Hierauf ist zu erwidern: 1) Gegeben ist es ihm, sofern er zugleich Mensch war. Christus schreibt sich Prädikate zu, die ihm nur von einer Seite, einer Natur angehörten. 2) Der populäre Ausdruck „Gegeben, empfangen" ist der treffendste um zu zeigen, daß die göttliche Wesenheit des Sohnes keine von der des Vaters verschiedene sei, daß die, die der Sohn habe, dieselbe sei, die der Vater habe, oder daß das Sein des Sohnes ganz in dem Sein des Vaters gegründet sei, woraus aber noch gar nicht Zufälligkeit oder Abhängigkeit folgt; denn es kann jene Gottheit des Sohnes ewige Grundbestimmung in Gott sein. Populär ausgedrückt aber wird es freilich herauskommen wie Dependenz. — Ebenso können hierhergezogen werden auch alle die Stellen, wo Christus betet, z. B. Matth. 11, 25.; Joh. 17. Wenn man sich aber daran stoßen wollte, würden alle menschlichen Zustände seiner Gottheit widersprechen.

Vergleicht man die bei der Darstellung der Lehre von Christi Gottheit angeführten affirmirenden Stellen mit den hier angeführten scheinbar negirenden Stellen, so ist das Resultat, daß alle die letzteren Stellen ohne Verletzung des Sprachgebrauchs sich so erklären lassen, daß ihr Sinn dem aus den ersteren Stellen gefundenen Sinn nicht widerspricht, daß hingegen die ersteren Stellen ohne Verletzung der grammatischen Principien sich nicht so erklären lassen, daß sie mit dem von den Antitrinitariern den letzteren Stellen beigelegten Sinne harmonirten.

B. Gegen historische Einwendungen.

1. Es ist behauptet worden, daß die Apostel wissentlich oder unwissentlich Jesu Erklärungen über seine Person erweitert und gesteigert, ihm erst aus ihren eigenen Gedanken die göttliche Würde zugeschrieben hätten. So schon Muhamedaner, welche Bradwardin, de causa Dei l. I. p. 55, widerlegt. — Hiergegen ist anzuführen:

a) Diese ohne allen Erweis blos menschliche und angemaßte Behauptung widerstreitet überhaupt dem Ansehn, welches Jesus ausdrücklich den Aposteln beigelegt hat. Matth. 10, 14. 15.; Luc. 10, 16.; Joh. 17, 20. Wer ihr Zeugniß verwirft, verwirft Christum selbst, und hört auf ein Christ zu sein. — b) Die Aussprüche über die Gottheit Christi sind nicht etwa nur wenige, sondern sehr zahlreich in allen Evangelien und Briefen. Wie hätten sie sollen alle in dieser Menge unbewußt in Christi Reden eingeschoben werden? Wie viel müßte da untergeschoben sein in allen Evangelien (auch z. B. in Matth. 7; 11; 25; 28.)! Diese Aussprüche stehen nicht isolirt, abgerissen darin, sondern im innigsten Zusammenhange mit den übrigen Reden, greifen wesentlich in das Innere der Geschichte tief ein, wie z. B. die oben aus Matthäus citirten, besonders aber bei Johannes, und zwar theils hängen sie mit den übrigen Lehren zusammen,

mit den Anforderungen, die Jesus that, und die sich auf jene Aus=
sprüche gründeten (Joh. 5, 23.; Matth. 28.), theils zeigen sie sich
in den Wirkungen, die sie hervorbrachten, bald erweckend und an=
ziehend, bald ärgernd, wider ihn aufbringend, so daß seine Verur=
theilung daraus entsprang. Joh. 5, 18.; 6, 66.; 8, 57. — 59.;
10, 31.; Matth. 26, 63. Wenn jene Aussprüche erdichtet wären,
so wären es auch die damit zusammenhängenden Erzählungen. Das
hieße also die Apostel einer offenbaren, fälschlichen Erdichtung be=
schuldigen. — c) Wie wenig waren die Apostel von Haus aus
geneigt oder gestimmt, sich solche hohe Vorstellungen von der Person
Jesu eigenmächtig zu bilden! Wie wenig ließ sich von ihnen bei
ihrem israelitischen Festhalten am Monotheismus erwarten, daß sie
von selbst auf jene Vorstellung von der Gottheit Christi gekommen,
zumal da wenigstens den Juden in Palästina diese Lehre noch nicht
bekannt war. Matth. 22, 42 — 46. (Die Kabbala, wenn sie den
Logos und seine göttliche Natur schon vor dem Neuen Testament
kennt, konnte darauf aus tieferem Studium des Alten Testaments
kommen. Doch die kabbalistischen Schriften sind später als das Neue
Testament und können gar wohl von christlichen Ideen vieles ange=
nommen haben.) Wie auffallend ist es beim Johannes, daß wenn
er einmal unterschob, er nicht auch vollends dieses beides Jesum
sagen ließ, daß er Gott und Weltschöpfer sei! Und was für einer
höchst ärgerlichen, verderblichen Entstellung beschuldigt man die Apo=
stel! Ist es denn so etwas unbedeutendes, unschuldiges, einem
bloßen Menschen Gottheit zuzuschreiben? Waren die monotheistischen
Israeliten denn so leichtfertig und profan wie die Heiden, die nach
Belieben jeden dichterisch apotheosirten? Wie unbesonnen ist es,
solches Verfahren den Aposteln zuzutrauen! Wie durfte Johannes,
dieser zarte, innige Freund Jesu, seinen Meister wider seinen Willen
so über Gebühr erheben, und dadurch den Charakter Jesu selbst ver=
dächtig machen, auf den die Schuld von solcher Vergötterung selbst
fallen mußte! Je inniger, je reiner die Ehrfurcht des Johannes und
der Apostel gegen Jesum war, desto mehr mußte diese sie vor aller
solcher Verehrung Jesu bewahren, die seinem eignen Willen wider=
strebte, die namentlich seine Demuth ganz und gar vernichtet hätte. —
d) Hätte nicht Christus besonders nach seiner Auferstehung es ahnden
müssen, wenn die Apostel wider seinen Willen ihm zu viel Ehre
beilegten? Hätte er da nicht müssen auf alle Weise vorbeugen, er,
der so für die Ehre des Vaters allein eiferte und lebte und unmöglich
den groben Irrthum der Vergötterung eines Menschen, wenn dessen
die Apostel schuldig waren, hätte dulden können? Allein gerade
umgekehrt thut Christus alles, um die Jünger zu einem recht star=
ken Glauben an seine göttliche Hoheit zu führen. Er selbst führt
stufenweise sie weiter, und freut sich, daß es ihm gelungen ist, diesen
Glauben zu gründen. Joh. 14, 9.; 16, 27.; 17, 8. Er nimmt
ihre Anbetung bei der Trennung an, Luc. 24, 52. Auf jeden Fall

muß es eingeräumt werden, wenn die Vorstellungen der Apostel von der Person Jesu falsch sind, so kommt die Schuld auf Jesum selbst, der sie in diese Vorstellungen hineinführte. Wie konnte Jesus nach seinem Charakter dies thun? Will man Jesu selbst Accommodation zuschreiben, so ist das ebenfalls eine seinen Charakter höchst schändende Behauptung; denn immer hätte er sich als ein höheres Wesen dargestellt, was er nicht gewesen. Accommodation könnte es hier nicht einmal heißen, weil bei den Aposteln von Anfang an der hohe Glaube an Christi göttliche Majestät noch gar nicht vorhanden war, weil er erst von Christo in ihnen erweckt wurde. Es wäre also geradezu auf lügnerische Weise von Christo erfunden worden

2. Die andere historische Einwendung ist die, daß die ganze Lehre vom Sohne Gottes und überhaupt von der Trinität aus andern älteren Religionen entsprungen und in die jüdische Theologie und von da ins Christenthum übergegangen sei Gegen diese Einwendung darf hier für den praktischen Zweck nur das erinnert werden:

a) daß die in andern Religionen vorkommenden Lehren, die man mit den neutestamentlichen verglichen hat, ihrem ganzen Geiste nach verschieden sind von der christlichen, z. E. was in den indischen, persischen, ägyptischen Religionen vorkommt, oder im Platonismus (wenn anders die betreffenden Stellen ächt sind). Es fehlt diesen Lehren der praktische Gehalt. So z. B. lehren die Inder zwar einen Gott Brama, Schöpfer, einen Gott Wischnu, Erhalter, der sich sehr oft in körperliche Gestalten verwandelte, um die Götter oder die Welt vom Untergange zu retten, und endlich einen Gott Schiwa, den Zerstörer; sie nennen auch diese drei Götter zusammen Trimurti. Aber hier ist wohl eine Dreiheit, aber nicht eine Dreieinigkeit; denn von dem Einen göttlichen Wesen weiß die indische Volksmythologie nichts. Jene drei Götter sind drei verschiedene Substanzen, die sich ungleich sind: Brama und Wischnu sind überwunden, nachdem sie einmal einen Kampf gehabt hatten. Diesen drei ersten Gottheiten steht ein zahlloses Heer anderer zur Seite; denn die indische Lehre ist monströser Polytheismus. In jener indischen Lehre ist gar kein moralischer Gehalt, ihre Mythen beziehen sich nur auf physische Verhältnisse. Die Verkörperungen des Wischnu sind unanständig, unedel, und werden durch die affrösen Abbildungen noch ekelhafter. Entstanden ist jene Lehre von drei obersten Gottheiten entweder aus drei Priestersecten, deren jede einen besonderen Cultus hatte und von denen die Secte des Schiwa überwand, daher Brama nicht eigentlich verehrt wird, keine Priester mehr hat; — oder aus Personification der drei Naturkräfte, der schaffenden (erzeugenden), erhaltenden und zerstörenden; — vielleicht aus beiden zugleich. — Das persische Religionssystem ist eigentlich gar nicht auf eine Trias gegründet, sondern ist Dualismus, Ormuzd und Ahriman sind die einzigen gleichartigen Principien aller Dinge,

jener Schöpfer des Guten, dieser Urheber des Bösen und der bösen
Geisterwelt. — Wenn endlich in der Kabbala ähnliche Ideen vor=
kommen, so ist zu bedenken, daß diese späteren Ursprungs ist, und
die Juden selbst sie nicht für jüdisch halten, weil sie mit christlichen
Ideen geschwängert ist. — b) Der Ursprung der biblischen Lehre
aus jenen Lehren, ja nur ihr Zusammenhang mit jenen kann ganz
und gar nicht nachgewiesen werden. — c) Endlich selbst in dem
Falle, daß es vor Christo schon Ideen von einem Logos gegeben
hat, so ist dies gar kein Grund gegen unsere Lehre. Es läßt sich
denken, daß gerade die göttliche Weisheit es zweckmäßig gefunden
hätte, auf eine Wahrheit, durch deren Erkenntniß der Mensch der
Gottheit näher kommt, und die das Christenthum heller offenbart,
das menschliche Geschlecht schon vorher vorzubereiten, theils durch
das eigens geschriebene Wort Gottes und durch darüber angestellte
Reflexionen, theils durch menschliche Weisheit, deren Gipfel in der
alten heidnischen Zeit im Plato sich scheint dargestellt zu haben.

3. Gegen die Hypothese, im ersten und im größten Theile des
zweiten Jahrhunderts haben nur ebionitische Vorstellungen von
Christo gegolten, die erhabenere im Johannis = Evangelium ausge=
sprochene Vorstellung sei erst am Ende des zweiten und im An=
fange des dritten Jahrhunderts herrschend geworden, streitet sehr:
Ὠριγένους φιλοσοφούμενα ἢ κατὰ πασῶν αἱρέσεων ἔλεγχος.
E codice Paris. nunc primum ed. Emmanuel Mille. Oxonii
1851. Baur beruft sich auf die Artemoniten in Rom, eine der
ebionitischen Auffassung sich nähernde Partei, die behaupteten, bis
zu Zephyrinus Zeit sei die römische Kirche mit ihnen einstimmig
gewesen, zu Zephyrinus Zeit habe die römische Gemeinde johan=
neischen und katholischen Glauben angenommen. Aber in den Phi=
losophumenen des Origenes redet ein Zeitgenosse des Zephyrinus
und meldet davon gar nichts. Vgl. übrigens Berl. deutsche Zeitschr.
1851, Juli, Nr. 29, S. 233.

C. Gegen philosophische Einwendungen.

a) Theoretische Einwendungen. Diese sind erhoben
schon in alten Zeiten von den Arianern, sodann von den Mu=
hamedanern. Diese letzteren nennen sich Unitarier, Ahadin,
Verehrer einer göttlichen Person, und dagegen die Christen Mo=
schrikin, d. i. associatores, solche, die dem höchsten Wesen einen
Theilnehmer oder Mitgenossen beigesellen. S. Anquétil in Kleu=
ker's Großer Hand=Avesta. Anhang. B. I., Th. I., S. 176.
Ebenso sind solche Einwendungen gemacht von den Juden, z. E.
von dem Hofjuden Priscus beim König Chilperich. S. Schröckh,
XVI., 318. aus Gregor. Turon. Luther, III., 2893. (S.
auch Steinheim: Die Offenbarung nach dem Lehrbegriff der Sy=
nagoge, ein Schiboleth. Frankfurt a. M. 1835, S. 363: „Juden=
thum ist allein Offenbarung, alles andere Nichtoffenbarung oder

Heidenthum, das Christenthum ist das Heidenthum in der größten Steigerung (S. 362.), obwohl mit manchen Elementen der Offenbarung vermischt, deren endlicher Sieg dadurch vorbereitet wird. Die Vorsehung läßt diese Vermischung zu, damit das Christenthum für Viele eine Vorbereitung zur Aufnahme der wahren göttlichen Offenbarung werde. Die Bestimmung des jüdischen Volks ist, ein Seminar der Offenbarung für die Erde zu sein.") Andere Gegner sind: Servet in seiner Schrift de trinitate vgl. Haller, Briefe über die Offenbarung, I., 37. Socin und seine Schüler, z. E. in seiner Brevissima institutio relig. christ. 1618. Unter den Neologen erniedrigte sich selbst Spalding zum Spott. Wenigstens führte er in seiner Schrift: Nutzbarkeit des Predigtamtes, S. 126. A. 2. die Plattitüde eines Predigers an, der gepredigt: Die göttliche Rechenkunst, daß eins drei und drei eins sei. In der Predigt von Krause „Meinungsstreit über die Person Jesu," Breslau 1845, sind nur alle alten Einwendungen wieder vorgebracht.

Vertheidigungen in dieser Beziehung sind schon Augustinus de trinitate libri 15. Opp. VIII., 531 — 711. ed. Antw. (noch jetzt sehr gut zu gebrauchen). Ferner Leibnitz defensio trinitatis etc. in Lessing's Beiträgen aus der Wolfenbüttler Bibliothek, II., 371 — 418. Flatt de deitate Christi. Gott. 1788.

Die Verstandeszweifel sind daher genommen, daß wir nicht begreifen, wie Mehrheit der Personen und Einheit des Wesens, wie Gottheit mit ewiger Zeugung, mit Abhängigkeit bestehe. Die Antwort, wie sie im populären Vortrage zu geben ist, ist folgende:

1. Es ist gar nicht unsere Aufgabe, eine theoretische Erkenntniß von dem inneren Wesen der Personen, von dem Verhältniß des Vaters und des Sohnes zu haben. Das mag uns unbegreiflich bleiben, wenn wir nur das, was die Schrift vom Vater, Sohn und Geist sagt, sonst glauben und für unser Herz recht anwenden. Trefflich redet über die rechte Anerkennung der Grenzen unseres Wissens Zinzendorf in den Homilien über die Wundenlitaney S. 133. f. Wem die Erkenntniß jetzt noch nicht gegeben wird, darf bei Treue im gegenwärtigen Leben hoffen, daß dort unsre Erkenntniß vollkommen wird, die hier nur Stückwerk war. Diese Hoffnung hatte Melanchthon und sprach sie aus in seiner Grabrede auf Luther. (Luther's Werke. Halle XXI. Anhang S. 356. und 57. „Er ist jetzt in eine andere, viel höhere, göttliche Schule gekommen, da er jetzund vor Augen schauet und erkennet das hohe, unergründliche, ewige Wesen göttlicher Majestät, und die zwei Naturen, göttliche und menschliche, in einer Person des Sohnes Gottes vereinigt, und weil er diese über alle Maaß hohe und unbegreifliche Sachen allhier durch Glauben im Wort, und kurzen Sprüchen der göttlichen Schrift eingewickelt und zugedeckt, betrachtet, hat er jetzt unaussprechliche Freude, daß er solches offenbarlich vor Augen siehet.") Auch Ernesti, theologische Bibliothek, II., 322, sagt: „Das, was

du vom Sohn Gottes glauben sollst, ist, daß er das lebendige Wort Gottes ist, daß er für dich gestorben ist, dich versöhnt, für dich bittet, dich kennt, dir hilft, dich selig machen will."

2. Die Zweifel entstehen aus der ungereimten Uebertragung von Bedingungen oder Grenzen unserer sinnlichen Erkenntniß auf das Uebersinnliche in Gott. Wir denken uns Person grob materialistisch als getrennt im Raume, — was in Gott nicht ist. Freilich ist das Wort Person nur Nothbehelf, es wird aber für uns nicht entbehrt werden können. Recht grob sinnlich erscheint hier der Coran, der sich keinen Begriff von geistiger Zeugung machen konnte. Da war Aeschylus geistiger, da er in den Eumeniden V. 653 sagt: Πατὴρ μὲν ἂν γένοιτ' ἄνευ μητρός. Πέλας Μάρτυς πάρεστι παῖς Ὀλυμπίου Διός (die Athene); (sagt Apollo zur Vertheidigung des Muttermörders Orestes zum Chor der Eumeniden).

Der Begriff der ewigen Zeugung ist in sich nicht widersprechend. Es heißt nur: der Grund des Seins des Sohnes ist im Vater, der Sohn ist in Gott nach einer ewigen Grundbestimmung. Nun ist also das Verhältniß des Vaters zum Sohne nicht wie causa zum effectus, sondern wie principium zum principiato, und das principium existentialiter determinans ist mit seinem principiato simultaneum (wie z. B. im Dreieck die drei Seiten zugleich mit sich die drei Winkel determiniren und die eingeschlossene Fläche). (Spricht nicht der Herr selber in den Worten Joh. 5, 26.: wie der Vater das Leben hat in ihm selber, also hat er dem Sohne gegeben, das Leben zu haben in ihm selber" den gleichen scheinbaren Widerspruch aus, der in dem dogmatischen Ausdruck „ewige Zeugung" liegt?)

3. Ob man es wagen soll, Vernunftgründe für die Lehre aufzusuchen? Ernesti in d. theol. Bibl. II. 320. sagte: „Nichts ist bedenklicher, als solche Geheimnisse aus der Vernunft erklären zu wollen." Bloße Speculation möchte hier zu nichts führen, wenn es nicht auf einem mehr praktischen Wege geschieht, wozu mir folgendes passend dünkt. Wir denken uns Gott, den ewig lebendigen Gott als ewige Liebe. Ewige Liebe aber fordert ein ewiges Object der Liebe, und soll es die höchste Idee der absoluten Gott gleichen Vollkommenheit sein: so mußte diese Idee auch objective Realität haben, d. h. es mußte in Gott ein ewiger Sohn sein, den der Vater liebte. So nothwendig Gott Vater ist, so nothwendig ist auch der Sohn Gottes. — Menschlich, unserm Herzen nahe gebracht ist es: Kein Mensch kann sich selig, seine Bestimmung erreichend, denken ohne Objecte außer ihm, ohne Wesen, die ihm gleich sind, ohne Menschen, ohne Liebe. Darum können wir auch die Gottheit nicht denken ohne ewige Liebe. Aber wessen Liebe könnte den Unendlichen befriedigen? Eines Menschen, eines Engels Liebe? Sie ist ihm angenehm, aber was ist Liebe eines Endlichen gegen den Unendlichen! Darum zeugte der Vater von Ewigkeit her aus sich, aus

seinem Herzen (corde natus ex Parentis) seinen eingebornen Sohn, den er unendlich liebte, der ihn unendlich lieben konnte. Denn nur der Sohn faßt den Vater ganz, und wer den Geliebten nicht faßt, kann ihn auch nicht ganz lieben. Also kann nur die Liebe des Soh= nes dem Vater genügen. Joh. 5, 20.; 3, 35. — Wessen Herz rein und kindlich ist und Sinn für Liebe hat, der wird hierin nichts thörichtes finden; auch ist dieser Glaube ganz biblisch. Auf ähnliche Art faßt es Melanchthon: Loc. theol. art. de filio Dei (ed. 1555, p. 24): Filius dicitur λογος, imago etc. Est igitur imago cogitatione patris genita, quod ut aliquo modo considerari possit, a nostra mente exempla capiamus. Voluit enim Deus in homine conspici vestigia sua, et, si hominis natura retinuisset primam lucem, speculum esset divinae naturae minus obscurum. Nunc in hac caligine tamen aliqua notari vestigia possunt. Mens humana cogitando mox pingit imaginem rei cogitatae, sed nos non transfundimus nostram essentiam in illas imagines, suntque cogitationes illae subitae et evanescentes actiones. At pater aeternus sese intuens gignit cogitationem sui, quae est imago sui non evanescens, sed subsistens, communicata ipsi essentia. Haec igitur imago est secunda persona, et conveniant appellationes. Dicitur λογος, quia cogitatione generatur; dicitur imago, quia cogitatio est imago rei cogitatae: dicitur splendor gloriae, quod graece significantius απαυγασμα της δοξης i. e. ab alia luce splendor editus. — Gegen die Einwendung: Warum zeugte Gott nur einen Sohn? (Hall. Litt. Ztg. 1826, S. 998 u. A.) ist zu erwidern: Die Einheit des Vaters und des Objectes seiner Liebe führt auch auf die Einheit des Sohnes. Es ist das auch eine anmaßliche Frage, fast nicht besser als die: Warum giebt es nicht mehrere Götter? oder: warum bin ich nicht auch Gott?

b) **Praktische Einwendungen oder Herzenszweifel.** 1. „Was unverständlich ist, ist unnütz, ja hindert wahre Fröm= migkeit." — Antwort: Nur was absolut, von allen Seiten, un= verständlich ist, nicht aber das, was in einer Beziehung dunkel, in andern Beziehungen klar ist. — Das gilt von allen Lehren der Religion. Alle haben ihre dunkle Seite, z. E. die Lehre von der Vorsehung, Allwissenheit u. s. w. Mit unserm Verstand kann Gott nicht begriffen werden. Aber so wie alle religiösen Lehren auch ihre lichte Seite haben, so auch die Lehre vom Sohne Gottes 2c. Das eigentlich innere Verhältniß der Personen ist uns ein x; aber, daß der Sohn Gottes unser Bruder, unser Heiland geworden, davon können wir wohl die Kraft erfahren. So viel als für den lebendi= gen Glauben und für's Handeln gehört, können wir davon fassen.

2. „Es entsteht daraus Christolatrie, übertriebene, einseitige Verehrung Christi, und Zurücksetzung, Verdunkelung der Ehre des Vaters." (Es klingt ernst religiös, aber man wird versucht, an die

Paulinische Erinnerung zu denken 2. Cor. 11, 14.: „er selbst der
Satan verstellt sich zum Engel des Lichts." Auch Athanasius
orat. 2 c. Arianos sagt: „Sie reden so, nicht zur Ehre des Vaters, sondern um den Logos zu verunehren!) Man beschuldigt
Luther'n der Christolatrie, z. E. in dem Liede: „Eine feste Burg"
B. 2: „Fragst du, wer er ist, er heißt Jesus Christ, der Herre
Zebaoth, und ist kein andrer Gott", (was noch in der Hallischen Lit-
teratur-Zeitung, 1819, S. 1150 eine widerchristliche Lehre genannt
wurde, die in der evangelischen Kirche nicht dürfe fortgepflanzt werden). Ueber den Sinn dieser Worte s. Schamelius: Lieder-Com-
mentar I., 346. Walther: Nachrichten von Luther I., 2. Seite
288 — 292. Es sind zwei Erklärungen dieser Worte aufgestellt:
a) „Andrer" als Subject gedacht, groß geschrieben: es ist kein anderes Wesen, kein Mensch, kein Engel ist so Gott, ist so der göttlichen Herrlichkeit theilhaftig, ist so unser Immanuel, als Christus
allein. b) „Andrer" als Prädicat mit zu Gott bezogen: dieser
Christus ist kein andrer, d. i. kein fremder Gott. Zinzendorf und
die Brüdergemeinde sind oft der ausschließlichen Anrufung Jesu mit
Uebergehung des Vaters beschuldigt. Siehe Bengel: Abriß der Br.
Gem. I., 41. Ein Ausfall gegen sie selbst in Reinhard, Predigten. 1808. II., 96., und in Hanstein's Denkmal. S. 183. —
Antwort: Von einer Christolatrie reden, ist dem christlichen Herzen
empörend, ist blasphem, als wenn Christus ein solches Idol wäre!
Christo gebührt Verehrung wie dem Vater, Joh. 5, 23. Wäre er
ein bloßer Mensch, so wäre seine Anbetung Abgötterei, und die Leugner seiner Gottheit hätten nichts eifriger zu thun, als allen christlichen Cultus als einen idololatrischen zu zerstören, oder alle Theilnahme daran zu meiden. Die Frage von der Rechtmäßigkeit seiner
Verehrung hängt ganz ab von der Frage über seine Gottheit. Ist
diese zu bejahen, so steht auch die Anrufung Christi fest. Dies ist
so wenig der Verehrung des Vaters nachtheilig, daß vielmehr dem
Vater die höchste Ehre geraubt wird, wenn man seinen eingebornen
Sohn nicht anerkennt. Der Vater kann nur im Sohne recht verehrt werden: dies ist die allein ihm wohlgefällige Verehrung. Den
Sohn anrufen schließt allemal nothwendig die Anrufung des Vaters
mit in sich, weil man durch den Sohn, durch dessen Vermittelung
zu Gott kommen will. Wo der Sohn verehrt wird, wird und muß
auch allemal der Vater verehrt werden. Umgekehrt aber den Vater
mit Ausschließung oder Uebergehung des Sohnes verehren wollen,
wenn man den Sohn kennt, kann nie dem Vater gefallen. Wer
den einzigen Mittler verschmäht, wie mag der sich versprechen, daß
sein Gebet zu Gott bringt? (Etwas andres ist es, wenn einer zu
Gott betet, der noch gar nichts von Christo gehört hatte.) Ein
Gebet, wo der Betende sich sträubt, den Sohn Gottes mitzuvereh-
ren, und durch ihn Erhörung zu hoffen, ist ein frevelvolles, sündi-
ges Gebet, Joh. 14, 6., weil niemand ohne ihn zu Gott kommen

kann, und weil Er das Gebetene gewährt, Joh. 14, 13. 14., dem
alle Gewalt gegeben, Matth. 28, 19. Dahingegen die Anrufung
des Sohnes Ausdruck von Demuth ist, die es fühlt, daß sie nicht
ohne den Sohn den Vater anrufen darf. Wir weisen also obigen
Vorwurf zurück und sagen, diejenigen beten ein Idol an, die nicht
den in Christo offenbar gewordenen Gott, den einzig wahren Gott
anbeten. Vgl. v. Meyer: Blätter für höhere Wahrheit IV., 166
bis 185, von der Anbetung des Heilandes. Luther W. X., 2675:
„Gott hat alle seine Ehre und Gottesdienst auf Christum gezogen.
IV., 2814: Außer Christo ist aller Gottesdienst Abgötterei. V.,
1441: warum aller Gottesdienst, so außer Christo geschieht, Gott
nicht gefallen kann. II., Vorrede: Johanni liegt alles daran, Chri=
stum als Gott zu beschreiben. Die Heilige Schrift bringt vielmehr
auf den Sohn als auf den Vater; denn die ganze Schrift ist um
des Sohnes willen geschrieben, darum sind auch im Alten Testament
mehr Sprüche oder Zeugnisse vom Sohne denn vom Vater."

3. „Die Lehre verwirrt das Gemüth bei der Andacht, indem
man nicht weiß, an welche Person man sich wenden, und wie man
sich solche denken muß, um nicht wider die Einheit des göttlichen
Wesens zu verstoßen und in das wahre Heidenthum zu verfallen."
Antwort: Das müssen unverständige Christen sein, die dies ver=
wirrte. Wir sind angewiesen, Matth. 28, 19., den Namen des
dreieinigen Gottes anzurufen, wie es z. B. geschieht in: „Allein Gott
in der Höh' sei Ehr'" 2c., „Herr Gott dich loben wir" 2c., in der
Litanei 2c. Aber wir wissen auch, daß wenn wir eine Person nament=
lich anrufen, die übrigen gar nicht ausgeschlossen werden können.
Vgl. Luther: Ausl. von 2. Sam. 23, 1—7. Werke III., 2857:
„Die drei unterschiedlichen Personen sind ein einiger Gott, Schöpfer
und Vater aller Welt: und eine jegliche Person ist derselbe völlige,
einige Gott, Schöpfer und Vater aller Welt. Und wenn du Jesum
Christum anrufest und sprichst: O mein lieber Herr Gott, mein
Schöpfer und Vater, Jesu Christe, du einiger, ewiger Gott, darfst
du nicht sagen, daß der Vater und der heilige Geist darum zürne,
sondern erkennen, daß welche Person du anrufest, gleich alle drei
Personen und den einigen Gott anrufest; denn du kannst keine Per=
son ohne die andere anrufen, sintemal da ist ein einiges, unzertrenn=
tes göttliches Wesen in allen und in einer jeglichen Person." —
„In unsern kirchlichen Collectengebeten wird gewöhnlich Gott der
Vater angerufen, nach dem Gebete des Herrn, und weil, wer an
Gott als den Vater unseres Herrn Jesu Christi glaubt, auch zugleich
die Gottheit des Sohnes und des heiligen Geistes bekennt." Etwas
von der Liturgie, besonders der Chursächs. Evangelischen. Halle 1778.
S. 91. Luther III., 2851: Quia opera Trinitatis ad extra
sunt indivisa, sic cultus Trinitatis ad extra est indivisus. —
Uebrigens läßt es sich denken, daß es auf die jedesmalige vorherr=
schende Vorstellung oder Stimmung ankommt, wen das menschliche

Herz anruft, also z. B. das von seiner Sünde geängstete Herz wird immer erst zu Christo schreien, um Versöhnung zu erlangen, ehe es den Muth faßt, zum Vater zu rufen. Diesen aber anzurufen ist ein hohes Privilegium, wenn man den vollen Geist der Kindschaft empfangen hat. S. v. Meyer a. a. O. S. 182 183: „Auch der Vater ist ein Abgott und ein richtiges Idol für den Christen, welcher nicht um Christi willen als Vater angebetet wird... Gott will im Geist und in der Wahrheit angebetet sein; der Herr aber ist der Geist und der Austheiler des Gnadengeistes, durch den wir Abba, lieber Vater, rufen; und Christus ist selber die Wahrheit und der Weg, ohne den niemand und keines Menschen Gebet zum Vater kommt. Wenn uns der Geist anregt, ihn selbst anzurufen, so laßt uns diesem Zuge folgen, denn der Geist ist Gott; wenn er uns den göttlichen Sohn vorhält, so wollen wir zu Jesu flehen; wenn er das Gefühl der Kindschaft in uns lebendig macht, so wollen wir schreien: Abba, lieber Vater! In dem Gott, auf welchen wir getauft sind, können wir uns niemals an den Unrechten wenden; denn es ist nur ein Gott, wiewohl in dem dreifachen Begriff, den er uns von sich gegeben hat."

4. „Juden und Heiden werden durch diese Lehre vom Christenthume abgeschreckt." Antwort: die Apostel waren auch Juden und stießen sich nicht daran (Luther III. 2899). Es können nur Juden, die einen türkischen Sinn haben, sich daran stoßen, nicht aber, die den alten Israelsgeist haben, denn diese müssen eher im Alten Testament Hindeutungen darauf finden. Uebrigens findet man selbst unter Juden und Muhamedanern Vorbereitungen auf diese Lehre. Vgl. Witsius, Judaeus christianizans circa principia fidei et trinitatem. Peter Allix, Ausspruch der alten jüdischen Kirche wider die Unitarier in der Lehre von der Dreieinigkeit. (London 1699.) Deutsch von Gottfr. Arnold, Berlin 1707. Berger, Cabbalismus Judaeo-christianus detectus. Wittenberg 1707. Sommer, Specimen theologiae Soharicae. Auch unter den Muhamedanern finden sich Secten, die Spuren von der Trinität haben. So berichtet Maracci, Prodromus zum Coran P. III. p. 31 sq.: Praeterea reperitur inter recentiores Muhametanorum Sonnitarum sectas quaedam eorum, qui apud Turcas vocantur Escraki i. e. Illuminati, de quibus auctor historiae imperii Othomanici hodierni, testis oculatus, lib. 2. c. 12. haec habet: Secta eorum, qui vocantur Escraki s. Illuminati, est mere Pythagorica. Qui eam profitentur, in contemplatione divinae Ideae et numerorum, qui in Deo sunt, praecipue versantur. Quamvis enim Deum unum esse credant, non tamen negant illius Trinitatem: eam quippe velut numerum considerant, qui ab unitate procedat. Et ut melius sententiam hanc suam persuadeant, utuntur plerumque comparatione trium flexurarum seu plicarum, quae fiunt in sudariolo seu linteolo, quod potest bene admittere

denominationem ternarii numeri, quamvis revera sit unum tantum, cum explicatum extensumque fuerit. Vgl. Tholuck die speculative Trinitätslehre des späteren Orients. Berlin 1826.

Praktische Wichtigkeit der Lehre von der Gottheit Christi.

Man findet schwerlich irgendwo eine vollständige ganz erschöpfende Darstellung. Winke finden sich in den Schriften der Kirchen-Väter seit der klareren bestimmteren Entwickelung der Lehre, bei Augustin, Athanasius, Basilius, Chrysostomus. Auch in Luther. In unsern Predigten wird selten hierüber gesprochen oder ungenügend. (So z. B. in den Predd. von Swift, Reinhard, Predigten zur häuslichen Erbauung herausgegeben von Hacker, II., 294—312., Storr, Ammon.) Mehr Ausbeute giebt Rambach in Luther's auserlesenen erbaulichen kleinen Schriften. Berlin 1743. S. 340—46: „Daß die Lehre von der ewigen Gottheit Christi zur Beförderung der wahren Gottseligkeit gereiche." Vgl. noch Sartorius, die Lehre von Christi Person und Werk, in populären Vorlesungen. Dorpat 1831, und für die ältere Litteratur Mich. Lilienthal, Theolog. Homilet, Archivarius. 1749. S. 162—169. — Die Kraft dieser Lehre läßt sich zeigen in ihrem Einfluß A. auf unsere religiöse Erkenntniß, B. auf unsere moralisch-religiöse Gesinnung, C. auf unser religiöses Gefühl. Also sie giebt Licht, Kraft und Trost.

A. In Beziehung auf religiöse Erkenntniß, auf den Glauben. — Die Lehre von der Gottheit Christi giebt 1) unserm ganzen religiösen Glauben überhaupt die höchstmögliche Gewißheit. Ist Jesus wahrer Sohn Gottes, so gilt sein Wort absolut als Gottes Wort; er ist der Mund des Vaters, der Sprecher Gottes. Auf sein Wort können wir uns unbedingt verlassen. Denn wenn bei andern göttlichen Gesandten der Zweifel könnte erhoben werden, ob sie wahre göttliche Offenbarungen gehabt und ob sie derselben sich ohne Täuschung bewußt gewesen, ob sie sie untrüglich von eigenen natürlichen Gedanken unterscheiden konnten, oder ob sie gerade, da sie lehrten, der göttlichen Erleuchtung theilhaftig waren, so fällt diese Frage bei Christo, dem Sohne Gottes weg, da er in der engsten Vereinigung mit Gott stand, das Herz des Vaters schaute, eins mit ihm ist. Er kennt Gott aus Anschauung, er redet von den himmlischen Dingen als Augenzeuge, Joh. 3, 11 — 13. Bei dem Sohne Gottes kann ein Gedanke von Täuschung und Irrthum gar nicht aufkommen. So wird durch Christus zugleich der ganzen biblischen Offenbarung das Siegel ihrer Göttlichkeit aufgedrückt. Eine solche Zusicherung oder solche Bürgschaft der Wahrheit kann Niemand und nichts uns geben, als Christus, der Sohn Gottes. Wer an den Sohn Gottes glaubt, hat den festen unerschütterlichen Glaubensgrund, einen Fels, worauf er ruht. Ist Christus nur Mensch, so gilt sein Wort nicht mehr und nicht weniger als Menschenwort; ist

er Gottes Sohn, so gilt es als Gottes Wort. Wer an den Sohn
Gottes glaubt, ist gegen alles Zweifeln und Schwanken in der Re=
ligion gesichert: er hält sich an Jesum fest und hat nichts zu thun,
als nur ihn immer besser verstehen zu lernen, in ihn sich hineinzu=
denken, Christo sich ganz zu assimiliren. Daher die Festigkeit, die
Sicherheit des Christen in seinem Glauben, die sich auch beim Pre=
digen ausdrücken muß, und im Gegentheil das unselige Schwanken
und Wechseln derer, die Christum nicht erkennen. Menschliche Systeme
ändern sich immerfort, Christi System ist Eins und ewig dasselbe.
Wer von Christo abweicht, ist ein Rohr, das vom Winde hin und
her getrieben wird. S. Luther's Zeugniß in der letzten am 2ten
Sonntage nach Epiph. den 17. Januar 1546 in der Stadtkirche zu
Wittenberg gehaltenen Predigt. XII. besonders S. 1534. 35.: „Se=
het euch vor für euch selbst. Bisher habt ihr das rechte wahrhaftige
Wort gehöret, nun seht euch vor für euren eignen Gedanken und
Klugheit. Der Teufel wird das Licht der Vernunft anzünden und
euch bringen vom Glauben, wie den Wiedertäufern und Sacraments=
schwärmern widerfahren ist. . Ich habe mehr denn dreißig Secten=
geister vor mir gehabt, die mich haben wollen lehren; aber ich wider=
legte alle ihre Dinge mit diesem Spruch: Matth. 17, 5. dies ist
mein lieber Sohn, an welchem ich Wohlgefallen habe, den höret. Und
mit diesem Spruch habe ich mich bisher durch Gottes Gnade erhal=
ten, sonst hätte ich müssen dreißigerlei Glauben annehmen." — Man
kann nicht sprechen: der Mensch bedarf keiner solchen Bürgschaft der
Wahrheit, er hat in sich, in seiner Vernunft, Gewähr genug. Denn
die Geschichte lehrt ja die traurigen Verirrungen der Menschen und
gerade der Philosophen, und ihre ewigen Widersprüche gegen ein=
ander; die eigene Erfahrung lehrt jeden, wie oft er von Zweifeln
angefochten wird; was ist erwünschter, als ein sicherer, untrüglicher,
göttlicher Leiter, wie Jesus Christus es ist! Plato wünschte ihn,
und gestand, ihm gerne folgen zu wollen, wenn er ihn hätte; wir
haben ihn, wie sollten wir uns freuen, diesem Führer zu folgen!
Unsere Vernunft wird Licht, wenn sie von dieser höchsten Vernunft
geleitet wird; alle Vernunft, die diesem Logos widerspricht, ist Irr=
licht. — Wer Christum für den Sohn Gottes erkennt, wird sein
Wort mit der höchsten Ehrfurcht aufnehmen, wird ihm weit höhere
Wichtigkeit zuschreiben, als wer in ihm nur den Menschen erblickt.
Unglaube an Jesum Christum wird und erscheint viel strafbarer.
Wen verwirfst du, wenn du Christum verwirfst? Nicht einen Men=
schen, sondern Gott, Joh. 12, 47. 48.; Luc. 10, 16.; Matth. 10, 40.
Wer Christum für den Sohn Gottes erkennt, der erschrickt, ihm zu
widersprechen oder zu widerstreiten; er hält sich unbedingt an sein Wort.
Aber eben daher ist auch Glaube an Christum das, was Gott über
alles wohlgefällt. — Ist Christus Gottes Sohn, so ist's entschie=
den, daß seine Offenbarung die letzte Offenbarung Gottes an die
Menschen ist, und also auch die vollendete, vollkommene. Eine an=

gebliche Perfection dieser Offenbarung erscheint als die horrenbeste
aller Anmaßungen, weil der, der eine höhere Weisheit geben will,
sich über den Sohn Gottes erhebt. Treffliches hierüber siehe bei
Steinhofer: Tägliche Nahrung des Glaubens oder Reden über den
Brief an die Hebr. I., 4. 5. — Wie viel mehr schließt sich auch
die Schrift auf! Luther III. 2892: Wer den Sohn hat, dem
steht die Schrift offen, und je größer sein Glaube an Christum wird,
je heller die Schrift ihm scheint." — So wie das Christenthum
als Lehre, so erhält es auch als Institut, als Kirche das höchste
Ansehn durch die Würde des Stifters. Ist Christus nur Mensch,
so hat auch die von ihm gestiftete Gesellschaft nur menschliches Ansehn, und es kann nicht einem jeden zur Gewissenspflicht gemacht
werden, dieser Gesellschaft beizutreten. Ist Christus Gottes Sohn,
so ist seine Kirche eine von Gott gestiftete Anstalt, und jeder ist verpflichtet, in sie einzugehen und sie zu fördern. Sie ist nun ein heiliger Gottesstaat, und jeder muß aus Ehrfurcht gegen Gott zu derselben sich halten. — 2) Der Einfluß dieses Dogmas zeigt sich im
einzelnen auf unsere religiösen Ueberzeugungen. a) Wir erlangen
erst so von Gott selbst eine würdige, klare Vorstellung, Gott wird
nun erst im höchsten Sinn des Wortes Vater, wenn er als Vater
dieses eingebornen Sohnes erscheint. Die ganze Majestät und Vollkommenheit Gottes kann in keinem andern Wesen so erkannt werden, als in dem Sohne. Nimmt man ihm diesen Sohn, so nimmt
man ihm seine wahre ewige Vaterschaft. Oder man wird doch nicht
das Wort Vater zum leeren Bilde machen wollen? Die zufälligen
sinnlichen Bedingungen dabei sind nicht das Reelle, sondern das der
geistigen, zeugenden Thätigkeit, der sich mittheilenden Liebe. Und dies
ist das Höchste in Gott. Wir schließen hier aber so: je herrlicher
der Sohn, desto herrlicher der Vater, der einen solchen Sohn hat!
Luther III. 2857: „Juden und Türken haben keinen Gott, nehmen
ihm seine natürliche Vaterschaft, seinen natürlichen eigenen Sohn,
und den natürlichen heiligen Geist, d. i. die ganze rechte Gottheit." —
Gott wird erst als ewiger Vater dieses gleichewigen Sohnes der
ewig Liebende. Dächten wir uns Gott, ehe die Welt geschaffen
war, ohne Sohn, so bleibt uns nur die Vorstellung eines kalten
ruhenden, in sich selbst verschlossenen, in Nacht gehüllten Wesens,
bei dem wir Grauen empfinden. Aber nur in dem Sohn erblicken
wir ihn als ewig lebendige Liebe; er war ewig Vater und liebt von
Ewigkeit her den Sohn. Das ganze Wesen Gottes löst sich nun
in Liebe, in innere seinem Wesen eigene Liebe auf. — Diesem Gott
als Vater kommt nun auch Persönlichkeit zu. Denn indem wir den
Sohn klar als Person vor unserm Geiste sehen, wird auch Gott
selbst ein persönlicher Gott. So bewahrt dieser Glaube allein und
sicher vor den Untiefen des Pantheismus. Wer es begreift, wie
alle Religion nur mit dem Glauben an einen persönlichen Gott besteht, der begreift auch, wie wichtig die Lehre vom Sohne ist, in

dessen Person wir die Person des Vaters dargestellt sehen. Ja es wird nur durch diese Lehre ein Bedürfniß befriedigt, welches das menschliche Herz von jeher empfunden hat: das Bedürfniß, Gott unserer menschlichen Anschauung näher zu bringen. Die Menschheit hat einen Drang dazu gehabt, denn die abstrakte Gottesidee ist uns viel zu leer, zu kalt und todt, als daß sie uns befriedigte. Aber die Menschen geriethen auf unwürdige Versuche, entwürdigten Gott durch Darstellung in unheiligen Formen. Das Christenthum befriedigt dies Bedürfniß des Herzens, ohne Gott zu profaniren, indem es uns in dem menschgewordenen Sohne ein heiliges vollkommenes Ebenbild Gottes vorstellt. Es ist nicht blos Zeugniß, und zwar ein vollständiges Zeugniß, eine ungezweifelte Verkündigung, sondern eine wirkliche Darstellung der ewigen Liebe in der Erscheinung des Sohnes auf Erden. Joh. 14, 9. Luther VII. 1193: „Ich muß einen Ort wissen, wo ich Gott und alle Dinge finde. So spricht nun Christus zu mir: willst du alle Dinge haben, so suche es in mir, denn in Christo sind alle Dinge, Col. 1, 17. f. und ihm sind alle Dinge unterworfen, dazu alles Gute steckt in ihm, auch wohnt in ihm die Gottheit leibhaftig. Col. 2, 9. Ohne ihn wirst du sonst nichts Gutes finden.“ Wo giebt es eine andere Religion, die so unserm Herzen zu Hülfe käme! Eben darin liegt das Charakteristische des Christenthums: es bringt die abstrakte Idee zur concreten Anschauung, die abstrakte Gottesidee reicht nicht bis zur lebendigen religiösen Erkenntniß. Der in Christo lebendig, σωματικῶς, vor uns erscheinende Gott belebt erst die todte Verstandesidee. So wenig man dieses Leibliche, Historische im Christenthum, des Geistes und des Ideengehaltes berauben darf, so wenig soll man doch auch das Geistige dieser Form entkleiden. Verbinde Beides. Vgl. Reeb Verm. Schr. III. 26: „Einer Partie, die aus Achtung für die unsterbliche Tugend an keinen heiligen Sterblichen glaubt, und aus Gründen für eine ewige Offenbarung alle zeitliche verwirft, geben wir zu bedenken, ob dem Satze: „„Der Glaube an eine ewige Tugend und an ein ewiges Leben macht den Glauben an ein wirkliches Individuum, in welchem Bild und Sache zusammenfällt, entbehrlich““, nicht ein anderer gleich wichtig ist, nämlich: „„der Glaube an eine wirkliche Erscheinung Gottes im Fleische und seine diesem unserm Standpunkte zugekehrten Eigenschaften Stärke und Liebe, erhält nothwendig in der Welt den Glauben an Gott und göttliche Dinge.““ Jeder dieser Sätze kann mit Freiheit ergriffen werden, und streitet für ersteren das Wesen der Menschheit, so spricht für diesen die Geschichte der Menschheit.“ — b) So hat dieser Glaube auch Einfluß auf alle übrigen Lehren. Z. B. die Zeugnisse von der speciellen Vorsehung Matth. 6, 32.; 10, 29. 30., von der gewissen Erhörung des Gebets Matth. 7, 7—11., von der Vergebung der Sünden Matth. 9, 2. 6., von der überschwänglichen Barmherzigkeit Gottes gegen Sünder Luc. 15, 20.: „sahe ihn sein Vater“, vom ewigen Leben — haben ein

ganz anderes Gewicht, dringen tiefer ein, wenn wir wissen, dieser
Zeuge ist der Sohn Gottes. Ist er nur Mensch, was hat sein
Wort für höhere Garantie, als das anderer Menschen? Es ist be=
greiflich, wie mit dem Verschwinden des Glaubens an die Gottheit
Christi in so vielen der Glaube an specielle Vorsehung, an Gebets=
erhörung, an persönliche Fortdauer erlosch.

B. In Beziehung auf unsere moralisch religiöse Ge=
sinnung. — I. Gegen Gott. 1) Die Lehre vom Sohne und
von dessen Sendung offenbart uns die höchste Liebe Gottes, und kann
allein unserm Herzen wieder die innigste, heiligste Liebe gegen Gott
einflößen. So wie die Gottheit an sich im Lichte jener Lehre nicht
mehr als ruhendes Princip erscheint, sondern als ewige Liebe, so
erscheint sie auch als unendliche Liebe gegen die Menschen. Es kann
durch nichts anderes diese Liebe so bestätigt werden, als durch diese
Thatsache. Alle andern Beweise der Liebe Gottes, z. E. in der Na=
tur, sind beschränkte, vorübergehende; aber wenn Gott den höchsten
Gegenstand seiner Liebe, seinen eingeborenen Sohn, für uns hin=
giebt, damit er ewig unser Bruder und Heiland bleibe, so ist dies
der höchste nur denkbare Beweis der göttlichen Liebe. Was konnte
Gott Größeres thun! Er schenkt uns mit ihm sein ganzes Vater=
herz. Marc. 12, 6.; Joh. 3, 16.; Röm. 8, 32. Er schenkt uns
sich selbst, theilt uns durch den Sohn sein Wesen, sein Leben
mit. — Wenn eingewendet wird, warum kann das Gott nicht
unmittelbar und direct thun, so ist zu erwidern, er könnte es,
aber es ist ja weise Ordnung im Reiche Gottes, daß überall Mit=
telursachen gebraucht werden, und diese dadurch gehoben, geehrt,
durch sie aber die Liebesbande vervielfältigt werden, daß Alles eine
zusammenhängende Kette von Liebe wird, was gar nicht
geschehen könnte, wenn Alles isolirt dastände und Alles unmittelbar
das Sein von Gott empfinge. Könnten die Gegner nicht ebenso
gut sagen: Warum schafft Gott die Menschen nicht unmittelbar? —
Wo kann die natürliche Religion etwas Aehnliches aufstellen! Dies
kann nur die Offenbarung; eben weil jene Sendung eine Thatsache
war, so ist sie nur aus der Offenbarung zu erkennen. Dieser Be=
weis von Liebe überwiegt alle, er übertrifft den, daß uns Gott
in's Leben rief. Denn was wäre das Leben, wenn wir nicht durch
den Sohn des Vaters Liebe hätten! — Aber dieser Liebesbeweis
sinkt ganz zu etwas gewöhnlichem herab, schrumpft zusammen, wenn
Christus bloßer Mensch ist. Denn dann bleibt nichts übrig als:
„Gott ließ einmal einen Menschen geboren werden, den er beson=
ders begabte." Das Herabsenden, das Hergeben des Sohnes wird
zur sinnleeren Phrase. Je höher aber Jesus uns steht, desto höher
steigt auch die Liebe Gottes. Der Canon ist: Je mehr die Liebe
thut, je mehr sie für uns aufwendet und aufopfert, desto größer
ist sie. — Mit der Liebe des Vaters, die uns im Angesichte Christi
entgegenstrahlt, ist uns die Liebe des ganzen Himmels gewiß. Daß

die höheren, über uns waltenden Mächte, von denen der Vernünf=
tige sich und das ganze Weltall abhängig denkt, Liebe sind, kann
nichts so verbürgen, als die Herabkunft der höchsten dieser Mächte,
Christi, auf unsere Erde. Er war die Liebe selbst. Gerade der
Gedanke, der der gräßlichste und peinigendste ist, und der so leicht
den Leidenden beschleicht, daß wir nur der elende Spielball sind,
an dessen Herumwerfung sich höhere Mächte tückisch ergötzen, mit
Hohnlachen zusehend (ein Gedanke, wie er in Friedrich II. Schriften
und in Göthe's Wilhelm Meister vorkommt), wird durch den Glau=
ben, daß der Sohn Gottes, der Herr der Geisterwelt, mit uns in
Liebe sich vereinigt hat, von Grund aus zerstört.

2) Aus diesem Glauben geht der eigenthümliche Charakter der
christlichen Frömmigkeit hervor. Es ist eine volle herzinnige Liebe
und Zuversicht zu Gott, der uns in Christo erst ein ganz naher,
vertrauter, uns liebender Gott geworden ist. Ohne Christum bleibt
uns Gott nur ein fernes, allgemeines Wesen, das für uns nicht
mehr oder weniger sorgt, als für Alles. Alles, was in der Natur=
und Welteinrichtung auf Gott hinweist, ist eine gleichförmige, ewig
fortgehende Ordnung, erscheint nun einmal mehr als Natur=Ord=
nung, und bringt Gott gar nicht als unsern Gott dem Herzen recht
nahe, weil eben die starre, sich immer gleiche Natur=Ordnung gar
nicht als Ausdruck eines liebenden Herzens erscheint. Sie wird
wenigstens erst durch Christum Liebe. Es kann daher auf dem
Wege der Natur nur eine kalte, matte, herzlose Frömmigkeit ent=
stehen, weil Gott kein nahes, vertrautes, persönliches Wesen gewor=
den ist. Durch Christum kommt er erst uns nahe, erscheint als unser
Gott, als unser Vater, und je fester wir durch den Glauben an
Christo hängen, desto fester fühlen wir uns mit Gott vereinigt. Das
Christenthum vermenschlicht Gott in Christo, so wie es durch ihn die
Welt vergöttlicht. Die unendliche Kluft, die uns Endliche vom Un=
endlichen trennt, ist mit Christo ausgefüllt. Seit er erschienen, dür=
fen wir sagen, daß Gott unter den Menschenkindern wandelt. (Vgl.
die trefflichen Worte Hamann's aus der Neuen Apologie des
Buchst. H. [auch in Jacobi: Wider Mendelssohn's Beschuldi=
gungen. S. 110. 11.]). Wir Protestanten erkennen Christum allein
als diesen Mittler, wir haben nur diese Eine herrliche Stufe zu
Gott, der Katholicismus schuf sich ihrer viele; wir gehen durch den
einen Schritt gerade auf, der Katholicismus verliert sich auf dem
Wege. Daraus entspringt auch erst eine stete, vertrauliche Herzens=
Gemeinschaft mit Gott, ein Umgang mit ihm, dem nahen, dem
Vater, weil wir durch den Sohn zu ihm kommen, Joh. 14, 6.,
weil wir wissen, daß wir ihm durch Christum wohlgefällig sind,
Joh. 16, 27.: „Er selbst der Vater hat euch lieb, darum, daß ihr
mich liebet 2c." (Herrlich erläutert dies Luther in dem Sermon
über die Taufe Christi. K. Postille. W. XI., 2856 ff.) Ohne den
Sohn giebt es keine wahre Herzens - Gemeinschaft mit Gott; wer

den Sohn nicht hat, kann unmöglich Gott so lieben und ehren, wie
der gläubige Christ. Christliche und natürliche Frömmigkeit sind
wesentlich verschieden. Erst durch Christum entspringt ein inniges
Anschließen an Gott, wie des Kindes an den Vater. Erfahrungen
dieser Art wird jeder lebendige Christ an sich machen: er war etwa
eine Zeit lang fromm ohne Christum, aber da erst kam er zu Gott,
da er Christum, den Sohn Gottes kennen lernte. Haller schrieb
an den mehr socinischen Bonnet: Dès que je doute de la satis-
faction par son sang, je ne suis plus qu'un payen, qu'un
Chinois, qui pretend être agréable à Dieu par quelques bonnes
qualités melées à mille défauts.

3) Es folgt: a) Der Glaube an Gott den Vater ist erst durch
den Glauben an Gott den Sohn möglich. Der erste Artikel im
naturalistischen Sinne genommen, macht noch keinen Christen, ist
auch Juden und Muhamedanern eigen. Aber den christlichen Sinn
des „Glaubens an Gott unsern Vater" erlangt man erst durch den
zweiten Artikel. Der erste Artikel erhält sein Licht, seine Gewiß=
heit, erst durch den zweiten. b) Der Verfall aller wahren Religio=
sität ist die nothwendige Folge des Verfalls des Glaubens an Chri=
stum. Soll Religiosität sich heben, so muß sie durch den Glauben
an Christum geweckt und darauf gegründet werden. c) Es ist klar,
woher die Kraft, die Innigkeit, das Leben in alten Gebeten und
Liedern kommt: Sie kommt aus dem Glauben an Christum. Man
vergleiche die Lieder der alten christgläubigen Dichter mit den Liedern
der neueren deistischen Dichter: Wein und Wasser! — Ein Gott,
der nur eine allgemeine abstracte Idee ist, kann nicht begeistern.
d) Es ist höchste Gnade Gottes, wenn er einem Herzen den Glau=
ben an den Sohn schenkt.

II. Einfluß des Glaubens an die Gottheit Christi auf unsern
Sinn und unser Verhältniß gegen ihn selbst. 1) Der Glaube
an die Gottheit Christi muß die Ehrfurcht gegen die Person
Jesu und die ehrerbietige Behandlung seines Wortes unend=
lich steigern. Wer ihn nur für einen Menschen anerkennt, wird
glauben, ihm nichts schuldig zu sein, als die Achtung und Dank=
barkeit, die einem verdienten Weisen und Märtyrer gebührt. Aber
eine religiöse Ehrfurcht vor ihm wird er nicht empfinden; er wird
sich daher manche Urtheile über seine Person und Lehre erlauben,
die der Glaubende sich nie erlauben kann. Mit welchem ganz an=
deren Auge betrachtet dieser Christum! Die Ehrfurcht vor ihm, dem
Nahen, Sehenden, dem Herzenskündiger, dem künftigen Richter,
leitet ihn überall. „Der Herr kennt die Seinen (2. Tim. 2, 19.);
das ist" sagt Zinzendorf (Nachr. aus d. Br. Gem. 1821. 3, S.
329.) „nun zwar den unganzen Leuten, den falschen Leuten, den
tückischen Herzen, ein entsetzliches Ding. Die können die schwachen
Augen der Diener des Herrn kaum ertragen: was wollen sie mit
den Augen des Heilandes machen, mit seinen scharfen Augen, seinen

blitzenden Augen, seinen Augen in die Nähe und Ferne, seinen ewigen
Augen, die nie stumpf werden? Das ist freilich eine Sache, die sie
aus einem Winkel n den andern, aus einer Kammer in die andere
treibt, und die sie sagen macht: Wo soll ich hinfliehen vor deinem
Angesicht?" Der Gedanke an Christi Majestät sollte die Leugner
wenigstens bedenklich machen! Man kann es ihnen vorhersagen: im
besten Falle werden sie sich wenigstens entsetzen, wenn sie ihn als
Gott werden anerkennen müssen; denn ihr noch so angelegentliches
Bestreiten, ihr noch so wiederholtes Vorgeben, Christus sei von
seiner Zeit apotheosirt, wird Jesu seine göttliche Natur nicht rauben:
sie können ihm so wenig geben als nehmen. Er wird aber ihnen
einst seine Majestät offenbaren, Ps. 2. — Man denke aber nicht,
daß diese Ehrfurcht bei den Christen knechtische Furcht erzeuge. Die
Ehrfurcht ist mit Liebe vereinigt, weil Er in aller seiner Hoheit Liebe
ist. Val. Herberger (Trauerbinden V. Nr. 16. S. 216. über
Joh. 17, 21.) „Zweifelt an seiner Liebe nimmermehr. Ihm ist im
Himmel ohne euch nicht wohl gewesen. Darum kommt er auf die
Erde und wagt alle seine Blutstropfen daran, daß er's dazu bringe,
und bedingt es sich bescheiden für sein Leiden bei seinem Vater aus.
Weil er nun nicht will ohne euch sein, so seid ihr auch gern bei
ihm, wo er in seiner Christenheit hat zu schaffen. Ein liebreiches
Herz wird des Andern nicht überdrüssig." Die Apostel hatten die
tiefste Ehrfurcht vor dem Herrn, es war aber freie kindliche, die sie
nicht lähmte, sondern hob und stärkte. Und es ist gut diese Ehrfurcht
zu bewahren. Wir bedürfens bei unsrer Schwachheit und bei den Gefahren der Welt. Diese Ehrfurcht macht uns weit wachsamer, strenger,
treuer. -- 2) Dieser Glaube macht die Liebe Christi gegen die
Menschen weit größer und bewunderungswürdiger. Ist er dieser
Erhabene, wie groß ist denn seine Herablassung zu uns! wie rührend
seine Liebe! Und das sollte nicht wieder in uns die Liebe gegen ihn
heben? Wie müssen wir staunen, wenn wir lesen, was er duldete,
und bedenken, wer der Duldende war! Er litt es, so verkannt zu
werden! Duo cum patiuntur, non idem patiuntur. — 3) Dieser
Glaube macht das Beispiel Jesu wirksamer. Denn das Beispiel eines
Nahen, Gegenwärtigen, der uns beobachtet, wirkt kräftiger, als das
eines Entfernten; der Gedanke seiner Nähe regt stärker an und belebt die Vorstellung seines Bildes. -- 4) Durch diesen Glauben
wird erst Herzens-Gemeinschaft und Umgang mit Jesu möglich, und
dies ist die Quelle des christlichen Lebens. Der Mensch muß ganz
in Christi Gemeinschaft hineingezogen werden; er bedarf eines solchen
Mächtigen, Höheren, dessen Anziehungskraft er erfährt. Die ganze
Natur predigt dieses Gesetz der Anziehungskraft: jeder Körper besteht durch die Anziehungskraft eines stärkeren -- die Erde besteht
durch die Attraction der Sonne. So bedarf auch der Mensch eines
höheren, der ihn anzieht und durchdringt. Wer ist das, wenn es
nicht Christus ist! Sobald eine menschliche Seele in dessen Sphäre

hineingezogen wird, bekommt sie anderes Leben. Darum muß all'
unser Streben für uns und Andere dahin gehn, in den Kreis Christi
hineinzukommen. Diese Kraft kann aber Christus nur für die erlangen, die seine höhere Natur anerkennen; denn als bloßer Mensch
kann er sie nicht haben. — 5) Dieser Glaube hat auch Einfluß
auf die christliche Moral. Die Gebote der Moral werden bei weitem
heiliger, verpflichtender, wenn der, der sie uns vorhält, Gottes
Sohn ist und nicht bloßer Mensch. Im letzteren Falle kann er gar
nicht mit gesetzgebendem Ansehn reden; seine Gebote verpflichten uns
an sich gar nicht, es kommt blos darauf an, ob wir sie für allgemeine göttliche Gesetze halten. Daher kann auch der Mensch weit
eher geneigt sein, diese Gebote, wenn sie ihm zuwider und übertrie-
ben scheinen, zu bezweifeln (z. B. Matth. 5, 28.: „wer ein Weib
ansieht, ihrer zu begehren, der hat schon mit ihr die Ehe gebrochen
in seinem Herzen.“). Es ist gewiß, wer in Jesu nur einen Menschen erblickt, wird lange nicht so gewaltig in seinem Gewissen von
solchen Aussprüchen gebunden werden, als wer ihn für den Sohn
Gottes erkennt. — Noch viel klarer ist's im Volksunterricht, wo
Christi Worte nur unter der Voraussetzung seiner göttlichen Würde
Autorität und Kraft haben. — 6) Dieser Glaube giebt dem ganzen
Charakter eine höhere, himmlische Richtung. So wie es Zweck des
ganzen Christenthumes ist, den Menschen von dem Irdischen zu ent-
fesseln und zum Uebersinnlichen zu erheben, so hat diese Kraft besonders
jene Lehre von Christi göttlicher Natur und von der Herabkunft dieses
Sohnes Gottes auf unsere Erde. Die Erde ist durch ihn verklärt,
der Himmel ist ihr vermählt, unser Herz fühlt sich zum Himmel hingezogen. Wo kann es — wenn Jesus nicht dieser Himmlische ist —
ein solches Band zwischen Himmel und Erde geben?

III. Einfluß des Glaubens an die Gottheit Christi auf unsern Sinn gegen unsre Brüder.

1) Die Würde der Menschheit wird dadurch erst gehoben. Denn
was zeichnet die Menschen mehr aus, als daß der Sohn Gottes
unsere Natur angenommen hat, unser Bruder geworden ist! Es
ist unsere eigene Ehre, wenn die Ehre dieses Menschen anerkannt,
d. h. wenn er als der Sohn Gottes geglaubt wird. Mit Christo
steht und fällt das ganze Menschengeschlecht. Wen haben wir
denn, der es halten könnte? Bist du es da, oder du dort, der
es halten will? Ich traue dir mehr gesunden Sinn zu, als daß
du dir solches einbilden könntest. Ist es Christus allein, der die
Menschheit verherrlichen kann, der sie vertritt, sie rettet, so ist es
Hochverrath an der Menschheit, Christo seine Ehre und seinen Namen zu nehmen. Man kann zu Gleichgültigkeit und Verachtung
gegen die Menschen bei ihrem traurigen Verfall verleitet werden;
wo Glaube an Christum ist, kann diese unrechte Stimmung nie über-
hand nehmen. Die Menschen werden uns lieber, theurer. Christus
hat sie nicht verachtet, sondern sie geehrt und geliebt. — So wird

mir jeder einzelne Mensch, jeder Bruder theurer; er ist's, für den
der Sohn Gottes gestorben ist; ich erblicke in dem christlichen Bru-
der einen Bruder Jesu. Wir thun Jesu wohl, wenn wir armen
Brüdern wohlthun: Jesus geht incognito durch die Menschenwelt.
(Matth. 25, 40.: „Das habt ihr mir gethan.") — 2) Eine wahre
Gemeinschaft der Gläubigen in Christo setzt einen lebendigen, gegenwärtigen, den Gläubigen nahen Heiland voraus, der von seiner
Kirche und von den Einzelnen Kenntniß nimmt, der wirklich, wenn
sie in seinem Namen versammelt sind, unter ihnen ist, Matth. 18, 20.
Die Kraft und der Segen aller solcher Gemeinschaft liegt in der
Gewißheit, daß Christus ihnen wirklich nahe ist, sie kennt, beobachtet, sie liebt, sie hört, sie leitet, sie stärkt. Ὄμμα γὰρ δόμων νο-
μίζω δεσπότου παρουσίαν (Aeschyl. Pers. 169.). Die bloße Vorstellung des ehedem auf der Erde gewesenen, jetzt aber himmelweit
von uns getrennten Jesus würde keine Gemüther begeistern und vereinigen können; das Nahesein des Herrn hat allein diese Kraft.

> Deine Freunde, welche vor dir wohnen
> • Auserwählter Josua (Zach. 3, 7.)
> In so manchen Kirchdivisionen,
> Sich oft fern, dir alle nah,
> Die repräsentir'n sich deine Wunden
> Wie sie war'n in jenen Todesstunden,
> Bringen dir, als stünd'st du da,
> Ave und Hallelujah!

Wie kann aber der Herr in so viel Regionen zu einer Zeit
nahe sein ohne göttliche Allgenugsamkeit und Allwirksamkeit zu besitzen? Wie kann er das wahre lebendige Haupt seines Leibes sein,
ohne Einfluß auf Alle? Ein Haupt, das von seinem Leibe geschieden, einflußlos ist, was wäre das? — Man kann sagen, der Unterschied der jetzt streitenden Parteien ist: Glaubst du an einen lebendigen oder an einen todten Christus? Die Naturalisten glauben an
einen todten Christus, wenn sie ihn gleich für unsterblich halten;
Judas ist auch unsterblich; — es fragt sich, ob er für uns lebendig, für uns wirksam, gegen uns theilnehmend ist. — Auch Freund-
schaften sind nur heilig und himmlisch, wenn sie in Jesu Namen
geschlossen sind, Matth. 18, 20. Dazu gehört aber Glaube an Jesu
Nähe. — 3) Dieser Glaube an Christum ist aber auch in allen Verhältnissen, für das kirchliche und gemeine Leben von höchster Kraft;
alles Leben geht von ihm aus. Der Gottesdienst in allen seinen
Theilen bekommt erst Kraft und Leben, wird vernünftiger Gottesdienst, ein Gottesdienst im Geist und in der Wahrheit, wenn alle
von dem Glauben und der Empfindung des nahen Gottmenschen
durchdrungen sind: ohne Christus wird aller Cultus ein todter, kalter, theophilanthropisch-naturalistischer Cultus, bei dem man es nicht
lange aushalten kann, sondern erfrieren muß. Daher alle Andacht
der Christen immer sich zunächst auf Christum und durch ihn auf

den Vater bezieht, wie dies in der uralten christlichen Kirche war. (Vgl.
Bingham: Origines V., 31 — 59. Blackmore: Alterthümer II.,
19—41. Plinius: Ep. X., 97. Melanchthon: Enarratio in
Joh. 8, 58. Opp. III. 729. 30.: Saepe monenda est ecclesia, ut discat discernere suam invocationem ab ethnica, judaica
et mahometica. Nam omnes sapientes omnium sectarum dicunt, se invocare unam aliquam aeternam mentem, conditri-
cem rerum, sed tamen non vere invocant. Errant enim
dupliciter; primum de essentia, postea de exauditione. De
essentia errant, quia nolunt agnoscere, credere et fateri,
hunc esse vere Deum, qui se patefecit per Filium J. C., sed
fingunt sibi Deum ignotum, rejecto hoc vero Deo, qui vere
est. Deinde de exauditione dubitant, non possunt invocare,
cum prorsus maneant in dubitatione nec credant, sibi ignosci
aut se exaudiri. Nos igitur discernamus nostram invocationem et dirigamus eam ad hunc Deum, qui ut hic dicitur, vere
est, i. e. sciamus, aliarum sectarum Deos nihil esse, sed hunc
vere esse Deum, conditorem omnium rerum, qui se patefecit
per J. C. — Paulus von Samosata, der die Psalmen auf Christum abschaffte, Christum einen bloßen Menschen nannte, dagegen
Lieder auf sich am großen Ostertage öffentlich in der Kirche in seinem Beisein singen ließ, daß man schaudern mußte (Euseb. H. E.
VII., 30.), wurde allgemein verworfen. Ueber Origenes Zweifel,
ob man zu Christo selbst beten solle, siehe Lampe ad Joh. Tom.
III., 337. 338. — Esrom Rüdinger (Schwiegersohn des Ca-
merarius, geb. 1523 in Bamberg, Professor in Leipzig, dann in
Pforta, dann Rector in Zwickau, dann seit 1557 Professor in Wittenberg bis 1574, wo er der cryptocalvinistischen Inquisition entfloh,
dann Rector in Eybenschütz bei Znaim, zuletzt in Nürnberg † 1590)
sagt in seinem Epigramme auf das Gesangbuch der Böhm. Brüder:

Quae populus tibi Christe tuus cecinitque canitque
    Omnibus atque locis temporibusque canet,
Nunc etiam tibi Christe canit tua concio fratrum
    Te praestante fovet quam pia Nobilitas.

Rüdinger sah also auch den Preis Christi, d. h. Gottes selbst,
und alles deß, was Christus gethan, für das Charakteristische im christlichen Cultus an. Vgl. v. Meyer: Von der Anbetung des Heilandes
in den Blättern f. höhere Wahrheit. IV. Nr. 6. — Wenn Manchem
in unsrer Zeit die Anrufung Christi so unerhört dünkt, so verrathen
sie die größte Ignoranz mit den verflossenen Jahrhunderten, auch
seit der Reformation. Man lese die Briefe Melanchthon's; fast
in allen Briefen kommt vor: Oro Dominum nostrum J. C. (Er
sagt — Corpus Reformat. IX., 910. —: Si solus expellar, de-
crevi Palaestinam adire, et in illis Hieronymi latebris, in in-
vocatione Filii Dei, et testimonia perspicua de doctrina scri-
bere et in morte Deo animam commendare.) In allen älteren

Predigten, auch in Ernesti's und Reinhard's Predigten fehlt die Anrufung Christi nicht. Und nun erst unsere Lieder! Wem Christi Anrufung zuwider ist, dürfte vernünftiger Weise unsre Kirchen gar nicht mehr besuchen, ja fände selbst in der Socinianischen Gemeinde keinen Platz. — Die Amtsführung des Geistlichen wird durch diesen Glauben erst belebt, durchdrungen, geheiligt. Ein eigentlicher Diener Jesu Christi, d. h. von ihm gerufen, beauftragt, beaufsichtigt, geleitet kann er nur sein, wenn Christus in göttlicher Kraft die Kirche leitet Da weiß er, daß ihm der Zuruf gilt Joh. 21, 15—17: Weide meine Lämmer u. s. w., da weiß er, daß er an Christi statt Botschafter ist und ermahnt: Lasset euch versöhnen mit Gott 2. Cor. 5, 20., daß er mit Christi Vorwissen und unter seinen Augen sein Wort predigt, die Sacramente verwaltet. Wie theuer werden ihm alle Seelen! wie heilig sein ganzes Amt! Wie verrichtet er die Einsegnung der Kinder! Eine Confirmation ohne den Glauben an den gegenwärtigen, Antheil nehmenden Christus ist die frostigste Comödie: so wenig der ungläubige Lehrer erwärmt ist, so kalt bleiben die Kinder. Erst wenn sie wissen, wir stehen vor Christo, dann kommt Lebenshauch in die Herzen. So beim Abendmahl und überall. Der Eindruck auf Kinder, den das Aufsehn Jesu auf sie macht, ist bezeugt im 2ten Bericht der ersten Jahresfeier der Anstalt in Beuggen, S. 12. Ein Lehrer, der nicht in Christo lebt und webt, kann ein guter Pädagog, d. h. Zuchtmeister, werden, aber nicht ein geistlicher Vater, weil ihm die Zeugungskraft fehlt, die er erst durch Christum empfängt. 1. Cor. 4, 15.: „Ich habe euch gezeugt in Christo Jesu durch das Evangelium." — Alle christlichen Feste bekommen erst im Lichte dieser Lehre festlichen Glanz. Wenn wir Weihnachten feiern, was ist's, wenn der Geborne nur ein Mensch ist? Da wird man so wenig begeistert sein als begeistern können. Wenn Charfreitag, was ist's? Märtyrertod (wenn noch Tod, und nicht nur Ohnmacht!). Erst wenn der Leidende Sohn Gottes ist, hat sein Tod etwas zu bedeuten. Ebenso Ostern. Am peinlichsten muß es den Antitrinitariern am Fest der Dreieinigkeit sein. — Von welcher Wichtigkeit endlich ist dieser Glaube für das häusliche und gewöhnliche Leben! Gott der heilige Vater des heiligen Sohnes ist das Vorbild aller Vaterschaft, Grund der Heiligkeit des elterlichen und kindlichen Verhältnisses. Für die Ehe soll Christi Verbindung mit der Gemeinde Vorbild sein, Ephes. 5, 22. 23. Wie ist dies möglich, wenn es keine reelle, lebendige Verbindung Christi und der Gemeinde giebt? Wie innig muß aber durch Liebe zu Jesu, dem besten Hausfreund, und durch Wandel vor seinen Augen die eheliche Liebe werden! Die Kinder sieht man als sein Eigenthum an; das Haus als Heiligthum Christi wird Vorschule, Pflanzschule für die Kirche. „Die geoffenbarte Lehre von der ewigen Zeugung des Sohnes kann allein das Wesen der Familie aufklären." (Stahl Philos. des Rechts. II., 1.) — Was den Einfluß dieses Glaubens

auf das gewöhnliche Leben betrifft, so meinen zwar viele, daß ernste Ein=
brücke eben so gut — ohne Christum — durch den allgemeinen Glau=
ben an Gott hervorgebracht werden könnten. Aber hierauf ist zu erwi=
dern, daß die Gewißheit eines besondern göttlichen Willens und Bei=
standes nur aus der Offenbarung Gottes durch Christum kommen kann.

C. Einfluß des Glaubens an Christi Gottheit auf
unser religiöses Gefühl, auf unsere Beruhigung.

1) Die Hoffnung der Versöhnung mit Gott, der Gnade, ist nun
über alles gewiß, wenn Gott uns seinen eingebornen Sohn gegeben
hat. Der Kreuzestod Christi wird heilig, geheimnißvoll, von unend=
licher Geltung, wenn dieser Sterbende der Sohn Gottes ist. Wie
kann Gott uns verstoßen wollen! Ist Christus Gottes Sohn, so
giebt es nun ein ewiges unwiderrufliches Band zwischen
Gott und den Menschen. So wenig dieses Band zerrissen wer=
den kann, so wenig können auch wir je von Gott verstoßen werden.
Denn Christus hat das menschliche Geschlecht einmal sich als Braut
vermählt und liebt es ewig: dies giebt Trost für alle unausdenkbaren
Ewigkeiten. Wo hat einer diesen Trost, der nicht die Verbindung
der Gottheit und Menschheit Christi glaubt! — 2) Dies sichert
auch uns die Zuversicht unseres ewigen Fortschreitens in der sittlichen
Vollkommenheit. Es giebt nun ein wirklich vollendetes Vorbild der
Menschheit, ein realisirtes Ideal, nicht mehr eine bloße gedachte
Idee, sondern ein Urbild, das objective Realität hat, dem wir sollen
ähnlich werden. Dieses hebt uns selbst und trägt uns und giebt
uns Hoffnung und Kraft, ihm nachzuringen. Röm. 8, 29.; Joh.
1, 12.; 1. Joh. 3, 2. 3. Die Realität dieses Vorbildes kann die
Vernunft nicht beweisen a priori, sie kann nur die Idee aufstellen;
das Christenthum giebt factisch die Realität in Christo. Und wer
kann zweifeln, daß das wirkliche Vorbild mehr hebe und stärke als
die Idee! Wer die Existenz dieses Vorbildes leugnet, leugnet den
wesentlichen Vorzug des Christenthums. Es ist nothwendig, dies
festzuhalten zum Heile der Menschheit. Je höher Jesus steht, desto
höher auch wir. — 3) Der Glaube an Christum stärkt zum Wir=
ken für das Reich Gottes, hebt die Hoffnung des Kommens desselben,
der Realisirung der höchsten Idee. Dies kann nicht geschehen, wenn
nicht ein Haupt da ist, das dieses Reich regiert und zusammenhält:
das ist der Sohn Gottes. In ihm ist Himmel und Erde zu einem
Ganzen vereinigt. Er hält es, er leitet es, er führt es zu seiner
Vollendung. Das giebt auch allen Bemühungen, sein Reich auszu=
breiten erst Hoffnung des Gelingens. Dies stärkt Prediger und
Missionare: Christus ist mit seinen Dienern! Wo hat es wahre
Missionare gegeben ohne den Glauben an Christi Gottheit! Wo
wird je ein Naturalist Missionar werden! Daher auch die Verlegen=
heit, Ungewißheit und Zweideutigkeit, mit der die Ungläubigen sich
über Bibel= und Missionsgesellschaften äußern. Es ist eine heimliche
Mißgunst und Scham, die sie vergebens sich bemühen zu verbergen.

Biblisch-praktische Prüfung der antitrinitarischen Hauptsysteme über die Person Jesu Christi.

Eine solche Prüfung trägt zum viel klareren Verständniß des rechten Glaubens bei, befestigt im Glauben, wenn man die Unhaltbarkeit der andern Systeme eingesehen hat, und macht geschickt, den Glauben zu vertheidigen. — Die antitrinitarischen Systeme lassen sich füglich in drei Ordnungen nach einer gewissen Steigerung bringen: I. das naturalistische, II. das idealistische, III. das Socinische und Arianische System, welche letzteren wegen ihrer Verwandtschaft, obgleich nicht ganz gleich, können verbunden werden, und das Swedenborgianische.

I. Das naturalistische System.

Es behauptet, Jesus ist nichts als ein natürlicher Mensch, natürlich geboren, natürlich begabt, natürlich gebildet, wie andere Menschen; also ohne himmlische Präexistenz, ohne Wunderkräfte, ohne übernatürlichen Einfluß Gottes; daher auch natürlich geweckt und zu seinem Berufe bestimmt, d. h. durch Vernunft, durch äußere Anlässe und in seinem Gewissen, als der Stimme Gottes, getrieben, Lehrer und Reformator zu werden. Er spricht und handelt aus inneren moralischen Antrieben, die er als göttliche Eingebungen nimmt oder bezeichnet. Er steht dann ganz in einer Reihe mit allen großen, geistig einwirkenden Männern aller Zeiten, nicht der Art und Natur, sondern nur dem Grade, der nationalen Bildung u. s. w. nach von ihnen verschieden. „Irreligiöser Wahn ist es, Gott habe seine Lieblinge unter den Völkern und vernachlässige die übrigen. Kann man Gott ärger schmähen? Er sorgt für alle gleich väterlich. In Zoroaster, Confucius, Manko-Kapak, Moses, Jesus, Mahomed, Luther, Calvin und ihren vielen Genossen sehen wir nur die Diener Gottes." (Stephani, Winke über Vervollkommnung des Confirmanden-Unterrichts. Erlangen 1810. S. 252.) Was nur Uebermenschliches im Neuen Testament Christo zugeschrieben wird, erklärt dieses System entweder für Accommodation, deren Jesus sich bedient, oder für Zusätze seiner Jünger.

Solche groben Naturalisten waren Bahrdt, Sintenis, Paulus, Venturini u. A. Auch unter Nichttheologen finden wir sie, z. E. Seume in seinen Apokryphen oder dem dritten Theile der Reise nach Syracus (Jen. L. Z. 1816. Ergänz. Nr. 75. 76.), v. Halem in seinem Gedichte: Jesus, der Stifter des Gottesreichs. Hanover 1810. Auch Göthe war diesem Unglauben zugethan. In Hegner's Beiträgen zur näheren Kenntniß Lavater's aus Briefen (Leipzig 1836) schreibt Göthe an Lavater: „Bei dem Wunsch und der Begierde, in einem Individuum alles zu genießen, und bei der Unmöglichkeit, daß Dir ein Individuum genug thun kann, ist es herrlich, daß aus alten Zeiten uns ein Bild übrig blieb, in das Du Dein Alles übertragen, und in ihm Dich bespiegeln, Dich selbst anbeten kannst. Nur das kann ich nicht anders als ungerecht und einen Raub nennen, der sich für Deine gute Sache nicht ziemt, daß Du alle köstlichen Federn der tausendfachen Geflügel unter dem Himmel ihnen, als wären sie usurpirt, ausrauffst, um Deinen Paradiesvogel ausschließlich damit zu schmücken. Dieses ist, was uns nothwendig verdrießen und unleidlich scheinen muß, die wir uns einer jeden durch Menschen und den Menschen geoffenbarten Weisheit zu Schülern hingeben, und als Söhne Gottes ihn in uns selbst und allen seinen Kindern anbeten." — Indessen findet unter diesen Naturalisten sich immer noch ein Unterschied, insofern die einen Jesum nur in Parallele mit den welthistorischen Männern, die andern aber ihn über alle andern weit hinausstellen, ihn für einen Einzigen, von der Vorsehung geweckten und begabten halten, immer aber alles innerhalb der Gränzen der menschlichen Natürlichkeit.

Was die Beurtheilung dieses Systems betrifft, so ist zu sagen: 1) Mit der Schrift ist dieses System ganz unvereinbar, es widerspricht allem, was Jesus und die Apostel bekannt und bezeugt haben; und wenn diese Naturalisten eine Zeit lang durch künstliche Schriftverdrehung sich zu helfen suchen, so geht dieses nicht bei allen Stellen, und in die Länge müssen sie dieses bösen Spieles überdrüssig werden, da es, bei einmaliger Leugnung des göttlichen Ansehens der Schrift ganz gleichgültig bleibt, was sie eigentlich lehrt, es sich also der Mühe nicht verlohnt, viel auf die rationale Deutung der Schrift zu wenden, indem die Wahrheit dadurch weder gewinnt noch verliert. — 2) Es muß den rechten Naturalisten das Neue Testament je länger desto mehr anwidern, wenn er in Evangelien und Briefen überall auf solche, wie es ihm deucht, ungebührliche Erhebungen, ja Vergötterungen Jesu stößt; wie kann er diese dulden! Wozu das Neue Testament noch wegen der darin befindlichen Moral? Selbst die Person Jesu muß ihnen im geheimen zuwider werden, wenn alle seine Erklärungen und Anforderungen als unerhörte Anmaßungen erscheinen. Bei keck consequentem Fortgehen kann man leicht auf Resultate wie die des Bahrdt, des Fragmentisten und des Buchs de tribus impostoribus kommen. — 3) Dieser Naturalismus ist eigentlich völlige Auflösung des Christenthums. Von einem Glauben an Christum kann nicht mehr die Rede sein — wie richtig Planck in dem „Ersten Amtsjahre des Pfarrers von S." (Göttingen 1823. S. 19.) den theologischen Professor redend einführt: „Der erste theologische Lehrer fing seine erste Stunde mit der Ankündigung an, daß er sich gedrungen fühle, uns in kein anderes, als in das höhere und reinere Christenthum einzuweihen, von dem endlich eine neuere Theologie den Schleier, mit dem es fast 18 Jahrhunderte verhüllt war, mit kühner Hand abgezogen habe; denn verhehlen, sagte er, lasse es sich doch nicht mehr, daß jetzt die Zeit des Glaubens an Christum vorüber sei." — An einen natürlichen Menschen glauben, ihn zum Stifter, zum Oberhaupt

der Kirche, sein Wort zur Norm des Glaubens machen, wer kann
das? Jesus bleibt und gilt da nichts mehr, als jeder Weise.
Christus wird und muß, wie jeder Mensch, fallibilis und auch
peccabilis sein. Es liegt im Interesse des Naturalismus, so wenig wie möglich Einziges und Außerordentliches in Jesu einzuge-
stehen, weil in eben dem Maße der Naturalismus einen Stoß
bekommt, in welchem Christus über das natürliche sich erhebt. Und
was wäre über das Natürliche weiter hinausgehend, als Unsündlichkeit? — Die Kirche hört auf; der Lehrstand hört als besonderer christlicher eigentlich auf und wird blos Schulstand, wie man
in der That consequent davon sehr geredet hat. So verlangte Daffel
(ein Geistlicher!) in „der Verfall des Cultus in der protestantischen
Kirche“ 1818, die Abrogation der Kirche und des Cultus. — 4) Die
praktischen Folgen, die daraus entstehen müssen, wenn dieses System
allgemein würde, sind klar. Die Religion verliert ihr öffentliches,
äußeres, göttliches Ansehen; wollte der Staat dies ersetzen,
so gälte sie als eine Polizeiordnung! Aber ein Wort Gottes,
d. h. eine Erklärung, in der Gott seinen Willen allen kund thut,
die Alle verbindet, Allen ans Herz bringt, giebt es nicht mehr; und
was soll beim Volke dann Religion halten? Wo das Christenthum
anfängt, verdächtig zu werden, so wird alle Religion verdächtig.
Der Mensch ist von seinem Gott losgerissen, er ist trostlos, verloren! Das Reich des Satans bräche wieder herein. Der Naturalismus, wenn er consequent fortgeht, hat die unleugbare Tendenz
zum Atheismus. Soll Alles Natur, begreifliche Natur werden, was
ist unbegreiflicher, übernatürlicher, als Gott? Der Naturalismus
will Gott nicht gestatten, irgendwo unmittelbarer, offenbarer her-
vorzutreten und sich kund zu geben; er läugnet alle Annäherungen
Gottes, er will immer Gott so weit als möglich von sich fern haben.

II. Das idealistische System.

Hiernach ist Christus das Symbol der vollkommenen menschli-
chen Tugend und Gottseligkeit oder Gottgefälligkeit, sei es nun,
daß er das wirkliche reine, heilige, sünblose, also vollkommene
Ideal, oder doch das höchste bekannte Beispiel sei, welches dieses
Ideal sinnlich darstellt. Der Sohn Gottes ist an sich die im Geiste
Gottes ewig vorhandene Idee der absoluten Vollkommenheit, filius
Dei invisibilis; Christus als filius Dei visibilis soll nur diese
Idee darstellen, wenn dieses gleich wie alles in der Sinnenwelt
erscheinende beschränkt bleiben muß. Das Neue Testament schreibt
nun dem Symbole alles das zu, was eigentlich nur der Idee gilt:
daß Gott aus Liebe zu dieser Idee die Welt geschaffen habe, die
Sünde vergebe, die Menschen regiere und künftig danach richte.

Ursprung dieses Systems. Es ist gar nicht so neu; etwas
davon findet sich schon bei den Manichäern, bei Pelagius, bei
Secten des Mittelalters, wie bei den Albigensern und den Brü-

dern des freien Geistes. (S. vorzüglich Füßlin, Ketzergeschichte I., 414. 454. 464. 480. Ueber die Brüderschaft des freien Gei-ftes theilt Mosheim in f. größ. Institutt., p. 552 aus Manuscrip-ten merkwürdige Lehren mit.) Abálard bei Füßlin, I., 248: omne quod profuit Christus, in sola fuit ostensione virtutum. Spinoza ist Miturheber dieser Ansicht. In f. epp. ad Olden-burgium. Oldenburg in London hatte ihm den Vorwurf gemel-det, den man ihm mache, daß er nämlich seine Ansicht von Christo verberge. Darauf antwortet er: Denique ut.... mentem meam clarius aperiam, dico ad salutem non esse omnibus necesse, Christum secundum carnem noscere, sed de aeterno illo filio Dei, h. e. Dei aeterna sapientia, quae sese in omnibus rebus et maxime in mente humana, et omnium maxime in Christo Jesu manifestavit, longe aliter sentiendum. Nam nemo abs-que hoc ad statum beatitudinis potest pervenire utpote quae sola docet, quid verum et falsum, bonum et malum sit. Et quia, uti dixi, haec sapientia per J. C. maxime manifestata fuit, ideo ipsius discipuli eandem, quatenus ab ipso ipsis fuit revelata, praedicaverunt, seseque spiritu illo Christi supra reliquos gloriari posse ostenderunt. Caeterum quod quae-dam ecclesiae his addunt, quod Deus naturam humanam as-sumserit, monui expresse, me, quid dicant, nescire; imo ut verum fatear, non minus absurde mihi loqui videntur, quam si quis mihi diceret, quod circulus naturam quadrati induerit. In ep. 23. p. 454. nachdem er erinnert, daß Christus nach seiner Auferstehung ja nicht dem Rathe, dem Pilatus oder den Ungläu-bigen erschienen sei, sagt er: Concludo itaque, Christi a mortuis resurrectionem revera spiritualem et solis fidelibus ad eorum captum revelatum fuisse, nempe quod Christus aeternitate donatus fuit, et a mortuis (mortuos hic intelligo eo sensu, quo Christus dixit: sinite mortuos mortuos suos sepelire) surrexit, simulatque vitâ et morte singularis sanctitatis exem-plum dedit, et eatenus discipulos suos a mortuis suscitat, quatenus ipsi hoc vitae ejus et mortis exemplum sequuntur. Nec difficile esset, totam evangelii doctrinam secundum hanc hypothesin explicare. — Andre dieser ähnliche Ansichten hatten Kant, Kritik d. r. V. 597 und Streit der Facultäten S. 50. Fichte, Vorlesungen über das selige Leben, und alle Theologen aus dieser Schule. Auch Schleiermacher (der christliche Glaube, II.) urgirt die Unsündlichkeit, faßt aber das Sein Gottes in Christo = Rein-heit und Vollkraft des Gottesbewußtseins in Christo.

Exegetische Prüfung dieses Systems, 1) im allgemeinen. Diese Deutung stimmt mit dem grammatischen Sinn des Neuen Testaments nicht überein; dies sieht jeder unbefangene Exeget, und Kant gesteht ehrlich, daß es ihm darum gar nicht zu thun gewesen. Ein Philosoph mag es seinem Zwecke gemäß finden, eine einmal geltende Offenbarung mit seinem System conform zu deuten; aber wenn ein Theolog, dem es darum zu thun sein soll, das Christen=thum zu finden, ohne alle exegetische Beweise a priori dieses Phi=losophem für den Sinn des Neuen Testaments ausgeben will, so ist dies widersinnig. Dies gilt von der ganzen Kantischen Deutung der positiven Lehre des Christenthums, der Dreieinigkeitslehre. (Der Theolog, der diese Deutung exegetisch begründet, soll noch kommen.) Viele haben die Unredlichkeit dieses Verfahrens schon gerügt, z. E. die jüdischen Hausväter in ihrem Sendschreiben an Teller. S. 77. Brandes Betrachtungen über den Zeitgeist in Deutschland. S. 110. Garve, Verm. Auff. II., 227. — 2) Im Besonderen. Ganz besonders springt dieser Widerspruch gegen das Neue Testament in der Lehre von der Person Christi in die Augen; hier ist die Spino=zistische, die Kantische Deutung antibiblisch, ja antichristisch. Kant leugnet bestimmt die objective Realität, d. h. die wirkliche Existenz eines vorweltlichen Sohnes Gottes, der Mensch geworden sei. Krit. d. r. V. S. 597. Versteckter leugnet er auch, daß man gewiß sein könne, ob in Jesu dieses Ideal reell vorhanden sei: Jesus habe zwar von sich so geredet, als ob das Ideal des Guten leibhaftig in ihm dargestellt sei (Rel. S. 82.), und er habe mit Wahrheit so reden können, weil er dieses Ideal sich zur Regel gemacht. Dies aber widerstreitet dem Geiste wie dem Buchstaben der Schrift. Das Neue Testament lehrt die wahrhafte Realität und vorweltliche Existenz des Sohnes Gottes als Person, vergleicht ihn mit den Engeln Ebr. 1, 6., lehrt Jesum Christum als diesen Sohn Gottes kennen, unterscheidet Christus als Sohn Gottes und als Mensch Joh. 5, 27., giebt alle göttlichen Prädicate keineswegs einer abstracten Idee, sondern dem Concreto, Christo, sagt von der Person Christi, daß er Weltschöp=fer, Weltregent u. s. w. sei. — Wollte der Idealist weiter nichts, als mit dem grammatischen Sinn zugleich seine moralische Deu=tung als Anwendung verbinden, ihm sie beigesellen, so könnte man dies geschehen lassen. Aber er schließt den grammatischen Sinn ganz aus als einen widervernünftigen und will blos die moralische Deutung gelten lassen. Dadurch wird er offen antibiblisch.

Apologetische Prüfung dieses Systems. Diese Theorie über die Person Christi greift seinen moralisch = religiösen Charakter an, ist blasphem. Wenn Jesus nicht der wahre, ewige Sohn Gottes gewesen sein soll, und doch immerfort so von sich redet, als ob er derselbe leibhaftig gewesen wäre; wenn er dabei von einem Unter=schiede zwischen dem filius invisibilis d. h. der Idee der Vollkom=menheit, die er selbst nicht erreichte, und zwischen sich, dem filius visibilis, als unvollkommenen Darsteller jenes Ideals, nicht den geringsten Wink giebt, vielmehr dahin wirkt, daß seine Apostel und die ersten Christen ihn selbst für den wahren vorweltlichen Sohn Gottes halten: so ist eine doppelte Annahme denkbar: entweder kannte Jesus diesen Unterschied, oder er kannte ihn nicht. Im ersten

Falle ist es eine gränzenlose Anmaßung und Selbstüberhebung ge=
wesen, wenn Jesus immerfort sich mit diesem idealen Sohn Gottes
identificirt; wie kann ein bloßer natürlicher, beschränkter Mensch so
reden, als wenn er selbst das leibhaftige Ideal der moralischen Voll=
kommenheit wäre! zumal da, nach Kant's richtigem Urtheil (Relig.
S. 78.) kein Mensch so die Tiefen seines Herzens durchschauen kann,
daß er von dem Grunde seiner Maximen, zu denen er sich bekennt,
und von ihrer Lauterkeit und Festigkeit untrüglich gewiß sein kann.
Sagt man, die Popularität habe ihn genöthigt, die moralischen
Ideen so einzukleiden, so ist dies ein kahler Nothbehelf. Nie darf
der populäre Lehrer ganz falsche Vorstellungen, zumal von seiner
Person, und eine ungebührliche Verehrung derselben veranlassen.
Dies streitet wider Wahrheit und Ehrlichkeit. Es ist daher ein voll=
kommen richtiger Schluß (s. Theremin, Predd. B. II. S. 111
bis 117. und vor Theremin schon Massillon, Pred. von der
Gottheit Christi. Werke VII., 61 f.), daß wenn man leugnet, daß
Christus wahrhaftiger Sohn Gottes sei, man auch nothwendig leug=
nen müsse, daß er unsündlich, heilig, ganz wahrhaftig sei. — Im
zweiten Falle beschuldigt man Jesum einer gränzenlosen Selbst=
täuschung, indem er seiner menschlichen Individualität Prädikate bei=
legte, die einem natürlichen endlichen Individuum, einem Kinde der
Zeit, nie zukommen können, — eine Selbsttäuschung, die mit einem
reinen Grunde des Herzens unverträglich ist. Je lauterer und de=
müthiger das Herz ist, desto sicherer ist es vor Selbsttäuschung.
Zugleich maßt man dann sehr frech sich an, Jesum besser kennen zu
wollen, als er selbst sich kannte, — eine Denkweise, die den gleiß=
nerischsten Dünkel und Selbstgefälligkeit verräth. Was bleibt da für
eine Gesinnung gegen Jesum übrig? Ein hochmüthiges Bedauern
gegen den gutmüthigen Schwärmer, der sich selbst getäuscht. — In
beiden Fällen wird alle und jede Glaubenswurzel ausgerottet.

Ethische Prüfung dieses Systems. — Dieser Idealis=
mus ist dem lautern, gründlichen Herzenschristenthum verderblich.
Insofern der Idealist nur sein Vernunftideal für unbeschränkt oder
unendlich hält, Christum aber als historische Erscheinung nur für
ein beschränktes Symbol dieses Ideals, so setzt er offenbar sein Ver=
nunftideal, d. h. also sein eignes Product über Christum. Der
Idealismus hat zur Wurzel eine geheime feine Eigenliebe, Verliebt=
heit in sein Vernunftgebilde, in seine eignen selbstgeschaffenen Ideale,
wobei am Ende der historische Christus in den Hintergrund tritt und
ganz verschwindet, ja als ganz entbehrlich erscheint. Es ist über=
haupt dem Idealismus eigen, sich auf seine Ideale einzuschränken
und sie der Wirklichkeit vorzuziehen. (Vgl. Rousseau Confessions
l. 9, wo es dieser von sich erzählt.) Dieser Idealismus bil=
det sich ein, erst etwas aus Christo zu machen, während
der evangelische Gläubige bekennt, daß Christus erst et=
was aus ihm machen könne. Dieser Gläubige erkennt aus der

Schrift, daß erst durch den reellen Einfluß des Geistes Christi das menschliche Herz wiedergeboren werde, hängt also ganz an Christo mit kindlicher Einfalt, Demuth und Zuversicht, und läßt sich von ihm Kraft geben, während der Idealist eigentlich Christo selbst nichts verdankt, sondern alle Erlösungskraft nur aus dem von ihm betrachteten Ideale, eigentlich also aus sich selbst, ableitet. Wie kann da eine so innige Liebe und Dankbarkeit gegen Jesum, ein so kindliches Attachement an seine Person statt finden? Es kann höchstens kalte Begeisterung bleiben, die man für ein selbstgeschaffenes religiöses Ideal empfindet, wie man gegen ein poetisches Ideal oder dergleichen Begeisterung hat. Eine gründliche Herzenserneuerung kann daraus nicht hervorgehen, schon weil die Wurzel dieses Systems Philautie ist.

Kirchlich=praktische Prüfung dieses Systems. Daß diesem System die Popularität abgeht, fühlen wohl selbst seine Vertheidiger und mögen sich's eingestehen. Dem Volke ist die Distinction zwischen dem idealen und dem historischen Christus viel zu fein, es kennt blos den biblischen historischen Christus. Dadurch kommt aber der idealistische Volkslehrer offenbar in einen traurigen Conflict mit dem Glauben der Gemeinde, wofern diese noch christlich ist. Er denkt sich einen andern Christus, die Gemeinde einen andern. Was entsteht nun daraus? Er sieht sich genöthigt zu einem ängstlichen, klüglichen Deuteln der biblischen Lehren und zu einem schlauen Abwägen seiner Worte, um wo möglich biblisch und doch auch nicht gerade wider seine Ueberzeugung zu reden, wenn er nicht gerade ein grober Heuchler werden will. Ist das nicht offenbare Täuschung, Zweizüngelei, ein wahres Hypocritenspiel, von Jesu, dem Sohne Gottes, von dem Herrn, von der Erlösung, in biblischen Ausdrücken zu reden, und es doch anders als die Bibel und das Volk zu deuten? nur so zu thun als ob Jesus Gottes Sohn wäre? Der Herr wird einst zu solchen nur mit Bibelworten aber mit anderm Sinne ihn „Herr, Herr" nennenden ebensowohl als zu unmoralischen Schändern des Glaubens sagen: Es werden nicht alle, die zu mir sagen: Herr, Herr! in das Himmelreich kommen — weichet von mir! Matth. 7, 21. — Jenisch in seiner Kritik der Religionssysteme L. 1804, S. 312. 315. nannte die ganze Kantische Religionstheorie „Die Religion als ob." Mit Recht; Kant selbst (Streit der Facultäten. S. 106.) sagt, daß die Bibel benutzt werden solle, als ob sie eine göttliche Offenbarung wäre, so wie seine Religion überhaupt war: so handeln, als ob ein Gott wäre. Ebenso urtheilt Drobisch, philosophische Religionslehre S. 253: „Dieses Kantische „als ob" ist nichts weniger als moralisch, und kann nur durch den jesuitischen Grundsatz, der Zweck heiligt die Mittel, gerechtfertigt werden." — Kann solches Verfahren ohne das geheime Bewußtsein der inneren Unredlichkeit statt finden, da man sich's nicht verhehlen kann, nicht dem wahren Sinn Jesu und der Apostel zu folgen? Deshalb muß diese Methode, praktisch angewandt, auch dem Charakter alle Ehrlichkeit und Bestimmtheit, Offenheit, Sicherheit und Frieden, und dem Vortrage alle Kraft und allen Nachdruck rauben, was nur die Wirkung eines vollen, seiner christlichen Ueberzeugung gewissen Herzens ist. Die Parrhesie, im Namen des Herrn zu reden, mit Freudigkeit vor seinen Augen zu stehen, ihn zum Schutz zu haben, muß jenen Idealisten fehlen, ja sie werden einen solchen Glauben als nonsens verachten, weil sie von einem gegenwärtigen Christus nichts wissen. Vor dem hat man einen horror, und man verschreit den Glauben an den herzensnahen Jesus als finstern Mysticismus. Die Klage des seligen General-Superintendenten v. Cölln (Die gedrückte Kirche. Frankfurt a. O. 1801, S. 12.) über die Charakterlosigkeit der damaligen Geistlichen, die er ein Amphibiengeschlecht nannte, war gegründet.

Dieses System kann ebenfalls wie das naturalistische mehrere Abstufungen haben, bald dem biblischen Evangelio sich näher anschließen, besonders in der strengen Festhaltung der Unsündlichkeit und Heiligkeit Jesu und der Unentbehrlichkeit des Christenthums, bald aber auch wieder dem naturalistischen sich annähern, wenn es doch den historischen Christus nur für einen beschränkten, fallibeln, sündlichen Menschen hält, alle Wunder leugnet und dadurch selbst den Charakter Jesu compromittirt. Denn es läßt sich nicht leugnen, daß dieser Idealismus noch viel naturalistische Elemente an sich hat; die Verwandtschaft folgt aus dem Ursprunge: er stammt aus dem vorhergegangenen Naturalismus. Was also vom Naturalismus gesagt ist, wird mehr oder weniger auch ihn treffen.

III. **Systeme der antitrinitarischen doch bibelgläubigen Parteien.**

Dahin gehören die nackten, strengen Unitarier, die Socinianer, Arianer, Swedenborgianer. A. Unitarier wird bald im weiteren bald im engeren Sinne genommen. In jenem umschließt es auch die Socinianer und bedeutet alle diejenigen, welche nur Eine Person in Gottes Wesen erkennen, und Jesum für einen bloßen Menschen aber für außerordentlich von Gott begabt und mit ihm vereinigt halten. Unitarier im engeren Sinne sind die, welche Jesum nur für einen göttlichen Propheten, der die Vernunftreligion offenbarte, halten und ihm göttliche Herrschaft und göttliche Anbetung absprechen. Dergleichen gab es auch unter den Socinianern (z. B. Franziscus Davidis), sie wurden aber ausgestoßen. Jetzt giebt es solche unitarischen Gemeinden in England und vorzüglich in Nordamerika neben andern christlichen Gemeinden. Von diesen Unitariern unterscheiden sich:

B. Die eigentlichen Socinianer, d. h. die streng den Grundsätzen der Socine, des Cälius und Faustus Socinus, folgen. Diese Socinianer haben, wenigstens ihren Erklärungen zu-

folge, nicht die Rationalität, sondern die Biblicität zu ihrem Princip
gemacht. Dies kann mit vielen Zeugnissen bewiesen werden, z. E.
Schlichting in der Vorrede über die Trinität sagt: Wenn die Tri=
nität ihnen biblisch erwiesen würde, so nähmen sie sie an, gleichviel
ob sie der Vernunft gemäß sei, oder ihr widerstreite. Socinus hält
Christum für einen bloßen Menschen aber mit übernatürlichen Geistes=
gaben begabt, und nach seiner Himmelfahrt mit göttlicher Macht und
Herrlichkeit, oder mit der Gottheit begabt — Deus factus — so
daß ihm die Ehre der Anbetung und Anrufung gebührt; ja sie halten
den nicht für einen Christen, der Christo diese göttliche Verehrung
verweigert. Catech. Racov. Qu. 246. und (Mich. Lombard Abra=
hami, Superintendent in Clausenburg): Summa univers. theolog.
christ. sec. Unitarios. Claudiopoli 1787. p. 178. 224. 351.

C. Ueber den Socinianern stehen allerdings die Arianer, der=
gleichen es unter den Theologen immer einzelne gegeben hat, auch
in England, hohe und niedrige, high and low Arians, welcher
Unterschied besonders durch Clarke genau bestimmt ist. Sie geben
die Präexistenz Christi als des Sohnes Gottes, ja nach Clarke eine
in Gottes Wesen gegründete doch gewissermaßen vom Vater depen=
dente Subsistenz des Sohnes zu, und daher auch Verehrung des
Sohnes, doch zur Ehre des Vaters. Nach Socin hat Jesus Chri=
stus die Gottheit empfangen, die er nach Arius schon vor der
Schöpfung der Welt bei Gott hatte.

Beurtheilung dieser Systeme:

1. Exegetische. Sie stimmen in vielem mit dem Neuen Te=
stament überein, buchstäblich mit den Stellen, wo es heißt, daß
Christo Alles vom Vater gegeben sei. Aber in den Gattungen
von Stellen sind sie ganz wider die Schrift, wo Präexistenz, ja
Ewigkeit und die Weltschöpfung Christo zugeschrieben werden. Hier
muß Socin den Worten Gewalt anthun, z. E. Joh. 1, 3. 10.,
wo er es von der moralischen Regeneration verstehen will, welche
Johannes mit Ausdrücken nach 1. Mos. 1. beschreibe; die Arianer,
die niedrigen, blos in den Stellen, wo dem Sohne im strengen
Sinne Ewigkeit zugeschrieben wird. — Wenn diese Parteien von
der Schriftgemäßheit ihrer Lehre überzeugt sind, müssen wir sie für
Christen anerkennen.

2. In theoretischer Hinsicht hat ihr System große Schwie=
rigkeit, viel mehr als das kirchliche. Für die erste, oberflächliche
Betrachtung scheint es etwas Empfehlendes zu haben, weil es der
Schwierigkeit der drei Personen in Gott entgeht. Allein bei tieferer
Erforschung ergiebt sich bald, daß es keine Consequenz hat. Denn
wenn man Christum auch noch so hoch denkt, so ist und bleibt er
doch Geschöpf, Engel, und wie können ihm die göttlichen Prädikate:
Weltschöpfung, Verehrung zukommen? (Trefflich Athanasius
orat. 3. und 4. contra Arianos Opp. I. 394. 464.) Daher ist
der Socianismus nichts als ein defecter Rationalismus, und scharf=

finnige Denker haben ihn immer verworfen als ganz unhaltbar.
(Vgl. Leibnitz in Lessing's Beitr. aus d. Wolf. Biblioth. II. 410.
und dessen Otium Hannov. p. 8—15.) Es hat etwas Anstößiges,
ein geschaffenes, untergeordnetes Wesen als das wirkende Princip
in allen moralischen Werken zu denken, da Gott allein die Urkraft
alles Lebens ist. Daher ist Socinismus nur Durchgang zum Na=
turalismus, und ist es wirklich für viele gewesen, so für Priestley,
der erst strenger Calvinist, dann hoher Arianer, dann niederer Aria=
ner, dann Socinianer, dann Socinianer der niedrigsten Art war,
und zuletzt Jesum als bloßen natürlichen Menschen ansah, der auch
dem Irrthum und der Sünde unterworfen gewesen sei. Wilber=
force (Praktische Ansicht des herrschenden Religionssystems vorgeb=
licher Christen verglichen mit dem wahren Christenthum, übers. von
Schröder, S. 531) sagt: „In dem oben gezeichneten Fortgang
von sogenannter Orthodoxie zum vollendeten Unglauben ist der Uni=
tarismus in der That ein Absteigequartier, wenn der Ausdruck erlaubt
ist, eine Station auf der Reise, wo zuweilen jemand auf immer
bleibt, wo aber auch nicht selten er bloß ausruht auf eine Weile,
und dann seine Reise weiter fortsetzt."

3. **Praktische Prüfung.** Man kann nicht leugnen, daß es
bei dem wahren Socinismus Glaube, Liebe zu Jesu, Vertrauen
auf ihn, ja Herzensgemeinschaft mit ihm geben kann (daher nach
dem Arminianer Limborch in der Vita Episcopii 327. einzuräu=
men ist, daß sie nicht schlechthin aus der Gemeinschaft der Christen
auszuschließen sind), daß der Prediger warm von Jesu Liebe predi=
gen kann, wie Hauber in Amsterdam einen mit Thränen davon
predigen hörte. (S. Büsching: Beiträge zur Lebensgeschichte denk=
würdiger Personen. III. 173.) — Dennoch aber kann man es nicht
verschweigen: — a) daß die wahre, volle Verehrung Christi durch
die gar zu groben theoretischen Schwierigkeiten leicht gestört werden
kann, — b) daß in unserm kirchlichen System alle Reize zum le=
bendigen Christenthum stärker sind, und — c) daß der Uebergang
vom Socinismus zum niedrigen Unitarismus gar zu leicht ist, bei
letzterem hingegen das lebendige Christenthum sehr abstirbt. Dieß
bestätigen sogar Zeugnisse der Unitarier selber, wie Wilberforce
a. a. O. und Dwight, Syst. of Theology II., 144., bemerken.
(Vgl. noch Fuller: The Calvinistic and Socinian system exa-
mined and compared as to their Moral Tendency. 1796, der
den überwiegenden Werth des evangelischen Systems zeigt; — und
die Gegenschrift des Socinianers Toulmin: The practical effi-
cacy of the Unitarian doctrine etc. 1801. Beide Schriften sind
ruhig und voll persönlicher Achtung geschrieben.) — Diese prakti=
schen Bedenklichkeiten finden sich zwar weniger bei dem auf's höchste
gesteigerten Arianismus, wie er von Clarke ist modificirt worden,
wo der Sohn Gottes vorweltlich, nur nicht ewig ist. Wenn es
bloß auf den Herzensgebrauch und auf praktischen Einfluß ankommt,

so kann man diese Systeme neben unserm kirchlich athanasianischen
wohl dulden: das Herz fragt weniger streng nach der scharf bestimm=
ten metaphysischen Vollkommenheit des Begriffs von Gott. Allein
wer von theoretischen Zweifeln angefochten wird, die allemal ent=
stehen, wenn Jesus Christus nicht wahrer Gott ist, der findet mehr
Befriedigung in der kirchlichen Lehre.

D. Das S w e d e n b o r g i s c h e S y s t e m ist der umgekehrte
Naturalismus. (S. Swedenborg: Revision der bisherigen Theo=
logie der Protestanten und Katholiken. Aus dem Latein. Breslau
1786. Vgl. Stäudlin: Kirchliche Geographie I., 89 ff., 246 ff.
Allgemeine Litt. Ztg. 1790. II. S. 217 ff. 1796. III. S. 207 f.
Henke: Archiv für die neueste K. G. III. 430 ff. — S p a n g e n=
b e r g wurden Swedenborg's Schriften zum Abscheu, weil sie der
Lehre Jesu und der Apostel nicht gemäß sind. S. sein Leben von
Risler. S. 450.) Er erkennt nur Eine göttliche Person im gött=
lichen Wesen an, und diese ist Jesus Christus. Jesus ist also der
dreieinige Gott; dreieinig ist er nur nach seinen verschiedenen Bezie=
hungen oder Offenbarungen: V a t e r ist er nach seiner ewigen Gott=
heit an sich, S o h n nach seiner Menschwerdung, h e i l i g e r G e i s t
nach seiner fortgehenden unsichtbaren Wirksamkeit in den Menschen.
Christus ist der Eine persönliche, Mensch gewordene Gott. — Seine
Hauptbasis ist Joh. 10, 30.: „Ich und der Vater sind eins" —
14, 9. 10.: „Wer mich siehet, der siehet den Vater." „Der Va=
ter, der in mir ist." — Dieses System hat zu viel wider sich, so
daß es zu verwundern ist, wie es immer hat so viele Anhänger
finden können.

1. In e x e g e t i s c h e r Hinsicht. Es kann auf keine Weise die
unerträgliche Härte, das Widersinnige mildern, das darin liegt, daß
Jesus Christus als Sohn Gottes vom Vater sich persönlich unter=
scheidet (wie denn Vater und Sohn nach allgemeinem Begriff als
zwei Personen zu denken). Der Sohn war v o n j e h e r beim Va=
ter, Joh. 1, 1., in des Vaters Schooß; wäre er Sohn erst nach
seiner Menschwerdung, so war er vorher noch gar nicht. Er redet
mit ihm, betet zu ihm; was soll das für ein seltsamer Monolog
sein, mit sich selbst als mit einem andern reden! Der Vater sendet
ihn, giebt ihm Auftrag, er ist dem Vater gehorsam, also sich selbst?
Gehorsam setzt zwei Wollende voraus. Der Vater liebt den Sohn,
Liebe fordert ein Ich und Du, also zwei Personen. Die beständige
Antwort, daß Jesus immer in zwei verschiedenen Rücksichten von
sich spreche, befriedigt nicht und ist ganz unverträglich mit der po=
pulären Sprechweise, nach welcher in Jesu Wort „Vater" und
„Sohn" zwei Personen sind. Kurz, es müßte ein Sprachgebrauch
und eine Denkweise angenommen werden, die allen unsern mensch=
lichen Vorstellungen ganz zuwider ist. — 2. In p r a k t i s c h e r
Hinsicht könnte es scheinen, daß dadurch das Charakteristisch=Christ=
liche im Glauben und Cultus überaus verstärkt und gespannt würde;

denn alles reducirt sich nun auf Christum: er ist allein Gott, er der einzige Gegenstand unserer Anbetung. Allein: a) Im Grunde geht doch das Wesentlich = Christliche verloren, welches eben darin liegt, daß es durch Christum ein Mittelband zwischen uns und Gott giebt; ein Mittler existirt nicht mehr, wenn Christus die einzige ab= solute göttliche Person ist. Mittler bliebe blos die menschliche, sinn= liche Erscheinung dieses Gottes, dieser käme aber an sich keine Per= sönlichkeit zu, und so kann sie uns doch nicht mit Gott vereinigen. b) Wenn dieses unvermerkt darauf führt, der Menschheit selbst Per= sönlichkeit zuzuschreiben, so ist dann auch der Schritt zu der Mei= nung sehr nahe, bei welcher keine persönliche Vereinigung des Logos und des Menschen Jesus, keine Menschwerdung des Sohnes Gottes statt findet, sondern nur eine besonders nahe, kräftige, kurz: einzige Einwirkung Gottes auf den Menschen Jesus angenommen wird, was sowohl schriftwidrig ist, als auch den praktischen Einfluß der Lehre von der Gottheit Christi schwächt. — Ernesti nannte es verkapp= ten Naturalismus.

Schlußbemerkung.

Es geht aus dieser Prüfung hervor: 1) Daß es die grundloseste und seichteste Behauptung ist, als sei es für das Herzenschristenthum indifferent, welchem Glauben über die Person Jesu Christi man zu= gethan sei. Wer dies sagt, beweist, daß er noch keine Ahnung habe von der Kraft und Lebensfülle, die in jenem evangelischen Mysterium, dem Grundpfeiler der Kirche, liegt, daß davon, so wie der ganze Charakter des christlichen Lebens, so auch der Charakter der christlichen Predigt abhange. Es zeigt auch solche Indifferenz von völligem Mangel an determinirtem Glauben, mithin an Charakterstärke. Denn das kann unmöglich wahr sein, daß in wichtigen, in den ersten Re= ligionspunkten zwei opponirte Glaubensarten gleich gut sein könnten. Nein, nur die eine, die wahre, ist gut, und was ihr entgegensteht, kann nicht gut sein. — Vgl. Luther VII., 2106: „Die Papisten sagen: Deine Lehre ist recht, aber unsere ist auch recht, bekennen, daß der Glauben an Christum helfe und sprechen daneben: der Herr hat andere Wege auch nicht ausgeschlossen, und machen also viel Wege zum ewigen Leben, unter welchen ist, die Fürbitte der Heili= gen, daß ich die Jungfrau Maria anbete rc. Nein, es hilft nichts zum ewigen Leben, Christus schleußt diese Wege alle aus; sie sind gar verworfen." XIX., 663 im Brief an Capito: „Das Christen= thum ist ein öffentlich, aufrichtig Ding, siehet die Sachen an und bekennt sie, wie sie an sich selbst sind." Der ganze Brief ist gegen Lauheit und Halbheit der Indifferentisten und ihrer Accommodations= weise. — Wenn die Gegner des evangelischen Glaubens unserer Kirche wollen männlich und wissenschaftlich verfahren, so müssen sie behaupten und beweisen: unser Glaube, oder richtiger, unsere Ne= gation ist gut und recht, und euer Glaube ist falsch und schädlich.

Das wäre doch noch fest und entschieden aufgetreten. Sie müßten aber auch demgemäß handeln, consequent in offner Fehde auch vor dem Volke auf der Kanzel. Warum halten sie da hinterm Berge? Luther und die Reformatoren traten gleich als offene Kämpfer hervor. (Luther XX., 377: „Wäre es der rechte Geist gewesen, so wäre er flugs aufgetreten, und hätte seinen Beruf mit Zeichen und Wundern bewiesen; aber es ist ein meuchliger, heimlicher Teufel, der in Winkeln umherschleicht." XX., 970: „Ein sicher Gewissen, das der Sache gewiß ist, sißelt und seßelt nicht also; es saget's dürr und frisch heraus, wie es an ihm selbst ist." 1058: „Ein sicher Gewissen bettelt nicht also." XVIII. 2513. Brief an Amsdorf über des Erasmus Zweideutigkeit und Zweizüngelei.). Vgl. Alb. Knapp: „Ist die Verschiedenheit der dogmatischen Systeme kein Hinderniß des Zwecks der Kirche?" in Klaiber, Studien der evangelischen Geistlichkeit. Würtembergs I. Heft 2. und Köhler über den nachtheiligen Einfluß des Rationalismus auf die Führung des evangelischen Predigtamts. Ebendaselbst III. Heft I. S. 3—67. (Trefflich!).

2. Worin liegt die Ursache der Abneigung gegen das Dogma von der Gottheit Christi? Die Ursache muß tief liegen. Nicht bloßer Irrthum des Verstandes, oder gar Religiosität gegen den Vater können die Ursache sein. (Es kleidet dem Satan schlecht, wenn er sich in das Gewand der Frömmigkeit hüllen will.) Das zu thun, was der Vater fordert, ist keine Herabsetzung des Vaters; der Vater wird in dem Sohne recht verehrt. Sondern die moralischen Ursachen sind, wenigstens bei den meisten: a) Hochmuth. Dieser weigert sich, die überschwengliche Hoheit des Einen, sein göttliches Ansehn, anzuerkennen, wodurch man zum Gehorsam und zur Verehrung gegen ihn verpflichtet wird. Der Mensch will gern Alles zu seines gleichen machen. Man sträubt sich gegen die Demüthigung, eines Versöhners zu bedürfen. — b) Man sucht Freiheit vom Joche des Christenthums. Ohne Christus und seine Gottheit ist Allem Thor und Thür geöffnet. — c) Daher liegt die Gefahr sehr nahe, in eine geheime Feindschaft wider Christum zu gerathen. Dieses führt in die verderblichste Gemeinschaft mit dem Urfeinde Gottes, der der Feind Christi ist. Das Leugnen der Gottheit Christi, oder der einzigen Verbindung der Gottheit und Menschheit in der Person Jesu, so wie es im tiefsten Grunde seinen Ursprung in der Abkehr von Gott hat, so führt es in dem letzten, consequentesten Fortgang zur Trennung von Gott, zur Leugnung Gottes. 1. Joh. 3, 23.: „Wer den Sohn leugnet, der hat auch den Vater nicht." 4, 15.: „Welcher nun bekennet, daß Jesus Gottes Sohn ist, in dem bleibet Gott, und er in Gott." — Warum willst du nicht dieses innige Band mit Gott? Weil du dich scheust, Gott nahe zu kommen! Jesus ist der Prüfstein der Herzen. Was werden seine Widersacher einst empfinden, wenn sie ihn werden anerkennen müssen mit Entsetzen,

ben sie vorher nicht wollten freiwillig anerkennen! S. Luther, III., 2802, „Ob sie ihm nicht alle gehorchen nach dem Evangelio, bricht seiner Herrschaft über alle Creaturen nichts ab. Wer nicht unter ihm sein will mit Gnaden, der muß unter ihm sein mit Ungnaden. Wer nicht mit ihm regieren will, der muß (wie seine Feinde) seiner Füße Schemel sein."

Lehre vom heiligen Geiste.

I. Biblischer Inhalt dieser Lehre.

A. Hier ist die erste schwierige Frage, ob der heilige Geist als Person beschrieben ist. Gewiß ist, daß πνεῦμα an vielen Stellen blos als göttliche, wirkende Kraft, als eine im Menschen erweckte Gesinnung, als ein dem Menschen mitgetheilter, in ihm wohnender Geist sich denken läßt. Teller im Wörterbuch s. v. „Geist," und Sintenis in seinen theologischen Briefen leugneten daher, daß es eine sichere, hermeneutische Regel gebe, wonach man bestimmen könne, ob πνεῦμα ἅγιον Person, oder Qualität, oder Kraft ꝛc. sei. — Allein als Regel kann gelten: πν. ἅγ. ist Person, wenn es mit andern unleugbaren Personen zusammengestellt wird, gleiche oder ähnliche Prädikate empfängt und doch dabei von jenen Personen unterschieden wird. Dieser Canon findet seine Anwendung in Matth. 28, 19.; Joh. 14, 16. 26.; 2. Cor. 13, 13.; 1. Petr. 1, 2.; 1. Cor. 12, 4. ff.; Röm. 8, 26. 27.; Ephes. 4, 30. Auch in Matth. 12, 31. 32. (Sünde wider den heiligen Geist im Vergleich mit der Sünde wider Christum); 1. Joh. 5, 8 (Geist, Wasser, Blut).

Es scheint in manchen Stellen die Persönlichkeit aufgehoben zu werden: Joh. 7, 39: „Der heilige Geist war noch nicht da ꝛc." Dies bezieht sich aber offenbar auf die reiche Austheilung des heiligen Geistes, die erst nach der Erhebung Christi geschehen sollte. Die Apostel wußten ja, daß der heilige Geist sonst da war in den Propheten des Alten Testaments und in Christo selber. — 1. Cor. 2, 11. wird verglichen Gott und Gottes Geist mit Mensch und Menschengeist; so wenig letzteres zwei Personen sind, so wenig — scheint es, — auch ersteres. Indessen keine Vergleichung darf über den Vergleichungspunkt extendirt werden. Der Vergleichungspunkt ist hier die genaue Kenntniß und der Sinn: Wie nur der Mensch sein Inneres erkennt, nicht andere Menschen, so erkennt auch nur Gottes Geist die Tiefen Gottes. Von der Person des heiligen Geistes wird also hier weder etwas affirmirt, noch negirt. Röm. 8, 15.: „Ihr habt nicht einen knechtlichen Geist empfangen — sondern einen kindlichen Geist ꝛc." So wenig aber der knechtliche Geist eine Person ist, — sagt man, — so wenig auch der kindliche. Indessen ist hier offenbar der durch den Geist Gottes erregte kindliche Sinn gemeint. V. 16. „derselbige Geist giebt Zeugniß unserm Geist"

bezieht sich auf B. 14.: „welche der Geist Gottes treibet, die sind
Gottes Kinder·," wo offenbar der göttliche die Christen treibende
Geist beschrieben wird. — Ueberhaupt rechnet man hierher alle
Stellen, wo diesem Geiste Prädikate gegeben werden, welche mehr
auf eine Gnadengabe, Kraft, Gesinnung passen, kurz mehr auf ein
Abstractum, z. B. der heilige Geist wird gesandt, er wohnt im
Menschen, u. s. f. Hierauf ist aber zu antworten: Es sind dies
eben Wirkungen, die von der Person des heiligen Geistes ausgehen;
es werden per metonym. causae pro effectu die Wirkungen be=
zeichnet mit dem Namen der Ursache. — Resultat: Die gramma=
tischen Gründe sind bei weitem überwiegend dafür, daß der heilige
Geist als Person zu denken sei, wozu das Zeugniß der alten Kirche
kommt, die in den ältesten Symbolen und Apologien es erklärt,
daß sie, wie den Vater und den Sohn, so auch den heiligen Geist
verehre und anbete.

B. Die andere wichtige Frage ist, ob dieser Geist göttliche
Person sei. — Hier ist zu antworten: Sobald das fest steht, daß
er Person ist, so ist an seiner Gottheit gar nicht mehr zu zweifeln.
Eben weil er Geist Gottes, Geist des Vaters, des Sohnes heißt
und mit Gott in so genaue Verbindung gesetzt wird, folgt schon,
daß er als ein göttliches Subject zu denken ist. — Die Haupt=
stelle ist Matth. 28, 19., wo ihm dieselbe Verehrung zugeschrieben
wird, wie dem Vater und dem Sohne, wir auf ihn ebenso ver=
pflichtet werden, wie auf Vater und Sohn. Ernesti Op. th.
p. 569: Aliquem baptizare in nomen est, alicujus religionem
ei adstringere, ut ei credere, ei obedire, eum colere religiose
necesse sit. Cui religio adstringi potest, nisi uni et soli Deo?
Nam alii, non Deo (einem andern, der nicht Gott ist), adstringi
idololatria fuerit. — Vgl. Joh. 9, 9.; Jes. 60, 9.; Jerem. 3, 17.
(auf den Namen des Herrn, d. i. zur Verehrung des Herrn). —
Die Einwendung 1. Cor. 10, 2.: „auf Moses getauft," ist un=
erheblich. Bei Moses war keine eigentliche Taufe. Und die Ver=
pflichtung durch Taufe ist pro ratione subjecti zu bestimmen. Aus
dem Grade der Verehrung, die dem Vater und Sohn geschieht,
ist der Grad der dem Geiste gebührenden zu bestimmen. — Au=
ßerdem werden ihm göttliche Namen beigelegt: Apg. 5, 3. 4.,
den heiligen Geist belügen = Gott belügen. 1. Cor. 6, 19. vgl.
2. Cor. 6, 16. Dort kann πν. ἅγ. nicht sein = heilige Gesinnung;
dazu paßt nicht ναός: den Tempel inne haben kann nur die Gott=
heit. Dieses πν. eben heißt in der zweiten Stelle „Gott." —
Die ganze Wirksamkeit, die dem Geiste zugeschrieben wird, ist
göttlicher Art, wird daher auch promiscue Gott oder Christo zu=
geschrieben. Dies läßt sich von einem untergeordneten Wesen, En=
gel oder dergleichen gar nicht sagen; es würde etwas Anstößiges
haben, die ganze Wiedergeburt einem Engel zuzuschreiben. Bret=
schneider, Dogm. I. 476, wendet ein: 1) Es lasse sich nicht ent=

scheiben, ob nicht. auch ein beschränktes geistiges Wesen diesen mo=
ralischen Einfluß haben könne. Dagegen ist zu antworten, daß ein
solches Wesen doch wohl nicht einen solchen fortgehenden, in Allen
neues Leben anregenden Einfluß haben könne. 2) Dem Satan
werde die unmoralische Einwirkung zugeschrieben. Dagegen: a) ihm
nicht allein, sondern seinem ganzen bösen Engelheere. Ephes. 6, 11.
b) Einwirkung zum Bösen läßt sich leichter denken, als Schöpfung
eines neuen moralischen Lebens. Das Gute ist leichter zu nehmen,
als zu geben; todt machen, zerbrechen ist keine Kunst; aber neu
beleben, — das muß ein anderer wohl bleiben lassen.

Ueber das innere Wesen des heiligen Geistes und sein Sub=
sistential=Verhältniß zum Vater und Sohn lehrt das Neue Testament
nichts. Denn die Ausdrücke: vom Vater ausgehen, vom Vater und
Sohn gesendet werden, beziehen sich offenbar nur auf sein Verhält=
niß zu dem Menschen: seine Gaben werden den Menschen nur durch
den Vater und Sohn zu Theil. Das Neue Testament will nicht
transcendentale Speculationen geben, sondern uns die Wohlthaten
des heiligen Geistes erkennen lehren. Auf diese müssen wir merken;
wenngleich das schon a priori feststeht, daß gleichwie der Sohn
im Wesen des Vaters gegründet ist, so der heilige Geist im Wesen
des Vaters und Sohnes gegründet sein müsse, weil er der Geist des
Vaters und des Sohnes heißt. — Uebrigens ob wir auch nicht
aus bloßen Vernunftgründen einen Versuch machen dürften, das Da=
sein und die Persönlichkeit des Geistes nachzuweisen, wie es möglich
ist in der Lehre vom Sohn Gottes, so könnte uns dies nicht wider
die Lehre einnehmen. Müssen wir denn Alles jetzt ergründen? —
Versuche sind indeß gemacht worden. So z. B. wenn man den Geist
in Beziehung auf das innere Wesen der Gottheit sich denkt als das
Princip in Gott, vermöge dessen der Vater und Sohn in der innig=
sten Harmonie und Liebe sich durchdringen (der Kuß des Vaters und
des Sohnes); in Beziehung auf die Geisterwelt ist es eben dieses
Princip der Liebe, insofern es auf alle Geister liebend und heiligend
einwirkt: das Princip eines heiligen Triebes in Gott, sich den Gei=
stern mitzutheilen. — Kurtz (in Rudelbach's Zeitschrift für luth.
Theologie. 1842. Heft 1.) stellt folgende Auseinandersetzung auf:
„Gott ist der absolute Geist, d. i. das schlechthin vollkommne Le=
ben.... Leben ist Bewegung, Thätigkeit, das absolute Leben ist
absolute Thätigkeit... Jede Thätigkeit fordert ein Object, die ab=
solute Thätigkeit auch ein absolutes Object. Dies Object kann nicht
außer Gott, muß vielmehr in ihm selbst sein, weil er alle Bedin=
gungen seines Lebens in sich selbst hat. Wäre es die Welt, so
müßte sie ewig sein, und Gottes Dasein wäre abhängig von ihrem
Dasein. Zudem kann die endliche Welt nimmermehr vollkommen
würdiges Object seiner Thätigkeit sein... Dem Unendlichen ist nur
das Unendliche, dem unendlichen Gott nur er selbst würdiges Ob=
ject. Darum kann Gott nicht und nie in sich verschlossen, in starrer

Einheit gewesen sein. Um zu sich selbst in lebensvolle Beziehung zu treten, muß seine Einheit sich zu lebensvoller Mehrheit entfalten, und zwar zunächst zur Dualität, damit dem Subject ein Object gegenüberstehe, an welchem es sich als lebendig erweisen kann. Aber die Dualität ist in ihrer reinen Erscheinung nur Gegensatz ohne Vermittelung, Unterschied ohne Einheit, ein Unvollendetes, in welchem das eine dem andern gegenübersteht, ohne sich in sich selbst abschließen zu können. Ihr Complement findet sie erst in einem dritten, das den Gegensatz in sich aufnimmt und vermittelt und den Unterschied zur Einheit zurückführt, ohne ihn aufzuheben. Ohne dies dritte würde entweder der unvermittelte Gegensatz stetig und die Dualität zum Dualismus werden, oder zur starren Einheit zusammenfallen und der Monotheismus zum Deismus, zur leeren, wesenlosen Abstraction werden müssen. Erst die Dreiheit ist die wahre lebensvolle, concrete, harmonisch zusammenschließende Einheit; sie ist Dreieinheit oder Dreieinigkeit, innerhalb welcher der nothwendige Verlauf des göttlichen Lebens sich vollendet." — So Kurtz. Aehnlich Martensen. Andere anders. Doch unser Reden ist Stückwerk. Es ist unsre Pflicht nicht, die Speculation bis auf's äußerste zu treiben; wer nur dies will, dem fehlt das kindlich gläubige Herz. Die Lehre ist uns gegeben zur inneren Belebung. Die Hauptsache bleibt also:

II. Die praktische Wichtigkeit der Lehre vom heiligen Geist.

1. Dem heiligen Geist verdankt der Christ seine rechte Erleuchtung. Ohne den heiligen Geist kann er weder den Vater noch den Sohn recht erkennen. Es ist ohne des heiligen Geistes Licht alles nur todtes historisches Wissen ohne Leben und innere Erfahrung. In diesem Geist, der den Christen nie verläßt, so lange er im Glauben an Christum steht, hat der Christ einen steten, unsichtbaren Lehrer, einen monitor (Joh. 14, 26.), der uns alle Stunden an das Nöthige erinnert. Wie vergeßlich, wie zerstreut ist doch der Mensch! Der heilige Geist leitet den Christen in alle Wahrheit. An ihm hat der Christ einen Rathgeber, wo er selbst sich nicht zu rathen weiß. Er ist die verheißene Salbung. Er ist der Meister, in dessen Schule überhaupt nicht blos Christen, sondern besonders ächte Theologen gebildet werden (Joh. 6, 45.). — 2. Dem heiligen Geist verdankt der Christ seine Erneuerung und Heiligung. Der heilige Trieb der Liebe aus Gott kommt vom Geiste. Dadurch wird das ganze Herz vergöttlicht. Erst wenn der Geist das Herz inne hat, dann ist es mit dem Vater und Sohn in Einstimmung. Der Geist, der in eines Christen Herzen wohnt, macht es erst zu einem Gottestempel, bringt es in so selige Gemeinschaft mit dem Vater und dem Sohne; ohne diesen Geist ist das Herz todt, von Gott getrennt. Dieser Geist stärkt den Schwachen, den Blöden: er heißt aller Blöden Tröster. Er muß mit uns arbeiten,

predigen, das Wort Gottes an's Herz legen; was vermag der Prediger ohne ihn? Darum ist Folgsamkeit gegen den heiligen Geist heiligste Pflicht; das Gegentheil, die Sünde wider den heiligen Geist, die schwerste, keiner Vergebung fähige Sünde. — 3. Der heilige Geist tröstet oder vertritt die Gläubigen bei Gott. Röm. 8, 26. 27. Das harmonirt mit Christi Fürbitte und Vertretung gar wohl: Christus ist der außer uns liegende, vor Gott gültige, objective Grund, warum Gott den Menschen gnädig ist, der heilige Geist ist der innere, im Menschen wirkende Grund, daß sein Herz diesen Christum und seine Versöhnung annimmt, der bewirkt, daß bei ihm Christi Versöhnung gültig wird. Hier besonders ist es fühlbar, welches Moment die Persönlichkeit des Geistes hat. Der vertretende Geist muß dem persönlichen Verhältniß nach verschieden sein von dem, bei dem er uns vertritt. — Der heilige Geist ist in dem kranken Herzen der Tröster, der den Frieden Christi schmecken läßt. — 4. Der heilige Geist ist das innere unsichtbare Band aller Gläubigen und Frommen, er stiftet erst wahre Harmonie, er schafft ein Reich Gottes. Es ist etwas ganz anderes als eine Eintracht und Verbindung, die von gewissen gleichen Gedanken und Zwecken herkommt; wie unvollkommen und wie wenig ausgesprochen und gewiß ist diese! Es giebt etwas über alle Gedanken und Zwecke erhabenes, das die Christen zusammenhält: der Geist, der in allen wirket! Die ganze Christenheit auf Erden hält in einem Sinn gar eben·"

———

Es ist in dieser Lehre von der Dreieinigkeit die Summe des ganzen Christenthums enthalten, das ganze vollständige Christenthum ist in dieser Lehre zusammengefaßt. Gott blos als Vater gedacht und verehrt, führt zum Naturalismus. Gott aus seinen Werken in der Natur kennen, heißt, ihn nur auswendig, äußerlich kennen. Gerade so, wie wenn man von einem Menschen nichts weiter weiß, als was er für ein Kleid an hat, so weiß der Naturalist, daß Gott im Sommer ein grünes, im Winter ein weißes Kleid an hat. Erst im Evangelio lernt man Gott inwendig, innerlich kennen, was er in sich ist, sein Wesen, sein Herz. Dieser Gott bleibt nicht mehr eine starre, für sich allein seiende Monas, er ist eine Trias. S. Martensen, Dogm. S. 123: „Der Kampf der Kirche gegen Arianismus und Sabellianismus ist Kampf für das Christenthum als vollkommene Liebesoffenbarung Gottes, die eben so sehr die deistische Anschauung ausschließt, welche eine gähnende Kluft befestigt zwischen Gott und der Schöpfung, als die pantheistische, welche beide vermischt." — Die ausschließliche Verehrung des Sohnes ohne Vater und Geist gäbe ein grundloses und lebenloses Christenthum, weil der Sohn Alles durch den Vater ist und zum Vater führt. (Wir finden eine solche Verehrung bei den Swedenborgianern.) Die ausschließliche Verehrung des Geistes ohne Sohn, ohne Wort und äußere Offenbarung führt zur Schwärmerei. Nur die Verehrung des Vaters durch Verehrung des Sohnes im heiligen Geist drückt das Ganze des christlichen Glaubens rein und vollständig aus. O wie selig fühlt sich der Christ, wenn er diesen dreieinigen, durch und durch lebendigen Gott anbetet und anruft! wie viel seliger als der Muhamedaner, der nur den Gott Schöpfer kennt! Wie selig, jetzt schon durch herzliche Einstimmung einen Vorschmack der höheren Lobgesänge zu empfangen und dadurch sich vorzubereiten, einst einzustimmen in das ewige, himmlische Trisagion! Gloria Patri et Filio et Spiritui Sancto. Amen!

§ 28.
Lehre von der Schöpfung.

Aus dieser Lehre gehören folgende Punkte in das Gebiet der christlichen Predigt: Die Erklärung des Verhältnisses Gottes als Schöpfers zu uns, die Vorstellung der Schöpfung aus Nichts, der Zweck der Schöpfung, der praktische Gebrauch der Lehre von der Schöpfung und endlich der Werth der biblischen Schöpfungsgeschichte.

Anm. 1. Wenn wir der Ordnung nach die Werke Gottes betrachten, oder das, wodurch er sein Dasein und seine Kraft zu erkennen gegeben hat außer sich: so ist die Schöpfung unter ihnen das Erste. — Jeder Mensch erkennt das Dasein der Welt; der gemeine Verstand zweifelt auch gar nicht an der objectiven Realität derselben, denn das hieße das Selbstbewußtsein leugnen, indem der Mensch sich erst an der Welt seiner selbst bewußt wird. Aber selbst der speculirende Verstand kann nicht mit Grund die Realität der Welt leugnen. Wir sehen im weiten Himmelsraume die zahllosen Sternenheere, die in Ordnung ihre Bahnen gehen, wir erblicken auf der Erde einen Schauplatz der mannigfaltigsten Dinge, in deren Mitte wir selbst gestellt sind: Da muß der Denkende fragen: woher diese Welt? und da eine endlose Reihe von Ursachen nicht denkbar ist, und die Welt den nothwendigen ewigen Grund ihres Daseins nicht in sich selbst haben kann, so wenig sich der Einzelne als ewig fühlt: so kommen wir auf den Begriff des Schöpfers. Gott ist das Wesen, durch dessen Kraft und Willen alles, was da ist, sein Dasein erhalten hat. Die Schrift macht dies zum unterscheidenden Merkmal des wahren Gottes, daß er die Welt erschaffen. Er ist der Quell des Lebens. Das ist das erste Verhältniß zwischen uns und Gott: Gott ist Schöpfer, und zwar nicht blos des Weltalls im Großen und Ganzen, sondern auch alles Einzelnen.

Anm. 2. Die Art des Schaffens, das eigentliche Werden kann kein endliches Wesen erkennen, weil dies über alle Erfahrung hinausliegt; um so mehr ist festzuhalten an der Gewißheit der

Schöpfung durch Gott, wie sie die Schrift lehrt. Dieselbe lehrt die Schöpfung aus Nichts (dieser Ausdruck stammt aus 2. Macc. 7, 28), aber es soll damit nicht gesagt sein, daß das Nichts gleichsam der Stoff gewesen, aus dem Gott geschaffen habe — dem gegenüber bleibt vielmehr das Princip Ex nihilo nihil fit unangefochten stehen —; vielmehr soll damit etwas Negatives ausgedrückt werden, nämlich: es hat nicht zugleich mit Gott eine ewige Substanz, Materie bestanden, welche Gott nur gebildet, eingerichtet hätte; sondern alles, was da ist, ist erst und allein durch Gottes Kraft, durch seinen ausgesprochenen Willen entstanden. Die Schrift lehrt dies weniger in dem Worte bara, das sie gebraucht, als vielmehr indem sie davon spricht, daß Gott Himmel und Erde, d. i. Alles, — auch die Materie der Dinge, — geschaffen habe; indem sie in ihrem Berichte deutlich die spätere Bildung und Vollendung der Erde von der ersten Erschaffung aller Dinge unterscheidet (1. Mos. 2), und endlich, indem sie davon spricht, daß die Welt einen Anfang gehabt habe und daß Gott vor der Welt gewesen sei. Ps. 90, 2.; 102, 26.; Joh. 17, 5.

Die Lehre von der Schöpfung aus Nichts ist darum wichtig, weil wenn außer Gott etwas ewig bestände, er aufhörte, absoluter, wahrer Gott zu sein. Es wäre auch zweifelhaft, ob die neben Gott ewig seiende Materie in die heiligen Zwecke Gottes paßte, oder ob sie nicht ein beständiges Hinderniß für dieselben bliebe, ja ob in ihr nicht der Grund des Bösen läge. Den alten Weltweisen ist die Lehre ganz fremd gewesen, sie Alle nehmen eine Materie an, die Gott nur geformt habe; daher gesteht selbst Garve (Verm. Auff. II., 330 ff.), daß es sich nicht erklären lasse, woher die Hebräer diesen so schweren Begriff gehabt. Aber sie haben ihn eben durch göttliche Offenbarung empfangen. (Heinr. Müller in der Apostol. Schlußkette zum 3ten Sonntage nach Trinitatis, S. 142. allegorisirt: So wie Gott aus Nichts Alles gemacht hat, so macht er auch aus dem Menschen, der an allen seinen Kräften und Vermögen verzagt, ein groß und herrlich Ding. Er senkt sich mit all' seiner Güte in ein demüthig Herz. Vgl. 1. Cor. 1, 28.) Wenn Drobisch (Religions = Philosophie, Leipzig 1840. S. 202 ff.) behauptet: Die Allmacht kann nur schaffen, was der Entstehung fähig ist, nämlich das mannigfaltige und veränderliche Dasein, nicht aber das einfache und unveränderliche Seiende, die einfachen Elemente der Dinge oder die Monaden, welche raumlos, zeitlos und wirkungslos sind; denn in dem Begriff des einfach Seienden liegt es, nicht in Beziehung auf und durch Anderes gesetzt zu sein; es giebt keine Ursache des Seins; — und wenn er die Schöpfung darin setzt, daß Gott aus diesen Elementen die Materie, aus der Materie die Welt und ihre Geschöpfe durch seinen Willen entstehen ließ: so ist hiergegen gleichfalls zu behaupten, daß der Begriff des Schöpfers dadurch aufgehoben wird, auch wenn nur die Monaden als den Grund ihres Seins in sich selbst habend an=

gesehn werden. Und wie ist es mit unserm Geiste? sagt uns nicht
unser Bewußtsein, daß der Grund auch seines Seins nur in Gott
liegt? aber ihm müßte man dann doch vor Allen die Unabhängigkeit
vindiciren, die den Elementen zugeschrieben wird. — Eben so wichtig
ist auch die Lehre von der Schöpfung in der Zeit; denn wenn die
Welt ewig ist, so ist sie gleich nothwendig mit Gott, und dann
schwerlich mehr abhängig von ihm. Auch müßte man fragen: wenn die
Welt ewig war, warum sind denn die einzelnen Geschöpfe nicht ewig?

Anm. 3. Was den Endzweck der Schöpfung anbetrifft,
so ist die ältere Meinung: Gott hat alle Dinge um seiner selbst
willen geschaffen, zu seiner Ehre. (Röm. 11, 33.) Das ist richtig;
nur darf es nicht anthropomorphistisch gedacht werden: aus Eitelkeit,
aus Neigung gepriesen zu werden; sondern er schuf, damit die geschaffenen Wesen ihn durch ihr Leben verherrlichten (Matth. 5, 16.;
Joh. 15, 8.; vgl. Röm. 2, 23.), und es ist des Menschen höchste,
herrlichste Pflicht, zur Verherrlichung Gottes zu leben. — Sagt
man aber: Gott schuf die Welt um der Geschöpfe willen, um sie
selig zu machen, — so ist das nur eine andere Ausdrucksweise. Gott
schuf die Welt, um allen vernünftigen, freien Wesen in der Welt
sich zu offenbaren, ihnen so Gelegenheit zu geben, sich der Gottheit
ähnlich zu bilden und so würdig zu werden, an seiner Seligkeit Theil
zu nehmen. Und wie einerseits die Seligkeit darin steht, daß man
in Gemeinschaft mit Gott aufgenommen, die volle Offenbarung seiner
Herrlichkeit empfängt, so manifestirt sich andererseits auch wieder die
Herrlichkeit Gottes darin, daß er die von ihm geschaffenen Geister
zur vollen Gemeinschaft mit ihm erhebt.

Anm. 4. **Praktische Wichtigkeit der Schöpfungslehre.**
a) Ist Gott Schöpfer des Weltalls, so ist er auch dein Schöpfer.
Danke ihm mit Ehrfurcht und Demuth. Daß er dich geschaffen,
ist freie Gnade; er bedurfte deiner nicht. Dein Dasein ist etwas
absichtsvolles, und hat einen heiligen Zweck, — weil Gott dein
Schöpfer ist. — Wüßte der Mensch nichts von seinem Schöpfer:
so wäre er wie ein verwaistes Kind, das hinausgestoßen wäre in
die Welt. Das hebt unser Bewußtsein, daß wir Gott als unsern
Schöpfer kennen. — **b)** Lerne die Welt als ein Werk Gottes nach
ihrer heiligen Bestimmung begreifen, d. h. lerne sie verstehen als
Offenbarung Gottes. Alles bekommt eine heilige Bedeutung: es zeigt
uns Gottes Macht, Weisheit, Güte. Wenn die Welt Gottes Geschöpf ist, so muß sie auch nach Gottes Absichten zweckmäßig eingerichtet sein, und Alles in Harmonie miteinander stehen. In der
Sinnenwelt haben wir einen Hinweis auf die unsichtbare Welt; das
Niedere weist immer auf das Höhere hin: so lehrt uns die Schrift
selbst in der Thierwelt Bilder der menschlichen Charaktere finden. —
c) Sorge, des Daseins würdig zu werden, deinen Endzweck zu erreichen! Hat dich Gott geschaffen, so bist du sein Eigenthum, so
mußt du dich ihm zum Dienst weihen, alle deine Kräfte zu seinem

Dienste gebrauchen, aber auch alle erschaffenen Dinge nach seiner
Absicht anwenden. — Auf der Erde sollen wir als in eines andern
Herren Lande wandeln. „Denn die Erde ist Gottes Territorium.
Wir sind nicht befugt, einen eigenmächtigen Tritt auf diesem Boden
zu thun. In der Furcht vor dem Herrscher dieses Landes sollen
wir uns fein bescheiden halten, wie die Kinder Israel im Lande
Canaan sich als Gäste und Fremdlinge vor Gott, der ihnen solches
Land gegeben, achten mußten. Wir sollen nichts in Selbsterhebung,
in Anmaßung und Trotz gebrauchen." — „Ob die Menge der Gott=
losen noch so sehr tobet, und so viel an ihr ist, das Recht Gottes
auf Erden, sein unumschränktes Jus territoriale, schmälert und zer=
nichtet, so protestiren dagegen die zween Zeugen Offenb. 11, 1 — 6.
und behaupten mit Werken und Worten, daß Er der Herr der Er=
den wirklich sei und sich als einen solchen mächtig beweisen werde."
(Bengel, Reden über die Offenbarung. S. 517 und 548.) —
d) Gott ist dein Schöpfer, das flöße dir Vertrauen ein, denn der
Schöpfer kann sein Geschöpf nicht vergessen noch verlassen. Er wird
für dich sorgen. Lerne den ersten Artikel recht von Herzen beten.
Es ist freilich ein großer Unterschied, es von Herzen sprechen, und
es nur so hersagen wie die Schulknaben. (Es ist ein schwerer Ar=
tikel, glauben an Gott den Vater u. s. w. Dennoch ist es wahr,
Gott hat Alles genug für uns geschaffen; denn alle Meere und
Wasser sind unsere Trinkkeller; alle Wälder und Hölzer sind unsere
Jägerei: so ist die Erde voller Goldes und Silbers, Kupfer, Eisen
und anderer Metalle; sie muß uns auch allerlei Getreide tragen und
unsere Speiskammer und Brodkasten sein; denn es ist Alles um
unser, der Menschen willen geschaffen. Luther, Tischreden cp. 2.
5. 103. p. 178.) Glaube an den, der dich erschaffen hat: das macht
auch froh und zufrieden mit dem Leben, wie mit dem bestimmten
Leibe und dem Maß der Geisteskräfte, die du empfangen.

Anm. 5. Werth der biblischen Schöpfungsgeschichte.
Dieselbe hat einen ganz entschiedenen Vorzug vor allen anderen
Geogonien, denn sie ist einfach, erhaben, Gottes würdig. Es tritt
hier überall die unbegrenzte Allmacht Gottes hervor, der durch den
bloßen Willen Alles schafft, — und ohne Zwischenursachen, ohne
daß er erst ein Chaos zu bewältigen hätte. Auch ist hier durchaus
keine Vermischung der Materie mit der Gottheit, sondern Gott und
Natur sind scharf geschieden. — In den ältesten Zeiten war sie ein
Damm gegen den Fetischismus, weil sie eben alle Dinge als Ge=
schöpfe darstellt. — Sie ist auch ein mächtiges Zeugniß gegen die
Behauptung der Ewigkeit der Welt. — In Bezug auf die Erschaf=
fung der Welt in sechs Tagen (so lehrt Moses wirklich, und gründet
darauf besonders das Sabbathsgesetz; — doch könnte man auch zu=
geben, es seien sechs Zeiträume dadurch abgebildet) wird behauptet,
es wäre der Allmacht Gottes würdiger gewesen, wenn er Alles in
einem Augenblick geschaffen hätte. Das ist falsch. Die Allmacht

Gottes ist eben so zu erkennen in dem stufenweisen Schaffen, und was er jedesmal schuf, schuf er ja auch in einem Augenblick, durch sein Wort. Aber Hiob 38, 4—8. wird auch der Grund des all mäligen Schaffens angedeutet, ein Gottes durchaus würdiger. Den höheren erschaffenen Geistern, die natürlich bei ihrem Werden und bei dem Werden ihrer Welt nicht Zuschauer abgeben konnten, konnte die allmächtige Schöpferkraft Gottes auf keine erhabenere und rührendere Weise anschaulich gemacht werden, als wenn sie Zeugen sein durften des Werdens der Dinge durch den ausgesprochenen Willen Gottes. Deßhalb geschah die Schöpfung in einzelnen Acten, da hierbei eine ruhige Contemplation möglich war.

Gegen die Behauptung, die mosaische Geogonie streite wider die Resultate aller neueren geologischen Untersuchungen und sei mit ihnen unvereinbar, dürfte geantwortet werden: Moses will gar kein wissenschaftlicher Geolog sein, nur ein religiöser, er will nur Gott als den Urheber und Schöpfer anerkannt wissen. Verschiedene Hypothesen über Erdbildung, Neptunische und Vulcanische können statt finden, ohne den Moses anzutasten. — Wo aber Widersprüche mit den Gesetzen der Erdbildung gefunden werden, so ist zu bemerken, daß diese Gesetze ja noch nicht vor der Erdschöpfung dagewesen sind, sie traten erst mit der Erde, nach ihrer Bildung ein. — Widersprüche in der mosaischen Geschichte selbst giebt es nicht; sie sind nur scheinbar und lösen sich bei richtiger Erklärung leicht. (Z. B. 1. Mos. 1, 14. vgl. mit V. 3 ff. scheint ein zweimaliges Schaffen der Gestirne erzählt zu sein; während das zweite Mal doch nur von der Bestimmung des Standpunktes der Erde zu ihrem Sonnensystem die Rede ist, was nach der optischen Erscheinung beschrieben wird.) — Endlich ist auch nicht zu vergessen, daß die heutige Wissenschaft doch noch nicht abgeschlossen ist, — wie auch, daß die Naturforscher selbst unter sich getheilt sind, und den Bestreitern der mosaischen Geogonie wieder Vertheidiger derselben gegenüber stehen.

§ 29.
Lehre von der Vorsehung Gottes.

Bei dieser Lehre gilt es mehr, den Stoff, der ein sehr reicher ist, zu beherrschen, als ihn ängstlich zu suchen. Es wird vorzüglich darauf ankommen, wenn man die reine wirksame Vorstellung von der Vorsehung in's Licht gesetzt hat, auf die Befestigung des Glaubens an sie, besonders mit Hülfe der biblischen Geschichte, auf Verhütung des Mißbrauchs der Lehre, und auf die rechte Anwendung derselben bedacht zu sein.

Anm. 1. Wir betrachteten im Vorhergehenden Gott als Schöpfer oder sein Verhältniß zur Entstehung der Welt; hier nun kommt sein Verhältniß zu der Fortdauer der Welt in Betracht; Gott erscheint hier als der Oberherr; sein Thun hierbei ist die Vorsehung, d. i. die fortdauernde Wirksamkeit Gottes zur Erreichung des heiligen Endzweckes der Welt. Dieses Thun ist aber ein zweifaches: in Bezug auf das Sein der Welt ist es die göttliche Erhaltung, in Bezug auf ihre Ordnung ist es die göttliche Regierung.

Gott erhält Alles, d. h. ohne seine Kraft dauert nichts fort, vielmehr besteht Alles durch ihn. (Luther VII., 1421: Er ist nicht wie ein Baumeister, der, wenn er ein Haus oder Schiff oder ander Werk gebaut hat, nun davon geht und nicht mehr danach fragt; sondern er bleibt dabei.) Die innere Art der Erhaltung, das Wie des Einflußes Gottes ist uns unbekannt; aber das Erkennbare dabei ist der Aufmerksamkeit werth: die leblosen Dinge erhält Gott ohne ihre Mitwirkung, die lebendigen unter einer gewissen Mitwirkung von ihrer Seite, und zwar die freien Wesen unter ihrer freien Mitwirkung. Für den Menschen wird so seine eigene Erhaltung ein Mittel der Uebung seiner Kraft.

Die praktische Wichtigkeit dieser Lehre erhellt leicht. a) Wenn Gott Erhalter ist, so ist auch Alles, was zu unserer Erhaltung dient, als seine Gabe heilig, und heilig zu gebrauchen mit Dankbarkeit, insbesondere das tägliche Brod. (Man kann das tägliche Brod auch ansehen als etwas von Jesu Bescheertes, weil Alles unter seine Gewalt gegeben ist, und weil uns Alles aus Gnaden um seinet willen gegeben wird.) Jeder Genuß soll an den allmächtigen Geber erinnern. (Klopstock im Messias 14, 762: „Unser Vater im Himmel sei für die Gabe gepriesen, die er mild uns giebt, den dürftigen Leib zu erhalten. Vielen scheint sie gering; doch hat mit eben der Allmacht, Welche die Himmel erschuf, sie unser Vater bereitet.") Die tägliche Erhaltung des ganzen Menschengeschlechts und aller lebendigen Geschöpfe ist ein Wunder der göttlichen Allmacht. — Der Christ soll ferner auch die Gaben Gottes bewahren, nicht verschwenden, — ein Geist der Erhaltung soll ihm eigen sein. Der Christ soll endlich durch den Glauben an Gott den Erhalter sich zu heiligem Erwerb erwecken lassen. — b) Wenn Gott das Leben erhält, so können wir auch nur durch einen heiligen Gebrauch dieser Erhaltung würdig werden. Der böse Mensch ist eigentlich der Erhaltung nicht werth, er wendet das ihm geschenkte Leben undankbar an. (Lerne beten: O Gott, von dessen Brod ich zehr', wenn ich dir doch recht nütze wär!) — c) Der Glaube an Gottes Erhaltung darf uns nicht unbesorgt, träge oder abergläubisch, aber auch nicht verwogen machen in Absicht unsers Lebens; Gott fordert unsere eigene Mitwirkung und Vorsicht. (Vgl. Matth. 4, 6.) Aber wohl sollen wir Vertrauen zu Gottes erhaltender Macht haben, wenn wir thun, was die Pflicht von uns fordert, und zwar Vertrauen sowohl in Mangel, unter Noth und Sorgen, als auch in Gefahren. Wenn du dir nur sagen kannst, ich ringe danach, der Erhaltung werth zu sein: dann wird's Gott nicht fehlen lassen, er

wird dich erhalten, so lange es dein und deiner Brüder Wohl erfordert, so lange dich Gott brauchen kann. (Röm. 14, 8.: Unser
keiner lebt ihm selber 2c.) — Das Vertrauen zu Gottes Erhaltung
ist auch besonders für den mit dem Geiste Arbeitenden wichtig. Gott
erhält auch unsere Geisteskräfte: wie demüthig, aber auch getrost
soll das uns machen! Kannst du, Geistesstolzer, dir dein Genie,
deine productive Phantasie, dein Gedächtniß, deine Urtheilskraft
u. s. w. auch nur Einen Augenblick erhalten? Du hängst von Gott
ab; bitte täglich: „Ich bin ja, Herr, in deiner Hand, Von dir empfing ich den Verstand: Erhalt' ihn mir o Herr, mein Hort, Und
stärk' ihn durch dein göttlich Wort." Wie viele stolze Geister mögen ihre Abhängigkeit von Gott nicht bedenken; und doch paßt auch
hier Ps. 104, 29.: „Verbirgst du dein Angesicht, so erschrecken sie:
du nimmst weg ihren Oden, so vergehen sie, und werden wieder
zu Staub." Bete aber auch mit Vertrauen, Ps. 71, 9. 18.: Ver-
wirf mich nicht im Alter 2c. Gottes Wort im Herzen hat eine ver-
jüngende Kraft. Vgl. Jes. 40, 28—31.; 2. Cor. 4, 16.

Die Regierung Gottes ist diejenige Thätigkeit Gottes, nach
welcher er alle Veränderungen in der Welt nach einer bestimmten
heiligen Regel und zu einem heiligen Zweck leitet. Mithin leugnen
wir zweierlei: einen blinden Zufall und eine blinde Nothwendigkeit.
Gott regiert Alles mit freiem Willen. — Was den Umfang der
göttlichen Weltregierung betrifft, welche gewöhnlich — im engeren
Sinne — allein Vorsehung genannt wird, so umschließt dieselbe
Alles ohne Ausnahme. Es ist eine und dieselbe Hand, die den
Sonnenball hält und die die Kugel, die aus einem tödtlichen Ge-
schoß geworfen wird, lenkt. Die Socinianer, gemäß ihren Vorstellungen von Gottes Präscienz, leugnen, daß Gottes Regierung
auch das Unscheinbarste umfasse; sie erkennen sie nur im Großen
und Ganzen an, lassen sie nur für das Wichtige gelten. Aber das
widerstreitet der göttlichen Allwissenheit; ferner ist auch der Unterschied zwischen Wichtigem und Unwichtigem ein nur relativer, die
Grenze läßt sich nicht bestimmen; denn es greift ja auch das Geringste ein in die Kette der Welt-Begebenheiten, es entstehen aus
kleinen Ursachen nach und nach große Erfolge. — Es ist darum
Alles Gegenstand dieser göttlichen Vorsehung. Ein besonderer Gegenstand derselben aber bleibt der Mensch, weil er Selbstzweck ist
und alles Andere nur Mittel für ihn. Ueber der providentia
generalis giebt es also eine providentia specialis; der allerbeson-
derste Gegenstand der göttlichen Vorsehung ist aber der Fromme.
(provid. specialissima.) Nicht als ob etwa Gott partheiisch wäre
und sich um die Bösen gar nicht kümmerte; sondern die Frommen
sind es allein, deren Absichten die Vorsehung selbst fördert, weil
sie in Gottes Absichten einstimmen. Gott macht daher selbst ihre
Versehen wieder gut, wie Christus bei Petrus, Luc. 22, 51. (Vgl.
Luther's Werke II., 397.) Die Frommen allein haben göttlichen

Segen zu erwarten bei ihren Werken. Denn Segen ist nicht etwa aller glückliche Erfolg überhaupt; auch die Ungerechten können einen solchen haben bei ihrem Vornehmen, es kann ihnen Gewinn an Reichthum und Glück zu Theil werden, und es ist doch kein Segen zu nennen. Segen ist nur das Gelingen, das wir ansehen dürfen als einen Gnadenlohn des treuen, redlichen Sinnes, als ein Zeichen des göttlichen Wohlgefallens. Davon kann nur das Gewissen uns Zeugniß geben.

Was die Gründe für diesen Glauben anbetrifft, so ist zunächst zu sagen: der Glaube an den wahren Gott schließt zugleich in sich den Glauben an seine heilige, weise Weltregierung. — Die Erfahrung kann allerdings denselben nicht zuerst erwecken oder begründen, denn sie giebt uns nur Thatsachen, Begebenheiten, wie sie auf einander folgen in der Zeit; aber daß sie einer göttlichen Absicht dienen, sagt sie uns nicht, das kann allein der Glaube erkennen. Ist der Glaube erst da, so bestätigt und nährt ihn die Erfahrung; sie muß dann anerkennen, daß in den Geschicken der Völker eine Leitung nicht zu verkennen ist, daß namentlich in ihnen eine höhere Gerechtigkeit, ein gewisses Gleichgewicht, eine strenge Nemesis waltet. (Vgl. Nicolas Vogt, System des Gleichgewichts. Frankfurt a. M. 1804.) Besonders muß den Menschen die eigene Erfahrung überzeugen, daß über ihm die göttliche Vorsehung waltet. Und je mehr er sich Gott hingiebt, je gewissenhafter er auf seinen Lebenszweck aufmerksam wird: desto bedeutungs = und vorsehungsvoller wird ihm sein Leben erscheinen. — Die heilige Schrift endlich ist recht eigentlich das göttliche Lehrbuch und die Geschichte der göttlichen Weltregierung. Sie ist reich an einzelnen Aussprüchen, die für dieselbe zeugen, die es als einen Grundsatz hinstellen: Gott regiert die Welt. Diese Aussprüche haben das meiste Gewicht im Munde Jesu. Wenn nämlich der, der mit Gott eins ist und der seinen geheimsten Sinn kennt; der, durch den Gott selbst redet und der allein das siebenfach versiegelte Buch des Schicksals zu eröffnen vermochte (Offb. Joh. 5.), wenn der uns versichert, daß sein Vater für uns sorge, daß ohne seinen Willen uns nicht das Geringste begegnen könne (Matth. 10, 30.): wie muß dadurch der Glaube an die göttliche Vorsehung gewiß werden! — Die Bibel lehrt uns aber auch die Vorsehung an einzelnen Beispielen, im Leben einzelner Menschen, z. B. der Patriarchen, Davids, ja des ganzen israelitischen Volkes, welches ein fortgehendes Denkmal der göttlichen Vorsehung ist: Ein Zweck, den dieses Volk sich nicht machte, ja dem es sogar entgegenarbeitete, bestimmt alle seine Schicksale, der Zweck, ein Werkzeug der geistigen Wiederherstellung aller Völker zu werden.— Die Bibel endlich allein eröffnet uns die Aussicht auf einen großen allgemeinen Weltplan, wonach Gott ein Reich stiftete auf dieser Erde und zu dessen Vollendung Christus die Hauptperson ist. Christus selbst ist ein lebendiger Zeuge der göttlichen Vorsehung, der

heiligen Weltregierung Gottes. Gott sandte seinen Sohn: wer
kann zweifeln, daß er sich um die Welt kümmert? In Christo erfüllten sich die Weissagungen des Alten Testaments: wer kann zweifeln, daß Gott regiert?

Anm. 2. Vertheidigung der Lehre von der Vorsehung gegen
Zweifel. Es wird gefragt: a) Wie läßt sich die göttliche Vorsehung mit der menschlichen Freiheit vereinigen? Antwort: der Weltlauf, das Schicksal des Menschen wird von Gott geordnet, — der
Mensch hat es nicht in seiner Gewalt, — aber eben mit Rücksicht
auf das Thun des Menschen, auf seine freien Willensbestimmungen.
Es ist auch nicht schwer, eine Congruenz zu entdecken zwischen dem
von Gott geordneten äußeren Schicksal des Menschen und dem Verhalten desselben, seinem Werth oder Unwerth. Doch ist hier keine
Einförmigkeit, und es wird nicht Allen bei gleichem Verhalten Gleiches zu Theil.

b) Wie harmonirt das Uebel mit der göttlichen Vorsehung?
Ob das Böse über das Gute, das Uebel über das Angenehme in
der Welt überwiege (*), darauf kommt es hierbei nicht an; sondern
darauf, ob das Dasein des Uebels überhaupt der Vorsehung widerspricht. Es haben das schon in der alten Welt alle die behauptet,
welche ein doppeltes Princip annahmen. Lactantius (de ira Dei
cp. 13.) trägt den Vorwurf kurz und in seiner ganzen scheinbaren
Stärke vor und sucht ihn zu entkräften. Bayle in s. Dictionnaire
unter d. Art. Pauliciens not. E. (Tome III., 625. Vgl. auch die
Artikel: Manichéens, Origines, Ruffin, Xenophanes.) unter-
nahm es, den Lactantius zu widerlegen, und er wurde durch
seine skeptischen Einwürfe Veranlassung, daß Leibniß seine Theodicee schrieb, welche wiederum Voltaire in seinem Candide per-
siflirte. Man muß gestehen: die völlige Harmonie der Welt mit
der Vorsehung Gottes ist nicht ein Object der theoretischen Erkenntniß, das sich apodiktisch demonstriren ließe: insofern ist alle Theodicee eitel (vgl. Kant „Ueber das Mißglücken aller bisherigen
philosophischen Versuche in der Theodicee" in seinen Vermischten
Schriften III., Nr. 7.); es ist vielmehr ein Object des Glaubens,
der sich auf ein Postulat der praktischen Vernunft gründet. Die
Bibel verweist den Menschen auf die Resignation Gott gegenüber.
(Hiob. Ps. 37. 73.) Es gefiel einmal Gott, die Menschen als
freie Wesen zu schaffen: so mußte er es aber auch in ihrer Gewalt
lassen, sich zum Bösen oder zum Guten zu bestimmen, die Möglichkeit
des bösen Willens liegt in der Freiheit. Er konnte aber auch das
Ausbrechen des bösen Willens, die böse That nicht hindern unbeschadet der Freiheit. Hätte Gott die Welt so angelegt, daß es

---

*) Vgl. Diphilus bei Stobäus Sermo 102. de infelicitate: »Wenn uns,
die wir gleichsam aus einem Becher trinken, das Glück Ein Gut eingegossen
hat, so gießt's gleich drei Uebel dazu.« Vgl. auch Sermo 96 de vita,
quod brevis et vilis sit, ac plena curis.)

dem Bösen unmöglich wäre, seinen bösen Willen zu vollbringen, so wäre das eben so gut als Zwang und Gewalt: wer würde noch etwas wollen, von dem er im voraus wüßte, es kann nie geschehen? Indem Gott aber ferner auch die sündigen Thaten zuläßt, offenbart er dadurch gerade die innere Schande des Bösen, welches verkannt werden könnte, wenn es nie zum Ausbruch käme. Das kann nicht blos den Guten im Guten stärken, sondern auch selbst dem Bösen die Augen öffnen und ihn zur Buße bringen. Es ist auch überhaupt eher zu hoffen, daß demjenigen geholfen werde, bei dem das Böse zum Ausbruch gekommen ist, als bei dem es sich unter einer Maske versteckt. Es ist wie mit vielen Krankheiten in der physischen Welt, die auch hier Typus der moralischen ist. (Doch ist dies natürlich cum grano salis anzuwenden.)

Was die physischen Uebel in der Welt anbetrifft, so lassen sie sich betrachten als Strafen und als Züchtigungen. Sie erinnern uns im Allgemeinen an unsere Schuld. Wenn es dem menschlichen Geschlechte noch schlimm geht, so ist das ein Wink, daß wir eines bessern Zustandes noch nicht werth sind, und daß wir erst besser werden müssen, um seiner werth zu werden. Allgemeine Uebel (wie etwa die Erdbeben von Lissabon 1755, von Messina 1783, bei welchem letzteren mehr als 13000 Menschen um's Leben kamen, mehr als 100 Städte und Dörfer verschüttet wurden) sind also Zeichen der allgemeinen Verschuldung; doch darf man die Personen, die be= sonders von ihnen betroffen werden, nicht als besonders verschuldet ansehen: dies wäre vernunft= und schriftwidrig. (Luc. 13, 1—5.; Joh. 9, 2. 3.) - Der Einzelne hat die Uebel, die ihn treffen, je nach seinem moralischen Zustande als Strafen oder als Züchtigungen an= zunehmen. Für den Unbekehrten sind sie Strafen, die ihn noch bessern können; für den Bekehrten sind es heilsame Uebungsmittel, Förderungsmittel in der Heiligung.

c) Wie stimmt der Glaube an die Vorsehung Gottes mit dem an die Erhörung des Gebetes zusammen? Antwort: das Gebet hat einen zwiefachen Segen, einen natürlichen, der nach psychologischen Gesetzen kommt; das ist z. B. Ruhe, Stille des Gemüths, Freiheit von der Gewalt der Außenwelt, Entschlossenheit zum Guten. Es hat aber auch einen göttlichen Segen, den nämlich, daß Gott uns gewisse Güter auf unser Bitten gewährt, Uebel von uns abwendet, daß also das Gebet auf die Bestimmung unsers Schicksals Einfluß hat. Beides kann nicht von einander getrennt werden; wenn über= haupt ein Gebet statt finden soll, so muß es den Glauben an seine Erhörbarkeit zur Voraussetzung haben. Gott wäre nicht Gott, wenn er nicht die Macht hätte, Gebete zu erhören; und hätte er keine Geneigtheit dazu, so stände er zu den Menschen nicht als ein Vater zu seinen Kindern: es könnte also im Grunde gar nicht zu ihm ge= betet werden. Das Gebet aber, an dessen Wirksamkeit, Erhörbar= keit man nicht glaubte, würde zu einem unwürdigen Gedankenspiel

zu einer Heuchelei; es wäre, wie Drobisch (Grundlehren der Re=
ligions=Philosophie. Leipzig 1840. S. 271.) gegen Kant treffend
bemerkt, einem wohllüstigen Opiumrausche zu vergleichen, den sich der
Nüchterne wohlbedacht bereitet, um der Annehmlichkeit der Träume
zu genießen, von deren Wesenlosigkeit er vollkommen überzeugt ist.
Wer so betet, der sündigt betend, der entweiht das Heilige. — Der
Einwurf: soll denn durch unser Gebet die Naturordnung und der
Lauf der Welt geändert werden? soll Gott seinen Plan deshalb
ändern, noch dazu, da ja die verschiedenen Gebete der Menschen sich
oft widersprechen müssen? Dieser Einwurf beweist zu viel und darum
nichts. Denn die Vorsehung hat von jeher den Weltlauf bestimmt
mit Rücksicht auf die freien Willensbestimmungen der Menschen; zu
diesen gehört aber auch das Gebet. Wenn dieses also nichts aus=
richten könnte, so würde folgen, daß alle unsere Willensbestimmun=
gen nichts ausrichteten. (Fatalismus.) So gut als sie aber ein=
greifen in den Lauf der Dinge, so gut thun das auch unsere Ge=
bete, die Gott gleich wie unsere anderen Willensbestimmungen in
die Ausführung seines Planes einordnet. — Klar freilich ist, daß
Gott nicht alle Gebete erhören will und kann. Die Erhörung un=
serer Gebete ist nothwendig bedingt, besonders in Bezug auf alles
nur relativ Gute; da Gott allein weiß, was zu unserm Heile dient,
so müssen wir bei solchen Bitten uns allemal dem Willen Gottes
unbedingt unterwerfen und können nur bedingungsweise bitten. Bei
den Bitten um das absolut Gute hingegen dürfen wir immer auf
Erhörung hoffen, weil diese Bitten durchaus dem Willen Gottes
entsprechen. Selbst die anderen Bitten haben desto mehr Hoffnung
auf Erhörung, je enger sie mit dem absolut Guten und seiner För=
derung zusammenhängen. Es bleibt aber kein Gebet unerhört: giebt
Gott auch nicht, um was wir bitten, so giebt er uns doch, was
uns frommt.

d) Hier kann auch die Frage berührt werden: dürfen wir hoffen,
daß es besser oder schlimmer auf der Erde wird? Diese Frage schließt
die Annahme von einem immerwährenden Kreislauf aller Dinge aus,
welchen manche alte Philosophen behaupteten und den z. B. Plu=
tarch aus dem Begriff des Fatums zu begründen suchte (s. de Fato.
Opp. tom. 8. p. 251. ed. Bipont.) Unter den christlichen Theolo=
gen unserer Kirche meinten Luther und Melanchthon (Loci theol.
577. 702. ed. d. a. 1555.), daß es immer schlimmer werde; auch
Arndt (Postille. Pred. 1 z. 25 p. Trin.) spricht dieselbe Ansicht
aus. Spener wiederum hoffte immer bessere Zeiten. (S. s. Leben
von Lange S. 137. 152. 244. Er ließ sich auch deshalb in weißem
Gewande begraben.) In neueren Zeiten behauptete Mendelssohn
(Jerusalem, Abschn. 2. S. 44 ff.), das Menschengeschlecht werde
nicht besser; eben so Brandes (Betrachtung über den Zeitgeist in
Deutschland. S. 206—252.) Kant dagegen (Erneuerte Frage, ob
das Menschengeschlecht im beständigen Fortschreiten zum Besseren sei.

S. s. vermischte Schr. gesammelt von Tieftrunk III. Nr. 19. vgl.
Nr. 8.) und Andere behaupteten das Gegentheil.

Für die Behauptung eines Fortschrittes zum Besseren stellt man
folgende Gründe auf: der Mensch ist perfectibel und zeichnet sich auch
dadurch vor dem Thiere aus; er ist eben auch in religiöser und sitt=
licher Beziehung perfectibel. Das gilt nicht weniger vom ganzen
Geschlecht, als von dem Einzelnen. — Der Glaube an die Vor=
sehung läßt auch einen Fortschritt hoffen, denn diese hat doch den
Plan der Erziehung der Menschen, zu dessen Ausführung ihr alle
Mittel zu Gebote stehen. — Die Geschichte endlich bestätigt es; sie
lehrt einen Fortschritt unseres Geschlechtes in Künsten und Wissen=
schaften, in Gesetzgebung, in Staatsverwaltung u. s. w.

Dagegen jedoch wird gesagt: Aus der Anlage des Menschen
folgt wohl die Möglichkeit, aber noch nicht die Wirklichkeit eines
Fortschrittes zum Besseren. Man darf die sittliche Bildung des Men=
schen nicht nach Naturgesetzen als nothwendig erklären wollen; dies
gilt wohl auf anderen Gebieten, aber hier nicht: die sittliche Bildung
ist etwas freies. — Die Vorsehung erreicht auch eben ihren Zweck
an den Menschen nur, insofern sie einstimmen; etwas Zwingendes
hat ihr Gang nicht. — Die Geschichte endlich beweist oft vielmehr
einen Rückschritt: Wie viele Völker stehen jetzt tiefer, als ehedem;
auch ist der Fortschritt in Künsten und Wissenschaften, in Staats=
einrichtungen u. a. dergl. noch nicht wahres Besserwerden, Verfeine=
rung ist noch nicht wahre Veredelung. Und gerade die neuere Zeit
hat ein Sinken der Religiosität, Einreißen von Unglauben, von
Gleichgültigkeit, ja Feindschaft gegen das Christenthum, und dabei ein
Einreißen von Frivolität, von Egoismus, von Materialismus gezeigt.

Die heilige Schrift eröffnet auf der einen Seite fröhliche Aus=
sichten, so die alttestamentlichen Verheißungen vom Messiasreich.
(Jes. 65, 17. 20., Cap. 66.; Zach. 14, 7. Vgl. Offb. Joh. 20, 3.).
Jedoch lassen die prophetischen Schilderungen die bessere messianische
Zeit und die ewige Herrlichkeit in Eins zusammenfließen, und das
tausendjährige Reich ist nicht auf der Erde. Auf der anderen Seite
giebt die Schrift auch trübe Aussichten (Matth. 24, 37.; Luc. 17, 26.;
18, 8.; 1. Tim. 4.; 2. Thess. 2.) Die rechte Synthesis beider An=
sichten lehrt uns Christus Matth. 13, 30. („Lasset beides mit ein=
ander wachsen.") Das Gute und das Böse wächst parallel mitein=
ander. — Der Prediger nun muß sich hüten, den Leuten vorzupre=
digen, daß es jetzt besser stehe, als früher, denn das macht eitel und
sicher. Er muß vielmehr hinweisen darauf, daß je bessere Hülfsmittel
für die sittliche Bildung vorhanden sind, auch desto größere Ansprüche
gemacht werden können. Er darf das Schlimme, was da ist, nicht
verhehlen, sondern muß den Schaden Josephs nachweisen; aber immer
freilich in der Hoffnung, daß es besser werden kann und soll.

Anm. 3. Bei der Anwendung der Lehre von der Vorsehung
Gottes gilt es zunächst den Mißbrauch zu verhüten, der von ihr

gemacht werden könnte, nämlich einerseits zur Beschönigung der Trägheit oder Passivität, als brauche der Mensch nur unthätig ab-zuwarten, was die Vorsehung fügen werde, während ja vielmehr unsere eigene Mitthätigkeit gefordert wird, als von „Mitarbeitern Gottes", — andererseits zur Rechtfertigung von tollkühnen Erwar-tungen und Unternehmungen. — Sodann aber ist der rechte Ge-brauch dieser Lehre einzuschärfen. a) Der Gedanke: „Gott erhält dich" muß den beschämen, der Besserung, Heiligung seines Herzens noch nicht zu seiner ernsten Angelegenheit gemacht hat; denn Gott erhält ja nur, um Zeit und Raum zur Besinnung zu geben. Die Erinnerung an die Vorsehung Gottes warnt, wider Gottes Wege zu murren, oder gar gegen seine bekannten Absichten zu handeln. Wehe dem, der sich nicht bewußt ist, das Gute zu wollen: er wi-dersetzt sich Gottes Absichten; wenn er auch nichts wider ihn ver-mag, ja mit seinem bösen Thun noch Gottes Absichten dienen muß, so ist er doch nur gezwungen ein Werkzeug der Vorsehung (Jes. 10, 5—15.) und muß einst Strafe fürchten. b) Der Glaube an die Vorsehung erwecke dich daher zu freudigem Rechtthun. Dies ist nur bei diesem Glauben möglich; denn wenn der Zufall oder Noth-wendigkeit waltete, könnte der Mensch nie mit Zuversicht das Gute wollen und fördern. Ist eine heilige Vorsehung, so fördert diese die guten Zwecke des Menschen. Thue also recht, stimme in Gottes Regierung ein, und zwar nicht als gezwungenes oder absichtsloses, sondern als williges Werkzeug. Das ist deine höchste Ehre. c) Ringe in diesem Glauben nach innerem Frieden, nach einer stillen, heite-ren Gemüthsstimmung; vertraue Gott, und halte daran: es muß Alles zu deinem Besten dienen. (Ps. 62. Vgl. das Nil admirari des Horaz.)

§ 30.
Lehre von den guten Engeln.

Da die Lehre von den guten Engeln eine entschieden christ-liche ist, so wäre es willkürlich, sie aus dem Gebiete der christ-lichen Predigt auszuschließen. Sie verdient um so mehr aufrecht gehalten und andringend vorgetragen zu werden, da sie die edel-sten Seiten des menschlichen Gemüthes berührt, und in empfäng-lichen Herzen die heiligsten Gesinnungen zu erwecken geeignet ist.

Anm. 1. Gehört diese Lehre zum christlichen Glauben? In der natürlichen Religion findet sich freilich dieselbe nicht, und es könnte eine Religion auch selbst ohne sie bestehen. Sie gehört auch nicht unter die Fundamental-Artikel primi ordinis, und falls einer sich überzeugte (wiewohl dies schwer denkbar ist), daß Christus in Wahrheit nichts davon gelehrt habe, so könnte er nichtsdestoweniger das übrige Christenthum annehmen; nur würde ein solcher Inconse-quenz oder wenigstens schwache Urtheilskraft verrathen. — Gleichwohl gehört diese Lehre durchaus in die christliche Glaubenslehre, weil a) in der Geschichte der Offenbarung die Engel so oft eingreifen; b) weil nach der heiligen Schrift noch jetzt eine Verbindung der Engel mit der Menschenwelt, ein wechselseitiges Verhältniß zwischen uns und ihnen statt findet. (Die Vernunft kann auch schon sagen: die Einheit Gottes hat zur Folge, daß in dem System vernünftiger Wesen auch eine Einheit, eine Harmonie sein müsse, nämlich durch Ein Gesetz, den göttlichen Willen, und durch Einen Endzweck, moralische Vollkommenheit und Seligkeit durch Annäherung zu Gott. Diese ideale Verbindung des gesammten Geisterreichs kann sich die Vernunft denken. Aber so kann sie es auch nicht unwahrscheinlich finden, daß es einen realen Zusammenhang in diesem Reiche gebe. Dieser ist für den Menschen kein Gegenstand theoretischer Erkenntniß: nur glauben kann er ihn. [Die ganze Religion aber ist ihrem Wesen nach Glaube an die übersinnliche Ordnung der Welt, zu der der Mensch gehört.] Da nun die Offenbarung uns in diesem Glauben bestärkt und vermöge ihrer Engellehre uns Blicke in jene Verbindung mit einer andern Welt thun läßt; so gehört diese Lehre auch in die christliche Glaubenslehre.) c) Sie darf um so weniger von der Kanzel verbannt werden, da sie überaus praktische fruchtbare Momente enthält; wovon unten besonders zu reden ist.

Anm. 2. **Läßt sich das Dasein der Engel aus der Vernunft erweisen?** Viele haben es versucht. Locke (Ueber den menschlichen Verstand III., 6. § 12., S. 472, der Uebers. von Poley.) schließt: Es giebt eine Verwandtschaft unter den verschiedenen Geschöpfen, vom Menschen an bis zu den niedrigsten und fast nicht mehr organischen Theilen der Materie, indem in dieser ganzen Reihe von Arten die zwei nächsten immer nur um einen fast unmerklichen Grad unterschieden sind. Daher ist's wahrscheinlich, daß auch aufwärts eine Reihe von erschaffenen Wesen sich vom Menschen bis zu Gott durch allmälig wachsende Grade der Vollkommenheit erstrecke, ob wir gleich keine Kenntniß von diesen Wesen haben. (Leibnitz stimmt bei, restringirt jedoch so: man dürfe solche Mittelwesen nur annehmen, insofern sie die Harmonie der Welt zuläßt.) — Doch ist dieser Beweis nicht haltbar, denn es giebt allerdings in der Reihe der sichtbaren Geschöpfe Sprünge; so ziehen Vernunft und Freiheit eine unendliche Kluft zwischen Thier und Mensch. Und man führe die Stufenleiter der erschaffenen Wesen noch so weit fort: nie kann man die Kluft zwischen ihnen und Gott füllen. Auch der erhabenste Seraph ist durch einen unendlichen Abstand von Gott getrennt. — Gleichwohl, obschon die Vernunft das Dasein der Engel nicht beweisen kann, so kann sie doch noch viel weniger beweisen, daß sie nicht da sind.

Anm. 3. **Sind die Engel persönliche Wesen oder sind es nur personificirte Naturkräfte?** Schon die Sabbucäer leugneten das Dasein der Engel; in der neueren Zeit haben Hobbes (der aber gleichwohl von Gespensterfurcht geplagt wurde), Spinoza u. A. behauptet, in allen Stellen der heiligen Schrift, wo von Engeln die Rede sei, wären nur Kräfte und Wirkungen der Körperwelt gemeint, und diese würden sinnbildlicher Weise als persönliche Wesen beschrieben. — Aber das Wort Angelos ist im Zeitalter Jesu Christi und der Apostel allgemein von persönlichen Wesen verstanden worden; und Jesus giebt nie durch Andeutungen zu verstehen, daß er es anders verstehe; ebensowenig die Apostel. Sobann: Hebr. 1, 4—14. wird Christus mit den Engeln verglichen, und seine unendliche Erhabenheit über sie gelehrt: ein solcher Vergleich wäre widersinnig, wenn nicht dabei die Persönlichkeit der Engel vorausgesetzt würde. Ferner werden den Engeln Handlungen zugeschrieben, die von allegorischen Wesen nicht gesagt werden, sondern die nur von persönlichen Wesen ausgehen können. Auch wird die Sadducäische Meinung Apg. 23, 8. ausdrücklich verworfen. Endlich aber drängt auch der Unterschied, der zwischen guten und bösen, seligen und unseligen Engeln gemacht wird, durchaus zu der Annahme der Persönlichkeit der Engel.

Man hat nun aber gegen die Lehre eingewandt, sie verdanke ihren Ursprung nur dem Kindesalter der Menschen, wo man jede Naturwirkung von einem besonderen Wesen ableitete; und sie sei mehr ausgeschmückt worden, als die Juden in Chaldäa den persischen Hofstaat bemerkten: demgemäß hätten sie sich ein unsichtbares Geisterreich geordnet gedacht. Christus und die Apostel sollen sich nun blos diesem alten Volksglauben accommodirt haben. Es werde ja auch nirgends in der Schrift gesagt, daß diese Lehre den Menschen geoffenbart worden sei. Doch dieser Einwand ist nichtig. So wenig gesagt wird, daß die Lehre offenbart sei (dies konnte nicht gesagt werden, wenn die Menschen vom Dasein der Engel sich durch Erfahrung überzeugten), so wenig wird gesagt, daß die Juden die Lehre von den Chaldäern hätten, sondern das ist blos Annahme. Die Lehre ist nicht erst aus der heidnischen Welt zu den Juden gekommen; die Juden hatten sie, ehe es noch einen Hofstaat gab. Schon Abraham glaubte an Engel; in Hiob werden Engel erwähnt, als die Gottes Rathschlüsse mit ausführen helfen. Ebenso in Jesaias, also lange vor Daniel. Die biblische Lehre von den Engeln ist übrigens wesentlich verschieden von der profanen: In der profanen stehen die Engel immer nur in einer physischen Verbindung mit der Welt, in der biblischen Lehre ist dagegen nur eine moralische Verbindung. Eine Accommodation aber von Seiten Jesu und der Apostel findet namentlich bei dieser Lehre gar nicht Statt, denn Christus trägt dieselbe vor seinen vertrauten Schülern vor, in ernst bewegter Gemüthsstimmung (Matth. 18, 10.; Luc. 15, 10.; Matth. 26, 53.), ja er will, daß man sich selbst im Gebete an die Engel erinnere. (Matth. 6, 10.) — Man hat ferner eingewendet, Gott brauche ja zur Ausführung seiner Absichten die Engel nicht, er wirke unmittelbar. Darauf kann man antworten: Es ist wahr, Gott braucht die Engel nicht, ebensowenig als er dich braucht, der du so sprichst. Wenn er es trotzdem thut und überall in seinem Reiche die Anordnung getroffen hat, die Ausführung seiner Absichten auch freien Wesen zur Entfaltung und Uebung ihrer sittlichen Kräfte anzuvertrauen: so verherrlicht ihn das nur um so mehr, und ist eine Gnade gegen die von ihm Erschaffenen. — Wenn endlich gesagt wird, alle Vortheile, die in dem Glauben an Engel = Gegenwart und Wirksamkeit liegen sollten, würden durch die Nachtheile aufgewogen, daß durch solchen Glauben der Glaube an die Allgegenwart Gottes verdunkelt werde, und daß leicht Aberglaube daraus entstehe: nun so ist zu antworten, daß dies nur möglich ist, wenn man sich die Engel unabhängig von Gott und nicht auch unter der allgemeinen und unumschränkten Herrschaft und Aufsicht Gottes stehend denkt.

Anm. 4. Stehen die Engel über oder unter den Menschen? Das Letztere ist behauptet von Jac. Böhme in seiner Schrift von der Menschwerdung Christi, I., 5. § 24. Er folgert aus der Gottes = Ebenbildlichkeit des Menschen seine Centralstellung zur äußeren Welt, vermöge deren er über alle Gschöpfe, weil er selbst die Wesenheit Aller in sich trägt, herrsche. Das Wesen der Engel sei dem der Menschen untergeordnet, was der heiligen Schrift gemäß sei und mit der umfassenden Bedeutung der Menschwerdung des Sohnes Gottes allein sich vertrage. Er sagt: „Wir Menschen sind ein viel größeres Geheimniß als die Engel: wir werden auch nach der himmlischen Wesenheit sie übertreffen; denn sie sind Feuerflammen, mit dem Lichte durchleuchtet; wir aber erlangen den großen Quell der Sanftmuth und Liebe, so in Gottes heiliger Wesenheit quillt." Ebenso Bengel, Reden über die Offb. Joh. Nr. 16., S. 294., der von der nahen Verwandtschaft ausgeht zwischen uns und Christo, der Mensch geworden ist. Auch Kurz, Bibel und Astronomie S. 134—36, behauptet dasselbe. — Man hat nun folgende Gründe dafür aufgestellt: a) die Engel sind Knechte Gottes, dienstbare Geister Hebr. 1, 14., während die Christen Kinder Gottes sind. Vgl. Jes. 6., wo gesagt wird, daß die Engel ihr Angesicht vor Gott verhüllen. In Hiob 1. 2. heißen sie zwar Kinder Gottes, aber nur unbestimmt, wie etwa ein Hausherr auch alle seine Hausgenossen so nennt, weil er es gut mit ihnen meint, und sie zu seinem Hause gehören. Erscheint doch unter ihnen selbst Satan: ist dieser auch ein Kind Gottes im höheren Sinn? b) Obgleich im Alten Testament das Volk Gottes unter der Zucht der Engel stand (sie sind Verwalter der Naturkräfte, der inwendigen Seite der Schöpfung, die wir nicht sehen; wir sehen nur die auswendige —), Gal. 4, 2. sind sie die „Vormünder"; obgleich also die Israeliten Zöglinge der Engel waren: so sind wir jetzt im Gnadenbunde Zöglinge Christi, der seine Geistesgaben an uns austheilt, und selbst, in eigener Person, das Wort Gottes geredet hat; wir stehen nicht mehr unter der Zucht der Engel. Vielmehr sagt Paulus Col. 2, 15.: Christus hat ausgezogen die Fürstenthümer 2c. Er hat allen, den reinen und den unreinen Geistern die Macht genommen und sie im Triumph geführt. Das ist sein und unser Triumph, daß wir in allen geistlichen Angelegenheiten allein unter ihm stehen. Die bö=sen Engel knirschten bei diesem Triumph, die guten freuten sich mit uns und über uns, trugen gleichsam Palmzweige und sangen Luc. 2, 14. c) Die zukünftige Welt ist Christo unterthan. Das ist die neue Erde, die nach der Erscheinung Christi, nach der Auferstehung der Todten, nach der Verbrennung der jetzigen Erde aus dieser hervorgehen wird. 2. Petr. 3, 13.; Offenb. 21, 1. 2. Diese zukünftige Welt, — das Erbreich Matth. 5, 5. —, gehört nicht den Engeln, sondern uns. Die Engel sind auf ihr nicht als Erben, sondern als Gäste, die sich freuen über die Herrlichkeit der Menschen.

Dagegen muß aber gesagt werden: a) Hiob 1. 2. wird der Satan zwar in Gesellschaft der Kinder Gottes genannt, nur weil er damals noch nicht das Recht verloren hatte, vor Gott zu erschei=nen. Er erscheint als Ankläger, aber Kind ist er nicht. Mit wel=chem Rechte sollen denn die guten Engel hier nur mißbräuchlich Gottes Kinder heißen? Ueberdies werden sie Cap. 38, 7. allein so genannt. Will man den Satan hier auch zu den „Kindern" rechnen, die Gott loben und ihm zujauchzen? b) Daß Engel Die=ner Gottes sind: soll das ihre Kindschaft ausschließen? War nicht Christus auch Diener, Knecht Gottes? waren es nicht die Apostel? sollen es nicht alle Christen sein? Offenb. 19, 10. sagt der Engel: „Ich bin dein Mitknecht und deiner Brüder." Giebt es für Men=schen eine größere Ehre, als Gott dienen? — Und wenn Jes. 6. die Engel ihr Angesicht vor Gott verhüllen, so ist Matth. 18, 10. nicht zu vergessen: „sie sehen allezeit das Angesicht meines Vaters im Himmel." Können denn Christen dort eine größere Herrlichkeit haben, als Gottes Angesicht schauen? — c) Die Engel Knechte nennen im Gegensatze von Kindern, ist unbesonnen und blasphem. Dieser Gegensatz setzt voraus, daß sie Gott nicht mit kindlichem, sondern mit knechtischem Sinn dienen. Wer will das von den heiligen Engeln sagen? Haben sie nicht ihre Prüfungen bestan=den? im Kampf mit dem Satan? Wie könnte Christus Matth. 6, 10. beten lehren: Dein Wille geschehe 2c., wenn Engel uns nicht Muster der kindlichen Erfüllung des göttlichen Willens wären? — d) Wir kommen zu den Engeln: sie sind die Erstgeborenen Hebr. 12, 22. 23., wir sollen Eine Familie mit ihnen ausmachen Ephes. 3, 15. Chri=stus hat Alles wieder vereinigt, uns vom Himmel Getrennte wieder zurückgebracht. Col 1, 20. Vgl. Luc. 20, 36. „Sie sind den Engeln gleich, und Gottes Kinder, dieweil sie Kinder sind der Auf=erstehung." — e) Wie wird die Stelle Col. 2, 15. mißhandelt! Triumphe geschehen nur über Feinde, nicht über Freunde. Oder

wollte man das „einen Triumph aus ihnen gemacht" etwa nur
auf die bösen, „ausgezogen und zur Schau getragen öffentlich"
aber auf böse und gute Engel zusammen beziehen? Es ist doch
klar, daß alle drei Worte sich nur auf ein Object beziehen. f) Die
zukünftige Welt ist nach Hebr. 6, 5. offenbar das Messianische
Reich, worin allerdings Christus allein Herr und König ist, nicht
die Engel. Im Reiche Christi wird bei der Erziehung der Men=
schen nicht die Kraft der Natur, sondern der Geist der Gnade an=
gewandt. g) Es ist nicht klar, was aus den Engeln eigentlich wer=
den soll bei dieser Behauptung. Es sieht fast so aus, — da ihnen
die Kindeswürde abgesprochen wird —, als wären sie, obgleich gei=
stige Wesen, doch blinde, willenlose Werkzeuge Gottes. Und wenn
sie Knechte sind, und man erwägt Joh. 8, 35.: so sollen wohl gar
endlich die Engel aus des Vaters Hause? h) Eine solche De=
gradation der Engel widerspricht dem Zeugniß der ganzen alten
Christenheit.

Anm. 5. Praktischer Gebrauch der Lehre von den gu=
ten Engeln. Vgl. drei Predigten Luther's von den guten und
bösen Engeln, 1533 gehalten. Werke X., 1248—1307 mit XIII.,
2845. — Schon der bloße Gedanke, daß es gute Engel giebt,
ist sehr fruchtbar, auch wenn wir uns noch in gar keiner Verbindung
mit ihnen dächten. Denn A) der Gedanke der Vorsehung Gottes
gewinnt dadurch mehr Klarheit für uns, er bekommt einen concre=
teren Inhalt, wenn wir uns vorstellen, wie unzählige Boten und
Diener die Vorsehung hat, die auf jeden ihrer Winke bereit sind,
ihre Absichten auszuführen. Ebenso wird auch der Gedanke des
Reiches Gottes erst durch die Lehre von den Engeln theils anschau=
lich gemacht, theils recht inhaltsvoll. B) Der Gedanke an die gu=
ten Engel hat aber auch Einfluß auf unsern Willen, indem er geeig=
net ist, den Eifer in der Heiligung zu wecken. Denn diese Engel
sind reine, sündlose Wesen, die uns daran erinnern müssen, daß
unser sündiger Zustand uns selbst zur Last fällt, und deren Beispiel uns
beschämt, besonders wenn wir bedenken, wie sie voll Ehrfurcht, De=
muth und Gehorsam gegen Gott sind, während die Menschen oft
so leichtsinnig sind, sich vor Gott nicht fürchten, sondern in eitler
Einbildung sich gegen ihn brüsten und Alles thun, was ihm und
seinen Geboten zuwider ist. Das Beispiel der Engel soll uns aber
auch zur Nachahmung ermuntern, da wir sie uns doch als liebens=
würdige Wesen denken, als Wesen, die ihre Unschuld bewahrt ha=
ben, die ganz Liebe und Freundschaft sind. (Die heidnische Mytho=
logie hat nicht so reine himmlische Genien, wie sie die christliche
Dichtkunst, gestützt auf die christliche Lehre, in den Engeln hat.)
Lebten die Menschen untereinander wie die Engel, so würde der
Himmel auf Erden sein. Wir sollen aber uns bestreben einander
Engel zu werden: durch heiligen Umgang, durch herzliche und wohl=
thätige Dienste, durch Beschützung der Unschuld.

Der Einfluß dieses Gedankens wird aber natürlich noch weit mehr verstärkt, wenn wir nach der heiligen Schrift uns denken, daß wir mit den Engeln in der genauesten Verbindung stehen. A) Dieser Glaube dient zur Erhebung des Geistes, a) schon in der einsamen Erbauung. Der Gedanke: Engel sind Freunde und verborgene Beschützer der Menschen, besonders der Frommen, erregt ein frohes Bewußtsein unserer hohen Würde. Wie hoch muß der Mensch vor Gott geachtet sein, wenn selbst jene erhabenen himmlischen Geister sich beeifern, das Wohl der Menschen zu fördern. Menschen und Engel bilden eine Brüderfamilie, die Jesus regiert. — Wenn wir ferner an dem Thun der Engel für die Menschen ein Zeichen der Liebe Gottes haben, dem nichts mehr am Herzen liegt als das Heil seiner Kinder; wenn wir auch hieran sehen, daß nach Gottes Liebe Alles für uns berechnet ist, — so daß uns auch die Engel dienen —: so muß auch dies schon in unserem Herzen Gegenliebe gegen Gott entzünden. — Es giebt endlich dem Geiste überhaupt eine überirdische, himmlische Richtung, sich in Verbindung zu wissen mit einer überirdischen Welt. Das Irdische, Weltliche verliert den Reiz; wir fühlen uns getrieben, weit mehr nach dem, was wahrhaften Werth hat, nach dem Himmlischen, Ewigen zu streben. b) Der Glaube an die Engel erhebt den Geist auch in der öffentlichen Andacht. Welche Anreizung zum Lobe Gottes geben uns die Engel! In ihrer Mitte erschallt es immer vom Lobe Gottes: warum ist es unter uns so stumm, und klingen die Stimmen der Sänger so wenig in's Herz hinein? Die Engel sind aber auch Zeugen, unsichtbare Theilnehmer unserer Gottesdienste (1. Cor. 11, 10.), und dadurch werden uns unsere Versammlungen weit feierlicher und heiliger. (Vgl. Crusius, Vorrede zu Löw's Neuer Sammlung von Predigten 1758, S. 48: „Engel geben auf die Handhabung und Frucht des göttlichen Wortes genau Achtung; sie freuen sich über die Buße des Sünders, und wenn sie sich nach Matth. 18, 10. eines geärgerten Kindes annehmen: was werden sie in Ansehung böser Prediger thun, welche ganze Gemeinden ärgern?") Sie erscheinen uns dann weit mehr als ein Bild der unsichtbaren Kirche, als heilige Vorhöfe des Himmels im Leben, wenn wir uns die Engel gegenwärtig denken. Der Glaube an die Nähe der Engel beim Gottesdienst ist auch altchristlicher Glaube; desgleichen haben ihn die Reformatoren gehabt. Luther (Werke X., 2767.) sagt: Im Abendmahl bekennen wir vor Gott, Engeln und Menschen, daß wir Christen sind. Johannes Brenz, der Würtembergische Reformator, sagte einst in einer Predigt am Michaelistage: „Ich gehe niemals auf die Kanzel, daß ich nicht allemal mit einer neuen und größeren Ehrerbietung und Sorgfalt gerührt werde, als zuvor, weil ich weiß, daß ich vor Gott und Engeln predige." (s. Rieger, Herzpostille Vorrede S. 17.) Ebenso sagt Calvin (Instit. III., 4, 11.): In omni conventu sacro sistimus nos in conspectum Dei et angelorum. — B) Dieser Glaube ist auch geeignet den Willen zum Guten zu stärken und zu heiligen. a) Den Unbekehrten mahnt der Gedanke an die Engel, die sich freuen über Einen Sünder, der Buße thut (Luc. 15, 10.), ungesäumt umzukehren, und warnt den, der sich lange verstockt: wenn dein Engel dich verläßt, wehe dir! dann bist du auch dem nahe, daß Gott seine Hand von dir abzieht. b) Der Bekehrte wird durch den Gedanken an die Engel erweckt zu ernstlichem Eifer in himmlischem, göttlichem Leben und Wandel. Erbitte dir ein Engelherz, um Gott recht zu lieben, einen Engelmund, um Gott zu preisen, Engelkraft, um ihm recht dienen zu können. — Der Glaube an die Engel stärkt uns zum Kampfe in einer verkehrten Welt; sie sind unsere Freunde und bemerken mit Theilnahme die Kämpfe der Christen. 1. Cor. 4, 9.; Hebr. 12, 22. Sie umfassen uns jetzt schon mit Liebe. Einst sollen wir vor ihnen gerichtet werden (Luc. 12, 8. 9.), sollen aus ihren Händen den Lohn des Sieges empfangen, sollen in ihren Kreis aufgenommen werden. Da sollen wir sie also scheuen (In quovis angulo reverentiam exhibe tuo angelo. Bernhard.) und streben, ihrer Gesellschaft uns würdig zu machen; denn nur verwandte Geister können dereinst sich finden. Ihre Freundschaft soll unser Wunsch sein, und darum sollen wir alles Unreine fliehen und keine Flecken an unsrer Seele dulden. (Si vis habere ministerium angelorum, fuge conversationem seculi, et tentationibus resiste diaboli. Bernhard, Hom. 40 in Matth.) Das Beispiel der Engel muß uns auch besonders zur innigsten Liebe und Liebesdiensten treiben, weil sie jetzt bei all' ihrer Hoheit angewiesen sind, den Menschen zu dienen, und das thun sie ungesehen, unerkannt, unbelohnt, ja verkannt; sie sind Zeugen des vielen Bösen, so vieler Greuel: dennoch halten sie aus. — Engelglaube trägt bei, so viele nahe Verhältnisse der Menschen zu heiligen, die Liebe der Ehegatten, der Eltern, der Freunde. Wie hoch müssen uns Kindesseelen stehen, wenn wir sie denken als Lieblinge des Himmels: wie müssen wir diese Kleinodien zu bewachen, vor Aergernissen zu behüten suchen! (Lehrerberuf ein Engelberuf, der also auch Engelherzen erfordert.) Wie treu müßten wir auch in userm Liebesbund bleiben, wenn wir auf die Engel sähen. — C) Der Gedanke an die Engel ist endlich auch geeignet, den Christen zu trösten. Er ermuthigt in Gefahren, denn die Engel beschützen uns, wenn wir auf Gottes Wegen gehen. Ps. 34, 8.; 91, 11. — Er tröstet ferner bei allen Leiden, besonders um Christi, um des Guten willen. Trifft uns Verachtung, Spott, Verfolgung, so wissen wir, es sind dann desto mehr die Augen einer höheren Welt auf uns gerichtet, und sie winken uns Beifall zu. Fehlt uns Liebe auf der Welt, so wissen wir, der Fromme hat schon in den Engeln Seelen, die ihn lieben; es ist auch mehr an den unsichtbaren Freunden, als an den sichtbaren gelegen. — Der Glaube an die Engel giebt auch dem Christen Trost in Bekümmernissen um seine Lieben, z. B. in Gefahren, die unmündigen Kindern täglich drohen. Höhere Hände schützen sie. (Vgl. Hansi, Kinder=Engel. Leipzig 1712.) — Beim Verluste von Kindern weiß der Christ, sie sind der Pflege der Engel übergeben, sie sind in guten Händen. — In der letzten Stunde endlich, in der Todesstunde, weiß sich der Christ nicht verlassen; die Engel, sagt Luther (X., 1277. f.), sind ihm nahe und „helfen ihm bei diesem Salto mortale und geben ihm solche Gedanken ein, daß er sich fest an das Wort halte und die Anfechtungen des Satans bestehe." In himmlischen Armen wird seine Seele dann aufgenommen, Luc. 16, 22., und von Freundeshand in das neue unbekannte Land geführt. — Und welche Seligkeit, wenn Gott uns auch einmal zu einem Lazarus = Engel gebrauchen sollte! Du darfst es hoffen, wenn du schon hier Seelen zu Gott führst. — So begleitet dieser Engelglaube den Menschen von der Wiege bis zum Grabe als ein holder Schutzgeist.

Kapitel II.

Von dem ursprünglichen und gegenwärtigen Zustand des menschlichen Geschlechts.

§ 31.

Ursprung und Unschuld der ersten Menschen.

Die Bibel bietet uns in dieser Lehre fruchtbare Erinnerungen; sie erinnert an die moralische Gleichheit der Menschen überhaupt, an die ursprüngliche Unschuld, die sie verloren haben, und an das Ziel, das wir in dem zweiten Adam verwirklicht sehen und durch ihn erreichen sollen. (Vgl. Oberthür, biblische Anthropologie. Münster 1804. 4 Bde. 8.)

Anm. 1. Die biblische Schöpfungsgeschichte lehrt, daß Gott Ein Menschenpaar, nicht mehrere oder wohl gar eine Menge von Menschenpaaren geschaffen habe. Die Behauptung, es habe ursprünglich mehrere Menschenpaare, wahrscheinlich in verschiedenen Erdtheilen verschiedene, gegeben, die von Pegrerius, Voltaire, Home, Hughes u. A. aufgestellt worden ist, hat durchaus keine hinreichenden Gründe für sich. Man beruft sich a) auf die Verschiedenheit der Menschen schon in Hinsicht auf die Structur ihres Körperbaues, nach welcher man vier Hauptracen unterscheidet, und man folgert daraus, daß eine Verschiedenheit der Stammeltern statt

gefunden haben müsse. Aber Naturhistoriker, Anatomen und Phy=
siologen haben durch Aufweisung der Uebergänge einer Menschen=
form in die andere augenscheinlich dargethan, daß alle Menschen=
racen, ihrer auffallenden physischen Verschiedenheiten ungeachtet, füg=
lich von Einem Menschenpaare abstammen können. Man beruft
sich b) auf die Verschiedenheit der Farbe; aber diese kann durch den
Einfluß der verschiedenen Climas, der Lebensart, der Sitten und
Gewohnheiten und äußerlicher Umstände sich gebildet haben. Man
kann aber auch mit Kant (Vermischte Schriften II. Nr. 7.) anneh=
men, daß schon in das erste Menschenpaar die Keime zu verschie=
denen Menschenstämmen gelegt seien, welche sich erst später entwickelt
und ausgebildet hätten, und zwar wie es den Ländern, wo sie
wohnten, angemessen war. c) Auch die Verschiedenheit der Sprache
endlich ist nicht beweisend: sie ist ja sehr erklärlich, und es finden
sich überdies überraschende Aehnlichkeiten, die auf einen gemeinsa=
men Ursprung hindeuten. Die biblische Lehre ist durchaus glaub=
würdig; denn a) Ein Menschenpaar war völlig hinreichend, und
Gott pflegt nie die Ursachen ohne Noth zu vervielfältigen. b) Es
ward für die häusliche und bürgerliche Eintracht der Menschen besser
gesorgt, wenn sie sich als Abkömmlinge eines Stammvaters ansahen.
Im entgegengesetzten Falle würden sie sich als fremdartige, feind=
liche Wesen erschienen sein. Kurz es hätte an der natürlichsten und
schicklichsten Veranlassung zur Geselligkeit und Bildung gefehlt. c) Die
physische Abstammung und Gleichheit der Menschen ist eine Erinne=
rung an ihre Abstammung von Einem Gott und Vater und an
ihre gleiche sittliche Bestimmung; sie sollten wie physisch, so auch
moralisch ein Ganzes ausmachen und dies entspricht dem Christen=
thum; denn dieses weist uns an einen Regenerator der ganzen
Menschheit. Wenn der Historiker immerhin behaupten mag, daß
die Abstammung von Einem Paar evident nicht erwiesen ist, so
muß er doch die Möglichkeit zugeben; der Theolog kann die Wirk=
lichkeit derselben behaupten. — Die Schöpfung des Weibes aus
dem Manne soll das Bedürfniß des Menschen nach einem gleichen
mit ihm fühlenden Wesen, die Innigkeit, mit der Weib und Mann
sich als Eins ansehen sollen, zugleich auch die Monogamie und die
nach Gottes Willen bestimmte Unzertrennlichkeit des ehelichen Ban=
des andeuten. 1. Tim. 2, 12. 13.; 1. Cor. 11, 8. 9.

Anm. 2. Was den äußern und innern Zustand der ersten Men=
schen anlangt, so lehrt die Bibel in Bezug auf den ersteren: Gott
schuf die Menschen und setzte sie in eine reizende Gegend, den Won=
negarten Eden. Wo dies Paradies gewesen sei, wird Keiner er=
forschen. So unvergleichlich schön auch die Gegenden sein mögen,
wo nach verschiedenen Vermuthungen dasselbe sich befunden haben
soll, so sind sie doch nur schwache Abbilder des ursprünglichen Pa=
radieses. Wir sollen das Paradies zunächst in unseren Herzen zu
bauen suchen; die eigentliche Wiederherstellung des Paradieses aber

ist erst auf der neuen Erde zu erwarten. — Die Meinung Epi=
kurs, daß die Geschichte der Menschen mit einem thierischen Zu=
stande derselben begonnen habe, ist ebenso sehr der Liebe und Weis=
heit Gottes unwürdig, als sie andererseits nicht blos der heiligen
Schrift, sondern auch dem Zeugniß der Geschichte widerspricht, in=
dem die Tradition aller Völker die Geschichte der Menschen von
einem ursprünglich besseren, seligeren Zustand ausgehen läßt. Wie
lange würde es gedauert haben, ehe die Menschen zur Bildung der
Vernunft gelangt wären und sich aus dem Zustand thierischer Roh=
heit und Wildheit emporgearbeitet hätten! Die Fähigkeiten und
Anlagen waren den Menschen anerschaffen; sie bedurften aber der
Anregung und Bildung von außen. Diese gab ihnen Gott oder
seine Stellvertreter und Boten. So wurde der Mensch zur Sprache
geübt, so lernte er seinen Schöpfer kennen. Das Leben der ersten
Menschen war ein Umgang mit Gott und mit himmlischen Geistern.
Gott war ihr Vater, ihr eigentlicher Erzieher, und sie brauchten
nicht von einem thierischen Zustand auszugehen. Die eigenthüm=
lichen Vorzüge der ersten Menschen waren: a) dem Leibe nach Un=
sterblichkeit, d. h. die Möglichkeit, daß sie den Tod nicht erfuhren.
Die physische Möglichkeit ist gar nicht umzustoßen. Es wird näm=
lich nicht eine absolut nothwendige Unzerstörbarkeit gelehrt, welche
nach dem Begriff eines Körpers und nach dem Ausgang laut der
Erfahrung falsch wäre, sondern nur eine hypothetische, bedingte.
Nämlich, wenn keine Sünde eingetreten und mithin auch das System
des Körpers nicht durch schädliche Einflüsse wäre zerstört worden,
so würde kein Tod erfolgt sein. Gegen andere Verletzungen und
Zerstörungen würden ganz unsündige Menschen gesichert geblieben
sein, oder Gott würde Mittel genug gehabt haben, dem Körper
immer frische Kraft zuzuführen. Damit wird nicht gesagt, daß die
Menschen in infinitum an die Erde wären gebannt gewesen, son=
dern sie konnten, mittelst einer Verklärung ihres Leibes, in eine
höhere Welt übergehen, so daß das Sterben nicht ein Tod, sondern
eine Verherrlichung gewesen wäre. (Ein solches Geschlecht unschuldi=
ger und unsterblicher Menschen schildert Klopstock schön. Mess. V.)
Es wird also nicht gelehrt: homo non poterat mori, sondern:
poterat non mori. Diese Unsterblichkeit war auch moralisch noth=
wendig, wenn die Menschen unschuldig blieben. Denn wer kann
glauben, daß bei reinen, unschuldigen Menschen die Versetzung in
eine höhere Ordnung der Dinge habe dürfen und müssen durch
eine so schauderhafte, den Menschen bemüthigende Catastrophe, als
für uns der Tod ist, geschehen? Unschuldige hätten kein solches
Uebel verdient. Mit einem moralisch vollkommenen Zustand der
Menschen ist der Tod, die völlige Vernichtung des physischen Theiles
des Menschen, ganz unverträglich. Er ist der Zeuge einer voran=
gegangenen Verschlimmerung und Verschuldung. Mithin lehrt die
Vernunft ebenso wie die Schrift, daß die Sterblichkeit, d. h. die

uns jetzt eigene, furchtbare Weise aus dem Leben, mittelst totaler Zerstörung des Körpers, zu gehen, kein ursprüngliches, sondern nur ein zufälliges Uebel ist. b) Der Vorzug der ersten Menschen, der Seele nach, war das Ebenbild Gottes. Moses kann unter dem Ebenbilde Gottes unmöglich eine körperliche Aehnlichkeit gemeint haben, wie die Anthropomorphiten und die Origenianer annehmen (welche lehrten, daß der Leib Christi in Gottes Idee präexistirt habe und der Mensch darnach geschaffen sei), sondern nur eine geistige, weil er schlechthin alle körperliche Abbildung Gottes leugnet. 2. Mos. 20, 4. Es giebt ein doppeltes Ebenbild, das natürliche und das moralische. Das natürliche Ebenbild Gottes besteht in der anerschaffenen Aehnlichkeit des Menschen mit Gott durch Vernunft und Freiheit des Willens. Dieses hat der Mensch ohne sein Zuthun von Natur; es ist allen Menschen noch jetzt gemein. 1. Mos. 9, 6. Das moralische Ebenbild Gottes besteht in der Aehnlichkeit der Willensrichtung mit dem Willen Gottes. Hier ist zu unterscheiden das ursprüngliche und das wieder zu erwerbende Ebenbild Gottes. Jenes ist hier näher zu bestimmen. Es war die natürliche Unverdorbenheit des Geistes und Herzens. Dieser normale Zustand α) setzte voraus eine völlige Klarheit, Munterkeit, Empfänglichkeit des Verstandes, die Vorstellungen rein aufzufassen und den Willen Gottes, so weit er sie anging, zu erkennen ohne alle Trübung; β) und bestand in der Freiheit von allem Bösen und in der natürlichen, kindlichen Liebe zu Gott, welche sie trieb, ihm mit Lust und Willigkeit zu gehorchen. Wenn man so das Ebenbild Gottes bestimmt, so kann dagegen nichts eingewendet werden. Dies ist auch der Sinn der alten dogmatischen Bestimmungen der anerschaffenen Weisheit, Gerechtigkeit und Heiligkeit. Ephes. 4, 25. Weisheit soll nicht eine vollendete, alles umfassende Erkenntniß bezeichnen — diese hatte Niemand den ersten Menschen zugeschrieben — sondern Reinheit des Verstandes, Freiheit von Irrthum und Klarheit. Gerechtigkeit soll nur die Schuldlosigkeit der ersten Menschen bezeichnen und Heiligkeit nicht die erstarkte, bewährte Tugend, sondern die Reinheit des Willens, der noch nicht von etwas Bösem befleckt war, die rectitudo voluntatis. Die Folge davon war ihre innige Liebe und wechselseitiges Vertrauen zu einander ohne alle Selbstsucht, Neid, Haß, Groll; sodann Seelenfriede, Heiterkeit, Friede mit Gott, ja mit der ganzen Welt, mit der Schöpfung Gottes. Die Erde gab, was sie bedurften, Arbeit war nur Lust, nicht Mühe und Last, auch die Thierwelt konnte nicht anders als befreundet sein, — die Menschen hatten zudem die volle Herrschaft über sie; ihr Anblick mochte der Thierwelt Furcht einflößen: das ungetrübte Ebenbild gab den ersten Menschen das Gepräge der Majestät als Herren der Schöpfung. —

Anm. 3. Die Lehre von dem natürlichen göttlichen Ebenbilde ist insofern praktisch wichtig, als sie die Würde darthut, welche je-

der Menſch hat, ſo wie den Vorzug des Menſchen vor allen andern Geſchöpfen. Der Menſch ſoll ein Spiegel, d. h. das kennt-
lichſte, vollſtändigſte Offenbarungsmittel und der Abdruck der göttlichen Vollkommenheit ſein. Jeder, der ein menſchliches Antlitz trägt,
trägt auch Gottes Bild an ſich. Dieſes Bild kann wohl verdunkelt,
entweiht, aber nie ganz vertilgt werden. Dieſe Würde müſſen wir
in uns und in andern anerkennen und achten. Wir ſollen uns freuen
über den hohen Adel des Menſchen, daß er Gott ähnlich iſt. Wir
müſſen dieſe Würde aber auch durch die That anerkennen, durch
unſere Achtung dieſe Anerkennung beweiſen, wir ſollen den Menſchen behandeln als einen, der Gottes Bild an ſich trägt, und uns
deſſen ſchämen, was dieſes Bild entweiht. — Nicht minder iſt die
Lehre von dem urſprünglichen Ebenbild Gottes, welches wir verloren haben, in mehrfacher Beziehung wichtig. Denn a) der Rückblick auf einen frühern, aber nun verlornen Zuſtand der Unſchuld
der Menſchheit muß uns betrüben und bemütigen. Nach Gottes
Willen ſollte der Menſch in dieſem Zuſtande bleiben, aber er hat
ihn durch eigene Schuld verloren. Dies muß uns bemüthig machen,
die Traurigkeit unſeres gegenwärtigen Zuſtandes recht fühlbar machen
und die rechte Stimmung geben für das Erdenleben. — b) Dieſe
Vorſtellung eines ſo ſeligen Zuſtandes hält uns ein Ziel vor, nach
dem wir ſtreben ſollen, und läßt uns die Hoffnung faſſen, daß eine
Rückkehr möglich ſei. Die Rückkehr zu unſchuldigem, kindlichem
Sinn, Matth. 18, 3., iſt die Bedingung unſerer Seligkeit, die Bedingung eines beſſeren Zuſtandes auf Erden, der wahren Liebe und
Harmonie unter den Menſchen. Was ſich noch von Glück und
von Liebe auf der Erde findet, das iſt noch ein Reſt, aber nur ein
ſchwacher Reſt des paradieſiſchen Glückes, der erſten Liebe. — c) Zu
dieſem Ziele giebt es aber keine Rückkehr als nur in Chriſto. Durch
ihn iſt uns die Gewißheit gegeben, daß die urſprüngliche Seligkeit
der erſten Menſchen wieder erlangt werden kann und ſoll. Durch
ihn erlangen wir Gerechtigkeit und Unſchuld, durch ihn werden wir
innig befreundet mit Gott; die Feindſchaft wider Gott hört auf,
die Liebe zu dem ſo gnädigen Gott kommt wieder auf, die Pflicht
wird zur Luſt und das Geſetz verwandelt ſich in einen Drang der
Liebe. In Chriſto werden wir eine Gottesfamilie und unter uns
in Liebe vereint; in ihm ſelbſt ſteht das Ebenbild Gottes rein und
vollkommen vor unſern Augen, er iſt das Unterpfand unſerer
eigenen Rückkehr, und durch ihn wird uns ein neues Paradies
angewieſen werden. Röm. 8, 29. Daraus folgt von ſelbſt die
Unentbehrlichkeit Chriſti und des Chriſtenthums. Ohne ihn iſt die
Rückkehr unmöglich. Je näher, ähnlicher du Chriſto biſt, deſto näher dem Ebenbilde Gottes. Die Vereinigung mit Chriſto, dem
zweiten Adam, iſt unendlich mehr als die Verwandtſchaft mit dem
erſten Adam. Durch das Chriſtenthum geſchieht eine vollſtändige
restitutio in integrum. Wenn Calvin zu Röm. 5, 12. ſagt:

Non possumus clarius perspicere quid habeamus in Christo, quam ubi nobis demonstratum fuerit, quid perdiderimus in Adamo, so läßt sich noch viel richtiger sagen: non possumus clarius perspicere quid perdiderimus in Adamo, quam ubi nobis demonstratum fuerit, quid acquisiverimus in Christo. Doch auch dies reicht noch nicht aus; wir haben mehr durch Christum wiedererlangt, als durch Adam verloren.

§ 32.
Von dem Ursprung des sittlichen Verfalles der Menschen.

Der Unterricht der Bibel hierüber hat dadurch einen besondern praktischen Werth, daß sie den Ursprung der Sünde nicht aus einer vorirdischen Periode der Menschheit herleitet, sondern aus der Zeit des gegenwärtigen Lebens und daß sie den ersten Anfang und die Quelle der Sünde in dem Fall der ersten Menschen, also in einem **factum** setzt, welches eben so viel psychologische Wahrheit hat, als reichhaltig ist an praktischen Folgen, um den Ursprung, die Beschaffenheit und Größe der Sünde zu erkennen.

Anm. 1. Die Gewißheit einer Verschlimmerung und Entartung der Menschen läßt sich nicht leugnen. Alles in der Welt ist voll von den unverkennbarsten Anzeichen der Corruption. Man darf gleichsam nur blind hineingreifen in das Weltgetriebe, so bekommt man auf jeden Griff Anzeichen des Verderbens; z. B. den Gott, den der Mensch über Alles lieben, von dessen Liebe er ganz durchdrungen sein sollte, kennt der natürliche Mensch gar nicht; die Menschen wissen nichts von seiner Liebe, halten wohl gar die Liebe zu ihm für etwas Phantastisches! Das ist doch wahre Unnatur. Wir sind so gewöhnt an das Verderben, daß uns das Verderbte natürlich deucht, obschon es abnorm ist, z. B. alle Regungen und Triebe des Eigennutzes.

Anm. 2. Man hat die Frage aufgeworfen, warum ließ Gott diese Corruption zu? Darauf antworte bescheiden, wie Luther, XIII., **337** f. (Erlang. Ausg. I., **333**), sagt: „aber da hebt sich ein sonderlich Unglück, daß jedermann aus schändlichem und schädlichem Vorwitz will am ersten anheben mit der Vorsehung dieses und jenes. Weil Gott alle Dinge gewußt, warum er des Menschen Fall nicht vorkommen habe? Warum er doch der Welt zusehe und lasse sie ihr eigen Verdammniß fördern, so er doch wohl dafür sein und sie bekehren könnte, daß sie müßte fromm sein? Wer mit solchen Fragen will anheben, Gott zu erkennen, der wird eigentlich den Hals brechen. Denn das ist Lucifers Fall, der wollte auch oben hinaus und nirgend an. Aber es thut's nicht." Gott konnte den Fall der Menschen nicht schlechthin hindern, ohne die

Freiheit derselben aufzuheben. Eine Prüfung war nothwendig und Gott ließ sie zu, um den Menschen es einzuprägen und unvergeß- lich zu machen, daß ein Mensch ohne Gott und wider Gott in das tiefste Verderben gerathe, daß für ihn nur bei Gott Heil zu finden sei. Ja er wollte an dem menschlichen Geschlechte ein Beispiel seiner erbarmenden Gnade öffentlich seinem ganzen Geisterreiche aufstellen. Die Begnadigung einer abgefallenen Welt ist der höchste Beweis der Liebe Gottes und soll uns desto inniger an Gott fesseln. Gott selbst machte die Rettung möglich; ja durch dieselbe wird die Mensch- heit durch die enge Verbindung des Sohnes Gottes mit den Men- schen noch höherer Seligkeit fähig.

Anm. 3. Die Frage, wie und woher ist die Sünde ent- sprungen, kann im philosophischen und historischen Sinn genommen werden. Im philosophischen Sinn lautet sie: wie ist die Möglich- keit der Sünde zu denken? und darauf ist zu antworten, daß mit der Freiheit der objective Grund derselben gegeben ist. Auf die Frage im historischen Sinn, wie ist die Sünde entsprungen, giebt nur die Bibel Antwort. Viele haben den Ursprung der Sünde in eine vorirdische Zeit verlegt, wie neuerdings J. Müller, von der Sünde II., 95—99, 195—213, 486—507. Schon bei den In- dern findet sich diese Meinung, s. Holwell, Nachrichten von Hin- dostan S. 320 ff. Nach indischer Vorstellung ist unser gegenwär- tiger Zustand die Folge eines frühern Falles, einer Empörung gegen Gott. Wir sind Geister, die schon, ehe sie in menschlichen Körpern geboren wurden, in einer höhern Welt existirten; hier war es, wo wir sündigten, verführt von einem bösen Geiste, und zur Strafe dafür schuf Gott diese niedere Planetenwelt und ließ unsere Seelen in Köper sich senken, um sie zu prüfen und zu läutern. Hier ist also das irdische Sein schlechthin oder der Aufenthalt der Seele im Körper an sich schon ein Uebel. Cicero in einem Fragment bei Augustin c. Pelag. l. IV. sagt: Ex quibus humanae vitae er- roribus et aerumnis fit, ut interdum veteres illi sive vates sive in sacris initiisque tradendis divinae mentis interpretes, qui nos ob aliqua scelera suscepta in vita superiore poena- rum luendarum causa natos esse dixerunt, aliquid vidisse vi- deantur, verumque sit illud, quod est apud Aristotelem, si- mili nos affectos esse supplicio atque eos, qui quondam, quum in praedonum Etruscorum manus incidissent, crudelitate ex- cogitata necabantur: quorum corpora viva cum mortuis, ad- versa adversis accommodata, quam aptissime colligabantur; ita nostros animos cum corporibus copulatos, ut vivos cum mor- tuis esse conjunctos. Diese Annahme von einer Präexistenz der Seelen und ihrem Falle in einem außer- und vorzeitlichen Dasein ist nur ein Postulat, eine Hypothese, welche positiver Gründe ent- behrt und mit nichts zu beweisen ist. Denn woher hätten wir Kunde oder ein Bewußtsein von jener Existenz? Es müßte eine gänzliche Vergessenheit eingetreten sein, und für die Speculation wird dadurch eigentlich nichts gewonnen, weil die Frage unbeantwortet bleibt, wie in der früheren Welt die Sünde entstanden ist. Diese Meinung ist auch praktisch verwerflich. Denn wenn der Ursprung der Sünde so weit zurückliegt, so verschwindet er vor unserem Blick, und der Mensch wird sich die Sünde, den Abfall um so weniger zurechnen, als er fast nicht mehr als sein Werk erscheint. Es sind auch daraus viel schädliche Folgen entsprungen, als die Meinung von der Schädlichkeit der Materie, von dem Grund des Bösen in der Materie und die Selbstbüßungen der Menschen. Die Bibel kann für jene Meinung durchaus keinen Beweis abgeben. Joh. 9, 2 und 3. und Röm. 9, 11. sind dagegen. Die Schrift lehrt ausdrücklich, daß der Mensch ursprünglich gut geschaffen sei. 1. Mos. 1, 39. Die Stelle Pf. 139, 15., welche dafür zu sprechen scheinen könnte, ist zu übersetzen: Da ich gebildet ward gleichsam unter der Erde. Es fehlt nur das כ compar. Dem Embryo ist der Mutterleib gleichsam ein Grab.

Anm. 4. Die Schrift leitet den Ursprung der Sünde von Adam her. Die Erzählung 1. Mos. 3. ist von vielen für Allegorie oder Mythus erklärt worden. Allein um zur allegorischen Erklärung berechtigt zu sein, kommt es doch nicht darauf an, ob wir etwa mit Kunst einen allegorischen Sinn in die betreffende Urkunde hineinlegen können, sondern ob der Verfasser selbst sie so genommen wissen will. Moses hat offenbar alles historisch genommen, denn diese Erzählung steht mitten zwischen historischen Factis, und sie schließt sich in ihren Folgen an offenbare Geschichte an, so daß man eine Allegorie hier nicht ahnen kann. Hätte der Verfasser eine solche geben wollen, so würde er auf irgend eine Art seine Idee angedeutet haben, aber so zeigen gerade die Abweichungen der allegorisirenden Erklärer, daß diese Urkunde zu einer Allegorie nicht geeignet ist; die Deutung selbst muß der Erzählung viel Zwang anthun und Willkührliches hineinschieben. Gewiß ist auch eine solche Allegorie für die Zeit, wo die Urkunde geschrieben ist, viel zu künstlich. Die Allegorie setzt eine dichterische Vollkommenheit und psychologische Kunst voraus, die man von jenem Zeitalter nicht erwarten könnte. S. Oberthür, bibl. Anthrop. II., S. 132 ff. Der Verfasser dieser Allegorie müßte die Begriffe von Vernunft und Sinnlichkeit, von der Befriedigung der sinnlichen Begierden bis zu einem gewissen Punkte, von der Bestimmung des rechten Gebrauchs und des Mißbrauchs der Freiheit, von eingebildeter und wahrer Glückseligkeit, von der Absicht der göttlichen Gesetze, uns gegen Verblendung zu sichern, von der Unmöglichkeit, daß Gott die Sünde ungestraft lassen kann, von dem Verlust innerer Ruhe als Folge der Sünde, von der Vergeblichkeit aller Entschuldigungen nicht allein gehabt, sondern auch scharf unterschieden haben, um sie in eine Allegorie einkleiden und zu den Begriffen entsprechende Bilder in

der Sinnenwelt finden zu können. — Ferner ist die Annahme eines
historischen Mythus auch inconsequent, indem sie einiges als Geschichte annimmt, anderes wieder nicht. Das Neue Testament widerspricht der Hypothese von einem Mythus geradezu. Röm. 5,
12.; 2. Cor. 11, 3.; 1. Tim. 2, 13. 14.; 1. Cor. 15, 22. 33.
Die Stellen 1. Cor. 11, 8.; Matth. 19, 4. sind mit der unsrigen
so genau verbunden, daß, wenn dieselben historisch gefaßt werden
müssen, dies auch bei dieser geschehen muß. Es würde also dem
Ansehen Christi und der Apostel widersprochen werden müssen, wenn
man die Geschichte leugnete. Wenn die Erzählung des Moses nicht
historische Richtigkeit hat, so verliert sie auch den religiös = sittlichen
Werth. Moses würde den Werth seiner Religion selbst zerstören.
Für den geschichtlichen Charakter der Erzählung zeugen auch die
Spuren, die sich davon bei den meisten Völkern des Alterthums
finden. (Vgl. E. G. Schwarz, de lapsu primorum generis
hum. parentum a paganis adumbrato. Altorf. 1730; und De-
lany, Vertheidigung der christlichen Offenbarung, übersetzt von
Semler, I., 417—449, welcher über den Schlangendienst der alten
Völker viel gesammelt hat.) Vorzüglich auffallend ist es, daß in
der Mythologie der alten Völker die Schlange eine so wichtige
Rolle spielt. Nationen, die nicht in der geringsten Verbindung mit
einander standen, verehrten theils unter diesem Symbol verschiedene
Gottheiten, theils hatten sie vor den Schlangen eine fast übertrie-
bene Furcht. Man sah in den Schlangen etwas Dämonisches.
Bei den Persern heißt der Ahriman die alte Schlange. — Selbst
bei den Wilden Amerikas hat man Gesänge gefunden, in welchen
Anklänge an die biblische Geschichte vom Sündenfall waren.

Der Bestand der biblischen Geschichte ist folgender: Gott gab
den Menschen ein Gebot in negativer Form. Zur Uebertretung
verführte sie der Satan, der Urheber aller Lüge und Verführung,
Joh. 8, 44., indem er die Gegenwart der Schlange dazu benützte
und ihrer sich bediente; und dadurch geriethen die Menschen in die
Sünde, in den Abfall. Moses erzählt die Geschichte nur nach der
Situation der ersten Menschen, er stellt es dar, wie es ihnen vorgekommen ist; vom Satan wußten sie nichts, sie hielten die Schlange
für die redende Person. Moses selbst hat gewiß an einen unsichtbaren Verführer gedacht. (Wie das Sprechen zu denken ist, bleibt
dahingestellt.) Daß Gott das Gebot gab, war für die sittliche Bildung der Menschen erforderlich, um sie im Gehorsam zu üben; sie
hätten sonst den Unterschied zwischen Gut und Böse nicht finden
können, wenn ihnen dies Gebot nicht gegeben worden wäre. Schon
Theodoret sagt zu Röm. 7, 12. (opp. ed. Nösselt III., 73):
„Gott gab dem Menschen das Gebot deswegen, damit dieser sein
eigenes Wesen erkennen, und damit er den Gesetzgeber fürchten sollte",
und bemerkt, „daß Gott nicht aus Neid den Genuß einer Frucht
verbot, sondern um dem Menschen die Grenze von Recht und Un-

recht, von Gehorsam und Ungehorsam deutlich und scharf zu bezeich=
nen, um ihn zu lehren, wohlwollend gegen den Schöpfer zu sein,
und um seiner Vernunft Gelegenheit zur Uebung zu geben." Ge=
rade dieses Gebot war dem Standpunkt der ersten Menschen durch=
aus angemessen; es bezweckte eine Uebung, mit der man noch im=
mer die moralische Bildung der Kinder muß anheben lassen, näm=
lich die Einschränkung der sinnlichen Lüste. (Vgl. darüber die nie
viel beachtete, aber treffliche Schrift von Eifert, Untersuchung der
Frage: Könnte nicht die mosaische Erzählung vom Sündenfall buch=
stäblich wahr sein 2c.? Halle. 1781.) — Daß aber Gott die Ver=
suchung durch den Satan zuließ, geschah, um die Prüfung zu ver=
stärken; denn ohne solche Reizung würden die Menschen ihren Ge=
horsam nicht haben beweisen können. Diese Zulassung hat nicht
mehr Schwierigkeit als die Zulassung jeder Versuchung. Die Ver=
suchung durfte natürlich nicht über die Kräfte der Menschen gehen,
und deßhalb durfte der Versucher nicht alle List und Macht anwen=
den, er durfte z. B. nicht als Lichtengel erscheinen, 2. Cor. 11,
14. Seiner Reizung stand Gottes Gebot in seiner ganzen Schärfe
gegenüber. Die Menschen sollten aber eine Probe vor dem Gei=
sterreich bestehen.

Anm. 5. Der praktische Gehalt dieser Lehre besteht in Fol=
gendem: a) Schon hier zeigt sich die Natur der Sünde, ihr Aeu=
ßeres und Inneres. Das Aeußere, der Thatbestand kann dem
Anscheine nach sehr unbedeutend sein, aber nicht in dem Materiellen
liegt eigentlich die Schuld, sondern in dem Formellen, in der Ge=
sinnung. Die Sünde ist innerer und äußerer Abfall von Gott, von
dem in seinem Worte bezeugten Willen; das Herz ist nicht mehr
bei Gott, der Wille, nicht mehr ganz in seinen Willen einstimmend,
ergreift etwas demselben Widersprechendes, und diesem innern Ab=
fall folgt dann der äußere in der That. Das Strafbare ist: den
göttlichen Willen erkennen und ihm untreu werden. — b) Dieser
innere Abfall, diese Abkehr entsteht aus Unglauben. Bisher hatten
die Menschen Gottes Gebot für gut gehalten; sie fingen an, es
zu bezweifeln; es schlich sich Mißtrauen gegen Gott in ihr Herz
ein, sie sahen das Gebot als ihrer Seligkeit hinderlich an. So ist
das ursprüngliche Wesen der Sünde Unglaube. Wäre dieser Un=
glaube nicht eingedrungen, so hätte die Furcht keinen Reiz haben
können; denn sie kannten ja die Furcht noch nicht, nur die äußere
Gestalt konnte etwas locken, aber doch nur Neugierde, wohl nicht
wirkliche Eßlust erregen. Daß der Gedanke von der Vortrefflichkeit
der Frucht sich einschlich, war keineswegs ein Werk der Sinnlich=
keit, sondern des Unglaubens. Die Sünde der Menschen war also
keine unbedeutende. — c) Der Anlaß dazu kam von außen. Der
Satan verführte sie durch die Schlange und zwar, indem er zuerst
das Gebot Gottes selbst zweifelhaft machen wollte; als dies nicht
gelang, vielmehr Eva an der Anerkennung desselben als wirklichen,

göttlichen, nicht blos eingebilbeten Gebotes festhielt, so suchte er bie Absicht Gottes verdächtig zu machen, also Mißtrauen gegen Gott einzuflößen, als ob Gott aus Mißgunst, und weil er ihnen die höhere Weisheit und Gottgleichheit nicht gönne, das Verbot gegeben habe. Der Verführer täuscht durch falsche Vorspiegelungen, und gerade so verfahren noch immer alle Verführer. Sie wollen uns das Wort Gottes weglachen, wegspotten, wegbisputiren durch Bestreitung der Bibel ober im schlimmsten Falle dasselbe als feindselig verdächtig machen und baburch uns gegen Gott einnehmen. Dieser Unglaube betrügt um so leichter, je mehr er zu einem einfältigen, unbefangenen Gemüthe in bem imponirenden Tone der böheren Weisheit und entschiedenen Gewißheit redet. Alle Verführer finden in bem ersten ihr Urbild hauptsächlich darin, daß sie Gottes Wort verfälschen, bestreiten ober Gott selbst lästern, und es ergiebt sich daraus die Regel, den Verführer daran zu erkennen, ob er uns Gottes Wort nimmt. Die Möglichkeit, daß der Verführer Eingang fand, liegt in der freien Natur des menschlichen Willens. — d) Die Folgen des Sündenfalles waren Verlust der Unschuld, des seligen innern Friedens, Schaam vor einander, Aufregung sinnlicher Begierden. Die Schaam ist noch ein Zeichen des besseren Gefühls, Hüterin vor schwererem Fall und Thür zur Rückkehr. Die Menschen suchen die Schuld zu verbergen, und noch immer hat der Mensch so viel Feigenblätter, die er gebraucht; aber Gott kann nichts entgehen, die Menschen müssen die Schuld gestehen, bamit sie recht zur Erkenntniß der Sünde kommen sollen. Nach dem Verhör folgt die Ausstoßung aus bem Paradiese, der Verfall der ganzen Erde, Herbeiführung einer unsäglichen Menge von Uebeln, die aber ein heilsames Zuchtmittel für die Menschen sind, weil die Sünde im Paradiese viel mehr gewuchert hätte. Die letzte Folge war der Tod, von bem sie vielleicht schon eine Ahnung aus der Thierwelt hatten. e) Gottes Verhör und Gericht zeigen seine Heiligkeit in bem strengen Urtheil über den Verführer und in dem Ernst gegen die Menschen, zugleich aber auch die Weisheit Gottes, mit der er den Menschen zur Erkenntniß und zum Bekenntniß der Sünde bringt, und seine Gnade und sein Erbarmen in der Verheißung eines Erlösers. Ohne diese Verheißung hätten die Menschen müssen in Verzweiflung gerathen. — f) Das menschliche Geschlecht ist ein verführtes. Das ist der wesentliche Unterschied zwischen uns und den gefallenen Engeln. Uns hat Gott einen Erretter gesandt, Vergebung angeboten, bei uns soll eine Wiederherstellung möglich sein.

§ 33.
Die Lehre vom Satan.

Da das Neue Testament unverkennbar das wirkliche Dasein eines unsichtbaren bösen Geisterreichs und namentlich des

Satans als des Anführers, und den Einfluß desselben auf die
Beförderung des Bösen auf der Erde lehrt, auch die Lehrsätze
im vollen Ernst der Wahrheit vorträgt, so kann der evangelische
Prediger den Vortrag dieser Lehre nicht umgehen, wozu ihn
auch der mögliche Mißbrauch nicht berechtigt, geschweige daß er
sie bestreiten sollte. Er muß vielmehr die Wichtigkeit der reinen
biblischen Lehre in ihrem Einfluß auf die gründliche Erkenntniß
des Bösen, auf unsern Ernst gegen die Sünde, auf unsere Erweckung zum Kampf, auf unsern Glauben an Christum nachweisen, wodurch am besten dem möglichen Mißbrauch vorgebeugt wird.

Anm. 1. Die Aussagen der heiligen Schrift betreffen theils
die Natur, theils die Wirksamkeit der bösen Engel. In Bezug auf
jene lehrt die Schrift, daß die bösen Engel, selbst auch der Satan
gefallene Wesen sind, mithin nicht Wesen, die ursprünglich und
nach innerer Nothwendigkeit, also absolut böse waren, sondern Wesen, die anfangs auch gut waren, aber böse geworden sind. Dies
folgt aus Joh. 8, 44., wo ἕστηκεν nicht in der eigentlichen Bedeutung „stehen" genommen werden kann, weil dies eine Teuto-
logie giebt, sondern in der Bedeutung: er ist nicht bestanden. Vgl.
Jud. 6.; 2. Petr. 2, 4. Die Engel sind von Gott geschaffen, und
was Gott geschaffen hat ist gut. Was nun die Wirksamkeit des
bösen Geisterreiches betrifft, so ist es eine wichtige Aufgabe, den
Plan des Satans nach den Winken, die uns das Neue Testament
giebt, zu enthüllen. Sein Plan ist: Christo, d. i. Gott entgegen-
zuwirken, Christi Reich zu stürzen und dafür ein widergöttliches
aufzurichten. Darauf zweckt Alles ab; mithin sucht er auch auf
alle Weise den Glauben an Christum zu hindern oder zu nehmen.
Wie, durch welche Mittel er diesen Plan erreicht, das ist ihm
gleich; er kann es durch Verführung zu groben Sündengreueln,
insofern diese aus der Gemeinschaft mit Christo ziehen, zum Unglauben, zur Verzweiflung führen, aber auch durch Irrthümer.
Sonst aber läßt er sich die gemeine irdische Moralität, z. B. nicht
Todtschlagen, nicht Huren, nicht Stehlen, wohl gefallen, sobald diese
nicht aus dem Glauben kommt und mit Werkgerechtigkeit verbunden
ist; solche Leute taugen auch für ihn und diese oft gerade am besten,
weil sie unter einer guten Maske dem Glauben an Christum ent-
gegenwirken. Die Pelagianer, Naturalisten thun ihm weit bessere
Dienste, als die gar zu plumpen, unmoralischen Materialisten und
Atheisten. Wer Satans Plan verstehen will, muß erst das Christenthum verstehen; sonst weiß er gar nicht, worauf es bei dem Satan abgesehen ist. Es ist irrig, den Satan in Göthe's Faust cha-
rakterisirt zu meinen; da müßte Göthe erst tiefere Blicke in das
Mysterium des Reiches Gottes gethan haben. Die Sünden des
Fleisches sind nicht der höchste Zweck des Satans; sie dienen ihm
nur als Mittel in der gegenwärtigen Welt; im zukünftigen Leben
werden diese aufhören und nur die geistigen bleiben. Diese sind

furchtbarer, ſtreben unmittelbar gegen Gott an; in dieſe böſe geiſtige
Gemeinſchaft will der Satan den Menſchen hineinziehen; auf das
Verderben der Seele hat er es abgeſehen. (Menſchenmörder, Joh. 8.)
Die böſen Menſchen beherrſcht der Satan, ſein Geiſt und Einfluß über=
wältigt ſie, und darum heißen ſie auch Schlangenſamen. Matth. 3,
7.; 12, 34.; Joh. 8, 44.; Epheſ. 2, 2.; 2. Tim. 2, 26. Er ver=
blendet ſie gegen das Wort, er nimmt ihnen das Wort, Matth. 13,
19., er reizt ſie zur Sünde, Joh. 13, 2., ſie ſind alſo ſeine Werk=
zeuge, Röm. 16, 20., ſie leiden deshalb mit ihm in der künftigen
Qual, Matth. 25, 41. Er ſucht aber auch auf die guten einzu=
wirken und ſie zu verführen, 2. Cor. 11, 3.; 1. Petr. 5, 8. 9.;
er ängſtigt ſie oft und bereitet ihnen Anfechtungen, Epheſ. 6, 16.;
ſie werden von ihm beobachtet und bei Gott angeklagt, Offb. 12,
10.; er verurſacht ihnen auch andere Leiden, 2. Cor. 12, 7. Da=
her wird dem Teufel auch ein Reich zugeſchrieben, d. h. nichts an=
deres als ein bedeutender, mächtiger Einfluß auf moraliſche Weſen
in der unſichtbaren und ſichtbaren Welt, Matth. 12, 26. 29.;
Luc. 11, 18. 21.; Col. 1, 13.; und er ſelbſt heißt deshalb der
Fürſt der Welt, Joh. 12, 31.; 14, 30. Die Böſen ſind in ſei=
nem Reiche, Epheſ. 2, 2.; Apg. 26, 18.; 1. Joh. 3, 8. Doch
iſt dieſes Reich durchaus nicht als eine harmoniſche Gemeinſchaft
zu denken, weil die Geiſter untereinander voll Haß ſind; es iſt auch
nicht ewig, ſondern wird aufhören; es iſt durchaus nicht unendlich,
ſondern eingeſchränkt, auch nicht unwiderſtehlich, 1. Joh. 5, 18.;
Jak. 4, 5.; es iſt durch Chriſtum geſtürzt und wird immerfort ge=
ſtürzt. Eine ſichtbare Erſcheinung des Teufels wird nirgends in der
Schrift gelehrt; nicht einmal in der Verſuchungsgeſchichte, Matth. 4.,
iſt es nöthig, eine ſolche anzunehmen.

Anm. 2. Die Bibellehre vom Satan iſt vielfach mit exege=
tiſchen, hiſtoriſchen und philoſophiſchen Gründen beſtritten worden
und iſt dagegen zu vertheidigen. A. Die exegetiſchen Gründe ſind
folgende: a) Man ſagt: die Lehre des Neuen Teſtaments vom Sa=
tan hat einen ganz anderen Sinn, als ihr nach der Kirchenlehre
zugeſchrieben wird. Jeſus und die Apoſtel verſtehen unter dem Sa=
tan nie ein perſönliches Weſen, ein concretum, ſondern nur das
perſonificirte Böſe, alſo ein abstractum. Kant, Relig. ꝛc. S. 71,
106—116. Frommann, Joh. Lehrbegr. S. 336. (Das der
Welt einwohnende böſe Princip perſonificirt.) Es giebt durchaus
keine grammatiſch=hiſtoriſchen Gründe für dieſe Behauptung. Sie
iſt wider allen Sprachgebrauch; denn die damalige Zeit verſtand
unter dem Teufel ein perſönliches Weſen, und Jeſus giebt nie einen
Wink, daß er anders verſtanden ſein wolle. Es werden dem Satan
Prädicate zugeſchrieben, welche nur auf eine Perſon paſſen, nicht
auf eine Idee, ein abstractum. Chriſtus erklärt alle Ausdrücke
des Gleichniſſes, Matth. 13, 39., durch verba propria. Der
Ausſpruch, Joh. 8, 44.: „er iſt nicht beſtanden in der Wahrheit"

setzt eine Veränderung voraus, was durchaus nicht auf ein **abstractum** paßt. Unmöglich kann, Matth. 25, 41., wo von dem Feuer
die Rede ist, was dem Teufel und seinen Engeln bereitet ist, an
eine Idee gedacht werden. Dasselbe gilt von 2. Cor. 11, 14.;
Jak. 2, 19. Paulus, in seinem Commentar zum Neuen Testament II., 699 f., gesteht zu, daß Christo das Satansreich durchaus nicht blos Symbol des Bösen war. Auch haben die Christen
der ältesten Zeit von jeher unter dem Satan ein persönliches Wesen verstanden. Justinus M. setzt Apol. II., 71: παῦ ἡμῖν γὰρ
ὁ ἀρχηγέτης τῶν κακῶν δαιμόνων ὄφις καλεῖται καὶ σατανᾶς
καὶ διάβολος. — b) Ferner behauptet man, daß sich das Neue
Testament in dieser Lehre widerspreche und zwar zunächst schon in
Beziehung auf den Zeitanfang des Falles des Teufels; denn 1. Joh.
3, 8. werde von ihm gesagt, daß er ἀπ' ἀρχῆς, von jeher, vom
Anfang seines Daseins sündigt, während nach 2. Petr. 2, 4. die
bösen Engel erst böse geworden sind. Darauf ist zu erwidern,
daß ἀπ' ἀρχῆς relative genommen werden muß, nämlich vom Anfang der Menschen an, seitdem es Menschen gab. Matth. 19, 4.;
Joh. 8, 44. Johannes sagt also nur: Der Teufel war schon böse,
als die Menschen geschaffen worden. Ebenso soll sich das Neue
Testament in Bezug auf den Ort widersprechen, weil es 2. Petr. 2,
4.; Jud. 6. von den bösen Engeln heißt, sie sind in den Tartarus,
in die Finsterniß gestoßen, während Paulus, Ephes. 6, 12., von
ihnen sagt, sie seien „unter dem Himmel." Allerdings sind sie,
insofern sie aus dem Himmel gestoßen sind, zum Reich der Finsterniß gestoßen, und die Erde, insofern sie der Sitz der Sünde ist,
gehört auch zur Finsterniß. Ferner wird ein Widerspruch in Bezug
auf den Zustand darin gefunden, daß die bösen Geister nach 1. Petr. 5,
8. und Ephes. 6, 11. f. in Freiheit, dagegen nach Jud. 6.; 2. Petr. 2,
4. in Fesseln sind. Die Fesseln bedeuten aber nichts anderes als
die unentweichbare Verweisung in das Reich der Finsterniß, der sie
nicht entgehen können, obgleich sie in diesem Reiche noch einen gewissen freien Spielraum haben, wie ein Deportirter seinen Auf-
enthaltsort nicht verlassen darf und doch noch eine gewisse Freiheit
hat. Endlich soll sich das Neue Testament in Bezug auf die Macht
der bösen Engel widersprechen, insofern es einerseits lehrt, daß Christus das Reich des Satans zerstört, ihn gerichtet hat, Luc. 10,
18. 19.; Joh. 16, 11.; 1. Joh. 3, 8., und andererseits doch dem
Satan Gewalt und Einfluß auf die Menschen zuschreibt. Allerdings hat Jesus das Reich des Satans zerstört, insofern er den
Grund dazu gelegt, die Macht des Satans selbst überwunden, ein
Reich gestiftet hat, das gegen das Reich des Satans gerichtet ist
und allen Christen die Kraft giebt, den Satan zu überwinden.
1. Joh. 5, 18. — c) Noch häufiger hört man die Behauptung,
daß Christus und die Apostel nur aus Bequemung, Accommodation
diese ganze Lehre beibehalten haben, weil diese Idee mit den herr-

schenden Vorstellungen verwachsen war, und daß Christus nie einen geflissentlichen Unterricht über den Satan gegeben. Darauf ist zu erinnern, daß sich überhaupt bei Christo umständliche Erörterungen nach der Schulmethode nicht finden. Wo hat er die Lehre von Gott oder eine andere Lehre in extenso vorgetragen? Alle seine Vorträge behandeln nur einzelne Lehrpunkte. Gleichwohl spricht Christus sehr oft geflissentlich und aus freien Stücken, ohne äußeren Anlaß von dieser Lehre, z. B. Joh. 8, 44. Hier redet er so, daß er die Juden erbittern mußte, und das soll eine sanfte Anbequemung sein? Christus hätte die Anklage gegen ihn, Matth. 12, 25., viel kürzer widerlegen können, wenn er das Irrige der Dämonenlehre gezeigt hätte. Wenn aber Christus sich getraute, den Punkt in der Dämonologie, der von den Exorcisten zu ihrem Vortheil gemißbraucht wurde, zu bestreiten, was hätte ihn abhalten sollen, auch den letzten Schritt zu thun und die ganze Dämonenlehre für Irrthum zu erklären? (S. hierüber Gaab, Abhandlung. zur Dogmengeschichte S. 137 f.) Christus spricht aber von dieser Lehre nicht blos zu dem Volke, sondern auch zu seinen vertrautesten Jüngern, ohne ihnen je einen Wink zu geben, wie er etwa nicht verstanden sein wolle, und die Apostel wiederholen diese Lehre selbst vor Heidenchristen, die doch mit derselben nicht so bekannt waren, und zwar mit großem Ernste, z. B. Ephes. 6, 11. f., während derselbe Paulus sich, 1. Tim. 1, 4.; 4, 7.; 6, 20., sehr stark gegen alle fabelhafte, altvettelische Märchen von Engeln erklärt. Außerdem hat Christus sonst nie die Irrthümer der Juden, auch die liebsten und angenehmsten nicht, geschont. Matth. 12, 1—8.; 9, 14—17.; 15, 1—15., besonders V. 13.; Marc. 7, 2. f.; Matth. 22, 13. f. Auch konnte er diese Lehre vom Satan, wenn sie ein Irrthum war, unbedenklich und ohne Gefahr bestreiten, da sie ja unter den Juden nicht öffentliche Sanction hatte, und z. B. ohne alle bürgerliche Gefahr von den Sabbucäern bestritten wurde. Warum hielt es Jesus hier gerade mit den Pharisäern, die er sonst überall bekämpft? Man widerspricht sich ferner offenbar, wenn man von Jesu behauptet, er habe jene Lehre zu seiner Zeit, wo sie geglaubt und oft falsch angewandt wurde, ohne Schaden stehen lassen können, und dieselbe doch heut zu Tage, wo ihr so vielfach widersprochen wird, für so verderblich hält. Jesus hätte wenigstens Winke geben müssen, wie er eigentlich hierüber denke, um nicht mit seiner Lehre zugleich Irrthümer auszubreiten. Oder wie konnte er erwarten, daß es endlich der Folgezeit, daß es den Weisen des 18ten Jahrhunderts gelingen werde, den Irrthum aufzudecken? Uebrigens ist die Lehre Jesu von den bösen Engeln weit reiner als die jüdischen Vorstellungen, wie man sie in den apokryphischen Büchern, im Talmud, in der Cabbala findet, welche mit vielen abergläubischen Meinungen versetzt sind. (Vgl. Heß, Lehre und Thaten Jesu, II., S. 230. ff.) Was würden die Theologen, welche die Accommodationstheorie behaupten, wohl dazu sagen, wenn man ihr Verfahren auf sie selbst retorquiren und sprechen wollte: Ihr erklärt Jesu Lehre für bloße Accommodation zu jüdischen Meinungen, aber ihr thut das offenbar selbst nur aus Accommodation zu dem herrschenden Zeitgeiste. Ihr wißt recht gut, daß diese der Welt lächerliche Lehre wirklich Jesu Lehre ist, aber ihr seid zu feige, um euch über das Urtheil der Welt hinwegzusetzen, ihr fürchtet, durch Annahme dieser Lehre euch um euer Ansehen, um euren Credit zu bringen, euch lächerlich zu machen. — Beharrt man dennoch darauf, daß Christus sich accommodirt habe, so hört vernünftiger Weise alle Untersuchung über das Christenthum auf; denn kein Mensch kann dann herausbringen, was Christenthum sei.

B. Auf die historischen Einwendungen, daß nämlich diese Lehre gar nicht geoffenbart sei, nicht aus göttlicher Offenbarung komme, sondern aus der menschlichen Idee über das Uebel in der Welt, und daß die Juden dieselbe erst in den Zeiten des Exils von andern orientalischen Völkern empfangen haben (Josephus archäol. III., 7, 2), ist Folgendes zu erwidern: a) Daß diese Lehre den Juden erst im Exil bekannt geworden sei, widerstreitet dem Zeugniß der Geschichte. Denn schon im Buche Hiob, das wegen seines Stils auf keinen Fall in die Zeiten des Exils zu setzen ist, kommt der Satan vor. Der Satan erscheint dort offenbar als ein boshafter, hämischer, argwöhnischer Geist, dessen Interesse es ist, die Menschen verdächtig zu machen. Es kann unmöglich unter ihm ein guter Engel verstanden werden; denn er übt nicht ein pflicht= mäßiges Aufsehen über die Menschen und wird von den guten En= geln und Kindern Gottes unterschieden. Wie sollte auch das Wort Satan, wenn es ursprünglich einen guten Engel bezeichnete, auf ein oppositum übergetragen und Bezeichnung des Bösen geworden sein? Ferner findet sich auch 1. Kön. 22, 19.; 1. Chron. 22, 1. eine Erwähnung von bösen Geistern. — b) Es ist nicht glaublich, daß die Juden bei ihrem Nationalstolz und unter den Leiden des Exils, das sie als Strafe des Abfalls von Jehovah ansahen, von Heiden eine Lehre angenommen haben sollten, die in heidnischer Auffassung dem Monotheismus widerstrebt. Die Chaldäer nament= lich waren ein barbarisches Volk und viel zu abgöttisch, von denen die Juden Weisheit weder lernen konnten noch wollten; auch hat man keine Beweise, daß sie die Lehre vom Satan gehabt hätten. Was aber die Perser betrifft, so konnten diese ebenso gut von den Juden die Lehre empfangen haben. Es heißt ausdrücklich in Zo= roaster's Lebensbeschreibung (Kleuker, Gr. Zendavesta III., S. 14), daß er die Weisen der Chaldäer gehört und mit Bewunderung ihre hohen Lehren vernommen habe. Diese Weisen waren gewiß He= bräer. Ja nach einer alten Erzählung (Pastoret, Zoroaster, Confuc. et Mahom. comparés. S. 8) war Zoroaster Daniel's Sclave und Schüler. Auch sind Zoroaster's Gesetze den Gesetzen

des Moſes frappant ähnlich. (Vgl. Jahn, Archäol. III., 150—153;
Michaelis zu Mal. 1, 11.; Storr, opusc. acad. II., 425.)
Dennoch iſt die Perſiſche Lehre von der bibliſchen ſehr verſchieden.
Der Ahriman der Perſiſchen Lehre iſt wie Ormuzd in der Ewigkeit begründet, kommt aus der Zeit ohne Grenzen, iſt ohne Grenzen, von jeher böſe, weiß alles wie Ormuzd, iſt ſelbſt Schöpfer
des Reiches der Finſterniß, heißt der zweite Schöpfer, hat die böſen Geiſter und die böſen Dinge, giftige Thiere, die Finſterniß u.
ſ. w. geſchaffen, während die Bibel das Gegentheil lehrt, Jeſ. 45,
7.; 1. Tim. 4, 4. Nach Indiſcher Lehre unterlagen die guten Genien im Kampfe mit den böſen, bis erſt Wiſchnu die Welt rettet.
Ahriman wird ſich endlich dem Ormuzd unterwerfen und ſeine böſen Schöpfungen werden vernichtet werden. — c) Es läßt ſich
auch ein weit wahrſcheinlicherer Urſprung der Lehre vom Teufel in
folgender Art nachweiſen: Wenn die erſten Menſchen über den Urſprung ihres Elendes und beſonders über den Ausſpruch Gottes,
1. Moſ. 3, 14 und 15., nachdachten, konnte es ihnen von ſelbſt
begreiflich werden, daß nicht die Schlange, ſondern ein unſichtbares
Weſen der Verführer ſei, und Gott ſelbſt beförderte dieſen Glauben. So konnte dieſer Glaube ſich im Oriente ausbreiten, lange,
ehe Juden und Perſer in Berührung kamen. Allerdings findet ſich
dieſe Lehre in den früheren Büchern des Alten Teſtaments weniger.
Dies hat aber ſeinen guten Grund. v. Meyer, Bibeldeutungen
S. 49, bemerkt darüber: „Falſch und erträumt iſt der Gedanke
der Neueren, die Juden hätten die Dämonenlehre oder die Begriffe
von Engeln, Teufeln und andern Geiſtern erſt aus der babyloni-
ſchen Gefangenſchaft in ihr Vaterland zurückgebracht. Entweder
müſſen wir alle, lange vor dieſer Zeit geſchriebenen Bücher des
Alten Teſtaments für ſpätere Erzeugniſſe halten, oder die Iſraeliten,
wenigſtens ihre Weiſen kannten von jeher die Geiſterwelt ſo gut
wie die Weiſen der Völker, unter die ſie gefangen geführt wurden.
Sie kannten ſie nur zu wohl; denn ſie mißbrauchten dieſe Kenntniß zur Abgötterei und Zauberei, und hier liegt der Grund, warum
Moſes und andere Propheten die Geiſtweſen außer Gott und den
guten Engeln ſo ſparſam und beinahe nur ſtrafend erwähnen (z. B.
3. Moſ. 17, 7.; 5. Moſ. 32, 17.). Denn abergläubiſche Furcht
und Hang zum Böſen hätten die Iſraeliten bewegen können, auch
dem oberſten der Teufel zu opfern. Darum erſcheint in der Ge-
ſchichte Adams nur die Schlange; der geiſtige Verführer in ihr wird
verſchwiegen, jedoch ganz nahe gelegt.“ Und S. 50: „Als nun
mit der Folge der Zeit das wunderbar geführte Volk Gottes, der
Zögling und Züchtling des Höchſten, der Neigung zur Abgötterei
ſich allmälig entwöhnte, ſo durften auch die Begriffe von der Geiſterwelt unter ihm öffentlicher werden; es konnte frei mit ihm von
ſeinem Erbfeind geredet werden, vor dem man es in alter Zeit
nur ſo vorſichtig warnen durfte, wie einen Knaben vor fleiſchlichen

Sünden." — d) Die Lehre, möchte sie nun entsprungen sein auf die eine oder andere Weise, hat nun einmal durch Christum gött=liche Sanction erhalten.

C. Was endlich die philosophischen Einwendungen gegen die Lehre vom Teufel betrifft, so ist zunächst zu bemerken, daß schon von den Epikuräern die Dämonenlehre bestritten worden ist (Plu=tarch, de defectu orac. ed. Reiske VII., 655 f.), dann von Plotin (Tennemann, Gesch. d. Phil. VI., 145), seit dem 16. sec. von sehr vielen, unter den neuesten Theologen besonders von Schleiermacher, Christlicher Glaube I., 228 ff. Wenn Zweifel aus Ernst und Gewissensdrang kommen, so gebührt ihnen eine ge=wisse Achtung; kommen sie aus speculativer Petulanz, so sind sie selbst ein satanisches Product. Zum großen Theil sind sie ein trau=riger Beweis der elendesten Seichtigkeit und Spitzfündigkeit, die sich dennoch herausnimmt, die Schriftlehre zu tadeln. Es werden besonders folgende Gründe geltend gemacht: a) Der Begriff des Teufels ist in sich widersprechend, so wie auch der Begriff eines Reiches des Teufels; denn ein Reich des Bösen muß sich selbst zer=stören, aufreiben, weil die Zwecke der Einzelnen nie zusammenstim=men. Auch kann, je höhere Erkenntniß dem Teufel zugeschrieben wird, desto weniger eine unmoralische Gesinnung damit verbunden sein; je klarer die Erkenntniß, desto weniger Gefahr zu sündigen ist vorhanden. Darauf ist folgendes zu erwidern: Es möchte dies höchstens dann zugegeben werden können, wenn der biblische Be=griff vom Satan derselbe wie der Persische oder manichäische wäre, obgleich selbst die Idee eines absolut bösen Wesens einen logischen Widerspruch nicht in sich involvirt; ein metaphysischer Widerspruch könnte es sein. Allein der biblische Begriff ist wesentlich von dem Persischen und manichäischen verschieden. Der Satan ist nicht ein unendlicher, sondern ein beschränkter böser Geist, er ist in den mo=ralisch bösen Zustand erst hineingerathen, und namentlich hat er gegen die Menschen einen feindseligen Sinn. Wenn es manchmal so herauskommt, als ob der Satan als absolut böses Wesen dar=gestellt würde, so schildert ihn die Schrift so, weil er unter allen uns bekannten Geistern der verworfenste ist. Den Grad des mo=ralisch Bösen in ihm zu bestimmen, darauf läßt sich die Schrift nicht ein. Die Denkbarkeit eines solchen Wesens kann durchaus nicht geleugnet werden. (Vgl. Erhard, Apologie des Teufels in Niet=hammer's philosophischem Journal 1795 H. 2., Heinroth, die Lüge S. 449—475.) Ein Reich des Teufels aber wird nicht be=hauptet, wenn man darunter ein System von Wesen nach harmo=nischen Gesetzen und Zwecken versteht. Reich heißt hier nichts an=deres als eine Gesellschaft, ein Haufe, coetus von Geistern, welche dem göttlichen Gesetze widersprechen und an der Verbreitung des Bösen Wohlgefallen finden. Ueberdies lehrt die Schrift ausdrück=lich, daß nach dem Weltgericht die Wirksamkeit aller bösen Wesen

aufhören und Gott allein regieren soll. 1. Cor. 15, 28. Ein
gewisses, gemeinsames, bis auf einen gewissen Grad zusammenstim-
mendes Wirken von bösen Geistern lehrt die Geschichte: es giebt
genug böse Vereine. Was endlich die Erkenntniß des Satans betrifft, so war dieselbe, sie mag so groß gewesen sein als sie will,
doch beschränkt, und ob nun wohl ein höherer Grad der Erkenntniß eine höhere Tugend möglich macht, so kann doch jene bei bösem,
verdorbenen Willen auch noch weit mehr gemißbraucht werden.
Wenn man aber den Willen lediglich von der Erkenntniß abhängig machen will, so hebt man die Freiheit auf. Auch zeigt die
Analogie der Menschenwelt, daß oft ein großer Verstand mit großer Bosheit verbunden sein kann. Ueberdies ist der Verstand des
Teufels gewiß auch durch die Sünde verblendet worden und ist nicht
in seiner ursprünglichen Klarheit geblieben. Wenn es beim Satan
unbegreiflich sein soll, daß er wider Gott streitet, so ist es auch
beim Menschen unbegreiflich; denn alle Sünde ist Streit gegen Gott.
Deßwegen hat der Satan nicht allen Verstand, namentlich nicht
die List zum Bösen verloren, um nicht noch gefährlich sein zu können. — b) „Gesetzt, es gäbe böse Engel, so läßt sich nicht nachweisen, wie sie auf die Menschenwelt einwirken sollen, da sie die
Werkzeuge dazu nicht haben, und wir erfahren nichts davon. Wenn
der Satan alles Böse wirken soll, so ist's fast, als ob ihm Allgegenwart zugeschrieben würde. Die Wirksamkeit des Satans findet sich nur in finstern Zeiten, in aufgeklärten verschwindet sie,
zum Beweis, daß sie nur in der Phantasie da war." Dagegen ist
im Allgemeinen an Shakespeares Wort: Es giebt tausend Dinge
zwischen Himmel und Erde, die sich eure Philosophie nicht träumen
läßt, im Besondern aber Folgendes zu erinnern: Wenn wir auch
die Möglichkeit jener Wirksamkeit nicht einsehen, so können wir doch
die Wirklichkeit aus theoretischen Gründen durchaus nicht leugnen.
Das nicht Einsehen der Möglichkeit oder der Art und Weise ist
nicht das Einsehen der Unmöglichkeit. Gerade die kritische Philosophie, welche die theoretische Einsicht in das Uebersinnliche unserer
Vernunft ganz abgesprochen hat, kann am allerwenigsten behaupten,
daß es keinen Nexus zwischen der sichtbaren und unsichtbaren Welt
gebe. Leibniß, nov. method. jurispr. ed. Wolf S. 4, sagt,
daß es noch Beispiele genug von Einwirkungen des Satans auf seine
Werkzeuge gebe. Wir selbst gestehen ferner ein und behaupten nach
der Schrift, daß es durchaus keine empirische Erkenntniß vom Dasein und der Wirksamkeit böser Engel geben könne. Wir nehmen
die objective Realität nur auf das Zeugniß der Offenbarung an,
und wer dieses verwirft, der hat keinen Erkenntnißgrund mehr für
jene Lehre. Es ist dieser Glaube ähnlich dem historischen Glauben
an die Relationen über uns unbekannte Länder. Wer darf dem
glaubwürdigen Reisenden widersprechen, weil er nicht selbst hinreisen
und nachsehen kann? Warum soll es uns verargt werden, dem

Zeugniß Christi, der die unsichtbare Welt kannte, Glauben zu schen=
ken? Die Erfahrung gewisser Zeiten aber kann die Richtigkeit der
biblischen Lehre ebenso wenig schwächen als befestigen. Sie zeigt
blos die herrschende Denkweise über diese Lehre, die eben so gut
falsch als richtig, nach verschiedenen Ursachen bald zu abergläubisch,
bald ungläubig sein kann. So wenig man in finstern, aberglau=
bischen Zeiten die Existenz des Teufels empirisch erkannt hat, so
wenig hat man in der Zeit des Unglaubens seine Nichtexistenz be=
wiesen. Eine Allgegenwart wird dem Teufel nie zugeschrieben. Al=
lerdings mag seine Wirksamkeit ausgebreiteter sein können als die
menschliche, allein sie ist beschränkt; er wirkt auch nicht allein, son=
dern hat ein Heer von dienenden Geistern, und was diese thun, wird
dem Haupte zugeschrieben. Die Schwierigkeiten bei der Erklärung
der Wirksamkeit der Geister fließen eigentlich nur aus den unge=
schickten und krassen Vorstellungen von den bösen Engeln. Diese
sind keine Körper, sondern Geister. Das Wesen des Geistes ist:
Ideen schaffen. Setzt man ihre Wirksamkeit nur in eine Wirksam=
keit durch Ideen, so verschwindet die Schwierigkeit. — c) Es ist,
so wendet man ferner ein, gar kein Bedürfniß, keine Nothwendig=
keit vorhanden, zur Erklärung des Bösen auf Erden eine Einwir=
kung des Satans anzunehmen, und wir kommen, wenn wir die
Ursache des Bösen bis auf den Satan zurückführen, nicht um ei=
nen Schritt weiter. Allein die Schrift will auch gar nicht den
Ursprung des Bösen speculativ mit dieser Lehre erklären und die
vorwitzige Neugierde befriedigen. Die Bibel hat einen rein prak=
tischen Zweck und trägt die Lehre nur zur Warnung und Erweckung
vor. Wollte man aber auch das Böse aus der Sinnlichkeit des
Menschen ableiten, so giebt es doch so viel Böses, welches gar nicht
daraus entspringen kann, und die Verderbnisse in der Welt sind in
der That so groß, gräulich und entsetzlich und der sittliche und re=
ligiöse Zustand der Menschheit ist, namentlich vor und außerhalb
der Offenbarung, so traurig und empörend, daß man fast genöthigt
ist, die Einwirkung eines bösen Geistes anzunehmen. Reinhard,
Predb. 1806 über Ephes. 6., sagt mit Recht: „Und ist die Macht
des Bösen auf Erden nicht schrecklich, werden nicht von Zeit zu
Zeit Einflüsse des Irrthums, Geheimnisse der Bosheit, Gräuel der
Ruchlosigkeit bekannt, die sich gleichsam von selbst als das Werk
höherer, die menschliche Schwachheit mißbrauchender Wesen ankün=
digen?“ — d) Aber, so lautet ein anderer Einwurf, wie verträgt
es sich mit der göttlichen Weisheit und Güte, den bösen Geistern
einen solchen Einfluß auf die Menschenwelt zu gestatten? Wie
kann Gott so alles Gute hindern lassen, und warum hemmt er
nicht die Macht der bösen Geister, da doch ihre Einwirkung die
menschlichen Kräfte übersteigt? Dieser Einwurf, der auch von Heiden
in alter und neuer Zeit erhoben wird, beweist zu viel und mithin
nichts; es würde daraus folgen, daß Gott überhaupt gar nichts

Böses zulassen und keinem Bösen eine Wirksamkeit gestatten dürfe. Gott läßt das aber zu. Das Böse, das nach der Schrift vom Teufel abgeleitet wird, bleibt, wenn man es auch aus einer andern Ursache ableitet, dennoch ebensogut stehen. Durch Annahme einer andern Ursache wird die Vorsehung nicht gerettet, wenn ja einmal das Böse mit ihr im Widerspruch steht. Aber so wenig es im Widerspruch mit Gottes Güte steht, daß er böse Menschen Böses wirken läßt, so wenig auch dies, daß er die bösen Engel duldet. Die Absicht, warum Gott diesen unsichtbaren Ursachen Einfluß auf die sichtbare Welt gestattete, vermögen wir zwar noch nicht ganz zu entdecken, aber daß es hinreichende Absichten gebe, kann keine Frage sein. Gott regiert die Welt nach Principien der Freiheit; moralischen Wesen mußte es freigelassen sein, auch das Böse zu wählen. Die Menschen sind auf dieser Erde, um für eine andere Welt vorbereitet zu werden; sie sollen hier den Beweis geben, ob sie der Aufnahme in die höhere gute Geisterwelt würdig sind oder nicht, und darum sollen sie sich hier den Platz in derselben erkämpfen. Darum sollen sie auch von bösen Geistern auf die Probe gestellt werden, damit es offenbar wird, wer von ihnen der höheren Geisterwelt würdig sei. Allerdings sucht uns der Satan für sein Reich zu gewinnen, aber dagegen winken uns auch die himmlischen Geister für den Himmel zu kämpfen, die Siegespalme zu erringen. Es ist eine Ehre, daß solch' ein Kampf von uns und um uns gekämpft wird. Ein übermächtiger oder gar zwingender Einfluß auf die Menschen wird dem Satan nicht zugeschrieben. Sein Einfluß besteht blos darin, daß er böse Gedanken, Begierden erregen kann. Daß Gott einer unsichtbaren Ursache solche zu veranlassen gestattet, hebt seine Güte und unsere Freiheit so wenig auf, als daß Gott solche Gedanken ebenso oft von sichtbaren Ursachen veranlaßt werden läßt. — e) Der Einwand, daß es sich mit Gottes Güte nicht vertrage, Wesen zu schaffen, die wegen einer That für immer gerichtet und verdammt werden sollen (besonders von Zollikofer erhoben, s. Garve's und Z. Briefwechsel S. 96.), gehört eigentlich in die Lehre von der Ewigkeit der Höllenstrafen. Die bösen Engel sind auch nicht wegen einer einzigen That gerichtet und verdammt, sie haben Aeonen hindurch gesündigt und werden deßhalb gerichtet. Auch sind sie nicht auf einmal verdammt worden; sie werden stufenweise gerichtet, und es wäre ihnen ein Rücktritt möglich gewesen. Matth. 8, 29.; Luc. 10, 18.; Joh. 12, 31.; Offb. 20, 2. Klopstock läßt daher in seinem Messias (XIX. Ges.) einen bösen Engel bekehrt werden. — f) Der Haupteinwand ist die Beschuldigung, daß die Lehre höchst verderblich sei und von jeher großen Schaden angerichtet habe. Sie kann, so sagt man, nach der Beschaffenheit des menschlichen Gemüthes bald zu abergläubischer Furcht, Angst, Verzweiflung verleiten, bald wiederum zu sorgloser Trägheit, Gleichgültigkeit, Geneigtheit alles Böse zu entschuldigen. Ueberdies ist

sie von unserer Kirche nicht gerade als wesentliche Lehre aufgestellt
worden, sie hat mindestens keinen praktischen Werth und muß mithin auf alle mögliche Weise bestritten und verdrängt werden. Dieser,
schon hundertmal gemachte Einwurf wird immer von Neuem her-
vorgesucht, auch in den Zeiten, wo Niemand mehr einen Teufel
glauben will. Aber der wirkliche Schaden, den der mögliche Mißbrauch einer Lehre anrichten kann, kann für die Falschheit derselben
nicht das Mindeste beweisen; denn dem Mißbrauch ist auch die wahrste
Lehre ausgesetzt. Dieser ist Schuld des Menschen und nicht der
Lehre. Die biblische Lehre hat, so lange sie rein blieb, z. B. im
apostolischen Zeitalter, keinen Schaden gestiftet, wohl aber die durch
menschlichen Aberglauben entstellte und eben so oft aus Leidenschaft-
lichkeit übel angewendete Lehre. Es gilt auch hier, was die Form.
Conc. II. 17. ed. Rechenb. S. 798 in Bezug auf die Lehre von
der Prädestination sagt: Neque vero propter abusum aut sinis-
tras aliquorum opiniones doctrina verbi coelestis negligenda
est aut rejicienda, quin potius eam ipsam ob causam, ut ab-
usus et pravae opiniones tollantur, vera de hoc negotio
sententia ex sacrarum literarum fundamentis proferenda atque
proponenda est. Unsere Kirche hat auch immer von dieser Lehre
Gebrauch gemacht, z. B. im Katechismus Artikel II., 3te und 6te
Bitte, in vielen Liedern, und man kann diese Lehre nicht umgehen,
weil sie zu genau mit Christi Werk zusammenhängt. Die biblische
Lehre an sich kann eine Verzagtheit nicht bewirken, weil sie bei allen Warnungen und Empfehlungen des Selbstmißtrauens uns doch
auch den größten Muth bei allen Versuchungen, die kräftigsten Aufforderungen und die stärksten Waffen zum Kampfe giebt. Dies
müßte man ganz einseitig übersehen, wenn jene Lehre ängstlich machen sollte. (Augustin zu Ps. 91. Opp. IV., 738 ed. Antw.
sagt: Satanam accusat: »satanas mihi persuasit.« Quasi satanas haberet potestatem cogendi. Astutiam suadendi habet.
Sed si satanas loqueretur et taceret deus, haberes unde te
excusares. Modo aures tuae positae sunt inter monentem
deum et suggerentem serpentem. Quare huc flectuntur, hinc
avertuntur? Non cessat satanas suadere malum, sed nec
deus cessat admonere bonum. Satanas autem non cogit in-
vitum; in tua potestate est consentire aut non consentire. Die
biblische Lehre berechtigt auch Niemanden zur Sorglosigkeit, Gleichgültigkeit, weil sie selbst da, wo sie einen Einfluß des Satans annimmt, ihm keine unwiderstehliche Gewalt einräumt, Jak. 4, 7.,
und die Schuld der Verführung nur auf den Menschen zurückführt, weil sie nicht sagt, daß alle möglichen Versuchungen vom
Teufel kommen, und weil es sich überhaupt nicht bestimmen läßt,
wo er eigentlich gewirkt hat; weshalb auch alle Provocationen auf
teuflische Versuchungen (wie z. B. vom Herzog von Burgund im
Jahre 1408. S. Schröckh, K. G. 34. S. 10.) gar nicht statt-

haft sind. Vgl. Chrysostomus, Predigt von der Ohnmacht des
Satans bei Kramer, V., 62—150. Augustin, serm. 32. Opp.
V., 114. ed. Antw.: consentientes tenet, non invitos cogit.
Hieronymus zu Matth. 4. Opp. IX., 150: persuadere potest,
praecipitare non potest. Wer einmal so verdorben ist, um Aus-
flüchte zu suchen, der wird sie überall finden. Beim öffentlichen
Vortrag, wo man christliche Zuhörer, d. h. Offenbarungsgläubige
voraussetzt, darf man die Lehre, wo sie sich darbietet, nicht übergehen, noch viel weniger bestreiten. Es wäre vergebliche Mühe,
Bibelgläubige von der Nichtexistenz des Teufels überzeugen zu wollen,
und dies wäre gerade der Weg, auch die verkehrten Meinungen mit
stehen zu lassen; sondern man muß die Lehre schriftgemäß vortragen
und vor allen Dingen den praktischen Gebrauch zeigen.
　　　Anm. 3. Der praktische Gebrauch dieser Lehre ist ein
dreifacher. Sie dient a) zur rechten Erkenntniß des Bösen.
Diese Lehre zeigt uns nämlich den rechten Ursprung, den eigentlichen
Sitz des Bösen, daß dasselbe nicht etwa in der menschlichen Beschränktheit und Sinnlichkeit unvermeidlich liege, wo es etwas sehr
entschuldbares wäre, sondern vielmehr, daß es in dem bösen Willen,
in der innersten, freiesten Gesinnung seinen Ursprung habe. Es
ist nicht ein Werk der Natur, sondern der Freiheit. Dieser Begriff, den der Mensch so schwer faßt, weil er ihn nicht fassen mag,
bringt sich ihm auf bei dem Gedanken eines Teufels. Hier leitet
Niemand das Böse her von Schwachheit und Sinnlichkeit, sondern
aus seinem bösen Sinn. — Ebenso zeigt diese Lehre die wahre
Beschaffenheit, das innere Wesen des Bösen, daß es nämlich nicht
etwa nur eine Unklugheit, Thorheit ist und also mehr Bedauern
verdient, sondern daß es in Falschheit, Lüge, Verworfenheit bestehe
und also an sich Abscheu verdiene. Auch dieser Gedanke, den der
Mensch nicht gern ertragen mag, drängt sich ihm bei dem Gedanken an den Satan auf. Denn wer denkt sich den Satan nur als
ein unkluges, thörichtes Wesen? Wer erkennt hier nicht das Böse
als an sich schändlich ohne alle Rücksicht auf Schaden? Hier erscheint also das Böse klar und deutlich, nicht verhüllt, nicht ver-
schleiert, nicht mit täuschendem Glanz der Unschuld und Erlaubtheit;
man sieht da das Böse so recht in seiner innern Natur. Wer das
Böse als ein Werk des Satans erkennt, sieht das Böse in der
Welt auch mit ganz andern Augen als ein Ganzes an, betrachtet
es nicht als etwas Zufälliges, Fragmentarisches, Haltloses; er erkennt den Plan und Zusammenhang, die listigen Anschläge des Satans. 2. Cor. 2, 11. Welch' einen andern Blick thut man dann
auf Welt = und Kirchengeschichte! — Diese Lehre deckt ferner den
specifischen Unterschied zwischen Gut und Böse auf. Man sieht, daß
Gut und Böse nicht etwa nur dem Grade, sondern der Art nach
verschieden sind. Denn gute und böse Engel, Christus und Satan,
Himmel und Hölle sind nicht etwa dem Grade nach verschieden, als

grenzten Christi und Satans Reich an einander, oder als sei ein Uebergang von dem einen zum andern durch allmäliges stufenweises Fortschreiten möglich, sondern beide sind durch eine unermeßliche Kluft von einander getrennt. Dies ist die einzige Weise, um dem gemeinen Menschenverstand den wichtigen specifischen, nicht grabuellen Unterschied zwischen Gut und Böse begreiflich zu machen und dies ist durchaus nöthig; denn der Unmoralische möchte sich gern als nur dem Grade nach verschieden vom Guten denken, sich nur für weniger gut halten und das ist ein heilloser Irrthum. Diese Lehre zeigt, daß wer noch die Sünde liebt, ganz von anderer Art ist als der Gebesserte. — b) Diese Lehre giebt uns auch die ernstesten Warnungen. Sie ruft jedem zu: Sobald du Böses willst, thust, beförderst, durch Wort und That andere verführst, machst du dich selbst dem Teufel ähnlich. Der Gottlose wird ein Abbild des Satans. (Luther in den Tischreden Cp. 24. Opp. ed. Walch XXII., 1080 ff.) — Je mehr der Mensch im Bösen wächst, wird er unbewußt ein Werkzeug Satans, denn fördert seine Absichten. Alle böse Gedanken denke dir als Einflüsterungen des Satans und hasse sie; sie kommen nicht von Gott. Jeder Schritt weiter im Bösen ist eine immer größere Annäherung zu der Gesinnung, welche die Schrift dem Satan zuschreibt, und wer das Böse nicht ernstlich verabscheut, steht unter der Gewalt des Teufels: ἔχεται, οὐκ ἔχει. Er geräth schon jetzt in eine wirkliche, wenn gleich unerkennbare Gemeinschaft mit dem Satan. Denn das böse Herz ist am meisten den Versuchungen des Satans ausgesetzt und steht ihnen offen. Der Satan klopfte nicht bei Petrus an, sondern bei Judas; er kennt seine Leute. Die Bösen kommen unvermerkt in seine Ketten und Gewalt und wer den bösen Mächten nur die kleinste Gemeinschaft mit sich verstattet, ist unwiderbringlich verloren. (Dies ist die Idee der Volkssage vom Freischützen.) Es hat dies für jeden die gräßlichsten Folgen, nämlich eine immer tieferere Verfeindung mit Gott, wüthendere Opposition gegen Gott und sein Wort, zuletzt Verzweiflung. Dieser Zustand muß desto peinlicher sein, wenn sich noch ein Nachgefühl, ein Nachgeschmack von dem früheren besseren Leben, von der früheren Gnade erhalten hat. Am tiefsten sind die, welche andere verführen, in die Gemeinschaft des Satans gerathen. Sie sind ihm ganz ähnlich; sie wollen nicht blos für sich böse sein, sondern sie wollen, daß es auch andere werden. Das soll den Frommen vor jeder Sünde warnen; er soll denken: Fällst du, so frohlockt der Satan und die Hölle. Hassest du, grollst du, (z. B. in der Ehe) so hohnlacht der Satan über diese Störung der Liebe. Insbesondere ist es der Zeitgeist, welcher dem Satan dient. Heinroth über die Lüge S. 494. — Zuletzt kommt der Mensch, der in solcher bösen Gemeinschaft verharrt, auch einst in eine sichtbare Gemeinschaft mit dem Satan. Matth. 25, 41. Der Satan wird einst sein siegreicher Ankläger sein im Gericht (Augustin Opp. VI

App. 687. Gerhard Loci theol. ed. Cotta XIX., 306) und
er wird ausgeschlossen aus der Gemeinschaft der Guten. Denn alles
Fremdartige muß sich scheiben und das Gleichartige findet sich zusammen. Dies Gesetz gilt in der moralischen Welt, wie in der
physischen. Beharrlich Böse, Unbekehrte können auf keine andere
Verbindung als mit solchen Wesen, denen sie ähnlich sind, Anspruch
machen. Erschrick bei dem Gedanken, daß du dir selbst, wenn du
in die Sünde willigst, die Aufnahme in die Gemeinschaft des Satans bereitest und erkenne, daß die eigentliche Tendenz der Sünde
keine andere ist, als dich in des Teufels Reich hineinzubringen.
Principiis obsta! sero medicina paratur. — Gott hat auch
solchen Völkern, die keine Offenbarung hatten, etwas von dieser
Lehre bekannt werden lassen, um ihnen über die Gestalt der Sünde
die Augen zu öffnen. Und weil diese Lehre so ernst, warnend und
strafend ist, darum wird sie so eifrig bestritten und darum fällt der
vornehme und gemeine Pöbel den Leugnern derselben zu, um der
ernstesten Warnung vor der Sünde los zu werden. — c) Es liegt
aber auch viel Erweckliches in dieser Lehre. Sie fordert uns auf
zu steter Wachsamkeit über uns selbst, zur Demuth, zum Gebet, zu
ernstem, anhaltendem Fleiß und Eifer in der Heiligung, weil wir
nur durch Kampf gegen die Versuchung uns der Gemeinschaft mit
dem Satan entziehen können und die christliche Tugend erscheint als
Kampf gegen das Reich des Satans desto herrlicher. Darum ist
es insbesondere nothwendig, das öffentlich geltende Böse zu bekämpfen; denn durch böse Grundsätze und Sitten hat eigentlich der Satan eine Herrschaft in der Welt und diese muß daher jeder Christ
bestreiten. — Insbesondere muß sich der Christ bösen Gesellschaften
entziehen; diese sind des Teufels Säugammen und in ihnen wird
das Gift ausgebreitet. Vor ihnen muß sich jeder hüten und sie bestreiten. Auch Fromme, wenn ihnen gleich der Satan nicht schaden
kann, sobald sie nicht auf ihrer Hut sind, sind nicht sicher vor seinen
Versuchungen; darum hüte sich jeder vor Sicherheit, die Sicheren
gewinnt der Satan am ersten. Treffend sagt Leo d. G.: daemon
tentare negligit, quos jure perpetuo se possidere sentit. Zum
Kampfe stärkt besonders die Gemeinschaft mit frommen Seelen und
daraus erklärt sich das Toben und Wüthen des Satans gegen engere
christliche Verbindungen. — Endlich erweckt uns diese Lehre zum rechten
Glauben an Christum, zur Dankbarkeit und Treue gegen ihn. Das
Verdienst Christi ist unendlich, weil er uns von der Herrschaft des
Satans erlöst hat. Dieses Verdienst kann nur der verstehen, der
sich in die Lehre vom Satan hineinfinden kann. Ohne Christum
wäre unser Geschlecht ein elendes, in der Gewalt des Satans schmach-
tendes. Die Herrschaft des Bösen auf Erden würde ungebrochen
sein, aber durch Christum sind wir befreit. Mithin gebrauche die
Waffen, welche Christus dir darreicht, sein Wort, die Sacramente,
die Kirche. Es kann keine Versuchung geben, die du nicht durch

Christum überwinden kannst. Halte dich nur an ihn und bleibe im
Glauben, so wird der Satan von dir weichen. Verläßt du Christum,
so bist du verloren. Alles was uns von Christo entfernt, bringt
uns dem Satan näher, darum ist keine Neutralität möglich. Matth.
12, 30. Dieser praktische Gebrauch findet nur da Statt, wo man
die biblische Lehre annimmt. Wer sie, wer die Realität des bösen
Geisterreichs leugnet, macht alles zu bloßem Spiel, zum symboli=
schen Bilde.

Anm. 4. Aus der bisherigen Betrachtung ergeben sich folgende
Resultate: a) Es ist Pflicht für jeden Christen, den bisher beschrie=
benen Gebrauch von dieser Lehre zu machen. Wenn Gott uns in
seinem Worte warnt, so wäre es Frevel und Sünde, diese War=
nungen in den Wind zu schlagen und zu verlachen. Ein schwaches
Kind darf die Warnungen des Vaters vor einem Verführer nicht
verachten. Wie werden einst die Leugner, die vergebens Gewarnten,
die Betrogenen mit Entsetzen erwachen, wenn ihnen die Augen auf=
gehn und sie erfahren, was sie gethan! (Plattner, ein Spötter
dieser Lehre, verfiel in seinen letzten Tagen in eine Gemüthsstörung,
wo er sich immer vom Satan bedroht glaubte.) b) Eben deßhalb
ist es nöthig, diese Lehre vorzutragen. Wenn ich dein Freund wäre
und du hättest einen geheimen Feind, der nicht von dir, aber von
mir erkannt würde, so kann es gar nicht fraglich sein, ob ich dich
warnen soll. Soll der Seelsorger nicht seine Gemeinde warnen?
Zinzendorf N. T. VI, 328 sagt: „Was hätte es für Noth,
wenn die Leute glaubten, daß sie in des Satans Stricken sind?
Aber wenn die Seelen den Satan nicht kennen, wenn ihnen seine
Stricke verborgen sind, was will man mit ihnen anfangen? Was
will einen erretten, der nicht weiß, daß er gefangen ist? Wie will
ich den selig machen, der denkt, er ist's? Wie will ich einem Genüge
geben, der denkt, er hat schon, was er braucht? Luc. 19, 42. Das
ist's Unglück; sonst kriegte der Dieb keine Seele, sonst behielte der
Heiland sie alle. Darum ist's freilich die größte Bemühung eines
Zeugen, aufzuthun ihre Augen, daß sie sich umsehen und denken,
wer bin ich?" Wenn die Bestreiter der Lehre vom Satan damit
den Satan selbst ganz verbannt hätten, so wäre ihnen die ganze
Christenheit unendlichen Dank schuldig. Aber das Schlimmste ist,
daß wenn gleich der Teufel aus den Compendien vertrieben wird,
er damit noch nicht aus der Welt und den Herzen der Menschen
vertrieben ist. Treffend sagt hierüber Göthe im Faust:

> Er ist schon lang in's Fabelbuch geschrieben,
> Allein die Menschen sind nichts besser dran:
> Den Bösen sind sie los, die Bösen sind geblieben.

Es wird ein unbegreiflicher Paralogismus begangen, wenn man das
Bekämpfen der Lehre vom Satan und das Bekämpfen des Satans
selbst und seines Reiches für identisch hält. Das Letztere ist das
glänzendste Verdienst eines Christen, aber an der biblischen Lehre

vom Satan zum Ritter werden und das für ein Verdienst halten
wollen, wie Semler gethan, ist die jämmerlichste Täuschung und
Prahlerei. Es ist nicht nur nichts Verdienstliches, sondern es ist
unstreitig etwas Heilloses; denn es ist dadurch viel Leichtsinn und
Achtlosigkeit gegen das Böse befördert worden. Der Spottname
eines advocatus diaboli kommt viel mehr den Bestreitern als den
Vertheidigern der Lehre zu; denn sie vertheidigen eigentlich die Sache
des Teufels, sie fördern sein Intresse, sich zu verbergen und im Trüben zu fischen. (Heinroth, die Lüge S. 493, sagt: „Der Teufel
mag nicht gesehen, nicht gekannt sein; am liebsten ist es ihm, wenn
man sein Dasein leugnet." Man kann daher sagen: es war die
größte List, die der Satan ersann, daß er den Leuten weiß machte,
es gebe gar keinen Satan, oder er habe gar keine Macht mehr: dadurch machte er die Leute sicher. Vgl. die trefflichen Worte Lavater's im Pont. Pilat. I., 209 und Lav. Leben von Geßner II.,
294.) — c) Die Annahme der Lehre vom Satan kann mit Recht als
ein Kriterium der wahren gründlichen christlichen Erleuchtung, namentlich der Einsicht in den Grund und Zusammenhang des Reiches Gottes
und zugleich als Kriterium des furchtlosen und aufrichtigen christlichen Glaubens angesehen werden. Wer in Zeiten, wo es Ton ist,
diese Lehre zu schmähen, sich mit Entschiedenheit für dieselbe erklärt,
denkt und forscht viel freier, als wer hingerissen vom Strome der
Menge mitleugnet, weil Alles leugnet. Letzterer würde in abergläubischen Zeiten eben so abergläubisch sein. — d) Wer zum eigenen selbstständigen Glauben in dieser Lehre gelangen will, der muß in
folgenden Punkten fest sein: er muß unbefangen in der Schrift forschen und ihren Sinn ehrlich auffassen, um zu wissen, was da steht;
er muß ernstlich prüfen, aber Spott und Lachen nicht als Gegengründe ansehen. Paulus Komment. z. N. T. II., 762 zu Matth.
19, 23 sagt: „das Belachen zeigt eine Absurdität, oft aber nicht
in der Sache —, sondern in dem Lacher." Ferner muß er darüber
gewiß werden, daß Christus sich nie accommodirt habe und daß sein
Wort göttliche Gültigkeit habe. Endlich muß er nicht von Eitelkeit, Menschenfurcht und Gefälligkeit befangen, sondern bereit sein,
Christi Schmach zu tragen. Er muß einen weiten Gesichtskreis haben und nicht die Handvoll Neologen für das einzige urtheilsfähige
Publicum ansehen, sondern zurückblicken auf die alte Zeit, wo es
auch erleuchtete Zeugen und Sucher der Wahrheit gegeben hat. (*)

---

*) Der sel. Verfasser erzählt in dem Manuscr. seiner Vorles. über Dogmatik Fol-
gendes: Aus dem Munde eines bereits verstorbenen Theologen habe ich einmal selbst, da ich leugnete, daß Christus sich an Irrthümer accommodirt und
auf den Einwand, daß man dann auch die Lehre vom Teufel glauben müsse,
dies bejahte, die Aeußerung gehört: „O wie könnte ich mich so prostituiren!"

§ 34.

Lehre vom sittlichen Verderben des Menschen.

Was hiervon in den Kanzelvortrag gehört, beschränkt sich auf die Nachweisung der Gewißheit eines angebornen Hanges zum Bösen, von dem uns Bibel, Geschichte und eigene Erfahrung Zeugniß geben, auf die rechte Bestimmung der Beschaffenheit dieses Hanges, wodurch sowohl dem Scheine des Widerstreits mit Gottes heiliger Güte, als auch dem Mißbrauch zur Entschuldigung des Bösen gewehrt wird, und endlich auf die Einschärfung der daraus hervorgehenden Pflichten. Vgl. das klassische, gegen Taylor geschriebene Buch von Joh. Wesley: the doctrine of orig. sin according to script., reason, experience. Bristol 1757. Joh. J. Rambach Predb. v. Rathe Gottes ꝛc. Nr. 14. 48.

Anm. 1. Daß dem Menschen ein Hang zum Bösen einwohnt, dies beweist Bibel, Geschichte und eigene Erfahrung. A. Die ganze heilige Schrift ist das lauteste und stärkste Zeugniß von der menschlichen Sündhaftigkeit und zwar vom Anfang bis zu Ende. 1. Mos. 6, 3. 5. 6. (V. 6. enthält eine bittere Anklage der Menschen, die uns das Herz durchschneiden sollte. Wir haben so wenig der guten väterlichen Absicht Gottes entsprochen, daß es ihn reuen mußte. Kann es ein peinlicheres Gefühl für einen Vater geben, als wenn seine Kinder so ungerathen werden, daß er lieber keine haben möchte? Wie muß das Kinder beschämen und anklagen! Jeder frage sich, ob er nicht auch dem Vaterherzen Gottes wehe gethan.) 1. Mos. 8, 21. Ps. 14, 1. 51, 7. (Dies ist nicht blos von David zu verstehen, gleich als ob David ein unglückliches unicum wäre, sondern David spricht das allgemeine Bewußtsein der Frommen aus.) Zu dem Zeugniß der Propheten, welche laute Ankläger des Volkes sind, kommt das Zeugniß Christi und seiner Apostel. Matth. 7, 11. Vgl. Luc. 11, 13. Matth. 16, 23. 18, 7. (Hier setzt er einen allgemeinen tiefen Hang zu verführen und sich verführen zu lassen voraus. (Corrumpere et corrumpi seculum vocatur, sagt auch Tacitus.) Aus der Wirkung, der Allgemeinheit der Verführung, muß man zurückschließen auf die Ursache, die Verdorbenheit und die Verführbarkeit.) Joh. 3, 6. (Wenn der Mensch gut wäre, so wäre doch eine Wiedergeburt nicht so unbedingt nothwendig.) 1. Joh. 1, 8. 10. Vorzüglich stark schildert Paulus im Briefe an die Römer das sittliche Verderben der Menschen, sowohl unter den Heiden Cp. 1 als unter den Juden Cp. 2, und Cp. 3 macht den Schluß bes. V. 9—19. 23. Vgl. Cp. 5 und 7. Christus weiß von gar keinen andern Menschen als von Sündern; er ist gekommen, Sünder zu erlösen, für Sünder sein Blut zu vergießen; für Gerechte ist er gar nicht da. Er stellt alle in die Classe der Sünder. Die Wichtigkeit des biblischen Zeugnisses muß vom Pre-

diger in das Licht gesetzt werden. Es ist ein Zeugniß Gottes, der
die Menschen am besten kennt und uns in seinem Worte unsere
Schuld vorhält. Wie sollten wir uns weigern, unsere Sünde ein=
zugestehen? Wer sie leugnet, macht Gott zum Lügner. 1. Joh. 1, 10.
Ja es ist Gnade, daß Gott uns unsere Schuld vorhält. Es ist
übrigens ein Zeugniß, durch die weisesten, redlichsten, frömmsten
Menschen abgelegt, welche es nicht aus eigenem Einfall oder Bös=
artigkeit thun, sondern aus Drang des Gewissens und welche um
dieses Zeugnisses willen leiden. Sie selber kannten die Menschen
besser als die andern sich selbst. Die Apostel haben sich auch selbst
dabei gar nicht ausgenommen. — Es ist dieses Zeugniß auch eine
Verherrlichung der Bibel; sie schmeichelt den Menschen nicht, sondern
spricht das streng richtende Zeugniß der Wahrheit aus. Würden
Menschen aus eigenem Einfall so stark, so einstimmig sich selbst das
Urtheil gesprochen haben? Das konnte nur Gott.

Gegen diesen Schriftbeweis sind exegetische Einwürfe (beson=
ders von **Schultheß** Revis. des kirchl. Lehrbegriffs St. I. S. 103 ff.)
erhoben worden. Man sagt, die Schrift rede nur von wirklichen
Thatsünden, ohne deßhalb den Menschen einen ursprünglichen und
angeerbten Hang zum Bösen zuzuschreiben. Allein die Stellen 1. Mos.
8, 21. Ps. 51, 7. Joh. 3, 6. Röm. 7. reden doch offenbar von
einem Hang, einer Disposition zur Sünde im Menschen und wie
könnte sich auch die absolute Allgemeinheit der Sünde denken lassen
ohne einen allgemeinen Hang? — Ferner behauptet man, daß ein=
zelne Stellen dieser Lehre geradezu widersprechen. Aus Matth. 6, 22.
soll folgen, Christus setze voraus, daß das Herz bei dem Menschen
rein sein könne. Aber Christus sagt nicht, daß das Herz von Na=
tur Licht, rein und heilig sei, sondern daß es erst so werden müsse.
Der gute Mensch, von dem Matth. 12, 35. die Rede ist, ist eben
ein Wiedergeborner und das feine, gute Herz Matth. 13, 23. vgl.
Luc. 8, 15. ist ein durch den Geist Gottes gestraftes, trauerndes,
heilsbegieriges Herz, nicht ein Herz, das schon von Natur alles hat,
sonst brauchten wir das Christenthum nicht. Matth. 5, 3. — Weiter
behauptet man, daß Christus Matth 18, 3. Marc. 10, 15. die Kin=
der nicht als Beispiele der Unschuld, als Muster hinstellen könne, wenn
sie nicht rein wären und daß Christus also nichts von einem ange=
bornen Verderben wisse. Allein Christus stellt die Kinder nicht als
absolut gut vor, sondern nur relativ, nämlich insofern sie von den
Lastern, welche Christus straft, frei sind, von Herrschsucht und Ehr=
sucht und wenn er den kindlichen Sinn durch ein anschauliches Bild
seinen Jüngern vorhalten wollte, so konnte er kein anderes wählen
als Kinder, weil diese wenigstens von Natur eine gewisse Demuth
haben und glaubenswillig sind und bei ihnen der Keim des Bösen,
besonders der Egoismus, noch nicht so grell und verderblich zum
Ausbruch gekommen ist, wie bei Erwachsenen; daher sie auch viele
Sünden actu noch gar nicht begangen haben, ja von ihnen noch gar

nichts wissen. — Endlich beruft man sich darauf, daß Christus von Anfang seines Lehrens an, gleich in der Bergpredigt an alle Menschen ohne Unterschied Ermahnungen zur Buße, zur Besserung, ja zu den schwersten Pflichten ergehen läßt und folgert daraus, daß er den Menschen die Kraft dazu zutraute. Allein wir müssen unter den Zuhörern einen Unterschied machen. Insofern diese Vorhaltungen des Gesetzes an Unbekehrte ergingen, sollten sie das Gefühl der Sünde und Schuld, der eigenen Ohnmacht und des Bedürfniß der Gnade, der Erlösung erwecken, was auch erreicht wurde, Matth. 7, 28. und daher stellte ja Christus dann sich als die Quelle des Lichtes und der Kraft dar und bot seine Hülfe an. Matth. 11, 28—30. Joh. 6 und 8, 36. Insofern er aber zu Israeliten sprach, die schon Gottes Wort hatten, konnte er diesen vorhalten, was sie sein und wie sie durch ihn vollkommen werden sollten und insofern er zu wirklich Bekehrten redet, hält er diesen die wahre Heiligung vor, die sie beweisen sollen.

B. Geschichte und Erfahrung zeigen unwidersprechlich einen sittlichen Verfall des Menschen. Es ist unmöglich, unsern jetzigen Zustand für den normalen zu halten d. h. für den, der dem göttlichen Gesetze und unserer Bestimmung entspricht. Alles weist auf einen abnormen (*) Zustand hin. Vgl. Wesley a. a. O. S. 1—87. Wilberforce Praktische Ansichten des herrsch. Religionssystems vorgebl. Christen in den höheren Ständen, verglichen mit dem wahren Christenthum. Frankfurt 1807 S. 28—72. Dwight system of theology. Vol. I. Fangen wir bei der Religion an, so findet sich bei allen Völkern, denen eine besondere göttliche Offenbarung nicht zu Theil geworden ist, eine völlige Verfinsterung. Der Mensch in diesem Naturzustande hat seinen Gott, seinen himmlischen Vater, ganz vergessen, verloren, ist ihm entfremdet; und da seine Schwachheit, sein Elend ihn nöthigte, eine höhere Macht anzuerkennen und zu suchen, gerieth er auf die niedrigsten, unwürdigsten Vorstellungen, er machte die Creatur zu seinem Gott, vergötterte die ganze Natur. Erträglich ist es noch eher, daß er Gestirne oder verstorbene große Men=

---

*) Swift verglich witzig den Menschen mit einem Besenstiel: das ist erst ein grünender Baum gewesen, nun verdorrt: so ist der Mensch in seiner Jugend munter, rüstig, mit Lebenskraft zum Wachsen und Gedeihen angefüllt, ein blühendes Haupt, dann durch das Beil der Zeit oder durch Unmäßigkeit kraftlos, kahl. Wie der Besen ein umgekehrter Baum, so liegt beim Menschen das Oberste, die zum Regieren bestimmte Vernunft, auf dem Boden und feucht im Staube; die Sinnlichkeit herrscht. Der Besen wird zum Reinigen gebraucht, so will der Mensch sich immer gern zum Reformator aufwerfen. S. Garve's Vermischte Versuche. II., 429—61. — Im Bagavadam, einer indischen Schrift (übers. i. d. Samml. Asiat. Originalschr. Zürich 1791 S. 207) heißt es: Im ersten Zeitalter der Welt ging die Tugend auf vier Beinen: Wahrheit, Buße, Liebe und Almosen; im zweiten verlor sie ein Bein, die Wahrheitsliebe; im dritten das zweite dazu, die Buße; im vierten die Liebe, so daß sie nur noch auf Einem Beine steht, aber bald wird sie ganz zum Sitzen kommen.

schen vergötterte, aber er sank so tief, daß er leblose Geschöpfe, unreine
Thiere verehrte. Was legte man der Gottheit bei? Nicht blos Be=
schränktheit, sondern menschliche Laster und Leidenschaften, so daß
die Göttergeschichte der Heiden die historia scandalosa ist. Gab
es Verständigere, Weisere, so sahen diese allenfalls die Thorheit
dieser Vorstellungen ein, vermochten es aber nicht, die Wahrheit zu
geben oder wagten es gar nicht, das Bestehende anzugreifen. (Selbst
bei dem Volke Gottes ward es schwer, den Monotheismus aufrecht
zu erhalten, immer brach die Neigung zum Götzendienst hervor.)
Den unwürdigen Vorstellungen entsprach der Cultus und der Ein=
fluß der Religion. Die Verehrung der Götzen war unmoralisch,
wild, barbarisch; sinnlose Gebräuche, wilde Betäubungen, schändliche
Ausschweifungen, empörende Opfer waren im Gefolge. Solche Re=
ligion mußte die Sittlichkeit zerstören; das ist schon a priori zu er=
warten. Wie gering ist ferner unter den Christen, die die reichste
Quelle wahrer Religion haben, das Quantum der Religion im Ver=
gleich mit dem, was sein könnte. Die größere Menge unter den
Christen ist ebenfalls ohne lebendige Religiosität. Ja die Religion ist
dem Menschen von Natur etwas widriges; er muß erst dazu gebildet
werden. — Fragen wir nun nach dem sittlichen Zustand der
Menschen, so zeigt sich hier eine eben so große Verdorbenheit, so=
wohl unter den wilden als unter den civilisirten Nationen. Es ist
Thorheit, die Menschen im rohen Naturzustande für unschuldig hal=
ten zu wollen. Die Rohheit, die herrschenden für unschuldig ge=
achteten Laster, die oft ganz unmotivirte Grausamkeit, die falschen
Begriffe von Ehre, bei welchen ihnen kriegerische Tapferkeit das
Höchste ist, sind ein Beweis ihrer Verschlechterung. Vgl. Lippold,
der Mensch im rohen Naturzust. Elberf. 1818, wo eine Entsetzen
erregende Zusammenstellung sich findet. v. Humboldt Reisen in
Amer. u. As. von Löwenberg Berl. 1835 I., S. 95 sagt: „Die
Revolutionen der Menschen gehören nicht zu den erhebenden und
tröstlichen, sie gehören zu jenen grausenvollen Erscheinungen, wäh=
rend welcher ganze Völkerstämme von der Oberfläche der Erde ver=
schwinden. Man fragt sich auf der Insel Cuba, auf St. Domingo,
auf Jamaica, wo sind die ursprünglichen Einwohner dieser Gegenden
geblieben? Man fragt sich auf Teneriffa, was ist aus den Guanen
geworden, deren Mumien nur, die in den Höhlen begraben liegen,
der Zerstörung entgangen sind? Sie sind abgeschlachtet, ausgerottet
von der Bruderhand des Menschen, lautet die schaudervolle Antwort
der Geschichte, aus deren heiligen Blättern das vergossene Blut
dieses tausendfältigen Brudermords nach Jahrhunderten noch laut
seine Klagen erhebt." Ferner S. 177 heißt es: „Wenn in den
Steppen Tiger und Krokodile mit Pferden und Rindern kämpfen,
so sehen wir auch in einzelnen Theilen dieser Wildnisse ewig den
Menschen gegen den Menschen gerüstet. Mit unnatürlicher Begier
trinken die Völker das Blut ihrer Feinde; andere würgen ihn, schein=

bar waffenlos und doch zum Tode vorbereitet, mit vergiftetem Daum-
nagel. Die schwächeren Horden, wenn sie das sandige Ufer betre-
ten, vertilgen sorgsam mit den Händen die Spur ihrer schüchternen
Tritte. So bereitet der Mensch auf der untersten Stufe thierischer
Rohheit, wie im Scheinglanze seiner höhern Bildung sich stets ein
mühevolles Leben. So verfolgt den Wanderer über den weiten Erd-
kreis, über Meer und Land, wie den Geschichtsforscher durch alle
Jahrhunderte das einförmige, trostlose Bild des entzweiten Geschlechtes." Noch weit mehr Beweise liefert die Geschichte der civilisirten
Nationen, die Menschheit im gesitteten Zustand. Auch unter ihnen
welche verheerende, blutige, empörende Kriege! Sie leben eigentlich,
wenn auch nicht in bello, doch im statu belli omnium contra
omnes. Der Friede ist meist nur ein verstelltes Einverständniß.
Wo würde es ein Staat wagen, die Heere abzuschaffen? Er würde
sich gleich für verloren halten. So wenig Vertrauen zu einander haben
die Staaten. Das Dasein stehender Heere, ja nur überhaupt eines
bewaffneten Standes in unserer Welt ist Zeichen der Entartung. —
Der Ursprung der Staaten selbst liegt meistens auch im Dunkel, ist
von Unrecht begleitet. (Vgl. das Wort des Aeschylus in den Sup-
plices V. 234.) Im bürgerlichen Leben herrschen die ärgsten Laster:
Genußsucht, gröbere und feinere Wollust, Eigennuß, Unredlichkeit,
Eifersucht, Ehr- und Herrschbegierde, Cabalen, Intriguen und dies
alles je höher man steigt, desto ärger. Aufrichtigkeit, Offenheit von
jedem ohne Weiteres zu erwarten hält man für Thorheit. Unser Zusammenleben ist ein stetes Maskenspiel; jeder hat die Maxime, nie
sich ganz zu zeigen, nie sich ganz zu eröffnen, ein immerwährendes
Mißtrauen gegen andere zu beweisen, selbst gegen die besten Freunde
das Vertrauen zu beschränken. Es sind Leute, die Copien aus sich
machen: nicht sind, was sie sein wollen. Es giebt ein geheimes
Wohlgefallen selbst am Unglück der Freunde, wie Rochefoucauld
sagt: il y a quelque chose, qui ne nous deplait pas dans le
malheur de nos meilleurs amis. Unter Gelehrten herrscht Eitelkeit, Neid, Verkleinerungssucht. Walpole (der Vater der Corruption genannt, der sich rühmte, aus Erfahrung den Preis aller Glieder des Parlaments zu kennen, s. Hist. de la vie et des ouvrages
de Rousseau II., 339 erklärte: Les Jesuites, les Methodistes,
les Philosophes, les Politiques, Rousseau l'hypocrite, Voltaire
le railleur, les Encyclopedistes, les Hume, les Fréderic, tous
ne sont à mes yeux que des imposteurs. L'espèce en varie,
voilà tout. Ils n'ont pour but, que la renommée ou l'intérêt.
Geschichtsschreiber, Dichter, Philosophen aller Zeiten bezeugen die
Entartung der Menschen. Bekannt ist der Ausspruch des Horaz:
aetas parentum pejor avis tulit nos nequiores, mox daturos
progeniem vitiosiorem. Cicero in den fragm. de rep. III. 1.
sagt: homo non ut a matre, sed ut a noverca natura editus
est in vitam corpore nudo et fragili et infirmo, animo autem

anxio ad molestias, humili ad timores. molli ad labores, prono
ad libidines, in quo tamen inest tanquam obrutus quidam vivus
divinus ignii ingenii et mentis. Seneca bekennt de ira III.,
26: omnes inconsulti et improvidi sumus, omnes incerti, que-
ruli, ambitiosi. Quid lenioribus verbis ulcus publicum ab-
scondo? omnes mali sumus. Quidquid itaque in alio reprehen-
ditur, id unusquisque in suo sinu inveniet. Vgl. auch Plato
de republ. VII. ab init. ed Bip. VII., 127. Ferner Pascal
pens. c. 21 — 26 (alte Ausg.) und Kant vom radical Bösen in
f. Religion ꝛc. B. 1. — Einzelne specielle historische Data der Erfahrung sind: Es hat noch nie einen Menschen ohne Sünde gegeben, es hat sich auch keiner für unsündlich ausgegeben. Warum
sollten denn nun nicht wenigstens Einige ohne Sünde haben bleiben
können, wenn kein Hang zur Sünde da wäre? Es giebt ferner ein
Uebergewicht des Bösen und der Bösen über das Gute und die Guten. Matth. 7, 13 14. Auch verschlimmert sich Alles und artet
aus unter der Hand des Menschen (Rousseau Emile ab init.)
Das, worin Alles verdirbt, muß ein unreines Gefäß sein. Selbst
das Christenthum ist, je weiter es sich ausbreitete, unter den Händen der Menschen verdorben worden. Furchtbar ist die Schilderung,
welche Salvian de gubern. Dei III., 81 (ed. Rittersh. S. 91)
entwirft; er sagt: ipsa ecclesia Dei, quae in omnibus esse de-
bet placatrix Dei, quid est aliud, quam exacerbatrix Dei?
aut praeter paucissimos quosdam, qui mala fugiunt, quid est
aliud paene omnis coetus christianorum, quam sentina vitio-
rum? Quotum enim quemque invenies in ecclesia non aut
ebriosum aut heluonem aut adulterum aut fornicatorem aut
raptorem aut ganconem aut latronem aut homicidam? In hanc
morum probrositatem prope omnis ecclesiastica plebs redacta
est, ut genus quodammodo sanctitatis sit, minus esse vitiosum.
Ungemein leicht und schnell theilt sich das Böse mit, das Gute hingegen viel langsamer und schwerer. Läßt das nicht auf einen Zunder
des Bösen in uns schließen? Wäre unser Zustand der rechte, so müßte
gerade das Gegentheil davon statt finden, das Gute müßte sich viel
leichter mittheilen und ausbreiten. Daher kommt die geringe Wirksamkeit guter Anstalten, die Geneigtheit der Menschen in Gesellschaft
auf Böses zu verfallen und die Abneigung gegen ernste, religiöse
Gesellschaften. Man beachte das entsetzliche sittliche Verderben in
großen Städten, wo sich alles Böse concentrirt. (Vgl. Mercier
tableau de Paris. Leon Faucher England in f. soc. Verh. Lpz.
1846. Schon Tacitus sagt Ann. XV.; 44 von Rom: supersti-
tio erumpebat etiam per urbem, quo cuncta undique atrocia
aut pudenda confluunt celebranturque.) Wie wäre das möglich,
wenn nicht im Menschen ein ansteckendes Gift wäre, was sich eben
da am meisten entwickelt, wo Viele sind, gerade wie in der physischen Welt die Atmosphäre. — Das Schicksal, welches immer die

Weiseren und Besseren in dieser Welt gefunden haben, ihre Anfein=
dungen und Verfolgungen beweisen, daß sie in einer Welt lebten,
die im Argen liegt und davon zeugt auch das unbeschreibliche Elend,
das über das menschliche Geschlecht ausgebreitet ist und unmöglich
unschuldige Menschen treffen könnte.

C. Das eigene Bewußtsein lehrt und überzeugt einen Je=
den, der in seinen Busen greift, daß er einen bösen Hang in sich
empfindet und tagtäglich erfährt. Je aufmerksamer der Mensch auf
sich selbst wird, desto mehr merkt er den überwiegenden Hang zum
Bösen und Ungöttlichen, er wird das Böse in seinen Werken und
Neigungen und die geheime Unlauterkeit, die selbst seine guten Werke
befleckt, gewahr; er merkt, wie leicht ihm das Böse, wie schwer ihm
das Gute wird. Und darüber klagen die besten Menschen am stärk=
sten. Dieser Hang wird nie ausgetilgt, er ändert nur zu Zeiten
seine Richtung. Viele Erscheinungen in der Natur sind symbolische
Darstellungen des sittlichen Verderbens. Man denke sich die uner=
meßliche Menge von guten Keimen, von Blüthen, die alle Früh=
jahre verloren gehen. Da läßt sich doch kaum ein Zweck denken,
wozu sie da waren. Man denke sich die herrlichen Früchte, die in
reichem Ueberfluß hervorbrechen; da kommt das Heer der Raupen
und verdirbt sie. Wenn das in eine unverdorbene Schöpfung ge=
hören soll, so weiß man nicht, wie man das zusammenreimen soll.
Das alles ist Bild, ja Wirkung des sittlichen Verderbens, das in
die Welt eingedrungen ist und sich am stärksten in der grenzenlosen
Gleichgültigkeit offenbart, mit der die Menschen sich in das Meer
der Ewigkeit stürzen. S. Wesley a. a. O. S. 349.

Anm. 2. Das sittliche Verderben des Menschen ist nach sei=
nem Wesen und seinen Graden, nach seinem Sitz und nach seinem
Ursprung näher zu beschreiben. A. Das ursprüngliche Verder=
ben, Erbsünde genannt, ἁμαρτία Röm. 7. ist ein im Menschen
ursprünglich d. h. gleich bei der Geburt vorhandener Hang zur
Sünde oder eine Abkehr seines Sinnes von Gott, mithin die falsche
Richtung des Herzens, wobei er nicht Gottes Willen, sondern seinen
eigenen Willen sich zur Regel macht, nicht Gott über alles liebt,
sondern nur sich, wobei er daher zum Guten von Natur und in
eigener natürlicher Kraft untüchtig wird. Man kann es verschieden
eintheilen, nach den Seelenkräften, worin es sich äußert, nach
den Gegenständen, worauf es sich richtet und nach dem Grade
der Schuld. Dieses Verderben äußert sich im Verstande, insofern
derselbe verfinstert, verblendet ist und die Wahrheit nicht rein auf=
faßt, sondern sich von der Eigenliebe, von den bösen Begierden
täuschen und bestechen läßt, so daß er unter der Herrschaft des ver=
dorbenen Herzens steht. Diese Verstandesverfinsterung zeigt sich theils
in der Trägheit und Unempfänglichkeit des Geistes für religiöse Wahr=
heiten, theils in wirklichen Irrthümern, bösen Grundsätzen, Unglau=
ben, Widerspruchsgeist gegen das Wort Gottes, Zweifelsucht. Fer=

ner ist der Wille verdorben, insofern sein Streben nicht auf das
Gute, Heilige, Gottgefällige sondern auf das Böse und Verbotene
sich richtet, woraus die vielen einzelnen bösen Begierden und Leiden=
schaften entspringen. Im Gefühle äußert sich das Verderben, inso=
fern es theils reger, reizbarer ist für das was uns selbst angeht
oder was unrein, unedel ist, theils nicht im richtigen Gleichmaß zu
andern Kräften steht, woraus eine Unordnung, Inäqualität des
innern Zustandes, bald übertriebene Lustigkeit, Leichtsinn, bald Ver=
druß, Gram, Mißmuth, Melancholie entspringt. — Hinsichtlich
der Objecte zeigt sich das Verderben in der Begierde nach sinn=
lichem Genuß, die sich durch kein Gesetz zügeln läßt, als Unmäßig=
keit, Wollust, Trägheit, Weichlichkeit; in der Begierde nach Gewinn,
als Eigennutz, Habsucht; in der Begierde nach Ehre, Macht, An=
sehn als Herrschsucht und hoffährtiges Wesen. Dies Alles ist ent=
halten in dem Einen: Selbstsucht, Egoismus. — Hinsichtlich des
Grades kann man unterscheiden: Schwachheit, Gebrechlichkeit, wo
man dem Gesetz des Gewissens, dem Willen Gottes wohl folgen
möchte, dennoch aber seinem Eigenwillen, dem Fleische folgt; ferner
Unlauterkeit, wo man beiden zugleich folgen will oder bei der Er=
füllung des Gesetzes doch seinem Eigenwillen dient aus unlautern
Triebfedern, endlich Bösartigkeit, wo man das göttliche Gebot ge=
radezu verwirft und ihm entgegenhandelt, also die göttliche Ordnung
völlig umstürzt. S. Matth. 13, 4—7. vgl. 19—22. Luc. 8, 5—7.
vgl. 12—14. Vgl. Kant Relig. ꝛc. S. 21 f. Man kann das
menschliche Herz mit einem Acker vergleichen, der von selbst nichts
Gutes, sondern nur Dornen und Disteln und Unkraut trägt, wenn
nichts geschieht, um das Unkraut auszujäten; oder mit einem Zun=
der, der Feuer fängt von allen Gegenständen, der also alles ver=
heert, wenn man ihn nicht auszulöschen sucht. So verglich es
Spangenberg, s. sein Leben von Rißler S. 76—78.

B. Was nun den Sitz der Erbsünde oder der Sündhaftigkeit
anbetrifft, so ist durch die empirische Popularphilosophie, die nach
der Verdrängung der Wolfischen aus der französischen Schule kam,
die flache Ansicht sehr gemein geworden, daß der Sitz alles Bösen
und aller Sünde die Sinnlichkeit des Menschen sei. Diese Ansicht
wird in folgender Weise vorgetragen und begründet: „Das Kind
äußert zuerst noch nichts von menschlichen Fähigkeiten, als daß es für
sinnliche Eindrücke empfänglich wird und blos die sinnlichen Empfin=
dungen sind es, die anfangs auf seine unteren Seelenkräfte wirken
und diese zuerst wecken. Es sucht alles zu betasten, um sich durch
das Gefühl Begriffe zu machen. Es begehrt alles, was es sieht
und was seine Augen reizt, weil es noch keinen Begriff vom Eigen=
thum, vom Werth oder Schädlichkeit einer Sache hat. Es glaubt
sich in einer natürlichen Freiheit und sieht also jede Weigerung als
einen Widerstand an, zeigt sich eigensinnig. So wie es heranwächst,
beurtheilt es alles nach den ersten sinnlichen Eindrücken, überläßt

sich mit rascher Begierde dem Angenehmen dieser Eindrücke, weil es die möglichen und entfernteren Folgen derselben noch nicht übersieht. Es ahmt nach, ahmt aber nach ohne Reflexion über das innere Gute oder Böse der Handlung, sondern blos durch Sinnlichkeit geleitet. Langsam erst reifen die Kräfte des Verstandes, langsam erst spürt es die bleibende Schädlichkeit seiner Begierden und denkt über die entfernteren Folgen seiner Handlung nach. Unterdessen hat diese Sinnlichkeit oft schon eine große Gewalt bekommen, wenn nicht eine unermüdet vorsichtige Erziehung — weniger Sterblichen mögliches Loos — sie frühzeitig hemmt. Also die erste Anlage zur Sünde, zu einer schädlichen Aeußerung und Richtung unserer Kräfte ist Sinnlichkeit, sinnliche Begierde und angenehme Erwartung von der augenblicklichen Befriedigung derselben. Je herrschender diese Sinnlichkeit wird, desto mehr verknüpft sich damit eine gewisse Trägheit zu allem dem, wovon unsere Sinne, unsere äußeren Empfindungen keinen schnellen Genuß des Angenehmen fühlen, Trägheit gegen die Anstrengung der höheren Seelenkräfte, Trägheit zu lernen, nachzudenken und Gutes mit Aufopferung unserer Gemächlichkeit zu erzielen. Folglich haben erst die sinnlichen Kräfte die Oberhand über die höheren Seelenkräfte und es gehört erst eine anhaltende Ausbildung der letzteren dazu, daß diese wieder umgekehrt die Oberhand über die Sinnlichkeit erhalten. Dieses Uebergewicht der Sinnlichkeit, welches der Mensch bei steigenden Kräften zu bekämpfen hat, diese Anlage, dem Angenehmen oder Unangenehmen des ersten sinnlichen Eindrucks gemäß zu handeln, ohne Reflexion über die entfernteren Folgen und höheren Bewegungsgründe, ist das, was man Erbsünde zu nennen pflegt oder auch Sündhaftigkeit nennen könnte und ist freilich eine angeborne Einschränkung unserer Natur." Biblisch ist diese Annahme nicht; denn das Wort σάρξ bedeutet entweder die menschliche Natur Joh. 1, 14. oder die ganze verdorbene Natur des Menschen und keineswegs blos die Sinnlichkeit. Joh. 3, 6. Gal. 1, 16. 5, 19. 22. und wenn Paulus Röm. 7. bei σάρξ vorzüglich an die sinnlichen Begierden denkt, so betrachtet er es nur als veranlassende Ursache, nicht als wirkende. Jene Annahme hat Alles wider sich. Denn wenn die Sinnlichkeit an sich das Böse producirt, so kommt zuletzt die Schuld auf Gott, der uns diese Sinnlichkeit gegeben und sie so eingerichtet hat. Gott wird zum Urheber der Sünde gemacht. Dazu ist auch der rohe Mensch unbewußt sehr geneigt, weil es für ihn ein Ruhekissen ist und darum ist es desto nöthiger, ihm diesen gefährlichen Wahn zu nehmen. — Auch wird die Sünde durch diese Annahme ganz verkleinert, ja fast aufgehoben und schuldlos gemacht. Denn Sinnlichkeit ist an sich keine Sünde, ist etwas Natürliches. Die Sünde muß im freien Willen liegen, wenn sie imputabel sein soll. — Woher kommt denn, so muß man weiter fragen, der Hang zum Verbotenen, auch wenn dasselbe nicht das sinnlich Angenehme ist, woher der Eigenwille? Viele Laster, z. B. des Ehrgeizes, der

Sinnlichkeit sehr oft Gewalt anthun muß und anthut, des Unglau=
bens, des Mißtrauens gegen Gott, wie bei Adam, lassen sich gar
nicht aus der Sinnlichkeit erklären.   Wenn die Erbsünde das
Gegentheil des ursprünglichen göttlichen Ebenbildes ist, so kann sie
auch nicht hauptsächlich in der Sinnlichkeit ihren Sitz haben; denn
das Ebenbild hatte seinen Sitz in der Seele.   Daß die Erbsünde
das Gegentheil ist, erhellt daraus, weil der Mensch wegen der Sünd=
haftigkeit der Erneuerung nach dem göttlichen Ebenbilde bedarf. Wenn
die Erbsünde und die Sünde überhaupt in der Sinnlichkeit läge, so
müßte das Christenthum eine ganz andere Cur bei dem Menschen
gebrauchen; die Heilung müßte beim Körper anfangen, um Blut
und Säfte zu bessern und seine Constitution in Ordnung zu bringen.
Die ganze Religion und Heilslehre müßte zur Diätetik, Therapie
werden, gerade wie in J. V. Andreä fama fraternit. Aberlaß
als Rerformationsmittel empfohlen wird.   Das Christenthum fängt
dagegen seine Cur beim Herzen an und will einen innerlich neuen
Menschen schaffen.   Dies weist uns auf die Verdorbenheit des Her=
zens als den eigentlichen Sitz des Uebels.   Beim Kinde äußert sich
freilich die böse Willensrichtung in sinnlichen Dingen, da andere
höhere Dinge ihm nicht bekannt sind; die böse Richtung auf höhere
Dinge tritt erst mit den Jahren und der Verstandesbildung ein.
Schon hieraus erhellt, wie wichtig es ist, richtige Vorstellungen von
dem Sitze der Sündhaftigkeit zu haben, weil davon die Willigkeit
abhängt, die rechten Heilmittel zu gebrauchen, statt daß man es in
dem bestrittenen Falle den Jahren, dem Laufe der Natur überläßt,
daß diese den Menschen von selbst heilt, wenn er sich die Hörner
abgelaufen hat.   Wenn also der Sitz des Uebels weder allein noch
vornehmlich im Körper zu finden ist, so muß er vielmehr in der
Seele, in der inneren Richtung der Seelenkräfte gesucht werden.
Der Mensch wird, sobald er anfängt zum Bewußtsein zu gelangen,
es inne, daß in ihm selbst eine böse Willensrichtung, die aller wirk=
lichen Sünde vorangeht, und der innere Grund aller Sünde liegt.
Die Zerrüttung im Körper, die übermäßige Reizbarkeit der Sinne
kann veranlassende Ursache werden, aber das ist noch nicht die Sünd=
haftigkeit selbst; diese besteht in dem Einfluß, den der Mensch jenen
Reizen auf seinen Willen gestattet, in dem verdorbenen Hang des
Herzens, den der Mensch sich selbst mit zurechnen muß.

C. Dies führt zu der Frage: woher aber entsteht dieser sünd=
liche Hang? Einige leiten ihn empirisch ab von bösen Beispielen,
von schlechter Erziehung.   Das Böse pflanze sich also nexu exem-
plari fort.   Diese pelagianische Meinung ist schlechthin unhaltbar.
Denn woher kämen denn die ersten bösen Beispiele und die Menge
der bösen Beispiele? Wenn von Adam ausgegangen wird, so hat
dieser gesündigt, ehe er Kinder hatte, die seine Sünde sahen und
späterhin hat Adam gewiß, woran sich schwerlich zweifeln läßt, sein
Leben in ernster Buße fortgeführt und beschlossen.   Es würden doch

auch nicht lauter böse Beispiele dagewesen sein, sondern auch gute;
warum hätten denn nun alle Individuen die bösen Beispiele nach=
geahmt und nicht auch die guten? Warum wäre nicht wenigstens
die Masse des Guten der Masse des Bösen gleich? Es würden die
Guten eben so gut, ja sollten vielmehr nachgeahmt werden. Woher
hatte Kain den Brudermord gesehen? Woher alle anderen Menschen
das einzelne Böse, das einmal das Erste sein mußte, also von kei=
nem abgesehen und nachgeahmt? Von Beispielen lassen sich wohl
äußere Handlungen ablernen und nachahmen, nicht aber innere
Affecte und Begierden; zu diesen, wenn sie sich äußern sollen, muß
schon die Anlage und Disposition im Menschen sein. — Nach der
neueren pantheistischen Philosophie ist die Sünde nur die nothwen=
dige Folge der Schranken des Menschen, der Endlichkeit und im
Grunde nur ein Durchgangspunkt, eine Entwickelungsstufe, ein noth=
wendiges Moment in der fortschreitenden Bildung des Menschen,
eine Dissonanz, welche sich in Harmonie auflöst; sie ist also nur et=
was Negatives, nichts Positives. Gegen diese Theorie ist Folgen=
des zu erinnern: Das Böse wäre danach die nothwendige Folge
unserer Natur, unseres gegenwärtigen Zustandes, mithin eigentlich
Folge der göttlichen Einrichtung, also Gott der Urheber der Sünde.
Nach dieser Theorie hörte die Sünde auf Sünde zu sein; denn das,
was nothwendig ist, ein nicht zu vermeidender Prozeß, kann nicht böse
sein, kann auch nicht zugerechnet werden. Das Böse wäre nur ein
niederer Grad des Guten, der wie bei einem Gewächse aus dem Zu=
stande der Gebundenheit nach und nach zu dem höheren und höchsten
Grade gedeiht. Damit hörte das Böse auf That der Freiheit und
also strafbar zu sein. Könnte diese Lehre populär und exoterisch wer=
den, so würde sie in unreinen Gemüthern die gräßlichsten Verderb=
nisse erzeugen. Sie ist auch offenbar im Widerspruch mit der Bi=
bel, welche dem Menschen die Sünde zurechnet und das Böse als
etwas Positives ansieht. Uebrigens ist die herangezogene Vergleichung
der Sünde mit einer Dissonanz ganz verkehrt. Dissonanzen kommen
in der Musik gar nicht vor, sondern nur Durchgangs= und Ueber=
gangsaccorde. Kein Musikstück kann ja im Septimenaccorde schließen,
er fordert Auflösung, aber deswegen ist er noch keine Dissonanz.
Bei dieser pantheistischen Ansicht der Sünde giebt es nur eine Schein=
buße, Scheintrauer über die Sünde, also auch nur eine Scheiner=
lösung, weil Alles Entwickelung und Durchgang ist; da muß der
horror gegen die Sünde aufhören. Etwas Aehnliches hat Rothe
in s. Ethik II., S. 211—227. aufgestellt. Er sagt auch: die Sünde
ist der nothwendige Ausgangspunkt des Menschen und dies ist die
Folge der Materie. Denn die Materie, obgleich von Gott gesetzt,
ist doch an sich der gerade Gegensatz Gottes, aber mit der Bestimmt=
heit, daß Gott ihr entgegenwirkt und aus der materiellen Welt eine
geistige sich entwickeln läßt. Zum Werden der vollkommenen Welt
gehört das Böse und das Uebel geradezu mit, die sittliche Ent=

wickelung der Menschheit geht nothwendig über die Sünde hinweg,
ja von ihr aus. Der Mensch ist gleich mit der Sünde behaftet.
Dem Menschen fehlte die Bedingung der normalen sittlichen Ent=
wickelung, nämlich die Erziehung; so konnte die sittliche Entwickelung
nicht die normale sein. (Rothe selbst gesteht S. 214, daß diese
Behauptung dem frommen Bewußtsein im höchsten Grade anstößig
erscheine.) Dagegen ist zu erinnern: a) Die Bibel stellt den ersten
Menschen ohne Sünde dar, er ist gut wie Alles, 1. Mos. 1, 31.,
er ist Gottes Ebenbild. b) Die Materie d. h. die Creatur ist des=
halb, weil sie nicht Gott ist, nicht das Gegentheil von Gott. Das
Geschaffene ist von Gott verschieden, aber nicht Gott opponirt.
Ps. 19. Alles Geschaffene, auch die Geisterwelt ist und bleibt ab=
hängig von Gott in alle Ewigkeit, aber deshalb nicht der Gegensatz
von Gott, so wenig als Kinder eines Vaters, obgleich vom Vater
verschieden und nicht der Vater, deshalb das oppositum des Va=
ters sind. Wäre der Mensch unschuldig geblieben, so gäbe es kei=
nen Tod und doch hätte nach obiger Ansicht die Materie müssen
vernichtet werden. Wenn die Materie als Gegentheil von Gott
böse ist, so wird die Sünde etwas Physisches und es liegt die Fol=
gerung nahe, daß Gott Vergebung bei dem Menschen dafür zu suchen
hätte, daß er ihn sündig werden ließ. c) Eine abnorme Entwicke=
lung war nicht absolut nothwendig, es läßt sich auch eine normale
denken und an den Engeln haben wir ein Beispiel von beiden.
Joh. 8, 44. 2. Petr. 2, 4. Jud. 6. d) Auch fehlte es dem Men=
schen nicht an Erziehung; Gott und die Engel waren seine Erzieher.
e) Es wird wohl auch die Geisterwelt nie so rein geistig werden,
daß sie gar keines äußeren Organes bedürfte. Wenigstens lehrt die
Schrift, daß wir in der Auferstehung einen neuen, verklärten Leib
bekommen werden. Die Offenbarung Johannis stellt die Scenen
und Dinge der zukünftigen Welt auch als sichtbar dar. f) Die Idee
von der Materie streift sehr an Manichäismus an. Wenn aber der
Sinn dieser ganzen Theorie kein anderer sein sollte als der: an der
sichtbaren Welt erprobt sich die Gesinnung des Menschen, ob er
nach dem Sichtbaren oder Unsichtbaren greift, so ist das eine längst
bekannte Wahrheit. Aber das Sichtbare ist nicht das Böse. —
Wenn nun diese Erklärungen des bösen Hanges im Menschen theils
oberflächlich theils unbefriedigend sind, und wenn die Allgemeinheit
und Gleichheit dieses Hanges einen tieferen Grund vermuthen läßt,
so fragt es sich, wo ist derselbe zu suchen? Er muß tief in unserer
Natur selbst eingewurzelt sein, da er gleich mit dem Dasein sich
vorfindet. Dies führt auf die Idee eines angeerbten, durch die
Geburt sich fortpflanzenden Verderbens. Nicht als ob wir alle in
Adam gesündigt hätten und seiner Schuld theilhaftig wären; dies
ist der Schrift ganz fremd und setzt die unerweisliche Hypothese von
der Präexistenz der Seelen oder von der Vollmacht Adams, sein
ganzes Geschlecht zu repräsentiren, voraus. Etwas Wahres lag in

dieser Idee, nämlich dies, daß die Schuld der Vorfahren die der Nachkommen vergrößert, wenn letztere nicht durch ihr warnendes Beispiel gebessert werden, so daß dann die Nachkommen mit büßen müssen für die Sünde der Vorfahren. Matth. 23, 24 — 36. Luc. 11, 50. 51. Baco macht daher in der Vorr. zum nov. org. die Bemerkung: Die jüngste Zeit, in der wir leben, ist als die ältere und erfahrenere anzusehen. [In einer Abhandlung über die Scholastik des Anselm in der Tübinger theol. (kath.) Quartalschrift 1827 wird folgende Theorie über die Erbsünde aufgestellt: „In Adam sind alle Menschen in einer außerzeitlichen Wirklichkeit, in sich selbst aber sind sie Personen; in ihm waren sie als Potenz, in sich sind sie als verschiedene Personen; in ihm waren sie nicht von ihm verschieden, in sich sind sie andere als er war; in ihm waren sie Er, in sich sind sie Sie selbst (als Individuen, selbstbewußte Wesen), weil sie selbst noch nicht waren. Wie die Sünde von Adam auf Alle übergehe, ergiebt sich daraus. Die Erbsünde kann man nämlich die natürliche, — die mit Selbstbewußtsein begangene die persönliche Sünde nennen. Wie aber die persönliche Sünde Adams auf die Natur überging, so geht auch die natürliche wieder auf die Person über. Was nämlich Adam als Person that, that er nicht ohne Natur. Er war nämlich die Person, die Adam heißt, Natur war er als Mensch. Die Person macht also auch die Natur zur Sünderin, weil, indem Adam sündigte, zugleich der Mensch (die Natur) sündigte. Diese Unterscheidung ist aber nothwendig; denn Adam sündigte nicht, weil er Mensch war (vermöge der menschlichen Natur), sondern weil er mit seinem persönlichen Willen die Sünde empfing. Bei uns ist es umgekehrt. Wenn Adam persönlich sündigte und die Gerechtigkeit verlor und in Folge dessen erst die Natur, so geht bei uns die Armuth der Natur auf die Person über, weil die Natur immer nur in den Personen ist und es keine Person ohne Natur giebt. Die Person beraubte die Natur in Adam der Gerechtigkeit, aber die dürftig gewordene Natur verpflanzt wieder ihre Dürftigkeit auf die Personen fort. Die Natur ist also als solche immer ohne Gerechtigkeit und wird nur gerecht durch Gnade." Auch diese Theorie erscheint unhaltbar, indem die Menschheit darnach wie ein Baum angesehen und die moralische Natur materialisirt wird.] — Die Fortpflanzung geschieht mittelst des innigen geheimen Bandes, das Kinder an Eltern knüpft und in ihrer ganzen Bildung und Organisation von der Beschaffenheit der Eltern abhängig macht und die Schrift scheint Ps. 51, 7. Joh. 3, 6. Röm. 5, 12. ff. allerdings eine Fortpflanzung der Sünde anzunehmen. Hier entstehen nun zwei Fragen: Erbt ein blos physisches, körperliches Uebel oder eine geistige, moralische Depravation fort? Das erstere läßt sich leicht denken. Da es ausgemacht ist, daß durch die erste Sünde die Menschen die Unsterblichkeit verloren, der Körper zerrüttet wurde und sterbliche Kinder von sterblichen Eltern geboren wurden und

sehr viele fehlerhafte körperliche Dispositionen sich fortpflanzen, so
kann auch eine fehlerhafte Disposition der Sinnlichkeit, die haupt=
sächlich in einer übermäßigen Reizbarkeit und überwiegendem Ein=
fluß auf den Geist besteht, fortgepflanzt werden. Ob aber ein Ver=
derben in der Seele, in den Seelenkräften und in der Willensdis=
position forterben könne, darüber können wir nicht entscheiden. Be=
greifen können wir es nicht, wie es möglich ist. Denn wir wissen
gar nichts über die Art, wie das Dasein der Seele, ihr Eintritt
in den Körper beginnt; dies gehört zu den undurchdringlichen Ge=
heimnissen. Selbst dies, daß Seelen= oder Geisteseigenthümlichkeiten
sich fortpflanzen, giebt uns noch keinen Aufschluß, weil diese mit
vom Einfluß der körperlichen Constitution abhängen können. Aber
die ganze Frage über den eigentlichen Ursprung dieses Hanges ist
keine praktische, sondern eine reine speculative. Man mag es immer=
hin, wenn man sich nicht hineindenken kann, dahingestellt sein lassen,
wie der Hang entsteht, die Hauptsache ist die Gewißheit und Allge=
meinheit des Hanges ; er ist wirklich, er ist in Allen da ; es ist
keiner davon frei. Die Regungen zeigen sich schon im Keime im
Kinde und so wie der Mensch nur anfängt sich seiner bewußt zu
werden, ist er sich auch dieses Hanges bewußt. Das bleibt unver=
rückt feststehen, mag es mit dem Ursprung für eine Bewandniß ha=
ben, welche es wolle.

Es erhebt sich nun aber die schwierige Frage, wie dies mit
Gottes Güte und mit der menschlichen Freiheit und Zurechnungs=
fähigkeit vereinbar sei. Wenn man die Erbsünde als ein fortgeerbtes
Uebel in der somatischen und psychischen Constitution ansieht, so strei=
tet ihre Zulassung eben so wenig mit Gottes Güte, als die Zu=
lassung mancher andern sich forterbenden Uebel, deren Dasein die
Erfahrung außer Zweifel setzt, und wer wird, was a posteriori er=
wiesen ist, deswegen leugnen, weil es a priori mit Gottes Güte
streite? Nur dann, wenn die Menschen ohne ihre Schuld schlecht=
hin unheilbar geworden wären, könnte man es mit Gottes Heilig=
keit und Güte in Widerspruch finden. Aber Gott hat gleich von
Anfang an eine Rettung oder Heilung dieses Uebels vorbereitet und
es ist denkbar, daß Gott durch seine Gnade überall, auch unter den
Heiden auf eine gewisse Weise diesem Uebel entgegenwirkt, wie
Wesley a. a. O. S. 144, 154, 157 meint, wenn gleich diese
Gnade beim Mangel an Offenbarung nicht so wirksam sein kann
und durch Schuld der Heiden wieder verloren geht. Die höchste
Hilfe ist uns durch Christum bereitet. Durch ihn ist Alles wieder
gut gemacht, was durch Adam verdorben war, durch ihn ist Ver=
gebung der Sünden erworben, durch ihn neue Kraft, ein neuer Ge=
sundheitsstoff der Menschheit eingeflößt und endlich wird durch ihn
unserem Geiste ein neuer verklärter unsterblicher Leib verliehen wer
den. Was aber die Zurechnungsfähigkeit der Menschen betrifft, so
wird Niemand die Ausrede Rousseau's gelten lassen. Derselbe

Rousseau, der in den Confessionen sein eitles, grundverdorbenes Herz aufdeckt, ruft aus: „Wo ist ein Mensch, der sagen darf, daß er besser gewesen als ich? Nur anders ist er gewesen. Die bildende Natur, die sich in der Mannigfaltigkeit sittlicher so wie physischer Formen gefällt, mag es verantworten, wenn meine Neigungen weniger als Anderer mit den abstrakten Vorstellungen von Gut und Recht harmoniren." Der Mensch bleibt auch bei der Erbsünde immer noch verantwortlich. Denn es bleibt, wenn gleich ein Reiz in unserer Natur liegt, doch die Schuld des Menschen, diesem Reize zu folgen wider des Gewissens Stimme. Es wird freilich bei solchem Gegenreize dem Menschen schwerer, dem Gewissen zu folgen, dennoch bleibt dies seine Pflicht und er ist verantwortlich, wenn er sich den sinnlichen Trieben hingiebt. Wesley a. a. O. S. 155 bemerkt, daß, wenn der natürliche Hang zur Sünde die Sünde selbst nothwendig macht, das Absurdum folgen würde, daß je stärker der Hang würde, desto weniger der Mensch sündigen könnte. Außerdem ist das Uebel erst durch Schuld des Menschen so schlimm geworden, hat dadurch erst an Umfang und Tiefe zugenommen. Es verhält sich damit wie mit einem leiblichen Schaden oder mit der Disposition zu einer Krankheit; diese kann durch unregelmäßiges Leben sehr verschlimmert und unheilbar, aber durch Ordnung und Diät wieder geheilt werden. Durch die fortgesetzte Sünde ist das Uebel erst recht in den Grund hinein schlimm geworden; das kommt auf unsere Rechnung, nicht auf Adams. Am aller strafbarsten ist die Größe des Uebels unter den Christen, wo die Gnade des Geistes von Jugend auf an den Herzen wirkt und wo, wenn die Christen sich diesem Geiste hingäben und nicht eine so verpestete Atmosphäre einathmeten, ein weit reinerer Geist das Uebel viel schneller heilen sollte. Christen sind dafür weit verantwortlicher als Heiden.

Anm. 3. Die Lehre vom sittlichen Verderben des Menschen kann gemißbraucht werden, wovor der Prediger zu warnen hat, namentlich vor der Anklage Gottes, als ob er den Menschen zur Sünde reize Jak. 1, 13—17., vor Entschuldigung der Sünde oder, was gleichgeltend ist, vor Leugnung und Verkleinerung der Verantwortlichkeit, vor Verzweiflung an Besserung, vor trüber, düsterer Misanthropie sowohl als kalter, bitterer Verachtung, wie sie sich bei Weltlingen findet, die alle Tugend und Redlichkeit bezweifeln, wie St. Simon in s. Memoiren II., 229 Fenelons Tugend für seinen Ehrgeiz erklärt. Diese Klippen muß man vermeiden und dagegen den rechten Gebrauch einschärfen. Zunächst ist das Leugnen dieser Lehre höchst thöricht und verderblich. Es ist schon Verstandesschwäche, wenn einmal das Uebel unleugbar ist, es aus eitler Eigenliebe und blinder Gutmüthigkeit verleugnen zu wollen, eine eben so große Thorheit, als wie wenn ein Kranker meint, durch Verhehlung seiner Krankheit das Uebel zu mindern. Bei einer Krankheit hat es nun zwar auf die Behandlung des Kranken, wenn Andere sie kennen, keinen Einfluß, ob er sie eingesteht oder nicht, weil die Heilung physisch nach Naturgesetzen erfolgt; aber die moralische Heilung kann ohne Einstimmung nicht geschehen; sie setzt die Erkenntniß der Sünde voraus. Welche Mißgriffe in der Pädagogik hat das Verkennen des menschlichen Verderbens erzeugt! (Sulzer, Basedow u. A.) Ohne die Anerkennung desselben bleibt der Mensch in der gefähr= lichsten Eigenliebe befangen, im geistlichen Hochmuthe, wodurch eine gründliche Besserung unmöglich gemacht wird; der Mensch wird ein= geschläfert und indifferent gegen das Böse. — Dagegen ist die An= erkennung heilsam und zur Seligkeit unentbehrlich. Sie ist nöthig zur wahren Demuth, welche die Bedingung der wahren Besserung ist. Selbsterkenntniß ist nichts anderes als sich als Sünder erken= nen, geistlich arm sein, Matth. 5, 3., daher Christus Luc. 18, 13 und 14. als die Bedingung der Gnade diese Erkenntniß voraussetzt. Mit dieser Erkenntniß gehen dem Menschen die Augen erst auf; ohne sie weiß und merkt er gar nicht, daß er Besserung nöthig hat. Daß er Sünden gethan, leugnet er nicht, aber diese sind etwas Vergan= genes und den bleibenden Hang zur Sünde leugnet er. Zur gründ= lichen, wahren Besserung ist die Erkenntniß der Sündhaftigkeit auch deshalb nöthig, weil jene erst beginnt, wenn die Eigenliebe getödtet wird, wenn der Mensch erkennt, daß er nicht etwa blos einer Ausbesserung und Ablegung einzelner Mängel, sondern einer totalen innern Erneuerung, einer radikalen Heilung bedürfe. Ohne diese Erkenntniß wird er nur den äußeren Menschen etwas ausputzen und abschleifen. Erst mit derselben entsteht auch die fortgesetzte Wach= samkeit über sich und das so heilsame Mißtrauen gegen sich selbst. Wer sich selbst recht erkannt hat, wird nicht in Sicherheit gerathen und nicht vom Kampfe ablassen. Daher ist diese Erkenntniß auch die Bedin= gung des Glaubens an Christum. Die Nothwendigkeit des Christenthums leuchtet dem erst ein, der sein Verderben erkannt hat. Dann wird dem Menschen Christus unentbehrlich, dem Schuldigen als Versöhner, dem Ohnmächtigen als Helfer. Wer die Sünde von der Sinnlichkeit oder bösen Beispielen ableitet, der wird Christum blos als Beispiel gebrauchen. Die Erkenntniß des Verderbens treibt, Gottes Gnade und Gemeinschaft durch Christum zu suchen. All' unser Elend ist Folge des Abfalls von Gott; wir suchten Glück und Ehre ohne Gott. Gott ließ uns fallen, daß es uns unvergeß= lich eingeprägt würde, wohin wir ohne Gott gerathen. Wollen wir denn nach Jahrtausenden nicht klug werden und Gott suchen? Da= rum ist es nöthig, den Menschen zur Erkenntniß des sittlichen Ver= derbens zu bringen, das, je mehr man in der Besserung fortschreitet, desto mehr erkannt wird. (*)

---

*) Rührend ist das Bekenntniß, welches der sel. Verfasser am 18. April 1830 als am Sonntage Quasimodogeniti, wo früher in Wittenberg die Confirmation statt fand, in dem Manuscript seiner dogmatischen Vorlesungen niederge=

Kapitel III.

Lehre von dem gnadenvollen Rathschluß Gottes, die Menschen durch Christum zu erlösen.

§ 35.

Von dem Erlösungs - Rathschluss Gottes überhaupt.

Für das gefallene, unselige Menschengeschlecht ist kein Gedanke unentbehrlicher als der, daß Gott ihm wieder helfen will, ein Glaube, den jeder Einzelne auf sich anwenden kann und soll. Die Gewißheit desselben recht verkündigt zu haben ist ein Hauptverdienst der göttlichen Offenbarung, woraus denn eben so sehr die Unentschuldbarkeit der Verächter der göttlichen Gnade, als die unbedingte Nothwendigkeit der Annahme des Gnadenmittels, nämlich des Christenthums, für solche denen es angeboten ist, also auch die desto größere Verantwortlichkeit der Christen hervorgeht.

Anm. 1. Der allgemeine Glaube an die Liebe Gottes wird hier zum besondern Glauben an die rettende Gnade Gottes für sündige, strafbare Menschen. Es soll nach Gottes Willen eine restitutio in integrum eintreten. Die neue Schöpfung durch Christum ist ein größeres Wunder als die erste Schöpfung, die regeneratio ist mehr als die creatio. Beide sind sich darin gleich, daß ein neues Leben durch Gott aus Nichts hervorgerufen wird. Der Unterschied aber zeigt sich darin, daß in der Schöpfung eine vergängliche Welt, hier eine unvergängliche Welt hervorgerufen wird, dort die Welt aus nichts, aber ohne entgegenwirkende Hindernisse geschaffen wird, hier aber eine Schöpfung aus widerspenstigen Stoffen unter dem Widerstand des Bösen statt findet und daß in der Regeneration Gott bei weitem wunderbarerer Mittel sich bedient: Gott selbst wird Mensch. Der sündige Mensch kann der rettenden Gnade Gottes nicht entbehren. Denn was würde aus uns geworden sein, wenn sich Gott unseres Geschlechtes nicht angenommen hätte? Immer tieferes Verderben der Seele, unheilbare Verschlimmerung des Herzens, Hoffnungs= und Rettungslosigkeit würde sich aller bemächtigt haben. Müßte der Mensch nicht, was er von Gott zu erwarten hat, so wäre auch keine Besserung möglich, denn er müßte verzagen. Das

---

schrieben hat. Es lautet: „Der Fortgang im Christenthum ist Zunehmen in der Erkenntniß der Erbsünde. Je mehr man den Umfang des göttlichen Gesetzes kennt, desto mehr lernt man das Verderben des Herzens sehen. Warum ist denn, seit ich selbst Kinder habe, (die ich freilich über die Maßen und nicht blos fleischlich liebe) die Liebe gegen meine Betkinder geringer geworden, wenigstens insofern sie nicht der Liebe gegen meine eigenen Kinder gleicht? Meine Kinder sind doch auch nichts Besseres!" d. Red.

Evangelium verkündigt Gnade; sie ist nichts anders als der ernste, freie Wille Gottes, die Menschen zu retten, d. h. von der Schuld, Strafe und Gewalt der Sünde zu befreien und zu dem ersten, ursprünglichen Zustand der Unschuld und Seligkeit zurückzuführen.

Anm. 2. Woraus erkennt nun der Mensch die Gewißheit der Gnade? Er könnte versuchen, diese Gewißheit durch Vernunftgründe zu beweisen. Er könnte sagen: die Vaterliebe Gottes kann nicht zulassen, daß die Bestimmung der Menschen verfehlt wird, was nothwendig geschieht, wenn er sie ihrem Elende überläßt. Aber solche Vernunftgründe würden nicht hinreichen, um die Gewißheit der göttlichen Gnade zu erhärten. Zunächst stehen ihnen die Zweifel entgegen, welche der Mensch sich selbst schafft, welche das Bewußtsein der eigenen Schuld erregt, und diese Zweifel sind gerade bei den moralisch Zartfühlenden am stärksten; und wenn der a priori vermuthete Gnadenwille Gottes durch keine Thatsache bestätigt würde, so würden alle Gründe a priori nichts ausrichten. Der Mensch will nicht wissen, was Gott möglicher Weise wohl thun kann zur Rettung der Menschen, sondern was er wirklich gethan hat; sonst bleibt dies ein bloßes Postulat. Mithin war eine Zusicherung der Gnade durch Offenbarung unentbehrlich: denn das ist eine Thatsache und Thatsachen wirken mehr als Raisonnements. Die Thatsache liegt in der Schrift vor. Sie predigt von Anfang an die göttliche Gnade. 1. Mos. 3, 15. 12, 3. 18, 23. Ps. 103, 1. Jes. 1, 18. 49, 14. 15. 54, 10. Ezech. 18, 21—23. 33, 11. Das N. T. preist überall die göttliche Gnade z. B. Joh. 3, 16. 1, 14. 16. Röm. 5, 8. Eph. 1, 6. 13. 1. Tim. 2, 4. 4, 10. Tit. 3, 4. Ap. Gesch. 20, 24. Die Schrift läßt es aber nicht bei der bloßen Verkündigung bewenden, sondern sie stellt Christum selbst als den Heiland dar und als den Gründer einer Heilsanstalt; sie ist die Geschichte der Gnadenanstalten Gottes.

Anm. 3. Hieraus ergeben sich folgende praktische Resultate: a) Diese Gnade ist die herrlichste Offenbarung Gottes, die es giebt, die Offenbarung seiner Liebe. Die Liebe kann sich nie herrlicher und größer zeigen, als wenn sie dem Feinde vergiebt, wohlthut, ihn rettet; und das hat Gott gethan. Die Menschen waren Feinde, abgefallen und auf die Seite des Satans getreten und Gott hat sie begnadigt. Diese Gnade ist daher auch die allerstärkste Verpflichtung zur Gegenliebe gegen Gott. Je größer unsere Schuld, je tiefer wir sie fühlen, desto inniger muß uns die Liebe Gottes rühren. — b) Diese Gnade kann und soll jedem Gefallenen Muth machen, seine Seligkeit zu hoffen und nach ihr zu streben. Jeder einzelne muß sich namentlich das Wort aneignen: Gott will dich selig machen. Die Zusagen im N. T. gelten und müssen genommen werden, als wenn sie jedem einzeln gegeben seien; faßt man sie nur generell, so wirken sie nicht. Dies ist aber auch zugleich eine Aufforderung zur Besserung im gegenwärtigen Leben; denn da wird diese Gnade an=

geboten. — c) Die Schuld der nicht erlangten Seligkeit fällt ein=
zig und allein auf den Menschen. Denn Gott will ernstlich die
Seligkeit jedes Menschen und so kann den Menschen nichts an seiner
Seligkeit hindern und ihm dieselbe unmöglich machen, wenn er es
nur nicht an sich fehlen läßt, vielmehr muß ihm Alles zur Selig=
keit dienen. Der Rathschluß Gottes über unsere Seligkeit ist sein
ewiger Rathschluß, dem alle einzelne Rathschlüsse unterworfen sind,
er ist gleichsam der Ring, der Alles umschlingt. — d) Die Offen=
barung Gottes in Christo und die Kirche, welche zu unserer Selig=
keit gestiftet ist, muß von jedem, der sie kennt, gebraucht werden,
weil sie absolut nothwendig sind und eine Indifferenz mithin nicht
zulässig ist. Man kann das Gegentheil nicht aus Ap. Gesch. 10,
34. und 35. behaupten. Diese Stelle, anstatt die Sufficienz der
natürlichen Religion zur Seligkeit zu zeigen, zeigt gerade das Ge=
gentheil. Denn wenn dem Cornelius seine bisherige Frömmigkeit
und Gerechtigkeit genügt hätte, wozu wären denn die vielen Um=
stände nöthig, um den Petrus zu wecken und zu treiben, daß er
zum Cornelius ging und ihm Christum predigte? Erst die Predigt
des Evangelii gab demselben volle Befriedigung. Ap. Gesch. 10,
31—33. Dennoch aber folgt daraus nicht die Verdammniß aller
Nichtchristen oder aller Nichtkenner der Offenbarung. Diese können
noch nach dem Tode zur Erkenntniß Christi gelangen. 1. Petr. 3,
19. 4, 6.; mithin werden auch diese, falls sie glauben, durch Christum
selig. Ueberhaupt gilt die Regel: Gott richtet jeden nach dem
Maaße seiner Erkenntniß. Mithin kann nicht geschlossen werden,
es sei indifferent, ob man das Christenthum annehme oder nicht;
denn die, welche im gegenwärtigen Leben das Evangelium hörten,
dürfen nicht hoffen, dort noch einmal zu hören, was sie hier ver=
worfen haben.

§ 36.
Die innere Beschaffenheit dieser Gnade Gottes.

Es ist einleuchtend, daß sich mit den Grundsätzen der Sitt=
lichkeit nur die biblische, von der lutherischen Kirche standhaft
behauptete Lehre verträgt, nach welcher die göttliche Gnade eine
allgemeine und heilige Gnade ist, mithin der Rathschluß Gottes
über Erwählung oder Verwerfung der Menschen kein unbedingter
willkürlicher Machtspruch, sondern ein durch die Herzensbeschaf=
fenheit der Menschen bedingter gerechter Richterspruch ist.

Anm. 1. Diese Lehre ist nicht vom Kanzelvortrag auszuschließen,
weil sie an sich höchst praktisch und die Differenz zwischen beiden pro=
testantischen Kirchen in derselben bekannt genug ist, weil der gemeine
Verstand sogar eine Neigung zum Absolutismus hat, ferner weil
diese Lehre falsch verstanden höchst verderblich werden kann und selbst

Bibelstellen, welche davon handeln, dem Mißbrauch unterworfen sind. Es ist darum die Pflicht des Predigers, die reine Bibellehre vorzutragen, durch Vernunftgründe zu unterstützen und ihren rechten Gebrauch zu zeigen.

Anm. 2. Die Schrift sagt, daß Gott die Seligkeit aller Menschen will. Joh. 3, 16. 1. Tim. 2, 4. 4, 10. Diese Gnade Gottes ist aber eine heilige, sie ist an moralische Bedingungen, Buße, Glaube an Christum, Heiligung geknüpft. Dieser Lehre entgegen steht die calvinische von dem unbedingten Rath, decretum absolutum Gottes. Was Luther und namentlich sein Buch de servo arbitrio anbetrifft, so ist die Frage, ob die Stellen dieser Schrift den Sinn und die Tendenz haben, die unbedingte Gnadenwahl zu lehren. Dies wird von vielen bestritten, namentlich von Joh. Seb. Schmidt in der Ausgabe de servo arbr.; von J. L. Schlosser in s. Schr. Lutherus lutheranus Hamburg 1739, von Rambach in Luther's wahrer Meinung v. d. allg. Gnade Gottes (abgedruckt in Luther's kleinen erbaul. Schriften S. 385—440) von Rudelbach Lutherthum S. 275—289. Aber gesetzt auch, daß Luther diese Lehre in seinem Buche de serv. arbr. vorgetragen habe, so geht dies uns nichts an, da wir nicht an Luther's Worte gebunden sind; denn wo hat je unsere Kirche auf seine Worte geschworen? Das ist ein Beweis der Unabhängigkeit und Freiheit unserer Kirche, daß sie diese Lehre nie in ihr Bekenntniß aufgenommen hat, auch nicht Conf. Aug. XIX. Diese Lehre übrigens waltet bei Luther niemals vor, ist nicht in sein System übergegangen und damit verschmolzen, hat z. B. auf seine Predigten gar keinen Einfluß ausgeübt und man muß daraus schließen, daß wenn auch Luther in dem Buche de serv. arbr., welches die Tendenz hat gegen Erasmus den Pelagius zu bestreiten, jenen Lehrsatz aufgestellt, er ihn nur theoretisch aufgestellt und sich später geändert hat. Wichtig ist seine Erklärung in der Vorrede zum Römerbrief XIV., 125 ff. Er sagt: „Am 9., 10. und 11. Kp. lehret er von der ewigen Vorsehung Gottes, daher es ursprünglich fleußt, wer glauben oder nicht glauben soll, von Sünden los oder nicht los werden kann; damit es ja gar aus unseren Händen genommen und allein in Gottes Hand gestellet sei, daß wir fromm werden. Und das ist auch aufs Allerhöchste noth. Denn wir sind so schwach und ungewiß, daß, wenn es bei uns stünde, würde freilich nicht ein Mensch selig, der Teufel würde sie gewißlich alle überwältigen. Aber nun Gott gewiß ist, daß ihm sein Versehen nicht fehlet, noch Jemand ihm wehren kann, haben wir noch Hoffnung wider die Sünde. Aber hier ist den frevelen und hochfahrenden Geistern ein Maal zu stecken, die ihren Verstand am ersten hierher führen und oben anheben, zuvor den Abgrund göttlicher Versehung zu erforschen und vergeblich sich damit bekümmern, ob sie versehen sind. Die müssen sich dann selbst stürzen, daß sie entweder verzagen oder sich in die

freie Schanz schlagen. Du aber folge dieser Epistel in ihrer Ord=
nung, bekümmere dich zuvor mit Christo und dem Evangelio, daß
du deine Sünde und seine Gnade erkennest, darnach mit den Sün=
den streitest, wie das 1., 2., 3., 4., 5., 6., 7., 8. Kap. gelehrt
haben. Darnach wenn du in das achte kommen bist, unter das
Kreuz und Leiden, das wird dich recht lehren, die Versehung im
9., 10., 11 Kap., wie tröstlich sie sei. Denn ohn Leiden, Kreuz
und Todesnöthen kann man die Versehung nicht ohn Schaden und
heimlichen Zorn wider Gott handeln. — Darum muß Adam zuvor
wohl todt sein, ehe er dies Ding leide und den starken Wein trinke.
Darum siehe dich vor, daß du nicht Wein trinkest, wenn du noch
ein Säugling bist. Eine jegliche Lehre hat ihre Maaße, Zeit und
Alter." In einem gemeinschaftlich mit Melanchthon und Bugen=
hagen abgefaßten Bedenken spricht sich Luther (**X.**, 1996) also aus:
„Wenn man von Unterschied der Sünden redet, die in Heiligen in
diesem Leben bleiben, soll man die Augen nicht auf die verborgene
Auserwählung oder Vorsehung oder Prädestination, wie man sie
nennet weisen; — denn solche Reden machen eitel Zweifel, Sicher=
heit oder Verzagung: bist du erwählet, so kann dir kein Fall scha=
den und bleibest allzeit in Gnaden und kannst nicht verderben; bist
du nicht erwählet, so hilft alles nicht. Das sind schreckliche Reden
und ist Unrecht, das Herz auf solche Gedanken zu leiten; sondern
das Evangelium weist uns zu ausgedrucktem Gotteswort, darin
Gott seinen Willen geoffenbaret hat und dadurch er will erkannt
werden und wirken." In demselben Bedenken a. a. O. S. 2002
heißt es: „Und ist uns nicht befohlen vorhin zu fragen, ob wir
auserwählt sind, sondern es ist genug, daß wir wissen: wer endlich
verharret in seiner Buß und Glauben, der ist gewißlich auserwählet
und selig, wie Christus spricht: Selig sind die, so beharren bis
an das Ende. Dieser Unterricht ist klar und macht nicht ein furcht=
los, böses Wesen in denen, die gefallen sind, sondern lehrt sie,
Gottes Zorn groß zu achten und zu fürchten. Wie auch gewißlich
wahr ist, daß Gott wahrhaftiglich zürnet über alle Sünde, es fal=
len Auserwählte oder Nichtauserwählte. Menschlich Vernunft dich=
tet einen ungleichen Willen Gottes, als wäre Gott ein Tyrann,
der etlich Gesellen hat, der Wesen er ihm gefallen läßt, es sei gut
oder nicht gut und dagegen hasset er die Andern, sie thun was sie
wollen. Also soll man nicht von Gottes Willen gedenken." Fer=
ner II., 649: „Man soll mit den losen Schwärmern (die es dafür
halten, daß Alles zuvor versehen sei), nicht sagen: Wo ich versehen
bin, so werde ich selig werden; wo nicht, so muß ich verdammt
werden. Soll ich sterben, so wird es mich nicht helfen, wenn ich
schon meines Leibes warte und auf mein Leben gute Achtung gebe;
soll ich gelehrt werden, so kann ich es auch ohne Bücher werden.
Es hat aber Gott seine Verheißung mit solcher Ordnung nicht ge=
geben, wie Röm. 8, 3. stehet. Er will das Ende seiner Verheißung

nicht ohne Mittel erfüllen, sondern er will es durch Mittel thun: derselbigen sollen die Christen gebrauchen, bis daß wir zum Ende der göttlichen Verheißung kommen." — Endlich II., 1094: „Jacob unterläßt der Dinge keines, das er thun kann. (Als er bei seiner Rückkehr Esau entgegen geht.) Ein anderer, der da verzagt hätte, würde gesagt haben: du solt gar nichts thun; wo es also versehen ist, daß du solt erschlagen werden, wirst du dich dafür nicht hüten können. Gleich wie die andern aus der Versehung auch ein solch Argument fassen, daß sie sagen: wenn ich versehen bin, so werde ich nicht können verloren werden, ich thue gleich, was ich wolle. Dieses sind teuflische Worte. Dafür soll man sich büten. Das ist wohl wahr; was zuvor versehen ist, wird also geschehen; man muß aber das hinzusetzen, daß dir solches unbekannt sei. Gleich wie du nicht wissen kannst, ob du morgen sterben oder leben werdest. Und Gott hat nicht haben wollen, daß du es wissen solltest." — Melanchthon hat in den ersten Ausgaben seiner Loci theol. die Lehre vom decr. absol. allerdings vorgetragen; aber in den späteren hat er sie zurückgenommen.

Anm. 3. Die Gründe, welche für das decretum absolutum aufgeführt werden, sind durchaus unzureichend. Die philosophischen Gründe kommen ganz auf Fatalismus und Determinismus hinaus. Gott handle, sagt man, allein nach seiner absoluten Gewalt, er sei das einzige absolute, wirksame Wesen, präformire daher Alles. Dieser Grundsatz kommt aus dem speculativen Stolz, alles begreifen und ergründen zu wollen. Diese Lehre widerspricht dem Gewissen. Was die exegetischen Gründe betrifft, so beweisen dieselben nicht eine unbedingte Gnadenwahl. Denn die scheinbar beweisenden Stellen können völlig grammatisch anders erklärt werden. Man beruft sich besonders auf folgende Stellen: 2. Mos. 4, 21. 7, 3. 10, 1. 20. 27. 11, 10. 14, 4. 8. 17. wird gesagt, Gott habe den Pharao verstockt. Aber abgesehen davon, daß das, was Gott zuläßt, oft als sein Thun beschrieben wird, so wird 2. Mos. 8, 28. 9, 34. 7, 13. 14. ausdrücklich dem Pharao selbst die Verhärtung zugeschrieben. Die Verhärtung war nach der von Gott gesetzten Ordnung die nothwendige Folge und Wirkung davon, daß Pharao schon längst sich dem Willen Gottes widersetzt hatte und insofern war seine Verhärtung auch von Gott verhängt. (Vgl. Form. Conc. XI. S. 820. Deus peccata peccatis punit. Sehr gut hat über die Verstockung Pharao's geschrieben Jacobi, über die weisen Absichten Gottes Th. IV. Betracht. 3.) Aus dem N. T. führt man Marc. 4, 11. 12. und Luc. 8, 10. an. Aber Marcus und Lucas geben nicht die Absicht der Parabeln, sondern den unglücklichen, von Jesu nicht bezweckten Erfolg an. Eben so wenig beweist Matth. 11, 25. etwas; es wird nur gesagt, daß der Stolz unempfänglich macht für das einfache Wort Christi und das ist nach Gottes Willen. In der Stelle Röm. 1, 24. 26. 28. wird nur die moralische Weltordnung hervorgehoben, nach welcher ein böses Herz, das die Stimme des Gewissens nicht hört, mit Verblendung und bösen Leidenschaften ge- straft wird. Was aber die Hauptstelle Röm. 9, 15—21. betrifft, so vertheidigt hier Paulus die Freiheit Gottes bei der äußerlichen Berufung der Menschen; es steht allein bei Gott, ob er sich will einem Volke offenbaren und es steht allein bei ihm, die zu verwer- fen, die sich seiner Gnade unwürdig machen. Der Gedankengang ist folgender: Gott ist bei Erfüllung seiner Verheißungen nicht an leibliche Abstammung gebunden; dies erhellt aus Abrahams, besonders aus Isaaks Geschichte; denn unter seinen zwei Söhnen ward Jakob zum Stammvater des Volkes Gottes erwählt ohne alle Rücksicht auf vorhergegangene Verdienste. V. 6—13. Dies ist keine neue, Gott einer Partheilichkeit beschuldigende Lehre. V. 14. Schon Mo- ses sagt, daß Gott nach freier Gnade handle. V. 15. Der Mensch kann sie nicht erzwingen. Gott allein giebt sie; er erwählt eine Nation vor der andern nach seinem Gefallen; er hat das Recht, andern diese Wohlthat zu entziehen, wenn er sie nicht werth findet. V. 16. Ein Beispiel ist Pharao, den Gott nach hartnäckiger Wi- dersetzlichkeit dem Verderben überließ. V. 17. Es bleibt also wahr: von Gott hängt es ab, ob er sich eines will annehmen, oder ihm seine Leitung versagen und der Verhärtung überlassen. V. 18. Der Mensch darf deshalb aber nicht sagen, daß Gott an seiner Ver- schlimmerung Schuld sei. V. 19. Denn der Mensch hat kein Recht, Gott vorzuschreiben, wie viel er ihm thue, wie viele Mittel zur Besserung er ihm geben soll; das kommt auf Gottes freien Willen an. V. 20. 21. Und wenn Gott seine Strafgerechtigkeit zu zeigen beschließt, so geschieht dies nach langer Nachsicht und schonender Geduld. V. 22. Paulus bekämpft also hier den Trotz der Juden, welche auf ihre Abstammung von Abraham pochten. — Auch wird angeführt Apg. 13, 48. „Und wurden gläubig, wie viele ihrer zum ewigen Leben verordnet waren." Aber Gott verordnet oder bestimmt natürlich nur die, die zum Glauben bestimmt, reif, fähig sind. — Hingegen giebt es viel mehr Stellen, welche sich durch- aus gar nicht oder nur unnatürlich mit dem decretum absol. ver- einigen lassen, z. B. Ezech. 18, 18. 33, 20. Matth. 23, 37. Die ganze Schrift widerspricht vielmehr dieser Lehre; denn sie be- zeugt die allgemeine Vaterliebe, den ernsten Willen Gottes, Alle zu retten. Joh. 3, 16. Ezech. 18, 23. 24. 33, 11. 1. Tim. 2, 4. 4, 8. Die ernsten Ermahnungen der Schrift zur Bekehrung würden Nonsens oder Verstellung sein, wenn einigen Menschen oder gar der Mehrzahl die Bekehrung unmöglich gemacht wäre. Ferner wi- derspricht die constante Zurechnung des Unglaubens als von der eigenen Schuld des Menschen herrührend. Zach. 7, 11. Matth. 23, 37. Joh. 3, 18—21. 16, 8. 9. Wie könnte dies einen Sinn haben, wenn Gott nicht Allen den Glauben möglich machen will! Darum müssen diese Stellen von den Vertheidigern des decretum

absol. gewaltsam verdreht werden. Die Milderung der Calvinischen
Lehre durch die Modification des Moses Amyraldus, Gott habe
nur denen die Gnade und Gnadenmittel versagt, von denen er vor=
hersah, sie würden sie nicht annehmen, um nicht vergeblich seine
Gnade zu verschwenden, ist unhaltbar, weil sie Matth. 11, 20—24.
widerspricht. — Auch praktische Gründe entscheiden gegen die Lehre
vom decretum absol. Denn diese Lehre muß alle Willenskraft
des Menschen lähmen und ihn je nach seiner Disposition entweder
zum Leichtsinn, zu gänzlicher Sorglosigkeit und Sicherheit, oder zur
Verzweiflung treiben, wenn es einmal von Ewigkeit her von Gott
bestimmt ist, ob er soll bekehrt und selig werden oder nicht. Der
freie Wille hört ganz auf und das muß alle Sittlichkeit in der
Wurzel zerstören. Wenn diese Lehre exoterisch wird, muß sie allen
Ernst der Sittlichkeit im Volke untergraben. Daher tragen die Re=
formirten Bedenken, sie exoterisch werden zu lassen und sie können
nur durch Inconsequenz diese Folgerungen leugnen, sie wollen die=
selben nicht eingestehen, aber sie sind zu klar, als daß sie verkannt
werden können. In Bezug auf das rechtliche Verfahren gegen Ver=
brecher hat Alex. v. Joch (d. i. Karl Ferdinand Hommel) in s.
Schrift: Ueber Belohnung und Strafe nach türkischen Gesetzen.
Baireuth 1772, den theologischen Fatalismus vertheidigt und als
vereinbar mit Gesetzgebung und Zurechnung dargestellt. Der Ver=
brecher, der sich zu seiner Entschuldigung auf das Fatum berufen
will, kann freilich mit seinen eigenen Waffen geschlagen werden,
wenn man ihm sagt: Es ist ja auch Fatum, daß du gehängt wirst,
gerade wie bei Aeschylus Choeph. V. 902. Klytemnestra gegen
Orestes, der sie tödten will, sich entschuldigt und ihm zuruft:

η μοῖρα τούτων, ὦ τέκνον, παραιτία,

worauf sie die Antwort erhält:

καὶ τόνδε τοίνυν μοῖρ' ἐπόρσυνεν μόρον.

Durch die Lehre vom dercetum absol. werden auch alle reinen Be=
griffe von Gott zerstört. Denn sie hebt seine Heiligkeit, seine Ge=
rechtigkeit, vor allem seine Liebe und Gnade völlig auf. H. Müller
sagt (Herzensspiegel über das Evang. des 2. Pfingstt. Hamb. 1853.
S. 280): „Wie sollte denn Gott ein solches Herz haben, daß er
nur etliche wenige sollte wollen selig haben und etliche schlechthin
verdammen? Das heißt ja Gott zum Teufel machen, der nicht
der Menschen Seligkeit, sondern ihr Verdammniß suchet." Gott
bleibt nur ein furchtbarer, unwiderstehlicher Despot, der nach Will=
kühr handelt. Das Vaterwort wird zur Lüge, die ganze Bibel wird
zu Einer großen Lüge. Bei dieser Ansicht von Gott bleibt nur ein
geheimes Grauen übrig, das consequent keine kindliche Liebe zuläßt.
Ein solches Grauen überfällt wohl jeden Leser, wenn er in Cal=
vin's inst. chr. rel. III., c. 21—24. S. 304 seq. (ed. Genev.
1585) die Lehre liest. Calvin selbst fühlt es, er sagt c. 23 § 7.
S. 316: decretum quidem horribile, fateor. Aber was antwor=

tet er? „Gott hat es einmal so gewollt und Gottes Wille ist un=
umschränkt; wer darf ihm widersprechen." Wen kann dies beruhigen?
Da bleibt nichts übrig als Grauen und Entsetzen vor Gott. Eigent=
liche Liebe können selbst die Auserwählten schwerlich empfinden; sie müs=
sen immer nur vor Gott zittern, wenn sie einen Gott haben, der nur
nach blinder Willkühr handelt. Ebenso werden die Versicherungen der
Bibel von Gottes allgemeiner Gnade Lüge; der Ruf Gottes ist nie
ernstlich und die Unterscheidung zwischen voluntas revelata und
arcana ist unwürdig, sie macht Gott zum Heuchler. — Diese Lehre
hemmt auch alle gegenseitige Liebe und Vertrauen unter den Men=
schen. Man muß gegen die, von denen man zu fürchten hat, daß
sie zu den Verworfenen gehören, ein Grauen empfinden und wie=
derum können die Auserwählten, wenn sie es nach unbedingter Wahl
und Nöthigung sind, sich auch nicht recht innig lieben. Wenn man
auch nicht mit Gichtel, den Calvin in die unterste Hölle hineindenkt,
aus welcher er nur erst etwas sich herauszuarbeiten angefangen oder
ihn mit Curt Sprengel, Gesch. d. Arzneikunde III., 36 ein mo=
ralisches Ungeheuer nennt, so wird man doch immer etwas empfin=
den, was von einem Anhänger dieser Lehre abstoßen möchte. Die=
selbe muß auch den Lehrern den Muth rauben, das Evangelium mit
Freudigkeit zu predigen. Denn wozu das Predigen? Wer zur
Seligkeit bestimmt ist, der bleibt es, auch wenn ihm nicht gepredigt
wird und wer verworfen ist, der bleibt es, auch wenn ihm gepre=
digt wird. Wie können die Lehrer alle und jeden mit einer gewissen
Dreistigkeit ermahnen, sich zu bekehren, jedem Einzelnen zu sagen,
daß er selig werden soll und kann, wenn er nur will, wenn sie
die Einrede gewärtigen müssen: Ja, wenn ich nun nicht prädestinirt,
wenn ich verdammt bin? Was sollen die Aufforderungen zur Buße
bei den von Gott Verworfenen? Das sind dann nur Spiegelfech=
tereien. In praxi müssen die strengen Absolutisten so predigen, als
ob es jedem Menschen von Gott möglich gemacht sei, sich zu bekeh=
ren, zu glauben und selig zu werden. Sie sagen freilich: Eben
weil wir nicht wissen, wer prädestinirt ist oder nicht, darum müssen
wir predigen; das geschieht dann aber wieder aus Prädistination.

Anm. 4. Die evangelisch = lutherische Lehre behauptet dagegen,
daß Gott nicht blos die Seligkeit aller Menschen will, sondern sie
auch allen möglich gemacht hat, jedoch unter der Bedingung des
Glaubens an Christum. Hier verhält es sich nun mit dem Menschen
so: Der Mensch hat allerdings von Natur nicht das Vermögen
sich selbst zu bekehren, sich von Grund aus zu erneuern oder von
der Sünde zu erlösen, so wenig als die, welche in einen Abgrund
gestürzt sind, sich selbst herausziehen können, oder ein Kranker sich
selbst heilen kann; aber Gott bietet ihm die Hilfe in Christo an,
erregt in ihm das Gefühl seines Elends, das Bedürfniß der Hilfe
und wirkt dadurch eine Empfänglichkeit für den Glauben. Das
ist das Anklopfen Gottes an den Herzen. Nun kommt es auf den

Menschen an, ob er diesem Zuge folgen oder widerstreben, ob er die ausgestreckte Hand, die nach ihm greift, ergreifen oder zurückstoßen will. Diese Lehre ist biblisch, wie aus Matth. 23, 37. Joh. 3, 16. und aus dem ganzen N. T. erhellt. Wo die Rettung verheißen wird, da ist auch allemal die Bedingung angegeben und der Unglaube wird durchaus als Schuld der Menschen angesehen und der Mensch dafür verantwortlich gemacht. Sie ist auch vernunftgemäß; denn unser Bewußtsein lehrt uns auf der einen Seite unsere Schuld und Unvermögen, auf der andern Seite rechnet es uns die Schuld zu, wenn wir nicht selig werden. Nach Gabler Neuest. theol. Journ. V., 449—498. soll sich unsere Kirche in dieser Lehre widersprechen, weil sie einerseits lehre, daß der Mensch von Natur aller Freiheit beraubt sei, sich für seine Seligkeit thätig zu erweisen und doch andererseits behaupte, daß der Mensch ohne freie Annahme der göttlichen Gnade, wodurch die Seligkeit angeboten wird, nicht selig werden könne. Allein dieser angebliche Widerspruch ist nicht vorhanden. Allerdings hat der Mensch nicht das Vermögen, sich selbst zu helfen, die Seligkeit zu schaffen, wohl aber die dargebotene Hilfe anzunehmen oder abzuweisen. Wenn Gott dem moralisch Kranken helfen will, so geschieht dies ohne dessen Zuthun und doch steht es bei ihm, ob er die Arznei nehmen will. Dieses Annehmen ist kein συνεργεῖσθαι noch ein Verdienst, so wenig der Bettler ein Verdienst hat, wenn er die Hand hinhält. Der wesentliche Unterschied zwischen der lutherischen und calvinischen Lehre läßt sich durch folgendes Gleichniß sehr anschaulich darstellen: Die Menschen sind mit Kindern zu vergleichen, die der Vater sehr nachdrücklich gewarnt hat, an einen Abgrund zu gehen. Gleichwohl lassen sie sich von einem Verführer verleiten, gehen hin und stürzen hinein. Alle würden umkommen, wenn der Vater Niemanden zur Hilfe schickt. Von Rechtswegen können die Kinder nicht fordern, daß es der Vater thue; doch aus Liebe, weil es seine Kinder sind, thut er's; er schickt seinen ältesten erwachsenen Sohn, der zu Hause beim Vater war. Dieser ist stark genug, alle Kinder herauszuziehen. Nach Calvin zieht nun jener Sohn nur einige von den Kindern heraus, die er gerade will oder erwischt; sie müssen sich herausziehen lassen, sie mögen wollen oder nicht; die andern läßt er stecken, wenn sie auch nach Hilfe schreien und gern herausgezogen sein wollen. Die erstern müssen ihre Rettung als unverdiente Gnade ansehen; den andern aber geschieht Recht, weil sie wider des Vaters Verbot dahingegangen sind. — Nach Luther zieht jener Sohn alle heraus, die sich von ihm herausziehen lassen wollen. Diese müssen sich nur an ihm festhalten, ihn nicht fahren lassen und so kommen sie glücklich davon. Nur die, welche auf den Sohn, obgleich er ihnen zuruft, nicht hören und sich nicht herausziehen lassen wollen, kommen um, ganz durch eigene Schuld. Die ersteren aber müssen ihre Rettung blos als Gnade ansehen, sie haben weiter nichts gethan, als daß sie sich

herauszieben ließen. Nur diese evangelisch = lutherische Lehre ist prak=
tisch heilsam; sie giebt Gott allein die Ehre und dem Menschen die
Schuld; sie dient zur Verherrlichung Gottes und zur Demüthigung
der Menschen; sie treibt zum eifrigen Hören des Wortes, zum Ge=
bet und freudigen Muth zum Wirken an Anderen, weil Gott kei=
nem sich unbezeugt läßt.

Anm. 5. Was den rechten Gebrauch dieser Lehre betrifft, so
sind besonders folgende Punkte hervorzuheben: a) Laß dich in keine
Zweifel und Grübeleien verwickeln in Bezug auf deine Gnadenwahl,
als ob doch Alles von Gott vorhergewußt und darum auch vorher=
bestimmt sei, und sprich nicht: soll ich selig werden, so werde ich's;
soll ich es nicht, so kann mir Niemand helfen. Erkenne die Grenzen
deines Verstandes; ob du auch nicht begreifen kannst, wie sich gött=
liches Vorherwissen und eigene Wahl des Menschen vereinigen lassen,
dein Gewissen sagt dir: du bist und bleibst über die Wahl verant=
wortlich. Gegen solche Zweifel muß man kämpfen mit dem Worte
Gottes in kindlichem Glauben. b) Halte daran fest, daß es nach
den klarsten und unwidersprechlichsten Zeugnissen der heil. Schrift
Gottes ernstlicher Wille ist, Alle selig zu machen, also auch dich
und gehe nur auf Gottes Bedingungen ein: Buße und Glauben.
Das ist von deiner Seite nothwendig, Gott will dich auch dazu
stärken, laß es also nicht an dir fehlen. Joh. 3, 16. Marc. 16, 16.
Ap. Gesch. 2, 21. Röm. 5, 1. Die Schuld des Nichtseligwerdens
liegt allein an den Menschen. Säume also nicht Buße zu thun und
zu glauben. c) Die Gewißheit, die jeder von seiner künftigen Se=
ligkeit oder von seiner Erwählung hat, ist allerdings nicht objectiv,
nicht Anschauung, als ob wir im Buche Gottes gelesen, die Selig=
keit im Voraus gesehen hätten, sondern subjectiv d. h. dem Grade
nach abhängig von dem Grade unseres christlichen Glaubens und
Sinnes; sie ist nur Hoffnung. Daraus folgt: gieb dir selbst die
entscheidendsten Proben deines treuen standhaften Glaubens, deines
Gehorsams gegen Gott; je lauterer und stärker beides ist, desto
höher steigt die Zuversicht. Es gilt also die Regel: je mehr du
ernstlich dein Heil begehrst, die Sünde verabscheuest, redlich glaubst,
standhaft Christo nachfolgest, desto mehr steigt die Gewißheit der
Erwählung. 2. Petr. 1, 10. Röm. 8, 28—39. 2. Kor. 5, 1—10.
Phil. 1, 19—24. Je mehr du das thust, desto mehr kannst du
dir Luc. 10, 20. aneignen und mit P. Gerhard sagen: „Schreib
mein'n Namen aufs beste in's Buch des Lebens ein und bind mein
Seel fein feste ins schöne Bündelein der'r, die im Himmel grünen
und vor dir leben frei, so will ich ewig rühmen, daß dein Herz
treue sei," (aus: „Valet will ich dir geben.") So ist es dem
Christen möglich, eine genügende, zufriedenstellende Zuversicht ohne
immerwährende Zweifel zu erlangen. d) In dieser Hoffnung fasse
auch den Trost, daß nun Nichts von außen her die Seligkeit stören
oder dir entreißen kann. Alles muß deine Seligkeit fördern, dir

zum Besten dienen. Röm. 8, 28.; alle Leiden sollen deinen Glau=
ben prüfen, dein Herz läutern, darum freue dich in Leiden. Und
wo du von ängstlichen Gedanken angefochten wirst, — das sind die
feurigen Pfeile des Satans Eph. 6, 16. — ergreife den Schild
des Glaubens, kämpfe nicht mit deinen Waffen, sondern übergieb
dich Jesu und lege dich in seine Hände Joh. 10, 28., daß er dich
mit seinem Schilde bedecke! (Der 11. Artikel der form. conc.,
welcher von der Prädestination handelt, vereinigt Besonnenheit und
innige Religiosität und verdient es ganz besonders studiert zu werden.)

§ 37.

Von Christo, dem Werkzeug der Erlösung.

Jesum Christum als den einzigen Heiland, der zur Erlö=
sung der Menschen unentbehrlich war, zu verkündigen, muß das
angelegentlichste Geschäft des evangelischen Lehrers sein; daher
es ihm auch nicht gleichgültig sein darf, die wichtige, biblische
Erkenntniß von seiner Person zu befördern, mithin ihn zwar
als wahren Menschen, aber als den menschgewordenen Sohn
Gottes und daher vor allen Menschen durch seine Geburt, Un=
sündlichkeit und Verbindung mit Gott ausgezeichnet zu beschrei=
ben und den Einfluß dieses Glaubens fühlbar zu machen.

Anm. 1. Die gründliche Erkenntniß des Sündenverderbens führt
zur Erkenntniß des Heilandes. Unseren Sündenfall können wir aus
der Erfahrung, aus dem Gewissen erkennen: diese Erkenntniß ge=
hört unter die „irdischen Dinge" Joh. 3, 12.; hingegen wie wir
gerettet werden können, können wir nicht a priori oder aus Er=
fahrung erkennen; daher setzt es Jesus unter die „himmlischen Dinge."
Um aber die Menschen zu retten, dazu war die Menschwerdung des
Sohnes Gottes nöthig; — denn ein gewöhnlicher Mensch konnte
nicht die Weisheit, die Einsicht in göttliche Dinge haben, die uns
allein befriedigen und sicher stellen kann; ein gewöhnlicher Mensch
wäre auch mit Sünde behaftet gewesen und konnte mithin unmög=
lich der Erlöser und Versöhner der Menschen werden und eben so
wenig konnte er dem ganzen menschlichen Geschlechte als Vorbild
dienen. Daraus folgt, daß nur eine Person wie Christus helfen
konnte. Die Geschichte bezeugt uns, daß, wenn wir von diesem
Einzigen absehen, es keinen gegeben hat, zu keiner Zeit und in
keinem Volke, dem das Prädikat „Weltheiland" zukäme. — Daß
die Lehre von der Person Jesu zur Heilslehre nothwendig gehöre,
bestritt einst Löffler. Er sagte (2te Vorrede zur Uebers. von Sou=
verain Platonism. der Kirchenväter p. IX.): „der ächte Theolog
wird nicht über Jesu Person speculiren, sondern sich vielmehr nach
der Lehre Jesu umsehen, sie benutzen, sollte ihm auch die Person Jesu
unbekannt bleiben. Ja es wäre, wenn nicht das Beispiel Jesu zu

wichtig wäre, der Wunsch verzeihlich, daß der Urheber der Wohl=
that möchte unbekannt geblieben sein." Diese Behauptung zeigt die
totalste Unkunde und Verkennung des Christenthums. Sie wäre
richtig, wenn das Christenthum nichts als ein menschliches Lehrge=
bäude und nicht Heilsanstalt, und zwar nur Menschenlehre, nicht
Gottes Wort sein wollte. Aber da es dies ist, so ist gerade die
Lehre von Christo das Wesentliche, Charakteristische, das Centrum
der Glaubenslehre. Wenn das Christenthum Gottes Wort sein will,
so hängt alles von der Person Christi ab; mit dieser fällt oder steht
das Ansehen der Lehre. Das Christenthum als Institut, Anstalt,
Kirche, ist abhängig von der Heiligkeit des Oberhauptes; dieses kann
nur dann zum Beitritt verpflichten, wenn es von Gott dazu auto=
risirt ist. Das Christenthum ist eine Offenbarung der Person Got=
tes selbst und nur wenn Christus Gottes Sohn ist, kann in ihm
der Vater offenbar werden. Das Christenthum ist Erlösung von
der Sünde; diese konnte nur von einer göttlichen Person gestiftet
werden; deßhalb müssen wir die Person Christi kennen.

Anm. 2. Was und wie viel soll aber von Christi Person ge=
lehrt werden? Wir sollen die klare biblische Lehre aufnehmen,
nicht mehr und nicht weniger, diese recht erfassen und in das rechte
Licht stellen. Darnach ist Christus allerdings als ein wahrer Mensch
darzustellen, aber nicht als ein bloßer, in der Zeit geborner Mensch.
Dies widerspräche offenbar dem Zeugnisse Jesu und der Apostel.
Es werden Jesu Prädicate gegeben, die auf einen bloßen Menschen
durchaus nicht passen. Er wird dargestellt als der Menschgewordene
Sohn Gottes. Er ist nicht etwa nur ein Mensch, auf welchen der
Geist Gottes besonders eingewirkt hat, um ihn zu erleuchten, zu
heiligen und auszurüsten. In diesem Falle gäbe es zwischen Christo
und den Propheten, ja den Aposteln nur einen graduellen Unter=
schied, wo Niemand so leicht das plus und minus bestimmen könnte.
Wie könnte Christus dann über alle so erhoben werden? Er ist
nach der Schrift ein höheres Wesen, der Sohn Gottes, der die
menschliche Natur angenommen hat; es wird in der Schrift klar
die Incarnation des Logos gelehrt. Die wichtigsten Schriftstellen
sind die, wo Christus von seinem Kommen vom Himmel, seinem
Ausgehen vom Vater und von seinem Sein vor seiner Erscheinung auf
Erden redet. Joh. 3, 13. 31; 6, 38. coll. 41. 42. 51. 62; 8,
58; 16, 28; 17, 5; besonders Joh. 5, 27, wo Christus selbst
recht deutlich seine doppelte Natur bezeugt, indem er sich als Sohn
Gottes und als Menschensohn unterscheidet. Diese zwei Naturen
werden als an einer Person haftend und als in ihr vereinigt be=
zeichnet. Joh. 1, 14. Hebr. 2, 14. Phil. 2, 7. Christus wird als
Gottes Sohn und als Mensch dargestellt und doch immer nur als
Einer; mithin muß die göttliche und menschliche Natur zu einer Person
vereinigt sein. Bei dieser Vorstellung müssen wir bleiben, weil sie
die rein biblische und altchristliche ist und weil biblische Christen von

keiner andern Lehre befriedigt werden, weil davon das ganze Ansehn der Person Christi, seine Reinheit, sein Werk abhängt, kurz
weil darauf der ganze Glaube an Christum beruht. Wenn Jesus
nicht der war, für den er sich und die Schrift ihn bekennt, so müßte
man ihm eine Selbsttäuschung zuschreiben. Auf die Apostel den
Verdacht einer Entstellung zu werfen ist eben so wenig zulässig, weil
ihre Vorstellungen offenbar von Jesu ausgegangen sind. In einem
naturalistischen System wird auch die Unsündlichkeit Jesu nie Platz
finden; denn es giebt nichts über alle Natur mehr hinausgehendes,
als einen Unsündlichen in einer Welt voll lauter Sünder. Jesus
selbst, wenn er ein bloßer Mensch gewesen wäre, hätte sich nicht mit
Gewißheit als völlig sündlos darstellen können, weil dazu untrügliche
Erkenntniß des tiefsten Herzensgrundes gehört; er würde eine ganz
andere Sprache, etwa wie Paulus Phil. 3, 13, haben führen müssen.

Anm. 3. Die Vorzüge, welche Jesum als Menschen vor allen
andern auszeichnen, sind: a) übernatürliche Geburt, von
Matthäus und Lucas erzählt. Darum sollte er als Abkömmling
des Himmels, der sich über alle Menschen erhebt, ausgezeichnet,
er sollte der zweite Adam und darum rein von dem menschlichen
Sündenverderben erhalten werden; denn er wurde nicht angesteckt
von dem Gifte der Erbsünde. Wer diese Erzählung leugnet, kommt
nothwendig auf höchst unwürdige, empörende Folgerungen. Christus
selbst wird dadurch angetastet, ja die Heiligkeit der ganzen Offenbarung. Es wäre Gottes unwürdig, den Stifter der Offenbarung
aus sündlicher fleischlicher Lust hervorgehn zu lassen. b) Unsündlichkeit. Diese kann empirisch nicht streng apodiktisch aus der Geschichte bewiesen werden, weil dieselbe uns nicht eine vollständige
Erzählung von allen Lebensjahren und Tagen Christi giebt. Aber in
der ganzen vorliegenden Geschichte Jesu ist nirgends eine Spur der
menschlichen Sündhaftigkeit, kein Flecken an seinem Herzen, kein
Flecken an seinem Leben zu entdecken. Wäre er mit Sündhaftigkeit behaftet gewesen, so wäre es nicht denkbar, daß dieselbe nie
hervorgetreten wäre; sie kann sich nie ganz verbergen. Gedichtet
konnte das Bild Christi von den Evangelisten nicht werden; es steht
nicht als componirtes Bild da, sondern es werden zerstreute Züge
gegeben, die wir uns erst zusammenstellen müssen. Dagegen bezeugt
Jesus selbst Joh. 8, 46 seine Unsündlichkeit. Er hätte das gar
nicht von sich sagen können, wenn er es nicht wirklich gewesen wäre;
zu dieser Annahme nöthigt seine Aufrichtigkeit und Wahrhaftigkeit.
Dazu kommt noch sein göttliches Ansehn; als Sohn Gottes konnte
er in sein Inneres blicken. — Die Unsündlichkeit Jesu ist wichtig
für unseren Glauben. Es wird dadurch zunächst die tiefste Scham,
das Gefühl unserer Schuld erweckt. Welcher Contrast zwischen uns
und Christo! Wessen Stolz und Dünkel nicht durch Jesum gebeugt
wird, der kann schwerlich gedemüthigt werden. — Christus wird
uns dadurch das einzig würdige und sichere Vorbild, nach dem wir

uns richten, dem wir ähnlich zu werden streben sollen. Alle wahre menschliche Würde besteht nur in der Aehnlichkeit mit Jesu. Dieß soll der Maßstab unserer Beurtheilung sein. Nur in dem Maaße, in welchem ein Mensch Züge von Jesu Bilde an sich trägt, ist er edel und göttlich. Das glänzendste und bewundertste Bild ohne einen Zug dieser Aehnlichkeit ist eitel, falsch, trügerisch. Verlerne die Götzen der Welt zu bewundern und bete Jesum an und ahme ihm nach. Ein anderes Vorbild ist des Menschen nicht werth. — Christus der Unsündliche ist auch allein geeignet, unser Erlöser, Mittler und Fürsprecher zu sein; sonst könnte Gott an ihm kein Wohlgefallen haben. 1. Joh. 2, 1. Ebr. 7, 26. 4, 15; — und nur vermöge seiner Unsündlichkeit konnte er der geheimnißvollen Verbindung mit Gott würdig und fähig sein, in welcher er mit ihm stand; von einem mit Sünde befleckten Menschen ließe sich das gar nicht denken. — c) Diese einzige, geheimnißvolle Verbindung mit Gott ist der dritte Vorzug Christi. Es ist in ihm die menschliche Natur mit der göttlichen Natur zur Einheit der Person vereinigt. Diese Lehre ist heftig bestritten worden, schon von Spinoza Opp. posth. p. 454. Man stellt ihr die Behauptung entgegen, daß die Sache geradezu unmöglich sei, weil Endliches nicht so mit Unendlichem vereinigt werden könne. Allein was heißt denn Menschwerdung des Sohnes Gottes? Es ist der Act, wodurch der Sohn Gottes anfing sich den Menschen, also sinnlichen Wesen, zu nähern, durch eine sinnliche Form zu erkennen zu geben und mithin, weil die menschliche Natur die edelste Form ist, durch menschliche Natur. Die menschliche Natur, welche der Sohn Gottes annahm, war das Medium, wodurch er sich uns manifestirte: Freilich das Auge, der Kopf u. s. w. war der Sohn Gottes nicht, so wenig als mein Auge, mein Kopf u. s. w. mein Geist ist. Aber so wie wir höhere Geister mit Fleisch, mit einer sinnlichen Natur begabt und umkleidet sind, so war auch Christus der Sohn Gottes in Menschengestalt. Es wird auch nicht gesagt, daß die ganze unendliche Gottheit des Sohnes Gottes in die Grenzen der menschlichen Natur eingeschlossen worden sei, sondern daß sie unbeschadet ihrer eigenen Unendlichkeit eine individuelle menschliche Natur so eng mit sich vereinigt habe, daß die persönliche Subsistenz dieser menschlichen Natur an die Subsistenz des Sohnes Gottes unzertrennlich gebunden war. Daß eine solche Vereinigung, diese Verknüpfung der einen Natur an die Persönlichkeit einer andern unmöglich sei, hat noch niemand bewiesen. Nemesius περὶ φύσεως ἀνθρώπου c. 3. führt eine Stelle aus Porphyrius an, wo dieser heidnische Philosoph zugiebt, daß eine Substanz, οὐσία, gar wohl die andere zur Vollendung ihrer Substanz und zur innigsten Vereinigung in ein Ganzes, ohne alle Veränderung ihrer Natur, ohne Verlust ihrer Einheit, aber mit steter Wirksamkeit in dieselbe aufnehmen könne. (s. Schröckh K. G. VII., 159.) Uebrigens ist es nicht unsere Pflicht, die theoretische Möglichkeit zu begreifen. wir sollen die Person Christi nicht anatomiren. Bedenklicher als dieser theoretische ist der besonders von Bahrdt (Briefe über d. Bibel II., S. 3. Ausführung des Planes Jesu VII., S. 5) und von Kant (Streit der Facult. S. 50—52) aufgestellte praktische Einwurf: Wenn der Mensch Jesus mit der Gottheit vereinigt ist, so ist seine Tugend nicht mehr eine menschliche, kann also auch nicht unser Vorbild sein, denn wer kann es einem Gott gleich thun? Aber dieser Einwurf wird durch die Geschichte widerlegt und vernichtet. Denn die evangelische Geschichte zeigt sonnenklar, daß die ganze moralische Vollkommenheit Jesu etwas Freierworbenes, im Kampf mit Versuchungen Bewährtes war. Jesus ist nicht auf einmal vollkommen, sondern er wird es; er wächst Luc. 2, 40. 52, er wird versucht Matth. 4, 1 ff. Hebr. 4, 15, ja er hat müssen Gehorsam lernen. Hebr. 5, 8. Sein Ringen, Zagen, Leiden beweist, welchen Kampf ihn der Gehorsam kostete. Er bedurfte wie wir des Gebetes, der himmlischen Stärkung. Das ist allen bekannt und unbestreitbar und mithin kann auch gar nicht bezweifelt werden, daß seine Tugend eine freie und errungene war. Wir müssen uns die Sache so denken: Der Einfluß der göttlichen Natur auf die menschliche war nicht ein absoluter, überwältigender, der die menschliche Natur ganz über ihre Grenzen hinausgehoben hätte. Dieser Einfluß muß begrenzt gedacht werden, ungefähr wie der Einfluß der vernünftigen Natur auf die sinnliche im Menschen ein beschränkter ist, und daher mußte die menschliche Natur in Jesu auf dem allen Menschen vorgeschriebenen Wege sich vervollkommnen. Allerdings hatte Jesus einen Vorzug, desgleichen keiner sich rühmen kann, aber er hat auch diesen Vorzug so angewendet, daß er das Höchste geleistet und gewirkt hat. Christus ist dadurch der höchste erhabenste Mensch geworden. (Vgl. Flatt Magazin I., 170—200. Reinhard Plan Jesu 4te Ausg. S. 484 ff.)

Anm. 4. Der praktische Gebrauch der Lehre vom Gottmenschen ist folgender: a) Das Christenthum erhält erst dadurch die höchste Autorität und Gewißheit, die es nur haben kann und muß, sowohl in der Lehre, — denn diese muß nun entschieden mehr sein, da der Sohn Gottes selbst sie gelehrt hat. Joh. 1, 18; 3, 11—13. 31. 32; 6, 46; — als auch in der Kirche, welche nicht ein Mensch, sondern der Sohn Gottes gestiftet hat, der sie unter allen Schicksalen und Weltereignissen erhält und schützt. — b) Es ist Pflicht des Christen, Jesum zu verehren wie den Vater zur Ehre des Vaters Joh. 5, 23. Die Verehrung des Vaters erhält erst dadurch eine ganz bestimmte Richtung und wird dadurch Gott wohlgefällig, daß wir Jesum Christum als den ewigen Sohn Gottes, als den wahrhaft einzigen Retter, den uns Gott gegeben hat, erkennen und verehren; es ist einmal Gottes erklärter Wille, den Menschen durch Jesum, d. h. durch Einen aus ihrer eigenen Mitte zu helfen. Wer kann nun Jesum verehren und die göttliche Hilfe noch

jetzt durch ihn erwarten, wenn er Jesum für einen bloßen natür=
lichen Menschen, der jetzt außer aller Verbindung mit der Mensch=
heit steht, ansieht und ihm keine göttliche Macht beilegt? Wie kann er
die so trostreichen und unaussprechlich theuren Verheißungen Jesu
Matth. 18, 19. 20; 28, 20, sich aneignen, wenn er Jesu keine
göttliche Hoheit zuschreibt? — c) Die Tugend Jesu wird nun weit
herrlicher und glänzender. Wenn wir uns denken, wer Er war,
so erscheint namentlich seine Demuth, seine Sanftmuth, sein Leiden
weit herrlicher und größer. Er war sich seiner Größe bewußt und
doch hat er sich so erniedrigt! Ist das nicht viel mehr, als wenn
er ein bloßer Mensch gewesen wäre? Je edler, erhabener ein Mensch
ist, desto empfindlicher für ihn sind alle Leiden, die ihm Haß und
Verkehrtheit der Menschen verursachen. — d) Das Vorbild Jesu wirkt
desto mehr auf uns, wenn wir ihn zugleich als uns nahe und le=
bendig denken. — e) Der Tod Jesu gewinnt eine weit größere
Bedeutung und Wichtigkeit. Wenn der Leidende der Gottmensch
ist, so ist sein Tod weit geheimnißvoller, als wenn er nur ein
menschlicher Märtyrer ist. Nur das Leiden des Gottmenschen hat
eine versöhnende Kraft und ist das höchste Unterpfand der Gnade.
Röm. 8, 32 ff. — f) Diese Lehre zeigt uns die erhabene Würde
der Menschheit und eröffnet uns selbst das höchste Ziel. Joh. 17,
22 und 24. Auch wir sollen Eins werden mit Gott. 2. Petr. 1, 4.
Die ganze Menschheit ist durch Jesum ausgezeichnet und verherrlicht
worden. Die alten Kirchenväter sagen: „der Sohn Gottes ist
Mensch geworden, auf daß wir Gott würden." (Athanasius
d. incarn. p. 108. Chrysostomus hom. 2. in Matth. VII.,
22. ed. Montf.) Die Naturalisten können nicht genug von Menschen=
würde reden und gerade die Thatsache, welche die Würde der Men=
schen auf das Glänzendste darstellt, wollen sie leugnen. Zugleich
wird uns eine unendliche Aussicht eröffnet. Der Mensch Jesus ist
in den herrlichsten Wirkungskreis versetzt, den wir uns nur denken
können und zwar weil er das Allerhöchste geleistet hat; und in dem
Maaße sollen auch die Gläubigen in einen herrlichen Wirkungskreis
versetzt werden, Matth. 25, 19 ff., wie sie Jesu nacheifern. Der
Einwand, daß wenn Christus herrsche und regiere, Gott seiner Herr=
schaft beraubt werde und daß Gott keinen Vicarius brauche, ist ganz
unstatthaft. Denn wenn es darauf ankommt, was Gott braucht,
so braucht er gar nichts, so braucht er das ganze menschliche Ge=
schlecht nicht. Er will aber aus Liebe sich und seine Herrlichkeit ge=
schaffenen Wesen offenbaren; wie könnte er dies auf eine ausge=
zeichnetere Weise thun, als wenn er sich so mit einem Menschen
verband, wie mit Jesu, in dem wir ein sichtbares, wahrhaftiges
Bild der Gottheit erblicken? Gottes Regierung überhaupt ist so
beschaffen, daß er seine Zwecke durch freie Wesen ausführen läßt und
das ist die höchste Liebe Gottes, daß er dieselben Antheil nehmen
läßt an seiner Herrlichkeit und Wirksamkeit.

§ 38.
Umfang des Verdienstes Jesu, und zwar zuerst als Lehrers der Welt.

Daß Christus alle Ansprüche, welche nur an einen Erlöser der Menschheit gemacht werden können, vollkommen erfüllt
habe, kann am faßlichsten nach dem Vorgang Pauli 1. Kor. 1,
30. von vier Hauptseiten gezeigt werden. Als Lehrer steht Jesus über allen Weisen der Erde, weil er selbst das lebendige
Wort Gottes, „Logos", d. i. der Sprecher, oder der unmittelbare Verkündiger des göttlichen Willens gewesen ist und weil er
schon vor seiner Menschwerdung als der ewige Sohn Gottes Vermittler der göttlichen Offenbarungen war.

Anm. 1. Die Anforderungen an einen Heiland der Menschen
ergeben sich aus den verschiedenen Bedürfnissen der Menschen. Diese
sind dreifach, nach Erkenntniß, Wille und Gefühl. Für die Erkenntniß bedürfen wir Licht, die rechte Unterweisung in den göttlichen
Dingen, von welchen unser Heil abhängt. Das zweite Bedürfniß
bezieht sich auf unser Gefühl. Wir bedürfen inneren Frieden, Ruhe
sowohl in Bezug auf die Vergangenheit wegen unserer Sünden, also
Gewißheit der Vergebung derselben, als auch in Bezug auf die Zukunft, mithin Hoffnung eines seligen Zustandes. Für unseren Willen
bedürfen wir Kraft zur Heiligung, neue Triebe und Kräfte. Gerade
diese Stücke liegen vollständig und in der rechten Ordnung in dem
Spruche 1. Kor. 1, 30 vor, wo δικαιοσύνη zu unterscheiden ist
von ἁγιασμός und die Rechtfertigung, — ἀπολύτρωσις aber wie Röm.
8, 23 die zukünftige vollkommene Erlösung, die Seligkeit bezeichnet.
Paulus hat die δικαιοσύνη der Heiligung vorangestellt, weil ohne
Begnadigung keine Heiligung erfolgen kann. Die Hoffnung der Seligkeit stellt er zuletzt, weil sie das Resultat alles vorhergehenden ist.
Anm. 2. Christus ist die Weisheit selbst, der Inhaber
der Wahrheit; dies liegt in der Bezeichnung „Logos" (λογος
= λέγων), der Sprecher Gottes, der, durch welchen Gott, und
zwar immer, von jeher geredet hat. In diesem Worte ist mit
eingeschlossen, daß der Logos schon vor seiner Menschwerdung der
Vermittler der göttlichen Offenbarung gewesen ist. Das folgt aus
vielen Stellen des Alten Testaments. Der „Maleach Jehovah" wird
auch selbst Jehovah genannt und unterscheidet sich doch von ihm. Vgl.
1. Mos. 31, 11 und 13; 48, 15 und 16; 2. Mos. 3, 2 und
15; 23, 20—22, wo Gott von dem Engel sagt: „denn mein
Name ist in ihm." Jes. 63, 9, wo er der Engel seines Angesichts
und Mal. 3, 1, wo er der Engel des Bundes genannt wird.
Sprüchw. 30, 4. Im N. T. wird Joh. 1, 11 gesagt, er sei „in
sein Eigenthum" gekommen, d. h. in seine Heimath, zu seinem ihm
längst angehörigen Volke. Joh. 12, 41. Ap. Gesch. 7, 30—32. 38.

1. Kor. 10, 4 und 9. Hebr. 11, 26. 1. Petr. 1, 11. Die alte
Kirche hat diese Lehre als etwas allgemein bekanntes gelehrt. (S.
Henke Magaz. III., S. 109—22. S. 389—506. Ode de angelis
S. 994—1068. Melanchthon l. theol. p. 38. Lampe dissert.
I., 193.) Diese Lehre steht nicht in Widerspruch mit Hebr. 1,
1—3. Man muß unterscheiden die nur auf Zeit geschehene, tem=
poräre Offenbarung des Sohnes im A. T. und die neutestament=
liche, welche stehend war. Diese Lehre zeigt besonders, wie die
ganze Offenbarung des A. und N. T. ein fortgehendes, zusammen=
hängendes und harmonisches Ganze ist; ein und dieselbe Person ist
Werkzeug der Offenbarung Gottes an die Menschen, und der Er=
ziehung derselben, — daher die Einheit des ganzen Offenbarungs=
werkes. Das A. T. wird nun dadurch auch erst weit erhabener.
Anm. 3. Christus übertrifft als Geber der Weisheit, als
Quelle des Lichtes alle Lehrer. Seine Lehre ist, was ihren Inhalt
betrifft, ganz Weisheit, d. h. ganz und gar nur auf das ewige Heil
hinzielend; sie enthält nie etwas nur Speculatives, sondern sie wirkt
durchaus nur immer auf Herz und Willen. Es ist ein großer Un=
terschied zwischen Christi und der Weltweisen Weisheit. Seine
Weisheit ist demüthigend, indem sie dem Menschen seine Sünde auf=
deckt, und doch auch wieder erhebend; sie ist Religion und Moral
zusammen und darum befriedigend für Alle. — Diese Weisheit wird
von Christo in verständlicher, anziehender und eindringlicher Weise
vorgetragen. Er lehrt sowohl in Worten als durch sein eigenes
Beispiel. — Sein Wort ist untrüglich, absolut gewiß; es ist eine
sichere Anweisung und Unterweisung. Joh. 1, 18; 3, 13. — Christi
Lehre ist allgemein, weltkundig geworden; er selbst trug sie für alle
vor und traf auch Anstalten zur Ausbreitung und Erhaltung der
Wahrheit. Er ist es, der sein Wort, sein Licht erhalten hat, der
auch stets Lehrer erweckt, die sein Wort predigen. — Für uns er=
geben sich hieraus folgende Verpflichtungen: a) Wir sollen Gott
für das danken, was uns damit in Christo gegeben ist. Welche
Weisheit können wir durch ihn erlangen! Ein wohlunterrichtetes
Christenkind weiß in der That mehr über Gott, als die alten Wei=
sen. Christi Wort sollen wir als untrügliche, seligmachende Wahr=
heit annehmen. Gott hat uns auf ihn verwiesen, daß wir ihn hö=
ren sollen. Diese untrügliche Norm muß uns deshalb auch der Prüf=
stein sein für alle Wahrheit und wir sollen nichts über sie setzen.
Wer Christi Wort unter andere Lehren setzt, verleugnet ihn. Die
Verächter der durch Jesum uns gewordenen Offenbarung werden
selbst von Heiden beschämt. Plato z. B. hielt es für wünschens=
werth, eine höhere Offenbarung zu haben. (s. Phäd. und Alcib. 2.
ed. Bipont. I., 194 V., 100 sq.) — b) Es muß unsre eifrige
Sorge sein, Christum recht zu verstehen, seine Worte zu durch=
forschen; denn wer Jesum versteht, hat die höchste Weisheit. Die
Vorbedingung dazu ist eine kindliche, demüthige Seele; denn den

Unmündigen wird das Geheimniß des Reiches Gottes geoffenbart. Matth. 11, 25. — c) Wir müssen diese Weisheit aber auch in unser Leben und Handeln aufnehmen, sie zur Richtschnur desselben machen; denn nur durch das Leben und die Erfahrung lernt man die Weisheit Jesu recht verstehen. Mit der Treue wächst die Erkenntniß.

Anm. 4. Jesus ist jedoch nicht blos Lehrer gewesen. Zu einem solchen haben ihn manche machen wollen. So sagte schon Hierax von Leontopolis in Aegypten, der zu Ende des 3ten und Anfang des 4ten sec. lebte und die Secte der Hieraciten stiftete (Schröckh IV., 423): Christus habe das Gesetz vervollständigt. Nach ihm haben Pelagius, Abailard, die Socinianer, Martin Crugott, Hofprediger in Karolath, in s. Predd. Bresl. 1759, u. A. in ähnlicher Weise gesprochen. Dagegen hat sich schon Luther erklärt. Er sagt (XI., 31): „Zum andern, daß du nicht aus Christo einen Mosen machest, als thue er nicht mehr, denn lehre und gebe Exempel, wie die andern Heiligen thun, als sei das Evangelium ein Lehr- und Gesetzbuch;" und an die Christen in Straßburg schreibt er (XV., 2451): „Und bitte eure Evangelisten, daß sie euch vom Luther und Karlstadt weisen und immer auf Christum richten, nicht wie Karlstadt allein auf die Werke Christi, wie Christus ein Exempel sei, welches das geringste Stück an Christo ist, darin er andern Heiligen gleich ist, sondern wie er ein Geschenk Gottes oder wie Paulus sagt Gottes Kraft, Weisheit, Gerechtigkeit, Erlösung, Heiligung, uns gegeben." Es ist mangelhaft, Christum nur als bloßen Lehrer betrachten zu wollen. Wenn Gott nur den Zweck gehabt hätte, uns zu belehren, so hätte es der Menschwerdung des Sohnes Gottes nicht bedurft; denn dies konnte auch durch Propheten geschehen. Als bloßer Lehrer oder Beispiel konnte uns Christus gar nicht helfen. Was hilft dem Kranken ein vorgestelltes Bild der Gesundheit? Ein Arzt, der ihn heilt, ist besser. Die Apostel, ja alle Lehrer würden mit Christo sein Verdienst theilen; die Apostel haben länger gelehrt und als Lehrer gewissermaßen mehr ausgerichtet als Christus. Die Schrift schreibt Christo ausdrücklich noch andere Verdienste zu, die mit seinem Lehrerverdienst keineswegs zusammenfallen, namentlich sein Verdienst als Versöhner. Ebr. 1, 1 und 3. 1. Cor. 1, 30.

§ 39.
Von der Vergebung der Sünden.

Wenn die richtige und würdige Vorstellung von der Sündenvergebung erläutert worden ist, so muß die Nothwendigkeit derselben gezeigt und das Gefühl des Bedürfnisses derselben geweckt und erinnert werden, wie wünschenswerth den Menschen gerade hierüber eine höhere Gewißheit durch Offenbarung sein musse.

Anm. 1. Um zu zeigen, was die Vergebung der Sünden ist, braucht der evangelische Prediger nur an den populairen Sprachge-

brauch anzuknüpfen. Das passendste Beispiel zur Erläuterung die=
ses Begriffes bietet das Verhältniß des Vaters zu seinen Kindern.
Was thut der Vater, wenn er dem Kinde vergiebt? Er verspricht,
erklärt, daß das Vergehen, wegen dessen das Kind Vergebung be=
darf und sucht, demselben seine väterliche Liebe nicht entziehen soll;
er verheißt ihm seine Güte auf's neue, er will es als Kind anneh=
men und behandeln, er erläßt ihm die Strafe, ob er wohl alles
anwenden wird, um das Kind vor neuen Fehltritten zu bewahren,
wozu auch ernstliche Mittel, Corrective nöthig sein können, die dann
aber nicht mehr den Charakter der Strafe haben. Darnach besteht
die Vergebung der Sünden nicht in einem Gutheißen oder in der
Entschuldigung der begangenen Sünden, — denn Gott muß die
begangenen Sünden ewig als Sünden ansehen und verabscheuen —;
sie ist auch nicht ein völliges ungestraft Hingehenlassen, sondern sie
ist der göttliche Act und Ausspruch, nach welchem der Sünder das
göttliche Mißfallen, den Zorn Gottes nicht mehr empfinden, viel=
mehr sich seiner Gnade versichert halten soll, daß er von der Schuld
befreit, als ein Gerechter, als Kind Gottes behandelt werden soll.
Der Gedanke ist es also hauptsächlich: Gott zürnt dir nicht mehr,
Gott ist dir wieder gnädig, der mit diesem Begriffe verknüpft ist.
Die zeitlichen Folgen der Sünde verschwinden allerdings weder augen=
blicklich, noch völlig, aber der Sünder trägt sie dann nicht als Zei=
chen des göttlichen Zornes, sondern als väterliche Züchtigung, die
zu seinem Heile dient. Darum ist es so wichtig, sich bei seinem Lei=
den der Vergebung der Sünden trösten zu können. Der Bekehrte
hat die Hoffnung, daß Gott die Strafen mildern und sie aufheben
wird, wenn sie nicht mehr nöthig sind und daß er einst ganz davon
befreit werden wird. Wenn Gott spricht: Ich hab's vergeben
4. Mos. 14, 20, so ist dies der höchste Act der göttlichen Majestät,
der ebenso sehr seine Macht, seine unumschränkte Herrschermacht, die
keinem verantwortlich ist, als auch seine Gnade offenbart, die über
Beleidigungen und unversöhnliche Rache erhaben ist. Daher ist auch
bei dem Menschen Vergeben der höchste Liebesact, wodurch er Gott
ähnlich wird.

Anm. 2. Es ist von Philosophen die Frage aufgeworfen wor=
den, ob Gott auch wohl Sünden vergeben könne, ob es möglich
sei? Dies kommt bald so heraus, als wenn ein Kind, wenn es
sich vergangen hat, erst vor seinen Vater hinstellen und ihn fragen
wollte: Vater, darfst du mir denn auch die Sünde vergeben? —
Fichte in den Grundz. des gegenwärt. Zeitalters S. 420 ff. sagt, das
Christenthum sei kein Aussöhn= und Entsündigungsmittel 2c., der
Mensch könne nie mit der Gottheit sich entzweien. Er widerspricht
sich aber selbst, wenn er sagt: „inwiefern er sich mit Gott entzweit
wähnt, ist er ein Nichts, das eben darum auch nicht sündigen kann,
sondern um dessen Stirn sich blos der drückende Wahn von Sünde
legt, um ihn zum wahren Gott zu führen;" denn so müßte er also

doch von diesem wahren Gott entfernt sein und Fichte selbst nennt das damalige Zeitalter (1804—5) das der vollendeten Sündhaftigkeit. Das Bedürfniß der Aussöhnung, der Sündenvergebung muß jeder empfinden, der sich kennt und nicht selbst betrügt. Sie ist auch praktisch nothwendig a) zur Besserung und Heiligung. Denn so lange der Mensch noch bei dem Bewußtsein seiner Schuld fürchtet, Gott werde ihn strafen und könne ihm nicht wieder gnädig werden, muß sein ganzes Gemüth niedergeschlagen werden und es kann gar nicht zum frohen muthigen Entschluß zur Besserung kommen. Besserung ist nicht äußere Sittenänderung, sondern neue Liebe zu Gott. Wie kann aber der Mensch Gott lieben, wenn Gott ihm zürnt? Aus der Vergebung der Sünden kommt alle Stärke. Jes. 33, 24. Das Gewissen ist dem Auge gleich; so wie das geringste Stäublein das Auge verletzt und stört, so stört und lähmt auch die geringste Unruhe im Gewissen die ganze Willenskraft. Die Vergebung der Sünden ist b) auch zum Frieden der Seele, zur Seligkeit unentbehrlich. Der Anfang der Seligkeit ist ein ruhiges Gewissen, das wegen seiner Sünden keine Angst mehr hat. Wer keine Sünde begangen hat, braucht keine Vergebung; wer aber Sünde begangen hat, kann nicht eher Ruhe haben, als bis er weiß: Gott hat vergeben.

Anm. 3. Das Gefühl des Bedürfnisses und Verlangen nach Vergebung der Sünden kann auf zweifache Weise erweckt werden. Der eine Weg ist die Anregung des sinnlichen Bedürfnisses durch Darstellung des Elendes, welches der Sünde folgt. Auf diese Weise würde jedoch nur das Verlangen nach Befreiung von der Strafe, insofern diese schmerzlich ist, und von den Folgen der Sünde, insofern diese schädlich und nachtheilig sind, also nicht ein wahrhaft geistliches, religiöses und sittliches Bedürfniß geweckt werden. Dieses entspringt aus dem bangen Gefühl der eigenen Unwürdigkeit, sich selbst verachten, sich vor sich selbst schämen zu müssen, aus der Angst und Schaam vor Gott, als Kind vom Vater getrennt zu sein und aus der Sehnsucht nach dem ursprünglichen Zustand. Dieses Gefühl wird geweckt durch Hinweisung auf die göttliche Heiligkeit und auf die Ansprüche, die sie macht, — durch Vorhaltung der Größe unserer Schuld, — durch Hinweisung auf den unseligen Zustand des nicht Begnadigten: auf die Unruhe seines Herzens, die drückende Last der Schuld, auf seine Feindschaft mit Gott und Furcht vor ihm, die peinliche Aussicht in die Zukunft.

Anm. 4. Wie wünschenswerth eine Offenbarung über die Vergebung der Sünden ist, das zeigt Geschichte und Nachdenken: Alle Völker haben das Bedürfniß einer Versöhnung gefühlt und sind ohne Offenbarung auf willkührliche, thörichte, verderbliche, unmenschliche und ungöttliche Mittel verfallen, ohne doch dadurch eine wirkliche Gewißheit über die Versöhnung zu erlangen. Dieser Unruhe und diesen Verirrungen konnte nur durch eine Offenbarung Gottes abgeholfen werden und ist mithin dieselbe zur Beruhigung und Belehrung der Menschen ein dringendes Bedürfniß. Das beweist auch unser eigenes Bewußtsein. Je stärker in dem Sünder das Gefühl der Schuld rege wird, je zarter sein Gewissen ist, desto unruhiger wird er, desto weniger wagt er, Vergebung zu hoffen. Wenn der Satz richtig ist, daß unter zwei getrennten Parteien der Beleidigte durch zuvorkommende Liebe am ersten die Eintracht herstellen kann, so mußte auch die Versöhnung der Menschen leichter sein, wenn Gott seine Gnade anbot und ihnen dadurch guten Muth machte; die Versöhnung mußte von Gott ausgehen.

§ 40.

Christus als Stifter der Versöhnung.

Da diese Lehre der Mittelpunkt des ganzen Christenthums ist, so ist auch der rein biblische und fruchtbare Vortrag derselben das Hauptgeschäft eines evangelischen Predigers, um das Amt, das die Versöhnung predigt, würdig zu führen. Er wird daher den Kreuzestod Jesu als den wahren Grund dieser Versöhnung predigen und Jesum nicht blos als Sinnbild des Grundes der göttlichen Gnade, sondern als den eigentlichen Erwerber oder als den Realgrund der Versöhnung für alle Menschen, als den ewigen, einzigen Hohenpriester und Fürbitter für seine Gläubigen vorstellen, wodurch ebenso die Dankbarkeit und Liebe gegen Jesum erhöht als der Eifer in der christlichen Heiligung erweckt werden muß.

Anm. 1. Die öfters, auch von Fichte (Grundz. des gegenwärt. Zeitalters S. 210 ff. 420 ff.) aufgestellte Behauptung, daß nur die Apostel, namentlich Paulus, nicht aber Jesus selbst diese Lehre vorgetragen habe, zeugt von gänzlicher Unkunde des N. T. Das Gegentheil können wir schon aus dem Ausspruche Johannis des Täufers Joh. 1, 29 schließen, wo Christus genannt wird „das Lamm Gottes, das der Welt Sünde trägt." Christus wird offenbar als Opfer mit einem Lamm verglichen. 3. Mos. 5, 6; 14, 12. 4. Mos. 6, 12. Das Lamm Gottes ist das Gott wohlgefällige Opfer. „Das die Sünde trägt" kann unmöglich den Sinn haben: Christus hat durch sein Beispiel andere gebessert. Diese Erklärung ist völlig ungrammatisch; denn αἴρειν τὴν ἁμαρτίαν entspricht dem hebräischen nasa avon; dies heißt aber nicht bessern, sondern sühnen. 3. Mos. 5, 1; 24, 15. Von Opfern wird nie gesagt, daß sie bessern, sondern die Sünde sühnen. Mithin bezeichnet Johannis Christum als das Lamm Gottes, durch welches die Sündenstrafe aufgehoben, Vergebung bereitet ist. Christus hörte diesen Ausspruch und wenn dies auch nicht der Fall war, so hat Christus ein für alle Mal das Ansehen des Johannis bestätigt. Christus selbst aber sagt Matth.

20, 28, er ſei gekommen, daß er gebe ſein Leben zu einer Erlöſung für Viele. λύτρον (Luth. Erlöſung) heißt bisweilen eine Geld-
ſumme zur Loskaufung, aber auch ein Verſöhnungsopfer, (Hebr.
kopher); ἀντί bezeichnet die ſtellvertretende Kraft. 3. Moſ. 17,
11. Mithin ſchreibt Chriſtus ſelbſt ſeinem Tode verſöhnende Kraft
zu. (Vgl. Cleß vom Glauben. Tübingen S. 185 ff.) Bei der
Einſetzung des Abendmahls nennt Chriſtus ſein Blut „das Blut
des Neuen Teſtaments, das vergoſſen wird für viele, zur Vergebung
der Sünden." Die Echtheit dieſer Stelle, die nicht anzufechten iſt,
iſt nur darum, weil dieſelbe incommode iſt, angefochten worden.
εἰς ἄφεσιν kann nimmermehr heißen ad declarandam veniam, ſondern εἰς zeigt die Bewirkung des genannten Zweckes an, wie z. B.
Luc. 2, 32. 34; 22, 19. Joh. 9, 39; 18, 37. Ap. Geſch. 2, 38;
3, 19; 4, 30; 8, 20; 11, 18; 13, 47; Röm. 1, 5; 4, 5. 9.
1. Theſſ. 5, 9. Ebr. 9, 26; 10, 39. 1. Petr. 1, 2—7. Und
wenn auch die Worte εἰς ἄφεσιν ἁμαρτιῶν nicht dabei ſtänden,
ſo liegt doch ſchon in den Worten τὸ τῆς καινῆς διαθήκης der Begriff der Verſöhnung. Wer in damaliger Zeit vom Blutvergießen
für viele in Beziehung auf einen neuen Bund hörte, der dachte doch
natürlich an das Blutvergießen im alten Bunde und zwar an ein
Blutvergießen für gewiſſe Perſonen, um ihnen einen Vortheil zu ver-
ſchaffen; dieſer war aber bekanntlich Vergebung der Sünden. Ebr.
2, 17; 9, 22. (S. Cleß a. a. O. 189—193. Storr Comm.
z. Ebr. S. 369.) Andere Ausſprüche Jeſu, welche hierher gehören,
ſind Joh. 3, 16, wo nicht der Glaube im Allgemeinen, ſondern
weil V. 14 und 15 vorhergeht, der Glaube an den gekreuzigten
Chriſtus gemeint iſt; Joh. 6, 51; 10, 11. 15. 17. Daß Chriſtus
nicht häufiger von ſeinem Verſöhnungstode ſprach, läßt ſich gar wohl
erklären. Es war an ſich weit ſchicklicher, daß erſt die Apoſtel nach
dem bereits erfolgten Tode Chriſti und nach der göttlichen Beſtäti-
gung dieſes Todes durch die Auferſtehung davon ſprachen, als Chriſtus
vorher, wo ſein Tod in den Augen der Welt noch nicht entſchieden
war. Joh. 7, 20; 12, 34. In den Gleichniſſen aber, wo Chriſtus
von der Vergebung der Sünden redet, ohne die Verſöhnung zu erwähnen, Matth. 18, 23; Luc. 15, 11; 18, 18, konnte er nicht
ſchon die Perſon erwähnen, welche die Verſöhnung bringt, weil es
in der wirklichen Welt, aus welcher die Gleichniſſe hergenommen
ſind, keine ſolche giebt, die in dieſem Punkte Vergleichung darbot.
Auch ſetzt der Glaube an die Verſöhnung durch Chriſtum ſo viel
voraus, daß er nicht gleich von Anfang an gefordert werden konnte.
Und wenn die Apoſtel nicht gerade über dieſe Lehre nach der Er-
höhung Chriſti mehr Aufſchluß erhielten Joh. 16, 12, worüber denn
ſonſt? Ja, wenn auch die Apoſtel allein die Lehre verkündigt hätten, ſo hätten ſie doch gerade hierin das entſcheidendſte Anſehen,
da Jeſus namentlich in der Lehre von den Bedingungen der Sündenvergebung ihnen göttliches Anſehen zuſchreibt. Joh. 20, 23. Häu-

figer, ausführlicher und bestimmter tragen die Apostel Johannis, Petrus und Paulus diese Lehre vor. Vgl. 1. Joh. 1, 7, wo κα-θαρίζειν nicht bessern heißen kann, weil dieß schon vorher genannt ist, sondern die Heiligung wird betrachtet als das, wodurch wir der Versöhnung froh und gewiß werden. 1. Joh. 2, 1 u. 2. 1. Petr. 1, 2; 2, 24; 3, 18. Bei Paulus ist die Hauptstelle Röm. 3, 23, wo Christus das ἱλαστήριον genannt wird; ferner Röm. 4, 25; 5, 5 – 7. 1. Cor. 15, 3. 2. Cor. 5, 14. 21. Eph. 1, 7. Gal. 3, 13. Col. 1, 14. 1. Tim. 2, 6. — Dagegen haben Teller (in s. Antithesen vor Har-wood's Abhandl. über d. Athanas. Lehre v. der Person Christi 2c. S. 35) und Oertel Abhandl. z. Br. an d. Röm. 509 behauptet: der Tod Christi sei nicht ein wesentliches Stück seines Werkes gewesen, weil Jesus schon vor seinem Tode gesagt Joh. 17, 4: Ich habe vollen-det das Werk, das du mir gegeben hast, daß ich es thun sollte. Allein diese Auffassung würde dem Ausspruch Jesu Joh. 10, 17. 18 widersprechen, wo er seinen Tod ausdrücklich ein Gebot seines Va-ters nennt. Jesus redet Joh. 17, 4 offenbar von seinem Tode als bereits erfolgt, weil er ihn unvermeidlich voraussah und weil er, was seinen Entschluß betraf, den Tod so gut wie schon bestan-den hatte. Ferner hat Löffler (Genugthuungslehre 1796) die Meinung aufgestellt, daß im N. T. die Versöhnung durch Christum nur auf den vorchristlichen Zustand der Juden und Heiden, auf die Sünden der Christen, die sie als Juden und Heiden begangen, nicht auf die Sünden derer, die Christen sind, bezogen werde und sich auf 1. Petr. 1, 18 – 20; Gal. 1, 4; Ebr. 9, 15; Röm. 3, 25. berufen. Allein die Allgemeinheit der Versöhnung Christi wird im N. T. in den stärksten Ausdrücken behauptet. Röm. 5, 12; 2. Cor. 5, 19; besonders 1. Joh. 2, 2; Matth. 26, 28. Jene Stellen wollen nur sagen, daß auch die Sünden, die, weil die Opfer des A. T. keine wahre Versöhnung bewirkten, bisher noch unversühnt geblieben waren, durch Christum versöhnt sind.

Anm. 2. Auch auf diese Lehre des N. T. ist die Accommo-dationstheorie angewendet worden. (Semler, Eberhard, Teller.) Man sagt, die ganze Lehre ist blos aus Anbequemung an die da-mals herrschenden Ideen, daß eine Versöhnung nur durch Opfer statt finden könne, hervorgegangen. „Um nämlich den Tod des Messias den Juden unanstößig zu machen, so stellen die Apostel diesen Tod als Versöhnungstod dar." Bestimmte Beweise für diese Behauptung führt man gar nicht an, weil man nicht kann. Nun muß man allerdings zugeben, daß es in der Juden- und Heidenwelt herrschende Idee war, zur Vergebung bedürfe es einer Versöhnung durch Opfer. Allein kann denn dieser Idee nicht etwas Wahres zum Grunde liegen? Konnte nicht dieses Wahre klar und gereinigt von allen Schlacken in der Lehre vom Tode Jesu als dem gottgefälligen Opfer der Menschheit dargelegt werden. Wenn das Christenthum eine Grundidee der Menschheit, die nur verunreinigt war, ergreift und

läutert, iſt dann die chriſtliche Lehre bloße Accommodation? Ja
es ſcheint, daß Gott durch dieſe Idee auf den Glauben an Chriſtum
hat vorbereiten wollen. Abgeſehen ferner von den allgemeinen Gründen, welche überall eine Accommodation unſtatthaft machen, ſo iſt
gerade in dieſer Lehre die Annahme einer Accommodation am un-
haltbarſten. Denn Chriſtus und die Apoſtel haben dieſe Lehre vorgetragen, wo es noch gar nicht nöthig war, ſich zu accommodiren.
Chriſtus ſelbſt trägt ſie in der feierlichſten Stimmung bei der Einſetzung des Abendmahls vor, ja er befiehlt den Apoſteln, ſie allen
Völkern vorzutragen. Luc. 24, 46. 47. Und wenn Paulus Röm.
Cap. 3—5 nur irrige Vorſtellungen der Juden vortrug, wie hätte
er denn Kap. 6, 1 ff. mit ſolchem Ernſt den Einwand, der von
dem möglichen Mißbrauch ſeiner Lehre hergenommen iſt, widerlegen
können? Die Verſtellung, die Paulus gebraucht haben müßte, wäre
doch enorm. Außerdem wird dieſe Lehre ſo oft, ſo ſtark, ſo gleich-
förmig vorgetragen und in alle übrigen Belehrungen und Ermahnungen eingeflochten, es werden daran die ſtärkſten ſittlichen Motive
geknüpft, 2. Cor. 5, 14; Gal. 2, 20, daß es geradezu unmöglich
iſt, anzunehmen, die Apoſtel haben den Juden blos ein leeres Bild,
ein Blendwerk vormachen wollen. Aus ihren Bekenntniſſen ſieht
man, daß ihnen dieſe Lehre völliger Ernſt, ihr Lebensprincip war.
Wenn hier nicht Wahrheit iſt, ſo wird man nirgends wiſſen, was
Wahrheit iſt im Chriſtenthum und was blos Accommodation, und
man müßte es für verlorne Mühe halten, weiter nach dem Weſen
des Chriſtenthums zu forſchen. Im Briefe an die Ebr. Cap. 6, 1 f.
wird die Lehre von der Verſöhnung durch Chriſtum im Gegenſatz
zu den Lehren, welche blos Anfangsgründe ſind, zu denen gerechnet, welche blos geförderte, vollkommene Chriſten faſſen können,
die alſo recht eigentlich das Chriſtenthum ausmachen. Wenn man
alſo den Chriſten dieſe Lehre verleiden und ſie zur bloßen natürlichen
Religion zurückführen will, ſo wäre das gerade der Weg, ſie wieder zu Kindern zu machen. Hierzu kommt, daß die Lehre von dem
Kreuzestode Jeſu den Juden nicht minder als den Griechen anſtößig
war. 1. Cor. 1, 23. Hätten nun die Apoſtel Chriſtum als bloßen
Märtyrer der Wahrheit dargeſtellt, ſo wäre das keinem anſtößig
geweſen, aber die Predigt eines um der Sünde willen gekreuzigten
Erlöſers beleidigte den Stolz der Juden und die Weisheit der Heiden. An eine Accommodation ſeitens der Apoſtel iſt mithin nicht
im entfernteſten zu denken.

Anm. 3. Obgleich demnach nicht geleugnet werden kann, daß
das N. T. den Tod Jeſu und die Vergebung der Sünden in Verbindung ſetzt, ſo ſtimmen doch nicht alle, welche dies anerkennen,
in der Auffaſſung und Beſtimmung dieſer Verbindung überein.
Ueber die Art, wie dieſelbe zu denken ſei, ſind verſchiedene und
ganz ſchriftwidrige Theorien aufgeſtellt worden. a) Die Socinianer
leugnen die Verſöhnung (satisfactio). Sie ſagen: Die Vergebung

der Sünden erlangt der Mensch nur durch Besserung. Nun hat Christus durch seine Lehre und durch die Bestätigung der Wahrheit seiner Lehre durch den Tod die wahre Besserung gezeigt und insofern wird dem Tode Jesu versöhnende Kraft zugeschrieben. Im Catech. Racov. VI., 8, 32 heißt es: Cum Christus appellatur mediator addita voce foederis, intelligitur Christum in novo foedere pangendo inter Deum et Hominem medium fuisse, annunciando illis perfectam Dei voluntatem, eamque confirmando et tandem sanguine proprio sanciendo. In keiner einzigen Stelle des N. T. wird aber eine solche Verbindung gelehrt, daß Christus uns Vergebung der Sünden erworben habe, insofern er Lehrer sei. Um diesen Sinn herauszubekommen, muß man die Stellen des N. T. auf gewaltsame Weise verdrehen und immer den Zusatz „durch seine Lehre" hineindenken. Man kann auch nicht sagen, dieser Zusatz habe sich von selbst verstanden; denn dann mußte er von den damaligen Hörern oder Lesern leicht hinzugedacht werden können; aber gerade dem Alterthum ist die Idee einer expiatio per doctrinam ganz fremd. Nach dieser socinianischen Theorie liegt auch der eigentliche Grund der Sündenvergebung nicht in der Lehre, sondern in der Besserung der Menschen, welche nur durch die Lehre Christi befördert wird. Wenn aber Christus nur als Lehrer unser Mittler ist, so würden auch die Apostel mit nicht viel geringerem Recht ebenso heißen können, da sie weit länger und ausgebreiteter als Christus selbst gelehrt haben; aber das verbitten sie sich mit dem größten Ernst. 1. Cor. 1, 13. Das Lehramt der Apostel hatte ja eben die Versöhnung Christi zum Objecte. 2. Cor. 5, 18; Eph. 1, 9. 10, mithin muß dieses Object etwas selbstständiges sein. Auch wird Christus als Lehrer und Versöhner Ebr. 1, 1. 3. unterschieden. Außerdem müßte man, wenn die Lehre die Ursache der Vergebung ist, erwarten, daß da diese durch die Auferstehung und Verherrlichung Christi bestätigt ist, letztere besonders und mehr als der Tod mit der Versöhnung in Verbindung gesetzt und die Vergebung davon abgeleitet würde. (Vgl. Schubarth th. pol. III., 546 bis 601.) — b) Eine andere Theorie, die am meisten durch Eberhard (Apologie d. Sokr. II., 203 2c. und Apologie der Vernunft S. 130) Anhänger gefunden, ist folgende: der Tod Christi war der höchste Gipfel seiner Tugend und seines Gehorsams, mithin der höchste Antrieb der Besserung; insofern durch diese Gottes Gnade erlangt wird, insofern kann der Tod Jesu als Mittel der Versöhnung genannt werden. Allein auch dagegen ist zu erinnern, daß in keiner einzigen Stelle des N. T. dem Tode Jesu von dieser Seite versöhnende Kraft zugeschrieben wird und daß es nach allgemeinen logischen und hermeneutischen Regeln ganz ungewöhnlich und willkührlich ist, wenn einer Ursache eine Wirkung und zwar beständig auf dieselbe Weise zugeschrieben wird, dabei immer erst noch eine Zwischenursache hineinzuschieben und zu denken, die nicht genannt

und angedeutet ist. (S. Grotius de satisf. S. 31.) Die Vergebung der Sünden wird im N. T. als eine göttliche Wohlthat
dargestellt, die uns zur Besserung verpflichtet und stärkt. Wenn
darnach die Besserung Folge der durch Christi Tod angebotenen Vergebung ist, so kann sie nicht Grund derselben sein. Röm. 5, 6—8.
1. Joh. 4, 10. 11. 1. Petr. 2, 14. Der Einwurf, welchen
Paulus nach Erklärung der Versöhnungslehre Röm. 6, 1 aufstellt, daß nämlich diese Lehre die Besserung entbehrlich mache, wäre
geradezu ein Nonsens, wenn sich Paulus die Besserung als die
causa efficiens der Vergebung dachte. Das neue N. T. schließt
überhaupt alle verdienstlichen Ursachen der Begnadigung aus, ja
es erklärt, daß der Tod Jesu im entgegengesetzten Falle überflüssig
sein würde Gal. 2, 21. Dieser Tod hat nach der Lehre des N. T.
für alle Menschen das Recht der Vergebung der Sünden erworben,
auch für die, auf deren Besserung Christi Tod gar keinen Einfluß
haben konnte, weil sie von Jesu nichts wußten. Röm. 3, 25.
Ebr. 9, 15. Die Versöhnung ist gleichsam ein Generalpardon,
welchen Christus ausgewirkt hat. Nun kommt es darauf an, daß
die Menschen ihn annehmen, aber der Pardon ist nicht abhängig
von ihrer Annahme. Die Opfer des A. T., mit denen Christi Tod
verglichen wird, hatten zum nächsten und unmittelbaren Zweck nicht
Besserung, sondern Versöhnung mit Gott; dies muß also auch bei
Christi Tode der Fall sein. Ueberhaupt ist Besserung an sich nothwendig und unbedingte Pflicht und kann deshalb dem Menschen keine
Gnade für die vorher begangenen Sünden verdienen, die damit
ebenso wenig getilgt werden, als ein Mensch, der viele Schulden
hat und nun anfängt, ein ordentlicher Mensch zu werden und keine
neuen Schulden zu machen, damit von den alten Schulden frei wird.
Diese Eberhard'sche Theorie beruht auf moralischem Empirismus,
den Kant in seiner Blöße dargestellt hat. (Relig. ꝛc. ed. 1. S. 87.
ed. 2. S. 94.) Nach derselben könnte man sagen, daß alle vorzüglichen Tugendbeispiele eine versöhnende Kraft hätten. Treffend
bemerkt J. F. Jacobi (Generalsuperintendent in Celle in seiner
Abhandlung über wichtige Gegenstände der Religion II., 112)
gegen die, die den Tod Jesu nur als ein Beispiel ansehen, daß seiner Lehre mehr Nachdruck gebe und uns bewegen soll, der Sünde
abzusagen, damit wir Gott angenehm würden, folgendes: „Sie
müssen zugeben, daß man auch sagen könne, daß der Sokrates,
den sie dem Heilande an die Seite setzen, sie ebenfalls durch seinen
Tod von der Sünde erlöset und mit Gott versöhnt. Denn sie behaupten öffentlich, daß die Lehre des Sokrates sowohl göttlichen
Ursprungs und Wirkung des heil. Geistes als die Lehre der Schrift,
und daß sein Tod ihnen ebenso erbaulich und ehrwürdig sei, als der
Tod Jesu. Ja, ich habe einen Philosophen gekannt, der den in einen
Edelstein eingeschnittenen Kopf des Sokrates in einem Ringe am Finger trug und vorgab, daß er dieses aus der Ursache thäte, um sich

dadurch zur Tugend zu ermuntern. Sie müssen zugeben, daß die
Welt mehr als Einen Mittler habe, daß Johannes d. T., Ste=
phanus, Jacobus eben solche Mittler gewesen und man von ihnen
sagen könne, sie haben ihr Leben zu einem Lösegeld für Viele gege=
ben, man habe an ihnen die Erlösung durch ihr Blut, nämlich
Vergebung der Sünden; denn sie lehrten die reine Religion, geben
ihrer Lehre Gewicht durch ihren Tod und beweisen in demselben die
erhabensten Tugenden. Vielleicht tritt auch wirklich mal Einer der
neuen Lehrer des Christenthums auf und redet seine Gemeinde, wenn
er über einen Spruch des Sokrates predigt, also an: Durch den
Giftbecher des Sokrates theuer erlöste Seelen." (*) — c) Kant
(Relig. ꝛc. ed. 2. S. 98. ed. 1. S. 90.) behauptet, im Tode Jesu
sei nur die symbolische Darstellung des eigentlichen Grundes der
Sündenvergebung. Der neue, bessere Mensch (Sohn Gottes) trage
für den alten Menschen, für das vorige sündhafte Leben die Stra=
fen, die eigentlich dem letzteren gebühren; dieser ist gleichsam Stell=
vertreter und thut der Gerechtigkeit Gottes Genüge. Diese Theorie
wurde von Tieftrunk, Stäublin angenommen, von andern Schü=
lern Kant's aber, da die Deutung der N. T. Lehre so unnatür=
lich war, modificirt, z. B. von Krug in s. Buche: Der Widerstreit
der Vernunft ꝛc. 1802. Danach ist der Tod Christi symbolische Dar=
stellung der sittlichen Vollkommenheit, nach der der Mensch streben
soll und um derenwillen Gott die Menschen liebt, um derenwillen
er mithin ihnen auch vergiebt: dieser Tod also ist besonders mit
Zuziehung der Auferstehung ein Unterpfand der göttlichen Gnade.
Er hat also nur vim declarativam nicht effectivam. Der Unter=
schied dieser Theorie von der voranstehenden besteht darin, daß nach
derselben nicht die eigene Gerechtigkeit des Menschen, die allemal
unvollkommen ist, der Grund der Vergebung ist, sondern der Mensch
wird gerecht um der Idee der absoluten moralischen Vollkommenheit
willen. Nicht was der Mensch ist, sondern was er sein und werden
kann, ist der Grund der Begnadigung und diese Idee der Voll=
kommenheit ist in Christo dargestellt. Der Tod Jesu ist die höchste
Spitze dieser Vollkommenheit und insofern er das Symbol der
höchsten Vollkommenheit i[st], ist er der Grund der Versöhnung und
im N. T. wird dem Symbole zugeschrieben, was nur der Idee zu=
kommt. Ganz neu ist diese Theorie nicht; schon Abailard, Spi=
noza ꝛc. haben Aehnliches gesagt. Es fragt sich nur, ob sie biblisch
ist? Dies muß ganz entschieden verneint werden. In keiner Stelle
des N. T. wird ein Wink gegeben, daß der Tod Christi nur inso=
fern als er dieses Symbol des eigentlichen Erwerbgrundes ist, die
Sündenvergebung verschafft habe; das N. T. redet durchaus so,
daß der Tod Christi an sich und realiter die Sündenvergebung er=

---

*) Kästner wurde, wie er sagt, durch manche Verbesserer der theologischen
Kenntnisse seiner Zeit an einen Mann erinnert, der in Leipzig mit einem
Guckkasten herumging und ausrief: Das Leiden Christi auf eine neue Manier.

worben hat. Behauptet man, daß den Aposteln der Unterschied zwischen symbolischem und erwerbenden Grund unbekannt gewesen und deßhalb von ihnen nicht angedeutet sei, so gesteht man damit, daß die Apostel den Tod Jesu als erwerbenden Grund beschrieben haben. Sie haben aber die Opfer des A. T. für bloße Vorbilder angesehen. Ebr. 9, 23. 24; 10, 1. f. und setzen ihnen den Tod Christi entgegen, weil er die Versöhnung wahrhaft gestiftet hat, und dieser Gegensatz verbietet es geradezu, den Tod Jesu für ein bloßes Symbol zu nehmen. Ueberhaupt ist die Kantische Theorie der historischen Interpretation nicht angemessen. Die Apostel beschreiben die durch den Tod Christi geschehene Versöhnung ganz mit den Ausdrücken, mit denen Juden und Heiden ihre Expiationen zu beschreiben pflegten. Nun dachte aber die alte Welt, so oft sie Expiationen anstellte, nicht an bloß symbolische, sondern an reelle Expiationen; sie schrieb den Opfern eigentlich wirkende Kraft zu versöhnen zu und sah sie keineswegs als bloße Symbole anderer wirklicher Expiationsursachen an. Wie konnten nun die Hörer und Leser der Apostel ihren Unterricht anders verstehen? Sie mußten glauben, daß die Apostel ihnen Christi Tod als das eigentliche reelle Sühnopfer darstellten. Auch kann der Tod Christi an sich nicht die Liebe Gottes beweisen oder ein Unterpfand der göttlichen Gnade sein, wenn derselbe nicht eine Wohlthat, eben die Vergebung der Sünden, erworben hat. Wenn ein König dem Lande seine Liebe durch die Aufopferung seines Sohnes wollte zu erkennen geben, so muß doch diese Opferung einen Zweck haben und erst dann ergiebt sich daraus die Liebe des Königs; ist kein Zweck da, so ist es widersinnig, den Sohn hinzugeben, als wie wenn ich mir einen Finger wollte ablösen lassen und sprechen: siehe, so lieb hab' ich dich! Das N. T. erklärt den Tod Christi, wie auch seine Auferstehung und überhaupt seine Person für absolut nothwendig zum Heil, so daß, wenn Christus nicht gestorben wäre, wir keine Versöhnung hätten. Joh. 14, 6. Ap. Gesch. 4, 12. Joh. 3, 18. Marc. 16, 16. 1. Cor. 15, 14. 17. Diese absolute Nothwendigkeit findet bei einem bloßen Symbol nicht Statt; es hätte auch ohne ein solches die Versöhnung statt finden können. Christus selbst schreibt seiner Person selbst die Versöhnung und Erwerbung der Seligkeit zu. Wenn er aber nur das Symbol der göttlichen Gnade und nicht ihr Erwerber war, so muß er in einer grenzenlosen Selbsttäuschung befangen gewesen sein oder sich einer ungeheuren Selbstüberhebung schuldig gemacht haben, daß er sein persönliches Ich mit dem absoluten Vernunftgrunde der Versöhnung verwechselte. Und wenn dieser Unterschied in Wahrheit bestünde, so müßten wir es nach und nach überdrüßig werden, von Christo und seinem Tode als dem Stifter der Versöhnung, der Vergebung der Sünden erworben, zu reden.

Anm. 4. Der Sinn der Versöhnungslehre ist vielmehr folgender: Christus ist der einzige Realgrund des göttlichen Wohlgefallens

an den Menschen, um deſſen willen Gott vergiebt, begnadigt, weil
er den Ansprüchen der göttlichen Gerechtigkeit und Heiligkeit allein
durch seinen im Leben und Leiden bewiesenen vollkommenen Gehorsam genügt, weil, indem er das menschliche Geschlecht als seinen
Leib mit sich dem Haupte vereinigt, durch ihn dieses Geschlecht verklärt und ein Gegenstand des göttlichen Wohlgefallens wird. Ohne
Christus findet Gott an den Menschen nichts, was ihm vollkommen
gefallen könnte. Zur Erläuterung dieser Lehre mögen folgende Bemerkungen dienen: a) Wenn die Menschen alle, die gelebt und die
noch leben werden, vor Gott treten, so ist unter ihnen kein einziger
Reiner, kein Gerechter; sie könnten nicht Gnade, Vergebung finden.
Gott muß erklären: ihr seid alle unwürdig. Es muß, wenn Gott
Wohlgefallen an dem Menschengeschlechte haben soll, etwas an den
Menschen sein, was ihm gefällt. Dieser Einzige ist Christus; er
hat unser Geschlecht zu Ehren gebracht. Gott wird erklären können:
um dieses Einen willen habe ich Wohlgefallen an den Menschen. —
b) Es ist Grundsatz der Bibel, daß überhaupt um der Gerechten
willen die Welt getragen, geduldet, geschont wird. 2. Mos. 32,
7—14. bittet Moses für das abgöttische Volk, vgl. Pf. 106, 23,
er stand vor den Riß. Pinehas 4. Mos. 25, 11. 13 wandte durch
seinen Eifer Gottes Zorn ab und versöhnte das Volk. Pf. 106, 30.
Hiob 33, 23—26. 1. Mos. 18, 22—32. Jes. 59, 16; 65, 8.
Jerem. 5, 3; 15, 1. Ezech. 13, 5; 14, 14; 22, 30. Es wird
freilich da auch gesagt, daß in argen Fällen selbst Mosis 2c. Fürbitte nichts ausrichten werde, allein dies beweist, daß doch sonst,
in andern Fällen Gott aus Rücksicht auf die Frommen die Bösen
schont. Philo de sacrif. Caini et Abelis. p. 151 sagt: πᾶς
σοφὸς λύτρον ἀντὶ τοῦ φαύλου. Wir schließen a minori ad
majus. Wenn das Verdienst der Frommen in beschränkten Fällen
half, wie viel mehr Christi Verdienst! Jene alle, selbst sündig,
konnten nicht vollkommen versöhnen: das vermag nur der Eine Reine,
Heilige, Christus. — c) Die bloße Idee der Vollkommenheit konnte,
wenn das Menschengeschlecht diese Gott vorhalten und darauf vertrauen wollte, unmöglich vor Gott ausreichen und gültig sein; diese
ist ja noch gar nichts Reales. Ist das Menschengeschlecht etwas
Reales, so muß auch etwas Reales an ihm der Grund der Begnadigung sein. Wenn z. B. ein König eine rebellische Provinz begnadigen soll, wird es den Rebellen einfallen bei dem Fürsten darauf
zu provociren, daß es doch eine Idee von vollkommenem bürgerli-
chem Gehorsam gebe, dessen sie auch fähig seien? Wenn aber Einer,
der nicht mit in die Rebellion willigte, ein eclatantes Beispiel von
Treue giebt und sich für die andern verbürgt, dann hat der Fürst
Grund zur Begnadigung, ohne seiner Majestät etwas zu vergeben.
So konnte auch Gott uns um des Einen Gerechten willen, unbeschadet seiner Majestät und Heiligkeit, die er allerdings vor den übrigen
Geistern seines himmlischen Reiches wahren mußte, begnadigen. —

d) Christus ist mit unserem Geschlechte als Eins zu betrachten, er hat sich ganz mit demselben identificirt in dem Maße, daß er unsere Sünden als die seinigen angesehen und getragen hat. Christus hat nicht erst in seinen letzten Lebenstagen gelitten, sein ganzes Leben ist ein ununterbrochenes Leiden gewesen, weil er mit erwachendem Bewußtsein die Sünde der Menschen erkannte und dies ihm lauter Pein bereitete, sein Herz verwundete. Der höchste Gipfel des Leidens war sein letztes Leiden und Sterben, sein Blutvergießen, es war das Leiden der höchsten Liebe. Sein Blutvergießen ist nicht blos als physischer Act zu denken, sondern als geistiger. Ebr. 9, 14, aber nicht blos als Symbol, sondern es war der Act der höchsten, sich hingebenden Liebe, Vollziehung des Opfers, das er brachte. In diesem Geiste der mit den Menschen sich identificirenden Liebe lag der unendliche Werth des Blutes Jesu Christi, von dem Luther (VIII., 979) sagt: „Durch sein heiliges theures Blut am Kreuze vergossen hat unser lieber Herr Jesus Christus bezahlet all unsre Schuld, ewigen Tod und Verdammniß, darin wir unsrer Sünden halben stecken. Dasselbe Blut Christi vertritt uns bei Gott und rufet für uns ohne Unterlaß zu Gott: Gnade! Gnade! vergieb! vergieb! Ablaß! Ablaß! Vater! Vater! und erwirbt uns Gottes Gnade, Vergebung der Sünden, Gerechtigkeit und Seligkeit. So rufet das Blut Jesu Christi, unseres einigen Mittlers und Fürsprechers, ohn Aufhören und für und für, also daß Gott der Vater solch seines geliebten Sohnes Rufen und Fürbitte für uns ansieht und uns armen elenden Sündern gnädig ist. Denn er kann an uns keine Sünde sehen, ob wir schon voller Sünde stecken, ja eitel Sünde sind, inwendig und auswendig, an Leib und Seel, vom Schädel an bis auf die Fersen; sondern siehet allein das theure köstliche Blut seines lieben Sohnes, unseres Herrn Jesu Christi, damit wir besprengt sind. Denn dasselbe Blut ist der güldene Gnadenrock, damit wir angezogen sind und darin wir für Gott treten, daß er uns nicht anders ansehen kann und will, denn als wären wir der liebe Sohn selbst, voll Gerechtigkeit, Heiligkeit, Unschuld. Dagegen hat auch das unschuldige Blut Christi solche Tugend und Kraft, daß es von aller unserer Sünde Missethat uns absolvirt, losspricht, wäscht und reiniget, also daß wer mit diesem Blute besprengt und bekleidet ist, sicher und freudig für Gott treten darf, ihn anrufen, gewiß und ungezweifelt hoffen, daß er erhöret werde. Eph. 3." Aber der physische Act war schlechterdings nothwendig; so wie bei einem Helden, der sich für das Vaterland aufopfert, das physische Blutvergießen allein nichts gilt, sondern dasselbe im Geist der patriotischen Liebe, aber die Liebe erhält erst das Siegel durch das wirkliche Blutvergießen. Da Christus die höchste Vollkommenheit, den vollkommenen Gehorsam beweisen sollte, so mußte auch seine Tugend den äußersten Prüfungen ausgesetzt werden, theils durch Schmach, theils durch Qualen. Er hat das Höchste nur

Denkbare gedulbet, um seine Tugend als probehaltig darzuthun. So konnte aber auch Er als der Gehorsame vor Gott hintreten und sagen: Hier bin ich, ich habe deinen Willen gethan. Ebr. 10, 7—10. Das war das Gott gefällige Opfer. Wenn das menschliche Geschlecht auf der Waage des heiligen Gottes sollte gewogen werden und in die eine Schale träten die Menschen und in die andere würde das Gesetz gelegt, so würde es heißen wie Dan. 5, 27: Man hat dich gewogen und zu leicht gefunden. Nun tritt aber Christus auf unsere Seite und nun erst wiegt das menschliche Geschlecht etwas vor Gott. — e) Diese Theorie ist durchaus biblisch und entspricht auch dem allgemeinen Bedürfniß der Menschen. Wir dürfen nicht prätendiren, jetzt schon das ganze Geheimniß der Versöhnung durchdringen und durchschauen zu wollen: es ist das etwas so Tiefes, Geheimnißvolles, das wir jetzt noch nicht erfassen können. Es kann uns schon genügen, wenn wir eine lichte Seite darin wahrgenommen haben, und zwar nach den Winken der Schrift. Daß obige Erläuterung schriftgemäß ist, ergiebt sich daraus: Einerseits sagt das N. T., daß Christus uns versöhnt, weil er der alleinige Gerechte, Unsündliche ist, daß Gott an ihm Wohlgefallen hat um seines Gehorsams willen. Matth. 3, 15. 17. Joh. 8, 29; 10, 17; 15, 10; 17, 4. 5. Röm. 5, 19. Eph. 5, 2. Phil. 2, 9. Hebr. 1, 9; 7, 26; 10, 5—10. Andererseits wird der Tod als höchster Beweis seiner Tugend vorgestellt. Matth. 16, 23. vgl. 31. Luc. 12, 50. vgl. Joh. 19, 30. Joh. 19, 39. 1. Joh. 3, 16. 1. Petr. 2, 21. Röm. 5, 18. 19. Phil. 2, 5. 8. Hebr. 2, 10; 5, 8. Daß Christus das wahrhafte reale Ideal der Menschheit sei, diese Idee ist dem N. T. bekannt. Röm. 8, 29. 1. Cor. 15, 47. Es leuchtet darum auch ein, warum alle Leiden und der Tod Jesu Leiden für uns, an unserer Statt genannt werden. Um seiner selbst willen brauchte Christus nicht zu leiden; es stand ihm frei als Sohn Gottes die mit ihm vereinte Menschheit sogleich zur höchsten Herrlichkeit und Seligkeit zu erheben, aber dann wäre nicht eine wahrhaft menschliche Tugend durch ihn bewiesen und erprobt worden. Sollte dies geschehen, so mußte Christi Tugend auf menschliche Weise erprobt werden, er mußte leiden; dies geschah um unsertwillen, diese Leiden haben uns Befreiung verschafft. — Es erhellt nun auch, warum Jesus sich selbst, seine Person, seinen Tod für unbedingt nothwendig zum Heile der Menschen darstellen kann. Das wäre er nicht, wenn er nur ein Symbol wäre; das ist er aber, wenn er der Realgrund der Versöhnung ist. Hätte das Menschengeschlecht ihn nicht, so wäre es nicht Gott gefällig, und keine Begnadigung möglich. Diese ist etwas, was Gott um des Sohnes willen, aus Wohlgefallen an Christo, ihm zu Gefallen thut, da dieser um dieses Geschlechtes willen so viel gethan und gelitten hat. Christus als der Gerechte konnte für uns bitten, uns vertreten. 1. Joh. 2, 1. Auch aus des Satans Gewalt konnten wir nicht kommen ohne diesen Satansüberwinder. Matth. 12, 29. — f) Alle Völker aller Zeiten haben das Bedürfniß einer realen Expiation oder einer durch ein Factum geschehenen Versöhnung der Menschen mit Gott gehabt, sie haben die Nothwendigkeit von einem äußern objectiven Grunde der Sündenvergebung gefühlt. Daher sie alle mögliche Arten von Expiationen ersannen, weil sie die wahre nicht kannten. Diese Allgemeinheit ist ein Beweis, daß das Bedürfniß nicht Einbildung, sondern in der Vernunft gegründet sein muß. Martin sagt treffend (conférences sur la redemption 1846): „Der Text Hebr. 9, 22." ist eine durch die ganze Geschichte der Menschheit hindurchlaufende Wahrheit. Die Idee der Sühnung ist das Zeugniß des ganzen Menschengeschlechts, dem ihr angehört. Beständig sieht man die Menschen mit Angst unter dieser Last, welche sie wie instinctmäßig auf sich lasten fühlten, ankämpfen und je schmerzlicher und selbst schrecklicher auch ihre Anstrengungen dagegen erscheinen, desto mehr werden sie auch die Gewalt ihrer Ueberzeugungen bezeugen. Woher diese Idee? Es ist nicht genug zu sagen: aus der Furcht vor der Sündenstrafe; denn diese erklärt durchaus nicht die allgemeine Wahl eines so befremdenden Mittels. Eine durch die ganze Menschheit in ihren sich fremdesten Stufen, durch alle Völker, die nie in irgend einen Verkehr mit einander kommen konnten, durch alle Religionen hindurchlaufende Vorstellung und Gewohnheit, die weder aus der Reflexion noch aus der Natur der Dinge erklärt werden kann, muß nothwendig entweder aus einer ursprünglichen Tradition entspringen, die sich an die ersten Menschen knüpft, oder aus den Tiefen des Gewissens hervorgehen und vielleicht aus beiden zugleich. In beiden Fällen ist der Urquell Gott. Das Gewissen gab das Bedürfniß, die göttliche Tradition die Form. Gott hat diese Idee der Menschheit eingepflanzt, um die Nothwendigkeit und die Verheißung einer göttlichen Sühnung zum Heil des menschlichen Geschlechts damit auszudrücken." Aus diesem Bedürfniß sind die Selbstpeinigungen bei den Indiern entsprungen, die Menschenopfer, die bei andern orientalischen Völkern und sonst vorkommen (s. Outram de sacrific. I., 22. Grotius de satisfact. c. 8 — 10. Münter Religion der Carthager § 4. vgl. bei Silius Italikus IV., 765 f. die schöne Stelle, wo man in Carthago den kleinen Sohn des abwesenden Hannibal opfern will. — Lukan II., 306 f. läßt den Cato, der die Greuel des Bürgerkrieges durch seinen Tod abzuwenden wünscht, sprechen:

O utinam coelique deis Erebique liberet
Hoc caput in cunctas damnatum exponere poenas!
Devotum hostiles Decium pressere catervae;
Me geminae figant acies, me barbara telis
Rheni turba petat; cunctis ego pervius hastis
Excipiam medius totius vulnera belli.
Hic redimat sanguis populos, hac caede luatur,
Quicquid Romani meruerunt pendere mores.

Phavorin s. v. καθάρματα sagt: ἔτρεφόν τινας Ἀθηναῖοι λίαν ἀγενεῖς καὶ ἀχρήστους καὶ ἐν καιρῷ συμφορᾶς τινος ἐπελθούσης τῇ πόλει, λοίμου λέγω ἢ τοιούτου τινὸς, ἔθυον τούτους ἕνεκα τοῦ καθαρθῆναι τοῦ μιάσματος, οὓς καὶ ἐπωνόμαζον καθάρματα. Belege aus der neueren Zeit finden sich Allgem. Welthistorie XV. Allg. Historie der Reisen. Index s. h. v. J. R. Forster Bemerk. auf s. Reise um die Welt. Halle 1783 S. 475 f. Martin a. a. O. 3te Rede.) Wenn nun der Tod Christi nicht die Versöhnung ist, so giebt es nirgends eine solche und das Bedürfniß der Menschheit ist unbefriedigt. Wie kann man sich aber eine Gottes würdigere denken als die Versöhnung durch Christum? als wenn Gott erklärt, er wolle um dieses Gerechten und Heiligen willen, der die Ehre des menschlichen Geschlechts ist und für uns bittet, vergeben? — g) Zu erwähnen ist noch die Ansicht, welche Lavater Pont. Pil. III., 350 — 54. Nachgel. Schr. II., 73 f. aufgestellt hat. Er sagt, durch Christum sei der Menschheit wieder so viel gesunde Lebenskraft eingeflößt worden, (gleichsam wie wenn Ein gesunder sein gesundes Blut einem ganz erkrankten Volksstamm wieder einflößt), die Masse von Moralität, Religiosität, neuen geistlichen Kräften, die er dem menschlichen Geschlechte brachte, sei inkalkulabel, durch dies Ferment kamen alle moralischen und religiösen Kräfte der menschlichen Natur in eine heilsame Gährung, daß dadurch die Erlösung geschehen sei. Aber bei dieser Ansicht wird eigentlich versteckt die Idee der Heiligung an die Stelle der Entsündigung untergeschoben: Christus hat ein Quantum von geistlicher Lebenskraft zur Heilung der Sünde in uns gebracht, daß wir genesen. Damit ist die Entsündigung nicht ein für allemal geschehen, wie doch Hebr. 9, 12. 25—28 gesagt wird; ja mit Christi Tod wäre sie noch gar nicht abgethan gewesen, sondern nur erst der Anfang gemacht, sie ginge immer fort, da sie doch nach der Schriftlehre vollendet ist. Objectiv ist sie vollbracht, die Aneignung geschieht fortwährend. Auch kommt bei dieser Ansicht eigentlich Alles auf die eigene Heiligung des Menschen hinaus, auf den Antheil, den er sich von der Lebenskraft Christi aneignet. Christus bleibt blos Heiligmacher, eine Stellvertretung hört auf.

Anm. 5. Gegen die Versöhnungslehre sind hauptsächlich folgende Einwendungen erhoben worden: a) Ein historisches Factum, mithin eine zufällige Begebenheit, wie der Tod Christi war, kann nicht der Grund der Vergebung sein, dieser muß in etwas Ewigem und Nothwendigem liegen wegen der Ewigkeit und Unveränderlichkeit Gottes, er kann also nur das in Gott befindliche Urbild der ihm gefälligen Menschheit sein. Dagegen ist zu sagen: Obgleich überhaupt der Grund der Vergebung in der ewigen Liebe Gottes liegt, so muß doch, wenn diese Liebe auf einen bestimmten Gegenstand übergehen soll, auch an diesem Gegenstande etwas sein, was der Liebe Gottes werth ist; aber der Grund des Wohlgefallens an den wirklich geschaffenen Menschen konnte unmöglich eine bloße

Idee, sondern mußte ein Factum in der Menschheit selbst sein. Wenn das Menschengeschlecht nicht blos Idee Gottes, sondern objectiv real ist, so bedurfte es auch eines objectiv realen Grundes, warum dies Geschlecht Gott gefällig wurde; ebenso wie, wenn ich an einem Gemälde Wohlgefallen haben soll, es nicht genug ist, daß ich ein Ideal von einem vollkommenen Gemälde in mir trage, sondern an jenem Gemälde selbst objectiv etwas sein muß, was meiner Idee entspricht. Nun giebt es aber schlechterdings keinen Grund, warum Gott Wohlgefallen an den Menschen haben könnte, außer Christo; mithin ist Christus, der historische Christus der wahre Versöhner. Dieses reale Ideal muß aber gewiß viel mehr wirken, als das blos gedachte. In Gottes Geiste war übrigens Christi Tod nichts zufälliges, sondern von ihm zuvorversehen und die Schrift sagt, daß Gott uns in Christo von Ewigkeit geliebt hat. Eph. 1, 4. 2. Tim. 1, 9. 10. 1. Petr. 1, 20. Hebr. 9, 14. — b) Es ist widersinnig, sich zu denken, daß Gott erst versöhnt zu werden brauche, oder daß er erst bewogen, also verändert, daß seine Liebe habe müssen erworben werden, da er selbst der Versöhnende war, der die Hand anbot zur Versöhnung und dessen Liebe schon vor dem Tode Jesu da war. Die Gnade Gottes ist, wenn sie durch die Erlösung erworben ist, nicht mehr freie Gnade. (Catech. Racov. § 39.) Darauf ist folgendes zu erwiedern: Es ist eben das eine freie Gnade Gottes, daß er eine solche Entsündigung durch die Sendung seines Sohnes möglich machte; er gab den Sohn her, der für unsere Sünden leiden und die Strafen büßen sollte und uns zum Gegenstand der göttlichen Gnade machte. Von unserer Seite ist das nicht verdient. — Die Liebe Gottes aber ist entweder Liebe des Wohlwollens (amor benevolentiae) oder Liebe des Wohlgefallens (amor complacentiae.) Jene konnte nicht erworben werden; sie ist das ewige Grundwesen in Gott und die Quelle der Heilsanstalt. Nach ihr hat es Gott möglich gemacht, daß durch den Menschgewordenen Sohn die Versöhnung vollzogen wurde. Dagegen die Liebe des Wohlgefallens konnte Gott erst haben, wenn die Menschen ein Gegenstand des Wohlgefallens wurden und dies sind sie eben durch Christum geworden. — Daher bedurfte es einer Aussöhnung Gottes mit den Menschen, nicht etwa nur einer Aussöhnung der Menschen mit Gott. Denn auf Sündern mußte der Zorn, das heilige Mißfallen Gottes ruhen und dies mußte entfernt werden. Dies ist durch Christum geschehen und daher wird von ihm gesagt, daß er uns vom Zorn, vom Fluche erlöst habe. Röm 5, 9. 2. Thess. 1, 10. Gal. 3, 13. Die Stelle 2. Cor. 5, 18. 19 kann nicht übersetzt werden: Gott hat die Welt durch Christum gut gesinnt gegen sich gemacht, sondern der Sinn ist: Gott hat uns durch Jesum Christum bei sich in Gnade gesetzt. Denn Röm. 5, 10 entspricht καταλλαγέντες dem δικαιωθέντες B. 9. Nun aber heißt δικαιωθῆναι nicht: gut gesinnt werden gegen Gott, sondern: Vergebung der Sünden erlangen, bei

Gott in Gnaden gesetzt werden, daß man vom Zorn, von der
Strafe frei ist. Röm. 5, 9 vgl. 1, 18. Die durch Christum be=
wirkte καταλλαγή ist etwas, was man von Gott empfängt, Röm.
5, 11, nicht etwas, was man Gott erweist, Gottes Gnade gegen
uns und nicht unsere Zuneigung gegen Gott; ebenso wie Matth.
5, 24 διαλλάγηϑι τῷ ἀδελφῷσου nicht heißt: werde deinem
Bruder wieder gut, — denn das konnte im Tempel geschehen —,
sondern mache, daß dein Bruder, der etwas wider dich hat, dir
wieder gut werde. Daher 2. Cor. 5, 19 die Art und Weise der
καταλλαγή erklärt: indem er der Welt die Sünde nicht zurechnete.
Es ist nicht Aussöhnung unseres mißtrauischen Herzens mit Gott
oder Wiederherstellung unserer Zuneigung gegen Gott, sondern Wie=
derherstellung der Gnade Gottes gegen die sündige Welt. Grotius
de satisf. c. 7 beweist diesen Sprachgebrauch. Wie könnte man
auch von der Welt, von allen Menschen sagen, daß Gott sie durch
Christum gut gesinnt gegen sich gemacht habe? Allgemeine Begna=
digung hat Jesus bewirkt, aber allgemeine Zuneigung gegen sich
hat Gott durch Christum nicht bewirkt. Ebenso hat Christus (Eph.
2, 16) durch seinen Tod Juden und Heiden in Beziehung auf Gott
versöhnt, nicht weil er beiden Theilen gute Gesinnungen gegen Gott
beigebracht, sondern weil er beiden Theilen den Zutritt zum Vater
(Eph. 2, 18) also Begnadigung (Röm. 5, 1) verschafft hat. — Wenn
man auch den Ausdruck gebraucht: Gott ist durch Christum bewogen
worden, so heißt das nur: Christus ist von jeher der Grund des
göttlichen Wohlgefallens an den Menschen. Dieses Bewegtwerden
war nicht eine in der Zeit geschehende Bestimmung und Veränderung
Gottes; alle Zeitbedingungen müssen weggedacht werden. Das
in der Zeit offenbarte Factum war Gott ewig bekannt und bei ihm
ewig gültig. 1. Petr. 1, 20. — c) Schuld und Verdienst können
nie auf einen Andern übertragen werden. Wenn Christus die höchste
sittliche Vollkommenheit besitzt, so besitzen sie deswegen die Uebrigen
noch nicht, sind noch nicht Gegenstand des göttlichen Wohlgefallens;
in sittlichen Dingen muß jeder für sich stehen. Was nun diesen
Einwurf betrifft, so muß man zweierlei wohl unterscheiden: nämlich
die Erwerbung der Tugend, der moralischen Vollkommenheit an sich
selbst und die Erwerbung gewisser Rechte oder Wohlthaten, die aus
der moralischen Vollkommenheit fließen. Jene ist allerdings nicht
übertragbar, d. h. es folgt nicht, wenn Christus heilig ist, so sind
es auch ohne Weiteres die Menschen; das wird auch nirgends be=
hauptet. Diese aber kann wohl übertragen werden und findet dieß
laut der Erfahrung in unzähligen Fällen unbeschadet der Principien
des Rechts und der Moral statt. In Ansehung der Folgen der
moralischen Schuld oder des Verdienstes findet gar wohl ein Zu=
sammenhang statt, nach welchem jene auf Andere übergehn. Denn
es ist ausgemacht: es trifft manchen um Anderer willen ein Uebel,
aber es wird ihm auch viel Gutes um Anderer willen zu Theil,

z. B. den Söhnen, um das Verdienst der Väter zu belohnen: sie haben mit Theil an dem Segen des Vaters. Die Sodomer wären freilich nicht gerecht geworden, wenn zehn Gerechte unter ihnen zu finden gewesen wären, aber sie würden mit dem Gericht verschont worden sein. Wenden wir das auf Christum an, so können wir freilich nicht sagen, daß uns dies, daß er heilig ist, heilig macht, aber wir sollen die Folgen seiner Heiligkeit, seines unendlichen, sittlichen Verdienstes mit genießen, d. h. die Begnadigung unter gewissen Bedingungen empfangen. Das ist's, was die Zurechnung der Gerechtigkeit Christi heißt. — Außerdem findet sich zwischen uns und Christo ein Verhältniß, das über alle gemeinen moralischen Verhältnisse weit hinaus liegt; er ist Urheber, Schöpfer von uns, er ist das Haupt, wir sind Glieder seines Leibes. Dieser uns noch nicht ganz ergründbare Zusammenhang zwischen Haupt und Gliedern kann uns auch ein stellvertretendes Leiden viel glaublicher machen. Und für ihn als Haupt war keine heiligere Aufgabe denkbar als die: die ewige Schuld und Verdammniß seiner Brüder wegzuräumen. Er identificirte sich so mit dem menschlichen Geschlechte, daß er dessen Schuld selbst fühlte, selbst litt aus Drang der Liebe. Diese höchste aller moralischen Pflichtideen hat nirgends eine Vollendung oder Realität erhalten, wenn sie es nicht in Christo hat: die höchste Liebe ist die leidende. Dieser heiligen Liebe hat nun Gott auch die Begnadigung der Menschen gewährt, Aufhebung des verdienten Strafurtheils, nach welchem die Menschen aus der Gemeinschaft mit Gott ausgeschlossen geblieben wären. Dies ist der von Christo, rein von ihm ausgewirkte Pardon. Der Liebe Christi selbst wäre ihre Seligkeit verkümmert worden, wenn sie nicht ihren Zweck, Begnadigung der Menschen, erreicht hätte. Spricht man aber: Konnte Gott das nicht auch so, ohne Versöhnung? so ist zu antworten: So war es mit seiner Gerechtigkeit und Heiligkeit am aller einstimmendsten. — Jenes Princip von Unübertragbarkeit der Schuld und Tugend bleibt unangetastet stehen, was die subjective Aneignung für die Einzelnen betrifft. Matth. 25, 8. 9. Da muß Jeder seinen eigenen Glauben haben, keiner kann für Andere glauben. Durch Christum ist im Allgemeinen, objectiv die Begnadigung begründet, erworben; nun kommt es auf jeden einzelnen an, ob er diese Begnadigung annimmt oder nicht. Von dieser besondern persönlichen Zueignung hängt Wohl und Wehe der Einzelnen ab. Erkennst du Christum an: wohl dir! — d) Es ist ungerecht, daß ein Unschuldiger für Schuldige leidet. Allein Christus hat sich dazu freiwillig erboten und er war uneingeschränkter Herr seines Lebens. Joh. 10, 17 18. Er that es für die Menschen, mit denen als seinen Brüdern er verbunden war, und seine Leiden brachten den herrlichsten Ausgang und die herrlichste Frucht. — e) Die ganze Genugthuungslehre ist nicht biblischen, sondern viel späteren Ursprungs, hauptsächlich durch Anselm erfunden. Allein die unbefangene historische Untersuchung ist dieser

Lieblingsmeinung vieler Theologen gar nicht günstig. (Vgl. Mün=
scher Dogmengesch. IV., 280.) Wenn gleich die speculative Entwick=
lung und systematische Durchführung der Genugthuungslehre dem
Anselm zukommt, so ist doch die Grundlage bereits dem christlichen
Alterthum bekannt. — Solche Bestimmungen, die über die Bibellehre
hinausgehen, haben wir nicht zu vertreten, hat auch unsere Kirche
nicht vertreten. In unsern symbolischen Büchern ist blos die ein=
fache, biblische Lehre. Die gleichsam mathematische Berechnung, ob
das Leiden Christi äqual oder größer sei, als die von den Menschen
verdiente Schuld, ist ungehörig und fällt bei unserer Darstellung von
selbst weg. Wir brauchen weder die Theorie des Anselm noch des
Duns Scotus. [Eine vorwitzige Frage ist es ebenfalls, wie und
ob in andern Welten, falls da ebenfalls sündige gefallene Wesen
sind, auch eine Versöhnung statt gefunden hat, ob Christus wohl
gar mehrere Welten durchzogen hat, um eine Versöhnung zu stiften
oder ob die von ihm gestiftete Versöhnung für alle Welt gilt. S.
Theolog. Briefwechsel eines Laien über die Versöhnung unseres Pla=
neten und anderer Welten mit Gott durch Christum. Lpzg. 1782.
recens. in Allgem. Deutsche Biblioth. LV., 91 — 94, wo eine Menge
Antworten von namhaften Theologen und Philosophen auf die An=
frage des ungenannten Laien stehen. — Ueber die Frage: ob der
Sohn Gottes ohne Sündenfall habe müssen Mensch werden, s.
Quenstedt, Syst. Theol. III., 108 — 116. ed. 1691. Sie ist
von Rupert von Deutz im 12. sec. zuerst bejaht, von Anselm,
Thomas Aquin verneint worden. S. Thomasius Beitr. zur
kirchl. Christologie S. 79 f. Liebner Christl. Dogm. I. 1, S.
12 — 15. J. Müller in Deutsch. Zeitschr. 1850 S. 314. Andreas
Osiander hielt 1529 in Marburg darüber seine Predigt mit großer
Mißbilligung Luthers.] — f) Diese Lehre ist sehr verderblich, dem
Mißbrauch der menschlichen Trägheit sehr ausgesetzt, weil der Mensch
sich leicht der eigenen Besserung überhebt. Der mögliche Mißbrauch
kann aber unmöglich der Lehre zur Last fallen, sondern ist
Schuld des Menschen. Die Lehre von der allgemeinen Gnade Got=
tes und Barmherzigkeit, z. B. das Gleichniß vom verlornen Sohn
Luc. 15, 11, kann eben so gut gemißbraucht werden. Wird die
Lehre aber recht verstanden und gebraucht, so ist sie die heilsamste
und segensreichste, die es giebt.

Anm. 6. Die Versöhnungslehre ist der Gipfel, die Krone des
Evangeliums. Wer sie nicht annimmt, versteht das Wesentliche des
Christenthums nicht. Wer sie versteht, versteht das eigentliche Evan=
gelium. Ihre praktische Bedeutung ist folgende: — a) Die Lehre,
daß wir alle dem Verdienste Christi und nicht uns selbst Gnade und
Vergebung verdanken, ist eine heilsame Demüthigung, die den Men=
schen seine eigene Unwürdigkeit und Hilflosigkeit und die Mangel=
haftigkeit seiner Tugend fühlen läßt und ihn nöthigt, sich als armer
Sünder vor Gott zu bemüthigen. Dieses Wort ist erst die Quelle

wahrer Demuth. Die entgegengeſetzte Lehre, daß der Menſch mit
ſeiner eigenen Beſſerung die Vergebung und Seligkeit ſich verdienen
müſſe, muß nothwendig einen geheimen Stolz und Dünkel erzeugen
und die kindliche Einfalt und Demuth vor Gott vernichten. — b) Dieſe
Lehre erweckt eine ſo innige Liebe und Dankbarkeit gegen Jeſum,
wie ſonſt nie erweckt werden kann. Iſt Jeſus nur Lehrer und Vorbild der Tugend, die wir von uns ſelbſt erringen und dadurch die
Gnade erwerben, ſo können wir unmöglich das gegen Jeſum empfinden, was der empfindet, der da glaubt, Jeſus allein hat alles
erworben, ohne ihn wäreſt du verloren, ihm verdankſt du alles,
er hat ſich für dich geopfert, für dich, an deiner Stelle gelitten.
„Für dich" das iſt der eigentliche Punkt, von dem rechte Geſinnung
gegen Jeſum ausgeht. Wie kalt wird der bleiben, in welchem ärm-
lichen Lichte muß Chriſti Tod dem erſcheinen, dem er nur ein un-
vollkommenes Symbol iſt; ganz ſo wie begnadigte Rebellen gegen
den königlichen Prinzen, der ihnen den Pardon verkündigt, viel weniger empfinden werden, wenn er ſonſt nichts dabei that, als wenn
er ihnen den Pardon durch ſchmerzliche Opfer auch auswirkte. Erkennt man Chriſtum überdies nur für einen gewöhnlichen Menſchen,
ohne beſonderes göttliches Anſehn, ſo kann ſein Wort nicht einmal
die Kraft einer wahren göttlichen Ankündigung haben, er kann uns
keine giltige Verſicherung von der Gnade geben, ſo wenig als ein
anderer Menſch. Was hat er ſonſt für ein Creditiv? Ja es bleibt
dann problematiſch, ob er ſelbſt vollkommen ſündlos war und nicht
vielleicht ſelbſt mit unter die Zahl der Sündigen, Schuldigen und
Gnadebedürftigen gehört. In der That wird die Zuſicherung etwas
Widriges für uns haben, wenn er kein höheres göttliches Creditiv
hat, wenn er es ſich herausnimmt, uns Gnade bringen zu wollen.
Es wäre ebenſo, als wenn Einer der Rebellen, der aber in keinem
beſondern Verhältniß zum König ſtünde, ſich's wollte beikommen
laſſen, die Gnade des Königs zu verbürgen. Aber welch ein inniges
Anſchließen an Jeſum wird erweckt durch den Glauben an ihn, den
wahren Verſöhner! Wie wichtig und unentbehrlich wird Chriſtus!
Wie eng die Vereinigung mit ihm, da wir nun als Glieder ſeinem
Leibe einverleibt, Gnade und Leben haben können! — c) Nicht
weniger erſcheint die Liebe Gottes im hellſten Lichte. Wenn Gott
den einigen, über Alles geliebten Sohn für uns zur Verſöhnung
hingiebt, wie groß muß ſeine Liebe zu uns Menſchen ſein! Röm.
8, 32. Joh. 3, 16. Gott hat es ſich ſein Theuerſtes koſten laſſen.
So liebt er uns; wie müſſen wir ihn wieder lieben! Nun ſagen
die Gegner, die keine eigentliche Verſöhnung, keine Genugthuung
durch Chriſti Tod glauben: das predigen wir auch; Gott hat, um
uns ſeine Liebe zu offenbaren, ſeinen Sohn in den Tod, hat uns
dadurch ein Unterpfand ſeiner Gnade gegeben. Dies iſt aber geradezu ſinnlos, wenn nicht der Tod Chriſti an ſich nothwendig war
und eine heilſame, verſöhnende Kraft hat. Denn wozu läßt ihn

denn Gott sterben, wenn nicht um der Sünde willen? Durch den bloßen Tod, wenn dieser an sich keinen Zweck hatte, die Liebe zu bezeugen, wäre eben so ungereimt, als wenn Einer zum Andern spräche: Ich will dir gern zeigen, wie lieb ich dich habe; ich will mir ein Auge ausstechen, eine Hand abhauen lassen. Was soll ich denn mit dem Auge machen? Wenn also die Behauptung, daß Gott uns durch den Tod seines Sohnes die Größe seiner Liebe habe zeigen wollen, einen Sinn haben soll, so muß vorher schon dieser Tod zu einem Zweck nothwendig gewesen sein. — d) Die Lehre stellt uns die Schande, den Greuel und die Strafbarkeit der Sünde im klarsten Lichte dar und schreckt uns also von der Sünde kräftig ab. Was muß es mit der Sünde auf sich haben, wenn nur ein solches Opfer sie versöhnen konnte! Und wie muß uns das vor neuen Sünden zurückschrecken! Unsere Sünde hat Jesum an das Kreuz gebracht! Traure über die Sünde! Aber hüte dich vor neuen Sünden! Denn das hieße, Christum aufs neue kreuzigen, oder gar von ihm abfallen, hieße sein Blut entweihen. Hebr. 6, 6. Der Christ, ein theuer erworbenes Eigenthum Christi, darf nicht mehr sündigen. — e) Dieses Wort der Versöhnung ist daher ebenfalls die kräftigste Erweckung und Stärkung zur Heiligung. Der Tod Christi selbst ist das Heiligste; wenn Gott um dieses heiligen Todes willen vergiebt, so muß schon das zur Heiligung verpflichten. Röm. 6, 1 f. Gott vergiebt aus heiligen Absichten, um die Heiligung möglich zu machen. Es hieße der heiligen Gnade Gottes spotten, wenn man nicht wollte der Heiligung nachjagen. — Das Wort von der Versöhnung erweckt innige Liebe zu den Mitmenschen. Sie alle sind durch Christi Blut erlöst; es haftet an ihnen Christi Blut. Das muß sie uns theuer und lieb machen und innige Theilnahme einflößen. — Unsere Tugend wird dadurch erst eine lautere, freie, uneigennützige. Wir fühlen es, wir können uns nichts verdienen; Christus hat schon alles verdient, unsere Seligkeit ist sein Werk. Die entgegengesetzte Lehre wird nur Lohnsucht erzeugen. — f) Endlich ist nicht zu sagen, welche Fülle des Trostes in dieser Lehre liegt. Der Tod Christi, das Opfer für unsere Sünden ist für alle betrübten Seelen die einzige Labung und Hoffnung. Vom Kreuze Christi sind Ströme des Lebens auf Millionen geflossen. Wer mit aufrichtiger Seele Christum für seinen Versöhner erkennt, der mag sich noch so gedrückt durch seine Sünde, unwürdig vor Gott fühlen, er kann in Christo Gnade hoffen. Alle Sünden sind getilgt! Nimm dem armen Sünder diesen Trost und er muß verzweifeln, verzagen. Vgl. Calderon die Andacht am Kreuze, s. Hoffmanns Leben II., 50 f. Göthe: Der fromme Wanderer:

Das Zeichen sieht er prächtig aufgerichtet,
Das aller Welt zu Trost und Hoffnung steht,
Zu dem viel tausend Geister sich verpflichtet,
Zu dem viel tausend Herzen warm gefleht,

Das die Gewalt des bittern Tod's vernichtet,
Das in so mancher Siegesfahne weht,
Ein Labequell durchdringt die matten Glieder,
Er sieht das Kreuz und schlägt die Augen nieder.

Anm. 7. Aus dem Bisherigen ergeben sich folgende Resultate: a) Die naturalistische Ansicht hat durchaus nichts Gutes, was die biblische nicht hätte. Diese raubt uns durchaus nichts, dagegen entreißt uns die rationalistische Lehre das Eigenthümliche, Wesentliche, das Höchste und Beseligendste der biblischen Lehre und bietet uns nichts dafür. Es ist diese Lehre der Gipfel der Vollkommenheit Hebr. 6, 1, während die andern Lehren Hebr. 5, 12. 14 nur die Anfangsgründe sind. Wenn wir nun bei der biblischen Lehre nichts einbüßen, bei der rationalistischen aber alles wahrhaft Christliche verlieren, wer soll noch in der Wahl schwanken? — b) Hier ist der Scheidepunkt, wo der Geist der ungläubigen und gläubigen Theologie am klarsten und entschiedensten hervorspringt. Die ältere gläubige Theologie will den Menschen demüthigen und Christum erheben in seinem unendlichen Verdienst, die ungläubige will den Menschen erheben und Christum herabsetzen. Jene läßt den Menschen seine Schuld, sein Elend ohne Christum fühlen und drängt ihn zu diesem hin; diese verweist ihn auf sich und flößt ihm den Dünkel ein, keinen Versöhner zu brauchen. — c) Dieser Glaube ist die Grundlage des ganzen christlichen Charakters. Hier scheiden sich die menschlichen Charaktere, ob sie kindlich oder übermüthig, einfältig oder selbstgefällig, demüthig oder hochmüthig sind, Jesu anhangen oder ihn meistern. Es ist das Centrum des Christenthums, so auch der Wendepunkt der Geister. Vgl. des Freih. v. Spangenberg Urtheil in Mosers patriot. Archiv VII. 284. Heinroth Anthrop. S. 466 f.

§ 41.
Jesus als der Urheber unserer Heiligung.

Um die Heiligkeit Gottes bei der durch Christum gestifteten Versöhnung erkennbar zu machen und den Mißbrauch der letztern zu verhüten, dient vorzüglich die Lehre, daß Christus uns auch zum Urheber der wahren Heiligung bestimmt ist, welche er durch seine Lehre, durch sein Beispiel, durch seine Kirche und durch den fortdauernden Beistand seines Geistes als Herr oder König der Seinen bewirkt, woraus wiederum das Verdienst des Christenthums um Beförderung wahrer Sittlichkeit, das Eigenthümliche seiner Wirksamkeit, aber auch die weit größere Schuld der unter Christen herrschenden Unsittlichkeit einleuchtet.

Anm. 1. Dieses dritte Verdienst Christi ist die Vollendung des vorhergehenden; denn die Absicht Gottes bei der Vergebung der Sünden ist keine andere als unsere Heiligung zu bewirken; in der Vergebung liegen die stärksten Antriebe zur Besserung und die Vergebung kann nicht der höchste Zweck sein; das ist vielmehr die Heiligung der Menschen. Christus selbst erklärt das für seinen Zweck; er ist gekommen, die Sünder zur Buße zu rufen, das Verlorne zu suchen. Vgl. 1. Thess. 4, 3. Das bestätigt auch Christi Leben; denn darum lehrte er, darum ging er auch mit Lasterhaften um. Vgl. Joh. 8, 32. 36.

Anm. 2. Christus bewirkt unsere Heiligung a) durch seine Lehre. Er ist der vollkommene Lehrer der wahren Tugend gewesen, hat Gesetz und Propheten erfüllt; s. Matth. 5, 17 und die ganze Bergpredigt. Die Christliche Tugendlehre hat vor allen andern die entschiedendsten Vorzüge. Sie dringt nicht blos auf die äußere That, sondern auf den innern Sinn; sie fordert gänzliche Reinigkeit, Heiligkeit des Herzens, Freiheit von allen unlautern Triebfedern, als z. B. Lohnsucht und Ehrgeiz, sie setzt die Tugend mit der Frömmigkeit in unauflösliche Verbindung, Menschenliebe und Gottesliebe sind durchaus eins, und das Christenthum stellt das höchste Ziel, Vollkommenheit und Gottähnlichkeit vor. Das mosaische Gesetz ist seinem nächsten Zwecke nach der Stufe des damaligen Zeitalters gemäß mehr auf Sittenzucht berechnet, womit nicht geleugnet wird, daß der Geist des Gesetzes auf die innere Gesinnung zielt 5. Mos. 5, 10.; auch eilten Einzelne ihrem Zeitalter voraus. Bei den heidnischen Weltweisen wurde die Tugend mehr nur nach ihrem Einfluß auf das gesellige Leben und bürgerliche Wohl betrachtet, aber die wahre Heiligung erkannten sie nicht, weil ihnen theils die tiefe Erkenntniß der Sünde fehlte, theils die Erkenntniß eines heiligen Gottes abging. Die heidnischen Moralisten kennen vier Haupttugenden: Weisheit, Gerechtigkeit, Mäßigkeit, Tapferkeit (Seelenstärke.) Das absolut Gute und Heilige ist darin noch nicht enthalten; dies ist das Ideal des Christenthums. — b) Durch sein Beispiel. Ohne Beispiel hätte eine Lehre keinen Nachdruck, verlöre alle Wirksamkeit. Christus hat uns das höchste Vorbild gegeben. Lehre und Vorbild stehen in Verbindung. Das Vorbild wird durch die Lehre klarer und wiederum die Lehre durch das Vorbild gekräftigt Das Vorbild Christi ist allseitig, wie es bei keinem andern Menschen ist, es umfaßt alle Tugenden in vollendeter Harmonie ohne Einseitigkeit. Es giebt keine Tugend, in der Christus uns nicht Vorbild wäre und sein Vorbild ist so klar und so anwendbar.

> (Wenn Hochmuth sich in dir empor will schwingen,
> So stürz ihn Jesu Demuth in den Koth;
> Will böse Lust sich in den Willen dringen,
> Mach' Jesu Keuschheit dich dagegen todt!
> Reizt Ehr= und Habsucht deinen Sinn,
> So blick auf Jesu Armuth hin;
> Und geh an seinem Beispiel lernen
> Die Eigenliebe zu entfernen.

Brüdergef. 512. Vgl. Arnold's Lied: Heiligster Jesu, Heiligungsquelle ꝛc.)

In dieser Beziehung steht das Christenthum einzig da; keine andere Religion stellt ein solches Vorbild auf. Allerdings hat Christus außerordentliche Vorzüge, aber er hat auch Außerordentliches geleistet. Er konnte sagen: Folget mir nach! Es ist Maxime des Christen, seinen Blick unverrückt auf Christum zu richten und sich die Frage vorzulegen: wie würde Christus handeln? — c) Durch seine Kirche. Durch dieselbe hat er uns zu einer heiligen Gemeinschaft verbunden, wo alle nach einem und demselben Ziele ringen, alle ihre Kräfte verbinden, alle einander durch Beispiel und Ermahnung reizen. — d) Durch den fortgebenden Einfluß seines Geistes. Christus hat einen wahren, reellen Einfluß auf die Gläubigen, die durch den Glauben in ihn eingewurzelt sind. Matth. 18, 20; 28, 20. Joh. 15. Unser Gedanke, unsere Vorstellung von Christo macht es nicht, Christus selbst lebt in den Seinen. Joh. 17, 20. f. Gal. 2, 20. Offb. 3, 23. Phil. 4, 13. Hier stimmen auch die Socinianer mit Protestanten und Katholiken überein; sie erkennen den fortwährenden Einfluß Christi. Die Offenbarungsleugner, die ihn nicht anerkennen und doch Christen sein wollen, haben also den einstimmigen Glauben aller Christen aller Jahrhunderte wider sich; sie müssen behaupten, daß die Apostel und alle, die ihnen folgen, im Irrthume gewesen sind.

Anm. 3. Wenn wir den Fond, das Quantum von Moralität, die es in der Welt gegeben hat, uns denken, so kommt das Meiste auf den Einfluß des Christenthums. Schon vor Christo hat die Hoffnung des Messias den entschiedendsten Einfluß gehabt. Wir verdanken alle Moralität dem Christenthume, auch was sich an den getauften Heiden unter den Christen Gutes findet, ist doch die Wirkung des Eindruckes, den sie von Christo, von der christlichen Atmosphäre, die sie eingeathmet, empfangen haben. Und wodurch, durch welchen Hebel setzt das Christenthum die Kräfte des Menschen in Bewegung? Sein Hebel ist einfach und allmächtig. Es ist die Liebe. Denn die Liebe ist das Wesen des Christenthums; sie ist das Band, welches das Christenthum zusammenhält. Es flößt Liebe zu Gott, zu Jesu, zu den Menschen ein und daher hat das Christenthum Tugenden gewirkt, welche das Heidenthum nicht kannte, Demuth, kindlichen Sinn gegen Gott, Selbstverleugnung, Feindesliebe. Erst das Christenthum hat die wahre Humanität gelehrt. Strauß hat dem Christenthume die heiligende Kraft abgesprochen. Er sagt in Schubart's Leben II., 468: „Auf dem Asperg wurde das Christenthum curweise bei ihm angewendet, aber wie wir gesehn haben, ohne bleibenden Erfolg. Den Zwiespalt, das Auseinanderstreben von Geist und Sinnlichkeit konnte und kann es nicht heilen, weil es ihn nicht bei der Wurzel angreift. Eigentlich möchte es die Sinnlichkeit ausrotten; da es dies aber nicht kann, so drückt es ein Auge zu und läßt sie unter der Hand gewähren, sofern sie nur in gewissen Schranken bleibt. Aber das ist auch Alles; von Anerkennen und positiv bildendem Eingehn auf dieselbe ist nicht die Rede. Der Christ ist im besten Falle nur ein auf einem gezähmten Thier reitender Engel, kein Mensch aus Einem Guß. Eben deswegen bleibt aber immer die Gefahr, daß die gebändigte Bestie sich gelegentlich wieder emancipire, wie wir dies bei Schubart nach seiner Befreiung, ja gleich nach der ersten Lüftung seiner Fessel alsbald erleben. Die natürliche Grundlage des menschlichen Wesens nicht zu unterdrücken, sondern aus sich selbst heraus zu humanisiren, das haben nur die Griechen verstanden. Mit der Wiedererweckung ihrer Schriften und ihres Geistes ist den christlichen Völkern erst wieder der Begriff dieses wahrhaft menschlichen Daseins aufgegangen. Aus ihnen groß genährt haben unsere beiden classischen Dichter diese Durchdringung des Natürlichen mit dem Geiste, der Sinnlichkeit mit der Sitte im Leben wie in der Poesie in den beiden Hauptformen des ruhigen Werdens wie des mächtig erkämpften Sieges dargestellt In Göthe und Schiller als Dichtern und Menschen war es eben damals erfüllt, was Schubart fehlte, als er auch ohne nur den Weg dazu gefunden zu haben seine schicksalsvolle Irrfahrt endigte." Abgesehn davon, daß ein Beispiel nichts beweisen kann, so stellt der, der solches behauptet, sich selbst das testimonium paupertatis aus.

Anm. 4. Aus dem Bisherigen ergeben sich folgende praktische Resultate: a) Die Christen haben desto mehr Schuld, wenn sie nicht geheiligt werden, je mehr Gnadenmittel ihnen gegeben waren. Matth. 11, 20—24. Dies warne jeden vor Vernachlässigung der christlichen Heiligungsmittel, aber auch vor der Einbildung, ohne Christum zur Heiligung zu gelangen. Was Christus nicht gewirkt, was ohne ihn gethan ist, ist vor Gott untauglich. Joh. 15, 5. — b) Dies treibe zum vollsten Glauben und zur innigsten Anschließung an Christum, weil wir nur in dem Grade heilig werden, in welchem wir an Christo festhalten und weil alle Heiligung nur in der Theilnahme an Christi Heiligkeit besteht. Wenn Er etwas aus uns macht, werden wir etwas. — c) Dies erwecke zur Dankbarkeit gegen Christum, zum Eifer, ihm durch Heiligung und gute Früchte Ehre zu machen, seinen Namen zu verherrlichen.

§ 42.
Jesus als der Urheber unserer Seligkeit.

Endlich ist Christus auch Urheber unserer Seligkeit, nicht als Wegweiser dazu, sondern als wirklicher Geber derselben, indem er schon jetzt den Anfang des ewigen Lebens die Seinen schmecken läßt, indem er auch bei den Uebertretungen der Glänbigen durch seine Fürbitte sie tröstet, aufrichtet, sie durch seinen Geist seiner Gnade versichert und alle ihre Schicksale zu ihrem

Besten lenkt, endlich aber sie zur Herrlichkeit erheben und ihre
Seligkeit vollenden wird; ein Glaube voll hoher Kraft, der die
Liebe zu Jesu weit inniger, zarter und stärker machen muß.

Anm. 1. Die ἀπολύτρωσις 1. Cor. 1, 30 muß im engern
Sinn genommen werden, wie Röm. 8, 23, 2. Tim. 4, 18, weil
Paulus alle vier Ausdrücke durch Partikeln unterscheidet. Daß
Christus nicht blos Führer, Wegweiser zur Seligkeit ist, sondern
der eigentliche Urheber und Geber derselben, erhellt aus Folgendem:
Christus ist zunächst schon durch die Versöhnung, ohne welche es
keine Seligkeit gäbe, der Grund alles Heils; und dieses Verdienst
hat er allein, das theilt Niemand mit ihm. Er nennt sich auch selbst
den Geber der Seligkeit Joh. 3, 16; 4, 14; 10, 9. 10. 28. Er
hat die Macht und Herrschaft, uns zu beseligen erworben. Joh.
17, 2. 24. Röm. 14, 7—9. Er gebraucht diese Macht schon am
Kreuze Luc. 23, 43. In Hebr. 7, 25 wird die Seligkeit der Glaubenden von dem ewigen Leben Christi abgeleitet. Wozu brauchte
dies erwähnt zu werden, wenn die Seligkeit nur durch Christi Lehre
vermittelt wäre? Christus ist ferner der Urheber unserer Unsterblichkeit und Auferstehung. Joh. 6, 39. 40; 5, 21—29. 1. Cor.
15, 21. Wenn nun unsere Seligkeit von der Auferstehung abhängt,
so ist sie auch Christi Werk. Unsere Seligkeit besteht eigentlich blos
in der Theilnahme an Christi Seligkeit und wenn er das, was er
hat, uns mittheilt, so ist er der Geber. Matth. 25, 21—23.
Luc. 22, 29. Röm. 8, 17. 2. Tim. 2, 10—12. Darum sagt
die Schrift, es kann kein Mensch selig werden ohne durch ihn.
Ap. Gesch. 4, 11 und 12. Joh. 14, 6. Röm. 5, 12—19.

Anm. 2. Diese Lehre ist wichtig. Denn der Glaube, daß
Jesus der Seligmacher ist, ist eine Verherrlichung Christi. Christus
erscheint hier als der, der in sich die höchste Liebe und die höchste
Macht vereinigt. Seiner Liebe ist es Bedürfniß, diese Seligkeit zu
ertheilen und darum gebraucht er seine Macht dazu. Dieser Glaube
ist auch folgenreich; er erweckt uns ernstlich, im Glauben an Jesum
festzuhalten, denn ohne den Glauben können wir diese Seligkeit
nicht erlangen; er erhebt unsere Liebe und Dankbarkeit gegen Jesum
über die Maßen; er muß daher in dem Gläubigen eine immerwährende Sehnsucht nach Jesu erzeugen, weil wir nur bei ihm die Seligkeit finden; er giebt reichlichen Trost und Hoffnung unter Leiden
und Gefahren, denn Christus läßt die Seinen nicht und hat nichts
als Heil für sie beschlossen.

§ 43.

Ueberblick des ganzen Werkes Christi.

Fassen wir alles, was Christus zum Heile der Menschheit
gethan hat, zusammen, so ergiebt sich, wie Er alles geleistet,

was nur von einem Heiland gefordert werden konnte, wie sein Verdienst nach Umfang und Dauer unendlich und unvergleichbar ist, wie er als das einzige Beispiel des Unternehmers und Vollenders des höchsten Werkes basteht, wie aber auch ihm der ewige Dank und die Verehrung unseres Geschlechtes gebührt, wie sein Verdienst der Maßstab alles menschlichen Verdienstes ist und wie es also der höchste Ruhm ist, diesem Heilande ähnlich zu werden.

Anm. 1. Man hat Christi Wirksamkeit als dreifaches — prophetisches, hohepriesterliches und königliches — Amt dargestellt. Diese Eintheilung ist zuerst von Ernesti opusc. th. S. 413 ff. aus dem Grunde getadelt worden, weil die Ausdrücke einander nicht ausschließen, da sie in der Bibel einen viel weiteren Sinn haben und weil sie tropisch, also im Unterricht nicht recht faßlich sind. Dieser Tadel ist aber nicht begründet; s. Morus epit. 193. Schon Philo de praem. et poen. p. 918 unterscheidet vier Aemter, die Moses gehabt habe: βασιλεία, νομοθεσία, προφητεία, ἀρχιερωσύνη. Die Ausdrücke selbst sind offenbar nicht synonym. Prophet bezeichnet etwas anderes als Priester und König und diese Bezeichnungen werden Hebr. 1 unterschieden. Auch entspricht diese Eintheilung den geistlichen Bedürfnissen des Menschen, der Belehrung, des Trostes, der Heiligung und Beseligung, welche durch Christum erfüllt sind. 1. Cor. 1, 30.

Anm. 2. Von dem prophetischen Amte Christi ist schon § 39 geredet. Christus ist der höchste Prophet, weil er Alles aus unmittelbarer Mittheilung Gottes, aus Anschauung empfing. Er ist der lebendige Sprecher Gottes. Kann er aber auch als Hoherpriester bezeichnet werden? Wenn das Wesentliche, Reelle unterschieden wird vom Accidentellen, so muß man sagen, nicht Christus ist ein Priester, sondern er ist der Priester, denn er hat die Versöhnung der Sünden erworben. Zu dem hohenpriesterlichen Amte Christi rechnet man gewöhnlich die Versöhnung (expiatio peccatorum) und die Fürbitte (intercessio). Von ersterem ist schon § 40 geredet. Die Lehre von der Fürbitte Christi ist eine heilige Lehre des Christenthums, die je mehr sie verdunkelt und verworfen worden ist, desto mehr an's Licht gezogen zu werden verdient. Ob der Hohepriester im A. T. für das Volk gebeten habe, wird allerdings nicht ausdrücklich gesagt. Es ist aber nicht unwahrscheinlich: Winke finden sich 2. Mos. 28, 29. 30. 35. Das Darbringen des Räuchopfers war ein Symbol des Gebetes und wenn Salomo für das Volk bittet, sollen es die echten Hohenpriester nicht gethan haben? 1. Kön. 8, 30. Christo wird eine solche Fürbitte (vgl. Arnold theolog. experim. Kap. 6. S. 84—98) zugeschrieben, schon im A. T. Jes. 53, 12, besonders im N. T. Röm. 8, 34. Hebr. 5, 7; 7, 25; 9, 24. 1. Joh. 2, 1. Allerdings nehmen Manche diese Stellen nicht als Beschreibung einer besondern Thätigkeit Christi, sondern als bildliche

Beschreibung des ganzen Erlösungswerkes; das stimmt aber nicht mit der Schrift zusammen. Man kann unterscheiden eine allgemeine Fürbitte, da Christus für alle Menschen bittet Jes. 53, 12. Luc. 23, 34 und eine besondere Fürbitte, welche sich auf seine Gläubigen bezieht und zwar geschieht seine Fürsprache theils um sie im Glauben zu bewahren und zu erhalten, theils um entweder für ihre ehemaligen Sünden oder für Sünden, die sie nach ihrer Bekehrung begingen, ihnen Vergebung und Trost zu verschaffen. Diese intercessio ist wohl zu unterscheiden von der satisfactio. Die letztere bezeichnet das, was Christus zum Heile Aller that, wodurch er für Alle Vergebung der Sünden möglich machte. Die intercessio ist dagegen die Wirksamkeit Christi, wodurch er die Früchte seiner Genugthuung seinen Gläubigen zuwendet. Der Beweis liegt in den oben angeführten Stellen, wo nur von den Gläubigen, Auserwählten die Rede ist. Die Einwendung: es sei zu anthropomorphistisch, sich eine eigentliche Fürbitte zu denken, Gott vergebe von selbst, auch ohne Fürbitte eines dritten, beweist zu viel, also nichts. Denn nach dieser Einwendung müßte überhaupt all und jede Fürbitte zwecklos und widersinnig sein; und wie könnte uns denn die Pflicht, für andere zu bitten, so eingeschärft werden. Warum hätte Christus ermahnt, für unsere Feinde zu bitten? Warum fordert Paulus seine Gemeinden auf, für ihn zu beten? Wir sehen, daß es Gott angenehm ist, Fürbitten für Andere zu empfangen und es ist mit eine der herrlichsten Belohnungen für den Frommen, wenn Gott auf seine Fürbitte achtet. Dem Christen ist es das liebste Geschäft. Christus selbst hat schon auf Erden für Andere gebeten, für seine Feinde, für seine Jünger Joh. 17, für den Petrus Luc. 22, 32, auch für Judas Joh. 17, 9. Wenn Christus hier für Andere gebeten hat, warum soll er es nicht im Himmel thun? Diese Fürbitte Christi ist eigentlich nichts anderes, als die ununterbrochene, erneuerte Declaration von der ewigen Gültigkeit seines Versöhnungsopfers vor Gott, Hebr. 12, 29, mit Rücksicht auf welches Gott die Gläubigen begnadigt. Die Art und Weise dieser Fürbitte können wir nicht bestimmen, z. B. ob sie in eigentlichen verbis expressis geschehe. Man kann nicht geradezu leugnen, daß eine gewisse wörtliche Fürbitte, d. h. eine solche, die auch andern Geistern vernehmbar ist, statt finde, nur muß man dabei nicht vergessen, daß Geistersprache keine Menschensprache ist. Wenn Jesus seine Wünsche und Gedanken unaufhörlich auf die Seligkeit der Seinen gerichtet hat, warum soll er sie nicht dem Vater mittheilen? Und wenn um ihn selige Geister sind, denen er sich und Gott durch ihn sich offenbart, was kann wonnevoller für sie sein, als diese Offenbarungen der Menschenliebe Jesu und der Liebe des Vaters zum Sohne und durch ihn zu den Menschen zu vernehmen? Wenn aber Jesus sein Begehren allein dem Vater offenbart, dann bedarf es allerdings keiner Worte, Gott liest die Gedanken. Es gilt auch hier, was auch sonst gilt: Ein edel=mensch=

lich gedachter Gott ist besser, als ein metaphysisch subtilisirter, d. h. am Ende in's leere Nichts aufgelöster Gott. In dieses wird der Rationalismus, der die Lehre von Gottes heiligem Vaterherzen, das in Christo sich offenbart hat, vernichten will, Gott endlich auflösen. Die Lehre von der Fürbitte Christi giebt unaussprechlichen Trost, den jeder Christ bedarf. Nicht leicht wird ein Frommer sein, der nicht bisweilen falle, vielleicht auch in schwere Sünde. Dann kann er auf das Tiefste niedergeschlagen werden, in Verzweiflung gerathen. Hier kann ihn nichts so sehr trösten und aufrichten, als der Gedanke: Christus bittet für dich. Wer noch in Christi Fürbitte eingeschlossen ist, ist nicht verloren. Halte diesen Trost fest! Für den, der rein und ohne Sünde ist, ist freilich keine Fürbitte Christi nöthig, aber wer ist rein und wer müßte nicht vor Gott vergehen, wenn Christus ihn nicht verträte? Christi Fürbitte giebt unserem ganzen Beten erst Kraft und erweckt uns ihm nachzuahmen, obschon es etwas Großes und Kühnes ist, als Sünder für Sünder zu bitten.

Anm. 3 Die Lehre vom königlichen Amte Christi ist oft sehr verwässert und verflacht worden, z. B. von Spalding Neue Predd. II., S. 237 ff., wonach die Herrschaft Christi nichts anderes sein sollte als die fortdauernde Wirksamkeit seiner Lehre. Aber dieselbe ist vielmehr der fortgehende gewaltige Einfluß Christi, den er persönlich auf die Weltangelegenheiten, besonders auf seine Kirche hat. Die Schrift sagt, daß er mit Gott herrsche, zur Rechten Gottes sitze. Dieses Sitzen kann nur von einer Person, nicht von der Lehre ausgesagt werden. Dieses Sitzen wird Christo zugeschrieben zu einer Zeit, wo seine Lehre erst anfing sich zu verbreiten, Ap. Gesch. 2, 33; 5, 31, und Christus sagt es selbst Matth. 26, 64. Von diesem Sitzen und Herrschen Christi werden ferner Wirkungen abgeleitet, die gar nicht auf die Lehre passen, sondern nur auf Christi Person. Hebr. 1, 3. Marc. 16, 20. Ap. Gesch. 9, 5. Gal. 1, 11. Luc. 17, 22; 19, 27. Seine Herrschaft erstreckt sich nach der Schrift über Gegenstände, welche seiner Lehre nicht bedurften, oder gar nicht hatten, z. B. über die Engel, Eph. 1, 20. 21. Col. 1, 15—17. Hebr. 1, 2. 4—14, und er herrscht über alle Menschen ohne Ausnahme. Matth. 28, 18. 19. Joh. 17, 2. — Man hat diese Lehre bestritten und gesagt: die Regierung der Welt und namentlich der menschlichen Angelegenheiten ist in Gottes Hand und es ist Gottes unwürdig, einen Mitregenten oder Stellvertreter zu haben; Gott braucht keinen vicarius. Schon der Koran sage deshalb, die Christen seien associatores. Allein die Regierung der Welt bleibt auch so in Gottes Hand; er regiert durch Christum. Daß er durch Christum regiert, geschieht aber nicht um Gottes willen, als ob er einen Mitregenten nöthig hätte. Gott braucht Niemand; aber es ist Gottes Weise in seinem ganzen Reiche, seinen Plan durch andere moralische Wesen ausführen zu lassen und diese durch solche Theilnahme an seinem Werke zu erhöhen. Daß Christus nun die höchste Herrschaft er-

langt, ist der heiligen Reichsordnung Gottes ganz gemäß. Vgl.
Matth. 25, 14 — 30. Luc. 19, 12, 12 — 28. Nach dem hier aufgestellten
Principe gebührt Christo der ausgebreitetste Wirkungskreis; er hat
das Höchste gethan und darum ist er auch in die höchste Sphäre
versetzt. — Diese Lehre giebt zunächst eine ernstliche Warnung. Es
ist sehr strafbar, diese Herrschaft Christi leugnen, sie ihm streitig
machen zu wollen. Die, welche so verfahren, handeln gerade
wie die Juden Luc. 19, 14. Davor sollen wir uns warnen lassen.
Christus ist ein rex tremendae majestatis. Luther III., 2802
sagt: „Ob sie ihm nicht alle gehorchen nach dem Evangelio, bricht
seiner Herrschaft über alle Creaturen nichts ab. Wer nicht unter
ihm sein will mit Gnaden, der muß unter ihm sein mit Ungnaden.
Wer nicht mit ihm regieren will, der muß wie seine Feinde seiner Füße
Schemel sein. Er ist Richter über die Lebendigen und die Todten.
Meinst du, ob der Türke, Papst, Juden und der ganze böse Haufe
der Welt und Teufel seiner Gnaden nicht wollen, sondern dawider
toben, sie werden darum seiner Gewalt entgehen? Das werden
sie wohl erfahren. Denn Gott spottet ihrer im Himmel und wird
in seinem Zorn mit ihnen reden. Summa, er ist Herr und bleibt
Herr, soweit Gott selbst Herr ist; denn er hat ihm die Herrschaft
über Alles gegeben. Die Gewalt ist gewiß und bleibt wohl. Wehe
dem, der sie mit Gnaden nicht annimmt, der wird sie finden mit
Zorn ewiglich.“ O wie viele würden ganz anders handeln, schrei=
ben, wenn sie Christum erkennten, wenn sie wüßten, daß sie einst
werden vor seinem Gerichte erscheinen und ihm Rede stehen müssen.
Man muß freilich denken; das glauben sie gar nicht, das fällt ihnen gar
nicht als möglich ein, daß Jesus über sie richten werde. Hat er es nicht
oft und klar ausgesprochen? Wenn dieser Gedanke so vielen fremd
ist und albern vorkommt, so ist das ein klarer Beweis, daß ihnen
aller Glaube an Jesum fehlt. Man darf auch nicht die Ausflucht
gebrauchen: Wir wollen uns der Herrschaft Gottes nicht entziehen,
wollen ihn als König und Herrn anerkennen, sein Gebot achten und
seine Gericht fürchten; das ist doch die Hauptsache. Was kommt darauf
an, gerade die bestimmte Form, die göttliche Herrschaft durch Christum
anzuerkennen? Dieselbe Entschuldigung konnten auch die von Gott
gerichteten und gestraften Juden gebrauchen. Ist's denn den Juden
je eingefallen, ihren Jehova nicht als Herrn und König anzuerken=
nen, haben sie dem an sich den Gehorsam aufgekündigt? Daß sie
aber den nicht anerkannten, den Gott ihnen zum Herrn geben wollte,
das war ihre Sünde und das ist noch immer die Sünde der Un=
gläubigen. So wenig sie es auch Wort haben wollen, so versün=
digen sie sich doch an Gott und an seine Majestät, wenn sie dem
nicht huldigen, den Gott allen Menschen zum König eingesetzt hat.
Wenn ein König seinem Sohne eine Provinz anweist, die er regieren
soll, diese aber sagte, wir wollen ihn nicht haben, aber unserem Könige
wollen wir uns nicht widersetzen, würde derselbe nicht diesen Wider=

stand strafen? Eben daran will Gott unsern Gehorsam erproben, daß wir uns Christo unterwerfen. Hüten wir uns vor Frevel und Ungehorsam, Ps. 2; er ist ein sanfter König, aber er wird einst denen, die ihn verwerfen, schrecklich sein. — Ebenso erweckt diese Lehre zum höchsten Eifer im Wirken für das Reich Christi. Wie ganz anders werden wir für Jesu Sache wirken, streiten, leiden, wenn wir wissen: Er ist der Herr, er sieht, bemerkt uns? Was hätten die Bekenner gewagt, wenn sie gedacht: er wisse gar nicht, was sie thäten und litten? Diesem Eifer ist die höchste Beloh=nung und Ehre zugesagt. Wer jetzt mit Christo arbeitet und leidet, der soll und wird einst mit ihm herrschen. Und gewährt es nicht den höchsten Trost, zu wissen, daß der Menschensohn voll der hei=ligsten Liebe und mit göttlicher Macht unsere Angelegenheiten leitet und lenkt? Wie sicher und getrost können wir unter ihm sein!

Anm. 4. Aus dem Bisherigen ergeben sich folgende Resultate: a) Wenn Christus in diesem Umfange Heiland ist, so gebührt ihm auch die höchste Ehrfurcht, Dankbarkeit und Liebe, die keinem an=dern gebührt und kein anderer mit ihm theilen darf. Es ist Pflicht, sich diese Gesinnungen anzueignen und den Umfang des Verdienstes Christi sich recht klar zu machen und einzuprägen. — b) Wir müssen daher auch an ihn allein uns halten, ihm ganz und ungetheilt ver=trauen und folgen. Christus hat eine heilige Eifersucht und weicht von uns, wenn wir unsere Liebe theilen. Wir dürfen keine andere Hilfe hoffen und verlangen, da Gott allein durch ihn uns helfen will. Möchte das doch unsere Zeit besonders bedenken! — c) Alles Verdienst ist nach ihm zu messen und das höchste Ziel ist, ihm im Kleinen ähnlich und ein Heiland anderer zu werden. Die Alten geben abusive Vielen den Titel σωτήρ, z. B. dem Hippokrates. Aber die dies Lob erringen sollen, sind vorzüglich Lehrer, Hirten, Seelsorger. Vgl. Arnold Gestalt d. evg. Lehrers I., 496 ff. Luther (XI., 1430) sagt: „Siehe nun, welch' ein groß Ding sei der Mensch, der da ein Christ ist, oder, wie er sagt, sein Wort hält 2c. Ein rechter Wundermensch auf Erden, der vor Gott mehr gilt als Himmel und Erden, ja ein Licht und Heiland der ganzen Welt, in dem Gott alles und alles ist, und er in Gott alles vermag und thut; aber vor der Welt gar hoch und tief verborgen und unbe=kannt, welche auch nicht werth ist, solche Leute zu erkennen, son=dern muß sie halten für ihre Fußtücher, ja wie Paulus 1. Cor. 4, 13 sagt, für einen Fluch und Fegopfer, um derer willen Land und Leute verflucht und verderben müssen und nur je eher je lieber sollen hingerichtet werden Gott zu Dienst und die Welt zu reinigen."

Kapitel IV.

Von der Heilsordnung oder den Bedingungen, unter welchen das durch Christum gestiftete Heil erlangt werden kann.

§ 44.

Ueber die Heilsordnung überhaupt.

Soll das dem Menschen durch Christum angebotene Heil ihm wirklich zu Theil werden, so muß der Mensch dafür empfänglich werden und das Christenthum fordert daher eine im Inneren des Menschen vorgehende gänzliche Veränderung, wodurch sein Denken, Wollen und Thun eine entgegengesetzte Richtung erhält. Schon die biblischen Ausdrücke, welche alle treffend und aus dem Wesen der Sache geschöpft sind, geben reichen Stoff, um die innere Natur und Wichtigkeit jener Veränderung im Allgemeinen zu zeigen. Wenn es nun nach den Grundsätzen der Vernunft für den Menschen kein Heil giebt, als in der Achtsamkeit auf die Stimme Gottes sowohl in ihm, in seinem Gewissen als außer ihm, so folgt aus eben diesen Grundsätzen die Richtigkeit der besonderen christlichen Heilsordnung, welche im Allgemeinen nichts anderes ist, als diejenige Umschaffung des Menschen, wo er anfängt, auf die Stimme Gottes zu achten, welche durch Christum gesprochen hat. Daher wird sehr oft im N. T. die ganze Heilsordnung in der Buße und im Glauben an Christum oder in einem von beiden gesetzt. Der evangelische Prediger kann bei dieser biblischen Einfachheit stehen bleiben, wiewohl die Unterscheidung mehrerer einzelner aufeinanderfolgender innerer Veränderungen im Menschen psychologisch sich recht gut rechtfertigen läßt. (Vgl. Joh. Jac. Rambach, Betrachtungen [d. i. Predigten] über den Rath Gottes von der Menschen Seligkeit. Gießen 1737.)

Anm. Im vorigen Kapitel ist dargestellt worden, was Christus an sich, objectiv geleistet hat. Diese Heilsthatsachen sind objectiv geschehen und vollendet. Nun ist aber die Frage zu beantworten, wie, auf welche Weise die Menschen des Heiles theilhaftig werden. Was Gott thut, um den Menschen dasselbe zuzuwenden, ist darum der Gegenstand, von dem hier die Rede ist. Es besteht aber eine Harmonie zwischen der allgemeinen und der besondern christlichen Heilsordnung; die Vernunft nämlich kann sich keinen andern Heilsweg denken als den: Folge redlich der Stimme deines Gewissens, der Stimme Gottes; sie fordert also Gewissenhaftigkeit. Diese Heilsordnung ist die einzige für alle die, welche die christliche Offenbarung nicht haben. So wie sie nur auf die Stimme Gottes nach ihrem

Vermögen achten und dieselbe in der Rechtschaffenheit wirksam werden lassen, werden sie von Gott begnadigt werden, wiewohl um Christi willen, den sie nach ihrem Tode kennen zu lernen Gelegenheit haben werden. Die Schrift zeigt diesen Weg für Nichtchristen Röm. 2, 5—16. Und diese Ordnung Gottes gründet sich auf die göttliche Regel, daß der Mensch nur nach dem Maaß seiner Erkenntniß und überhaupt aller ihm verliehenen Besserungsmittel gerichtet werden soll. Matth. 11, 11—24. Luc. 12, 48; 16, 10. Apg. 10, 34. Röm. 3, 29. Vgl. Röm. 2, 12. Die christliche Heilsordnung nun stimmt damit überein, sie lautet: Höre auf die Stimme Gottes in Christo. Die Seligkeit hängt hier von dem Verhalten gegen die Offenbarung in Christo ab. Und Christen sind, weil ihnen mehr Hülfsmittel zur Besserung geboten sind, auch verantwortlicher. Den engen Particularismus, als wenn es außer dem Christenthum keine Besserung und also auch keine Seligkeit statuire, darf man also dem Christenthum nicht andichten. — Die Schrift drückt die Forderung der christlichen Heilsordnung oft sehr kurz aus. Marc. 1, 15. Apg. 20, 21. Wheatefield und Wesley (Burkhard Gesch. der Method. I., 29 f.) stellten darnach folgende Heilsordnung auf: Bereue, glaube, gehorche! Wenn aber, wie es von den Dogmatikern unserer Kirche zu geschehen pflegt, die Heilsordnung in eine Reihe innerer Veränderungen zerlegt wird, so ist dies wohl zu billigen. Ernesti, Tittmann (opusc. S. 271 bis 396.) Reinhard Moral IV., 244 ff. haben es getadelt, weil die biblischen Ausdrücke tropisch, hebraisirend, ganz von unserem Sprachgebrauch abweichend und daher für uns unverständlich seien und nur für die damaligen Zeiten paßten. Allein diese Ausdrücke sind klar und treffend, keine Hebraismen; sie bezeichnen das Wesen der Sache und wir müssen im Wesentlichen dieselben Veränderungen durchmachen wie Juden und Heiden. Alle modernen Ausdrücke, welche man den biblischen substituirt hat, erschöpfen die Tiefe der letzteren nicht. Wir betrachten den Gegenstand in folgender Ordnung: Das erste, was geschehen muß, um den Menschen umzuwandeln, ist, daß sein Gewissen geweckt wird. Darum ruft Gott den Menschen. Hört er diesen Ruf, so kommt er bald zur richtigen Erkenntniß seines Herzenszustandes. Diese Erleuchtung zeigt ihm seine Schuld und Strafbarkeit, macht sie fühlbar, führt zur Buße. Daraus entsteht das Verlangen nach Erlösung, welchem der Glaube folgt. (Buße und Glaube = Bekehrung.) Glaubt der Mensch, so empfängt er Vergebung, Begnadigung; das ist die Rechtfertigung. Wo diese ist, da muß aber auch eine andere Gesinnung gegen Gott entstehen; dies ist die Erneuerung, Heiligung. Wo das der Fall ist, wird der Mensch zum Kinde Gottes angenommen (adoptio) und wenn er das bleibt, gelangt er zur Herrlichkeit (glorificatio.)

§ 45.
Die göttliche Berufung.

Einen Ruf Gottes d. h. eine Erweckung des Herzens zur Hinkehr zu Gott vernimmt jeder Mensch in seinem Gewissen, ja selbst in seinen äußeren Schicksalen, welche also jeder als einen solchen Ruf zu deuten hat; aber am nachdrücklichsten ist an uns dieser Ruf ergangen durch die christliche Offenbarung oder durch das Evangelium von Christo, und es ist daher nöthig, an die Wichtigkeit und Heiligkeit dieses Rufes, an das Glück der zu Christo Berufenen, aber auch an ihre besondern Pflichten zu erinnern. (Vgl. zu diesem Paragraph Rambach a. a. O. S. 741—761.)

Anm. 1. Der wahre Begriff der Berufung stammt aus der Bibel, diese hat ihn, nämlich den ethisch = religiösen Begriff gegeben. Das Heidenthum weiß davon nichts; es kennt wohl Erscheinungen, Rufe der Götter, die an die Menschen ergehen, aber sie haben durchaus keinen sittlichen Zweck, weil die heidnischen Götter keine moralischen Weltregenten sind; daher Paulus 1. Cor. 12, 2. die heidnischen Götzen stumme nennt, d. h. die sich den Menschen nicht lebendig offenbaren. Die Bibel allein kennt den lebendigen Gott, der zu den Menschen redet.

Anm. 2. Es giebt einen allgemeinen Ruf Gottes an alle Menschen durch Natur, Geschichte und Gewissen. Das Große, Gewaltige, Herrliche in der sichtbaren Schöpfung kann allerdings den Menschen erregen, daß er den mächtigen Herrn der Natur erkennt und fürchtet. Das Schöne, Erfreuliche, Wohlthuende in der Natur kann ihn rühren, die Güte des Gebers ahnen lehren; aber zur Heiligung ruft die Natur an sich nicht. Mehr wirkt die Menschenwelt: die Vater = und Mutterstimme kann Gottes Ruf werden. Die Weltbegebenheiten können den Menschen aufwecken und zum Nachdenken bringen, können Gottes Weisheit und Gerechtigkeit predigen. Der stärkste Ruf ist das Gewissen. Dadurch geschieht allerdings eine göttliche Reizung zur Pflicht; das Gewissen hält das Gesetz Gottes vor und durch diese Stimme redet Gott als Gesetzgeber und als Richter. Allein dieser allgemeine Ruf Gottes reicht nicht hin. Er wurde in der heidnischen Welt überhört und wird noch immer im Naturzustande von den Menschen oft überhört, unterdrückt. Er reicht auch zu einer gründlichen Bekehrung nicht hin. Das Gewissen richtet, verurtheilt wohl, kennt aber keine Vergebung, giebt keine Lebenskraft. — Es bedurfte eines andern Rufes; dies ist der eigentliche oder besondere Ruf, der durch das geoffenbarte Wort in der Schrift und hauptsächlich durch Christi Offenbarung in seiner Kirche ergeht. Dieser Ruf wird dem Christen zu Theil. Er ist eine kräftige, vom Geiste Gottes durch das Wort geschehende Anregung

oder Rührung des Gewissens, des ganzen Gemüthes, wodurch der
Mensch zum sittlichen Selbstbewußtsein, zum Insichgehen gebracht
wird, wodurch er Gottes und seines heiligen Willens inne wird,
wo er es ahnt, daß er in einem nahen Verhältniß zu Gott steht,
daß Gott nach ihm fragt und er sich zu Gott bekehren soll. Das
Wesentliche bei diesem Rufe ist, daß der Mensch es fühlt: Gott
will dich, will etwas mit dir vornehmen. Bei diesem Rufe wird
der Mensch getrieben, sich zu Christo zu wenden, in Christo den zu
erkennen und anzunehmen, der von Gott den Menschen zum Heiland
gegeben ist; es ist der christliche Ruf eine Lockung, ein Zug zu
Christo. — Das Synonymum der Berufung ist die Erweckung.
Der natürliche Mensch liegt im geistlichen Schlafe, wo er sich Got=
tes nicht bewußt ist, an Gott nicht denkt, außer sich lebt und daher
den sinnlichen Genüssen hingegeben. Aus diesem Zustande wird er
aufgeregt, er soll nun nach Gott fragen und zum Leben in Gott
kommen. — Die bewegende Ursache des göttlichen Rufes ist Got=
tes Liebe. In Gott ist ein Drang, sich zu erkennen zu geben, also
auch die zu rufen, die ihn noch nicht kennen. Die Absicht Gottes
ist der Menschen Heil und Seligkeit. Darum ist dieser Ruf Gottes
ernstlich, kräftig, hinreichend Jes. 65, 2. Röm. 10, 21. Er läßt
es dem Menschen innerlich fühlbar werden, daß Gott ihn will, daß
Gott es ist, der an sein Gewissen anklopft. Sonst, wenn das der
Mensch nicht fühlte, wäre es kein Ruf; gerade so wie, wenn Je=
mand gerufen oder an seine Thür geklopft wird, er es aber nicht
hört oder nicht merkt, daß es ihm gilt, es so gut ist, als ob er
nicht gerufen wäre. Gottes Ruf dringt in's Herz. — Die Art und
Weise, wie und wodurch der Ruf Gottes ergeht, ist höchst mannig=
faltig. Man kann in Bezug darauf zwischen außerordentlichem und or=
dentlichem Rufe unterscheiden. Jener geschieht auf wunderbare, über=
natürliche Weise und geschah bei einzelnen Menschen, welche Gott zu
außerordentlichen Werkzeugen erwählt hatte, z. B. bei Abraham, Mo=
ses, Samuel, David, den Propheten, Paulus, durch wunderbare Er=
scheinungen oder Stimmen oder innere Aufregungen. Diese dürfen
nicht bezweifelt werden. Denn wo große Wirkungen erfolgen sollen,
besonders in der geistigen Welt, da müssen auch größere Kräfte in
Bewegung gesetzt, stärkere Hebel angelegt werden. Daß Gott dies
kann, ist nicht zu bezweifeln; es fragt sich nur, ob er es will und
er will es, wenn es seinen heiligen Zwecken förderlich und seiner
Weisheit gemäß ist. Was die Frage betrifft, ob jetzt noch der=
gleichen außerordentliche Rufe geschehen, so ist die Möglichkeit nicht
zu bestreiten. (S. Reinhard Moral IV., 225.) Ein bekanntes
Beispiel ist Augustin. (Confess. VIII., 12 Tolle lege!) Der
Obrist Gardiner (s. Dobbridge Sendschr. S. 435 ff., und
Schubert's Erzählung), der lange ein unordentliches Leben führte,
wurde durch eine außerordentliche Erscheinung bekehrt; vgl. ferner
die Erweckungen von Joh. Newton (s. s. Leben S. 34 ff.), Boos

(f. Leben v. Goßner S. 403 f.), Jenneberg (Leben S. 114 und 141.), La Harpe (geft. 1803). Theremin (Abendftunden 3te A. S. 223) erzählt von einem angefehenen, verdienten aber wider: chriftlichen Arzte, auf welchen die Worte, die er in einem Traume fich zurufen hörte, einen ergreifenden Eindruck machten. Kaifer Alexander I. wurde durch Pf. 91 bekehrt. (S. Pinkerton, Rus- sia S. 367. f.) Wir follen jedoch nicht folche außerordentliche Rufe zu unferer Bekehrung erwarten, noch weniger fie fordern und prä- tendiren; fie find jetzt keineswegs fo nöthig als beim Beginn der Offenbarung. Es ift bedenklich, Erfcheinungen haben zu wollen oder zu glauben. Luther wünfchte fie fich nicht. Er fagt (in den Tifch- reden): „Ich begehre nicht, daß er (nämlich Chriftus) noch einft komme, will auch nicht, daß er mir einen · Engel fende. Und ob gleich ein Engel vom Himmel käme und fich mir fichtbar unter die Augen ftellte, fo wollt ich ihm doch nicht glauben, denn ich hab meines Herrn Jefu Chrifti Brief und Siegel, das ift fein Wort und Sakrament, daran halte ich mich, begehre keiner neuen Offen- barung.“ Ferner (I., 2290): „Der Teufel hat mich oftmals ver- fucht, daß ich follte ein Zeichen begehren von Gott; aber das fei ferne von mir, daß ich folcher Verfuchung follte Raum geben und folgen.“ — „In geiftlichen Sachen follen wir nach den Engeln nichts fragen, denn die göttliche Verheißung ift nun in Chrifto reichlich genug erfüllet und offenbaret.“ Ihm war das Wort fo völlig ge- nug, daß er fürchtete, es möchte ein Zweifel an der Sufficienz des Wortes fein, mehr über daßelbe hinaus haben zu wollen; daher er fich auch nie einer außerordentlichen Offenbarung oder Infpiration gerühmt hat. Wenn der Seelforger Menfchen, die fich fo etwas einbilden, begegnet, fo verfahre er wie Abt Steinmetz (f. Prakt. Lebensbefchr. v. Geiftlichen. Stendal 1787 S. 86.) Derfelbe fagte: „Es muß fchlimm mit euch ftehen, daß Gott folche Mittel gebrauchen muß.“ Solche Forderungen und Einbildungen verrathen entweder Philautie oder Trägheit, wo man auf das Wort Gottes nicht hö- ren, fich gleichfam zwingen laffen will. Chriftus verwirft folche Forderungen Luc. 16, 29. 31. — Wir find an den ordentlichen Ruf Gottes gewiefen. Derfelbe ergeht in der chriftlichen Kirche auf taufendfache Weife an uns. Er beginnt gleich mit dem Eintritt in das Leben und auf den Boden der chriftlichen Kirche ift Alles ein Ruf Gottes: die heil. Taufe, die Taufgnade, die Erinnerung daran, die erfte Erziehung im chriftlichen Haufe, und erfte Bekanntfchaft mit dem Chriftenthume; dazu kommt das Wort Gottes in feinen ver- fchiedenen Geftalten und Kanälen, in welche es geleitet ift, in Pre- bigten, Gefängen. Ja jede chriftliche Stimme, die wir vernehmen, kann ein Ruf Gottes werden. Das Wort ruft durch die Stimme des Gefetzes, das mit feinem Donner Felfen zerfchmettert, durch die Stimme des Evangeliums, das wie fanftes Säufeln die Herzen erquickt. Das bloße Dafein der chriftlichen Kirche ift fchon ein fortwährender Ruf. Unsere Kirchen mit ihren Thürmen sind Wahrzeichen, die zum Himmel erheben, jeder Glockenton ist eine Stimme, die wie vom Himmel zum Himmel ruft. Alles vereinigt sich in den Ruf: Erhebe dich zu Gott. Dazu kommen die verschiedenen Beispiele im wirklichen Leben: die bösen sollen abschrecken, die guten uns ermuntern und unsere eigenen Lebensschicksale sollen und können uns zu Gott hinweisen. Alle Menschen können Werkzeuge des göttlichen Rufes werden. (Rambach a. a. O. S. 745), insbesondere sollen Prediger des Wortes Weckstimmen sein. (Vgl. Großgebauer Wächterstimme aus dem verwüsteten Zion. Frankf. a. M. 1661.) So läßt sich Gottes Ruf an keinem, namentlich bei keinem Christen unbezeugt. Obgleich nun dieser Ruf Gottes unverwehrbar (inevitabilis) ist und kein Mensch sich demselben entziehen kann, so wenig als man verhindern kann, daß Jemand an die Thür klopft, so ist er doch nicht unwiderstehlich (irresistibilis), er nöthigt nicht mit Gewalt. Matth. 23, 37. Offb. 3, 20.

Anm. 3. Aus dem Bisherigen ergiebt sich, daß für uns folgende Pflichten erwachsen: a) Erkenne den Ruf Gottes an dich als die höchste Gnade an. Bedenke, daß es der unendliche Gott, der dich ruft. Bist du es werth? Die höchste Majestät würdigt dich ihres Zuspruchs, will dir sich eröffnen zu deiner Seligkeit. Welche Ehre widerfährt dem, den der König vertraulich ruft! Denke nicht, daß es Zufall ist, daß du in der christlichen Kirche geboren wurdest und dadurch Gottes Ruf an dich gekommen ist! Alles Gute, dessen wir uns erfreuen, ist ein Ausfluß dieser Gnade. — b) Bekenne mit Beschämung, wie oft du diesen Ruf überhört, ihn verachtet und wie du dadurch die höchste Majestät beleidigt hast. Denke, was ein Vater empfindet, wenn er ruft und das Kind nicht hört. Gerade so hast du Gott behandelt, mit Verachtung und Undank. Kein Mensch kann sich entschuldigen, den Ruf nicht gehört zu haben, oder die Verachtung desselben rechtfertigen; alle Entschuldigungen sind eitel. Luc. 14, 18. — c) Höre ungesäumt auf Gottes Ruf. Du hast Gott lange genug warten lassen. Sein Ruf ergeht in so vielen Stimmen an dich; sei aufmerksam auf Alles und lerne Alles als Ruf Gottes ansehen und deuten. Habe ein leises Gehör! Jes. 50, 4. Beeifere dich, deine Berufung fest zu machen. 2. Petr. 1, 10. Je gewissenhafter du hörst und folgst, desto gewisser wird dir die Gültigkeit, der Segen des Rufs. Bedenke die schwere Verantwortung wenn du nicht hörst. Das Widerstehen ist furchtbar. Jerem. 20, 7 — 9. — d) Erwäge die Folgen, erwäge das traurige Schicksal der Verächter des göttlichen Rufs. Verhärtung, Verstoßung, Entziehung der göttlichen Gnade, ewige Verwerfung ist ihr Theil. Matth. 11, 21 — 24; 22, 8. Luc. 14, 24. Erwäge die seligen Folgen des angenommenen Rufes. Hat Gott dich gerufen, so muß, da es ihm Ernst ist, es dir unter allen Umständen möglich sein, deine Bestimmung zu erreichen, die Seligkeit zu erlangen.

Dem Rufe Gottes muß alles dienstbar sein. Röm. 8, 28 — 30. Nichts kann dir die Seligkeit rauben. Freue dich deiner Berufung!

§ 46.
Die Lehre von der Erleuchtung.

Der Vortrag dieser Lehre umfaßt die Erklärung über die Beschaffenheit der christlichen Erleuchtung, ihren Unterschied von der weltlichen oder wissenschaftlichen Aufklärung, ihren Werth, ihre Quellen und Mittel.

Anm. 1. Dem christlichen Ohre ist das Wort „Erleuchtung" lieber als das moderne, an seine Stelle gesetzte und so zweideutig gewordene Wort „Aufklärung." Der biblische Ausdruck ist bei weitem stärker und gehaltvoller. Aufklären heißt das Dunkel etwas zerstreuen, bezeichnet eine Annäherung an das Licht; erleuchten heißt das volle Licht geben. Die Erleuchtung wird entweder als Werk Gottes oder als Zustand des Menschen betrachtet. In jener Beziehung versteht man darunter die Wirksamkeit des göttlichen Geistes, wodurch der Mensch zum völlig lebendigen Bewußtsein seines Verhältnisses zu Gott, zur Erkenntniß des Heils gelangt. In letzterer Beziehung ist sie der Zustand des Menschen, der diese Erkenntniß hat und begreift folgende Momente in sich: a) Erkenntniß dessen, was der Mensch ist, mithin Erkenntniß der Sünde, ihre Schuld und Strafbarkeit. Dem Menschen gehen die Augen auf, daß er sieht, wie schlimm es mit ihm steht, wie sein Sündenverderben nicht blos zeitlich schadet, sondern ewiges Wehe bringt, Schande und Elend, wie die Sünde vor Gott ein Greuel ist. b) Erkenntniß dessen, was der Mensch sein soll; d. i. Erkenntniß der Heiligkeit, zu welcher er ursprünglich bestimmt ist nach Gottes Willen. c) Erkenntniß des Weges zum Heil, der Gnade Gottes, wie sie sich in Christo offenbart hat, Eindringen in das Geheimniß des Himmelreichs, in den Heilsrath Gottes, in den ganzen Weltplan, in die Weltgeschichte und ihren Zusammenhang mit dem Reiche Christi, welches der Mittelpunkt und der Maßstab alles Großen und Wichtigen ist. Erleuchtung ist aber, wenn sie gleich die Erkenntniß des Heils in sich schließt, nicht, wie es den Anschein haben könnte, dasselbe als der Glaube. Die Erleuchtung ist mehr das Einsehen, Verstehen, Begreifen der Wahrheit, der Glaube dagegen das Ergreifen, die volle Herzensannahme derselben.

Aus dieser Beschreibung ergiebt sich auch der Unterschied zwischen christlicher Erleuchtung und weltlicher Aufklärung. Jene entspringt aus dem Geiste Gottes, sie ist göttlichen Ursprungs, diese nur aus der Anwendung des Verstandes und aus Forschung. — Die weltliche Aufklärung ist Klugheit, Verständniß des irdischen Vortheils, Technik oder auch Praktik, Geschicklichkeit, Betriebsamkeit, Er-

sindsamkeit in Künsten, kluge Spekulation im Handel, scharfe Be=
rechnung in weltlichen, politischen oder militairischen Dingen. Der
weltlich Kluge kann dem Christen als Beispiel und Muster dienen,
in seinem höheren Interesse eben so wie jener in seiner Art auf sein
Fortkommen bedacht zu sein. Die wissenschaftliche Aufklärung ist
blos Einsicht im Gebiete der menschlichen Philosophie und Gelehr=
samkeit; sie bildet blos den Verstand ohne Einfluß auf das Herz,
ja sie blähet auch auf 1. Cor. 8, 1. Die christliche Erleuchtung
hat es durchaus mit himmlischen, göttlichen Dingen, mit der ewigen
Seligkeit zu thun. Was hilft alles Wissen, wenn man nichts von
Gott und seinem Heile weiß. — Das weltliche Wissen ist oft nur ein
allgemeines, trockenes Wissen oder auch die blos erlernte einstudirte
Religionskenntniß; die christliche Erleuchtung ist ein Erkennen mit
unmittelbarer Beziehung auf sich selbst, so daß man über sein ewiges
Heil recht verständigt ist.

Anm. 2. Die Erleuchtung ist für uns zum geistlichen Leben
ebenso nothwendig, wie das Licht zum irdischen Leben. Wo ist Le=
ben ohne Licht? Joh. 1, 4. Je mehr der Mensch erleuchtet ist,
desto fähiger ist er, sich selbst und seinen Beruf zu erkennen; er wird
mit sich eins, denn er versteht die Absicht seines Lebens. So wird
er desto geschickter, seine Pflicht recht zu erfüllen, das Rechte zu
finden und für sein Heil zu sorgen; er ist um so weniger in Gefahr,
getäuscht und verführt zu werden und von seinem Ziele abzukommen.
Zugleich lernt er das ganze Weltgetriebe, aber auch Gottes Plan
verstehen und bekommt die Gabe, die Geister zu prüfen. Der Er=
leuchtete durchschaut die Lehren und Meinungen des herrschenden
Zeitgeistes, er erkennt in Schriften und Predigten bald den Geist,
der hindurchschimmert. Desto mehr Plan und Einheit kommt in
sein Handeln und sein Leben wird eine Harmonie und er wird Gott
selbst, dem Urlichte, ähnlich. — Darum ist er auch geschickt und
tüchtig, andere zu leiten, zu belehren. Der Blinde kann den Weg
nicht weisen. Der Erleuchtete, πνευματικος richtet Alles 1. Cor.
2, 15, auch den Fleischlichen, Ungöttlichen, er wird aber von Nie=
mand gerichtet. Durch die Erleuchtung wird er tüchtig zum Werk=
zeuge Gottes. Dieselbe ist daher Niemandem nöthiger als dem Leh=
rer, ohne sie ist er persona miserabilis. Es ist peinlich, über
Dinge sprechen zu sollen, über die man selber noch im Dunkeln ist.
Reinhard legt in s. Geständnissen S. 70 und 71 ein höchst merk=
würdiges Bekenntniß ab über den Zustand der peinlichsten Unruhe,
in dem er sich befand zu einer Zeit, wo er noch zu keiner festen
Ueberzeugung gelangt war, und doch Vorlesungen halten mußte.

Anm. 3. Die Erleuchtung wird richtig nach der Berufung
gesetzt. Gewissensrührung muß ihr vorangehen; denn die Erleuch=
tung soll eine lebendige, den Menschen durchbringende Erkenntniß
sein. Mit der wirklichen Erweckung durch Gottes Ruf wird diese
erst möglich. Der nicht Erweckte ist noch in Finsterniß, wie der

Schlummernde nicht sieht, was um ihn ist und vorgeht, der Auf=
wachende aber es sieht und bemerkt. Was nun das Verhältniß der
Erleuchtung zur Bekehrung betrifft, so scheint das N. T. jene bald
vor die Bekehrung, z. B. Ap. Gesch. 26, 18, bald nach derselben
zu setzen. Eph. 3, 17. 18; 5, 14. Beides läßt sich sehr wohl
vereinigen. Ein gewisser Grad der Erkenntniß muß der Besserung
vorangehen und darum wird ja eben das Wort Gottes geprediget.
Aber diese Erleuchtung wird erst vollendet bei dem wirklich Gebesser=
ten. — Daraus folgt, daß zur Erleuchtung durchaus nicht etwa
Gelehrsamkeit erforderlich ist, sondern vor allen ein williges, be=
müthiges Herz, das sich gern belehren läßt. Matth. 6, 22. Ein
böses, verdorbenes Herz verblendet und nimmt gegen das Licht ein.
Joh. 3, 19 — 21. Arm ist die Vernunft bei einem armen Herzen.
Werde demüthig und bitte um Licht. Matth. 11, 25. Pf. 25, 14.
Vgl. P. Gerhard's Lied: Ich weiß, mein Gott, daß rc. V. 6 — 8.
Wende dich zu Christo, er ist das Licht, ohne ihn ist alles andere
Irrlicht. Dunkelmänner sind die, welche Christum verbergen und
sein Licht verdecken. Demuth ist Bedingung der Erleuchtung; fer=
ner gewissenhaftes Handeln nach dem Maße des bereits erlangten
Lichtes Matth. 13, 13. Phil. 3, 15. 16. Es ist die wundersame
Einrichtung Gottes, daß sich denen der Pflichtkreis immer mehr er=
weitert, welche dem empfangenen Licht gewissenhaft nachleben. Pf.
25, 14. (Schaffen kann der Mensch das Licht nicht, aber er kann
sein Herz demselben verschließen, wie man ein Fenster verhängt oder
vermauert.) — Bei der Demuth wird auch der stete Gebrauch der
Schrift und sonstiger Unterrichtsmittel statt finden.

Anm. 4. Es ist Streit gewesen (durch Spener), ob die Er=
leuchtung des Bekehrten und Unbekehrten wesentlich verschieden sei.
Es findet allerdings ein Unterschied statt. Die Erleuchtung des Un=
bekehrten ist nur äußerlich, von Außen her angenommen, die des
Bekehrten von Innen erzeugt, auf eigene Erfahrung sich gründend.
Die des Unbekehrten ist eine alluminatio, ein Beschienensein, wie
eine Wand das Licht zurückgiebt, aber selbst kein Licht hat; die des
Bekehrten ist eine illuminatio. Die des Unbekehrten ist unklar, un=
sicher, kalt, die des Bekehrten ist klar, lebendig, warm; jene ist un=
fruchtbar, diese fruchtbar. Bei Christo ist Licht und Wärme eins.

§ 47.
Die Lehre von der Bekehrung.

Ist dem Menschen dieses göttliche Licht aufgegangen, so
kann auch die wirkliche Bekehrung oder Buße erfolgen, welche
im Herzen und Willen des Menschen ihren Sitz hat und in der
eigentlichen gänzlichen Sinnesänderung besteht. Es gehört dazu
einerseits inniger Schmerz und Reue über die Sünde mit ernst=

licher Verabscheuung derselben (Buße im engern Sinne), andererseits vertrauensvolle Hinkehr des Herzens zu Gott, der
seine Gnade durch Christum uns anbietet, oder der Glaube an
Christum, den Heiland der Menschen.

Anm. 1. Wir nehmen hier das Wort „Bekehrung", womit
sehr oft das Ganze der Heilsveränderung bezeichnet wird, im engern
Sinne, in dem es synonym ist mit Buße, μετάνοια. Es bedeutet
eigentlich Umkehr oder die Annahme einer ganz entgegengesetzten Willensrichtung. Die Buße hat ihren Sitz im Herzen und Willen, die Erleuchtung mehr im Verstande und der Erkenntniß. Erst die Bibel
hat uns diesen tiefen Begriff bekannt gemacht. Luther (XV., 507)
schreibt an Staupitz, ehedem sei ihm das Wort Buße das fürchter-
lichste, ängstlichste Wort in der Bibel gewesen, dann das erfreu-
lichste. Die Bekehrung ist die Herzensänderung, wo der Mensch
von der Sünde hinweg und zu Gott sich wendet. Dies setzt also
voraus, daß der Mensch von Natur nicht gut ist, sondern verdorben, von Gott abgewendet und daß er erst durch die Bekehrung in
das rechte Verhältniß zu Gott eintreten soll. Der Bekehrung bedürfen Alle, nicht blos die groben Sünder, sondern auch die äußerlich ehrbaren. — Nach der katholischen Lehre zerfällt die Buße in
die drei Momente: contritio cordis, confessio oris, satisfactio
operis. In dem Begriffe der Bekehrung sind aber nur zwei Seiten
angedeutet, der terminus a quo und terminus ad quem; jener
ist die Sünde, dieser ist Gott; sie ist also Abkehr von dem bisherigen Ziele und Hinkehr zu Gott. In dem ersteren ist die Zer-
knirschung, Schmerz über die Sünde, Scham und Reue eingeschlossen.
Wenn der Mensch einsieht, wie er gelebt, wohin die Sünde ihn
brachte, wenn er in sich schlägt, muß er Schmerz empfinden. Daß
die Buße der Papisten keine rechte Buße sei, weil sie die Sünde
nicht erkannten, die Erbsünde leugneten und eigene Werke als
Büßung empfehlen, zeigt Luther in den schmalkaldischen Artikeln
III., 3. (Werke XVI., 2349.)

Anm. 2. Es giebt eine unlautere Bekehrung oder Buße. Diese
entspringt nur aus dem Gefühle des Elendes der Sünde, namentlich der leiblichen Schmerzen und Leiden, welche Folgen derselben
sind, des Schadens, den sie gebracht, des Verlustes an Gut und
Ehre. Sie kann äußerlich etwas nützen, hat aber keinen sittlichen
Gehalt; sie kann bei ganz rohen und unbekehrten Menschen sich finden und hört wieder auf, wenn das Uebel aufhört. 2. Cor. 7, 10.
Die lautere Buße dagegen entsteht aus dem Gefühl der Sünde als
des schlechthin Bösen, das vor Gott ein Greuel ist, das uns Gott
ganz unähnlich, vor ihm unwürdig macht, das ein Zeichen ist von
undankbarem, schnöden Sinn gegen Gott, von Verkennung der
Liebe Gottes, die so viel an uns gethan, und der wir so schlecht
vergolten. (Es ist eine herzzerschneidende Frage, die Gott Mich-

6, 3 an sein Volk thut.) Er wollte unser Vater sein und wir ha=
ben ihn verlassen, haben das Kindesrecht verscherzt, können nicht
an sein Vaterherz gelangen. Damit verknüpft ist das bittere Ge=
fühl, wie tief wir gesunken und uns vor den Kindern Gottes ent=
würdigt haben; wir fühlen auch die Last des Zornes Gottes, Ban=
gigkeit vor der künftigen Verdammniß. (Es influiren immer Vor=
stellungen von Gottes Eigenschaften. Wo die Vorstellung seiner
Macht, Heiligkeit, Gerechtigkeit vorwaltet, wird Schrecken und
Furcht erregt; die legale Buße, wo die seiner Gnade und Liebe vor=
waltet, wird das Gefühl des Undankes erweckt, die evangelische
Buße.) Diese Gefühle zermalmen das Ich und in dem Allen giebt
der Bußfertige sich allein, nicht Gott die Schuld Pf. 51, 6 und
läßt sich die Strafen der Sünde gefallen. 3. Mos. 26, 41. In
der Randglosse zu dieser Stelle sagt Luther: „Gleichwie sie Lust
an ihren Sünden und Ekel an meinen Rechten hatten, also wer=
den sie wiederum Lust und Gefallen haben an der Strafe und sagen:
Ach wie recht ist uns geschehen. Dank habe unsere verfluchte Sünde,
das haben wir nun davon! O recht, lieber Gott! O recht! Und
das sind Gedanken einer ächten Reu und Buße, die sich selbst aus
Herzensgrund hassen und anspeien lehrt: pfui dich, was hab ich ge=
than. Das gefällt dann Gott, daß er wieder gnädig wird. Darum
haben wir das Wort (Missethat) verdeutscht, die Strafe der Misse=
that, solchen Verstand zu geben. Sonst lautet's, als sollten sie Ge=
fallen an der Missethat haben. Eben so ist's auch zu verstehen
B. 34: dem Lande gefällt seine Feier, d. i.: es spricht, Gott habe
Recht in der Strafe, daß es wüste liegen muß um des Volkes willen,
nach dem es sich sehnet. Solcher weise redet auch Jes. 40, 2."
Wenn der Mensch versucht wird bei der Reflexion über die Genesis
seiner Sünde, die Ursache in Gottes Ordnung, in der Verkettung
aller auf ihn wirkenden Umstände zu suchen, so soll er das als die
gefährlichste Lockung des Satans ansehen. Wenn es dem gelingt,
diese finstern Gedanken in ein Menschenherz zu schleudern und es
darein zu verstricken, daß es dächte: Gott hat es darauf angelegt, daß
du in diese Sünde geriethest und dann will er es zurechnen und
verdammen, so ist der Bruch mit Gott, Haß und Grimm gegen
ihn schon da oder nahe. Das ist der erste Schritt zur Sünde wider
den heil. Geist; dem widerstrebe auf das Aeußerste. — Die äußeren
Kennzeichen der Buße sind Ernst, Nachdenken, Ekel an Zer=
streuungen, Einsamkeit, Sehnsucht nach Gott, Reiz zum Gebet,
Wohlgefallen an religiösen Beschäftigungen; das Hauptkriterium aber
ist die Sinnes = und Lebensänderung. — Was den Grad des
Bußschmerzes betrifft, so ist derselbe nicht absolut zu bestimmen. Es
hängt dies von der individuellen Beschaffenheit, von der physischen
und psychischen Constitution ab. Je zarter und feiner freilich der
Sinn ist, desto tiefer und penetranter wird der Schmerz sein. Allein
es darf hier nichts erzwungen, gemacht werden. Dies führt zu

Heuchelei, Kopfhängerei. In der späteren Franke'schen Schule war zu viel peinliche Methode in den Bußgefühlen, wogegen Semler in s. Lebensbeschreibung und Spalding (Ueber den Werth der Gefühle 2c.) sprachen. Semler wurde dadurch gerade auf das Gegentheil getrieben, und er war später in einer gewissen Gäh= rung, Unruhe. Ein Bruder von ihm wurde melancholisch, was ihn noch besonders gegen diese Bußübungen aufbrachte. — Der tiefste Schmerz kommt aus der Erkenntniß der verachteten Liebe Gottes.

Anm. 3. Die Wichtigkeit und Nothwendigkeit der Buße ist Luc. 18, 13; Matth. 5, 3. 4 angedeutet. Hier stellt sie Christus als die erste Stufe der Himmelsleiter dar, ohne welche es unmög= lich ist, zu den folgenden zu gelangen. (Hamann, Werke II., 198: „Nur die Höllenfahrt der Selbsterkenntniß bahnt den Weg zur Vergötterung.") Die Buße ist unentbehrlich als die erste Be= dingung einer wahren, lauteren und gründlichen Besserung; denn nur sie giebt erst der Eigenliebe und Selbstgefälligkeit den Todes= stoß. Sie ist ferner die unerläßliche Bedingung der göttlichen Gnade und Vergebung. Sie ist auch durchaus nöthig zum Glauben; ohne Buße giebt es keinen Glauben. Je größer das Bewußtsein der Schuld, desto tiefer die Liebe zu Jesu. Luc. 7, 47. Die Buße hat ferner in sich selbst eine Quelle des Trostes; es liegt in ihr etwas Erquickendes, nämlich das Vorgefühl der geistlichen Geburt, welche, wie die leibliche, unter Wehen geschieht. Die ächte Buße, die geistliche Armuth ist auch die Bedingung der Liebe, Sanftmuth, Barmherzigkeit gegen andere Gefallene. Sie giebt endlich auch Stärke gegen Anfechtungen. Dem Niedrigen fliegen die Pfeile des Satans über den Kopf weg. — Daß es bei Vielen nicht zur wahren Buße kommt, daran ist theils der Leichtsinn und die Zerstreuung Schuld, wo das Wort nur oberflächlich über das Herz hinstreift, nicht ein= bringen und strafen kann, daher fruchtlos bleibt; theils sittliche Rohheit und Verhärtung, wo der Mensch ganz fühllos ist; hier können Menschen wenig helfen, Gott muß das Herz durch seine Gerichte auflockern. Ferner wird die Buße verhindert durch Nach= giebigkeit gegen die alten Sündengenossen, welche über die Buße spotten 1. Petr. 4, 4; Ap. Gesch. 2, 40, und ganz besonders durch äußere Gesetzlichkeit, Werkheiligkeit, Anstand, Firniß von Moralität. Matth. 21, 31. 32. — Befördert wird die Buße durch Hinwei= sung auf die extensive und intensive Größe und Schwere unserer Schuld, durch die Vorstellung der furchtbaren Folgen der Sünde, wie sie die Seele verwüstet, verheert, untüchtig macht zu allem Guten und zum Wirken im Reiche Gottes, und endlich Gottes Zorn als Strafe zuzieht. Man unterdrücke solche Gefühle nicht, die Got= tes Geist anregt. Wenn der Mensch diesen Gefühlen in seinem Herzen Raum giebt, so entspringen daraus neue Regungen, Abscheu und Widerwille gegen die Sünde, Verlangen von ihr los zu wer=

ben, Sehnsucht nach Versöhnung mit Gott und nach einem Erlöser, zu dem man dann Zutrauen fassen wird.

§ 48.
Die Lehre von dem rechtfertigenden Glauben.

Soll dem reuevollen Sünder geholfen und die angefangene Bekehrung vollendet werden, so muß er auf Jesum Christum hingewiesen und dieser ihm als der einzige Versöhner vorgehalten werden, an den er glauben soll. Um den Werth dieses rechtfertigenden Glaubens zu zeigen, dazu dient schon eine allgemeine Schilderung des Werthes des Glaubens überhaupt, als des der Menschheit in ihrem jetzigen Erziehungsstande nothwendigen Bildungsmittels; sodann ist die innere Beschaffenheit und Quelle dieses Glaubens, seine rechtfertigende Kraft, die Harmonie dieser Lehre mit der übrigen Schriftlehre, die rechte Verbindung des Glaubens mit der fortgehenden Besserung und guten Werken zu zeigen. In allen diesen Stücken sich an die rein biblische Lehre, wie sie unsere Kirche gefaßt hat, streng zu halten, ist um so mehr Pflicht, je mehr durch die Verdunkelung dieser Lehre das ganze Licht des Evangelii verfinstert und die ächt christliche Bekehrung oder die Bildung eines ächt christlichen Charakters gehindert wird.

Anm. 1. Unsere Kirche hat diese Lehre als das Centrum des ganzen Christentums anerkannt; diese Lehre ist cardo unserer Kirche, articulus stantis vel cadentis ecclesiae. Vgl. Apol. C. A. art. II. und III. Luther's Sermon von der Freiheit eines Christenmenschen. XIX., 1206 ff. und Vorrede zum Br. an die Römer XIV., 109 ff., und das klassische Buch von Cleß: Ueber den N. T.l. Begriff des Glaubens. Tübingen 1779.

Anm. 2. Das Wort „Glaube" ist ein Wort, gesprochen aus dem tiefsten Grunde des menschlichen Gemüthes. Glaube ist eigentlich das Höchste und Letzte, was es in der menschlichen Natur giebt. Alles beruht zuletzt auf Glauben. Das Wissen beruht auf Glauben: denn der Mensch muß in die Aussprüche der Vernunft, in die höchsten Principien der Wahrheit keinen Zweifel setzen, sonst verfällt er dem Skepticismus. Das Rechtthun beruht auf Glauben, nämlich Glauben an die Stimme des Gewissens: man erkennt freiwillig ihre Gebote als nothwendiges, allgemein geltendes Gesetz an. Religiosität ist wesentlich Glaube; es ist die auf freier Selbstbestimmung beruhende Annahme, daß ein Gott sei. Dieser Glaube ist keineswegs blos Sache des Verstandes, sondern des Herzens und Willens. Im Glauben wird der Mensch geboren, im Glauben erkennt das Kind Vater und Mutter an. (Daran erinnert schon Luther XVII. 2650, wo er sagt: „Denn so ich das alles wollte verwerfen, was ich nicht selbst gesehen und gehört habe, so werde

ich freilich nicht viel behalten, weder Glauben noch Liebe, weder
Geistliches noch Weltliches. So möchte ich auch sagen: Lieber, wie
weißt du, daß der Mann dein Vater und die Frau deine Mutter
sei? Du mußt nicht Menschen glauben, sondern selbst deiner Ge=
burt gewiß sein. Hiermit wären hinfüro alle Kinder frei und dürften
Gottes Gebot nicht halten, da er gebeut: du sollst deinen Vater
und deine Mutter ehren. Denn ich wollte bald sagen: wie weiß ich,
welche mein Vater und meine Mutter sind? Menschen glaube ich
nicht; darum müssen sie mich wiederum gebären von Neuem, daß
ich's selbst sehe oder will sie nicht ehren.") Im Glauben wird der
Mensch erzogen. Das Kind, das dem Lehrer nichts glauben will,
zeigt einen unnatürlichen Sinn. Dieses Glauben ist ein sich Hin=
geben, Vertrauen, mithin Demuth, Selbstbeschränkung. (Chry=
sander in Bremer theol. Bibl. I., 203 f. zeigt schön das kindliche
Wesen des Glaubens aus der ersten und ursprünglichen Bedeutung
des hebräischen Wortes häemin. Dieses, das Hiphil von aman,
heißt eigentlich sich als Kind tragen, heben lassen.) Ohne Glauben
giebt es auch keine Liebe. Ich muß dem Andern eine gute Gesin=
nung zutrauen, ehe ich ihn liebe. Der Zweifler kann nicht lieben.
Mit Recht sagt darum Jakobi (Alwill 1ste Ausgabe S. 308):
„Nur so viel ist Gutes am Menschen, nur insoweit ist er sich und
andern etwas werth, als er Fähigkeit zu ahnen und zu glauben
hat. Es liegt in der Natur des endlichen, unmittelbar d. h. sinn=
licherkennenden Wesens, daß ihm Wahrheit, daß ihm eigentliches
Dasein und Leben so wenig ganz aufgedeckt, als ganz verborgen sein
kann. Sympathie mit dem unsichtbaren Wirklichen, Lebendigen und
Wahren ist Glaube. Je mehr Sinn jemand für das Unsichtbare
in der Natur und im Menschen zeigt, je wirksamer und thätiger
aus dem Unsichtbaren in ihm selbst er sich beweist, für besto vor=
trefflicher müssen wir ihn achten und achten ihn allgemein." Auch
Proklus nahm zur höchsten Beglaubigung seiner Speculation einen
Glauben an, der ein Geschenk der Gottheit sei; in diesem Glauben
gehe die Seele über alles Denken hinaus in ihr Wesen zurück und
gelange zur Vereinigung mit dem Einen und Guten. (S. Tenne=
mann Gesch. d. Philos. VI., 291 f.) Vgl. Mußlin's Predb.
III., 51. ff. Schleiermacher's Predb. Samml. 2. Nr. IX. S.
199 ff. Dräseke, Hinweisungen auf das Eine, was Noth ist. S.
81 ff. — Die Bibel sagt uns, daß Gott das Menschengeschlecht
von Anfang bis zu Ende durch Glauben erzieht; das ist das Grundelement aller Religion. Die ersten Menschen, Noah, Abraham,
Moses, David, die Propheten glaubten. Jer. 5, 3. „Herr, deine
Augen sehen nach dem Glauben." Und so tritt auch das N. T.
mit der Forderung des Glaubens an Christum auf.

   Anm. 3. Glaube an Christum ist es aber nicht, wenn man
glaubt, daß sich in Christi Lehren viel Wahres oder auch selbst das
meiste Wahre finde im Vergleich mit den Lehren anderer Weisen,

daß er richtige, gültige Wahrheiten und Sittengesetze vorgetragen und gegeben habe, und wenn man nun dieselben, weil sie an sich wahr und gültig sind, auch gelten läßt. Denn man läßt ja Jesum da nicht mehr gelten als Andere; man schreibt ihm kein Ansehn zu, schenkt ihm kein höheres Zutrauen und man könnte dann eben so gut von Glauben an Aristoteles, Plato, Seneca, Antonin u. s. w. reden, wenn man die von ihnen aufgestellten wahren Sätze gelten läßt. Wenn von Glauben an Jesum die Rede sein soll, so muß man ihm ein solches Ansehen zugestehen, daß es uns bestimmt und verbindet, etwas als wahr anzunehmen, weil Jesus es gelehrt hat. Wer nur annimmt, was ihm selbst aus Vernunftgründen wahr däucht, der glaubt an seine Vernunft, aber nicht an Jesum, er stellt seine Vernunft über Jesum, macht sich zum Meister und Censor von Jesu Lehre und das kann doch wohl nicht Glaube an Jesum heißen. Es ist eine augenscheinliche Unredlichkeit, wenn man diesem Verfahren den Namen „Glauben an Jesum" geben will, wo offenbar nicht Jesu Wort unserer Ueberzeugung, sondern umgekehrt erst unsere Ueberzeugung, unsere Vernunfteinsicht seinem Worte Kraft und Gültigkeit geben soll. Der allgemeine Sprachgebrauch zeigt dies: wenn die Türken an Muhamed, die Juden an Moses glauben, so setzt dies voraus, daß sie den Worten des Muhamed, des Moses eine verbindende Kraft zugestehn. Ebenso wenig ist das Glaube an Jesum, wenn man sich a priori ein Vernunftideal, ein Ideal von Weisheit und Sittlichkeit schafft, das an sich in abstracto die höchste Vernunftnorm ist und das wenn, es concret gemacht werden kann, wirksamer und anwendbarer wird und dann Jesum als sein Vehikel dieses Ideals gebraucht. Denn man glaubt eigentlich an sein eigenes Product: die Kraft geht von der Idee aus, nicht von der Person Jesu Christi. Was Christus jetzt ist, wo er lebt, was er wirkt, in welchem Verhältnisse er selbst jetzt zu uns steht, das lassen diese Idealisten ganz dahingestellt. Ihr Vertrauen stützt sich nicht auf den lebendigen Christus, sondern auf ihre Vernunftidee. Es ist also kein Glaube an Christum. Indeß läßt dieser Idealismus Stufen von großer Mannigfaltigkeit zu. Es ist z. B. schon mehr, wenn man glaubt, daß Christus wirklich auf wunderbare, übernatürliche Weise von Gott so prädisponirt und Allen als Ideal vorgehalten sei, oder noch mehr, wenn man glaubt, daß das Betrachten dieses Ideals die unentbehrliche Bedingung zum geistlichen Leben sei. Obgleich dies eine höhere Stufe ist, so ist doch immer das vergangene Leben Jesu, wie es die Geschichte erzählt, was gebraucht wird und es ist nicht persönliches Vertrauen zur Person Christi. Auch das ist nicht Glaube an Christum, wenn man Christum und Christenthum für besondere göttliche Anstalten zum Wohl der Menschen hält und das Providentielle in Christo anerkennt. Denn das kann man in gewissem Grade von Andern auch sagen, z. B. von Huß, Luther ꝛc.; wer redet aber darum von einem Glauben an Luther?

Erst wenn man annimmt, daß Gottes bestimmte Absicht es ist, alle Menschen an Jesum zu weisen, daß Gott ihn gesendet und Alle ihn hören und sein Wort annehmen sollen, das ist Glaube. Aber dieser Glaube an Jesum den Propheten und höchsten göttlichen Ge= sandten, wo seine Autorität unbedingt anerkannt wird und sein Wort als Gottes Wort gilt, ist immer nur das unterste Postament, der erste Anfang des christlichen Glaubens und noch nicht der ganze, der vollendete Glaube. Dieser schließt weit mehr in sich und tritt erst da ein, wo man in eine persönliche Beziehung zu Jesu, dem Sohne Gottes tritt und sich derselben bewußt wird, wo man glaubt: Christus ist für mich gestorben, er ist mein Heiland, mein Sün= dentilger, mein Befreier von der Sünde, mein Seligmacher, von ihm erwarte ich mein ganzes Heil. Dieser Glaube gipfelt in dem Herzensumgang, den man mit Jesu hat, wo man von seiner Nähe und Willigkeit zu helfen überzeugt ist und sich in Allem mit Gebet und Flehen zu ihm wendet und ihn anruft. Dieser Glaube ist nicht sowohl ein Begreifen als ein Ergreifen Christi als dessen, der uns von der Sünde erlöst. Der rechtfertigende Glaube ist die innige Zuversicht zu Christo, daß er uns von der Sünde Schuld und ihrer Gewalt befreien kann und will. In solchem Verhältniß des persön= lichen Vertrauens standen die Apostel zu Christo. Vgl. das Lied: Allein zu dir, Herr Jesu Christ 2c.

Dieser Glaube ist nicht etwas, was der Mensch sich selbst schafft, sondern was der heil. Geist in dem Menschen schafft. Der heil. Geist wirkt noch vor dem Glauben das reuevolle, schmerzliche Gefühl unseres Sündenelends, die Selbsterniedrigung, er bringt den Menschen zur Erkenntniß, wie die Sünde ihn herabwürdigt, und ihm zeitlich und ewiglich schadet. (Darum fordert Luther ernstlich, daß Buße vor dem Glauben gepredigt werden müsse. Er sagt [X., 1913]: „Nun befinden wir an der Lehre unter andern diesen Fehl, daß wie wohl etliche vom Glauben, dadurch wir ge= recht werden sollen, predigen, doch nicht genugsam angezeigt wird, wie man zu dem Glauben kommen soll und fast alle ein Stück christlicher Lehre unterlassen, ohne welches auch niemand verstehen mag, was Glaube ist oder heißt. Denn Christus spricht, daß man predigen soll in seinem Namen Buße und Vergebung der Sünden. Aber viel itzund sagen allein von Vergebung der Sünden, so doch ohne Buße keine Vergebung der Sünden ist; es kann auch Verge= bung der Sünden nicht verstanden werden ohne Buße. — Also haben wir sie vermahnet, daß sie fleißig und oft die Leute zur Buße vermahnen, Reu und Leid über die Sünde zu haben und zu er= schrecken vor Gottes Gerichte.") Darnach erweckt der heil. Geist in dem menschlichen Herzen das Verlangen, die Sehnsucht nach Er= rettung aus diesem Elende, ein Verlangen nach Gnade bei Gott, nach Gewißheit der Vergebung und Versöhnung und dabei wirkt er zugleich das Gefühl der Ohnmacht, daß wir uns nicht selbst helfen können, woraus dann von selbst folgt, daß wir nothwendig einen Helfer in unserer Noth brauchen, aus der uns auch kein anderer Mensch zu erlösen vermag, so wenig wie wir selbst. Nun heißt der heil. Geist den Menschen sich umzusehen, ob denn nirgends ein Helfer zu entdecken sei. Da wird ihm Christus gepredigt, auf ihn weist der Geist hin: das ist der Mann, der helfen will und helfen kann. Erkenne ihn an, glaube, ergreife ihn! Der Geist treibt, zu Christo zu gehen, d. h. mit dem Herzen zu ihm sich zu nahen und ihn anzurufen. Denn so wie Vertrauen zu Christo im Herzen entstanden ist, so geht es sogleich zum Anrufen über. Das ist das Ergreifen Christi mit voller Zuversicht des Herzens. Von dem Wollen Christi können wir uns leicht überzeugen, denn sein Leben war lauter Lieben und Erbarmen. Das Können hat er bewiesen durch seine Werke, sinnbildlich in den Krankenheilungen und reell in der Errettung so vieler Sünder zu seiner Zeit und sodann durch alle Jahrhunderte hindurch. Dieser Glaube schließt also den Glauben in sich, daß Gott durch Christum uns helfen oder uns vergeben wolle; er ist also die Zuversicht, daß Gott uns durch Christum Gnade schenke. Es ist der mächtig erhebende, stärkende Gedanke: Gott will dir vergeben, dich retten; fasse Vertrauen zu ihm und komm, in Christo wird dir Gottes Gnade geschenkt. Wir bedürfen eines solchen Versöhners, weil wir ohne diesen Mittler gar keine Freudigkeit zu Gott haben, ohne ihn Gott uns zu nahen nicht wagen dürfen. Hier schlägt sich Christus in das Mittel; der Glaube ergreift den Mittler und aus dem Glauben kommt die Liebe. Luther zu Joh. 14, 23 (XIII., 1387) sagt: „Was mag es aber für eine Meinung haben, daß der Herr der Liebe gedenkt und nicht also sagt, wie er sonst pflegt: Wer an mich glaubet? Thuts denn die Liebe und der Glaube nicht, daß er spricht: Wer mich liebet? Antwort: Es ist eben eines; denn Christum kannst du nicht lieben, du glaubst denn an ihn und tröstest dich sein. Und ist das Wörtlein Lieben in dem Fall etwas deutlicher und stärker, daß er fein anzeigt, wie man die Augen und das Herz von allem andern, was im Himmel und Erden ist, abziehen und allein auf diesen Mann, Jesum Christum, wenden soll. Denn solches ist der Liebe eigentliche Art, was sie sich annimmt, das nimmt sie sich allein an, da bleibet und beruhet sie auf und achtet sonst in der weiten Welt nichts mehr. Also will der Herr auch von uns gehalten sein, daß wir ihn lieben und unser Herz auf ihn setzen sollen, das kann aber ja nicht geschehen, denn durch den Glauben. Darum nimmt dieser Spruch dem Glauben nichts, sondern dienet dazu, daß man des Glaubens Art und rechte Wirkung desto besser erkennen möge."

Anm. 4. Daß im N. T. dem Glauben rechtfertigende Kraft zugeschrieben wird, kann Niemand leugnen; Christus spricht Luc. 17, 10 den Werken jedes Verdienst ab; dagegen spricht er dem Glauben die rechtfertigende Kraft zu. Marc. 16, 16. Joh. 3, 15, vgl. B. 14. Luc. 7, 45—48. Paulus lehrt besonders Röm. 3, 20—24 die Rechtfertigung aus dem Glauben. Diese Lehre ist die eigentlich herrschende in seinen Briefen. Röm. 1, 17; 5, 1; 9, 30; 10, 2. 4; 1. Cor. 1, 30 vgl. 23. 24. 1. Cor. 6, 11. 2. Cor. 5, 21. Gal. 2, 16. 21; 3, 11; 5, 5. Phil. 3, 9. Eph. 2, 8. 9. Tit. 3, 5. Hebr. 4, 16; 5, 9; 10, 38. Auch Petrus und Johannis schreiben dem Glauben diese Kraft zu. 1. Petr. 1, 21; 2, 24; 3, 18 und Ap. Gesch. 2, 38; 3, 19; 5, 31; 8, 22; 10, 43; 15, 11. 1. Joh. 1, 7; 2, 1 u. 2; 4, 10; 5, 13: Es liegt in der Natur der Sache und spricht eigentlich von selbst für sich, daß dem Glauben an Christum ein so großer Werth zugeschrieben und von ihm die göttliche Begnadigung des Menschen und seine ewige Seligkeit abhängig gemacht wird. Denn wenn Christus objective der einzige Grund der Gnade Gottes ist, so kann auch subjective nur dem die Gnade zu Theil werden, der Christum als den objectiven Grund derselben anerkennt und seine Gerechtigkeit als einzigen Grund der göttlichen Gnade annimmt. Dieser Glaube ist ferner das Zeichen eines demüthigen, sich selbst erniedrigenden Herzens, eines Gemüthes, welches ernstlich und auf= richtig sich eingesteht, daß wir vor Gott Sünder sind, und welches nicht auf sich selbst vertraut Luc. 18, 9; diese Demuth aber gefällt Gott wohl; Stolz und Eigendünkel sind ihm ein Greuel. Der Glaube ist auch ein Zeichen eines nach Besserung verlangenden Her= zens, er erfordert einen kräftigen Aufschwung des Gemüthes und großen Kampf, (non fit sine magno agone in cordibus huma-nis. Apol. C. A. S. 124 ed. Rechbg.); er ist endlich auch Zeichen eines kindlichen Sinnes gegen Gott, der Gott Gnade zutraut, denn er setzt sein Vertrauen ganz und allein auf Gottes Gnade und hofft Alles von ihm. Er ist überdies Einstimmung mit Gott; Gott hat Wohlgefallen an Christo, wer also an Christum glaubt, trifft mit Gott in Einem Gegenstande des Wohlgefallens zusammen. — Die= ser Glaube an Christum, den wirklich lebenden, heiligen Sohn Gottes ist weit mehr als das bloße Hinsehen auf ein gedachtes, vorgestelltes Ideal. Bei diesem Denken eines Ideals schleicht sich geheime Philautie ein; man spiegelt sich dann selbst in diesem Ideale. Der Glaube an den wirklichen Christus wirkt weit mehr, so wie der Mensch allemal stärker wird, wenn er sich an einen stärkeren anschließt. Es ist auch Pflicht, wenn man überhaupt Gerechtigkeit, Heiligkeit ehren will, sie vor allem da zu ehren, wo sie in con-creto erscheint; sonst widerspricht man sich selbst und erregt den Verdacht, daß man den Glauben an den lebendigen Vollkommen beswegen verleugne, weil dieser mehr bemüthigt, als das bloße Denken eines Ideals. Es ist jedoch wohl zu merken, daß man den Glauben nicht als Verdienst, als ein verdienstliches Werk be= trachten darf. Gerade das ist er nicht; er ist die aus dem Geständ= niß unserer Schuld und Hilflosigkeit kommende Annahme der darge=

botenen Hilfe; das Ausstrecken aber der Hand nach der dargebotenen
Gabe ist kein Verdienst. Ebenso darf dieser Glaube auch nicht mit
dem wirklichen Gehorsam identificirt werden, was die Meinung der
Socinianer und Arminianer war. Diese Mengerei verrückt den
ganzen Begriff, verdirbt den edlen Schatz und bringt postliminio
die ganze eitle Eigengerechtigkeit wieder herein. Dagegen eifert schon
Luther. Er sagt (XVII., 2438): „Nachdem sie (die Papisten)
gemerkt, daß ihr greulicher Greuel ist zu helle an Tag kommen,
da sie den Heiland Christum und seinen Glauben rein verdammt,
und auf eigen Werk zu bauen gelehret und fast geschrien haben,
ziehen sie nun die Pfeifen ein und ergreifen auch das Wort (Glau=
ben) und predigen vom Glauben und guten Werken; aber heimlich
bleiben sie bei ihrem alten Greuel unter dem Wort (Glauben). Denn
sie sprechen: Es ist wahr, man muß durch den Glauben gerecht
werden, sofern die Werk dabei sind; denn vor und ohne Werk ist
der Glaube nichts. Mit diesen Worten nennen sie den Glauben,
als der gerecht mache; aber geben gleichwohl den Werken die Ge=
rechtigkeit und dem Glauben also gar nichts; und putzen sich doch
daher: der Glaube macht gerecht, wenn die Werke dabei sind, sonst
ist er nichts. Das heißt, warm und kalt aus einem Munde blasen,
wenn ich sage: der Glaube macht gerecht und ist doch ohn Werk
nichts. Denn so er alleine nichts ist ohn Werk, so müssens die
Werk gar sein, wenn schon dasselbige Nichts (das ist der Glaube)
dabei ist. Solches ist ihre heimliche Meinung und der alte vorige
Greuel, unter neuen Worten vorgebracht und dem alten Götzen
ein neuer Rock angezogen." Vgl. auch VIII., 2446.

Anm. 5. Harmonirt aber auch die Schrift in dieser Lehre mit
sich selbst? Man behauptet, die Schrift bleibe sich nicht gleich,
sie schreibe bald dem Glauben, bald den Werken die Seligkeit zu.
Im Besondern führt man an: Jesus knüpft an vielen Stellen die
Seligkeit an die Tugend, nicht an den Glauben, z. B. in der Berg=
predigt und Luc. 10, 27. 28. Matth. 25, 35 ff.; er verheißt
Matth. 18, 35 den Versöhnlichen Vergebung bei Gott; er erwähnt
in der Parabel vom verlornen Sohn Luc. 15, 17—24 nichts von
einem rechtfertigenden Glauben, sondern blos von dem Vorsatz der
Rückkehr zum Vater. Paulus selbst spricht Röm. 2, 6. 13 den
guten Werken den Lohn der Seligkeit zu und beschreibt 1. Cor. 13
die Liebe als die Hauptsache des Christenthums. Am meisten ist
Jakobus gegen diese Lehre, indem er ausdrücklich sagt, der Mensch
werde nicht aus dem bloßen Glauben, sondern aus den Werken ge=
rechtfertigt. Jak. 2, 14—26. — Darauf ist Folgendes zu erwidern:
a) Christus deutet schon im Anfang der Bergpredigt den Glauben an;
Matth. 5, 3 und 4. Die Armuth und der Hunger und Durst nach
Gerechtigkeit schließen den Glauben in sich. Und gesetzt, daß Christus
hier die absolute Vollkommenheit als Quelle, Bedingung der Selig=
keit aufstellt, so gilt dies von benen, die sie wirklich haben. Von

diesen würde 3. Mos. 18, 5 coll. Gal. 3, 11; 5, 4 gelten. Wie es aber wird, wenn sich der Mensch solcher Vollkommenheit nicht rühmen kann, ist eine andere Frage. Christus setzt in der Bergpredigt, da er sie an Jünger, an Gläubige hält, bei der Tugend den Glauben voraus, wie er denn auch 7, 21 die unächten Bekenner von den ächten unterscheidet. Er wollte die Vollkommenheit beschreiben, durch die die Glaubenden, seine Bekenner ihren Glauben beweisen sollen. Dies gilt auch von Luc. 10, 27. 28 und am deutlichsten ist dies Matth. 25, 35, wo die Handlungen der Liebe belohnt werden, weil sie mit Rücksicht auf Christum, im Glauben an ihn geschehen waren. — b) In dem Gleichniß vom Schalksknecht Matth. 18, 35 wird unsere Versöhnlichkeit nicht als die causa efficiens dargestellt, sondern als die moralisch nothwendige Folge, zu der uns die Vergebung unserer Schuld treiben soll; mithin berauben wir, wenn diese Wirkung ausbleibt, uns selbst der göttlichen Vergebung. — c) In der Parabel vom verlornen Sohn Luc. 15, 17 f. wird dieser allerdings in volles Kindesrecht ohne den Glauben an einen Mittler aufgenommen. Allein mit demselben Rechte, mit welchem man daraus folgert, daß ein Mittler zur Erlangung der göttlichen Gnade nicht nöthig sei, könnte man aus dem Stillschweigen darüber, ob der Sohn nachher sich gebessert und ein anderes Leben angefangen habe, folgern, daß Christus die Besserung nicht fordere. Eines Mittlers zu erwähnen, war hier nicht Zweck. Die Gesinnung des Sohnes ist dieselbe, wie sie ein Gläubiger haben muß; dem reuigen Sohne fällt es gar nicht ein zu sagen, daß er mit seiner Umkehr des Vaters Liebe verdient habe, er weiß nichts von eigenem Verdienst und Recht, er hängt ganz von der Gnade des Vaters ab und das ist das Wesen des Glaubens. — d) Die Liebe, von der Paulus 1. Cor. 13 redet, ist allerdings das höchste Ziel, der Gipfel der Vollendung; durch die Liebe werden wir Gott ähnlich, aber nicht durch den Glauben. Allein diese Liebe ist nie in dem Menschen so vollkommen, daß er damit etwas verdienen könnte und ihr muß auch der rechtfertigende Glaube vorangehn, sie ist eine Frucht desselben; ohne Versöhnung mit Gott kann es diese Liebe nicht geben. So urtheilt Christus Luc. 7, 47. Auch Gal. 5, 6 stellt Paulus die Liebe als die Frucht des Glaubens hin. Vgl. Luther VIII., 2640: „Was der Glaube sei, was seine innerliche, verborgene Natur, Kraft, Werk und Amt sei, hat Paulus droben gehandelt, da er sagt, daß er uns vor Gott gerecht mache. Hier redet er von seinem Werk oder Amt, das er auswendig und öffentlich führt und ausrichtet; saget also, daß er der Anreger sei zu guten Werken und zu der Liebe; ja nicht allein der Anreger, sondern der rechte Thäter und Werkmeister aller guten Werke." Und wenn nach Röm. 2, 6 coll. Joh. 5, 29 die Menschen nach den Thaten gerichtet werden, so geschieht dies, weil die Werke die Zeichen, Kriterien des Glaubens und unserer Gesinnung gegen

Gott sind und in dem göttlichen Gerichte einst die bekannten Thaten des Menschen die Gerechtigkeit des göttlichen Urtheils auch andern bemerkbar machen werden. Wenn Gott der Treue, dem Eifer in guten Werken Belohnung verheißt, so kann er das aus Gnaden thun, aber wir haben deswegen nicht ein Recht, dies von Gott zu fordern. — c) Was endlich den Widerspruch zwischen Paulus und Jakobus betrifft, so ist er eigentlich nur scheinbar. Der Widerstreit liegt in der Amphibolie der drei Ausdrücke „gerecht werden“ oder „Werke“ oder „Glaube.“ Einige nehmen an, Paulus rede von der Rechtfertigung des Menschen vor Gott, wo nur der Glaube, nicht die Werke gelten, weil Gott in das Innerste sehe; Jakobus hingegen von der Rechtfertigung der Menschen, welche unsern Glauben nicht sehen können, sondern aus den Werken schließen müssen, wie das Beispiel der Rahab Jak. 2, 5 beweise. Allein es findet sich im Texte nicht der geringste Wink, daß beide von verschiedener Rechtfertigung reden und der Zusammenhang spricht entschieden dagegen. Jakobus redet ebenfalls von der Rechtfertigung vor Gott, wie aus 1, 25—27; 2, 14 und besonders aus Abrahams Beispiel v. 21 und 23 erhellt. Ebenfalls nehmen Andere an, Paulus rede von dem actu justificationis, Jakobus von dem statu justificationis. Allein dies ist, wenn vielleicht auch nicht unwahrscheinlich, doch nicht aus dem Texte zu erweisen. Andere dagegen suchten den Unterschied zwischen Paulus und Jakobus in dem Begriff „Werke.“ Paulus meine nämlich nur die Beobachtung des Ceremonialgesetzes und schließe diese aus, Jakobus dagegen rede von den ächten, guten Werken aus dem Glauben. Allein Paulus redet Röm. 2 und 3 offenbar von wahrhaft sittlichen Werken; denn er beruft sich, um die Juden zu überführen, nicht etwa auf die Uebertretung des Ceremonialgesetzes, sondern des Moralgesetzes. Knapp script. var. arg. Nr. 13 und 14 nimmt an, „Gesetzeswerke“ sind zwar sittliche Werke, aber ohne gottgefällige Gesinnung, ohne Glauben an Christum und mit stolzer Meinung von Verdienstlichkeit geleistet; solche nenne Paulus nie „gute Werke.“ Jakobus verstehe darunter die im Glauben an Christum vollbrachten, gottgefälligen Werke, die Beweise des Glaubens. — Der Unterschied zwischen beiden Aposteln liegt vielmehr darin, daß sie unter „Glaube“ etwas Verschiedenes verstehen. (Vgl. Tittmann Opp. theol. S. 253—279.) Bei Paulus ist $\pi \iota \sigma \tau \iota \varsigma$ die aufrichtige Zuversicht des Menschen zu Gott, die sich auf Christum und seinen Tod gründet und der Keim der rechten, gottgefälligen Gesinnung ist. Bei Jakobus ist es blos ein kalter, todter Verstandesglaube, der etwa mit der Zunge bekannt wird. Der ganze Brief des Jakobus ist an solche gerichtet, die da meinten, mit dem Wissen und Bekennen sei es genug Jak. 1, 22—27; 2, 1—13, an solche, die es an thätiger Liebe fehlen ließen. 2, 14—16. Was kann in diesem Zusammenhange $\pi \iota \sigma \tau \iota \varsigma$ anderes sein, als bloßer Verstandesglaube? Dazu kommt, daß Jakobus diese πίστις sogar den bösen Engeln zuschreibt und 2, 14 und 20 sagt er ausdrücklich: ἡ πίστις u. s. w. ἡ bedeutet hier soviel als αὕτη, nämlich: ein solcher unfruchtbarer Glaube. Diese Lehrweise des Neuen Testaments, welche dem Buchstaben, aber nicht dem Geiste nach sich widerspricht, ist, weitgefehlt, daß sie das Ansehn der Offenbarung schwächte, derselben vollkommen würdig und anständig. Denn die göttlichen Lehrer mußten immer diejenige Seite einer Lehre hervorheben, die gerade dem Bedürfnisse des Kreises entsprach, zu dem sie redeten. Gegen eingebildete Tugendstolze muß die gänzliche Unwürdigkeit des Menschen, die Unzulänglichkeit und Unverdienst=lichkeit aller seiner Werke gezeigt und der Glaube als die einzige Bedingung der Begnadigung eingeschärft werden. Aber gegen träge, unlautere Namenchristen, die nichts von Werken wissen wollen und auf ihren Glauben sich steifen, ist zu zeigen, daß ein solcher Glaube nichts taugt; daher auch Paulus beides oft verbindet. Gal. 5, 6. 1. Tim. 1, 5.

Anm. 6. Der rechtfertigende Glaube an Jesum den Versöhner steht in unzertrennlicher Verbindung mit der Besserung und Heiligung des Willens. Der Glaube ist die unentbehrliche Bedingung der Besserung, der Bekehrung. Denn so lange der Mensch noch zwei=felt, ob ihm vergeben werden könne, ob Gott ihm helfen wolle, ist die Besserung d. h. der Aufschwung des Gemüthes zur Liebe gegen Gott unmöglich. Das Gemüth ist dann lauter Furcht und gar keiner Liebe fähig. Wie könnte es Liebe fassen gegen Gott, dessen Zorn es fürchten muß? Der Mensch ist dann gelähmt und gebunden. Erst wenn er durch Christum dessen gewiß wird, daß Gott ihm vergeben will, ja daß er ihm schon vergeben hat, dann wird sein Herz von dieser überschwenglichen Liebe gerührt, die er gar nicht zu hoffen wagte, und faßt Zutrauen und Liebe gegen Gott. Und das erst ist wahre Bekehrung, wahre Besserung. Ohne den Glauben kann es der Mensch wohl zu einer äußeren Sittenänderung bringen, kann aus Klugheit, aus Amts = und Standesrücksichten oder weil die öffentliche Sitte dazu nöthigt, die bösen Begierden in etwas ab=schwächen, aber nicht die innere Herzensumschaffung erlangen, wo der Mensch anfängt, gottselig zu werden und statt der Liebe zur Welt die Liebe Gottes in sich herrschen zu lassen. Diese Umwand=lung geschieht erst, wenn der Mensch nach dem Bußkampfe von der Gewißheit der göttlichen Liebe ergriffen und zerschmolzen wird, daß er sich Gott zu lieben gedrungen fühlt. Diese Herzensbesserung und der Glaube sind also unzertrennlich verbunden; zwischen beiden liegt eigentlich kein trennender Zeitraum, sondern in dem Moment, wo das Herz die Liebe Gottes glaubt, fängt es auch an Gott zu lie=ben. Nur dem innern Zusammenhange nach muß die Rechtfertigung als die Bedingung und die Besserung als das Bedingte gedacht werden; aber beides ist zugleich da. Mithin kann auch der recht=fertigende Glaube unmöglich mit einem bösen Willen oder mit dem

Vorsatz in der Sünde beharren zu wollen bestehen. Form. Conc.
S. 688. 702. Denn wie kann ich glauben, Gott habe mir vergeben, wenn ich die Sünde noch behalten will? Mit dem Glauben empfängt der Mensch den heil. Geist, d. h. einen aus Gott
kommenden heiligen Trieb, Gott zu lieben und aus Liebe zu ihm
Alles zu thun; er wird durch den Glauben Eins mit Christo, der
ihm seinen Geist mittheilt. — Ebenso unzertrennlich ist mit dem
Glauben die nachfolgende, fortgehende, tägliche Heiligung verbunden. Denn a) die Quelle des Glaubens liegt in dem Abscheu gegen
die Sünde, in der Reue, in dem Schrecken über sie und darum
muß er zur Liebe zum Guten und zum Eifer in allen Tugenden
übergehen. Röm. 6, 2. Eph. 4, 17—24. — b) Das Object
des Glaubens ist Christus, der eine Heilige, an welchem der Vater Wohlgefallen hat, so daß er uns die Sünde vergiebt. Wie
könnten wir an Christum glauben, wie könnten wir hoffen, durch
ihn Gnade und Seligkeit zu empfangen, wenn wir ihn nicht liebten,
wenn wir ihm nicht ähnlich werden wollten? Röm. 8, 29. 2. Petr.
1, 4. Hebr. 12, 14. — c) Der Zweck der Rechtfertigung und
Begnadigung ist kein anderer, als uns die Heiligung möglich zu
machen. Wer diesen Zweck gar nicht an sich erreichen lassen will,
kann auch nicht auf die Wohlthat hoffen, die lediglich um dieses
Zweckes willen verheißen ist. 1. Joh. 1, 7. 2. Cor. 5, 15. Tit.
2, 11—14. 1. Petr. 1, 3. — d) Durch die Rechtfertigung werden
wir auf das stärkste zur Dankbarkeit gegen Gott und mithin zum
Gehorsam gegen ihn verpflichtet. Denn wer da fühlt, wie groß
die Schuld ist, die Gott ihm vergeben will und vergeben hat, der
wird dadurch zwar auf das tiefste beschämt, aber auch innig gerührt
und zu Gott getrieben werden, zumal da er täglich Vergebung der
Sünden empfängt. Der Mensch müßte fühllos sein, wenn er nicht
durch die überschwengliche Liebe Gottes ganz durchdrungen würde,
so daß es sein unverbrüchlicher Vorsatz wird, Gott auch seine Dankbarkeit zu beweisen, den liebenden Vater wieder zu lieben. Joh.
15, 14. Röm. 12, 1. 2. Gal. 2, 19. 20. 1. Joh. 5, 3. Hebr.
8, 10. Die Größe der vorhergegangenen und nun erlassenen Schuld,
das Gefühl derselben erhöht die Innigkeit der Liebe. Luc. 7, 42.
47. — e) Dieser Glaube muß auch die Liebe zu den Menschen
erzeugen und erwecken. Die Liebe zu Gott treibt dazu, Gott in
den Brüdern zu lieben, für die ja Christus so gut wie für uns sein
Leben gelassen hat. 1. Joh. 4, 9—11. 2. Cor. 5, 14. Christus
ist der Herr von uns allen und darum werden uns auch die theuer
und werth, die sein Eigenthum sind. Röm. 14, 8. 9. 2. Petr.
2, 1. Wir beweisen unsere Dankbarkeit gegen ihn damit, daß wir
ihn in seinen Gläubigen lieben. Matth. 25, 35. — f) Auch versetzt uns der Glaube in den Besitz des ganzen Reichthums der Gnadenmittel, durch welche die Besserung möglich wird; sie sind Kräfte
zur fortgehenden Heiligung.

Anm. 7. Ueber das Verhältniß des Glaubens und der guten Werke in Bezug auf die Rechtfertigung und Seligkeit ist gestritten worden. Gute Werke sind ihrem Gehalt und Thatbestand nach solche, welche ganz dem göttlichen Gesetz entsprechen und der Form, der Gesinnung nach solche, welche aus einem heiligen Antriebe kommen, aus dem Glauben an Christum, aus Liebe zu Gott und zur Ehre Gottes geschehen. Solche Werke sind die Frucht des Glaubens. Unsere Kirche (vgl. A. Conf. art. XX. S. 16 ff. Form. Conc. loc. IV. S. 699 ff. Luther Sermon von guten Werken. X., 1562 ff.) spricht sich in folgender Weise aus: Die guten Werke sind insofern nicht nothwendig zur Seligkeit, als sie die Rechtfertigung nicht verdienen können, nicht der erwerbende, Gott bestimmende Grund derselben heißen dürfen. Unsere Werke sind unverdienstlich. Luther (XI., 1916. Erl. A. 13, 205) sagt: „Werk hin, Werk her; schneide allein die Zuversicht und das Vertrauen heraus, setze dein Vertrauen nicht in die Werke als auf einen Gott; sondern laß sie alleine dem Nächsten dienen, daß die Zuversicht der Werke auf dem Nächsten stehe, das ist, daß er sich zu dir versehe, du werdest ihm alles Gutes thun und dich desgleichen eben auch wiederum zu ihm versehest. Denn deine Zuversicht stehet allein auf Christum und vertraue nur deinen Werken nicht ein Haar breit", und a. a. O. S. 1921 sagt er: „Also helfen die äußerlichen Werke nicht dazu, daß ich vor Gott fromm und gerecht werde, sondern machen kund und offenbaren den Schatz und das Herz, darinnen er verborgen liegt." Ferner sagt er (XII., 183): „Siehe so überschwenglichen Reichthum schüttet Gott über uns in der Taufe, daß er auch die Werke aufhebet, damit die Narren vermessen den Himmel zu gewinnen und selig werden. Nein, lieber Mensch, du mußt den Himmel haben und schon selig sein, ehe du gute Werke thust: die Werke verdienen nicht den Himmel; sondern wiederum, der Himmel aus lauter Gnaden gegeben, thut die guten Werke dahin, ohne Gesuch des Verdienstes, nur dem Nächsten zu Nutz und Gott zu Ehren, bis daß der Leichnam auch von Sünden, Tod und Hölle erlöset werde", und a. a. O. S. 185: „Denn wer die Seligkeit nicht aus lauter Gnaden empfähet vor allen guten Werken, der wird sie freilich sonst nimmer empfahen. Und wer seine guten Werke zu seinem eigenen Nutz wendet, ihm selbst und nicht seinem Nächsten damit zu helfen, der thut schon kein gut Werk: denn es ist alles glaublos da und eitel schädlich Irrthum und Verführung", und S. 186: „Also machen uns die Werke nicht rein, fromm noch selig; sondern wir, zuvor rein, fromm und selig, thun die Werke frei dahin Gott zu Ehren, dem Nächsten zu gut." — Die Verdienstlosigkeit der Werke hat ihren Grund darin, daß alles, was wir zu thun hatten, unsere Schuldigkeit ist, Luc. 17, 10 und mithin die Werke unmöglich die Vergebung der Schuld, die aus der Unterlassung des Guten und Vollbringung des Bösen entstanden ist,

verdienen können. Dazu kommt noch, daß die guten Werke sowohl
der That als der Gesinnung nach stets unvollkommen sind und bleiben; denn kein Mensch kann sagen, daß er alles gethan habe, was
er hätte thun sollen und können und die Gesinnung, aus welcher
das Thun hervorgeht, ist auch nicht immer ganz rein. Außerdem
stehen die Werke in gar keinem Verhältniß zur Seligkeit, sind unadä-
quat, denn die Seligkeit ist überschwenglich. Und wenn letztere
verdient werden könnte, so hörte sie auf, Gnade zu sein. — Gleichwohl lehren wir doch, daß von der anderen Seite die Werke nothwendig sind. Wenn Nik. Amsdorf 1559 behauptete, daß die
Proposition: gute Werke sind schädlich zur Seligkeit, eine recht
christliche Proposition sei, so ist dies nicht richtig und ist auch verworfen worden. Er hätte sagen sollen: die Meinung von guten
Werken kann schädlich werden. Denn gute Werke werden schädlich,
wenn sie nicht aus reiner Quelle kommen, nicht aus Dank und
Liebe und Glauben, sondern aus Eigennutz, Ehrgeiz, Eitelkeit;
wenn sie mit der Einbildung eigener Würdigkeit, Gerechtigkeit und
Verdienstlichkeit geschehen und der Mensch die Seligkeit als verdienten Lohn ansieht und beansprucht, wenn sie darum endlich den
Menschen verleiten zur Verachtung der Gnade und des Verdienstes
Christi, daß er sich nicht mehr für einen armen Sünder erkennt. —
Die guten Werke sind dennoch gar nothwendig. Denn Gott fordert
sie und er kann an seinem heiligen Gesetze nicht rütteln lassen. Aug.
Conf. XX. S. 18: Necesse est bona opera facere, non ut
confidamus gratiam mereri, sed ob voluntatem Dei. Auch ist
der Glaube ohne die guten Werke gar nicht ächt und lauter. Die
Werke sind der Prüfstein des Glaubens; der gute lautere Saft des
Baumes bewährt sich in der Frucht und an der Frucht sieht man,
ob der Baum etwas taugt. Wir Menschen können nur an dem
Eifer in guten Werken die Aufrichtigkeit des Glaubens erproben.
Luther (Art. Smalc. III., 13 S. 336) sagt: dicimus praeterea,
ubi non sequantur bona opera, ibi fidem esse falsam et non
veram. Außerdem wird ohne die guten Werke der Glaube und der
heil. Geist verloren. Luc. 19, 26. Phil. 3, 15. 16. 1. Thess.
5, 19. Hebr. 6, 7. 8. 2. Petr. 1, 10. 1. Tim. 4, 14. Ps. 51, 13.
Dies ist psychologisch völlig wahr. Durch die That, die Werke,
als durch die Uebung, wird der Glaube und die ganze geistliche
Lebenskraft immer stärker, der Geist Gottes wird immer mächtiger
in uns, während durch Untreue der Glaube erlischt und ausstirbt.
Luther (X., 1997) sagt: „Glaube und Anrufen Gottes sind zarte
Dinge und mag leichtlich sehr eine kleine Wunde des Gewissens sein,
die stößt Glauben und Anrufung weg, wie ein jeder geübter Christ
sehr oft erfahren muß;" und (XII., 175): „Also treibet der Glaube
die Liebe und Liebe mehret den Glauben." Apol. C. A. III. S.
133: Nec fidem nec justitiam retinent illi, qui ambulant se-
cundem carnem. Endlich sollen ja die guten Werke Belohnung

empfangen, nicht die Rechtfertigung, sondern andere leibliche und geistliche Belohnungen, und selbst auch der Grad der Seligkeit soll sich nach ihnen richten. Vgl. Gal. 6, 7. 8. Offenb. 14, 13. Apol. C. A. III. S. 96: Docemus bona opera meritoria esse, non remissionis peccatorum, gratiae aut justificationis (haec enim tantum fide consequimur), sed aliorum praemiorum corporalium et spiritualium in hac vita et post hanc vitam, und S. 135: Opera, quia placent Deo propter fidem, merentur alia praemia corporalia et spiritualia; erunt enim discrimina gloriae sanctorum. Luther (X., 1921): „Viele schreien einhin ohne Vernunft: gute Werk verdienen nichts. Viel besser wäre, man triebe die Leute, gute Werk zu thun und ließe die scharfe Disputationes fallen. Denn wahr ist's, daß Gott Gutes giebt um seiner Verheißung, nicht um unser Werk willen; aber doch müssen gute Werk, die Gott geboten hat, geschehen."

Anm. 8. Gegen die Lehre von dem rechtfertigenden Glauben sind sowohl theoretische als praktische Einwendungen erhoben worden. Zu jenen gehört die Behauptung, daß es widersinnig sei, dem Glauben einen moralischen Werth beizulegen oder den eigentlichen Werth des Menschen nach dem Glauben zu bestimmen, weil theils schon nach dem allgemeinen Urtheil der Menschen nicht nach dem Glauben, sondern nach dem Herzen, der Gesinnung, dem Willen gefragt wird, theils der Glaube nicht in der Gewalt des Menschen steht. Allein der Glaube an Christum ist ja eben keine todte Verstandessache, sondern durchaus Herzenssache; er ist auch zugleich die Grundwurzel eines guten Sinnes, denn er ist völlige Hingabe an Christum und Einswerden mit ihm; daher er dem Menschen gerade die höchste Würde verleiht. Dahingegen ist das, was man im gemeinen Leben ein gutes Herz nennt, oft etwas sehr Zweideutiges, nemlich schwache Gutmüthigkeit, Nachgiebigkeit, Hingehenlassen. Uebrigens ist der Glaube keineswegs etwas dem Menschen willkührlich Gegebenes, wie es Naturgaben sind. Die Behauptung d'Alembert's, der Glaube sei ein sechster Sinn, den Gott einigen gegeben, andern versagt habe, ist eine fade Spötterei. Allerdings ist der Glaube nicht Jedermanns Ding, aber nur darum, weil Demuth dazu erfordert wird und die hat nicht ein Jeder. — (Andere Einwendungen sind dieselben, wie gegen die Lehre von der Versöhnung durch Christum, worüber zu vergl. § 40 Anm. 5.) — Der praktische Einwand gegen unsere Lehre lautet dahin, daß dieselbe Heuchelei und Trägheit bewirke. Derselbe ist auch von Swedenborg (in s. Revision der bisher. Theologie. Deutsch. Breslau 1786) erhoben worden, ferner von Joh. Ernst Grabe in Königsberg, dessen Einwendungen beantwortet sind durch v. Sanden. Königsberg 1695 S. 251 ff. Der aus dieser Lehre befürchtete Nachtheil kommt aber nur aus falschen Begriffen vom Glauben. Davor warnt Luther oft; z. B. X., 1913, s. oben bei Anm. 3, ferner X., 1940, wo er sagt: „Aber solcher Glaube, wie oft gesagt ist, kann nicht sein, wo nicht vorhin Reu und Leid ist; denn Reu ohne Glauben ist Judä und Saul's Reu, das ist Verzweiflung, gleichwie Glaube ohne Reu Vermessenheit und fleischliche Sicherheit ist;" und besonders in der o. a. Vorrede zum Brief an die Römer, wo er sagt: „Glaube ist nicht der menschliche Wahn und Traum, den etliche für Glauben halten. Und wenn sie sehen, daß keine Besserung des Lebens noch gute Werk folgen und doch vom Glauben viel hören und reden können, fallen sie in den Irrthum und sprechen: der Glaube sei nicht genug, man müsse Werke thun, soll man fromm und selig werden. Das macht, wenn sie das Evangelium hören, fallen sie daher und machen ihnen aus eigenen Kräften einen eigenen Gedanken im Herzen, der spricht: Ich glaube. Das halten sie denn für einen rechten Glauben. Aber wie es ein menschlich Gedicht und Gedenke ist, den des Herzens Grund nimmer erfährt, also thut er auch nichts und folgt keine Besserung hernach. Aber Glaube ist ein göttlich Werk in uns, das uns wandelt und neu gebiert aus Gott und tödtet den alten Adam, machet uns ganz andere Menschen von Herzen, Muth, Sinn und allen Kräften und bringet den heiligen Geist mit sich. O es ist ein lebendig, schäftig, thätig, mächtig Ding um den Glauben, daß unmöglich ist, daß er nicht ohne Unterlaß sollte Gutes wirken. Er fraget auch nicht, ob gute Werke zu thun sind, sondern ehe man fraget, hat er sie gethan und ist immer im Thun. Wer aber nicht solche Werk thut, der ist ein glaubloser Mensch, tappet und siehet um sich nach dem Glauben und guten Werken und weiß weder was Glaube oder gute Werk sind, wäschet und schwatzet doch viel Wort vom Glauben und guten Werken. Glaube ist eine lebendige, erwogene Zuversicht auf Gottes Gnade, so gewiß, daß er tausendmal drüber stürbe. Und solche Zuversicht und Erkenntniß göttlicher Gnade machet fröhlich, trotzig und lustig gegen Gott und alle Kreaturen, welches der heil. Geist thut im Glauben. Daher ohn Zwang willig und lustig wird, Jedermann Guts zu thun, Jedermann zu dienen, allerlei zu leiden Gott zu Liebe und zu Lob, der ihm solche Gnade erzeiget hat, also daß unmöglich ist, Werk vom Glauben scheiden, ja so unmöglich, als Brennen und Leuchten mag vom Feuer geschieden werden. Darum siehe dich vor vor deinen eigenen falschen Gedanken und unnützen Schwätzern, die vom Glauben und guten Werken klug sein wollen zu urtheilen und sind die größten Narren. Bitte Gott, daß er den Glauben in dir wirke; sonst bleibst du wohl ewiglich ohne Glauben, du dichtest und thust, was du willst oder kannst." Der ächte Glaube hat also nicht einen nachtheiligen, sondern den allerheilsamsten Einfluß auf das Herz.

Anm. 9. Die Wichtigkeit und heilsame Kraft dieser Lehre läßt sich in folgende Punkte zusammenfassen: a) Es ist gar keine gründliche Heiligung möglich, wenn der Mensch nicht aller eigenen

Gerechtigkeit absagt; ohne diesen Glauben ist alle Moralität nur eine Schminke. So lange nur noch eine kleine Dosis von Selbst= gefälligkeit und Tugendstolz im Herzen ist, so lange der Mensch in dieser Einbildung von sich lebt, wie kann er da rein sein? Sein ganzes Denken und Thun ist in der Wurzel verdorben. Die wahre Heiligung entsteht erst da, wenn wir aufhören uns selbst zu lieben und Gott allein als den Liebenswürdigen erkennen, sie ist im engsten Sinne Selbstvernichtung. Wer ohne diesen rechtfertigenden Glauben ist, der ist auch ohne Demuth. Wer auf seine Werke vertraut, würde am besten thun, wenn er alle seine guten Werke in einem Register anzeichnete, wie chinesische Philosophen thun sollen. (Vgl. Morgenblatt 1823 Nr. 90 und 91, die Abhandlung eines chinesi= schen Lehrers.) Dies bringt in dem Gemüthe nichts als Stolz her= vor, wo man sich vor Gott auf den Rechtsfuß setzt und alle Gnade verachtet. — b) Diese Lehre allein sichert das Verdienst Christi, das allemal durch die Werkgerechtigkeit herabgesetzt wird, und er= weckt wahre Liebe zu ihm. Wer nicht diesen Christus für uns er= fahren hat, kann auch nicht den Christus in uns haben. Der Glaube vereinigt mit ihm. — c) Ohne diesen Glauben können wir nie zur völligen Ruhe und Gewißheit über unsere Seligkeit gelangen; denn der Mensch kann nie sagen, daß er Alles gethan habe, was ihm auf= gegeben ist, noch kann er bei seinen Werken für die Reinheit und Lauterkeit der Triebfedern mit Untrüglichkeit einstehen. Kant (in d. Grundl. zur Methaphysik der Sitten) behauptet, daß es sich nicht erweisen lasse, ob auch nur Eine legale That aus ganz rei= nen Motiven geschehen sei; und offenbar je strenger der Mensch gegen sich selbst ist, desto schwerer wird ihm die Gewißheit von der Reinheit seiner Triebfedern werden. Die unreinen und reinen Mo= tive fließen bei uns immer zusammen, das ist bei unserer natürlichen Verderbtheit nicht anders zu erwarten. Wenn nun der Mensch über den Werth seiner Werke nie zu untrüglicher Gewißheit gelangt, wie kann er aus dieser Selbstpein und Marterkammer entkommen? Nur wenn er auf sich selbst Verzicht leistet und sich allein an Christum hält. Darum spricht der Gläubige: ich mag und will selbst nichts sein, ich mag kein eigenes Verdienst, keine eigene Würdigkeit, keine eigene Gerechtigkeit haben; ich will nur Christi Gerechtigkeit aner= kennen, Christum haben. (Vgl. P. Gerhard's Lied: Ist Gott für mich ꝛc. B. 3. „Der Grund, da ich mich gründe, ist Christus und sein Blut; das machet, daß ich finde das ewge wahre Gut. An mir und meinem Leben Ist nichts auf dieser Erd: Was Christus mir gegeben, Das ist der Liebe werth.) Da kommt der Mensch zur Ruhe. Dies bestätigen viele Beispiele. Wie viele evangelische Fürsten haben gerade diese Lehre überaus hoch gehalten und sind in diesem Glauben selig gestorben, so Friedrich der Weise, Markgraf Georg der Fromme von Brandenburg, von der Fränkischen Linie, der auf dem Reichstage 1530 erklärte, ehe er Gott und sein Evan=

gelium verleugne, wolle er sich lieber den Kopf abhauen lassen,
worauf Karl V. erwiderte: Nicht Kopf ab, nicht Kopf ab, lieber
Fürst. Der Markgraf Joachim II. von Brandenburg entließ seine
Theologen auf das erste Regensburger Colloquium 1541 mit den
Worten: Ziehet hin und vergebet mir das SOLA (fide nos justi-
ficari) nicht, sonst kommt mir nicht wieder in mein Land. Auch
der große Churfürst (s. Wolfarth Lebensbeschr. berühmter Männer
I., 209) und Georg III. von England (s. s. Leben v. Bibra III.,
475) bekannten freudig diesen Glauben und starben in ihm. Ebenso
Grotius, der eigentlich Arminianer war (s. s. Leben v. Luden
S. 339. 40.) Auch in der katholischen Kirche finden sich Beispiele.
Herzog Georg von Sachsen hielt sich in seinem Ende allein an
Christum; selbst von Karl V. wird dies erzählt. (Vgl. Thuanus
Hist. XXI., 430 und Goetze, de Imperatoribus Romano-Ger-
manicis Lutherano-Evangelicis, in s. Meletemata Annaber-
gensia Nr. 14.) Von Staupitz erzählt Luther (VII., 2321)
das starke Bekenntniß: „Ich hab Gott mehr denn tausendmal ge-
logen, daß ich wollte fromm werden und hab's nie gethan. Darum
will ich's mir nicht vorsetzen, daß ich fromm will sein, denn ich
sehe wohl, ich kann's nicht halten, ich will nimmer lügen." Die
großen vorreformatorischen Lehrer der Kirche haben fast Alle die
evangelische Lehre von der Rechtfertigung gelehrt. Aber selbst
Bellarmin (de justificat. lib. 5 cap. 7 § 22) muß gestehen:
Propter incertitudinem propriae justitiae et periculum inanis
gloriae tutissimum est, totam fiduciam in sola Dei misericordia
reponere; und § 23: Hoc dicimus tutius esse, meritorum jam
partorum quodammodo oblivisci et in solam misericordiam
respicere, tum quia nemo absque revelatione certo scire potest, se habere vera merita et in eis in finem usque perse-
veraturum, tum quia nihil est facilius in hoc loco tentationis,
quam superbiam ex consideratione bonorum operum gigni.
Es ist nichts natürlicher, als daß, wie Luther einst als Mönch
durch die Hinweisung auf die Rechtfertigung durch den Glauben getröstet wurde, so Katholiken in wirklicher Gewissensnoth noch immer
in dieser evangelischen Lehre allein Trost finden. (Vgl. Götze
a. a. O. S. 751.) Dafür ist ja selbst Papst Pius VII. ein
Zeugniß, der sterbend das Crucifix an seine Brust drückte, und es
ablehnte, heiligster Vater angeredet zu werden, indem er sagte:
„Was heiligster Vater! ich bin ein armer Sünder." (S. Martensen Dogm. S. 445.) Zeugnisse für die Kraft des rechtfertigenden Glaubens s. in Joh. Wolfram, Centuriae quinque Testi-
moniorum de sola fide. Erfurt 1587; auch in M. Boos, Christus
für uns und in uns. 2te Aufl. 1818. — In der englischen Kirche
hat man sich unserer Lehre mehr und mehr genähert. — Früher
wurde der „Solifidianismus" der lutherischen Kirche bespöttelt,
aber seit dem Auftreten des Methodismus, der diese Lehre ganz

besonders hervorhebt, ist es anders geworden. Vgl. Wesley's und Whitefield's Predigten.

§ 49.
Werth und Gewissheit der Rechtfertigung.

Einem so Bekehrten kann die göttliche Rechtfertigung als gewiß angekündigt werden; diese ist der richterliche Ausspruch Gottes, nach welchem der sündige Mensch von Schuld und Strafe der Sünde befreit wird, Vergebung empfängt, als ein Gerechter oder Unschuldiger behandelt und unter die Kinder Gottes wieder aufgenommen wird; und es erhellt hieraus von selbst, wie wichtig diese Rechtfertigung ist und wie sehr wir danach streben müssen, in unserm Innern der göttlichen Rechtfertigung gewiß zu sein. Vgl. Ph. David Burk die Rechtfertigung und deren Versicherung im Herzen ed. 2 Stuttg. 1763.

Anm. 1. Die katholische Kirche erklärt das Wort rechtfertigen (justificare, δικαιοῦν) von der wirklichen Gerechtmachung im ethischen Sinne, so daß also Rechtfertigung nichts anderes ist als Heiligung, infusio justitiae. Diese Erklärung, die sich blos auf das lateinische Wort justificare stützt, ist falsch, weil gegen den Sprachgebrauch. Das hebräische Wort hizdik heißt nicht gerecht machen, sondern absolviren, im Gericht für unschuldig erklären 5. Mos. 25, 1, wo das oppositum hireschia dabei steht, welches nicht böse machen heißt, sondern für schuldig erklären. Daher übersetzt die Septuaginta das Hebräische auch durch δίκαιον ἀποφαίνειν. Die Synonyma von δικαιοῦν, als μὴ λογίζεσθαι τὴν ἁμαρτίαν, ἀφιέναι, bedeuten ebenfalls nur so viel als lossprechen. Röm. 4, 2 vgl. 3—8. Das Gegentheil davon ist κατακρίνειν. Röm. 5, 16; 18. 8, 33. Die Cognata, z. B. δικαίωσις sprechen auch dafür. Röm. 1, 17; 10, 3. Phil. 3, 9. Matth. 12, 37. Das Wort δικαιοῦν muß also in sensu forensi und darf nicht in sensu physico genommen werden. Die Rechtfertigung ist mithin das Urtheil Gottes, nach welchem der als Sünder von Gott Geschiedene wieder angenommen, begnadigt wird, Vergebung der Sünden empfängt. In Gott geschieht keine Veränderung, so wenig als in einem Richter, der täglich loszusprechen und zu verurtheilen hat, sondern es wird nur das Verhältniß des Menschen zu Gott geändert; anstatt daß er in einem feindlichen Verhältniß stand und sich unselig fühlte, fühlt er sich nun in einem freundlichen Verhältniß zu Gott, ist frei von seinem Mißfallen, von seinem Zorn, von seinen Strafen. Vom Zorne Gottes zu reden ist ebenso wenig unschicklich als von seiner Liebe. Der Zorn Gottes ist sein heiliger, kräftiger Wille, nach welchem er den unbußfertigen Menschen sein Mißfallen und das Mißverhältniß zu Gott fühlen läßt. Wer nicht zürnen

kann, kann auch nicht lieben. Die Rechtfertigung ist also Begna-
bigung, Wiederherstellung des Friedens mit Gott. Was es mit
der Rechtfertigung auf sich hat, versteht daher der Aufrichtige, der
sich demüthigt und glaubt, leicht, ebenso wie er sie leicht erlangt,
während der Stolze und Hochmüthige, der seine Schuld und Unwürdigkeit nicht anerkennen will, weder die Rechtfertigung erlangt,
noch ein Verständniß dafür hat. — Die Rechtfertigung ist vollkommen d. h. sie geschieht entweder ganz oder gar nicht; halb vergiebt Gott nicht. Luther (XXII., 1559) sagt: „Ach, daß wir
unsere Sünde erkenneten und nur zu Gott schreien könnten: Gott
sei mir Sünder gnädig! so wäre der Sachen geholfen. Denn unser
Herr Gott kann uns wohl was zu Gute halten, wenn wir gleich
Sünder sind, da wir nur Buße thun, bekennens und lassens uns
von Herzen leid sein und halten uns mit dem Glauben an Christum
den Gekreuzigten, so ist Alles vergeben, geschlicht und gericht.“
Daraus folgt auch, daß zwischen Sündenvergebung und Rechtfertigung kein Unterschied gemacht werden kann, als sei jene etwas negatives und diese die Hinzufügung von etwas Positivem (Tittmann opp. theol. 1833 S. 360—64. Schleiermacher christl.
Glaube, II., 208 ff.) In der Schrift wird gar kein Unterschied gemacht. Röm. 4, 5—7. Luc. 18, 14 coll. 13. In der Sache selbst
kann auch keine Trennung sein; denn es kann keinen indifferenten Zustand bei dem Menschen geben, wo ihm zwar vergeben, er aber noch
nicht gerecht gesprochen wäre.

Anm. 2. Die Rechtfertigung ist von der größten Wichtigkeit.
Alle Menschen bedürfen derselben und Niemand wird wohl im Ernst
der horrenden Behauptung (die G. J. Lindner in s. Schrift: Neue
Ansichten mehrerer metaphys., moral., relig. Systeme. Königsberg
1817 aufgestellt hat) beitreten, daß nämlich Gott unserer Vergebung,
wir aber nicht der Vergebung Gottes bedürften. An sich kann der
Mensch keinen höhern Wunsch haben, als mit Gott in Frieden zu
sein, sein Wohlgefallen zu besitzen und ihn zum Freunde zu haben.
Es ist das Schrecklichste für den Menschen, Gottes Zorn zu tragen,
von ihm verworfen, aus der Zahl seiner Kinder ausgestoßen zu sein.
Alle menschliche Ungnade ist dagegen gar nichts; denn alles menschliche Urtheil im Vergleich mit dem göttlichen ist nichtig: Gottes Urtheil allein hat einen absoluten Werth. Ohne die Rechtfertigung
bleibt der Mensch in der peinlichsten Unruhe, Angst und Furcht,
er empfindet die Marter des bösen Gewissens. Nichts kann und
darf dem Menschen wichtiger sein, als zu wissen, wie er mit Gott
daran ist. Diesen Werth der Rechtfertigung fühlt der erst recht,
der die Schuld und Strafe der Sünde empfunden hat. — Ohne
die Rechtfertigung, d. h. ohne ein vor Gott ruhiges Gewissen ist der
Mensch auch überhaupt gar keiner wahren Freude und Zufriedenheit
fähig. Ist er glücklich, geht es ihm wohl: er kann sein Glück nicht
voll und ungetrübt genießen; sein Inneres klagt ihn an und läßt

ihn fürchten, so daß er sich der Freude nie ganz hingeben kann. Die Freude muß ihm verdächtig werden, wie der Ring dem Poly=krates. Ist er unglücklich, leidet er: so ist ihm Alles ein Zeichen der göttlichen Ungnade und in jedem Unfall erblickt er einen Beweis der Strafe des gerechten Gottes; die Gebote und Drohungen Got=tes fallen ihm zentnerschwer auf das Herz und verdammen ihn, es ist als ob die Flüche vom Ebal und Sinai auf ihm lasteten, wie Klopstock (Mess. XII., 1—12) singt:

> „Trüb' ist und bang in ihren verborgensten Tiefen die Seele,
> Wenn sie fürchtet, daß Gott sie aus ihrem himmlischen Erbe
> Stoßen werde. Verirrt in dem Labyrinthe der Vorsicht,
> Wenden sich weg von weiterem Forschen alle Gedanken;
> Jede von ihren Empfindungen treffen die Flüche vom Sina
> Und von dem Ebal, mehr des hohen Golgatha Schrecken.
> Ach nun wird sie das weiße Gewand der Sieger nicht kleiden!
> Ihr in dem Himmel die Palme der Ueberwinder nicht werden!
> Und die Krone nicht strahlen! Sie liegt hinschmachtend im Staube;
> Und sie würde vergehen, wenn sie Ein Gedanke nicht hielte,
> Er ihr Retter nicht wär', ihr Engel gesandt von dem Himmel,
> Dieser große: Sich Gott in Allem zu unterwerfen!"

Nach erlangter Rechtfertigung dagegen kann der Mensch ruhig und zufrieden sein. Er hat Frieden mit sich: der Gerechtfertigte ist nicht mehr sich selbst zur Last und unerträglich, wie es bei einem Men=schen mit bösem Gewissen, mit inneren Vorwürfen ist, sondern er ist mit sich ausgesöhnt. So wehe ihm auch seine Sünden thun, deren Andenken er nicht tilgen kann, auch zu seiner Warnung und Wachsamkeit nicht tilgen mag, so können sie ihn doch nicht ganz niederschlagen oder zur Verzweiflung bringen; denn sie sind ihm vergeben. Er fühlt seine Liebe gegen Gott desto größer werden, je mehr ihm vergeben ist. Und weil Gott ganz vergiebt, soll ihm das Gefühl der Sünde seine künftige Seligkeit nicht verbittern, nicht an der Erreichung des Ziels der Vollkommenheit hindern. Der Ge=rechtfertigte ist aber auch mit seinem Schicksal ausgesöhnt. Die Erde, der Himmel, Alles lacht ihn wieder an, Alles stimmt in sein Freu=begefühl mit ein und was Jes. 44, 22. 23 geschrieben steht, das sind keine gemeinen poetischen Phrasen, sondern tiefe Wahrheiten. Sein Schicksal komme, wie es wolle: es beunruhigt ihn nicht. Ist es hart und schwer: er braucht darum nicht zu denken, daß Gott ihm zürne, sondern er hat Gottes Gnade; Züchtigung braucht er noch, sie ist ihm heilsam. Er ist ausgesöhnt mit der Welt, denn alles dient zu seinem Besten. Hat er wegen seiner früheren Sünden noch Schmach, Elend, Verachtung von der Welt zu ertragen, er kann es ertragen; es hat ihm, ob ihm auch die Welt nicht ver=gebe, der vergeben, dessen Urtheil mehr gilt, als das Urtheil der Welt, dessen Gnade für allen Hohn der Welt entschädigt. Geht es ihm glücklich, so kann er sich nun erst seines Glückes freuen, weil er mit Gott ausgesöhnt und ihm Alles ein Beweis von Gottes Gnade ist. — Die Rechtfertigung hat aber nicht blos auf die innere Zu=

friedenheit, sondern auch auf seinen ganzen übrigen Zustand und sein Handeln den wichtigsten Einfluß. Sie bringt in sein Wollen und Thun Einheit, Festigkeit, Muth und Zuversicht, hebt seinen gesunkenen Geist, stärkt seine geschwächte Kraft. Das Gegentheil macht dies klar. Wer unruhig ist, von seinem Gewissen verfolgt, scheu vor Gott, der ist auch vor Allem bange, der weiß nicht recht, was er thun, wie er etwas angreifen soll; er kann nie auf gesegneten Erfolg rechnen, weil er Gott nicht zum Freunde hat. Selbst wenn er etwas Gutes und Rühmliches thut, ist kein Segen darin, weil ihn immer sein Gewissen anklagt. Und so schwindet all sein Muth, alle seine Kraft. Am peinlichsten ist das für den Prediger. Gnade predigen sollen und selbst keine haben, welche Marter! David drückt dieses Gefühl oft aus in Ausdrücken, die den Zustand des Nichtbegnadigten treffend bezeichnen. Seine Gebeine verschmachteten, da er es wollte verschweigen; er fühlt sich wie ein gescheuchtes Reh, das nirgends Ruh noch Rast findet. Und so kann auch im Handeln eines solchen Menschen keine Zuversicht und Festigkeit sein; unsicher wird er bald dieses bald jenes suchen, dieses und jenes vornehmen, um Ruhe zu finden und sie nicht erlangen. Hingegen ist der, der Frieden mit Gott, Frieden im Gewissen hat, mit sich Eins, weiß was er thun soll, thut es freudig und mit Hoffnung. Keine Hindernisse schrecken ihn ab oder können seine Kraft lähmen und selbst auf seinem Angesicht spiegelt sich der Friede des Herzens.

Anm. 3. Die Frage, wie der Mensch seiner Rechtfertigung gewiß werden könne, hat darin ihren Grund, daß es ein großer Unterschied ist, Vergebung der Sünden haben und sie empfinden. „Manchem bußfertigen Sünder kann vor dem geheimen göttlichen Gerichte allbereits Gnade widerfahren sein, aber dieses Gnadenurtheil ist ihm noch nicht auf Erden publicirt, es ist dem Gewissen noch nicht intimirt, insinuirt und zur Wegnehmung seiner bisherigen Angst noch nicht nachdrücklich kund gethan worden." (Rieger in den Leichenpredd. No. 6 S. 120.) Was nun die Gewißheit über den Gnadenstand betrifft, (vgl. Steinmetz theol. pract. I., 32 ff. 68), so kann sich der Mensch nicht durch unmittelbare, anschauliche Gewißheit über den Gnadenrathschluß überzeugen; denn kein Mensch kann in den Himmel steigen, gleichsam in das geheime Kabinet Gottes dringen. Der Schächer am Kreuz freilich wußte es gewiß, daß er begnadigt sei, aus Jesu Munde selbst. Bei uns aber ist und bleibt alle Gewißheit darüber subjectiv, oder sie findet nur in uns selbst ihren Grund, d. h. in der Anwendung, die wir von der allgemeinen Gnade Gottes gegen die Bußfertigen, die an sich objectiv gewiß ist, auf uns machen. Mithin kann nur in dem Bewußtsein des Menschen der Weg zur Gewißheit über seine Rechtfertigung zu finden sein. Je mehr der Mensch sich eines aufrichtigen Abscheus gegen die früheren Sünden, je mehr er sich des ernsten Verlangens nach Gnade bei Gott und seines vollen ungeheuchelten Glaubens an

Christum bewußt ist, je mehr er sich diesen Glauben durch Proben beweist, durch tägliche Buße, fortgehende Heiligung, Kampf mit der Sünde, je mehr er zunimmt im Christenthum, desto mehr steigt die Gewißheit der Rechtfertigung. — Die Hauptsache aber ist und bleibt das Zeugniß des heiligen Geistes im Herzen, welches er dem Gläubigen giebt, indem er in ihm die Ueberzeugung wirkt: auch dir ist vergeben. Dies ist insofern etwas Uebernatürliches, als es nicht auf einen Vernunftschluß gebaut ist, sondern ein innerliches, durch den heiligen Geist gewirktes Gefühl ist. (Womit aber nicht eine außerordentliche Offenbarung, Vision u. s. w. behauptet werden soll.) Der heilige Geist vergiebt allen Gläubigen täglich reichlich ihre Sünden, d. h. er erneuert tagtäglich dem gläubigen Christen die Gewißheit von seiner Vergebung. Wenn wir aber dieselbe nicht unmittelbar anschauen können, so ist Gottes Absicht dabei nicht, daß wir stets sollen in Angst schweben; er will uns aber vor Sicherheit bewahren, daß wir in steter Wachsamkeit, in stetem Eifer und steter Besorgniß um uns bleiben. Der Mensch soll nie sicher ausruhen, sondern immer in Athem erhalten werden. Hier wäre es höchst gefährlich, sich selbst zu täuschen. Vgl. Zinzendorf's Lied: Mein Freund, wie dank ich's deiner Liebe ꝛc. Br. Ges. 422. — Wenn nun der Mensch öfter auf das Zeugniß des Geistes von seiner Rechtfertigung warten muß, wie es ja viel Gläubige gegeben hat, die lange in Dunkel und Bangigkeit schmachteten, ehe sie zu der Gewißheit kamen: es ist dir vergeben! so ziemt es den Menschen, in Demuth zu erwarten, bis Gott selbst sie von ihrer Begnadigung versichert. „Und das werden sie auch von Herzen gern thun, wenn sie nur bedenken, wie lange Gott auf ihre Wiederkehr hat warten müssen." (Burk.)

§ 50.
Von der Heiligung, Kindschaft bei Gott und Seligkeit.

Durch die Rechtfertigung gelangt der Mensch zur wahren Heiligung, indem der Sünder erst durch die ihm geschenkte Vergebung wieder fähig wird, sein Herz mit Liebe und Vertrauen zu Gott zu richten und indem er nun den heiligen Geist empfängt, der seinem Willen die Richtung auf das Gute und Gott Wohlgefällige giebt, der die sündliche Neigung überwindet und neue heilige Triebe und Kräfte in ihm erweckt, so daß ein neues Leben nach Gott in ihm beginnt. So wird er als Kind Gottes angenommen und ein Erbe der ewigen Seligkeit. (Vgl. W. Marschall, das evangel. Geheimniß der Heiligung. Glogau 1777.)

Anm. 1. Heiligung im weiteren Sinne schließt alle heilsamen Veränderungen im Menschen in sich; hier aber, wo sie als Frucht der Rechtfertigung angesehen wird, hat sie einen engeren Sinn, wie

im 2ten Artikel: der heilige Geist hat mich im rechten Glauben ge=
heiligt; sie ist also die Wirksamkeit Gottes, die sich auf die gänz=
liche Umschaffung des Sinnes, des Willens, der Triebe des Men=
schen bezieht, wie Joh. 7, 39. Gal. 3, 2. Ap. Gesch. 2, 38, wo
auf Buße und Glauben das Empfangen des heiligen Geistes folgt.
Das Innere des Menschen, das vorher der Sitz der Sünde war,
wo lauter Eigenwille, böse Lust herrschte, wird geändert, erneuert,
so daß nun ein neuer, heiliger Geist einzieht und der Trieb des
heiligen Geistes herrschend wird. Es entsteht nun die wahre Liebe
zu Gott, die vorher dem Menschen noch fremd war. Gott wird
nun der Mittelpunkt des ganzen innern Lebens, die Liebe Gottes
wird nun ein natürlicher Trieb, daß der Mensch vor Gott nicht
mehr einen horror empfindet, sondern Lust und Freude an ihm hat.
Damit ist verbunden ein leises, zartes, schnelles Gehör für jeden
Wink Gottes, Jes. 50, 4, Achtsamkeit auf seinen Willen und Trieb
darnach zu thun, ein Drang zu beten, mit Gott zu reden, Lust
an göttlichen Dingen, Bibel, Andacht, Kirche, und Gleichgiltigkeit
gegen weltliche Dinge; Abscheu gegen alles Böse, so daß er von
allem Bösen, Ungöttlichen, Unchristlichen unangenehm berührt, ver=
letzt wird; in Beziehung auf sich ist der Grundzug seines Gefühls
Demuth, in Beziehung auf Andere Sanftmuth, Geduld, Liebe
und Barmherzigkeit. Das Herz wird ein Tempel Gottes, in den
das Chor der Tugenden einzieht. Die Heiligung ist demnach wesent=
lich verschieden von der bloßen weltklugen Sittenänderung; jene
ändert zwar auch die Sitten wesentlich, aber nicht blos diese, son=
dern den Charakter, den Geist und Grundtrieb des Menschen. Alles,
was vorher aus Eigenliebe, Klugheit, Ehrgeiz geschah, das geschieht
nun aus göttlichem Triebe, aus Liebe und Dankbarkeit gegen Gott.
In solchen Herzen, die aus Gott wiedergeboren sind, wirkt der
Geist Gottes nur immerfort Gutes und diese innere Heiligung geht
über in die That.

Anm. 2. Diese Heiligung ist die Frucht des rechtfertigenden
Glaubens. Ohne seiner Schuld entledigt zu sein, so lange die
Sünde auf dem Herzen lastet, kann der Mensch sich nicht zu freier
Liebe gegen Gott erheben. Er hat zur Besserung weder Muth noch
Kraft. Wenn er aber gerechtfertigt ist, wird sein Herz frei, wird
zu Gott hingezogen, von der Liebe Gottes gerührt und in natür=
licher Folge getrieben, sich Gott hinzugeben. Diese Hingabe wird
erst dann möglich, wenn Gott uns zuvorkommt, sich uns giebt und
das Herz erweicht. — Erst durch die Rechtfertigung empfängt der
Mensch den heiligen Geist. Diesen giebt Gott und der Mensch kann
ihn sich nicht nehmen, er kann ihn nur erbitten und empfangen.
Empfangen kann ihn aber nur der, der die angebotene Versöhnung
nicht ausgeschlagen hat, sondern sie bei sich hat Eingang finden
lassen. Mit diesem Geiste wird erst die Heiligung möglich. Aller=
dings hat der Geist Gottes von Anfang an auf das Herz des Gläu=

bigen gewirkt, aber das war nur die Vorarbeit; das volle Einziehen und Wohnen im Herzen geschieht erst durch den Glauben an Christum.

Anm. 3. Diese Ordnung der Rechtfertigung und Heiligung ist bestritten worden von den Socinianern, die, da sie den Glauben stets mit dem Gehorsam identificirten, die Rechtfertigung aus der Heiligung ableiten; ferner von Spalding, (Werth d. Gefühle S. 262 ff.) und Anderen. Man sagt: es liegt in der Natur der Sache, daß Gott, der Heilige, kein Wohlgefallen an Unheiligen haben kann, also muß der Mensch erst heilig werden und dann vergiebt ihm Gott. Allein Gott kann dem Menschen wohl vergeben, eben damit der Mensch ihm wohlgefällig werden könne, also ehe der Mensch vollständig geheiligt ist. Der Mensch wird also gerechtfertigt aus bloßer Gnade und Barmherzigkeit und Gott will ihm eben dadurch die Heiligung möglich machen. — Ferner beruft man sich darauf, daß in der Schrift die Buße, Sinnesänderung, μετάνοια vor der Rechtfertigung gefordert werde. Dies ist wahr, allein die μετάνοια ist eben noch nicht die vollendete Heiligung, sondern erst der Anfang dazu. Vor der Rechtfertigung geht nichts als Erkenntniß und Jammer über unsere Noth vorher; das ist aber eben so wenig die Heiligung, als das Gefühl der Krankheit die Gesundheit ist. Vgl. Ap. Gesch. 2, 37. 38, wo auf die Vergebung der Empfang des heiligen Geistes und V. 42 die Früchte der Heiligung folgen. Und anders kann es auch nicht sein. Denn es ist dem Menschen keine Heiligung möglich, wenn nicht Gottes Gnade und Erbarmen ihm zuvorkommt; erst muß der Sünder die Liebe seines Gottes und Heilandes fühlen, sonst bleibt er ihm entfremdet. Die Liebe wird erst rege, wenn alles vergeben ist. Und wenn die Rechtfertigung durch die Heiligung erlangt würde, so wäre jene als etwas verdientes, erworbenes anzusehen, und dies bringt den leidigsten Tugendstolz hervor, der den ganzen Charakter in der Wurzel verdirbt und aller Besserung ihren Werth benimmt. Es treibt dann den Menschen nicht die Liebe Gottes, sondern sein Eigendünkel; und Gottes Ehre, das Verdienst Christi wird herabgesetzt, die freie Gnade Gottes verdunkelt. Erst bei der rechten Ordnung ist ein lauterer, kindlicher Sinn gegen Gott, also auch erst eine reine, lautere Besserung möglich. Es ist dem klaren Buchstaben der Schrift, die Alles aus der freien Gnade Gottes, aus seiner zuvorkommenden Liebe ableitet und daraus die stärksten Antriebe zur Gegenliebe nimmt, Luc. 7, 47. Röm. 6, 1. 1. Joh. 4, 19, zuwider, diese Ordnung umzukehren. Es ist auch für den Menschen gar kein innerer Friede möglich, wenn er sich durch seine Heiligung Vergebung erwerben soll; denn unsere Heiligung ist nie etwas Vollendetes, Beendigtes, sondern ein immer neues Werden und darum könnte man nie der Vergebung gewiß sein. Freilich zum fortgehenden Genuß der Vergebung gehört Treue, Eifer in der Heiligung; die Untreue kann uns wohl die Gnade rauben, aber unsere Treue ist nie so groß, daß wir damit die Vergebung verdienen könnten. Nichts desto weniger behaupten auch wir die Nothwendigkeit der Heiligung, weil Gottes Wille sie fordert 1. Theß. 4, 3. 1. Petr. 1, 16, weil sie der Zweck der Erlösung ist 1. Cor. 1, 30, weil sie das Zeichen des wahren Glaubens und die höchste Bestimmung und Würde des Menschen, die in der Aehnlichkeit mit Gott, also in der Heiligung liegt, ist und bleibt.

Anm. 4. Die nächste Folge der Rechtfertigung und der Heiligung ist die Aufnahme an Kindes statt (adoptio). Diese ist eine Zusicherung, ein Act Gottes, wodurch er den Menschen in die Zahl seiner Kinder aufnimmt; das kann Gott allein, er kann diesen himmlischen Adel ertheilen, kein Mensch kann ihn sich selbst geben. Der Zustand des Menschen der daraus entspringt, der Kindesstand umfaßt zweierlei, nämlich einen kindlichen Sinn voll Liebe und willigen Gehorsam gegen Gott, wo der Wille sich ganz in Gottes Willen fügt und daran seine Lust findet, als auch eine kindliche Zuversicht, das Vertrauen, das sich zu Gott alles Guten versieht, Alles von ihm hofft und erbitten darf. (P. Gerhard's Lied: Ich weiß, mein Gott, daß all ꝛc. V. 17.) Endlich die letzte Folge ist die künftige Herrlichkeit (glorificatio.) Die Rechtfertigung ist der Anfang des ewigen Lebens; wer von Gott begnadigt ist, der hat zugleich Alles mit empfangen, Anwartschaft auf alle Gnade Gottes, auf alle Herrlichkeit. Mit der Rechtfertigung tritt der Mensch in seine alten Rechte wieder ein, die er ursprünglich hatte und die er durch den Sündenfall verlor. Er ist nun ein Kind, ein Erbe Gottes, ein Miterbe Jesu Christi. Vgl. Zinzendorf's Lied: Du unser auserwähltes Haupt ꝛc. Br. Ges. Nr. 393.

§ 51.
Von dem Gnadenbeistand Gottes zur Besserung.

Da der Mensch, wenn er den Beistand des heiligen Geistes zu seiner Bekehrung nicht zu bedürfen meint, in Hochmuth gerathen, seine Kräfte überschätzen, seine Ohnmacht verkennen muß und ohne den Glauben an die göttliche Hilfe dieselbe gar nicht suchen, sie also auch nicht empfangen und es mithin auch gar nicht zur wahren christlichen Bekehrung bringen wird, so ist es nöthig, den Menschen sehr ernstlich auf sein geistliches Unvermögen aufmerksam zu machen, ihm die Nothwendigkeit des höheren Beistandes zu zeigen, für den, der ihn begehrt, die Gewißheit desselben aus den evangelischen Verheißungen darzuthun, dabei aber auch einzuschärfen, daß dieser Gnadenbeistand nichts Zwingendes habe, sondern freiwillige Folgsamkeit fordere, daß er nur durch treuen Gebrauch der Gnadenmittel und desto reichlicher zu Theil werde, je ernstlicher und treuer der Mensch die von Gott bereits geschenkte Kraft gebraucht.

Anm. 1. Wenn hier von dem geistlichen Unvermögen des Menschen die Rede ist, so wird damit nicht etwa eine absolute Un-

tüchtigkeit des Menschen zu irgend etwas Moralischem und Reli=
giösem behauptet; denn der Mensch kann nach Röm. 1, 19. 20;
2, 14. 15 schon von Natur Gott erkennen und eine gewisse Mo=
ralität, die bürgerliche Tugend erlangen. (Oetinger giebt syllog.
theol. loc. IV. de grat. p. 34 auf die Frage: quomodo quilibet
indoctus ex aspectu universi instruitur de gratia? folgende
Antwort: 1. Videt boni et mali, lucis et tenebrarum luctas
in omnibus. Videt uno verbo vanitatem rerum sub sole po=
sitarum, quod frustentur plurimae scopo, ad quem creatae
sunt. Unum sub magna inconstantia deprehendit stabile,
desiderium insitum infiniti. Sed et hoc difficillime implendum.
Hinc deo duce ad concludendum instigatur, illum naturae
gementi salutem providisse, providisse ea via, quae toti pro=
sit humanitati. Hinc providentiae adjumentis directus, ut
Magi orientis, facile in exquirenda salute historiae de redem=
tore s. de rege veritatis assensum praebebit. 2. Videt emble=
mata irae in fulguribus, tonitrubus et grandinibus; videt em=
blemata gratiae in pluviis et frugiferis tempestatibus, unde
rectá ad Deum tangendum et in Christo inveniendum ducitur.)
Das geistliche Unvermögen ist die Untüchtigkeit, sich gründlich zu
bekehren, es zur wahren innern Heiligung zu bringen, sich ein
ganz neues Herz zu machen. — A) Dieser Satz ist biblisch. Die
Bibel geht überall davon aus, daß dem Menschen in Folge der
Sündhaftigkeit und Verdorbenheit auch die Kraft benommen sei,
sich ohne Gottes Beistand zu bessern. Christus nennt Matth. 7, 11
die Menschen „arg" und sagt, daß es bei den Menschen unmöglich
ist, selig zu werden. Matth. 19, 26; daher straft er das Selbst=
vertrauen Luc. 18, 9. Vgl. Joh. 3, 6; 6, 44. Röm. 7. 1. Cor.
2, 13. 14. Eph. 2, 1—5 und alle die Stellen, wo der Beistand
des heiligen Geistes als nothwendig dargestellt wird. — B) Auch
die Geschichte bezeugt das geistliche Unvermögen des Menschen. Das
menschliche Geschlecht ist überall, wo es ohne Offenbarung ist, ent=
artet, verdorben, sowohl in Bezug auf religiöse Erkenntniß, als in
Bezug auf Sittlichkeit. Die eigene Erfahrung bezeugt es dem Christen,
was er von Natur war und was er durch die Gnade geworden ist.
Vgl. Thomas a Kempis de imit. Christi. III., 54. — C) Diese
Lehre schließt durchaus nicht eine unbillige Beurtheilung oder Ver=
urtheilung aller Nichtchristen in sich, als ob diesen alle Tugend ab=
gesprochen würde. Denn wenn wir den Nichtchristen das natürliche
Vermögen absprechen, die Tugend zu erlangen, die der Christ er=
langen kann, so wird ihnen nicht alle und jede Tugend abgesprochen.
Sie können eine natürliche Tugend haben, wo sie der Vernunft,
dem Gewissen folgen, aber wer wird leugnen, daß die Tugend eines
Christen, der weit mehr Antriebe und Hilfsmittel hat als ein Nicht=
christ, sich durch Innigkeit, Stärke, Lauterkeit, Festigkeit und Um=
fang vor der Tugend des Nichtchristen auszeichnen müsse? Es braucht

auch nicht einmal behauptet zu werden, daß den Nichtchristen alle göttliche Unterstützung zur Besserung mangele; denn wer mag dem Geiste Gottes und seiner Wirksamkeit Gränzen vorschreiben? Gott kann auch bei den Nichtchristen, die ihrem Gewissen folgen, auf vielfache Weise das Gewissen wecken und beleben. Luther (Schol. et serm. in I. Joa. Ep. etc. ed. Bruns. Lübeck 1797 S. 254) bemerkt zu Tit. 1, 12: Insignis locus, quod Paulus allegat textum gentilis. Veritas, a quocunque dicatur, est a Spiritu sancto. Man darf daraus nicht folgern, daß wir nun auch ohne das Wort könnten den Geist empfangen. Wir sind vielmehr an die christliche Offenbarung gebunden. Vgl. Grotius zu Röm. 2, 14 und Röm. 10, 4, wo er sagt: ad internam justitiam hodie nulla est via nisi per Christum. (Dieselbe Auffassung der Sache finden wir bei Oberthür, Anthropol. I., 221. Stollberg, Rel. Gesch. VI., 376. Lüderwald, Ueber die Seligkeit der Heiden. II., 943 ff. und 1001.) — Wir müssen also festhalten an dem Unterschied zwischen Natur und Gnade, dessen Wichtigkeit Spalding (Werth d. Gefühle S. 112 ff.) aus dem scheinbaren Grunde leugnete, weil ja auch die natürlichen Kräfte von Gott seien, wie die Gnadenkräfte, und für beide Gott Dank gebühre. Dies setzt aber, ganz wider die Schriftlehre, voraus, als ob die moralischen Kräfte des Menschen schon von Natur in gutem Stande wären, als ob der Wille, die Hauptkraft, schon von Natur die rechte Richtung, Stärke und Lauterkeit habe, was nicht der Fall ist. Wer jene Wichtigkeit leugnet, der wird sich weniger nach der göttlichen Gnadenhilfe umschauen, sondern mit seiner natürlichen Kraft begnügen. Die Sache ist wichtig. Es läßt sich auch ein großer Unterschied zwischen natürlicher Tugend und der durch die Gnade gewirkten nachweisen. Er zeigt sich hauptsächlich in Folgendem: a) Wenn einmal der Mensch von Natur eine verkehrte Richtung des Willens und Herzens hat, so kann auch alle Tugend, die nur durch Natur erlangt wird, nie ganz rein in ihrer Quelle sein. Alle Naturtugend entspringt nur aus kluger, vernünftiger Ueberlegung, daß es unserem Besten, daß es der Weltordnung, unserer Stellung und Ehre, unserem Amte gemäß sei, so zu handeln. Alle Naturtugend hat mithin lediglich ein egoistisches Motiv zum Grunde. Nur durch Gnade wird der Wille geheiligt, so daß unser Handeln aus Liebe zu Gott entspringt, zu dem Gott, der uns Alles gegeben, seinen Sohn geschenkt, Sündenvergebung ertheilt hat. So wird das ganze Denken, Wollen, Leben des Christen ein Ausfluß der Liebe gegen Gott und seinen Heiland. Eben deshalb ist die Tugend des Christen etwas ganz freies, aus innerem Trieb von selbst entspringendes; der Geist treibt und bringt und es ist dies gleichsam ein heiliger Instinct, den Gott dem Menschen erst wieder geben muß. Die natürliche Tugend ist immer etwas mit Mühe und Arbeit erzwungenes, ein abgemessenes Regelwerk, gleichsam eine Treibhauspflanze, während die christliche Gottseligkeit von der Sonne der Gnade ihre Wärme und Lebenskraft empfängt und in ihrem Schein gedeihet.   b) Die natürliche Tugend ist ihrer Beschaffenheit nach eigentlich nur bürgerliche Rechtlichkeit und Sittlichkeit, ein Fügen in die bestehende Weltordnung. Christliche Tugend ist Gottseligkeit, Harmonie mit Gottes Ordnung, wo der Wille einzig nur auf Gottes Gesetz achtet.   c) Die natürliche Tugend hat zum Zweck, die irdische Wohlfahrt des Menschen zu befördern, höchstens die intellectuelle Bildung für Weltverhältnisse. Die christliche Tugend will das ewige Heil des Menschen, die Bildung für das Himmelreich fördern.   Daher nimmt auch nur sie lebendiges Interesse an den Angelegenheiten des Reiches Gottes, während der natürliche Mensch alle Anstalten des Reiches Gottes mit Verachtung oder Widerwillen betrachtet.   Die Sphäre der natürlichen Tugend ist nur die Erde, die der christlichen der Himmel. Jene ist eine irdische, diese eine Himmelspflanze; jene ist sehr kärglich und gemessen in ihren Aufopferungen, diese zu jedem Opfer bereit.   d) Die natürliche Tugend wird immer mit Eigengerechtigkeit und Dünkel verbunden sein, weil der Mensch sie als etwas errungenes, erkämpftes sich selbst zuschreibt; die christliche Tugend ist durch und durch Demuth und giebt Gott allein die Ehre. Vgl. Malebranche Traité de la nature et de la grace. Rotterdam 1712. Spener v. d. Natur und Gnade 1687. ed. Pritius 1733. P. Anton, Tract. theol. de natura et gratia in materia virtutum. Halle 1711. Obereit die Natur und die Heiden. Lpg. 1782. J. J. Rambach's Sittenlehre ist ganz auf dieses Princip gebaut und führt dasselbe überall durch.

Anm. 2. Was nun die Lehre der heiligen Schrift betrifft, so ist die Frage, ob dieselbe lehrt, daß die Besserung des Menschen zwar durch den heiligen Geist gewirkt werde, jedoch nur insofern als das Wort Gottes auf den Menschen wirkt und seine moralische Kraft hebt, oder ob sie lehrt, daß zu dem Gebrauch des göttlichen Wortes und zu dem Einfluß, den es an sich hat, noch ein besonderer Gnadenbeistand hinzukomme? (Das Erstere behauptete nach den Arminianern Junckheim in: Von d. Uebernatürlichen in den Gnadenwirkungen. Erlangen 1775. Gegen ihn Storr, De Spir. Scti in mentibus nostris efficientia. Tüb. 1779.) Wir behaupten das letztere aus folgenden Gründen: a) In unzähligen Stellen wird die Besserung als Wirkung Gottes selbst ohne Erwähnung der Lehre dargestellt, daß es völlig willkührlich ist, immer an die bloße Wirkung der Lehre, die nicht erwähnt wird, zu denken und die Wirkung Gottes, welche genannt wird, auszuschließen. Eph. 1, 19. Joh. 3, 6. Tit. 3, 5. 6. Ap. Gesch. 2, 38; 16, 14 und besonders Röm. 8, 9 ff., wo nicht die Gesinnung der Christen an sich gemeint sein kann, sondern der göttliche Geist, der sie bewirkt, weil er ja V. 11 beschrieben wird als der Geist, der Christum von den Todten auferweckte und V. 16 von dem menschlichen Geist selbst unterschieden wird. — b) Die Wirksamkeit Gottes wird von der Wirkung der Lehre und des menschlichen Unterrichts ausdrücklich unterschieden 1. Cor. 3, 6. 7. Diese Stelle giebt uns das passendste Gleichniß an, unter dem die Besserung des Menschen dargestellt werden kann; und in diesem das, was bei der Besserung mitwirkt. Diese ist nemlich ähnlich der Erzeugung der Früchte. Die Erde ist das menschliche Gemüth, der Saame ist das göttliche Wort, Regen und Sonnenschein ist der Einfluß des heiligen Geistes. Allerdings vermöchte Sonne und Regen nichts ohne den Boden und seine Empfänglichkeit, aber der beste Saamen wird in dem besten Boden nichts wirken, wenn nicht der Himmel Regen und Sonnenschein gäbe. Vgl. 2. Thess. 2, 15—17, wo Paulus erst zum eifrigen, beharrlichen Gebrauch der Lehre ermahnt, dann bestimmt den besondern Beistand Gottes anwünscht und unterscheidet. 1. Thess. 2, 13, wo ὅς auf Gott gehen muß; weil im Vorhergenden der Nachdruck auf Θεος liegt: die Lehre der Apostel sei nicht menschliche, sondern göttliche Lehre, und das beigesetzte και andeutet, daß so wie Gott durch die Apostel gewirkt, so auch er in ihnen selbst wirke. Phil. 2, 12 13. — c) Es heißt ausdrücklich, der heilige Geist soll den Menschen gegeben werden und zwar zu einer Zeit, wo sie die Lehre schon hatten Luc. 11, 13; mithin kann der Geist nicht zusammenfallen mit dem Worte. Eph. 1, 17. Tit. 3, 5. 6. Uebrigens bedeutet πνεῦμα nie die Lehre, sondern das wirkende, göttliche Princip, von dem es heißt, daß es in den Christen wohne, in ihnen wirke. 1. Petr. 1, 22. Gal. 3, 5. 2. Tim. 1, 14. Vgl. Röm. 15, 13. — d) Alle Anwünschungen der Apostel an die Christen, daß Gott ihnen seinen Geist gebe, wären in der That ohne Sinn, wenn sie nicht an eine eigene Wirksamkeit Gottes, sondern nur an eine Wirkung der Lehre gedacht hätten. Die Lehre hatten die Christen ja schon, es hätte also nur eines fleißigen Gebrauchs derselben bedurft und Gott hätte außerdem nichts weiter thun können. Auch ist diese Deutung allein der ganzen Bibel gemäß, weil schon im A. T. der heilige Geist verheißen wurde. Ezech. 36, 26. 27. Ps. 51, 12. Und gerade hier ist das Zeugniß der Apostel und Propheten von dem entscheidendsten Gewicht. Denn sie selber mußten doch wohl am besten wissen, woher ihnen die außerordentliche Kraft, mit der sie so Großes wirkten, die Kraft der Erneuerung und Heiligung gekommen sei. Wenn sie nun Alles von göttlicher Gnade und Kraft herleiten, 1. Cor. 15, 10. 2. Cor. 3, 5, so sind wir berechtigt, ihnen auf demselben Wege zu folgen. Wenn man in menschlichen Dingen und Künsten das Urtheil eines Meisters gelten läßt, wie sollte man in der wichtigsten Kunst des Menschen das Urtheil und die Anweisung der größten Meister, der Virtuosen, die von Niemand übertroffen sind, nicht gelten lassen? Die Philosophen, welche die Gnadenwirkungen leugnen, mögen in eigener

Kraft wenigstens eben so viel und so großes leisten, wie die Apostel, dann wollen wir ihnen glauben.

Anm. 3. Was nun die eigentliche Beschaffenheit der Gnaden=wirkungen betrifft, so bestehen dieselben a) in den neuen Gedanken, die in der Seele des Menschen geweckt werden, z. B. richtige Vor=stellungen von der Sünde, von dem eigenen Verderben, von Gottes Heiligkeit, von Christo dem Heiland, von der Ewigkeit; über alle diese Dinge geht dem Menschen dann das rechte Licht auf. b) Dazu kommen dann stärkere Rührungen, welche mit diesen Gedanken ver=bunden sind, Gefühle der Reue, Angst, Schaam, Sehnsucht nach Gott, nach einem Heiland. c) Daraus folgt dann Anregung und Belebung des Herzens zum Glauben an Christum, worauf dann, wenn der Mensch folgt, d) der neue Trieb, $\pi\nu\epsilon\tilde{\nu}\mu\alpha$, gegeben wird. $\pi\nu\epsilon\tilde{\nu}\mu\alpha$ ist nicht der Wille des Menschen selbst, sondern das, was den Willen leiten und treiben soll. Daher redet das N. T. von einem $\varphi\rho o\nu\epsilon\tilde{\iota}\nu$ $\tau\grave{\alpha}$ $\tau o\tilde{\nu}$ $\pi\nu\epsilon\acute{\nu}\mu\alpha\tau o\varsigma$ und $\check{\alpha}\gamma\epsilon\sigma\vartheta\alpha\iota$ $\tau\tilde{\omega}$ $\pi\nu\epsilon\acute{\nu}\mu\alpha\tau\iota$, d. h. seinen Sinn und Willen von diesem heiligen Triebe bestimmen lassen. — Diese Wirkungen der Gnade geschehen nicht unmittelbar d. h. nicht so, als ob Gott ohne alle Mittel handelte. Dies anzunehmen wäre eben so schwärmerisch als schriftwidrig. Die Schrift schreibt oft den Anfang und Fortgang der Besserung der heilsamen Lehre zu, Joh. 17, 20. 1. Petr. 1, 23 coll. 25. 2. Petr. 2, und zwar unter der Voraussetzung ihres rechten Gebrauchs. Röm. 10, 13 ff. Matth. 13, 23. Ap. Gesch. 2, 41; 17, 11. 1. Thess. 2, 13; 4, 1. 2. Joh. 8, 23. 2. Tim. 3, 15 ff. 1. Cor. 15, 1. 2. Jak. 1, 21, woraus man sieht, daß auch bei der göttlichen Wirk=samkeit doch die der Lehre eigenthümliche Kraft nicht aufgehoben wird, daß vielmehr die Kraft Gottes sich mit der des Wortes ver=bindet, Jak. 1, 18. Joh. 17, 17. 1. Petr. 1, 22. Röm. 15, 13 und die Wirkungen des rechtmäßigen Gebrauchs der Lehre eben so wenig fehlen können, Röm. 1, 16. 1. Cor. 1, 18, als bei Ver=nachlässigung und Verachtung des göttlichen Wortes göttliche Kraft zur Besserung zu hoffen ist. Luc. 16, 29. 31. Marc. 16, 16. Joh. 12, 48 ff. 2. Thess. 1, 8. Hebr. 4, 2. So lehren auch unsere Bekenntnißschriften, Form. Conc. VI. S. 581 coll. 655, besonders auch Art. Smalc. III. 8. S. 331 ff., wo die Meinung der Enthusiasten, daß Gott seinen Geist ohne das Wort gebe, durch=aus verworfen und sehr treffend dieser Enthusiasmus, d. h. die schwärmerische Einbildung von der Entbehrlichkeit des äußeren Wor=tes die Mutter aller verkehrten Meinungen in der Kirche, ja von Anfang der Welt genannt wird. — Die Gnadenwirkungen Gottes sind nun weiter zwar unvermeidlich (motus inevitabiles), das Anklopfen Offb. 3, 20 kann nicht verwehrt werden; aber sie sind nicht unwiderstehlich, irresistibiles. So lehrt unsere Kirche gegen Augustin. Der Mensch hat es in seiner Macht, dem Geiste Got=tes zu widerstehen, oder sich ihm hinzugeben. Der Widerstand gegen die Gnade kann sein ein natürlicher (resistentia naturalis), d. i. das natürliche Sträuben des alten Menschen, gleichsam die natürliche Schwerkraft desselben, die gegen die Gnade in das Gewicht fällt. Dieser Widerstand kann überwunden werden durch die Kraft der göttlichen Gnade. Bei dem böswilligen Widerstand dagegen (res. malitiosa) tritt der Mensch wissentlich und willentlich den göttlichen Rührungen entgegen; das ist eine schwere Versündigung wider den heiligen Geist. Matth. 23, 37. Ap. Gesch. 7, 51—53. Eph. 4, 30. Der Geist Gottes aber ist zart, er will keine Gewalt anwenden bei den Menschen. So kommt es denn auf den Menschen an, ob die Gnadenwirkungen zu voller Kraft kommen, ob sie wachsen und zunehmen sollen, oder ob sie verlöschen sollen. 1. Tim. 4, 16. 2. Tim. 1, 6. 1. Thess. 5, 19. — Wenn es sich darum handelt, zu wissen, ob wir Regungen, die wir empfinden, einer besondern Wirksamkeit des Geistes Gottes, oder der natürlichen Entwickelung des innern Lebens zuschreiben sollen, so ist daran zu erinnern, daß wir den Einfluß der Gnade nicht empirisch, als solchen empfinden, sondern daß wir ihn nur an den Früchten erkennen können, nemlich an der Heiligung. Man soll vertrauen, daß der Gnadenbeistand Gottes einem nicht fehle, und man darf den wirklichen Einfluß der Gnade in eben dem Grade sich zutrauen, in welchem man bei strenger Gewissensprüfung sich reiner von sündlichen Neigungen und egoistischen Antrieben findet; aber das Nachgrübeln, um besondere Wirkungen der Gnade ausfindig zu machen, führt leicht zur Schwärmerei. — Die Frage, ob die Besserung Gottes oder des Menschen Werk ist, kann schwierig erscheinen, je nachdem man die Frage beantwortet, wie die menschliche Freiheit und die Wirkungen der Gnade zu vereinigen seien; und Augustin sagt darüber de grat. Chr. cp. 47 (ed. Antw. X., 168): Quaestio ista, ubi de arbitrio voluntatis et Dei gratia disputatur, ita est ad discernendum difficilis, ut quando defenditur liberum arbitrium, negari Dei gratia videatur, quando autem asseritur Dei gratia, liberum arbitrium putetur aufferri. Die kurze Antwort bleibt aber immer die: Gott wirkt Alles im Menschen, was zu seiner Umwandlung gehört. Der Mensch verhält sich im Anfang leidend, denn er selbst ist schlechterdings nicht die Ursache der ersten guten Bewegung, sondern der Geist Gottes; auch kann er den göttlichen Regungen nicht ausweichen, sondern diese kommen ohne sein Zuthun. Des Menschen Werk aber ist, daß er der göttlichen Gnade nicht widersteht, sondern sich ihr hingiebt und in ihren Zug einstimmt; insofern wirkt er mit bei dem Werke seiner Umschaffung, und darin findet er auch seine Freiheit wieder. (Der H. Bernhard sagt de gratia et libero arbitrio cp. 14: Si Deus tria haec, h. e. bonum cogitare, velle, perficere operatur in nobis (Phil. 2, 13): primum profecto sine nobis, secundum nobiscum, tertium per nos facit. Siquidem immittendo bonam cogitationem nos praevenit, immutando etiam malam voluntatem sibi per consensum jungit, ministrando et consensui facultatem foris per apertum opus nostrum internus opifex innotescit.) So wenig nun ein Mensch, der in einen Abgrund gestürzt war, wenn er die Hand, die sich ausstreckte, um ihn herauszuziehen, ergriff und sich herausziehen ließ, sagen kann, er habe sich selbst gerettet; so wenig kann der Christ sagen, seine Erneuerung und Errettung sei sein eigen Werk. Gott gebührt für Alles die Ehre, von ihm kommt zuletzt alle Kraft.

Anm. 4. Die Kraft dieser Lehre wird nicht durch den Einwand geschwächt, daß der Glaube an die Gnadenwirkungen Gottes Schwärmerei, Einbildung besonderer göttlicher Offenbarungen, und dabei natürlich Verachtung der heiligen Schrift und der Schriftforschung erzeugen. Denn die Wirkungen der Gnade sind an das Wort gebunden, sind auch nicht empirisch nachzuweisen. Das Wort Gottes in der heiligen Schrift bleibt unentbehrlich, ohne dasselbe ist keine Hilfe für uns; darum kann die Achtung vor der heiligen Schrift bei dieser Lehre nur gewinnen, indem dieselbe uns als das heilige Werkzeug Gottes gilt, durch welches er in uns wirkt. So bleibt aber auch das Forschen in der Schrift nothwendig, da wir das Wort derselben nicht durch ein Wunder verstehen lernen, sondern durch Fleiß und Nachdenken und Anwendung der gebotenen Hilfsmittel. Soll es aber etwa Schwärmerei heißen, überhaupt einen Beistand Gottes zur Besserung anzunehmen: so muß man lieber alle Religion Schwärmerei nennen; denn an einen todten unwirksamen Gott glauben, wie Epicur etwa ihn glaubte, heißt nicht Religion haben. — Ebenso wenig stichhaltig ist die Einwendung, der Glaube an Gnadenwirkungen Gottes verleite zur Trägheit und führe den Menschen auf den Gedanken, seine Besserung könne und müsse ihm von Gott gleichsam octroyirt werden; er habe Nichts zu thun, als zu warten. Das eigene Thun wird dem Menschen auf keine Weise erlassen: nicht die Sammlung des Gemüths zum ernsten Hören und zur Beherzigung der Wahrheit, nicht die Achtsamkeit auf die Regungen des göttlichen Geistes, nicht die Folgsamkeit gegen die Antriebe desselben, nicht der Gebrauch der empfangenen neuen Kraft und die unermüdete Uebung derselben, nicht das Anhalten im Gebet. Die Hauptsache bleibt aber: der Mensch braucht nicht zu warten, denn Gott ist in jedem Augenblick ihm nahe; er wirkt schon in jedem Augenblick durch seine Gnade: ja schon in dem Gedanken jener Entschuldigung liegt das Eingeständniß einer Mahnung Gottes, sich zu besinnen.

Die Lehre von dem Gnadenbeistande Gottes ist nun aber überaus wichtig. a) Ohne den Glauben an einen Beistand Gottes zur Besserung kann auch Niemand denselben erlangen. Wer daher Kraft zur Heiligung wünscht und nach der Anweisung Christi um den heiligen Geist bitten soll, der muß nothwendig den Glauben haben, daß es einen Einfluß Gottes zu unserer Besserung gebe. Der Mensch

muß alſo Alles daran ſetzen, um es zu dieſem Glauben zu bringen.
Je inniger der Glaube, deſto inbrünſtiger wird das Gebet ſein. Darum
bringt Jakobus 1, 5—8 ſo auf das innige Gebet im Glauben. —
b) Dieſe Lehre ſtimmt weit mehr mit der Lehre einer heiligen Weltregierung Gottes, ſie giebt eine würdigere Vorſtellung von Gott, denn
Gott erſcheint hier als der Geber alles geiſtlichen Lebens, recht eigentlich als geiſtlicher Vater. Hebr. 2, 11; 12, 9. Das Leugnen
dieſer Wirkſamkeit Gottes führt auf die unwürdigen Vorſtellungen
vieler heidniſchen Philoſophen, die das moraliſch Gute gar nicht von
Gott ableiten. Dabei kann nur von einer mechaniſchen Weltregierung die Rede ſein. (Vgl. Cicero de Nat. Deor. III., 36 Tusc.
V., 1. Horaz Ep. I., 18, 111. Seneca Ep. 41, 1. Es hat
jedoch auch ſolche gegeben, die edler dachten; ſo ſiehe die beſſeren
Urtheile der Platoniker und Neuplatoniker bei Pfanner, Syst.
Theologiae gentilis purioris. p. 275 ff. Vgl. auch die gute Zu-
ſammenſtellung der Meinungen der alten Philoſophen von Fiſcher
im Argumentum des erſten Dialogs des Aeſchines περὶ ἀρετῆς.
ed. 3 p. 21 sq. Aeſchines und die Socratiker lehren, die Tugend ſei
göttliches Geſchenk.) Ebenſo unwürdig wäre es, Chriſtum jetzt nicht
mehr als wirkend zu denken bei der Beſſerung, wie Spalding
a. a. O. S. 184 ff. thut. Derſelbe behauptet, Chriſtus ſei nur
inſofern Urheber unſerer Beſſerung, als er die Lehre gegeben, durch
deren Betrachtung wir ſelbſt unſere Heiligung wirken. Unſtreitig
alſo will er, daß der Herr Chriſtus ruhen und unthätig ſein ſoll.
Denn wenn ſelbſt wir arme Menſchen ſogar ſeine Hilfe entbehren
können: wer wird erſt von den höheren Geiſtern ſeine Hilfe brauchen?
Oder ſollte ſich Chriſtus nicht mehr für die Menſchheit intercefſiren,
mit der er doch ſo zuſammengewachſen war? Vgl. Matth. 18, 20;
28, 20. Joh. 15, 1 ff.; 6, 51 ff.; 8, 36; 14, 23; 17, 23.
Ap. Geſch. 2, 33. Röm. 8, 1. 1. Cor. 12, 27. 2. Cor. 12, 9.
Gal. 2, 20. Die Apoſtel kennen nur einen lebendigen Chriſtus,
nicht einen todten. — c) Dieſe Lehre bemüthigt, ſchlägt den natürlichen Stolz und Dünkel des Menſchen nieder, indem dieſer ge-
ſtehen muß, daß er Alles, was er iſt und hat, ſelbſt das Köſtlichſte,
nur Gott verdanke und ſeiner Gnade; daß er ſich alſo nie rühmen
dürfe. 1. Cor. 4, 7. Eph. 2, 9. Luther (XII., 189 f.) ſagt:
„Es iſt gar ein groß, ſtark, mächtig und thätig Ding um Gottes
Gnade; ſie lieget nicht, wie die Traumprediger fabuliren, in der
Seelen und ſchläft oder läßt ſich tragen, wie ein gemalt Bret ſeine
Farbe trägt. Nein, nicht alſo, ſie träget, ſie treibet, ſie zeucht,
ſie wandelt, ſie wirkt Alles im Menſchen, und läßt ſich wohl fühlen und erfahren. Sie iſt verborgen, aber ihre Werke ſind unver-
borgen; Werk und Wort weiſen, wo ſie iſt: gleichwie die Frucht
und Blätter das Baumes Art und Natur ausweiſen. Sie hilft
nicht allein gute Werke thun: ſondern ſie thuts allein.“ — d) Dieſe
Demüthigung iſt aber gleichwohl nicht niederſchlagend, lähmend,

sondern sie erhebt zugleich den Menschen, weil sie ihm die höchste Kraft verheißt, Gottes Kraft, den Beistand seines Geistes, und mithin Muth und Vertrauen auf Gott einflößt, selbst in den schwersten Versuchungen. Ohne dieses Vertrauen auf Gott ist all sein Muth nur Uebermuth, stolzes Selbstgefühl, und wird daher die Probe nicht halten, dahingegen jener rechte Muth, der ein weises Mißtrauen gegen sich selbst einschließt, Alles vermögen wird. — e) Der Glaube an Gottes Gnadenbeistand vereinigt auch den Menschen mit Gott in der innigsten Liebe und Dankbarkeit, weil der Mensch nun Gott als seinen wahren geistigen Vater erkennt, dem er das Höchste, den heiligen Geist, verdankt. Das giebt dem Menschen eine Würde und Seligkeit ohne Gleichen. Um wie viel lebhafter und inniger muß die Dankbarkeit des glaubenden Christen, als des Naturalisten sein! Ist es doch ein beseligendes Bewußtsein, mit Gott sich eins wissen, von seinem Geiste sich durchbrungen fühlen. Was giebt es denn für eine Würde, für eine Seligkeit des Menschen, als diese, daß Gott in ihm ist? Es ist nicht zu begreifen, wie Naturalisten dagegen schreien können, daß Gott in uns wirke, gleichsam als ob es entehrend sei, von Gottes Geiste regiert, erfüllt werden! — Die Naturalisten sagen vergebens: „Auch nach uns ist Gott Geber alles Guten, gleichviel wie er es giebt, ob natürlich, oder durch das Evangelium, oder durch übernatürliche Mittel." Denn was auf natürlichem Wege dem Menschen zukommt, sieht er weit weniger als Gottes Geschenk an; das Natürliche erscheint ihm zu sehr als Werk der Natur. Das auf einem andern Wege, übernatürlich, durch Offenbarung ihm Zugekommene erscheint mehr als Gottes Werk. Es ist aber eben das Interesse des Naturalisten, Gott in weite Ferne zurückzuschieben. Das geschieht, wenn er Alles der Natur zuschreibt. — Nach den Naturalisten thut ferner Gott jetzt eigentlich nichts mehr. Das Wort hat er längst gegeben, dieses soll allein für sich Kraft haben: also ist Gott eigentlich nun müssig. Kann man einen solchen Gott lieben? Der rechte Gott ist lebendig, immer wirksam. — f) Diese Lehre warnt ernstlich vor Leichtsinn, und spornt zum Eifer und zur Thätigkeit an. Das erste, weil sie die Entschuldigung, keine Kraft zum Guten zu haben, durchaus abschneidet: Gott ist ja immer bereit, Kraft zu geben. Das zweite, weil je fleißiger der Mensch die Gnadenmittel gebraucht und die verliehenen Kräfte übt, er eines immer reicheren Maaßes von Geist empfänglich wird. Der Christ fühlt sich darum besonders getrieben, treuen Gebrauch von der heiligen Schrift zu machen, da das Wort Gottes Organ des Geistes ist, im Gebet eifrig zu sein, da der Geist dabei sich uns nähert, und auf jede Regung zum Guten zu achten und zu folgen, da er sie als einen Ruf Gottes ansehen muß, dem er nicht ohne Schaden für seine Seele sich entziehen kann. — g) Wichtig ist der Glaube an den Gnadenbeistand Gottes noch besonders für den Geistlichen, indem er seinen Muth belebt und

stärkt, an der Bekehrung Anderer mit Freudigkeit und Hoffnung zu
arbeiten.   Ohne diesen Glauben müßte der Prediger und Seelsorger
verzagen; ohne ihn wird er auch sicherlich wenig wirken, möchte er
sonst rechtschaffen und treu sein.   In diesem Glauben weiß er, daß er
auch unter Schwierigkeiten und Kampf nie an der Frucht seiner Ar=
beit zu verzweifeln braucht.   Die Apostel wirkten so viel, weil sie
an einen Gott glaubten, der immerfort in den Herzen wirke.   Luther
war bei demüthiger Erkenntniß seines Unvermögens ein Held in dem
Glauben und Vertrauen auf Gottes mächtigen Beistand.   Erasmus
dagegen war ängstlich und furchtsam.   Er vertheidigte wider sein
Gewissen den Pelagianismus, denn er schrieb (Epp. XIX., 22 ed.
Lond. p. 835): Ut ingenue dicam, perdidimus liberum arbitrium; mihi aliud dictitabat animus, aliud scribebat calamus.
     Der Mensch kann nur durch die Gnade gerettet werden: über=
laß dich ihr also völlig, ohne Rückhalt.   Bekenne frei und unver=
hohlen die unumschränkte Alles allein wirkende Gnade Gottes.   Wenn
du nicht anerkennest und bekennest, daß die Gnade allein alles Gute
wirke, so wirst du empfindlich dafür büßen müssen.   Die Gnade wirkt
nur in denen, die ihr die Ehre geben.   Erkenne deine eigene totale
Ohnmacht, und traue allein auf die Gnade.   Es ist eine Verun=
ehrung Gottes, ein Vergeben gegen seine heilige Majestät, wenn
man ihm seine höchste, heiligste Alleinwirksamkeit, seine wahre geist=
liche Vaterschaft streitig machen und rauben will.   Er will und muß
allein die Ehre haben.   Alles was du dem Menschen giebst, und
von Gottes Gnade abdingst, und sei es das Geringste, das raubst
du Gott.   Entblöße dich ganz und laß Gott allein in dir wirken.
Dann wird er's auch an dir beweisen, was er kann.   Das ist's,
was auch den Bekehrten so viel empfindlichen Schaden bringt, daß
sie meinen, doch etwas dem Menschen reserviren zu müssen; darum
bleiben sie in der traurigen Mittelmäßigkeit stecken.   Dem Menschen
bleibe gar nichts, als nur die Schuld! — Gott wirkte in den
Aposteln so überschwänglich, weil sie von eigener Kraft und Verdienst
nichts wußten, weil Gottes Gnade ihnen Alles in Allem war.   Wenn
das in eigener Kraft sich stark dünkende Kind die Hand des Vaters
losläßt und fällt, so büßt es seine Schuld: es hat sich nicht wollen
halten lassen.   Wohl dem, der endlich — vielleicht durch bittere Er=
fahrungen — doch noch dahin kommt, sich Gott ganz zu unterwerfen
und Gottes Gnade allein die Ehre zu geben, indem er bittet: Halte
du mich! Das heißt es eigentlich: Soli Deo Gloria!

Kapitel V.

Ueber die öffentliche durch die Kirche Christi gegründete Heilsanstalt.

§ 52.

Die christliche Kirche überhaupt.

Um die Erkenntniß und Erlangung des Heils allen Menschen möglich zu machen, stiftete Christus seine Kirche; oder die Verbindung aller derer, die an ihn glauben, in Einer Gemeinschaft. Um die Achtung gegen diese Heilsanstalt zu fördern, zeige man ihre Nothwendigkeit überhaupt und insbesondere bei dem gegenwärtigen Zustande der Menschheit, da die Kirche die eigentliche Werkstätte des heiligen Geistes und das stehende Denkmal der heiligen Weltregierung Gottes ist; — ferner die fortwährende Gemeinschaft Christi, ihres einzigen, unsichtbaren Oberhauptes, mit derselben, — die wahre innere Gemeinschaft oder Einheit aller Gläubigen bei aller äußeren Trennung in Parteien, die Gott aus weisen Absichten zuläßt und die auch Er allein zu seiner Zeit aufheben kann, — die Heiligkeit der Kirche bei aller Mischung Guter und Böser in der sichtbaren Kirche, — ihren Zusammenhang mit dem unsichtbaren Reiche Gottes im Himmel, für welches sie die Pflanzschule ist, — und ihre ewige Dauer, — woraus sich leicht die Pflichten in Ansehung der Kirche herleiten lassen.

Anm. 1. Der Zusammenhang dieses Abschnittes mit dem vorigen ist einfach der, Christus soll Heiland aller Menschen zu allen Zeiten sein; er muß daher Allen bekannt werden, und dies geschieht durch die Kirche. Diese ist mithin die Depositärin der Heilswahrheit, sie ist die Heilsanstalt für die Menschen. Durch die Kirche ist das Wort Gottes erst weltkundig, öffentlich geworden, ist in's Leben eingedrungen. Blos in Büchern aufbewahrt wäre das Christenthum zur Schulsache geworden; darum ist die Stiftung der Kirche, eines in das Leben eingreifenden Vereines von Menschen, viel mehr als die Aufstellung eines Systems. Eine Ahnung davon findet sich nur bei Pythagoras; er stiftete nicht blos eine Schule, sondern einen Orden, der sich aber durch Einmischung in's Politische selbst den Untergang bereitete. — Vgl. über den Abschnitt Kist (in Leyden): die christliche Kirche auf Erden nach der Lehre der heiligen Schrift und der Geschichte. Uebers. v. Troß. Lpz. 1838; ferner Palmer über die Kirche, in Stirm's Studien der evangel. Geistl. Würtembergs. Bd. 11, Heft 1, Seite 1—114; und Harleß, Zeitschr. für Protestantism. u. Kirche. VI., 1, 48—62 u. 3, 155 ff. über den wahren Begriff der Kirche.

Was ist die Kirche? Was das Wort „Kirche" betrifft, so

wird es sehr verschieden abgeleitet. Einige leiten es ab von kiren oder kieren, eligere (wovon „erkoren" herkommt); weil es auch geschrieben wird Kiriche und Chirihha, so daß es bedeute: electa, weil auch ἐκκαλεῖν vorkommt in der Bedeutung eligere. Es sei also eine Nachahmung von ἐκκλησια. — Diedrich von Stade (Erklärung der vornehmsten Deutschen Wörter in Luther's Bibel-Uebersetzung. 3te Aufl. 1737, S. 349 ff.) leitet es ab von dem altfränkischen Richi, regnum, mit vorgesetztem g oder k; Kirche bedeute „das Reich Christi." — Noch Andere leiten es ab von dem Hebräischen kara, convocare, so daß es sei kerijah, concio. — Doch das Natürlichste bleibt die Ableitung von dem Griechischen κυριακόν sc. δῶμα oder κυριακὴ οἰκία, aedes Domini i. e. cultui Domini sacra. (Vgl. 1. Cor. 11, 20. Offb. 1, 10.) Es bedeutete eigentlich den Versammlungsort, dann aber auch die Versammlung selbst.

Begriff der Kirche. 1) Im philosophischen Sinne ist es ein ethisches Gemeinwesen, civitas ethica, und unterscheidet sich von dem bürgerlichen Staat dadurch, daß dieser von juridischen Principien bestimmt wird, und es zu thun hat mit der äußeren Sicherheit, der bürgerlichen Freiheit; die Kirche hat zum Zweck die innerliche, sittliche Freiheit, nämlich vom Bösen. Eine Kirche ist daher eine freie Vereinigung der Menschen zur gemeinschaftlichen Förderung der Tugend und Religiosität; sie vereinigen sich in der Anerkennung der Heiligkeit des sittlichen Gesetzes, im Glauben an Gott und an ihre Bestimmung, sie geloben Treue gegen diese Grundsätze und gegenseitige Förderung in der Veredelung und Besserung. Jeder ist moralisch dazu verbunden, einem solchen Verein beizutreten, wie er juridisch verpflichtet ist, in einen bürgerlichen Staat zu treten. Als das Oberhaupt der Kirche kann nur Gott erkannt werden, weil er allein der moralische Gesetzgeber, Regent und Richter ist, weil nur durch ihn eine allgemein gültige Gesetzgebung zu Stande kommen kann, der Alle beipflichten können; nur unter ihm also sind Alle freie Bürger des Reichs. — Von Menschen war es nicht zu erwarten, daß eine Kirche hätte gestiftet werden sollen: von ihnen kam nicht einmal der Gedanke, die Idee einer Kirche; keiner war auch mit der nöthigen Weisheit, Heiligkeit, Liebe, Macht ausgerüstet, um Alle zu verpflichten, keiner hatte auch die Mittel, eine Kirche einzuführen und in Ansehn zu setzen. Das Alles konnte nur Gott bewirken. Gott mußte durch Offenbarung den Grund legen, indeß obgleich er allein dieß konnte, so konnte er doch die fernere Erhaltung und Ausbreitung den Menschen überlassen. — Dies führt 2) zum dogmatischen Begriff der Kirche. Danach ist im Allgemeinen die Kirche die Vereinigung derer, welche der göttlichen Offenbarung folgen, danach Gott verehren, danach leben. So gab es also allerdings eine Kirche schon vor Christi Zeit, die Jüdische; allein nach Christi Hinrichtung haben die Juden aufgehört, eine Kirche auszumachen, benn sie verehren Gott nicht nach der vollendeten Offenbarung, sie müßten sonst das Christenthum annehmen. Jetzt, da in Christo sich die göttliche Offenbarung vollendet hat, giebt es nur Eine Kirche, die christliche. Die christliche Kirche ist also die Gemeinschaft aller derer, die der durch Christum gegebenen Offenbarung folgen, danach Gott verehren und leben. Dazu gehört also, daß sie das Wort Christi im Glauben anerkennen, mithin auch ihn als ihren Heiland, für den er sich erklärt hat, anerkennen, verehren, und ihm folgen. Das ist der alte apostolische Begriff von der Kirche (vgl. die schöne Erklärung Constitutt. Apostol. I, 1. ed. Cotel. I. p. 201.); derselbe ist nach und nach entstellt worden, indem zu viel Aeußerliches hineingezogen wurde, und seine Spitze hat das erreicht im Tridentinum, welches die Unterwürfigkeit unter den Papst als Criterium aufstellte. Die evangelische Kirche hat den verfälschten Begriff wieder gereinigt. Vgl. Luther, Werke XVIII., 1196 bis 1259, vom Papstthum zu Rom, wider Augustin von Alveld, Franziskaner zu Leipzig. S. 1213: „Wer nicht irren will, habe das veste, daß die Christenheit sei eine geistliche Versammlung der Seelen in einem Glauben, und daß Niemand seines Leibes halben werde für einen Christen geachtet; auf daß er wisse, die natürliche, eigentliche, rechte, wesentliche Christenheit stehe im Geiste und in keinem äußerlichen Dinge." XIX., 1192 (Artikel von der christlichen Kirchengewalt): „Christliche Kirche heißt die Zahl oder Haufen der Getauften und Gläubigen, so zu einem Pfarrherr oder Bischof gehören, es sei in einer Stadt, oder in einem ganzen Lande, oder in der ganzen Welt." VIII., 2535 zu Gal. 4, 26: „Was geistlich ist, das ist droben; was aber irdisch ist, das ist hier unten. Also sagt Paulus, daß das geistliche Jerusalem droben sei, nicht daß es des Raums, oder der Stätte halben höher sei, denn das irdische hier unten; sondern darum, daß es geistlich ist. Denn das geistliche Jerusalem, welches im leiblichen Jerusalem angefangen hat, hat keine sonderliche gewisse Statt oder Platz, darauf es stehe, wie das Jerusalem im jüdischen Lande hat, sondern ist zerstreuet, so weit die ganze Welt ist, — wo nur Leute sind, die das Evangelium haben und an Christum glauben. Daraus denn folget, daß die Sara, oder das Jerusalem, das unsere Mutter und frei ist, nichts anders ist, denn die heilige Kirche, oder Christenheit, unsers Herrn Christi Braut, von welcher wir allesammt geboren werden. Sie ist dem Gesetz oder Werken nicht unterworfen; sondern ist frei, eine Mutter ohne Gesetz, ohne Sünde, ohne Tod. Wie aber sie eine Mutter ist, also sind auch ihre Kinder, so sie zeuget und gebieret." Die Augsburgische Confession erklärt die eine heilige christliche Kirche als die Versammlung aller Gläubigen, bei welchen das Evangelium rein geprediget und die Sacramente laut des Evangelii gereicht werden. (Congregatio sanctorum, in qua evangelium recte docetur et recte administrantur sacramenta.)

Hat denn Christus eine Kirche stiften wollen? J. H. Böhmer (Entwurf des Kirchenstaats der 3 ersten secc. S. 8) und Planck (Geschichte der christlich = kirchlichen Gesellschafts = Verfassung I., 14—18 u. Ueber die Trennung und Wiedervereinigung der beiden Confessionen S. 8—14) haben es ohne Grund geleugnet. Christus hat allerdings keine Kirche stiften wollen, die eine gewisse politische Verfassung und politische Macht hätte, so daß die Zugehörigkeit zu ihr gewisse politische Rechte gäbe, die Ausschließung davon gewisser Rechte beraubte; er wollte nur eine rein religiöse, von allem politischen Nexus getrennte Verbindung stiften, aber nichtsdestoweniger sollte dieselbe doch auch äußerlich hervortreten und ihren Glauben öffentlich declariren, ihre Glieder sollten sich gegenseitig als Glieder einer Gemeine erkennen. Das läßt sich a priori beweisen aus der Natur der Sache: Christus wollte Heiland, nicht blos seiner Zeit und derer, die ihn hörten, sondern Aller, auch der Nachwelt sein (Joh. 17); mithin mußte er eine Anstalt stiften, in welcher sein Heil für die Nachwelt erhalten wurde, mußte das Lehramt bestellen. Es folgt aber auch a posteriori aus seinen eignen Aussprüchen. Christus redet, Matth. 16, 18, ausdrücklich von seiner Gemeine; er redet, 18, 19. 20, von der Verbindung in seinem Namen, erklärt, daß er die Juden habe vereinigen wollen (23, 37), daß er Juden und Heiden in Eine Heerde sammeln wolle (Joh. 10, 16, vgl. 11, 52); er will, daß Alle Eins seien (Joh. 17, 21), und das Dasein dieser Gemeinschaft sollte sogar der Welt in dem Grade erkennbar sein, daß sie daraus seine göttliche Sendung erkannte (Joh. 17, 23). Er beschreibt (Matth. 13, 31. 32. 24. 25. 36—43) die Ausbreitung und Verschlimmerung seiner Kirche. — Die Einsetzung von Taufe und Abendmahl setzt auch eine äußere Verbindung voraus. Die Apostel reden dem entsprechend von einer Religions = Verbindung aller Christen (Röm. 12, 4; 1. Cor. 12, 12 ff.; Eph. 2, 19—22; 4, 4—6. 12. 16), sie mögen sein, wo sie wollen (1. Cor. 1, 2); sie haben eine auch äußerlich verbindende Gemeinschaft erstrebt und herbeigeführt.

Anm. 2. Die Nothwendigkeit der Kirche erhellt im Allgemeinen aus der sittlichen Bestimmung des Menschen; derselbe soll nicht für sich allein sein und leben, sondern mit und für Andere; er bedarf Anderer zu seiner Subsistenz und zu seiner Bildung, wir sollen bilden und uns bilden lassen. Im isolirten Zustande verwildert, verthiert der Mensch; er muß also mit Andern zusammen leben, und unter den vielen Zwecken des Zusammenlebens giebt es keinen höheren, als sittliche Vervollkommnung. In der Gemeinschaft nun, die sich ausdrücklich diesen Zweck setzt, einander zu veredeln, werden die Kräfte, die sonst zersplittern, verbunden, und haben so unendlich mehr Aussicht auf Erfolg. Die Menschheit soll im Ganzen Ein geistlicher Leib sein, dieser Organismus ist die Kirche, sie soll nach und nach die ganze Menschheit umfassen. Die Kirche ist demnach die eigentliche Spenderin des geistlichen Lebens, die Mutter desselben; in ihr wird es erzeugt, geboren, erhalten, in Umlauf gesetzt wie das Blut im Leibe: Die Glieder, die lebendigen, empfangen und theilen mit. Wer außer der Kirche steht, stirbt ab; in der Kirche, d. i. in der Gemeinschaft mit Christo und seinen Gläubigen, bleibt man lebendig. (Wenn gefragt wird, ob Einer Gemeinschaft mit Christo haben könne ohne Gemeinschaft mit den Gläubigen? so ist zu antworten: die äußere Gemeinschaft mit Gläubigen ist zwar relativ, nicht absolut nothwendig; aber die innere muß da sein. Wer mit dem Haupte zusammenhängt, hängt auch mit den Gliedern zusammen, und je mehr dies, desto mehr ist auch jenes der Fall.) — Die Kirche ist insbesondere nöthig in unserm gegenwärtigen, durch die Sünde verderbten Zustande, in dem die Menschen einander anstecken. Das, was sich im Menschen von selbst entwickelt, ist sein moralisches Verderben, gleichwie auf dem Acker von selbst nur das Unkraut wächst. Dem muß durch eine Anstalt gesteuert werden. Das bürgerliche Leben aber ist höchstens eine Palliativcur; es kann wohl äußerlich abschleifen, civilisiren, innerlich aber verschlimmert es wohl gar, erregt feinere Laster und Leidenschaften, nährt die Selbstsucht. Dem Bösen in der bürgerlichen Welt muß durch die Kirche gewehrt werden. In ihr sollen Alle sich vereinigen, das Böse zu bekämpfen und auszurotten, das Gute zu fördern. Was würde die Menschheit sein ohne die Kirche? was die Welt ohne die christliche Kirche? (Man blicke auf den Muhamedanismus!)

Die Kirche ist daher die Werkstätte des heiligen Geistes. Schon ihr bloßes Dasein ist ein Mittel, um den Gedanken an Gott, an die Bestimmung des Menschen, an die Ewigkeit aufzuregen (richten doch schon die Kirchengebäude den Blick zum Himmel!): sie ist also ein Werkzeug des Geistes Gottes zur Erweckung der Gemüther. Jeder, der von der Kirche hört, muß sich sagen, daß es auch ihm Noth thue, in solche Gemeinschaft zu treten. Die Kirche in ihrer Vollendung ist eine Vereinigung der Kinder Gottes, in denen der Geist Gottes wirkt, aus denen er spricht, in welchen sich Gott spiegelt, und das Dasein der wahren Christen ist eine lebendige Mahnung, die an Alle ergeht, auch Kinder Gottes zu werden. Die Kirche ist eine Anstalt, in der das Wort Gottes, die Wahrheit, erhalten und laut gepredigt wird, trotz des Widerspruches der Welt, und in der durch dieses Wort der Geist Gottes wirkt. Nur wo die Kirche ist, da wohnt Gott unter den Menschen; sie ist eine Hütte Gottes unter den Menschen.

Da nun die Kirche ein Verein wider den in der Welt herrschenden bösen Geist ist (Joh. 16, 11), da in ihr das Wort und Gesetz Gottes in öffentlichem Ansehen erhalten wird, so ist sie auch als ein stehendes Denkmal der heiligen Weltregierung Gottes anzusehen; denn ihr Dasein beweist, daß nicht Alles so gehen darf, wie es will, sondern daß Gott herrscht, daß er nicht gleichgültig zusieht bei dem Verderben der Menschen, vielmehr unser Geschlecht durch alle Veränderungen hindurch zu einer höherer sittlicher Vollendung führen will, daß er selbst für diesen Zweck thätig ist. Er hat in der Kirche eine Rettungsanstalt gegründet.

Anm. 3. Wer ist das Oberhaupt der Kirche? Der moralische Zweck der Kirche fordert ein unsichtbares Oberhaupt. Denn wollte man sich den Stifter der Kirche, der einst für sie viel leiden mußte, als immerwährendes sichtbares Oberhaupt denken, so müßte derselbe doch, über alles Leiden erhaben, in einem Zustand des Glanzes, der Herrlichkeit und Majestät unter uns sein. Das aber würde den Zweck der Kirche geradezu hindern; denn es würde keinen freien Herzensglauben, keine freie Liebe, keine uneigennützige Tugend übrig lassen; eigennütziger, knechtischer Gehorsam würde statt finden. Aus der moralischen Erziehungsanstalt, welche die Kirche sein soll, würde eine sclavische Zucht- und Zwangsanstalt werden. Das Oberhaupt der Kirche mußte sich daher in die unsichtbare Welt zurückziehen. So ist er ein Object des Glaubens, und es gehört ein freier, edler Aufschwung des Herzens dazu, ihn anzuerkennen, ihn zu erreichen, ihm anzuhangen. — Dächte man sich aber einen sichtbaren Stellvertreter jenes unsichtbaren Oberhauptes, so würde jener Zwang, jene Hemmung der Freiheit in der Anerkennung nur vermindert, nicht aufgehoben, weil auch dieser Stellvertreter mit Glanz und äußerer gebietender Macht ausgerüstet sein muß. Dazu kommt, daß schwerlich immer ein würdiges Subject zu diesem Amt gefunden, durch unwürdige aber das Amt selbst und die ganze Kirche geschändet werden würde. Der beste Papst mußte, wie Coelestin V. 1294 gethan hat, abdanken. (Die katholische Kirche erklärt nun den Bischof von Rom, der sich den sonst allen Bischöfen gemeinsamen Namen Papa ausschließlich angemaßt hat, für den sichtbaren Statthalter Christi auf Erden und nach der strengen Lehre für infallibel. Wenn das wahr sein sollte, so müßte breierlei bewiesen werden können: daß Christus den Petrus wirklich zu seinem Vicarius ernannt habe, daß Petrus in Rom und zwar Bischof daselbst gewesen sei, und daß er seine Würde auf alle folgenden Bischöfe von Rom übertragen habe. Es ist jedoch nichts von alledem erweislich. Christus hat den Petrus nur insoweit zu seinem Nachfolger ernannt, als es alle Apostel waren; Petrus sollte nur eins der ersten Werkzeuge zur Gründung der Kirche sein; die Vollgewalt, die er erhält, Matth. 16, 19, erhalten, 18, 18, alle Apostel. Daher weiß eben auch die alte Kirche gar nichts von einem Primat des Petrus. Gal. 2, 9 werden drei Apostel als Säulen der Kirche genannt, Paulus setzt sich ihnen V. 6 gleich, er ertheilt V. 11—14 sogar dem Petrus einen Verweis. — Daß nun Petrus in Rom gewesen, ist zwar gewiß, aber daß er 25 Jahre daselbst Bischof gewesen, ist ganz unerweislich. Wäre er aber der Stifter der Römischen Gemeinde, wie hätte Paulus ihn in seinem Briefe mit Stillschweigen übergehen können? — Am aller unrichtigsten ist es endlich, daß Petrus sein vermeintes Primat dem Bischof in Rom für alle Zeit übergeben habe. Diese Bischöfe haben sich vielmehr erst nach und nach durch Anmaßungen zum Supremat in der christlichen Kirche erhoben. Die Infallibilität des Römischen Bischofs ist aber selbst in der katholischen Kirche nie überall und allseitig anerkannt worden.)

Wir erkennen nur Ein unsichtbares Oberhaupt der Kirche an, Christum. Er selbst nennt sich Joh. 13, 13 Herrn, Kp. 10, 12 den guten Hirten, die Kirche Matth. 16, 18 seine Kirche. Die Apostel nennen ihn Eph. 1, 22 das Haupt der Gemeine, die ihm unterworfen ist (Kp. 5, 24), und den Erzhirten 1. Petr. 5, 4. Eben deswegen erkennen wir auch Gott als Herrn der Kirche an, denn Gott hat Christum zum Herrn gesetzt und regiert durch ihn. (Eph. 1, 22; Joh. 3, 35; Luc. 10, 22.) Christus heißt nun Herr, nicht blos weil er Lehrer und Gesetzgeber ist (Matth. 23, 8 10), sondern auch, weil er einerseits die Kirche gestiftet hat (Matth. 16, 18), namentlich durch seinen Tod (Matth. 26, 28; Joh. 11, 52; Apg. 20, 28) Allen das Heil erworben und also auf Alle als sein Eigenthum Anspruch hat, andrerseits weil er noch der Regent der Kirche ist. Daß er mit uns in fortwährender Gemeinschaft steht, ergiebt sich aus seinen Verheißungen, Matth. 18, 20; 28, 20; Joh. 10, 14. 27. 28; 14, 23; vgl. 15, 1 ff.; 17, 22. 23. Er beweist es schon durch seine Sendschreiben, Offenb. 1—3, und überhaupt durch seine Wirksamkeit in der apostolischen Zeit, wo er die von ihm berufenen Apostel mit Geistesgaben ausrüstete, durch Wunder verherrlichte und für die so schnelle Ausbreitung seiner Lehre im Römischen Reiche ohne alle Gewalt sorgte. Wenn er nun auch die Kirche blos bei ihrem Entstehen durch außerordentliche auffallende Wirkungen beförderte, die eben zur Gründung erforderlich waren, und das Christenthum jetzt durch seine innere Kraft sich ausbreiten läßt (Matth. 13, 32; Marc. 4, 27): so regiert er die Kirche doch nichtsdestoweniger auch jetzt noch. Er nimmt von Allem Kenntniß, beobachtet Alles; er leitet ihre Angelegenheiten; er wirkt selbst ein auf die Gläubigen, erleuchtend, rathend, strafend, warnend, drohend, stärkend und heiligend, tröstend und beseligend; er führt die Kirche zu ihrer Vollendung, erhält sie, beschützt sie und breitet sie aus gegen ihre Feinde (Joh. 10, 14. 27. 28; Eph 5, 23. 29), lenkt alles Widrige doch zu ihrem Besten (Röm. 8, 24—39; 1. Cor. 3, 21.—23), unterwirft sich endlich alle Feinde, 1. Cor. 15, 25, und macht die Kirche endlich herrlich durch Ausscheidung beim Gericht.

Dieser Glaube ist von großer Wichtigkeit a) für unser Verhältniß zu Christo selbst. Er giebt uns eine würdige Vorstellung

von ihm; denn wie erhaben erſcheint doch dabei Chriſtus: es iſt
nicht blos unſere Vorſtellung von ihm, die in uns wirkt, nicht blos
ſein Beiſpiel, — das könnte geſchehen, ohne daß er das Mindeſte
dabei thäte; — ſondern er ſelbſt durch ſeinen Geiſt lebt und wirkt
fort in den Gemüthern der Gläubigen. Dies muß uns weit wach=
ſamer, eifriger, heiliger in ſeinem Dienſte machen („denn das Auge
jedes Hauſes iſt die Gegenwart des Herrn“, ſagt die Atoſſa, die
Mutter des Xerxes bei Aeſchylus Perſ. 167). Es macht aber auch
die Herzensverbindung mit ihm weit inniger, wenn wir ihn als
immer nahe wiſſen, ihm unſer ganzes Herz aufſchließen, in allen
Anliegen an ihn uns wenden können. Dem chriſtlichen Gemüth
iſt der Gedanke unerträglich, daß Chriſtus mit ſeiner Gemeine jetzt
nichts mehr zu thun haben ſollte. — b) Der Glaube an Chriſtum,
als das wirkſame Oberhaupt ſeiner Kirche, iſt aber auch von gro=
ßem Einfluß auf das Verhältniß zu unſeren Mitchriſten: erſt im
Gefühle der Gemeinſchaft mit ihm wird unſere Gemeinſchaft mit
den Brüdern innig. Das ſtiftet erſt eine Gemeinde; durch Chriſtum
erſt hat die Gemeinde Halt und Leben, wahrlich nicht durch den
Papſt und durch die abgeſtandene Römiſche Curie, — das iſt für
uns Proteſtanten dringend nöthig feſtzuhalten. Was für eine Würde
empfängt aber auch dadurch grade die Gemeinde, wenn Chriſtus
in ihr iſt!

Anm. 4. Chriſtus iſt der Eine gute Hirte, und er wollte auch
nur Eine Heerde, Eine Kirche ſtiften. Joh. 10, 11. Die Einheit,
die er wollte, erfordert aber nicht eine völlige Gleichförmigkeit aller
religiöſen Vorſtellungen; das iſt bei der Verſchiedenheit der Köpfe
und der bildenden Umſtände nicht möglich zu erreichen. Ebenſowenig
erfordert ſie Gleichförmigkeit in den gottesdienſtlichen Anſtalten und
Gebräuchen, ſelbſt auch nicht völlige Gleichförmigkeit des äußeren
Bekenntniſſes. Wohl aber erfordert ſie Einigkeit im Glauben an den
Einen Vater wie an Chriſtum, als den untrüglichen Verkündiger
des göttlichen Willens und unſern Heiland; ferner Einigkeit in brü=
derlicher Liebe, und endlich Einigkeit in der Hoffnung des ewigen
Lebens. In dieſem Sinne ſind die wahren Chriſten eins mit ein=
ander, und ſo giebt es eine Gemeinſchaft im Geiſte, eine unſichtbare
Kirche. Aeußerlich erkennen läßt ſich dieſe Gemeinſchaft nicht, ſie iſt
noch nicht vollendet, und wir müſſen hier noch ringen, kämpfen, be=
währt werden; jenſeits aber wird ſie vollendet werden und hervor=
treten. Der Glaube jedoch an die Eine Gemeine der Heiligen, an
die unſichtbare Verbindung aller wahren Chriſten iſt für uns von
großer Wichtigkeit. Er ermuntert uns nämlich zur wahren inneren
Heiligung, durch welche wir würdig werden, als Glieder jenes hei=
ligen Bundes, des Selectes der Menſchen zu gelten, da es nicht
genug iſt, der äußeren Kirche anzugehören (Matth. 7, 21 — 23);
er erweckt ferner Muth zum thätigen Wirken für das Gute, weil
wir unzählbare, wenn auch uns unbekannte, Freunde und Beför=

derer des Guten haben; er stärkt auch den Glauben an Gott, dessen Geist nie aufhört, unter den Menschen zu wirken, und endlich tröstet er beim Anblick vieles und vieler Bösen, wenn wir wenig Fromme kennen. (1. Kön. 19, 10; Röm. 11, 2.—4.) — Der Streit über den Unterschied der sichtbaren und unsichtbaren Kirche ist Wortstreit: die Kirche muß etwas Sichtbares sein; aber sie hat auch eine unsichtbare Seite: den göttlichen Sinn, den Glauben. Wir können nur die äußere Erscheinung der Kirche sehen, und die ist unvollkommen; das innere, eigentliche, geistige Wesen in der Kirche können wir nicht sehen, das ist die unsichtbare Kirche.

Diese Gemeinschaft besteht auch bei den vielen Trennungen und Parteien unter den Christen. Wie soll der Christ darüber denken? Daß die Trennung nicht ohne göttliche Zulassung geschehen konnte, ist klar. Man muß aber auch sagen: a) sie war unvermeidlich bei der Verschiedenheit der menschlichen Vorstellungen, auch selbst der Naturelle, so wie des Einflusses, den Schicksal, Erziehung, selbst Klima auf den Geist und Glauben haben. Ohne Wunder wäre die Trennung nicht wegzuschaffen. — b) Auch vernichtet sie nicht schlechthin den Zweck des Christenthums, ist nicht geradezu verderblich; denn obwohl der Grad der Wirksamkeit desselben abhängt von der Lauterkeit und Gründlichkeit unserer Erkenntniß, so ist doch das Christenthum unter allen Formen immer noch von segensreichem Einfluß. — c) Es ist sogar ein Vorzug des Christenthums, daß es Menschen aller Art und von allen Bedürfnissen anpassend ist; es hat eine gewisse rühmliche Vielseitigkeit. — d) Doch darf der Christ nicht gleichgültig sein bei der Wahl zwischen den verschiedenen Parteien, sondern er wird gerade recht gewissenhaft prüfen. Also keinen Indifferentismus! dieser ist Verachtung der Wahrheit. Lerne die rechte Grenzlinie ziehen zwischen Indifferentismus und Intoleranz! Wenn man auch Jedem das Recht einräumen soll, einer Confession beizutreten, welcher er will, so ist doch der absolute Separatismus, der es mit gar keiner Partei halten will, (und dem Reinhard in der Pred. zu Mis. Dom. 1796 auch noch sein Recht vindiciren wollte) bedenklich. — e) Gerade die Trennung wird ein Mittel der Uebung in brüderlicher Duldsamkeit und in dem Bemühen, die Irrenden durch sanfte Belehrung zu gewinnen. Es giebt für den, dem es Ernst ist mit seinem Glauben, fast keine stärkere Liebesprobe, als die: Dissentirende zu lieben, gegen sie in den Grenzen der Mäßigung, Schonung, Achtung und Liebe zu bleiben. Der Umgang mit Andersdenkenden fordert vielfach Selbstbeherrschung. Keine christliche Kirchenpartei soll die andere verdammen, unsere protestantische Kirche hat es auch nicht gethan, denn das damnamus in den symbolischen Büchern bezieht sich nur auf die Meinungen, nicht auf die Personen. (Vgl. Rechenberg, Vorrede z. Concordienbuch Bogen B. im Anf. und Cyprian, Warnung vor Indifferentism. S. 56. So spricht auch Luther den Gliedern anderer Kirchen die Seligkeit nicht ab;

Vergl. sein Urtheil Werke VIII., 2578 zu Galat. 4, 30. Ebenso
Spener, Theolog. Bedenken III., 706 ff. und Zinzendorf, Ho=
milien üb. d. Wundenlitaney Nr. 16, S. 152 ff. Vgl. sein Leben
v. Spangenberg I., 172 f. Vgl. endlich noch Gerber, Historie
der Wiedergeborenen I. Vorrede § 6 u. S. 44 u. II., 280 ff.) —
f) Endlich soll ohne Zweifel nach Gottes Willen das Dasein der
einzelnen christlichen Parteien unter ihnen einen edlen Wetteifer her=
vorbringen, es sich einander zuvorzuthun in dem Streben, die Wahr=
heit immer reiner aus der Schrift zu schöpfen und sie anzuwenden
im Leben, ihren Glauben zu empfehlen durch immer bessere christ=
liche Anstalten und edle christliche Bildung. Dadurch würde eine
Vereinigung der Parteien angebahnt; denn nach dieser hat der Christ
allerdings eine unendliche Sehnsucht, — eine Sehnsucht, die aus dem
Geiste Gottes selbst kommt, der in den Kindern Gottes das Ver=
langen erweckt, eins zu sein mit einander, wie Gott eins ist. (So
sagt Oetinger in der Sylloge Theologiae Loc. 5. p. 47.: Ecclesia est coetus e mundo evocatus. Mundus hujus aeonis
malis ex praevisione Dei multis gravatur: sequentes aeones
puritatem promittunt. Hinc ad futura praeparant se fideles
in hoc aeone malo. Nil vero magis in votis habent, quam
cum regeneratis unitatem spiritus habere et conservare per
unicum vitae fontem. Ut enim a vita Dei pendet tum resus-
citatio Christi, tum fidelium vita spiritualis; ita etiam unitas
spiritus. Hinc desiderium communionis immensum quasi est
propter unitatem spiritus in Deo Patre, in Christo et in fidelibus. At quam hoc hodie desiderium sufflaminatur! Mirum
pauciores inter nos Eremitas dari ac tempore patrum.) Diese
Vereinigung der christlichen Parteien ist jedoch nicht Menschenwerk,
d. h. nicht etwas, was durch menschliche Operation, durch Zureden
oder Vorstellungen und Versprechungen, oder gar durch höflichen
Zwang, durch Betreibung von Seiten der weltlichen Obrigkeit be=
wirkt werden kann: — so etwas ist keine Vereinigung; sondern sie
ist allein Gottes Werk, d. h. sie kann nur unter dem Einfluß des
göttlichen Geistes, der allein die Herzen vereinigt, gedeihen. Daraus
folgt, daß die meisten Unionsbemühungen Allotria sind, und daß
jede Kirche zusehen mag, erst in ihrem eigenen Hause aufzuräu=
men und Alles gut einzurichten, ehe sie anfängt, Andere mit sich
vereinigen zu wollen. Besonders eine Union, wobei der Glaube
preisgegeben, indifferenzirt werden soll, ist nicht die rechte. Den
Ungläubigen freilich wird sie willkommen sein, die zarten Gewissen
aber verletzt sie. Sie wird mehr entzweien als einigen. Die Liebe
ist ein falscher Prätegt, wenn dabei der Glaube, das Gewissen
verletzt wird. Luther spricht gegen solche Union scharf. (VIII.,
2497 u. 2785, 86 zu Gal. 4, 17 u. 6, 1.) — Ob die christ=
lichen Parteien noch einmal sich vereinigen werden, ist eine christ=
liche Hoffnung, über die sich nichts bestimmen läßt. (Vgl. zu der

ganzen Frage: Rich. Baxter, die wahre Kirche in allen Secten. Ueberf. besonders durch Pritius. Frankfurt a. M. 1721. Heß, Einheit im Mannigfaltigen, ob. das Christenthum betrachtet als Vereinigungsmittel für Wahrheitsfreunde bei sonstiger Verschieden= heit. Predigten. Zürich 1813. Lindl, Zwei Predd., f. geliebten Freunden zum Andenken Petersb. 1820. S. 10 u. a.)

Man muß beim Anblick der verschiedenen Parteien unter den Christen nun auch die Frage aufwerfen: Welches ist die wahre Kirche? oder welches sind die allgemeinen Merkmale, woran man die wahre Kirche überhaupt erkennen soll? und bei welcher bestimmten einzelnen Kirche finden sich diese Merkmale? Die katholische Kirche giebt eine Ueberzahl von Merkmalen an, fünfzehn (S. Gerhard, Loci theol. ed. Cotta. XI., 187—377 u. XII., 1—168), unter welchen viele ganz unhaltbar sind. Für unsere Zeit genügt es, hier zu erinnern, daß die wahre Kirche nicht abhängig ist von einer gewissen Verfassungsform, vom Verhältniß zum Staat, von der Anerkennung oder dem Schutze des Staates oder des Regenten: — denn wo wäre da die wahre Kirche in den ersten drei Jahrhunder= ten gewesen? Ebensowenig ist sie abhängig von einer Majorität. Luc. 12, 32. Die Verfassung braucht deßhalb nicht gleichgültig zu sein; aber man muß ihren Werth nicht überschätzen: es ist durchaus ein relativer. — Die einfache und richtige Bestimmung ist nach der Augsburgschen Confession Art. 7. 8: eine wahre Kirche ist die, in welcher die reine evangelische Lehre gelehrt oder bekannt und die Sacramente lauter nach Christi Ordnung verwaltet werden. Bis= weilen wird auch noch hinzugesetzt: wo Kirchenzucht gehandhabt wird. Das mag mit gelten; aber die Handhabung wird dem Grade nach eine sehr verschiedene sein, und ihre Vollkommenheit hängt von vielen Umständen ab, kann durch manche Hindernisse beschränkt wer= den, ohne daß deswegen die Kirche aufhörte, eine wahre zu sein. — Wenn es sich nun fragt: welche ist unter allen vorhandenen Kirchen die wahre? so macht jede darauf Anspruch es zu sein. Aber keine kann hier ohne Weiteres pro auctoritate sprechen: ich bin's. Da kommt es auf Gründe an und ihre Prüfung. Als feststehende Re= gel muß man annehmen: a) das ist die wahre Kirche, die das reinste Bekenntniß hat, das mit der Schrift am besten stimmt, mithin mit der Apostel Lehre; denn ohne die Apostel wissen wir nichts von Christenthum. Die wahre Kirche muß die apostolische Lehre be= wahren. b) Die am vollkommensten mit dem Bekenntniß der alten christlichen Kirche übereinstimmt. Sie darf keine neue Lehre haben. Diesen Grundsatz hat Luther oft ausgesprochen. (Vgl. Werke XX., 1385 f. im Bekenntniß vom Abendmahl, 1528; noch mehr S. 2096, 97, im Briefe an den Markgrafen Albrecht von Bran= benburg, 1532, — bei de Wette IV., 354. Desgleichen in der Herausgabe der drei ältesten Symbola, 1538, Thl. X., 1198, und in seiner Schrift wider Herzog Heinrich von Braunschweig,

1541, Thl. XVII., wo er von S. 1656—1674 sehr umständlich barthut, daß die evangelische Kirche keine neue Kirche ist, sondern die alte christliche, und dagegen die Römische von der Alten abgefallen ist. Besonders gehört hierher S. 1659, 60. „Wer mit der alten Kirche gleich glaubt und gleich hält, der ist von der alten Kirche." — Vgl. auch Apolog. Conf. August. Art. 4 de ecclesia. bei Walch S. 151.) c) Hier muß nun ein Jeder nach bestem Wissen und Gewissen prüfen, wo sich dieser Consensus mit Schrift und der alten Kirche am vollkommensten findet. Die evangelisch-lutherische Kirche aber kann wohl mit größerem Recht, als die anderen Kirchen diesen Consensus behaupten. (Vgl. hierzu Christian Wilh. Franz Walch, Geschichte der evangelisch-lutherischen Religion als Beweis, daß sie die wahre sei. Jena 1753. Joh. Christoph Köcher, Belehrung von der Wahrheit und Vollkommenheit der evangelischen Religion. Jena 1755. Wilh. Löhe, drei Bücher von der Kirche, 1845.)

Anm. 5. Die Heiligkeit der Kirche ist nicht minder Gegenstand der ernsten Betrachtung. Sie kommt der Kirche zu, nicht etwa als ob alle Glieder wirklich heilig, wahrhaft bekehrte Kinder Gottes wären; der Herr sagte es voraus, daß es in der Kirche stets auch viele Unheilige geben würde, und der Apostel Briefe beweisen, daß das auch schon in der ältesten Kirche der Fall gewesen; die Kirche heißt vielmehr eine heilige a) wegen der Heiligkeit des Stifters, Jesu, und der Apostel, seiner Werkzeuge. Sie sind und bleiben die Ersten unseres Geschlechts; eine Gesellschaft, die solche Stifter hat, muß doch heilig und ehrwürdig sein. b) Wegen der heiligen Bestimmung der Kirche, eine Anstalt zu sein zur Heiligung der Menschen durch das Evangelium von Christo, durch Förderung wahrer Religiosität. Ihre Glieder sollen das Salz der Erde sein, die Selecte der Menschheit, eine Gemeine von Kindern Gottes, die nach dem Willen ihres Vaters gezogen sind. c) Wegen der Heiligkeit der echten, würdigen Mitglieder, die sie zu allen Zeiten in ihrem Schooß gebildet hat. Kein Zeitalter ist leer von solchen Beispielen wahrer Christen, sowohl im Lehrstande als unter den Laien, die da wußten, worauf es beim Christenthum ankommt, und die dem nachstrebten, bei denen das Christenthum Kraft und Leben, nicht bloße Form war, die in lebendiger Liebe zu Christo und in Gemeinschaft mit ihm standen. Die Anzahl der Namen, die wir wissen, ist gegen die, die wir nicht wissen, gewiß sehr gering. Im Buche Gottes stehen sie alle angeschrieben. Eine Gallerie aber solcher Christen, die ihren christlichen Sinn nicht etwa blos in schriftlichen Denkmälern, sondern im Leben durch Werke bewiesen haben, wäre eins der wirksamsten und wichtigsten historischen Monumente. Eine Kirchengeschichte, die Alles aushöbe, was als Denkmal des christlichen Geistes in Rede und in Thaten, in Sitten und Gewohnheiten, in Anstalten für das sittliche und physische Wohl der Menschen,

im Verkehr ganzer Völker durch alle Jahrhunderte kundbar gewor=
den iſt, müßte die anziehendſte und erhebendſte Kirchengeſchichte ſein.
(Den Wunſch, eine ſolche zu haben, ſpricht auch Spangenberg
in ſ. Idea fidei fratrum, S. 531, lebhaft aus. Gottfr. Arnold
ſcheint eine Idee davon gehabt zu haben; aber er ging nicht sine
ira et studio an ſeine Arbeit; er war voller Galle gegen die Or=
thodoxen und parteiiſch für die Häretiker und Fanatiker. Es ſind
übrigens als eine ſolche Behandlung der Kirchengeſchichte anbahnend
zu nennen: Joſeph Millner, K. G., ferner Johann Newton,
Ueberſicht der K. G. in Beziehung auf die Ausbreitung, Abnahme
und Wiederherſtellung des evangeliſchen Glaubens. Aus dem Eng=
liſchen von Hilmer, 1792; Georg Müller's Reliquien für Jüng=
linge, 1803; Sailer, Chriſtliche Briefe aus allen Jahrhunderten.
6 Bde.; vornehmlich endlich Neander.)
　Zu beantworten iſt nun an dieſer Stelle auch die Frage:
warum hat Gott ſolche Miſchung würdiger und unwürdiger Chriſten
in der Kirche zugelaſſen? Man muß ſagen: a) Gott giebt den
Böſen, die er in der Kirche ſein läßt, darin grade noch Gelegen=
heit zur Beſſerung; würden ſie außer aller Verbindung mit den
wahren Chriſten geſetzt, ſo würde ihnen dieſe Gelegenheit genom=
men: durch das Wort, die Ermahnung, das Beiſpiel der From=
men können ſie am erſten gewonnen werden, und die Kirche hat
ja nicht blos den Zweck, die wirklich Bekehrten in ſich zu vereinigen,
ſondern ſie ſoll auch eine Pflanzſchule wahrer Chriſten ſein. Vgl.
Eph. 4, 12. 15 f.; Col. 3, 16; Hebr. 3, 13; 10, 24; Jac. 5,
19. 20; 1. Petr. 2, 2. b) Die Frommen haben in dieſer Miſchung
mit den Böſen die beſte Gelegenheit, die Reinheit und Stärke ihres
Chriſtenthums zu bewähren. Es wäre keine Kunſt unter lauter
Frommen fromm zu ſein, aber in Mitten der Böſen iſt es nicht
ſo leicht; unter einem verkehrten Geſchlecht dem Herrn treu bleiben
giebt Ruhm. Matth. 5, 16; Phil. 2, 15; 1. Petr. 3, 14—16. —
Sie ſollen aber auch hier ihre Liebe beweiſen, in treuer Sorge um
die Rettung ſolcher verirrten Seelen. An Waffen endlich, die Ver=
ſuchungen zum Böſen zu überwinden, fehlt es ihnen ja nicht, —
ſie brauchen ſie nur zu benutzen, — und von ihrem Herrn werden
ſie erkannt. — Die Miſchung Guter und Böſer darf freilich nicht
ewig dauern, und wird es nicht; ſondern einſt wird eine Sichtung
eintreten zwiſchen beiden.
　Anm. 6. Es giebt einen Zuſammenhang der Kirche auf Erden
mit der unſichtbaren Kirche im Himmel; das iſt der Vernunft an
und für ſich ſehr glaublich; denn es iſt Ein Gott und Herr Aller,
Ein heiliges Geſetz, Eine heilige Beſtimmung für alle geſchaffenen
Geiſter, und ſo läßt ſich nicht denken, daß zwei getrennte Reiche
Gottes ſeien, ſondern ſichtbare wie unſichtbare Geiſter gehören eben
zu einem und demſelben Reiche Gottes, ſtehen alſo auch in irgend
einem Zuſammenhange mit einander. (Einen Hinweis darauf ha=

ben wir in dem Zuſammenhang, in welchem die Erde mit der übrigen
Sternenwelt ſteht.) Was es nun mit dieſem Zuſammenhang für
eine Bewandtniß hat, kann die Vernunft nicht ausmachen; das
Chriſtenthum giebt uns darüber Aufſchluß. Die Schrift lehrt uns:
1) Chriſtus iſt nicht blos Oberherr ſeiner Gemeinde auf Erden,
er iſt auch Herr der unſichtbaren Geiſterwelt, der Engel, auch der
größten (Eph. 1, 21; 1. Petr. 3, 22), die ihn anbeten, ihm dienen. (Hebr. 1, 6. 14.) Mithin iſt es Ein Reich Chriſti, zu dem
die Chriſten und alle höheren Geiſter gehören, jetzt nur dem Raume
nach getrennt; aber die Chriſten gehören ſchon als künftige Bürger
des Himmels in jenes höhere Reich. Phil. 3, 20; Hebr. 12,
22—24; Luc. 10, 20. Es iſt Eine große Familie Gottes, Eph.
3, 15, durch Chriſtum iſt die Menſchheit wieder mit derſelben vereinigt. Eph. 1, 10. Ein Geſetz Gottes, das durch Chriſtum offenbart iſt, bindet Alle, das Geſetz der Liebe, und Ein gleiches Streben haben Alle, nämlich nach Aehnlichkeit mit Gott. 2) Es giebt
ein wechſelſeitiges Einwirken. Was hier Gutes geſchieht, iſt Zuwachs für die Gemeinde droben, daher die Freude der Engel,
Luc. 15, 10; aber die höhere Geiſterwelt iſt auch unſichtbar wirk-
ſam für das Reich Gottes auf Erden. Matth. 18, 10; Hebr. 1,
14. Sie nehmen den innigſten Antheil an dem, was den Frommen geſchieht, ſind Zeugen ihrer Kämpfe. 1. Cor. 4, 9; Hebr.
12, 1. 3) Die chriſtliche Kirche iſt alſo eine Pflanzſchule für den
Himmel: ſie ſoll die bilden, die in den Himmel ſollen aufgenommen werden.

Das Alles iſt nun Sache des Glaubens, nicht des Schauens,
aber von hohem Einfluß. a) Es erhebt zu dem Gedanken der
Würde des Chriſten, welcher nun einem höheren Vaterlande angehört; auch macht es die Wichtigkeit unſeres chriſtlichen Bundes
recht fühlbar. b) Es ermuntert zum Ringen nach der Heiligung,
wodurch wir erſt der Gemeinſchaft mit der himmliſchen Gemeinde
würdig werden, und zum raſtloſen Eifer für das Gute, insbeſondere für das Seelenheil Anderer, damit wir ſie dem Himmel zu-
führen. c) Es erfüllt mit Muth bei den Hinderniſſen des Guten
in dieſer verkehrten Welt: wir haben Beiſtand in unſichtbaren Be-
ſchützern des Guten; es erfüllt uns mit Hoffnung bei ſo vielen dem
Anſchein nach vergeblichen Bemühungen, und es hilft uns ſo aus-
dauern bei Leiden, insbeſondere bei ſchmerzlichem Mangel an gleich-
geſtimmten Seelen hienieden.

Anm. 7. Die Kirche iſt das Reich der Heiligen, das nach
Dan. 2, 44; 7, 27 nimmermehr zerſtört wird, das Königreich, das
auf kein anderes Volk kommen wird. Es wird alle dieſe Königreiche
zermalmen und verſtören, aber es wird ewiglich bleiben. Chriſtus
ſelbſt und ſeine Apoſtel haben die ewige Dauer der chriſtlichen Kirche
zugeſagt. Vgl. Matth. 5, 17; 16, 18; 13, 24. 30. 39; 12, 44.
Eph. 3, 21. Hebr. 7, 24. Die Uebergabe des Reiches Chriſti an

ben Vater 1. Cor. 15, 28 fällt in die überirdische Periode, wie
auch das Offenb. 21, 3. 22 Geweissagte, womit der neue Himmel
und die neue Erde gemeint ist. 2. Petr. 3, 13. — Was wir jetzt
in der Geschichte der Kirche wahrnehmen, nämlich die Ueberlegenheit
des Christenthums über alle anderen Religionen, seine wachsende
Ausbreitung, die politische Uebermacht der christlichen Welt, — spricht
Alles auch für die ewige Dauer der Kirche. — Es muß dies un=
sere Ehrfurcht gegen das Christenthum, als die einzige ewig beste=
hende, Alles überdauernde Religion und Heilsanstalt unendlich stei=
gern, es muß uns begeistern, für die Kirche Christi zu wirken, sie
auszubreiten und zu befestigen, es muß endlich unsere Hoffnung be=
leben, daß die Kirche auch bei anscheinender Gefahr endlich nur ge=
winnen kann, und daß sie auch bei eintretenden Krisen sich endlich
nur um so herrlicher, verjüngter erheben wird.

Anm. 8. Was für Pflichten ergeben sich aus dem bisher Be=
trachteten? a) Es ist Pflicht für Jeden, der christlichen Kirche bei=
zutreten, um des Gewissens willen, so wie es eine bürgerliche Zwangs=
Pflicht ist, Bürger eines Staates zu werden, und sich dessen Ge=
setzen und Ordnungen zu unterwerfen. Es soll also hier keine Neu=
tralität, keine Gleichgültigkeit statt finden. — b) Der Kirche gebührt
wegen der Heiligkeit ihres Zweckes der Vorrang vor allen anderen
Gesellschaften, mithin auch die ehrfurchtvollste Theilnahme. Verbin=
dungen, die unser Interesse an der christlichen Kirche schwächen
würden, müssen wir meiden. (Bürgerliche, politische Interessen,
Constitutionen, Ordens=Verbindungen haben im Auge des Christen
im Vergleich mit der Kirche ein gar geringes Gewicht. In Bezug
auf die Staatsverfassung urtheilt er mit Plato: Das ist die beste
Verfassung, die am besten verwaltet wird. Das constitutionelle
Treiben, von dem unsere Zeit berauscht ist, verschlingt leider bei den
Völkern jetzt alles christliche Interesse, sie wissen nicht, was das ist:
ein Volk Gottes sein.) Mitglieder der christlichen Kirche zu sein,
müssen wir für unsere höchste Ehre ansehen, müssen es höher schätzen,
als Mitglieder eines Ordens, eines gewissen Standes zu sein. —
c) Wir müssen die Ehre der Kirche durch unser Leben und Handeln
fördern, das soll Gemeingeist Aller sein; die Ehre der Kirche steht
aber in der Würdigkeit ihrer Mitglieder; durch Unwürdige soll Je=
der die Kirche für beschimpft achten, in sich und durch sich soll Jeder
die Kirche ehrwürdig machen. — d) Jeder soll zur Erhaltung, Er=
weiterung, zum Flor der christlichen Kirche nach Kräften beitragen;
Jeder es für seinen Beruf achten, die Anzahl wahrer Christen zu
mehren, allen Hindernissen zu wehren, sei es z. B. falschen, unchrist=
lichen Lehren, oder verführerischen Grundsätzen, bösen Sitten, herr=
schenden Lastern: dagegen alle Unternehmungen für die Kirche beför=
dern, durch Unterricht, Verbreitung von Bildungsmitteln, Beförde=
rung guter Sitten und Anstalten. Gemeinden haben die Pflicht,
auf reine Lehre zu halten, und das Recht, rechtgläubige Lehrer zu

fordern. Man denke sich socinische, unitarische Gemeinden; wer würde es billigen, diesen Lehrer aufzudrängen, welche der lutherischen Lehre anhängen? So aber auch vice versa! Die Gemeinden haben daher das Recht zu prüfen. Vgl. Luther, Werke X., 1794—1807. Grund und Ursache aus der heiligen Schrift, daß eine christliche Versammlung oder Gemeinde Recht und Macht habe, alle Lehre zu urtheilen, und Lehrer zu berufen, ein= und abzusetzen. XI., 1886. Postille, Pred. üb. das Ev. zum 8ten n. Trin. Nr. 3. „Der Herr Christus befiehlt hier und giebt Macht allen Christen, Richter zu sein über alle Lehre, und giebt zu urtheilen, was da recht sei oder nicht. Das Stück ist uns bei den falschen Christen verrückt gewesen wohl tausend Jahr lang, daß wir nicht haben Gewalt gehabt zu urtheilen, sondern haben müssen annehmen, ohne alles Gericht, was der Papst und die Concilia bestimmt haben." — e) Insbesondere soll Jeder den öffentlichen Gottesdienst heilig achten, als das Haupt= mittel, wodurch die Kirche ihr Dasein und ihre Wirksamkeit kund giebt. Wer ihn verachtet, handelt, als ob er den Untergang der christlichen Kirche wünschte. Man nehme allen Cultus weg, welches äußere Document der Kirche bliebe übrig? — f) Zur Förderung der allgemeinen kirchlichen Verbindung unter Christen ist es auch dringend nöthig, einzelne engere Verbindungen zu schließen, zu christ= lichen Zwecken, nicht blos unter Blutsverwandten, sondern vornehm= lich auch unter Gleichgesinnten. Das erst bringt Leben in das Gros der Kirche, setzt die christlichen Säfte in Circulation. Es gilt hier, was beim Leibe gilt: soll dieser gesund sein, so müssen alle Glieder in organischer Verbindung, in Wechselwirkung zu einander stehen. Krankheit ist Störung des normalen Einflusses der Glieder auf ein= ander. Wo alle Glieder isolirt ständen, stürbe der Leib ab. Eph. 4, 15. 16.

§ 53.

Die Heilsmittel der Kirche.

Die christliche Kirche bietet eine doppelte Art von Heils= oder Gnadenmitteln an, theils solche, die unmittelbar auf Geist und Herz wirken, theils solche, welche mittelst eines sinnlichen Zeichens oder Symbols die geistliche Lebenskraft wecken und stär= ken; es sind das Wort Gottes und die Sacramente. Bei dem Worte Gottes, das seine göttliche Kraft unter allen Ge= stalten, als Predigt, Gesang, beim Gebet, beim Lesen, in der Unterhaltung äußert, ist vorzüglich der Unterschied des göttlichen Gesetzes und des Evangelii zu erläutern, um den hohen Werth und die Nothwendigkeit der christlichen Gnadenlehre zu zeigen. (Der Gottesdienst ist nur zusammengesetzt aus den Gnadenmitteln, er ist nicht ein besonderes für sich.)

Anm. Gott redet zu uns auch durch die Werke der Schöpfung
und durch das Gewissen; doch ist hier unter Wort Gottes nur das
geoffenbarte gemeint, welches wir in der heiligen Schrift haben.
Diesem Worte schreiben wir, wie einen göttlichen Ursprung, so auch
eine göttliche Kraft zu, und zwar, weil die heilige Schrift selbst eine
solche verheißt, (Jef. 55, 11; Jer. 23, 29; Hebr. 4, 12) und
sodann weil der heilige Geist des Wortes Gottes sich als Mittel
bedient, durch welches er wirkt. Es ist eine Kraft zu überzeugen,
zu rühren, zu strafen, zu erwecken, zu trösten. Wer das Wort
Gottes recht gebraucht, erfährt diese Kraft. — Das ist sehr wichtig;
denn wenn das Wort Gottes ein Gnadenmittel ist, so folgt daraus,
daß wir die Schrift, in der wir es finden, achten und fleißig ge=
brauchen müssen, — daß wir das Wort uns selbst aneignen, ganz
in uns aufnehmen und beherzigen müssen, wenn wir des Heils theil=
haftig werden wollen; ohne Aufnahme des Worts giebt es keinen
Gnadenbeistand zur Seligkeit; — daß wir also sorgen müssen, em=
pfängliche Herzen für das Wort zu haben, — daß wir aber auch
bei rechtem Gebrauch gewissen Segen zu erwarten haben. Jesaias
55, 10. 11.

Das Wort Gottes pflegt seinem Inhalte nach in zwei Theile
zerlegt zu werden, in Gesetz und Evangelium. Diese stehen aber nicht
getrennt in der Schrift, etwa das Gesetz nur im Alten, das Evan=
gelium nur im Neuen Testament; sondern beide stehen in beiden.
Gesetz ist Alles, was dem Menschen zu thun geboten wird, Evan=
gelium das, was ihm verheißen wird, im engern Sinne die Ver=
kündigung der göttlichen Gnade in Christo dem Sünder=Heilande.
Luther hat den wichtigen Unterschied zwischen Gesetz und Evange=
lium besonders in das Licht gesetzt (vgl. z. B. Werke IV., 337 zu
Ps. 22, 7 und VII., 2316—2323). Er sagt, wer die Kunst ver=
steht, zwischen Mose und Christo recht zu unterscheiden, der möchte
wohl ein Doctor heißen. (Zu vergleichen ist das gründliche und
echt evangelische Buch von Cleß: die wahre Lehre Pauli vom
Gesetz. Tüb. 1776.) — Ueber das Verhältniß von Gesetz und
Evangelium ist nun im Besondern zu bemerken: a) Die ursprüng=
liche Bestimmung des göttlichen Gesetzes, sowohl des geoffenbarten,
als des natürlichen war, dem Menschen als Norm seines Lebens zu
dienen. Es fordert nämlich vollkommenen Gehorsam gegen Gottes
Willen, sowohl in der Gesinnung, als in der Handlung, und es
verspricht nur unter der Bedingung der gänzlichen Unschuld ewiges
Leben, — sonst aber droht es Strafe, Ausschluß von der Seligkeit.
b) So lange die Menschen unverdorben waren, so lange sie noch
natürliche Willigkeit und Kraft zum Guten hatten: war das Gesetz
völlig hinreichend, sie zum ewigen Leben zu führen; denn sie bedurf=
ten als Unschuldige keiner Begnadigung, sie hatten von Natur volle
Kraft, das Gesetz zu erfüllen. c) Aber nachdem sie in Sünde ge=
fallen sind, ist dadurch die Bestimmung und Kraft des Gesetzes sehr

verändert worden. Jetzt leisten die Menschen weder vollkommenen
Gehorsam, noch besitzen sie Kraft, das Gesetz zu erfüllen; im Gegentheil ist nun in ihnen ein Hang, der dem Gesetze entgegenstrebt, und
sie können daher durch's Gesetz, oder durch einen Gehorsam, der
allen Anforderungen entspricht, nicht mehr selig werden. Das Gesetz verdammt sie. Das Gesetz reicht deßhalb nicht hin, den Menschen zu helfen. Der schuldige aber kraftlose Mensch kann durch's
Gesetz nur in Furcht gesetzt, zur Angst und Furcht vor Gott getrieben werden, weil er überall an sich nichts als Widerspruch mit dem
Gesetze bemerkt und doch auch keinen Rath weiß, wie er sich helfen
soll. Bei seinem sündhaften Hange und bei seiner Schwäche muß
das Gesetz ihm eher als ein Hinderniß seines Glückes erscheinen, es
muß ihm (nicht durch eigne, des Gesetzes, sondern durch des Menschen Schuld) den Gehorsam erschweren. Voll Unmuth könnte er
bei sich denken: Wenn Gott mich selig machen will, warum giebt
er mir ein so schweres Gesetz, das kein Mensch halten kann? Nach
dem Falle, bei der steigenden Verdorbenheit sind die Forderungen
des Gesetzes nun auch noch weit größer, umfassender geworden, und
also schwerer zu erfüllen. Im Stande der Unschuld war die Erfüllung leicht. Der Unterricht und die Erziehung der Kinder müßte
da eine wahre Lust und ein Spiel gewesen sein, während es jetzt je
nach der Unfähigkeit und Bösartigkeit der Menschen eine größere
oder geringere Last und Plage ist. Und so in allen Verhältnissen.
Im Stande der Unschuld war bei den geringen Bedürfnissen der
Menschen, bei der Freiheit von allen körperlichen Uebeln alles Thun
und Arbeiten nur Vergnügen, von Entsagungen und Erduldungen
konnte nicht die Rede sein, die Liebesdienste waren unbeschwerlich,
denn es gab keine Schwachen und Elenden; von Versöhnlichkeit und
Feindesliebe brauchte nicht die Rede zu sein. — Wo wäre nun für
den Menschen bei dem Gesetze Trost und Hülfe zu hoffen, wenn ihm
nicht ein Strahl der Hoffnung bliebe, nämlich die Gnade Gottes in
Christo? — d) Jetzt bedarf der Mensch theils erst eine Vergebung,
die das Gesetz nicht hoffen läßt, theils eine neue Kraft zu gerechtem
Leben, die das Gesetz auch nicht giebt. Beides ist nun durch die
göttliche Gnade ausgeführt, die im Alten Testament schon angekündigt, im Neuen Testament aber erst hell offenbart worden ist. Das
Evangelium sagt uns: Gott will aus Gnaden vergeben um Christi
willen, und er will uns auch durch seinen heiligen Geist neue Kraft
geben. Wir können also nur durch Glauben selig werden. — e) Jetzt
bleibt dennoch das Gesetz nöthig, theils um den Menschen wegen
seiner Sünde zu strafen, ihm die Augen darüber aufzuthun, ihn
demüthig zu machen und dadurch zum Bedürfniß der Gnade und
zum Glauben zu leiten, theils um dem Menschen als Norm seiner
Handlungen zu dienen. Das Gesetz darf nichts ablassen von seinen
Forderungen; aber die absolut verdammende Kraft hat es verloren
durch die Gerechtigkeit Christi.

Der Unterschied zwischen Gesetz und Evangelium ist eben des=
halb so wichtig, weil seine Erkenntniß zu richtiger Selbstschätzung,
zu Demuth und Anerkennung der Schuld führt. Wer glaubt, durch
Haltung des Gesetzes bei Gott gerecht und selig zu werden, muß
seine Schuld verkennen, seine Tugend zu hoch anschlagen. Durch
die Erkenntniß dieses Unterschiedes ist auch die volle dankbare An=
erkennung des Verdienstes Christi bedingt. Wer durch das Gesetz
selig werden will, verdankt Christo nichts; Kenntniß des Gesetzes
würde er auch ohne Christum haben, er leugnet also gerade das
Hauptverdienst Christi, uns Gnade gebracht zu haben. Erst bei dieser
Erkenntniß endlich ist auch eine edlere, reinere Tugendübung denkbar.
Wer durch Haltung des Gesetzes sich die Seligkeit erwerben will,
zeigt eine lohnsüchtige Tugend. Wer durch Glauben selig werden
will aus Gnaden Gottes, wird ohne Rücksicht auf Lohn, getrieben
von Liebe, recht thun, so viel er kann.

§ 54.
Von den beiden Sacramenten.

Bei der Taufe kommt es darauf an, nicht bloß ihre symbolische Bedeutung und die religiöse Verpflichtung, die sie auflegt,
sondern auch ihre eigentliche sacramentliche Kraft zu zeigen, um
sowohl Zeugen und Zuschauern diese Handlung erbaulich zu
machen, als auch einem Jeden die Wichtigkeit der Taufe für ihn
selbst und die Pflicht des Andenkens an dieselbe an's Herz zu
legen. Bei dem Abendmahl ist nicht bloß der geistliche Segen
desselben, den die rechte Feier bei jeder Confession haben kann,
sondern auch die besondere Heiligkeit dieser Handlung darzustellen,
welche sie durch den Glauben an etwas wahrhaft Geheimnißvolles
darin, wie ihn die lutherische Kirche hat, erlangt.

Anm. 1. Sacrament nennen wir eine von Gott oder Jesu
Christo eingesetzte heilige Handlung, bei der wir unter einem sicht=
baren Zeichen unsichtbare himmlische Güter empfangen. Darnach
erkennt die evangelische Kirche nur zwei Sacramente an, die Taufe
und das Abendmahl. Beide stehen in einem engen Verhältniß zu
einander. Die Taufe ist die heilige Handlung, durch die ein Mensch
zunächst aufgenommen wird in die christliche Kirche, und der Ritus
dabei (gleichviel ob Submersion oder Abspersion) zeigt den Zweck
der christlichen Gemeinschaft an, nämlich Reinigung und Heiligung
des ganzen Menschen. Wer getauft wird, tritt in eine heilige Ge=
sellschaft ein und verpflichtet sich zum Ringen nach Heiligung. In
der Taufe wird der Mensch andererseits aber auch aufgenommen in
die Gemeinschaft des dreieinigen Gottes (er wird auf seinen Namen
getauft), tritt ein in den neuen Bund und wird unter den wirksamen
Einfluß der erlösenden Gnade Gottes gestellt. Der Anfang eines

neuen Lebens wird in ihm gesetzt. Dem Menschen wird dadurch die
Verpflichtung aufgelegt, Gott zu leben als ein neuer Mensch. —
Das Abendmahl ist diejenige Handlung, bei welcher zunächst im
Bekenntniß des Glaubens an den Erlösungstod Christi die Gemein=
schaft mit der Gemeinde Christi erneuert und durch gemeinsamen Ge=
nuß besiegelt wird. Es ist aber weiter die Handlung, durch welche
das neue Leben, dessen Anfang in der Taufe gesetzt ist, erhalten,
gestärkt, erneuert wird, also das Mittel zu fortschreitender Heiligung.
Es geschieht das im Abendmahl durch den Genuß des Leibes und
Blutes Christi, durch Lebensmittheilung des Herrn an die Genießen=
den. Die erneuerte Vereinigung mit Christo ist auch erneuerte Ge=
meinschaft mit Gott dem Vater und dem heiligen Geiste.

Anm. 2. Wesentlich bei der Taufe ist, abgesehen davon,
daß sie nur einmal geschehen darf, und daß nach der Anordnung
Christi wirklich Wasser dabei gebraucht werden muß, dies, daß sie
geschieht auf den Namen Gottes des Vaters, des Sohnes, des
heiligen Geistes (*), denn Christus hat es ausdrücklich so vorge=
schrieben, und in dem Bekenntniß des dreieinigen Gottes liegt gerade
das Charakteristische des Christenthums, wodurch es sich vor Ju=
denthum und Heidenthum unterscheidet. Unsere Kirche hat daher
schon ehedem entschieden, Antitrinitarier, wenn sie übertreten, non
rebaptizari, sed recte baptizari. Es ist darum auch durchaus
unzulässig, daß man die alte Taufformel verändert, wie der Feld=
prediger Krause (in seiner Agende für alle Kirchenparteien, 1788)
u. A. einst vorschlugen (z. B. zu taufen „Auf Gott den Allweisen,
Allgütigen, Allmächtigen"). — Die Nothwendigkeit der Taufe
folgt a) aus der ausdrücklichen Anordnung Christi selbst. Christus
hat sie eingesetzt ohne Andeutung, daß sie einmal aufhören sollte.
Joh. 4, 1. 2; Matth. 28, 19. 20. Er gebietet, alle Völker zu
taufen, und die frühe Einführung der Kindertaufe ist ein Zeugniß
davon, wie man den Willen Christi auffaßte. Mithin ist die Taufe
nicht gering zu schätzen. Christus rügte es schon als Zeichen der
Irreligiosität, daß die Juden die Taufe des Johannes verachteten
(Matth. 21, 25—32; Luc. 7, 30): wie viel strafbarer sind Chri=
sten, die Christi Taufe verachten. b) Jede Gesellschaft hat ihre
Weihe und feierliche Aufnahme, und man kann nicht sagen, daß
Kinder, die unter uns von christlichen Eltern geboren sind, eo ipso
schon Christen sind; das geistliche Bürgerrecht wird nicht angeboren,
es gilt der Satz Tertullian's: Fiunt, non nascuntur Christiani.
c) Die Taufe ist ja nicht blos für Eltern, Verwandte, Freunde
des Kindes erbaulich, sondern für das Kind selbst unaussprechlich

---

*) Marcus Velser (Opp. historica, 1682, p. 147. Vgl. Schröth, Kirchen=
geschichte XIX., 219.) erzählt, ein Bairischer Priester habe getauft: Bap=
tizo te in nomine patria et filia et Spiritus sancta. Bonifacius habe
verlangt, es solle noch einmal getauft werden, aber Papst Zacharias habe
rescribirt, es sei ein Unwissenheitsfehler, daher es keiner zweiten Taufe bedürfe.

wichtig, da sie ihm einen großen Segen zuwendet. Die höchsten Taufzeugen sind Gott Vater, Sohn und heiliger Geist, das sind die rechten Pathen; und der dreieinige Gott macht dem Kinde das höchste Pathengeschenk, denn das Kind empfängt in der Taufe die Taufgnade. Das ist das eigentlich Sacramentliche der Taufe. (Luther in der Predigt von der heil. Taufe, über Matth. 3, 13—17, Werke X., 2550: „Mit der Erscheinung bei der Taufe Christi ist fürgemahlet, als zum ewigen Vorbilde, daß allezeit die göttliche Majestät selbst bei der Taufe will sein. — Wir sollen deß keinen Zweifel haben, wo die Taufe ist, daß da gewißlich der Himmel offen und die ganze Dreifaltigkeit gegenwärtig sei und durch sich selbst den, so getauft wird, heilige und selige.") Daß Gott ehedem bei der Taufe in außerordentlicher Weise seinen Geist gab, zeigt die Geschichte im Neuen Testamente. Dort waren es zwar Erwachsene, denen er gegeben wurde, aber es kann auch noch geschehen und geschieht, wenn auch nicht mit in die Augen fallenden Zeichen und Wirkungen. Daß es nicht geschehe, weil man es nicht sieht, kann man ja nicht sagen. Auch die Kinder empfangen die Taufgnade. Durch die bloße Geburt von christlichen Eltern ist das Kind noch nicht wiedergeboren und geheiligt, auch die heiligsten Eltern können doch nur fleischliche Kinder zeugen. (Vgl. Augustin, de nuptiis et concupiscentia, cp. 21. Ed. Antw. X., 194: Haec invisibilia et infidelibus incredibilia, sed tamen vera, ut haberent aliquod exemplum visibile, hoc in quibusdam arbustis divina providentia procuravit. Cur enim non credamus, propter hoc esse institutum, ut ex oliva nascatur oleaster? Sicut gignitur ex oleastri semine oleaster, et ex oleae semine oleaster, etsi inter oleastrum et oleam multum intersit: ita gignitur et de carne peccatoris et de carne justi utrinque peccator, quamvis inter peccatorem et justum plurimum distet.) Die Taufe ist und bleibt das Bad der Wiedergeburt. Tit. 3, 5. Wenn auch das Kind von der Taufgnade nichts weiß, so kann Gott ihm dennoch eine religiöse Disposition mittheilen, einen heiligen Keim neuen Lebens in seine Seele legen. (Luc. 1, 15 ist eine Spur davon.) Das Bewußtsein des Kindes ist dazu nicht nöthig, denn das Kind hat ja auch die natürlichen Geistesgaben im Keim, ohne etwas davon zu wissen, und hier wird man doch sicher nicht argumentiren wollen: wovon das Kind nichts weiß, das hat es auch nicht. Es ist offenbar, daß der Glaube an die sacramentliche Kraft der Taufe von großer Wichtigkeit ist. Ohne dieselbe ginge das Kind in der Taufe leer aus, die Taufe würde zwecklos. Durch das Sacramentliche wird die Taufe weit rührender und erhebender, besonders für den Geistlichen. — Aber, fragt man, wo ist denn an den Kindern in späteren Jahren diese Taufgnade zu spüren? wo ist die Heiligkeit und Frömmigkeit der Kinder? Darin liegt nun freilich die stärkste Anklage wider Kinder und Er-

zieher. Traurig genug, daß so viele Getaufte aussehen wie Un=
getaufte. Sie selbst und ihre Eltern oder Erzieher begehrten nicht
das heilige Oel, das ihnen gegeben ward. Wenn dieses Oel fre=
velhaft verschüttet wird, ist dies Schuld des Gebers? oder beweist
das etwa, daß keins gegeben wurde?

Anm. 3. Die Kindertaufe. I. Beurtheilung der Gründe
der Gegner. Gegner der Kindertaufe sind die Anabaptisten, Mich.
Servetus in seiner Restitutio Christianismi (früher als Manu=
script sehr selten, dann aber Nürnb. 1791, angeblich 1553, wieder=
gedruckt, wo p. 486 in dem Abschnitt de regeneratione superna,
lib. 3, kürzer, aber lib. 4, p. 564—68, ausführlicher mit 20 Grün=
den, die sich oft wiederholen, die Kindertaufe bestritten und p.
570—72 für die Taufe der Erwachsenen 25 Gründe beigebracht,
auch p. 573—75 auf die Gründe der Kirche geantwortet wird). —
Carlstadt, die Mennoniten, die jetzigen Baptisten, z. B. Pen=
gillv, Wer soll getauft werden? und worin besteht die Taufe?
Aus dem Englischen. (Wogegen vgl. Oster, Brief über die Lehre
der heiligen Schrift von der Taufe, Lpz. 1840; W. Hoffmann,
Taufe und Wiedertaufe, Stuttg. 1840; Heim, über Taufe und
Confirmation, Stuttg. 1841; Martensen, Dogmatik, u. A.)
Die Gründe, welche gegen die Taufe der Kinder vorgebracht wer=
den, sind besonders folgende: a) Es fehlt ein ausdrückliches Ge=
bot Christi und der Apostel, daß die Kinder bald nach ihrer Ge=
burt getauft werden sollen. Aber, erwiedern wir, es findet sich
ebensowenig ein ausdrückliches Verbot der Kindertaufe, oder ein
Gebot, daß erst Erwachsene, Jünglinge oder Männer sollen ge=
tauft werden. Luther (XVII, 2666): „Sprichst du, er hat die
Kinder nicht heißen taufen, so hat er auch kein Alter, noch Mann,
noch Weib, noch Jemand insonderheit heißen taufen; er hat aber
heißen alle Heiden taufen, keine ausgeschlossen; nun sind die Kinder
auch ein groß Stück der Heiden." (S. 2679:) „Die Wiedertäufer
werden keinen Buchstaben bringen, der da sage: Ihr sollt alte Leute
taufen und kein Kind." Wäre die Kindertaufe so verwerflich: würde
Christus, dessen weitreichendem Blick das nicht entgangen sein könnte,
nicht mit einem Winke eine Warnung davor gegeben haben? —
b) Aber, so sagt man weiter, es findet sich kein bestimmtes Bei=
spiel von getauften Kindern im Neuen Testament; Alle, deren Taufe
erwähnt wird, waren erwachsen: die Apostel, von Johannes ge=
tauft, die Dreitausend, Apg. 2, 41, die Samariter, Kp. 8, 16,
der Kämmerer, V. 38, Paulus, Cornelius. Christus selbst war
30 Jahre alt, als er getauft wurde. Darauf ist zu antworten:
Von Christo ist ganz abzusehen, denn dessen Taufe hatte den Zweck,
die Gerechtigkeit zu erfüllen. Es ist aber ganz natürlich, daß in
der ersten Zeit, wo erst eine Gemeinde gebildet, gesammelt werden
sollte, die, die da eintraten, als Erwachsene mußten getauft wer=
den; es konnte doch keine Gemeinde aus kleinen Kindern gesammelt

werden. Aber folgt denn daraus, weil die ersten Bekehrten schon
erwachsen waren und nicht eher haben getauft werden können, daß
da, wo die Gemeine schon gegründet ist, die Kinder von Christen
nicht dürfen getauft werden? oder daß man auch da warten muß?
Man könnte nun aber sogar eine Spur der Kindertaufe schon in
Matth. 28, 19 finden, denn zu den Völkern, die getauft werden
sollen, gehören doch eben auch Kinder, ohne welche kein Volk bestehen kann. — c) Es wird ferner eingeworfen: In der ersten
christlichen Kirche scheint die Kindertaufe fremd gewesen zu sein, weil
Tertullian, de baptismo cp. 18, dagegen eifert. Doch er
widerräth diese Taufe nur aus der subjectiven Meinung, daß die
Taufe in späterem Alter vorzuziehen sei, und vornehmlich auch,
weil für die nach der Taufe begangenen Sünden viel schwerer Vergebung erlangt werden könne. — d) Weiter werfen die Gegner
ein: Die Taufe setzt Glauben voraus (Marc. 16, 16), und Glaube
kommt aus der Predigt (Röm. 10, 14—17). Die Kinder haben
keine Predigt, also haben sie keinen Glauben; sie sollen durch die
Taufe Jünger werden (Matth. 28, 19), das sind sie noch nicht;
also kann auch noch keine Wiedergeburt bei den Kindern geschehen.
Die Kindertaufe entbehrt mithin aller objectiven Kraft und Wirkung,
sie besiegelt nicht einmal, was der Täufling schon hat, sie ist ein
leeres Bild für die Geistestaufe oder Wiedergeburt, die er ganz
unabhängig von ihr in der Bekehrung empfängt. (Servetus
dritter Grund leitet Alles aus dem Nichtglauben her: die Kinder
sind noch unter dem Zorn, sind keine Kinder Gottes, keine Jünger
Jesu, nicht neue Menschen.) Antwort: Es ist klar, daß in den
Kindern noch nicht ein ausgebildeter bewußter Glaube und vollendete Wiedergeburt sein kann; sie haben noch nicht den Geist in der
Manneskraft; — aber das hindert nicht, daß Gott ihren Seelen
den ersten Keim und die Disposition zum Glauben, die ersten Regungen der Wiedergeburt einsenken kann; an das Bewußtsein des
Kindes ist Gott nicht gebunden. Wer die Taufgnade leugnet, weil
das Kind sie nicht fassen kann, der beweiset dadurch, daß er denkt,
Gott könne nichts ohne den Menschen; der offenbart seinen Unglauben an die Gnade, die das Mitwirken des Menschen nicht bedarf. Es kann auch unbewußt im Herzen die Gnade wirken: wer
weiß denn, was der menschliche Geist auch ohne das empirische Bewußtsein kann? — e) Der zwanzigste Grund des Servetus
lautet: Wenn die Taufe den Kindern ohne ihr Bewußtsein, sine
intellectu, gegeben wird: so dürfen auch Kinder Taufe spielen,
wie Athanasius als Kind welche getauft hat; — so darf man auch
Glocken u. A. taufen. — Aber etwas Anderes ist der Täufer,
etwas Anderes der Täufling: jener darf nicht scherzen und mit der
Taufe spielen. Leblose Dinge aber taufen ist widersinnig, da sie
keine Empfänglichkeit für die Gnade haben. — f) Endlich ist noch
zu erwähnen der 7te, 8te und 12te Grund des Servetus: Wenn

Kinder schon getauft werden, warum giebt man ihnen nicht das
Abendmahl? Wie können Kinder ohne diese geistliche Speise das
geistliche Leben bewahren? Sie können es so wenig, so wenig
sie das leibliche Leben ohne leibliche Nahrung erhalten können. Dar=
auf ist zu antworten: Schon physische Schwierigkeiten verbieten bei
zarten Kindern den Genuß des heiligen Abendmahls: und müssen
sie einmal warten, so steht es frei, bis auf die Jahre der Reise
zu warten. Aber es ist zwischen Taufe und Abendmahl ein Unter=
schied: jene fordert nur passive Receptivität, dieses active, es soll
geschehen zur Erinnerung und Verkündigung des Todes Christi,
wozu das kleine Kind noch nicht fähig ist. Das geistliche Leben
kann übrigens im Kinde auch ohne das Abendmahl erhalten und
gestärkt werden: so wie das leibliche Leben auch ohne starke Speise,
durch Milch erhalten wird.

　　II. Vertheidigung der Kindertaufe. Dieselbe stimmt a)
mit manchen Stellen des Neuen Testaments recht gut und darf als
dem Geiste Christi entsprechend gar wohl gedacht werden. Matth.
28, 19 „alle Völker taufen“, Apg. 16, 32 „Lydia mit ihrem Hause“,
1. Cor. 1, 16 „des Stephana Haus“ (Luther: Hausgesinde),
vorzüglich aber Marc. 10, 16 „er legte die Hände auf sie und
segnete sie.“ Daß dies um der Kinder willen geschehen, ist gewiß;
daß der Segen Jesu kräftig war, wer kann's leugnen? Verstanden
aber und faßten es die Kinder schon ganz? Wenn Jesus hier Kin=
der so gern zu sich bringen ließ, wenn er ihnen hier mit seiner
Gnade entgegenkam, sollte er jetzt die Kinder, die in der Taufe
ebenfalls zu ihm gebracht werden, zurückstoßen und ungesegnet lassen?
Luther in der Postille zum 3ten n. Epiph. (Werke XI., 674)
sagt: „Deute diese Worte Christi wie du willst, so haben wir,
daß die Kinder sind zu Christo zu bringen, und man ihnen nicht
wehren soll; und wenn sie zu ihm bracht sind, so zwinget er uns
hier zu glauben, daß er sie segne und das Himmelreich gebe, wie
er diesem Kindlein thut. Wer kann vor diesem Texte über? Wer
will dawider so kühn sein und die Kindlein nicht zur Taufe kommen
lassen, oder nicht glauben, daß er sie segne, wenn sie dahin kommen?
Nun ist er in der Taufe so gegenwärtig, als er dazumal war, das
wissen wir Christen gewiß, darum wir nicht dürfen wehren den Kin=
dern die Taufe.“ — b) Die Kindertaufe hat die alte kirchliche
Tradition und Praxis für sich. Tertullian's Tadel bestätigt eben,
daß sie herrschende Sitte in der Kirche war, und er tadelt sie nicht,
als ob sie neu und unapostolisch wäre. Uebrigens wird seine Mei=
nung von keinem Kirchenvater, auch von Cyprian nicht beachtet.
Dagegen sagt Irenäus (adv. Haer. II., 22, 4) ausdrücklich:
Christus venit, salvare omnes, qui per eum renascuntur in
Deum, infantes et parvulos et pueros et juvenes seniores.
Renasci geht auf die Taufe und muß die Taufe mit einschließen,
weil ohne Taufe an keine Wiedergeburt zu denken ist. Origenes

(Comment. ad Rom. 6, 5—7) bemerkt, daß die Kirche von den Aposteln her die Tradition empfangen hat, auch die Kinder zu taufen. Die Pelagianer bestreiten die Kindertaufe nicht im Geringsten, was sie gewiß nicht unterlassen haben würden, wenn sie den späteren Ursprung derselben hätten behaupten können. — c) Die Taufe hat eine Analogie mit der Beschneidung im Alten Testament, an deren Stelle sie trat. Col. 2, 11. (Vgl. Justinus Tryph. p. 261.) Dadurch konnten die Apostel desto leichter mit der Idee der Kindertaufe vertraut werden, und so wenig die Juden den Kindern die Beschneidung versagten, so wenig wird auch den christlichen Kindern die Taufe versagt worden sein. — d) Wenn nun die Kindertaufe das Ansehen der ältesten christlichen Kirche und seitdem aller Jahrhunderte für sich hat: was ist's für eine Autorität, die ihr entgegentritt? Eine höchst verdächtige, im Voraus Mißtrauen erregende. Nur häretische und fanatische Parteien, hauptsächlich seit dem 16ten Jahrhundert haben die Kindertaufe verworfen, also solche, die gar nicht in der Einheit und Lauterkeit des Glaubens gestanden; die die Kraft der Sacramente verachten und sie zu leeren äußeren Zeichen herabsetzen, aus falscher Geistigkeit. Wenn nun die Wiedertaufe oder die Einführung der Taufe der Erwachsenen eine so wesentliche und nach der Meinung der Baptisten so heilsame Reform in der Kirche ist: sollte sie Gott durch so verdächtige und anstößige Werkzeuge, als die Anabaptisten waren, haben einführen wollen? Zu wahrhaft guten, heilsamen Reformen erwählt Gott allemal würdige lautere Werkzeuge, wie z. B. die Reformation durch solche ist bewirkt worden. Welcher Contrast zwischen den Reformatoren und zwischen den Anabaptisten, einem Münzer, Storch u. A.! Wer die anabaptistische Geschichte kennt, muß einen Horror vor allem anabaptistischen Wesen fassen. Auch sind diese Anabaptisten und Baptisten auf ganz abnorme Meinungen hierbei gerathen, wenn sie behaupten, es dürfe keiner getauft werden, der nicht glaube und bekehrt sei. Wie wollen sie darüber Gewißheit haben? Können sie in die Herzen sehen? (Luther, XVII., 2659: „Wer die Taufe will gründen auf den Glauben der Täuflinge, der muß nimmermehr keinen Menschen taufen, denn wenn du gleich einen Menschen hundertmal taufest einen Tag, darnach weißt du keinmal, ob er glaube.") Wenn nun ein Getaufter als unbekehrt erscheint, wollen sie ihn wiedertaufen? Wollen sie sich rühmen, daß ihre Gemeinden aus lauter gründlich Bekehrten bestehen? Mögen auch Mennoniten, englische Baptisten die früheren Greuel desavouiren: der Ursprung bleibt doch unrein, und aus unreinem Quell kann nichts Reines kommen.

III. Der Segen der Kindertaufe. Derselbe kann zuerst aus dem Gegentheil erkannt werden. Was würde werden, wenn die große Menge der heranwachsenden Kinder bis in's 15 bis 20 Jahr, oder wer weiß wie lange, unter uns lebte wie Heidenkinder? Denn so lange sie noch nicht getauft sind, sind sie noch nicht Christen; sie sind es wohl in der Hoffnung, aber nicht in der Wirklichkeit. Christliche Eltern müßten etwas an ihren Kindern vermissen, und das müßte ihnen peinlich werden, vollends, wenn nun damit auch die Annahme verbunden ist, daß sie noch nicht gläubig und bekehrt sind. Die Herzen christlicher Eltern müßte es verwunden. — Der Segen der Kindertaufe ist aber auch positiv zu zeigen. a) Für Kinder ist es unaussprechlich wichtig, getauft zu werden. Wie wendet sich ihnen die Gnade Christi, die Liebe Gottes und die Gemeinschaft des heiligen Geistes zu! Der himmlische Gnadenblick, der Liebeskuß weihet, heiligt sie zu Kindern Gottes. Solche Kinder werden unaussprechlich theuer. Sie müssen beim Hinblick auf ihre Taufe von der Liebe des Himmels gerührt werden. Wenn Servetus p. 489 sagt, daß, so wie bei der Taufe Christi der Himmel sich aufthat, das himmlische Reich sichtbar wurde, dies auch bei der Taufe überhaupt geschehe: so gilt dies auch von des Taufe des Kindes. Auch ihm thut sich der Himmel auf, die Pforte zum Himmel ist ihm geöffnet. Wenn unsere jetzigen Christen, wenn unsere Kinder so hoch von der ihnen ertheilten Taufe denken lernten, wie würden sie ganz andere Christen sein! Aber wir sagen ihnen das zu wenig. — b) Für Eltern ist es ein süßer Trost, zu wissen, daß ihre Kinder durch die Taufe auch angenommen sind, daß sie sie dürfen als Lieblinge des Himmels betrachten, pflegen, stärken. Ruft sie der Herr: sie gehören ihm an und sind dem Himmel zugeschrieben. Ebenso ist's für die Taufzeugen und alle erwachsenen Christen eine ernste Mahnung, ihnen ja nicht die Taufgnade zu entreißen. Die Kinder werden als Getaufte Allen ehrwürdiger! — c) Für den taufenden Geistlichen ist der Glaube an die sacramentliche Kraft der Taufe auch an den Kindern insofern sehr wichtig, als er durch ihn vor geistlosem Mechanismus bei Verwaltung des Sacraments bewahrt bleibt. Indem der Geistliche tauft, wird er Werkzeug, Mittelsperson, durch welche den Kindern die höchste Gnade sich zuwendet. Die ganze Taufe wird bei diesem Glauben erhebend, und der Geistliche wird im Stillen beten: Lieber Gott, laß mich als ein neugebornes Kindlein werden und taufe auch mich wieder mit dem heiligen Geiste. — Die Geringschätzung der Taufe, die sich Anfang des 19ten Jahrhunderts so eclatant aussprach, daß Friedrich Wilhelm III. von Preußen den 23. Februar 1802 die bekannte Cabinetsorbre gab, daß Kinder vor Ablauf von sechs Wochen nach ihrer Geburt müßten getauft werden, und wo es dennoch unterbliebe, dem Kinde ein Vormund sollte gerichtlich gesetzt werden, der für die Taufe des Kindes sorgte, indem der Vater als unverständig und unfähig zur Erziehung des Kindes anzusehen sei, — diese Geringschätzung war ein arges Zeichen des Abfalls vom christlichen Glauben.

Anm. 4. **Praktische Anwendung der Lehre von der Taufe.** a) Unsere Taufe soll uns zu inniger Dankbarkeit gegen

Gott erwecken, der so liebend uns zuvorkam, so väterlich für uns sorgte, ehe wir ihn kannten, ehe wir's ahnten. b) Der Rückblick auf unsere Taufe kann aber auch sehr wehmüthige Empfindungen in uns erwecken. Damals wußten wir nicht, was wir hatten. Damals waren wir frei von aller Thatsünde, die Erbsünde selbst schlummerte, wir waren Kinder Gottes, ohne es zu ahnen: und nun, in dem dreißig=, vierzig=, fünfzig=, sechszigjährigen Menschen, wie ist's anders geworden! Unsere Lebensgeschichte seit unserer Taufe ist eine für die Meisten betrübte Geschichte. — Einen, der ganz derselbe geblieben wäre von seiner Taufstunde an, wird es wahrscheinlich niemals gegeben haben. Wenige, die von schweren Sünden freigeblieben sind; Viele, die schwere Schuld auf sich geladen! Ach wie viele Missethaten liegen auf unserem Gewissen, wie klagt der innere Richter an! wie haben wir unsere Seelen verunreinigt, wie haben wir uns an Gott versündigt! Vergehen möchten wir vor Gram und Betrübniß über uns selbst. Wir haben den Bund gebrochen! — c) Ist keine Hülfe da? Es ist Eine, es giebt Einen Trost. Du hast den Bund gebrochen, Gott hat ihn nicht gebrochen (Jes. 54, 10; 55, 3. Luther in d. Pred. v. d. Taufe, Werke X., 2585: „Also auch mit der Taufe, durch welche, wenn wir sie einmal empfahen, sind wir gefaßt und genommen in die Zahl derer, die da sollen selig werden, und Gott mit uns einen ewigen Bund der Gnaden machet. — Die Taufe bleibet immerdar, und kannst so weit und tief nicht davon gefallen sein, daß du nicht könnest und solltest dich wieder daran halten.") Du hast die Gnade verscherzt: Gott will sie dir wieder geben. Komm, kehre zurück zum Vater und sprich zu ihm: Barmherziger Vater! setze mich wieder ein in meine verlornen Kindesrechte! Ich bitte was Großes, was ich zu bitten mich nicht unterwinden sollte; aber wie kann ich anders bitten! Entweder darf ich gar nicht bitten oder ich muß darum bitten; alles Andere, warum ich bitten könnte, hilft mir ja nicht, wenn ich nicht Kindesrechte hätte. — Bittest du so im Glauben an Gottes Vaterherz, das er dir im Sohne hat aufgethan, so bittest du nicht vergebens. Gott wird des Früheren nicht mehr gedenken, und dir einen neuen Geist geben, den Geist der Freudigkeit, daß du ihm wieder dienen, ihn lieben, ihm vertrauen kannst. Sein Geist wird Zeugniß geben deinem Geiste, daß du Gottes Kind bist. — Man soll zwar jedem Kinde bei seiner Taufe wünschen, daß es ungestört und unverkümmert im Besitze dessen bleibe, was es in der Taufe erhalten hat; aber, da dies kaum zu hoffen, da vielmehr zu fürchten ist, daß es in dem Treiben und dem Gewühle und unter den Versuchungen der Welt die köstliche Gabe wieder verlieren wird: so muß man ihm wünschen, daß es wenigstens durch den Leitstern des Glaubens an Gottes unwandelbare Gnade wiederfinde, was es verloren hat. — d) Halte desto fester die neue Gnade und lebe dem erneuerten Bunde gemäß: in täglicher Reue und Buße, in fortgehender Heiligung.

Anm. 5. Das Bedeutungsvolle des heiligen Abend=
mahls ist der gemeinschaftliche Genuß Jesu Christi; dieses Jesum
in succum et sanguinem vertere soll die Christen vereinigen. Jesus
soll Allen der geistige Lebensquell sein, er soll daher auch das Band
der christlichen Gesellschaft sein, als dem sie treu bleiben. Zur Feier
des Abendmahls sind alle Christen verpflichtet, weil Jeder Jesum
öffentlich ehren und bekennen, ihm seine Huldigung darbringen soll,
was eben im Abendmahl geschieht. Diese Pflicht ist um so dringen=
der, wenn in einem Zeitalter gar nicht zu besorgen ist, daß es etwa
werde aus Heuchelei geschehen. Die Verachtung des Abendmahls
ist Verachtung Jesu selbst und Geringschätzung der christlichen Gesell=
schaft, — obwohl der Genuß allein noch nicht entscheidendes Zeichen
der Christlichkeit ist. — Der Genuß des Abendmahls hat einen
mehrfachen Segen: a) für den Glauben: er dient zur Belebung
und Befestigung des Glaubens und der Gesinnung gegen Jesum.
Er soll nicht den Glauben an ihn begründen, zuerst anregen, son=
dern er soll ihn stärken, beseelen; das geschieht durch die lebhafte
Erinnerung an Jesum, seinen Tod, seine Verdienste. Das Abend=
mahl erweckt zu einer innigen Liebe gegen ihn, dessen Leiden und
Sterben für uns wir uns dabei vergegenwärtigen; es setzt uns also
in nähere, innige Gemeinschaft mit Jesu. Vgl. Luther's Sermon
von dem hochwürdigen Sacrament des heiligen wahren Leichnams
Jesu Christi, 1519 gehalten; Werke XIX., 522 — 550. b) Das
Abendmahl hat auch Einfluß auf unsere Liebe gegen unsere Mit=
christen. Dieselben werden uns weit theurer als Mitgenossen Christi,
wir sagen ihnen im Abendmahl neue Bruderliebe zu. Die Erfah=
rung beweist's, indem gewiß Alle eine geheime Mahnung fühlen,
die Mitchristen zu lieben, und vom Abendmahlstage an eine Schaam
über Ausbrüche der Lieblosigkeit oder Unversöhnlichkeit empfinden.
Damit verbunden ist eine nachdrückliche Erinnerung an unsere Bun=
despflicht, durch Heiligkeit den Bund zu ehren. Die Gemeinde soll
sich als ein heiliges Opfer Gott darbringen. c) Das Abendmahl
stärkt uns endlich in unserer Hoffnung, denn es wird uns darin die
Gnade Gottes und Vergebung der Sünde zugesichert, Beistand zur
Besserung geschenkt, und die Verheißung des ewigen Lebens, der
Vereinigung mit Christo im Reiche seiner Herrlichkeit versiegelt.
Matth. 26, 29. So wird das Abendmahl ein Quell der Freude
in dem neu befestigten Besitz der Gnade, — es erhebt uns über
die Erde, und giebt einen Vorschmack der himmlischen Seligkeit. —
Die Bedingung, an welche dieser Segen des Abendmahls gebun=
den ist, ist ein würdiger Genuß. Dazu gehört a) ein ernstes, brünsti=
ges Verlangen danach: es muß Bedürfniß sein, das Abendmahl zu
genießen. (Luc. 1, 53.) Das Bedürfniß aber wird geweckt, wenn
der Mensch seine geistliche Noth recht erkennt. b) Das Abendmahl
setzt Glauben an Christum voraus und an die lebendige Gemeinschaft,
in der wir mit ihm stehen. c) Es muß da sein Buße, Luc. 18, 13,

und d) der ernstliche Entschluß der erneuerten Hingabe an den Herrn, oder der Heiligung; vorzüglich muß eine Aussöhnung geschehen sein mit denen, mit denen vorher etwa Veruneinigung statt gefunden; denn mit grollendem Gemüthe könnten wir Gott nicht gefallen und hätten keine Vergebung zu erwarten. Matth. 5, 23. 24. (Vgl. Luther XIX., 529 § 15 und 536 § 31.)

Anm. 6. Die Abendmahlslehre der verschiedenen Confessionen. — I. Die katholische Lehre ist bekanntermaßen die, daß Brod und Wein im Augenblick der Consecration sich in Leib und Blut Christi verwandelt. Die Frage bei Seite gestellt, ob die Transsubstantiation blos unbegreiflich oder unvernünftig sei (die Denkbarkeit derselben ist nicht blos von katholischen, sondern auch von protestantischen Philosophen behauptet worden, z. B. von Leibnitz, s. s. System der Theologie, aus d. Hann. Manuscr. übersetzt, Mainz 1820. S. 233 — 241; und neuere katholische Theologen, wie z. B. Beda Mayr, Benedictiner in Blaubeurn, in s. Vertheidigung der Relig. IV., 399 ff., haben sie so subtil bestimmt oder modificirt, daß kaum noch der Grenzpunkt zwischen der katholischen und lutherischen Erklärung zu bemerken ist): so ist die katholische Lehre bei manchem Blendenden und Empfehlenden doch verwerflich. — An die reizende Seite des katholischen Systems denken wir viel zu wenig, aus Unvermögen oder Ungewohnheit, uns auf den katholischen Standpunkt zu stellen. Dem Katholiken ist die Feier der Messe das Höchste im ganzen Leben nur denkbare, weil er meint, er hat da seinen Herrn und Heiland leibhaftig vor sich; daher die Anbetung der äußeren Zeichen. Aber gerade in dem, was dem Katholiken das Feierlichste ist, liegt auch das Anstößige, daß nämlich das Geistige in das Fleischliche herabgezogen wird. Daß er einen Deus palpabilis und gustabilis haben will, das heißt die Religion verkörpern: wodurch das Geistige erdrückt werden muß; denn wo die Sinne so befriedigt und erfüllt werden, da hat der Geist wenig mehr zu thun, und der rohe Haufe wird nur in dumpfe Schauer versetzt werden. Christus soll jetzt nicht von uns geschaut werden, — soll nicht Sache äußeren Genusses werden, — wir leben noch im Glauben; bei der katholischen Lehre ist eine unwürdige Anticipation der Gemeinschaft mit Christo. Diese Lehre leistet aber auch dem Aberglauben, — der Bigotterie, — der Hierarchie Vorschub, (das ganze Ansehen der katholischen Geistlichen beruht auf der Messe) daher auch das Meßopfer arx Papismi genannt wird; — daher aber auch der Spott des Verstandes über diese Lehre. (Die Pariser Deisten nannten die Priester faiseurs du bon Dieu, und wandten auf sie an, was Cato bei Cicero de div. II., 24 sagt: mirabile videri, quod non rideat haruspex, cum haruspicem viderit.) Außerdem läßt sich die katholische Lehre aus der heiligen Schrift nicht streng erweisen; Paulus nimmt 1. Cor. 10, 11 offenbar an, daß wahres Brod und Wein genossen werden. Die Kirchen = und Dogmengeschichte endlich zeigt, daß die katholische Lehre erst später, nach und nach, aus mißverstandenen liturgischen Ausdrücken entstanden ist.

II. In der reformirten Kirche hat die Lehre vom Abendmahl sehr verschiedene Phasen gehabt. Zwingli dachte anfänglich mit Luther gleich, aber durch Carlstadt wurden Zweifel an der Richtigkeit der Luther'schen Auffassung in ihm erregt. Carlstadt bezog nämlich τοῦτο auf den Leib Christi, nahm es δειχτιχῶς und meinte, Christus habe bei diesen Worten auf seinen Leib mit Fingern gezeigt. Diese Erklärung ist ganz unhaltbar. Darum suchte denn auch Zwingli den Tropus in ἐστι, das er übersetzte: „das bedeutet." Oecolampadius fand den Tropus in σωμα: „dies ist das Zeichen meines Leibes." Zwingli sah in dem Abendmahl nur eine Gedächtnißfeier, bei der Christi Leiden und Tod sollte erwogen werden, und seine Hauptgründe sind (s. seine Schriften im Auszuge von Usteri, II., 70 f.) erstens die grammatische Befugniß, das ἐστι zu erklären durch „bedeutet", sodann die Stelle Joh. 6, 63 „das Fleisch ist kein nütze", endlich die allerdings nicht zu leugnende Verständlichkeit seiner Erklärung. Es ist aber nicht zu verkennen, daß das Abendmahl herabgesetzt wird, wenn die Feiernden dabei Alles zu thun haben, Christus gar nichts. — Calvin suchte sich über Zwingli's Lehre zu erheben. (Vgl. s. Institutio relig. christianae, IV., 17.) Er nimmt den Worten nach auch ein Empfangen des Leibes und Blutes Christi an, aber mittelst des Glaubens, in Kraft des heiligen Geistes, welcher das Herz gen Himmel erhebt, wo Christus sich ihm mittheilt. Calvin will nicht etwas Geringeres haben als die lutherische Kirche; in Wahrheit aber nimmt er doch nur einen geistigen Genuß Christi an, besonders seines Leidens und Sterbens. Er setzt (a. a. O. § 11) drei Hauptstücke im Abendmahl: significatio in promissionibus sita; — materia aut substantia, d. i. Christus cum sua morte et resurrectione; — virtus s. effectus, quae ex utraque consequitur, nämlich redemtio, justitia, sanctificatio, vita aeterna. — Hagenbach (Lehrb. der Dogmengesch. II., 2. S. 146 f. und 156 ff.) erkennt an, daß Calvin's und Zwingli's Lehre völlig gleiche Grundbestandtheile habe, nämlich die tropische oder figürliche Auslegung der Einsetzungsworte im Abendmahl, die räumliche Beschränkung des Leibes Christi auf den Himmel und die Ausschließung der oralis manducatio (womit wieder zusammenhängt die Leugnung eines Genusses von Seiten der Ungläubigen).

Gegen die reformirte Lehre vom Abendmahl läßt sich einwenden: a) Es verräth sich in der reformirten Kirche eine große Unsicherheit und Schwanken in der Auslegung, selbst bei Calvin. Zwingli schwankte auch; er soll einmal gesagt haben, ein Nachtgeist habe ihm seine Lehre gegeben. (s. Gerhard, Loci theol. ed. Cotta, X., 138 u. Planck, Gesch. des protestant. Lehrbegriffs, II., 260. Vgl. auch das Geständniß Zwingli's, bei Usteri, II., 139, 142.)

Oecolampadius war gleichfalls nicht fest. Er betete auf dem Colloquium zu Marburg, Gott möchte seiner Lehre wehren, wenn sie nicht die rechte und von ihm gebilligt wäre. (s. Daniel Greser's Leben, 1587, Bog. D, Seite 2.) — b) Die Erhebung der Seele in den Himmel, welche Calvin lehrt, ist entweder etwas ganz Phantastisches, wovon nichts in der Schrift steht, oder sie geschieht nur in Gedanken, im Glauben, und dann ist sie nichts anderes als die himmlische Richtung, die bei dem Christen stetig sein soll. Col. 3, 1—3. — c) Der Genuß, den Calvin im Abendmahl annimmt, geschieht eigentlich immerfort; denn der Gläubige kann nach ihm nichts specifisch Verschiedenes von dem empfangen, was sein Glaube auch außerhalb des Sacraments sich aneignet, z. B. bei jeder Betrachtung des Wortes Christi. Und wenn dann das Abendmahl im Grunde nichts Besonderes bietet, dann, sagt Spener in „Lauterkeit des evangelischen Christenthums", I., 614, mit Recht, ist es in gewissem Maße ohne Nutzen oder entbehrlich. Es könnte höchstens von einem graduellen, nicht von einem wesentlichen Unterschiede zwischen dem im Abendmahle statt findenden und dem zu aller Zeit möglichen Genusse Christi die Rede sein. — Nach calvinischer Lehre würde übrigens auch die Kelchentziehung nicht gerade etwas Wesentliches sein, weil die äußeren Zeichen blos Symbole sind. — d) Die Behauptung, daß die Ungläubigen den Leib und das Blut Christi nicht empfangen, ist wider 1. Cor. 10 u. 11. (Vgl. über den Genuß der Unwürdigen Rodaß, in Rudelbach's Zeitschrift 1845, I., 1—28.) — e) Die Leugnung der Gegenwart des Leibes und Blutes Christi im Abendmahl oder der relativen Ubiquität seiner menschlichen Natur hat consequent zur Folge die Aufhebung der unio naturarum in Christo. Daher auch die Calvinisten beschuldigt worden sind, nicht die lautere Lehre über die Person Christi zu haben.

III. Die evangelisch-lutherische Lehre ist die, daß uns im Abendmahl der Leib und das Blut Christi zum Genuß dargereicht werden, jedoch nicht auf natürliche, sinnliche, fleischliche Weise, sondern auf übernatürliche, unsichtbare und allerdings unbegreifliche Weise. Diese Mittheilung geschieht in, mit, unter den äußeren Zeichen, dem Brode und Weine, keineswegs so, als ob der Leib und das Blut Christi in Brod und Wein eingeschlossen und verborgen wäre (dieser Irrthum der impanatio ist verworfen worden), auch nicht, als ob beides mit einander sich vereinigt hätte und zu einer Substanz verschmolzen wäre (Irrthum der consubstantiatio); sondern insofern der Genuß der äußeren Zeichen die Bedingung ist, an welche der Empfang der unsichtbaren himmlischen Gabe geknüpft ist. Christus könnte uns seines Leibes und Blutes theilhaftig machen ohne äußere Zeichen, aber wir wüßten es nicht, ob und wann er es thut, und könnten uns dessen nicht versichert halten. Darum hat er die äußeren Zeichen eingesetzt, daß wir also glauben dürfen:

so gewiß wir das Brod und den Wein empfangen, so gewiß empfangen wir den unsichtbaren Leib und das Blut Christi. Einen capernaitischen Genuß, d. h. einen solchen, bei dem der Leib Christi wie eine andere Speise genossen, mit den Zähnen zermalmt würde, hat unsere Kirche nie angenommen.

Beweise für die lutherische Abendmahlslehre. Eine Hauptschrift bleibt J. A. Ernesti: Brevis repetitio et adsertio sententiae Lutheranae de praesentia corporis et sanguinis J. C. in coena sacra, in s. Opusc. theolog. S. 135—186, welche veranlaßt wurde durch anonyme Briefe Sächsischer Geistlichen. Von Luther's Schriften ist zu vergleichen: Wider die himmlischen Propheten, 1524, Werke XX., 186—377; Sermon vom Sacrament des Leibes Jesu Christi, 1526, ebendaselbst S. 915—950; Daß diese Worte: das ist mein Leib, noch feststehen, 1527, ebendaselbst S. 950—1115; und Bekenntniß vom Abendmahl, 1528, ebendaselbst S. 1118—1386. — A. Es sind zuerst Stellen des Neuen Testaments, welche als beweisend für die lutherische Lehre anzusehen sind. Matth. 26, 26—28: Einsetzung des Abendmahls. Ernesti a. a. O. legt Nachdruck auf das γάρ, B. 28, und leitet daraus ab, der Herr wolle zu seinen Jüngern sagen, es solle Niemand sich weigern es zu nehmen, zu genießen, etwa aus dem Grunde, daß er schon gesättigt sei, denn u. s. w. Hätte Christus weiter nichts, als eine Feier seines Andenkens gewollt, so brauchte doch nicht Jeder zu essen, dies konnte ohne Genuß geschehen. Doch dieser Beweis ist schwach. Bei einem Genuß, der auf alle Fälle feierlich war, und bei dem es gar nicht auf die Menge ankam, durfte Niemand sich weigern, Theil zu nehmen, weil das Verachtung gezeigt hätte. — Richtiger ist Folgendes: Ein Tropus ist hier nicht anzunehmen, weil Christus etwas zum wirklichen Genuß hinreicht, und hier gilt die Regel: Wenn man Jemandem etwas nicht zum Ansehen, sondern zum Nehmen und Genießen darreicht und dabei sagt: „es ist das und das", so wird der Andere voraussetzen, daß er wirklich das empfängt, was genannt wird. — Dem Matthäus stimmt Marcus bei. — Luc. 22, 19. 20. Ernesti argumentirt hier: wenn das Abendmahl blos Gedächtnißritus sein sollte durch die Worte: „das ist mein Leib", dann würden die letzten Worte in B. 19 tautologisch, denn der Gedanke, es zum Gedächtniß zu genießen, läge dann schon in den ersten Worten. Indeß ist dieser Grund nicht entscheidend, denn Jesus konnte beim Herumreichen öfters mit den Worten abwechseln. Luther erklärt B. 20: Dieser Kelch oder sein Genuß ist die Stiftung eines neuen, des Gnadenbundes, und zwar in meinem Blut, d. h. weil ihr mein Blut damit empfanget, weil es euch dabei gegeben wird. Die Worte „in meinem Blut" sind nicht mit „Testament" zu verbinden, sonst müßte der Artikel vor ἐν τῷ αἵματί μου stehen; sie müssen auf ποτήριον bezogen werden. Vgl. Luther, a. a. O. S. 370, 1321, 1329. —

1. Cor. 10, 16. Es scheint in den Anfangsworten eine Tauto=
logie zu liegen, aber ihr Sinn ist dieser: der segensreiche, uns heil=
bringende Kelch, über welchen wir das Dankgebet sprechen 2c.; so
verschwindet die Tautologie. Hier lehrt Paulus deutlich, daß wir
durch den Genuß von Brod und Wein im Abendmahl in die Ge=
meinschaft von Leib und Blut Christi kommen, d. h. derselben theil=
haftig werden, in ihren Genuß treten. Auf einen lediglich geist=
lichen Genuß Christi können diese Worte nicht gehen, weil Paulus
diesen Genuß auch den Unwürdigen zuschreibt, die doch eben Chri=
stum geistlich gar nicht genießen. Zwingli verstand hier unter
Leib Christi die Gemeine, mit der wir durch das Abendmahl in
Gemeinschaft treten. Aber er kam damit in großes Gedränge (s.
Planck, a. a. O. II., 271, not. 120), denn wenn es auch passen
möchte, unter dem Leibe Christi die Gemeine zu verstehen, was wird
mit dem Blute Christi? — Die Hauptstelle ist 1. Cor. 11,
27. 29. Wenn Paulus hier sagt, daß der unwürdige Communi=
cant sich an dem Leibe und Blute des Herrn versündige, dasselbe
entweihe (violati et profanati corporis Christi reus est. Ernesti,
S. 151), so setzt das die Gegenwart und den wirklichen Genuß
des Leibes und Blutes Christi voraus. Es wäre hart und ge=
zwungen, wenn man nur eine Entweihung der Zeichen des Leibes
und Blutes verstehen wollte. Sache und Bild sind verschieden,
mit Entweihung des Bildes ist noch nicht nothwendig die Sache
entweiht. Am schlagendsten sind jedoch, wie auch Ernesti behaup=
tet, die Worte in V. 29: μὴ διακρίνων κ. τ. λ. Das „Nicht=
unterscheiden" bezeichnet nicht etwa nur ein Urtheil des Verstandes,
sondern die thatsächliche Herabwürdigung in der Handlung des Essens:
es bedeutet alle Speise auf gleiche Weise genießen, heilige und un=
heilige, erlaubte und unerlaubte. Mithin muß der, der unwürdig
communicirt, Leib und Blut Christi als eine gemeine Speise nehmen;
wenn er dasselbe gar nicht empfinge, so könnte er es weder als eine
gemeine, noch als heilige Speise nehmen, weil er es eben gar nicht
empfängt. — B. Zu den exegetischen Gründen kommen nun noch
historische Gründe und zwar von großem Gewicht. Wenn unsere
Lehre eine ganz neue wäre und keine Spur davon vorkäme in der
alten Kirche, so würde das sehr gegen sie sprechen; allein gerade
unsere Lehre ist die älteste, erste in der Urkirche nach der Zeit der
Apostel. Die alte Kirche weiß nichts von einem blos symbolischen
Genuß; nirgends findet sich eine symbolische Auffassung der Ele=
mente. (Siehe Engelhardt, die Lehre vom Abendmahl in den
3 ersten Jahrhunderten, in Jülgen's Zeitschrift für histor. Theol.
1842, 1. S. 1—20.) Das Abendmahl gilt allgemein als ein
heiliges Geheimniß, ja als das höchste Mysterium des christlichen
Cultus, weil in demselben eine geheimnißvolle Verbindung Christi
mit uns durch den Genuß seines Leibes und Blutes statt findet.
Dafür haben wir die besten Zeugnisse. Ignatius nennt in sei=

nen Briefen das Abendmahl eine heilsame Arzenei, ein Gegengift gegen den Tod, um immerdar in Christo zu leben. Er warnt vor Doketen, welche sich des Abendmahls enthalten, weil sie nicht bekennen, daß dasselbe der Leib Christi sei (ad Ephes. cp. 20, ad Smyrn. cp. 7). Justin der Märtyrer sagt (Apolog. II. pg. 98 ed. Colon.) vom Abendmahl: Wir empfangen hier nicht gemeines Brod oder gemeinen Trank; sondern wir sind gelehrt (es war also Lehre der Kirche), daß die durch das Gebet geweihte Speise das Fleisch und Blut des Mensch gewordenen Jesus ist. Irenäus (adv. Haer. IV., 34, pg. 327 ed. Grab.) sagt: Das Abendmahl besteht aus zwei Bestandtheilen, einem irdischen und einem himmlischen; diese Erklärung stimmt ganz mit der unsrigen überein und streitet besonders gegen die Römisch=katholische Lehre. Er leitet daraus auch die künftige Auferweckung des Leibes her, weil durch den Leib Christi der Keim der Unsterblichkeit in unseren Leib gelegt sei. Von späteren Zeugen ist zu nennen: Cyrillus Hierosolymitanus, der Catech. 4 sagt: Unter dem Zeichen des Brodes wird dir der Leib, unter dem des Weines das Blut Christi gegeben. Chrysostomus sagt in dem Brief an Cäsarius (ed. Montf. III., 737 ff.): Das geweihte Brod heißt nicht mehr Brod, sondern Leib des Herrn, obgleich die Natur des Brodes in ihm zurückgeblieben ist. Der Griechische Hieronymus sagt (in Fabricius Biblioth. graeca, VIII, 381): Aus den Empfindungen, die wir beim Abendmahl haben, merken wir, daß wir nicht bloßes Brod und Wein empfangen, sondern wahrhaft den Leib und das Blut Christi. Tertullian wird von Neander im Antignosticus S. 517—525 und von Baur in der Tübinger Zeitschrift 1839, II., 56—144 die reformirte Ansicht zugeschrieben; Rudelbach jedoch stellt in: Reformation, Lutherthum ꝛc., Excurs S. 654—664, auch Gründe für eine lutherische Deutung seiner Abendmahlslehre auf. Der Ausdruck figura soll bei ihm keineswegs reines Symbol, sondern exhibitives Symbol bedeuten. — Zu erwähnen ist auch die arge Verleumdung der Heiden, daß die Christen Thyesteische Mahlzeiten hielten oder Menschenfleisch genössen. (Athenagoras, Legat. pro Christianis. pg. 4 u. 38 ed. Col.) Das weist darauf hin, daß die Heiden etwas gehört haben mußten über den Abendmahlsgenuß der Christen, was sie mißverstanden oder absichtlich falsch deuteten. — Wenn wir endlich bedenken, wie die Christen alter Zeit glaubten, daß durch den Genuß des Abendmahls der Keim der Unsterblichkeit in unsern Leib gelegt werde, und daß die älteren Kirchenväter alle das Abendmahl ein heiliges, schauervolles Mysterium nennen: wie hätten sie dies thun können, wenn sie dasselbe für ein bloßes Gedächtnißmahl angesehen hätten? — Es bleibt nach alle dem also ein Vorzug der lutherischen Abendmahlslehre, daß sie übereinstimmt mit der Lehre der alten christlichen Kirche. Luther selbst legte auf das Zeugniß der alten Kirche den größten

Werth; er schreibt an Herzog Albrecht von Preußen im April 1532 (bei Walch, XX., 2096 f., bei be Wette, IV., 354): „Wenn's ein neu Artikul wäre (nämlich vom heiligen Abendmahl) und nicht von Anfang der heiligen christlichen Kirche an, oder wäre nicht bei allen Kirchen noch bei der ganzen Christenheit in aller Welt so einträchtiglich gehalten: wäre es nicht so fährlich, noch schrecklich, davon zu zweifeln oder disputiren, ob es recht sei? Nun er aber von Anfang her und soweit die ganze Christenheit ist, einträchtig gehalten ist: wer nun daran zweifelt, der thut ebenso-viel, als gläubte er keiner christlichen Kirche, und verdammt damit nicht allein die ganze heilige christliche Kirche als eine verdammte Ketzerei, sondern auch Christum selbst mit allen Aposteln und Pro-pheten, die diesen Artikel, da wir sprechen: ich gläube eine heilige christliche Kirche, gegründet haben." Seite 355 (d. W.): „Ich wollte lieber nicht allein alle Rottengeister, sondern aller Kaiser, Könige und Fürsten Weisheit und Recht wider mich lassen zeugen, denn ein Jota oder einen Tüttel der ganzen heiligen christlichen Kirche wider mich hören oder sehen. Denn es ist ja nicht so zu scherzen mit Artikeln des Glaubens, von Anfange her und soweit die Christenheit ist, einträchtiglich gehalten; wie man scherzen mag mit päpstlichem oder kaiserlichem Recht, oder anderer menschlichen Tradition der Väter oder Concilien."

Einwendungen gegen die lutherische Abendmahls-lehre. A. Exegetische. Man sagt: a) Die Apostel konnten bei der Einsetzung des Abendmahls die Worte des Herrn unmöglich eigentlich verstehen, daß sie eben da seinen Leib und Blut empfan-gen sollten, da Christus vor ihnen saß und mit seinem Körper keine Veränderung vorging. Sie mußten die Worte tropisch nehmen. — Aber: möchten auch die Apostel Jesum damals noch nicht gleich ver-standen haben, was gar nicht zu verwundern wäre, weil sie damals noch nicht die höchsten Begriffe von seiner Person hatten: so konnte ihnen doch nachher das Licht darüber aufgehen. Der Einwand hat aber auch nur dann Statt, wenn man einen grobfleischlichen Genuß annähme; an den denken wir ja nicht. — Jesu Worte bei der Ein-setzung beziehen sich auch nicht sowohl auf die damalige Handlung, sondern auf die Zukunft; sie beschreiben die Art, wie künftig die Apostel und Christen das Abendmahl feiern und welche himmlische Gnade sie dabei empfangen sollten. Das geht hervor aus den Wor-ten „Solches thut zu 2c." Damals gab es keine Erinnerung an Jesum, denn praesentis non est recordatio, sed absentis. Die Worte „Das ist mein Leib" wollen heißen: dies ist oder sei euch künftig mein Leib. Damals genossen die Apostel Jesum nicht wie wir, denn sie sahen, hörten ihn, er theilte sich ihnen auf sinnlichem Wege mit; aber ebenso wie Jesus damals zugegen war mit seinem Leibe: so will er auch noch zugegen sein bei jeder Abendmahlsfeier und Brod und Wein sind die Unterpfänder seiner Gegenwart. —

b) Man verweist auf Joh. 6 , 63. „Das Fleisch ist kein nütze."
Doch unter Fleisch ist ja hier keineswegs der Leib Christi, sondern
der fleischliche, natürliche Sinn des Menschen gemeint. — c) Man
verweist auf 1. Cor. 10 , 18. „Gemeinschaft des Altars." Das
heiße doch nicht „Genuß des Altars", also schließe der Ausbruck
„Gemeinschaft des Leibes 2c." auch nicht den Gedanken des Genusses
ein. Aber Paulus vergleicht hier das Abendmahl ganz allgemein
mit ben jüdischen und heidnischen Opfermahlzeiten: wie dieselben ein
Mittel waren, um in eine gewisse Gemeinschaft mit der Gottheit zu
treten, so auch ist das Abendmahl Mittel der Vereinigung mit Christo.
Die Art und Weise der Verbindung wird nicht verglichen, und man
darf eben die Vergleichung nicht über das tertium comparationis
ausdehnen. — B. Philosophische Einwürfe. a) Es soll un=
möglich, unbenkbar sein, wie Leib und Blut Christi an so vielen
Orten gegenwärtig sein könne. Allgegenwart widerspreche dem Be=
griffe des Leibes. (So Locke in f. Versuch üb. b. Verstand. IV.,
20. § 10. Ihm antwortete Leibniß, oeuvres philos. v. Raspe p.
481.) Darauf ist zu erwiedern: der Einwurf würde gelten, wenn
wir die räumliche Gegenwart eines irdischen Leibes behaupteten, und
einen sinnlichen Genuß. (Das wollte aber selbst Luther nicht, f.
f. Erklärung von 1538 — bei Planck a. a. O. III., 1, 399. Vgl.
Luth. Werke IX., 1037; XX., 1011. § 119. 2200; XVII., 2597.)
Da wir aber die unsichtbare Gegenwart des himmlischen Leibes und
Blutes Christi statuiren, auch nur eine relative, nicht eine absolute
Ubiquität: so fallen alle jene Zweifel weg. Was von irdischen Kör=
pern gilt, dürfen wir doch nicht übertragen auf himmlische; was von
biesen gilt, wissen wir nicht, haben darum aber auch keinen Grund
zu leugnen, daß z. B. die Gegenwart auf der Erde für sie noch
etwas sehr Geringes ist. Bescheint doch die Sonne schon die halbe
Erde. — b) Es soll weiter der Person Christi unwürdig sein, sich
so zum Genuß hinzugeben. Wir antworten: dann wäre es wohl
auch unwürdig, daß er überhaupt die menschliche Natur angenom=
men und in unser Fleisch gekommen?

Es ist oft (z. B. von Leibniß, Oeuvres philos. par Raspe.
Amst. et Leipzig 1765. p. 482) behauptet worden, daß Calvin
mit Luther bei der Abendmahlslehre im Wesentlichen übereinstimme.
Diese Behauptung ist jedoch ganz unhaltbar. (Vgl. ihre Widerlegung
von Ernesti, Theolog. Biblioth. V., 235 u. VI., 703, und von
Harleß, Zeitschr. f. Protestantism. u. Kirche. Neue Folge VII., 6
oder 1844. S. 361 — 392.) Man muß dagegen einwerfen: a) Wenn
Calvin wirklich Luther's Erklärung hatte, warum bekannte er es
denn nicht offen und frei? Warum haben seine Anhänger nicht das=
selbe gethan? Daß er Luther nicht beistimme, sagt er in f. Schrift
gegen Westphal (vgl. Planck a. a. O. V., 2. S. 62 f.), und
warum hätte denn Calvin den Melanchthon so wiederholt und
oft zubringlich, ja beleidigend, angelegen, sich gegen Luther zu er=

klären, wenn er sich mit Luther eins gewußt? b) Calvin leugnet
ja die Gegenwart des Leibes Christi im Abendmahl, da er diesen
Leib, nach den Gesetzen der Körperwelt, an einem Ort im Himmel
eingeschlossen dachte. Apg. 3, 21. Beza behauptete auf dem Collo=
quium von Poissy, daß der Leib Christi beim Abendmahl so weit
von uns entfernt wäre, als der Himmel von der Erde. c) Warum
leugnet Calvin so bestimmt, daß der Genuß des Leibes und Blutes
mit dem Munde geschehe, und behauptet, daß er nur mit dem Glau=
ben geschehe (fide accipi), als weil dieses Genießen ihm nur ein
Genießen der Kraft des Leibens und Sterbens Jesu Christi ist?
d) Warum leugnet er, daß auch die Unwürdigen den Leib Christi
empfangen, als weil diese wegen ihres Unglaubens nicht können der
Frucht des Todes Christi theilhaftig werden, deren Aneignung im
Glauben Calvin eben als der Abendmahlsgenuß gilt? — Wenn
Luther und Calvin nicht übereinstimmen in dieser Lehre, so hat
dagegen Calvin's und Zwingli's Lehre völlig gleiche Bestand=
theile (wie schon vorher bemerkt ist S. 356. — Vgl. Calvin,
Institutt. IV., 17, § 20, 21.).

Man wird nun gewiß urtheilen: Wenn irgend einmal eine
Vereinigung der christlichen Hauptkirchen zu erwarten sein sollte, so
würde die Vereinigung nicht auf einem der extremsten Punkte ge=
schehen, sondern viel natürlicher in der Mitte: diese liegt aber, be=
haupten wir, weder in der reformirten, noch in der römisch=katho=
lischen Lehre, sondern in der lutherischen Lehre. Diese hält die
rechte Mitte: sie muthet nichts Anstößiges zu glauben zu, denn sie
lehrt keine grobe Verkörperung des Himmlischen, die sichtbaren Ele=
mente gelten ihr nur als nöthige Versicherungszeichen von dem Da=
sein der Himmlischen; aber sie beraubt auch das Herz nicht des
Trostes, den der Katholik hat, daß man nämlich im Abendmahl
etwas Ueberirdisches, Himmlisches empfängt.

Bei Erwägung der Streitigkeiten, welche um die Lehre vom
Abendmahl geführt worden sind, haben wir uns zu hüten, daß wir
uns nicht von einem murrenden Gedanken gegen Christum beschleichen
lassen, nämlich von der Frage: warum haben sich Christus und die
Apostel nicht so ausgedrückt, daß aller Streit schlechthin abgeschnit=
ten wäre? Das wäre eine Anfechtung, wenn diese Frage in uns
sich regte, da sie eine große Anmaßung in sich schließt. Was Chri=
stus uns gegeben hat, muß uns ein für allemal genügen; es gebührt
sich auch nicht, bei dieser Lehre das Höchste in das Speculiren zu
setzen und zuerst auf das Verstehen und Begreifen zu bringen; das
Höchste ist im Glauben und Empfangen. (Vgl. wie sich A. H. Franke
in der Epistelpredigt zum Gründonnerstag darüber ausspricht.) Das
einfältige Herz endlich, dem es nicht vor Allem um das Grübeln
und Speculiren zu thun ist, wird zu seiner Beruhigung so viel von
den Worten Christi verstehen, als ihm nöthig ist, um das Abend=
mahl zum Segen zu genießen.

Anm. 7. **Praktische Wichtigkeit der lutherischen Lehre vom Abendmahl.** Vorweg ist hier zu bemerken: a) Die evangelisch=lutherische Kirche gesteht gern anderen Kirchen das Recht der freien Deutung zu, will aber auch für sich dasselbe Recht in Anspruch nehmen, nach ihrer Ueberzeugung die Worte Christi deuten zu dürfen. Wir setzen uns hier in die Defensive, nicht in die Offensive. So kommt uns auch das Recht zu, diesen Glauben zu bekennen und zum Bekenntniß die expressivste Formel zu gebrauchen. Die Zumuthung, hier zu ändern oder die Differenz in dieser Lehre für unerheblich zu erklären, ist indiscret, sie verletzt die Gewissen. Keiner darf das, was ihm heilige Gewissenssache ist, aufgeben aus falscher Liebe; die Liebe darf den Glauben und das Gewissen nicht antasten. b) Luther hat doch wohl die Präsumtion für sich, daß er nicht aus Streitsucht oder Eifersucht an seiner Lehre festhielt (nicht er hat ja auch den Streit angefangen, sondern Zwingli. Vgl. f. Werke XX., 962 und Walch's histor. Einleit. XX., 14 — 16), sondern daß es ihm heilige Gewissenssache war; und daß er auch Einsicht genug hatte, nicht um nichtiger Schulspitzfindigkeiten willen zu streiten, sondern daß er wußte, was auf das wahre Christenthum Einfluß hatte. — Luther hat auch nicht retractirt, er ist sich in seinem Glauben gleich geblieben. Denn die Erzählungen, die Eine, daß er bei dem Lesen der Schrift Calvin's de coena sacra, die er bei Hans Luft gefunden, geäußert: „Wäre diese Schrift früher dagewesen, hätte viel Streit vermieden werden können", — die der erst 1547 — 1602 lebende Hospinian in f. Historia sacramentaria. 1602. fol. 178 giebt, — die Andere, daß er bei seinem Abschiede von Melanchthon, vor der Reise nach Eisleben, seine frühere Heftigkeit bereute und bekannte, „er habe in der Sache vom Sacrament zu viel gethan", — sind ganz apokryphisch, und es ist zu verwundern, daß letztere noch von Henry im Leben Calvin's II., 502 wiederholt worden ist, nachdem Hutter im Calvinista Aulico - Polit. Wittb. 1614. p. 125 — 139, Seckendorf, Histor. Luth. fol. 693, Salig, Historie der Augsb. Confess. I., 557 — 60 und Planck Gesch. IV., 26 — 28 Anm. ihre Unglaubwürdigkeit nachgewiesen haben. Melanchthon sagt in seinen Briefen kein Wort davon, und er hätte es so gut brauchen können. Luther hat auch noch 1545 in seiner letzten Predigt in Wittenberg und dann in Eisleben seinen Glauben fest bekannt. (Ueber die Unsicherheit der ersteren Erzählung f. Löscher Historia motuum II., 11 und Planck a. a. O. V., 2. S. 13. Anm.)

Ueber die praktische Wichtigkeit unserer Abendmahlslehre vgl. Martin Chemnitz Fundamenta sacrae coenae. cp. 11. p. 61 — 65 ed. 1690 und Gerhard Loci theol. ed. Cotta. X., 188 f. u. 363 — 380. — Sie läßt sich in folgenden Punkten zusammenfassen: a) Bei dieser Lehre hat das Abendmahl eine weit höhere Würde und Heiligkeit und muß das Gefühl der tiefsten Ehrfurcht einflößen. Der Gedanke, daß Christus wahrhaft nahe ist und sich selbst mittheilt, muß den Christen mit einem heiligen Schauer erfüllen und die Feier zum heiligsten Mysterium, zum Höchsten im ganzen Cultus machen. (Man kann annehmen, daß der Unglaube in dieser Beziehung die Ursache zum Verfall des Abendmahls wurde.) Auch der administrirende Geistliche muß das Gefühl der größeren Wichtigkeit und Heiligkeit dessen, was er verwaltet, haben. „Mit der Heiligkeit des Gegenstandes wächst aber auch die Sünde dessen, der dagegen frevelt." Theremin. (Adalbert's Bekenntnisse. S. 168. Th. erkennt die lutherische Lehre an.) Der unwürdige Communicant berührt gleichsam das Heiligste mit unreinen Lippen, er giebt Christo einen Judaskuß. — b) Das Abendmahl giebt darum aber auch bei unserer Lehre die kräftigste Reizung zur Heiligung. Wer kann mit Christo in diese nahe Gemeinschaft treten, ohne ernstlich daran zu denken, daß er das heilig thun muß? Durchforsche dein ganzes Inneres und dulde nicht die mindeste unreine fleischliche Regung. Dem Heiligsten nahe dich heilig. — c) Das Abendmahl giebt uns ferner hier die stärksten Tröstungen und Zusicherungen. Christus läßt sich herab zu uns und theilt sich selbst uns mit als wahre Speise des Lebens, von ihm, dem Urquell des Lebens fließen Lebensströme in uns aus. Was kann aber mehr das ganze innere geistliche Leben stärken, als diese reelle substantielle Mittheilung? Sonst ist das Abendmahl nicht mehr, als jede Andacht. Der Christ handelt zwar immer im Vertrauen auf die Nähe und den stärkenden Einfluß Christi, allein die Vorstellung eines bestimmten Ortes und einer bestimmten Zeit, zu welcher und an welchem der Herr der Gemeinde seine Gegenwart durch ein in die Sinne fallendes Unterpfand derselben anschaulich macht, muß das Vertrauen des Christen auf diese Gegenwart und den wirksamen Beistand Christi in hohem Grade beleben, und ihn in innigere Gemeinschaft mit ihm bringen, dem Christen ist die innigste Vereinigung mit Christo sein heiligstes Bedürfniß: das sieht er befriedigt im heiligen Abendmahl; da schmeckt er die Liebe Christi, wie die Liebe eines Bräutigams zur Braut. Welche Liebe erweist ihm hier Christus! Denn was ist mehr, Jemandem aus weiter Ferne einen Blick zuwerfen, oder ihm einen Kuß auf die Lippen drücken? — d) Das Abendmahl giebt uns endlich nun auch die lebendigste Hoffnung für die Zukunft, es ist ein Unterpfand unserer künftigen vollendeten Vereinigung mit Christo. Wie wir hier im Glauben uns ihm nahe fühlen, so werden wir's dort im Schauen sein. „Wie Christus die Mitglieder der obern Gemeine seiner selbst ohne Hülle und Schleier theilhaftig macht, so werden die Mitglieder der irdischen Gemeine seiner unter dem Zeichen des Nachtmahls theilhaftig. Die Ersteren glauben nicht mehr, sie schauen. Bei den Anderen geschieht die Ertheilung dieser höchsten Wohlthat nur unter der Bedingung des Glaubens. So wird also der Herr selbst, der sich unverhüllt und verhüllt den Seinigen im Himmel und auf Er-

ben hingiebt, der Berührungspunkt zwischen diesen beiden Gemeinen."
Theremin a. a. O. S. 191. Von der Vereinigung mit Christo
hängt für den Christen die Seligkeit ab, so auch von dem Grade
der Nähe Jesu Christi der Grad der Seligkeit. Je enger man sich
hier schon Jesu verbunden weiß, desto mehr steigt auch die Hoffnung
der dereinstigen näheren Gemeinschaft mit ihm. So wird das Abendmahl ein Vorschmack des himmlischen Hochzeitmahles, und eine Bürgschaft der Verklärung unsers Leibes.

Zum Schluß ist nun noch zu bemerken: a) Die Abendmahlslehre hängt genau zusammen mit dem Glauben an die Gottheit
Christi, denn nur der Gottmensch kann uns geben, was wir im Abendmahl zu empfangen glauben. Wem aber etwa der Glaube an diese
Selbstmittheilung Christi ungereimt vorkommt, oder wem er zuwider
ist, der frage sich, ob er denn an Gott glauben könne, ohne eine
reelle Einwirkung Gottes auf uns anzunehmen. Leugnet er diese,
so geräth er auf atheistische Principien. Glaubt er aber jene, so
hat er auch keinen Grund, die Vereinigung Christi mit den Gläubigen zu leugnen, welche nur eine besondere Modification des Glaubens an unsere Gemeinschaft mit Gott ist. — b) Eine gewisse Sympathie für unsere Abendmahlslehre dürfen wir voraussetzen bei Allen,
die eine Sehnsucht nach der persönlichen Nähe Christi oder Liebe zu
dem persönlichen Christus haben. Vielen freilich gilt diese Empfindung als Schwärmerei und wird verschrieen. Solche Seelen mögen
immerhin weit weg von Jesu bleiben! Es sollen aber die Herzen,
die Jesum innig lieben, sich dadurch nicht stören oder in ihrem Glauben verzagt und zweifelhaft machen lassen. Der Glaube an Jesum
ist ein zartes Ding, wie Jesus selbst der zarteste aller Menschen
gewesen ist.

Kapitel VI.

Von dem künftigen Leben.

§ 55.

Ueber Tod, Unsterblichkeit und Auferstehung.

Das allgemeine Interesse, welches der Gedanke des künftigen Zustandes nach dem Tode erregt, verschafft den wichtigen Belehrungen hierüber leichter Eingang, wie nämlich der Tod dem Christen von einer ernsten und doch heitern Seite erscheint, ferner über den richtigen Begriff und die Gewißheit der Unsterblichkeit der Seele, über die Wichtigkeit dieses Glaubens und über die vorzüglichen Verdienste des Christenthums um denselben, über die Weisheit Gottes in Bestimmung der Grenzen, in welche unsere Erkenntniß hiervon eingeschlossen ist, endlich auch über die Fruchtbarkeit der christlichen Auferstehungslehre.

Anm. 1. Die Lehre von den künftigen Dingen hat für jeden Menschen etwas Anziehendes. Die Religionsgeschichte aller Völker beweist dieses allgemeine Interesse. Es giebt keine Religion ohne den Glauben an eine Fortdauer nach dem Tode, und es kann ohne denselben keine Religion geben; sie wäre ein Unding, weil es ohne Unsterblichkeit keinen Zusammenhang mit der unsichtbaren Welt giebt. Daraus erklärt sich die Begierde der Menschen, etwas von den künftigen Dingen zu erforschen, wie sie sich in dem Aberglauben der Nekromantie kund giebt und allerlei Dichtungen von Reisen in die unsichtbare Welt erzeugt hat. Dieses Interesse des Menschen für die Zukunft ist ein Bürge der höheren Natur und Bestimmung desselben: der Mensch erhebt sich über die Gegenwart. Es entspringt zunächst aus der Wichtigkeit der Sache, weil keinem Menschen die Fragen gleichgültig sein können: was wird mit dir in alle Ewigkeit? wie wird dein Schicksal entschieden werden? was wird mit dem ganzen Menschengeschlechte? welchen Ausgang wird der Gang der Weltgeschichte, der Regierung der Welt nehmen? Ferner ahnet jeder schon aus dem Aufhören des Körpers die Verschiedenheit des künftigen Zustandes von dem gegenwärtigen, und gerade das undurchbringliche Dunkel, in welches die Zukunft gehüllt ist, reizt die Wißbegierde; denn je verborgener eine Sache ist, desto begieriger forscht man nach ihr. Dieses Interesse ist dem Prediger förderlich, um die Aufmerksamkeit zu erregen; er muß dasselbe benutzen, von der Neugier ablenken und ihm eine ernste, sittliche Richtung geben.

Anm. 2. Die christliche Betrachtung des Todes unterscheidet sich wesentlich von der naturalistischen oder materialistischen, welche denselben als bloßen, nothwendigen Naturerfolg ansieht, da Alles den Keim der Auflösung in sich trägt. Der Christ betrachtet überhaupt das Sichtbare immer nur in dem Lichte der unsichtbaren Welt, die dem Sichtbaren zu Grunde liegt. Ob er gleich daher den Tod auch als eine Naturordnung ansieht, so erkennt er doch zugleich darin eine höhere Ordnung, mit einem Worte eine Einrichtung Gottes. Da erscheint ihm denn der Tod von einer zweifachen Seite, zunächst von einer sehr ernsten. Er ist ein Zeichen der Schwäche und Hinfälligkeit des Menschen. Welche Gewalt vermag dem Tode zu widerstehen? welche Kunst? welches Verdienst? welches Freundschaftsopfer? Demüthige dich, du Stolzer, der du dich so hoch erhaben dünkst! Du bist auch Staub und Asche und der Tod macht den Höchsten dem Niedrigsten gleich. Aequa lege necessitas sortitur insignes et imos; Omne capax movet urna nomen. Horaz. Betrachte dich im Sarge, da wird dir der Stolz vergehen. (Manche haben sich ihren Sarg bei Lebzeiten machen lassen und mit sich geführt, wie Carl der Große.) Hänge dein Herz nicht an das flüchtige Erdenleben, nicht an das Eitle, Vergängliche, was der Tod hinrafft, sondern strebe nach dem, was den Tod überdauert. Der Christ erkennt ferner den Tod als der Sünde Sold, als Folge der allgemeinen Verdorbenheit und Zerrüttung. So stellt die Schrift den Tod dar und es wäre sehr bornirt, wenn man die Ordnung des Sterbens als etwas absolut Nothwendiges betrachtete. Gott hat unsern Leib so geschaffen, daß der Mensch fortdauern konnte; er hat den Keim der Unsterblichkeit hineingelegt. Wenn dann auch der Mensch nicht ewig auf der Erde bleiben sollte, so konnte er doch durch Verklärung in die andere Welt übergehen. Jeder Anblick eines Todten lehre dich: es ist die Sünde, die solches Verderben angerichtet. Andererseits kann aber der Christ, da für ihn der Tod keine Strafe und an ihm nichts Verdammliches ist, mit Paul Gerhard („Warum sollt' ich mich denn grämen" V. 8) singen: „Kann uns doch kein Tod nicht tödten, sondern reißt unsern Geist aus viel tausend Nöthen, schließt das Thor der bittern Leiden und macht Bahn, da man kann gehn zur Himmelsfreuden." Das Christenthum stellt den Tod von einer mehr angenehmen, als unangenehmen, mehr erfreuenden, als Schrecken und Grauen erregenden Seite unter mancherlei Bildern vor, besonders als ein Abscheiden aus dieser Welt, Phil. 1, 23 und als einen Hingang in eine andere Welt, Phil. 3, 20; Joh. 16, 5. 16. 28, d. i. als einen Uebergang in eine höhere Region des Reiches Gottes, Hebr. 11, 6. 10, zum Besitz mehrerer und größerer Güter und Vollkommenheiten, größerer Jesusähnlichkeit und Gottähnlichkeit, zur Uebernahme und Ausrichtung wichtigerer Geschäfte, 2. Tim. 2, 11. 12 und zum Genusse vollkommnerer Seligkeit als hier möglich war, 2. Cor. 4, 17. 18; ferner als ein Nachfolgen Jesu und als einen Hingang zu Jesu und zu dem Vater, zu näherer Gemeinschaft mit ihm und zur Theilnahme an der Herrlichkeit Jesu, Joh. 14, 2. 3. 23; 16, 28; 17, 24; 1. Thess. 4, 17, d. i. als Uebergang an einen Ort, wo er mit seinem Vater auf eine besondere Weise lebt, herrscht, wo er mehr, als hier geschehen kann, seine Weisheit, Güte und Allmacht offenbart, die Wirkungen derselben seine Gläubigen in reicherem Maaße erfahren läßt, seine Geschäfte mit ihnen theilt und sie von einer Stufe der Erkenntniß, Weisheit, Vollkommenheit, Thätigkeit, Glückseligkeit und der immer größeren Aehnlichkeit mit ihm und seinem Vater zu der andern führt; ferner als einen Uebergang in einen Zustand, wo unsere Treue belohnt werden soll, Gal. 6, 7—9; 2. Tim. 4, 6—8; Matth. 25, 14—23. 31 ff., auch als ein Entschlafen, Joh. 11, 11; 1. Theß. 4, 13, wodurch angezeigt werden soll, daß der Tod ähnliche Folgen und Wirkungen haben werde, als der Schlaf hat, mithin daß er eben so wie der Schlaf nicht Aufhören unseres Seins und Lebens, sondern Fortdauer desselben und Mittel dieser Fortdauer, nicht Zerstörung unserer Kräfte, sondern Stärkung derselben, nicht Hinderniß unserer Vollkommenheit und Seligkeit, sondern Beförderungsmittel derselben sei.

Anm. 3. Die Unsterblichkeit der Seele besteht darin, daß dieselbe nach dem Tode, auch getrennt vom Körper, fortdauert, daß sie ewig und mit Bewußtsein fortdauert. Sie wird von den Materialisten geleugnet; aber auch Wieland, Euthanasie, S. 218 und Andere haben die Fortdauer des Selbstbewußtseins bestritten. Wenn man als Grund dafür anführt, daß es egoistisch sei, an seinem persönlichen Ich so zu hängen, so ist dieß ein jämmerlicher Trugschluß, indem man zwei ganz und gar verschiedene Begriffe vom Ich mit einander verwechselt. Die fehlerhafte, selbstsüchtige, ungöttliche Richtung des Willens sollen wir allerdings aufgeben, ihr absterben, aber das persönliche Substrat unseres Denkens und Wollens ist von Gott geschaffen und soll nicht vernichtet werden. An die persönliche Fortdauer dieses Ich's ist unsere ganze sittliche Fortbildung und das künftige Gericht gebunden. Beides wird aufgehoben, wenn es keine Personen mehr giebt. Die Leugnung der persönlichen Fortdauer führt doch zuletzt auf moralisch heillose Folgen, zum Materialismus und völliger Indifferenz. Ohne Fortdauer der Personen läßt sich eben so wenig ein Reich Gottes, eine Gemeinschaft in der Liebe denken. Die Schrift, die in der Lehre vom Gericht überall die Fortdauer der Personen voraussetzt, widerspricht der Leugnung derselben schnurstracks.

Anm. 4. Was nun die Gewißheit der Unsterblichkeit betrifft, so kann der evangelische Prediger auch die philosophischen Beweise dafür, welche durch bloßes Nachdenken gefunden werden und theils theoretischer, theils praktischer Natur sind, anwenden. Denn der Glaube an Unsterblichkeit ist einmal ein Grundbestandtheil alles religiösen Glaubens überhaupt und jene Beweise wirken bei vielen viel stärker, obschon sie meist nicht streng beweisend sind; auch können sie sehr populair vorgetragen werden und zwar in folgender Ordnung: a) Der physische Beweis geht von den Analogien in der Natur aus.

In der Natur geht nichts unter, alles dauert fort und gewinnt neues Leben. In der Natur ift auch der Tod, aber es geht aus dem= felben neues Leben hervor. Dies ift allerdings kein ficherer Schluß; er führt zunächft nur auf Fortbauer überhaupt, nicht auf felbftftän= dige Fortbauer. — b) Der pfychologifche Beweis gründet fich auf die geiftigen Anlagen der menfchlichen Natur, die in's Unendliche perfectibel find und alfo ohne gränzenlofe Fortbauer zwecklos wären. Aber auch diefer Beweis ift kein zwingender. Denn wiffen kann ich eigentlich nicht einmal, ob ich wirklich in's Unendliche perfectibel bin und noch viel weniger, ohne andere Gründe, ob ich wirklich im= merfort vollkommener werden foll. Außerdem beruft man fich auf die dem Menfchen eingepflanzte Sehnfucht nach unendlicher Fortbauer. Doch hat auch dies nicht hinreichende Beweiskraft; denn wer bürgt mir für die Nothwendigkeit, daß diefer Trieb auch befriedigt werden müffe. — c) Der metaphyfifche Beweis behauptet, daß die Seele als ein einfaches, immaterielles Wefen nicht untergehe, nicht deftruirt werden kann; fie hat ein Princip der innern Thätigkeit und Bewe= gung, das nicht zerftört werden kann. (Plato, Cicero, Mendels= fohn, die Wolff'fche Schule). Diefer Beweis fetzt aber eine Kennt= niß der Seele an fich voraus, die wir nicht haben. — d) Beffer zu gebrauchen ift der theologifche Beweis, freilich nur unter der Vorausfetzung, daß das Dafein Gottes fchon anerkannt ift. Mit der Weisheit Gottes verträgt es fich nicht, daß der Menfch ganz vernichtet werden foll. Er kann nach feiner Allmacht die menfchliche Seele ewig erhalten und nach feiner Güte will er dem Menfchen die ewige Seligkeit zuwenden; nach feiner Heiligkeit will er den Menfchen fich ähnlich werden laffen und feine Gerechtigkeit fordert eine Vergeltung. (Vgl. Ribbeck Predb. über die Unfterblichkeit der Seele. 1796.) Aber gewöhnlich find die Leugner der Unfterb= lichkeit auch Gottesleugner, für welche diefe Schlüffe keine beweifende Kraft haben; diefe bekommen fie für folche erft, wenn man das Da= fein Gottes bewiefen hat. Allein wenn man auch aus theoretifchen Gründen die Unfterblichkeit nicht apodictifch beweifen kann, fo kann doch der Materialift noch weit weniger das Gegentheil beweifen. Ueberzeugender als diefe theoretifchen find e) die praktifchen Be= weife. Nach Kant ift die Unfterblichkeit ein Poftulat der praktifchen Vernunft, d. h. ein Satz, deffen Wahrheit zwar nicht theoretifch erwiefen werden kann, aber um moralifcher Zwecke und Bedürfniffe willen angenommen wird, wenn man fich nicht felbft widerfprechen will. Das Gewiffen verpflichtet den Menfchen nach unendlicher Vollkommenheit zu ftreben und er muß dies mithin auch können. Aber ohne unendliche Fortbauer ift dies nicht möglich, weil wir weder in dem gegenwärtigen Leben, noch in irgend einem Punkte des Dafeins die Vollkommenheit erreichen. Mithin müffen wir Un= fterblichkeit hoffen. Wenn der Menfch, der Selbftzweck ift, nicht ewig fortdauert, fo ift gar kein Grund vorhanden, daß irgend mo=

ralische Wesen fortdauerten und Alles müßte in ewiges Nichts ver=
sinken. — Auch gäbe es ohne Unsterblichkeit keine moralische Welt=
ordnung. Denn diese fordert Vergeltung. Vergeltung findet hier
nicht vollkommen statt und kann es auch nicht, mithin muß sie in
einem andern Leben eintreten. Daraus folgt auch namentlich per=
sönliche Fortdauer. Denn wenn nicht das eigene Selbst des Men=
schen mit den Fertigkeiten und Gesinnungen, die er sich hier erwarb,
fortdauert, wenn sich die Substanz des Menschen auflöste, vermischte,
so wäre keine freie, fortgehende Bildung und ohne Bewußtsein des
vergangenen Zustandes, mithin ohne eigenes Urtheil über den Werth
oder Unwerth des vergangenen Lebens keine Vergeltung möglich.
Das ganze Leben wäre ein elendes, fades, abgeschmacktes Possenspiel
gewesen. Kurz der Glaube an eine moralische Weltordnung steht
und fällt mit der Unsterblichkeit. — Auch fordert die Pflicht oft
Aufopferung des Lebens; dies könnte sie nicht, wenn der Tod die
gänzliche Vernichtung eines moralischen Wesens wäre. — Ohne
Hoffnung der Unsterblichkeit könnte nie ein erhabener, muthiger Eifer
für die Beförderung des Guten aufkommen, weil in dem gegenwär=
tigen Leben nie völlige Realisirung des Guten zu hoffen ist, also
ohne Bezug auf die Zukunft alles Gute, was gethan ist, so gut
als umsonst, verschwendete Mühe ist. Erst wenn ich weiß, mein
Handeln geht auf die Ewigkeit, das Gute, das ich wirke, kann nie
untergehen, dann erhebt sich mein Geist über die Schranken und
Hindernisse der Gegenwart, wo so oft die besten Zwecke vereitelt
werden. In der That, hebt man die Unsterblichkeit auf, so ist die
Maxime des klugen, vorsichtigen Genießens die bewährteste. — Man
hat zwar von moralischer Seite den Glauben an die künftige Ver=
geltung angefochten, als würde dadurch die Tugend verunreinigt,
die Sittlichkeit verdorben; ja man hat behauptet, es sei für unser
Zusammenleben besser, wenn wir unsere Hoffnungen nicht auf die
zukünftige Welt ausdehnten, weil uns dann unsere Verbindungen
theurer sein würden. (Wieland.) Aber dieser Glaube kann die
Tugend unmöglich verunreinigen, weil er das Verlangen nach Ge=
nuß durchaus nicht befriedigt, wie etwa bei Mahomed, und die
Fortdauer unserer Verbindungen läßt er nur dann hoffen, wenn
man sie für die Ewigkeit weihet. Nach jenen Principien müßte man
consequent alle Religion leugnen. Aus allen diesen Gründen folgt
aber nicht eine eigentliche Einsicht, eine positive Erkenntniß der Zu=
kunft, sondern nur Glaube. Gott hat uns auf den Glauben, nicht
auf Erkenntniß gewiesen nach seiner Weisheit. Wenn es nämlich
möglich wäre, durch eine speculative, metaphysische Demonstration
diese Erkenntniß zu erlangen, so würde diese doch nur den Gelehr=
ten möglich sein und den Ungelehrten wäre sie versagt. Was aber
zum Heil zu wissen nöthig ist, dessen Erkenntniß muß Allen zugäng=
lich sein. Wollte man fordern, Gott hätte uns müssen die Zukunft,
Himmel und Hölle sehen lassen, so würde dadurch unsere Tugend

verunreinigt und blos durch Hoffnung und Furcht erzwungen werden; das würde auch unsere jetzige moralische Weltordnung zerrütten. Dagegen ist der Glaube allerdings ein nöthiges Stärkungsmittel der Tugend, aber er verunreinigt sie nicht, sondern ist selbst das Erzeugniß eines guten frommen Herzens.

Anm. 5. Wenn Stäublin die Bemerkung macht, daß im Neuen Testament von einer reinen Unsterblichkeitslehre nur wenige dürftige Spuren zu finden seien, so ist dies eine im höchsten Grade ungerechte Behauptung. Gerade das Christenthum hat die ausgezeichnetsten Verdienste um die Verbreitung des Glaubens an Unsterblichkeit und auch in dieser Beziehung einen Vorzug vor allen andern Religionen. Man kann freilich nicht sagen, daß das Christenthum zuerst diesen Glauben entdeckt hat; er findet sich vielmehr überall, wo Religion ist. Das Alte Testament enthält viele Winke und Hinweisungen auf das künftige Leben. Die Verheißungen, welche dem Abraham gegeben werden, würden keinen rechten Sinn haben, wenn nicht ein Zusammenhang mit der Zukunft statt fände. Die Redeweise „zu den Vätern versammelt werden“ setzt den Glauben an ihre Fortdauer voraus; denn sie wird nicht blos von denen gebraucht, die in eine Gruft mit den Vätern gelegt wurden, sondern auch von solchen, die an ganz verschiedenen, entlegenen Orten begraben werden. 2. Mos. 25, 8; 35, 29; 49, 33; 5. Mos. 32, 49; 34, 5. Hierher gehört auch die Bezeichnung Jehova's als Gott Abrahams, Isaaks und Jakobs, vgl. mit Matth. 22, 23—33; Luc. 20, 27—40. Deutlicher treten diese Hinweisungen in Hiob 19, 24, in den Psalmen und Propheten hervor. Jes. 14; 26, 19; Ezech. 37; Dan. 12, 3. Das Christenthum hat diese Lehre mit der ganzen Religion in einer Weise verwebt, wie dies im Alten Testament noch nicht der Fall ist. Die ganze Lehre des Christenthums wäre ohne Sinn und Halt ohne den Glauben an ein künftiges Leben; er ist die Basis des ganzen Christenthums. Die Ewigkeit ist das Ziel des Christen; alle Warnungen, Erweckungen werden davon hergenommen und darauf begründet. Christus ist der allergewisseste, vollgültigste Zeuge von dem künftigen Leben; er bezeugt es aus eigener Anschauung, denn er kam aus der unsichtbaren Welt. Joh. 3, 13. Seine Auferstehung und das damit zusammenhängende ewige Leben Christi ist für uns das Unterpfand unserer Auferstehung; wie er ewig lebt, so sollen auch die Seinen mit ihm leben. Joh. 14, 19. Ja, er ist der Geber des ewigen Lebens. Joh. 11, 25. 26; Offb. 1, 18; 1. Cor. 15, 55—57. Entweder muß Christus aufhören zu sein, oder wir leben fort mit ihm. Dem Christen kann kein Zweifel an das ewige Leben beikommen. Wo aber der Glaube an Christum wankt und fällt, da fällt und sinkt auch der Glaube an Unsterblichkeit.

Anm. 6. Dieser Glaube ist von großer Wichtigkeit. Denn ohne ihn hätten wir keine würdige Vorstellung von dem Zweck unseres Lebens, von der Bestimmung des Menschen. Der Mensch würde als ein nichtiges Wesen erscheinen und herabsinken, wenn er nur dieses kurze Dasein hätte. Wenn der Mensch eine ephemere Creatur ist, so sinkt seine Würde ganz und gar; sie steigt, wenn wir ihn als ein unsterbliches Geschöpf betrachten. — Dieser Glaube giebt die ernstesten Warnungen vor unwürdigem und ungöttlichem Gebrauch des Lebens, warnt vor Verachtung der göttlichen und menschlichen Gesetze. (*) 1. Cor 15, 33. — Er erweckt zugleich zu ernstlicher Besserung, zu frühzeitiger Bekehrung und zum Streben nach ewigen Gütern, nach dem, was einen ewigen Werth hat. — Er allein endlich gewährt ausreichenden Trost bei den Leiden und Kämpfen dieses Lebens.

Anm. 7. Das Christenthum lehrt nun nicht blos die Un= sterblichkeit der Seele, sondern zugleich die Wiederbelebung, die Auferweckung unseres Leibes. Das Neue Testament lehrt aber nicht eine Wiederherstellung desselben Leibes in seinem jetzigen Wesen, nicht eine identitas totalis, womit Röm. 14, 17, 1. Cor. 15, 50 streitet; es lehrt vielmehr, daß der künftige Leib sich aus dem jetzigen, wie der Halm aus dem Samenkorn, entwickeln werde. 1. Cor. 15, 36 f. Wenn man gar keinen Zusammenhang zwischen dem künftigen und gegenwärtigen Leibe annehmen wollte, so hätte das Wort „Auferweckung" durchaus keinen Sinn. Diese Lehre ist vielfach mit historischen, exegetischen und philosophischen Gründen bestritten worden. Man wendet ein: Jesus und die Apostel haben diese Lehre nicht zuerst vorgetragen, sondern unter den Juden vor= gefunden und sich daran als an eine Hülle und Einkleidung der Un= sterblichkeitslehre accommodirt. Allerdings war diese Lehre schon un= ter den Juden verbreitet; sie ist aus alter, göttlicher Offenbarung entsprungen und nicht erst von den Persern, Babyloniern im Exil zu den Juden gekommen. Jes. 26, 19; Hiob 19, 26; Ezech. 37. Mag aber die Lehre entsprungen sein wo sie will, so hat sie doch durch Christum und die Apostel göttliche Bestätigung erhalten. Chri= stus konnte die Unsterblichkeit auch ohne irgend eine Einkleidung, ohne Erwähnung der Auferstehung lehren und der Apostel Paulus predigt die Auferstehung in Athen und Corinth, wo sie von den Philosophen verspottet wird (Plinius H. N. II., 7 nennt sie de- liramenta puerilia), und wo er es nicht nöthig hatte, sich zu ac= commodiren. Derselbe Apostel erklärt die Meinung des Hymenäus und Philetus, welche die Auferstehung des Leibes in eine geistige

---

*) Delille in Dithyrambe sur l'immortalité de l'âme sagt:
Oui vous, qui de l'Olympe usurpant le tonnerre
Des éternelles lois renverses les autels,
Lâches oppresseurs de la terre,
Tremblez, vous êtes immortels.
Et vous, vous d'un malheur victimes passagères,
Sur qui viennent d'un Dieu les regards paternels,
Voyageurs d'un moment aux terres étrangères,
Consolez - vous, vous êtes immortels.

umdeuteten, für falsch 2. Tim. 2, 8. — Wenn man ferner behauptet, daß die Auferstehung des Leibes physisch unmöglich sei, weil unser Körper immerwährenden Verwandlungen unterworfen sei und die Stoffe, aus denen er besteht, oft in andere Körper übergehen, so hat schon Athenagoras de resurrect. carnis geantwortet, daß es gewisse Grundstoffe, stamina primitiva unseres Leibes geben kann, welche sich nicht mit andern Körpern vermischen; daraus wird Gott den künftigen Leib sich entwickeln lassen. (So Leibnitz, otium hannover. S. 411. system. theol. S. 340 f.) — Wieder andere meinen, die Auferstehung sei unnöthig, indem die Seele auch ohne Leib fortdauern könne. Dies ist gar kein Beweis. Wir dürfen vielmehr annehmen, daß der Seele ein Organ zu ihrer Wirksamkeit nicht blos wünschenswerth, sondern auch nöthig bleibt. — Endlich behauptet man, daß die Lehre gar kein praktisches Interesse, im Gegentheil etwas Lästiges habe. Kant Relig. S. 192 meint, es sei unangenehm zu glauben, daß man sich in der Ewigkeit wieder mit diesem Körper herumschleppen müsse. Dieser Einwurf stützt sich auf eine angemaßte Kenntniß des künftigen Leibes und der Grundstoffe des gegenwärtigen. Die biblische Lehre hat aber ein großes praktisches Moment. Die Auferweckung der Todten wird einen noch nie erfahrenen Beweis von der göttlichen Allmacht, mit der Christus wirkt, geben. Diese Lehre mahnt sehr ernstlich daran, unsern Leib mit einer gewissen Ehrfurcht zu behandeln, weil aus ihm das künftige Organ der Seele hervorgehn soll; sie mahnt zur Reinheit und Keuschheit. Diese Lehre macht es uns sehr klar und glaublich, wie die Menschen sich künftig wieder erkennen werden, wenn der künftige Leib noch eine Aehnlichkeit mit dem jetzigen hat. Ueberhaupt harmonirt diese Lehre mit der ganzen Analogie in der Weltregierung Gottes. Gott läßt nichts umkommen, läßt sich Alles, einen Zustand aus dem andern entwickeln. So wird sich auch das künftige Organ der Seele aus dem jetzigen entwickeln. — In Hinsicht der Zeit der Auferstehung läßt sich nicht annehmen, daß jeder einzeln auferstehe oder gleich nach seinem Tode einen neuen Körper bekomme, wie Priestley behauptete. Das Neue Testament lehrt offenbar eine allgemeine Auferweckung der Todten zu Einer Zeit. Joh. 5, 28; 6, 39. 40; 11, 23—26. Dasselbe sagt Paulus 1. Cor. 15, 23. 24; 1. Thess. 4, 13—18. Als Ausnahmen sind zu merken Matth. 27, 52. 53; Offenb. 20, 4—6, worüber Storr, Neue Apol. d. Off. S. 392—415 eine treffende Erklärung giebt. Allerdings wird hier ein Chiliasmus gelehrt, denn die ἀνάστασις πρώτη kann nicht eine geistige Auferstehung sein, eine lange blühende Periode des Christenthums, wo es scheint, als lebten die alten Märtyrer wieder auf, (Grotius, Whitby. Vgl. Lavater Aussichten ꝛc. I., 209); es steht ja die Auferstehung der übrigen entgegen. Allein nicht der gewöhnliche grobe Chiliasmus, der Conf. Aug. XVII. verworfen wird (opinio de regno millenareo terreno, quod pii martyres cum

Christo hic in terris agerent, omnibus voluptatibus abundanti) wird in jener Stelle gelehrt, sondern nur eine frühere Auferstehung der Märtyrer, eben weil diese ihr Leben aufgeopfert haben, nicht zu einem irdischen, sondern zu einem himmlischen Leben, zu einer Herrschaft mit Christo. So wenig diese auf die Erde herabzusetzen ist, so wenig auch die Herrschaft der Märtyrer. Von einem sicht= baren Wohnen Christi auf Erden, von einem irdischen Glanz und irdischer Hoheit sagt die Apokalypse kein Wort. Eben die Seligkeit, die allen wahren Christen im Himmel bereitet ist, das Herrschen mit Christo Röm. 8, 17; 2. Tim. 2, 10. 12 genießen die Märtyrer tausend Jahre früher. Der sinnliche Chiliasmus widerstreitet auch dem, daß Christus zur rechten Gottes sitzen und im Himmel bleiben soll, bis alles erfüllt ist, was die Propheten vorhersagten. Psalm 110, 1; Hebr. 10, 13; Apg. 3, 21. Dann redet Christus von seiner Zukunft nur als von Einer, ohne zu sagen, daß vor der Zukunft zum Gericht ein tausendjähriges sichtbares Reich vorherge= hen werde.

Anm. 8. In dem Aufsatze: Die Lehre des Neuen Testaments vom Zustande nach dem Tode (Tübing. theol. Jahrbuch VI. (1847), 3, S. 390—409), wird von Zeller behauptet, die Seele steige nach dem Tode oder nach ihrem Austritt aus dem Leibe hinab zum Scheol und harre hier der Auferstehung entgegen; zwischen Tod und Auferstehung finde kein wahres Leben statt, die Verstorbenen befinden sich ohne kräftiges Leben im Zustande des Todes, von dem sie erst durch die Auferstehung befreit werden, a. a. O. S. 394 u. 407. Die Beweise, welche dafür beigebracht werden, sind un= genügend. Es sind folgende: — a) Im Alten Testament wandern alle Seelen in den Hades, daher in den Psalmen und Propheten das Grauen vor dem Tode; es sind daselbst alle Todten; vgl. z. B. Jes. 14. Dagegen ist zu erwidern, daß die Zeit vor Christo und nach Christo, der das Leben und unvergängliches Wesen an das Licht gebracht und dem Tode die Macht genommen hat, 2. Tim. 1, 10, zu unterscheiden ist. Uebrigens folgt aus Matth. 17, 3; Luc. 16, 32, daß die Frommen nicht in einem unseligen Zustand waren. — b) Die Verstorbenen heißen schlechthin νεκροί und die Auferstehung heißt ἀνάστασις ἐκ νεκρῶν, also hört erst mit der Auferstehung der Zustand des Todtseins, die Herrschaft des Todes über den Men= schen auf, und es beginnt das Leben. Darauf ist zu antworten: Natürlich heißen sie auf unserem Standpunkte „Todte", in der Menschenwelt sind sie nicht mehr Lebende, deßhalb sind sie aber nicht in einer andern Welt todt. — c) Zeller beruft sich ferner auf die Argumentation des Apostel Paulus, 1. Cor. 15, 12 ff. Wenn man B. 13 mit B. 19 vergleiche, so folge: Ohne Auferste= hung reicht die Hoffnung des Christen nicht über das gegenwärtige Leben hinaus. Paulus kann sich ein jenseitiges Leben nur unter der Bedingung und in Folge der Auferstehung denken, spricht also ben noch nicht Auferstandenen dieses Leben ab. Er sagt B. 30—32: ohne Auferstehung hätte der Christ keinen Trost, er betrachtet die Gestorbenen — ohne Auferstehung — als Todte. Daher wünscht Paulus, 2. Cor. 5, 4, ohne den Prozeß des Todes, durch Verklärung in den Vollendungszustand zu gelangen, er wünscht, daß ihm das Sterben und der Zwischenzustand im Scheol erspart werde. Durchweg wird im Neuen Testament das künftige Leben an die Auferstehung geknüpft. Luc. 14, 14; Apg. 4, 2; 17, 18. 31; 23, 6; 24, 15; Röm. 6, 5; 1. Cor. 15, 24; Joh. 5, 29; 6, 39; 11, 23. Dagegen ist zu erinnern, daß im Neuen Testament die Ideen „ewiges Leben" und „Auferstehung" in Eins fließen. Die Auferstehung, als die Spitze und Vollendung des zukünftigen Lebens, bezeichnet das ganze künftige Leben überhaupt. — d) Weiter beruft sich Zeller darauf, daß Joh. 17, 24; 14, 1. 2 nicht bestimmt ist, ob die Jünger gleich nach dem Tode bei dem Herrn sein sollen, und behauptet, daß, wenn es Joh. 13, 36—38 von Petrus heißt, er solle Christo nachfolgen, entweder als Märtyrer oder erst am jüngsten Tage, wie Cap. 6, 39, wo μή ἀπολέσῃ dem ἀναστήσω parallel ist, Johannes sich zwischen Tod und Auferstehung einen Zustand denkt, der kein wahres Leben ist, in dem die Menschen, wenn er ewig dauerte, verloren gingen. Allein wie hart ist überall das Einschiebsel: „nämlich zur Zeit der Auferstehung", und ebenso willkührlich ist es, daß das Sein bei Christo, 2. Cor. 5, 1—10; 2. Cor. 4, 14, erst mit Christi Parusie eintreten soll. — e) Abrahams Schooß, Luc. 16, 22, sei nicht das obere, sondern das untere Paradies; letzteres sei nach der Vorstellung der Juden der Gehenna benachbart und durch eine Kluft davon getrennt; vgl. Eisenmenger, Entdecktes Judenthum, II., 296 f. Aber erwähnt denn das Neue Testament ein doppeltes Paradies? 2. Cor. 12, 4 wird das Paradies schlechthin genannt. Abrahams Schooß bedeutete damals die Gemeinschaft aller Seligen. — f) Endlich beruft sich Zeller auf die Lehre der alten christlichen Kirche, nach welcher die Seele nicht gleich nach dem Tode zu Gott in den Himmel komme. Tertullian, de resurr. c. 43 u. 55, de anima c. 55. Cyprian, ep. 31, 26. Klemens v. Rom, 1. Cor. 5. Irenäus, V., 31. Justin, c. Tryph. 5, 80. „Die Ketzer glauben, daß die Seele sogleich nach dem Tode zu Gott fahre, aber nur die Märtyrer kommen sogleich zu Gott" sagt Tertullian a. a. O. Allein zugegeben, daß dem so sei, obgleich im Neuen Testament kein bestimmtes Zeugniß dafür sich findet, so folgt daraus doch nicht, daß die übrigen Gläubigen in einem puren Scheinleben seien. Allerdings muß man wohl einen Unterschied zwischen dem Zustande vor und nach der Auferstehung machen, weil dies aus der Natur der Sache von selbst folgt, Röm. 8, 19; 1. Joh. 3, 1; Offb. 6, 9—11, aber deshalb ist doch nicht ein unseliger Zustand vor der Auferstehung die Folge (Luc 16, 22. 25; 23, 43). Dagegen streiten die Aussprüche Christi, Joh. 3, 18; 5, 24; 6, 50. 56; 8, 51; 10, 28; 11, 25. 26, und seiner Apostel, Phil. 1, 23; Offb. 14, 13; Hebr. 12, 22.

§ 56.

Vom zukünftigen Weltgericht und Christi Erscheinung.

Obschon der Vernunftglaube an ein göttliches, vergeltendes Gericht, das den Menschen nach dem Tode erwartet, wie auch die heilige Schrift es bestätigt, Eindruck auf das Herz machen kann, so wird doch diese Lehre noch weit mehr Kraft und Ein- bringlichkeit empfangen durch die reine, treue Darstellung des christlichen Glaubens an ein allgemeines und öffentliches Weltgericht, welches mit der Wiederkunft Christi statt findet und von ihm gehalten werden wird. Diese unleugbar biblische Lehre ist eben so vernunftmäßig als praktisch erhebend, hängt mit dem ganzen System der Bibel genau und lichtvoll zusam- men und giebt erst den würdigen Schluß von der Entwickelung des göttlichen Planes mit dem menschlichen Geschlechte.

Anm. 1. Es giebt keine Religion ohne den Glauben an ein Gericht, an Vergeltung; so tief ist er dem Menschen durch das Ge- wissen eingeprägt. Es fragt sich aber, ob der Mensch sofort nach dem Tode gerichtet wird oder nicht, ob nach dem Tode ein Mit- telzustand der Unentschiedenheit, wo weder Seligkeit noch Verdamm- niß eintritt, folgt, sondern wo eine weitere Entwickelung, Läuterung und Reinigung, wo also auch noch Besserung möglich ist. Letzteres nimmt auch Martensen, Dogm. S. 520, an. Allerdings tritt der Mensch nicht sittlich vollkommen, ohne alle Fehler aus diesem Leben, und er bedarf der fortgehenden Reinigung und Entwickelung; aber sein Herz muß doch in diesem Leben eine gewisse Grundrich- tung erhalten haben, er kann nicht indifferent sein, und die Indif- ferenz selbst wäre schon Sünde. Nach jener Grundrichtung wird sein Schicksal sich entscheiden. Es giebt keine Stelle in der heiligen Schrift, wo klar und bestimmt ausgesprochen würde: Mensch, wenn du dich im gegenwärtigen Leben nicht bekehrst, so kannst du es noch im künftigen. Alle hierher bezogenen Stellen beweisen das nicht. Bei Matth. 5, 26; 18, 34 ist doch die Frage, ob der Mensch Alles bezahlen kann; es giebt auch lebenslängliches Gefängniß. Wenn von der Sünde wider den heiligen Geist, Matth. 12, 32, gesagt wird, daß sie weder in diesem, noch in jenem Leben ver- geben wird, so soll dies doch nur bedeuten: sie wird nimmer ver- geben. Die Stelle 1. Petr. 3, 19; 4, 16 läßt sich blos auf Nicht- christen anwenden, auf solche, die das Evangelium in diesem Leben nicht gehört haben; denen ist die Bekehrung nach dem Tode möglich. Daraus folgt aber nicht, daß diese Vergünstigung auch den Christen, die das Evangelium schon hier haben, zu Theil werde. Dagegen

giebt es klare Stellen, welche die Besserung im gegenwärtigen Le=
ben fordern, daher auf schleunige Buße dringen und vor Aufschub
derselben warnen. Matth. 3, 10; 5, 29. 30, vgl. 18, 8. 9; 7,
13. 14; 11, 20—24, Kp. 25; Luc. 16, 2. 3; Joh. 3, 18; Marc.
16, 16; Hebr. 3, 7. 8. 15; 4, 6. 7; 12, 15—17. Allerdings
findet sich andererseits im Neuen Testament keine Stelle, wo wört=
lich gesagt wird, daß es ein doppeltes Gericht giebt, ein besonderes
für jeden einzelnen, welches gleich nach dem Tode eintritt, und ein
allgemeines am Ende der Welt. Doch nöthigen uns verschiedene
Aussprüche der heiligen Schrift dies anzunehmen. Christus redet,
Luc. 16, 22 ff., vom reichen Manne und vom Lazarus so, daß er
beide gleich nach dem Tode in den Zustand der Vergeltung treten
läßt; Lazarus wird gleich an den Ort der Seligkeit, der Reiche
aber an den Ort der Qual versetzt. Christus verheißt dem Schächer
am Kreuze: Heute wirst du mit mir im Paradiese sein. Vgl. Apg.
7, 59; 2. Cor. 5, 1—10; Phil. 1, 21. 23; Hebr. 9, 27. Wie
der frühere Zustand der Menschen, sowohl der Verdammten als der
Seligen, vor der Auferstehung von ihrem Zustand nach der Aufer=
stehung verschieden sei, das können wir nicht bestimmen. Dies macht
auch keine Schwierigkeit. So viel läßt sich wohl denken, daß die
Vollendung des Zustandes erst mit der Auferstehung erfolgt, also
da erst die Seligkeit der Frommen, aber auch die Verdammniß der
Bösen vollendet wird. Weil aber mit dem Tode schon die Ent=
scheidung eintritt, so folgt daraus die ernste Mahnung, daß der
Mensch die Gnadenfrist mit Ernst, mit Eile, ohne Säumen ge=
brauche, und daß er durch den Eifer in der Heiligung sich eine
möglichst große Gewißheit über seine Seligkeit verschaffe.

Anm. 2. Die Schrift lehrt aber auch ein zweites Gericht,
ein allgemeines und öffentliches Gericht, zu welchem Jesus auf der
Erde wieder erscheinen wird. Die einzelnen Punkte dieser Lehre
sind folgende: a) Jesus, jetzt den Menschen unsichtbar, über der
Erde erhaben, wird einst in seiner verklärten Gestalt Allen sichtbar
und erkennbar auf eben der Erde, wo er einst wirkte und lebte,
wieder erscheinen und diese Erscheinung wird mit außerordentlichen
und furchtbaren Veränderungen in der sichtbaren Natur verbunden
sein. Er wird kommen mit Engeln des Himmels und in einer Ge=
stalt, die seine Macht und Herrlichkeit offenbaren wird. — b) Er
wird die Todten durch seinen Allmachtsruf wieder beleben, ihnen
neue, unsterbliche Leiber geben, die Lebenden werden verwandelt und
ohne Tod mit einem neuen, unsterblichen Leibe angethan werden. —
c) Er wird alle Völker, das ganze Menschengeschlecht Apg. 17, 31
um sich her, vor seinem Thron versammeln und Gericht über sie
halten, an welchem Engel und Gläubige einen nähern Antheil haben
werden. Das Gericht wird zuerst in der Scheidung aller Menschen
in zwei Classen, in Gerechte und Ungerechte, bestehen und demnach
mit einer allgemein sichtbaren Offenbarung des moralischen Werthes

ober Charakters des Menschen verbunden sein. Die Scheidung wird durch Engel, die Offenbarung des moralischen Werthes wird durch die Auserwählten Gottes mit geschehen. — d) Mit diesem Gericht wird der Untergang der Welt erfolgen, die gegenwärtige Erde wird in Feuer aufgehen, in einen neuen Weltkörper verwandelt werden und die ganze sichtbare Schöpfung wird sich erneuern und verklären; die gegenwärtige Ordnung der Dinge wird aufhören und ein Neues entstehen. — e) Endlich erfolgt die wirkliche Vergeltung, alle Menschen erhalten ihr gerecht bestimmtes Loos, die Bösen gehen an den Ort der Qual, die Guten gelangen zur Seligkeit, zur Gemeinschaft mit den Seligen, mit den Engeln und Kindern Gottes, mit Jesu und Gott.

Anm. 3. Es fragt sich nun, wie diese biblische Lehre zu nehmen ist, ob eigentlich oder nur als bildliche, poetische Darstellung des künftigen, jedem Menschen einzeln bevorstehenden Gerichts? Um die letztere Annahme zu rechtfertigen, beruft man sich darauf, daß Christus öfter von seinem Kommen redet und offenbar damit eine unsichtbare, geistige Wirksamkeit meint, z. B. Matth. 16, 28; 26, 64. Allein diese Stellen können doch höchstens zeigen, daß andere hier in Frage kommende Stellen auch von einer unsichtbaren Wirksamkeit verstanden werden können, wenn nämlich anderweitige Gründe es erlauben, sie zeigen aber nicht, daß sie so verstanden werden müssen. Die Stellen, wo Jesus und seine Apostel vom Gericht und Christi Wiederkunft reden, sind viel zu stark, als daß man nur an ein uneigentliches Kommen denken könnte. In den meisten von ihnen läßt sich nicht einmal eine poetische Fiction annehmen; so ist z. B. 1. Thess. 4, 14 f. ganz dogmatisch. Es heißt auch ausdrücklich, der Messias werde eben so sichtbar wiederkommen, wie er die Erde verlassen habe. Apg. 1, 11; Hebr. 9, 28. Es wird ferner dieses Weltgericht als ein bestimmter Tag d. h. als ein bestimmter Zeitpunkt beschrieben, wo Alle vor des Menschen Sohn stehen sollen, Luc. 21, 36; Apg. 17, 31; Röm. 2, 5 und dieser Zeitpunkt, die Ankunft des Herrn wird allen Christen als das höchste Ziel ihrer Wünsche und Hoffnungen vorgestellt, dem sie sehnsuchtsvoll entgegensehen. Joh. 6, 39; 16, 3; 1. Joh. 1, 5—9; 1. Cor. 1, 7; Phil. 1, 6. 10; 3, 11. 20. 21; 1. Thess. 1, 10; 2, 19; 3, 13; 5, 4. 10. 23; 1. Tim. 6, 14. Besonders wichtig und zu beachten sind die Stellen, wo Christus sagt, daß längst Verstorbene noch dieses künftige Gericht zu bestehen haben und ihre Vergeltung erst noch empfangen sollen. Matth. 11, 22—24; 12, 41. 42. Man darf hierbei nicht glauben, daß die Apostel in der Meinung gestanden, diese sichtbare Zukunft Christi werde noch zu ihrer Zeit oder wenigstens sehr bald erfolgen, weil sie diesen Tag als nahe beschreiben. 1. Cor. 10, 11; Phil. 4, 5; Jac. 5, 8. 9; 1. Petr. 4, 5; 1. Joh. 2, 18; Hebr. 10, 25. 37. Christus hatte ja ausdrücklich Marc. 13, 32 versichert, daß Niemand diesen Zeitpunkt wisse. Petrus, indem er 2. Petr. 3,

4—9 vor dem Unglauben, der die Zukunft Christi bezweifelt, warnt, setzt hinzu, daß vor Gott ein Tag wie tausend Jahre sei, woraus folgt, daß die Verkündigung der Nähe nicht nach menschlicher Zeit müsse berechnet, sondern so gehandelt werden, als könne dieser Zeitpunkt bald eintreten. Paulus redet 1. Theff. 4, 15 — 17 nur communicative; er warnt ausdrücklich vor der Meinung derer, welche das Gericht für nahe ausgeben und sagt, es müsse erst die Apostasie vorhergehn. Die Apostel weissagen ja auch Dinge, die sich erst nach ihrem Tode zutragen sollen. 2. Tim. 4, 6; Apg. 20, 29; 2. Petr. 1, 14. Wenn Christus Matth. 24, 1 — 28 seine Zukunft zur Zerstörung Jerusalems beschreibt und damit von V. 29 an seine Zukunft zum Weltgericht in ununterbrochene Verbindung setzt (εὐθέως), so thut er dies, weil diese Zerstörung ein Vorbild des künftigen Weltgerichts, Bestrafung des Unglaubens, Verherrlichung Christi und der Wahrheit seiner Lehre, welche die Juden verachteten, war und weil damit die ganze Reihe von Begebenheiten, die zur siegreichen Ausbreitung des Christenthums dienten, anhob, von denen die letzte das Weltgericht war; alle diese Begebenheiten stellt Jesus wie in einem perspectivischen Gemälde zusammen, wo sich der Hintergrund an den Vordergrund anreiht. Ferner sind die Stellen, wo mit jenem Weltgerichte das Ende der Welt, der Untergang der Erde durch Feuer und die Verwandlung in einen neuen himmlischen Weltkörper verbunden wird, 2. Petr. 3, 7; Offb. 20, 11; Matth. 5, 18; 24, 35; 28, 20; Röm. 8, 19 der Meinung durchaus zuwider, daß die gegenwärtige Ordnung der Dinge ewig fortdauern solle. Auch bestätigt die historische Interpretation den eigentlichen Sinn; denn weder die Juden noch die Christen haben es bildlich verstanden und konnten es bildlich verstehen. Eine Accommodation findet nicht Statt, da Christus und die Apostel so häufig davon sprechen. Uebrigens ist es unerweislich, daß die Juden die Erwartung der sichtbaren Erscheinung des Messias und eines allgemeinen Weltgerichts hatten. Die Rabbinen stimmen nicht darüber überein. (S. Eisenmenger a. a. O. II., 895.) Höchstens hatten sie die Erwartung, daß der Messias die Heiden richten, d. h. überwinden, den Juden unterwerfen würde. Die Annahme aber, daß Jesus und die Apostel sich getäuscht, ist ganz mit dem göttlichen Ansehn dieser Männer unvereinbar. Exegetisch muß es als ausgemacht angesehen werden, daß Jesus und die Apostel eine sichtbare Rückkehr Christi und ein allgemeines Weltgericht zu einer bestimmten Zeit lehren.

Von dieser Lehre abzuweichen sind wir um so weniger befugt, als dieselbe gar keine Schwierigkeiten hat und alles, was man dagegen einwendet, nur darauf hinauskommt, daß wir uns jetzt keine anschauliche Vorstellung von der Art der Ausführung machen können. Man sagt: diese Erscheinung und diese Katastrophe ist etwas so Horrendes und von allem Naturlauf Abweichendes, daß es gar nicht zu glauben ist. (Stäublin, Jesus der göttliche Prophet. 1824.)

(Sonst können die Gegner keinen Grund vorbringen; denn die Einwendungen, daß es bei dem Gericht über alle Menschen an Platz
fehlen, daß es zu lange dauern würde, daß man nicht einsehe, wie
es eigentlich zu bewerkstelligen sei, erkennt selbst **Stäudlin** für
ganz unstatthaft. Wie könnten wir dergleichen für Gegengründe
halten?) So zu raisonniren setzt die armselige, beschränkte Vorstellung voraus, daß in dem unabsehlichen Gange des Weltganzen
nichts vorkommen könne und dürfe, als was bereits in unserem
(wohl so ausgebreiteten?) Erfahrungskreise vorgekommen ist. Wer
consequent nach diesem Princip fortschließen will, muß auf den
crassen Materialismus kommen, weil nur dieses System durchaus
nichts annimmt, was nicht Erfahrungsdatum ist. Sobald aber der
Mensch sich ein Jenseits denkt, so ist er schon aus der ganzen jetzigen Naturordnung herausgesetzt. Es ist Anmaßung, die irdische
Weisheit zum Maßstab der göttlichen zu machen. Die Gegner der
biblischen Lehre müßten entweder die absolute Unmöglichkeit beweisen
oder zeigen, daß sie Gottes unwürdig und unmoralisch sei. Beides
können sie nicht; vielmehr findet das Gegentheil statt.

Anm. 4. So unbestreitbar die physische Möglichkeit des Gerichts und der Erscheinung Christi ist, so herrlich stimmt diese Lehre
mit vielen Vernunftideen überein. a) Ein solches Gericht ist durchaus nöthig zur Offenbarung der heiligen Weltregierung Gottes.
Unser gegenwärtiges Leben ist ein Zustand, wo die Realität dieser
Weltordnung und Gottes selbst nicht erkannt und geschaut wird,
sondern nur g e g l a u b t werden kann. Die Tugend ist die thätige
Anerkennung, das Laster die Verleugnung derselben. Ob nun gleich
der Glaube jetzt das Nöthige und Rechte ist, so wäre es doch widersinnig anzunehmen, daß es in alle Ewigkeit beim Glauben bleiben solle. Dies würde den Glauben selbst untergraben. Es muß
daher einmal die sittliche Weltordnung aus einem Gegenstand des
Glaubens ein Gegenstand der Erkenntniß, sie muß o b j e c t i v r e a l
dargestellt werden, damit der Unglaube der Lasterhaften in seiner
Blöße, der Glaube des Gottesfürchtigen in seinem Recht erscheinend
nun aufhöre, als Thorheit und Täuschung verlacht zu werden.
Wie könnte diese objective Bestätigung einer heiligen Weltordnung
besser gegeben werden, als durch ein allgemeines, sichtbares, d. h.
objectiv erkennbares Weltgericht, verbunden mit der Zerstörung der
uns umgebenden sichtbaren Natur? Dies letztere macht es offenbar,
daß es ein Wesen giebt, welches weit über der natürlichen Weltordnung erhaben ist, sie zeigt die Thorheit des irdischen Sinnes
und des Unglaubens. Wenn diese Erde mit allem, was sie in sich
hält, einst untergeht, wie eitel und verkehrt ist der Sinn, der nur
das Irdische liebt und sucht, darin sein Heil findet und auf dieser
Erde wohnt, als ob sie ewig dauerte! Wie thöricht ist der Unglaube des Spötters, der nur die Erde für das einzig Reale hält
und diese Naturordnung ewig fortdauernd denkt! Die ganze Erde

hat nur eine interimistische Bestimmung; sie hat ihren Werth als Sphäre unserer Vorübung und Prüfung; sie ist eine Schul- und Zuchtanstalt, ist nur das Gerüste zum himmlischen Tempel; ist dieser fertig, wird das Gerüste abgebrochen. — b) Ebenso ist ein öffentliches und allgemeines Weltgericht nöthig zur Offenbarung der göttlichen Gerechtigkeit. Wenn allen Menschen, ja allen erschaffenen Geistern, wenn namentlich den Zweiflern und Ungläubigen es unwidersprechlich einleuchten soll, daß Gott alle Menschen durchaus gerecht behandle, daß in ihm kein Schatten von parteiischem Geiste sei, sondern nur ein gegen Alle gleicher Vatersinn, so muß ein allgemeines Weltgericht statt finden; denn in diesem wird das ganze Gewebe menschlicher Handlungen, das Leben eines jeden, auch das geheime, selbst Gedanken, Absichten, kurz der moralische Charakter und Werth eines Jeden bekannt werden und daraus einleuchten, wie Gott einem Jeden Recht gethan, damit namentlich nun die vielen Dunkelheiten, anscheinenden Widersprüche der göttlichen Regierung aufgeklärt, alle Räthsel gelöst und allem Widerspruch der Mund geschlossen werde. Alle sollen erkennen, daß Gott durchaus gerecht verfahren; dazu gehört aber auch Bekanntwerdung von Allem, weil die Gerechtigkeit Gottes nur aus der Vergleichung seines Verfahrens mit dem wahren Werthe des Menschen hervorgehen kann. Ebenso wird durch dieses Gericht einleuchten, daß Gott Allen die Besserung, die Erlangung der Seligkeit möglich gemacht habe, daß auch die, welche von der Offenbarung nichts wußten, gerecht gerichtet werden; die Weisheit und der Zusammenhang aller Wege Gottes wird dann offenbar werden. Kurz — erst das Weltgericht kann und wird die vollkommene Theodicee geben. — c) Die biblische Lehre von einem allgemeinen und öffentlichen Gericht macht auf das menschliche Herz einen weit stärkeren Eindruck als die Erwartung eines besondern, privaten, successiven Gerichtes. Der Glaube an die persönliche Rückkehr Jesu muß uns zunächst gegen Jesum die höchste Ehrfurcht einflößen und wer es weiß, daß er einst vor Jesu stehen und Rechenschaft geben muß, der wird angetrieben werden, daß er sich bemühe, den Blick Jesu auszuhalten zu können und vor diesem Ersten der Menschen nicht mit Schanden zu bestehen. Dieses Gericht erinnert daran, daß eine Zeit kommt, wo dein Werth oder Unwerth vor der ganzen Welt, vor allen deinen Zeitgenossen, unter denen du lebtest, laut bekannt gemacht, wo deine Ehre und Schande weltkundig werden soll. Welches Entsetzen muß den Heuchler überfallen, wenn er hört, daß eine Zeit kommt, wo er Niemand mehr täuschen kann, wo ihm die Larve vor Allen abgerissen werden soll! Wie muß es den Frommen erheben, daß sein Herz, mag es gleich verkannt worden sein, einst vor aller Welt offenbar und er gerechtfertigt werden wird! Wenn alle sich diesen Gerichtstag vergegenwärtigten, wie ganz anders würden sie sein, wie würden sie ihre Pflicht erfüllen, z. B. Könige, Richter, Lehrer!

Dieser Glaube muß auch die Anerkennung der Gleichheit aller Men=
schen beleben; die Gedrückten werden als Ankläger auftreten, Matth.
5, 25. 26, und die mit Liebe behandelten werden unsere Freunde
sein, Luc. 16, 9. Diese Vorstellung von der Publicität des gött=
lichen Gerichts muß weit mehr wirken, als die eines Privatgerichts; hätte
die Schrift das letztere gelehrt, was gilt's, die Philosophen schrieen
über Verkleinerung Gottes und lehrten die erstere? — d) Daß
Jesus Richter sein wird, ist Gottes durchaus würdig. Gott handelt
immer durch Mittelspersonen. Christus ist das höchste Werkzeug,
rein, heilig, gerecht, der Mensch wie er sein soll. Wer ist würdiger
und wer begabter, Richter zu sein, als er? Christus ist die leben=
dige Norm, nach welcher Alle gerichtet werden und er besitzt die
göttlichen Eigenschaften, welche zum Gericht nothwendig sind. Joh.
5, 25, 27. Jesus wird dadurch verherrlicht und gerechtfertigt. Daß
er wahrhaft Gottes Sohn ist, wird Allen unwidersprechlich gewiß
werden, wenn er die Todten auferweckt und das Weltgericht hält.
Alle anderen Beweise dafür sind nicht so stark. Dadurch erst wird
seine Hoheit und die Tiefe seiner Erniedrigung einleuchten. Der von
seinem Volke, vom Volke Gottes Verstoßene, Verworfene, Verur=
theilte, derselbe soll Aller Richter, auch der Richter seiner Richter
sein. Wie werden die Ungläubigen beschämt werden, die Gläubigen
aber die glänzendste Genugthuung empfangen! — e) Daß auch die
Apostel, Matth. 19, 28, ja sogar alle Heiligen, 1. Cor. 6, 2. 3, am
Weltgericht Antheil nehmen werden, ist wohl denkbar. Dieser An=
theil besteht darin, daß die Gesammtheit der Besseren in jedem Zeit=
alter ihre verdorbenen Zeitgenossen, deren verwerfliche Denkart sie
kannten, durch ihr Beispiel als lebendige Zeugen verurtheilen, ihre
Schuld laut offenbaren werden. Dieß muß am meisten von den
wahren Christen gelten und ganz besonders von den Aposteln, welche
nächst Christo die größten Wohlthäter der Menschen sind. Auf gleiche
Weise können Christen auch Engel richten, nämlich böse, indem sie
durch das, was sie wirkten, die Beförderung des Bösen, welche von
jenen ausging, für ewig verdammungswürdig erklären. Ueberdieß
können dem Herrn noch viele andere Mittel zu Gebote stehn, wie
die Christen beim Gericht thätig sein sollen. Welche ernste Aufforde=
derung für die Christen in dieser ihrer erhabenen Bestimmung! Rich=
ter ihrer Zeitgenossen sollen sie einst sein. Können sie das, ohne
nach der höchsten Tugend, Reinheit und Heiligkeit zu streben, ohne
thätigen Eifer in der Heiligung? Scheinchristen können andere nicht
richten und wer mittelmäßig bleibt, kann Andern nicht als richtende
Norm vorgestellt werden. — f) Die Lehre vom Weltgericht steht
im Zusammenhang mit dem ganzen Offenbarungssystem und stimmt
mit dem ganzen Bibelsystem zusammen. Ein solches Gericht ist der
erhabenste, Gottes würdigste Schluß des großen Weltdramas. Das
Leben ist ein großes Drama, ja das einzige Hauptdrama. Die
Menschen sind nicht etwa bloße Zuschauer, sondern die handelnden

Personen. Die einzelnen Perioden in der Geschichte der Menschheit
sind die Acte dieses Dramas. Die Haupthandlung, das Sujet
ist die Gründung und Ausbreitung des Reiches Gottes, die Rettung
der Menschen nach ihrem Fall durch Christum. Christus ist von
Anfang bis zu Ende die Hauptperson. Er wirkte schon unsichtbar
vor seiner Geburt und Menschwerdung. Er erscheint zweimal, zuerst
in der Gestalt der kämpfenden, leidenden und scheinbar unterliegen=
den Menschheit, das zweite Mal wird er in der Glorie der siegen=
den, erhobenen Menschheit erscheinen. Sein Sieg, der Sieg seines
Reiches über das Reich der Finsterniß wird die Katastrophe dieses
Dramas sein. Wie im Drama beim Beschluß zuletzt alle Personen
auftreten, so werden einst alle Menschen auf dem großen Welttheater
erscheinen vor dem, dem Gott den Hauptberuf übertrug, vor des
Menschen Sohn. Sein Gericht beschließt die ganze Weltgeschichte.
Ohne diesen Schluß hätte die Geschichte der Menschheit kein Ende;
ohne ihn müßte das Menschengeschlecht endlich glauben, sein Leben
sei nur ein Possenspiel oder ein Traum. Durch diesen Schluß wird
es klar vor die Augen treten, daß das Leben ein Sein, ein Han=
deln, ein wirkliches Drama und zwar sehr ernster Art war. Dies
ist die biblische Ansicht von der Weltgeschichte, nach welcher sie als
ein zusammenhängendes Ganzes erscheint. Wenn überhaupt an die=
sem Weltdrama unsichtbare Personen Theil nehmen, so begreift es
sich auch leicht, wie sowohl gute, schützende, als auch böse, verderb=
liche Geister in dieses Drama eingreifen, wie Christus den Sieg
über den Hauptfeind des menschlichen Geschlechts erringen mußte und
eben bei seiner scheinbaren Niederlage errang. Hier sehen wir, wie
Eins und mit sich zusammenhängend die ganze Bibel ist, wie sie ein
wahrhaftes System ist, nicht in luftigen Philosophemen erbaut, nicht
ein Kartenhaus oder Spinnengewebe, sondern auf lauter Thatsachen,
zur Erlösung der Menschen geschehen, beruhend, wie die Hauptper=
son, Christus, frühzeitig 1. Mos. 3, 14 angekündigt werden mußte
und wie kein Theil der Bibel weggenommen werden darf ohne eine
Inconsequenz zu begehen. Freilich gehört eine gewisse Gabe von
dichterischem Geiste dazu, um das Christenthum so in seinem ganzen
Wesen zu erfassen und wer dies nicht vermag, der wird das Chri=
stenthum zu einer hausbackenen, trockenen, gemeinen Welt = und
Lebensmoral herabdeuten. Alle Begebenheiten der Weltgeschichte er=
halten ihre Bedeutung und Wichtigkeit blos von ihrer Stellung zum
Hauptsujet des Weltdrama, von dem näheren oder entfernteren Ein=
fluß auf das Werk, dessen Ausführung Zweck des Christenthums ist.
Nach diesem religiösen, dem erhabensten Standpunkte sollte eigentlich
die Weltgeschichte bearbeitet werden, so daß sie jedem Volk, jeder
Begebenheit den Platz anweist nach seinem Beitrag zum Hauptplan
der Geschichte. Wie ganz anders würde dann die Critik oft aus=
fallen! Nach diesem Maßstabe gemessen würden Abraham, David
eine weit wichtigere Rolle gespielt haben als ein Alexander und

Cäsar, und manches kleine Volk, manche unbedeutende Stadt würde universalhistorischer sein als manche gerühmte Nation und Stadt. (Lavater über d. Dramatische der Bibel in s. Pont. Pil. I. bemerkt nur das Dramatische in der Darstellung des Einzelnen, in der Schilderung einzelner Personen und Ereignisse, zeigt aber nicht den dramatischen Gang der ganzen Menschengeschichte nach dem Geist der Bibel, wo eine große Handlung aus ersten schwachen Keimen durch successive Entwicklung bis zur vollkommenen Vollendung dargestellt wird.)

Anm. 5. Die praktischen Erinnerungen, welche aus dieser Lehre sich ergeben, sind folgende: a) Wenn es ein solches Gericht giebt und dasselbe unseren Werth, all unser geheimes Sinnen und Thun offenbart, so müssen wir auf nichts so ernstlich denken, als daß wir immer nach Herz und Leben so beschaffen sind, daß das Gericht uns nicht fürchterlich sei. Was uns heimliches Erröthen macht, was wir verbergen möchten, wird am Weltgericht uns öffentlich Schande machen. Handle so, daß du dich überall in deiner wahren Gestalt zeigen kannst, vor allem hüte dich vor Verstellung. (Vgl. Plato Gorgias. Plutarch de sera num. vind.) — b) Lerne wahre Ehre und wahre Freude von der falschen unterscheiden. Widerstehe den Lockungen der weltlichen Ehre und den Reizungen der Lust, erhebe dich durch den Gedanken an das Weltgericht über die Welt zu dem, was Gott von dir fordert. Ewige Ehre, ewige Schande steht bei dem gegenwärtigen Leben auf dem Spiel. — c) Tröste dich durch diesen Gedanken bei den Unvollkommenheiten dieser Welt, bei der Ungleichheit menschlicher Schicksale mit jenem ewigen Gericht, das alles ins Gleiche bringt. — d) Um den Glauben an das Weltgericht zu befestigen und zu stärken, übe deinen moralischen Sinn für das Rechte und Gute und belebe so das Bedürfniß des künftigen Gerichtes; betrachte die irdischen Gerichte und Schickungen Gottes als Vorbilder, Voracte des künftigen Gerichts und stärke vor allem den Glauben an Jesum. Wenn es gewiß ist, daß er dieses Gericht verkündigt hat, so ist es auch ausgemachte Wahrheit. Das bereits Erfüllte seiner Weissagungen giebt Bürgschaft für das noch zu Erfüllende. Die Zweifler werden es wahrscheinlich dem Herrn Jesus nicht verwehren können, einst wieder zu kommen, er wird sich die Erlaubniß nicht von ihnen auszubitten brauchen, ob er kommen und sie vor sein Gericht laden darf. Es wird sich Alles ausweisen; man muß nur warten können!

§ 57.
Ueber die Vollstreckung des Gerichts und zwar über die Strafen der Ungebesserten.

Der göttliche Richterspruch über das Schicksal der Menschen wird ihrem sittlichen Werthe gemäß sein, mithin mit strenger

Gerechtigkeit gefällt werden. Dies einzuschärfen ist wesentlicher als zu untersuchen, ob die bestimmten Belohnungen und Bestrafungen positiv oder natürlich sein mögen. Daher sind die Strafen der Ungebesserten zuerst von der Seite darzustellen, daß die Bösen selbst sie als gerechte und nothwendige Folgen ihres Verhaltens ansehn müssen, mithin die Strafe der Selbstverwerfung in einem geängsteten Gewissen beim Rückblick auf ein verlornes Leben, die Strafe der schmachvollen Offenbarung des eigenen Unwerthes vor aller Welt, die Strafe der Trennung von allen Guten, vom Reiche Gottes, von der Gemeinschaft Gottes, die Strafe der Verweisung in die Gemeinschaft der bösen Seelen und der bösen Engel an einem grauenvollen Ort. Daß diese Strafen ewig dauern werden, wie die Schrift lehrt und bei der Bestimmung des gegenwärtigen Lebens als des einzigen freien Erziehungs- und Entscheidungsstandes nothwendig ist, dies zu lehren ist für die Besserung weit zuträglicher, als es zu leugnen.

Anm. 1. Die göttliche Vergeltung wird eine gerechte sein. Matth. 25, 32; Joh. 5, 29; Röm. 2, 5. Wenn in diesen Stellen die Werke genannt werden 2. Cor. 5, 10, wonach entschieden wird, so streitet dies nicht mit der Lehre von der Rechtfertigung aus dem Glauben. Vgl. Bengel Reden üb. d. Offb. S. 1130 ff. Denn Menschenliebe aus christlicher Frömmigkeit ist dieselbe Norm; es ist der Glaube, der zu Grunde liegt und belohnt wird. Das göttliche Gericht geschieht ferner zur Offenbarung der göttlichen Gerechtigkeit vor aller Welt; die Welt aber kann die Würdigkeit oder Unwürdigkeit der Gerichteten nur aus ihren Werken sehen. Diese Lehre giebt uns eine sichere Norm zu unserer Selbstprüfung; wir sollen unseren Glauben an den Werken prüfen.

Anm. 2. Bei diesem göttlichen Gerichte werden nicht die einzelnen Thaten, sondern es wird die ganze Totalität des Lebens, der ganze Mensch gerichtet werden. Es können in dem Leben eines Gebesserten einzelne böse Thaten und in dem Leben eines Ungebesserten einzelne gute Thaten vorkommen, aber sie entscheiden nichts, weder jene zur Verdammniß, noch diese zur Seligkeit, sondern die beharrliche Handlungsweise, der Charakter wird entscheiden. Aber vor dem göttlichen Gericht wird nichts vergessen; gerichtet wird Alles, selbst Worte Matth. 12, 36, wie vielmehr alle Thaten. Das gesammte gegenwärtige Leben bestimmt den künftigen Zustand. Alles im gegenwärtigen Leben, Beschäftigungen, Fertigkeiten, Erkenntnisse, Gesinnungen, Freuden, steht im Zusammenhang mit dem künftigen, und der Zusammenhang wird über alle Erwartung entsprechend sein. Je ernster, heiliger die Beschäftigungen waren, denen sich ein Mensch hingab, zu desto höherem ist er geeignet und umgekehrt wer nur Gemeines getrieben hat, kann nur einen geringeren Platz einnehmen. Wer mit ausgezeichneter Treue viel leistete, wird über viel gesetzt werden. Auf spärliche Aussaat folgt spärliche Erndte. Wer bei

seinen Beschäftigungen nur auf seine Ergötzung, seinen Vortheil sah,
der Gelehrte, der nur für sich lebte und studierte, hat eo ipso kei=
nen Anspruch auf die Seligkeit, die aus der Liebe und Dankbarkeit
geretteter Seelen entspringt. Wer hier keine Freude fand am Got=
tesdienst, der ist auch nicht empfänglich für himmlische Freuden.
Wie viele, die hier die irdische Kirche verachteten, werden dort mit
Gram sich aus der himmlischen Kirche ausgeschlossen sehen. Nach
dieser Regel wird freilich das göttliche Urtheil ganz anders ausfal=
len, als das menschliche. Wie mancher treue Arbeiter in Kirche und
Schule wird weit über den berühmten Namen der gelehrten, politi=
schen, militairischen Welt stehen; sie thaten nichts für die Ewigkeit,
jene alles. Daraus ergiebt sich die Norm für unser Leben: beur=
theile alles, was du thust, nach seinem Einfluß auf das Ewige.
Was für das Ewige keinen Gewinn hat, ist werthlos. Meide alles,
was dir nicht ewigen Segen bringen, was dir wohl gar Scham
bereiten kann. „Wir beschäftigen uns mit Bagatellen, die uns er=
götzen und nicht vervollkommnen. Vollkommenheit ist nur, was uns
nach diesem Leben bleibt. Kenntniß der Thatsachen ist ungefähr wie
die Kenntniß der Straßen von London, die gut ist, so lange man
dort ist." Leibniß otium hannov. S. 27. 28. — Unsere Kirche
lehrt bestimmt eine definitive Entscheidung des Schicksals eines Jeden
nach dem Tode und kennt nur zwei Orte: Himmel und Hölle. Sie
verwirft die Lehre der katholischen Kirche vom Fegefeuer, als einem
Reinigungsort für Gläubige, die manche Sünde noch nicht gebüßt
haben. Aus Mal. 3, 2; 2. Macc. 12, 39 (Fürbitte für erschla=
gene Juden) läßt sich diese Lehre nicht als biblisch darthun. Bei
Matth. 5, 26 fragt es sich, ob der Sünder alles wird zahlen können.
Der Ausdruck in Matth. 12, 32 ist getheilt und soll nur so viel
bedeuten als: nimmer. 1. Cor. 3, 13 redet nicht vom Fegefeuer.
In 1. Petr. 3, 19 und 4, 16 ist nur die Rede von solchen Seelen,
die im zeitlichen Leben nichts vom Evangelio erfahren haben; es
wird da nicht gesagt, daß dasselbe auch denen nach dem Tode ge=
predigt wird, die es hier gehört haben. Diese Lehre ist späteren
Ursprungs. Vgl. orac. sibyll. II., p. 279 ed. Gall. Sie ist auch
insofern praktisch schädlich, als sie der falschen Hoffnung Raum giebt,
daß die Besserung auch noch nach dem Tode möglich sei und hindert
so den Ernst der Besserung. Die uralte Kirche wußte nur von zwei
Orten (so Augustin an vielen Stellen.) Die Verheißungen des
Herrn Joh. 10, 28; 12, 26 widersprechen dieser Lehre auf das
Stärkste.

Anm. 3. Für wen wird das künftige göttliche Gericht stra=
fend, verwerfend, verdammend sein? Nicht für alle Menschen, die
jemals gesündigt haben — denn ohne Sünde ist keiner; auch nicht
für alle, die schwer und viel gesündigt haben, sondern für die, welche
in ihren Sünden starben, d. h. welche starben, ohne Buße gethan
zu haben, ohne gründliche Bekehrung des Herzens zu Gott, wenn

auch ihr Lebenswandel nicht gerade excessiv böse war, wie der des Reichen, Luc. 16, 19. Wer nur sich und seiner Lust lebte, nicht achtete auf Gottes Gebot im Gewissen und in der Schrift, wer, was er that, nur für sich und seine Begierden that, wer ohne Glauben an Gott hinlebte, wer ein sündenvolles Leben führte, der ist's, den die Verdammniß treffen wird. Wer in diese Classe gehört, weiß Gott allein und hat Gott allein zu bestimmen.

Anm. 4. Was aber die Beschaffenheit der Höllenstrafen betrifft, so fragt es sich, wie der Prediger dieselben beschreiben soll. Verschweigen soll er sie nicht; das wäre Versündigung und Feigheit, wenn er sich vor dem Geschmack des Zeitalters fürchtete, als ob es unschicklich wäre von der Hölle zu reden. Aber er soll so davon reden, daß nicht etwa durch grelle Schilderungen nur sinnliche Furcht erregt, sondern so, daß das sittliche Gefühl geweckt und es einleuchtend werde, daß diese Strafen gerecht und natürlich nothwendig sind. Ihrer Beschaffenheit nach sind dieselben theils innere, theils äußere. — a) Zu jenen gehört vor allen die Selbstverwerfung der Bösen. Sie ist das klare, volle Bewußtsein, das sie von der Schlechtigkeit und Bosheit ihres eigenen Herzens haben. Bei der Zerstreuung des weltlichen Lebens und bei der Betäubung des Gewissens, oft auch bei der Berauschung durch Schmeichler und Weltruhm kamen sie gar nicht dazu, in ihr Inneres zu blicken und dessen eigentliche Greuel zu entdecken. Nun mit dem Gericht werden ihnen die Augen aufgethan, das Gewissen, aus seinem langen Schlummer aufgeschreckt, bricht nun um so gewaltiger aus. Die Recapitulation ihres Lebens dient dazu, eine Schande, einen Fleck ihres Herzens, eine Schuld ihres Lebens nach der andern an den Tag zu bringen, was auch durch den Anblick der Folgen verstärkt wird; nun kommen sie zur vollen Selbsterkenntniß, nun sehen sie zum Schrecken und Entsetzen sich selbst und erblicken in den andern Bösen ihr Gegenbild. Die Hauptempfindungen der Verdammten sind nach Matth. 8, 12. 13. 42; 22, 13 zweifacher Art: Heulen und Zähneklappen. Heulen drückt den tiefen, qualvollen Schmerz der leichtsinnigen oder weicheren Naturen (Luc. 16, 24) aus über das verlorne Leben, über den Verlust der Seligkeit, Scham und Pein wegen der eigenen Schande. Das Zähneknirschen ist der Aerger und Grimm wider Gott und seine heilige Weltordnung, wider die unwiderstehliche Obermacht Gottes, Verdruß über ihre eigene Täuschung und über die gegenseitige Falschheit, mit welcher einer den andern betrog, über die Realität des von ihnen früher Verspotteten, über die Realität der Zukunft Christi zum Gericht, von Himmel, Hölle und Teufel, was sie alles für Fabeln hielten. Welches Entsetzen wird solche frechen Spötter ergreifen, wenn sie nun sehen, diese „Fabeln" sind Wahrheit, für sie entsetzliche Wahrheit. — Der eigentliche Stachel, der Wurm, Jes. 66, 24; Marc. 9, 44, in diesen Empfindungen wird der Vorwurf sein: Das alles habe ich selbst verschuldet, ich selbst bin Schuld. Der Anblick des Geretteten wird ihnen die Möglichkeit der eigenen Rettung zeigen; sie werden sich erinnern an den Ruf, der an sie erging, an die Er= weckungen, die sie empfingen, aber aus dem Sinn schlugen. Wo aber Verhärtung und Trotz war gegen diese innere Stimme, da läßt sich denken, daß es nun umschlägt in Wuth und Anklage Gottes als einer absoluten Macht, die alles nach blinder Willkühr bestimmt. So muß das Herz des Verdammten in immerwährende grimmige Lästerungen gegen Gott ausbrechen. Die Schrift, Offb. 2, 11; 14, 20; 21, 8, nennt diesen Zustand den zweiten Tod. So wird die Strafe der Unseligen, ihr ewiges Elend, genannt in Rücksicht auf die Zeiten der Verfolgung, für welche die Offenbarung beson= ders bestimmt ist; wer nämlich dem Tod durch Verleugnung der Wahrheit entgehen will, auf den wartet ein anderer, viel schreck= licherer Tod; wer den Märtyrertod nicht scheut, ist vor jenem zweiten Tod, dem Verderben in der Hölle, gesichert. — Ferner werden sich dem Unseligen die Folgen des begangenen Bösen und unterlasse= nen Guten mehr und mehr mit dem Anwachs der Verdammten vor die Augen stellen. Man denke sich, was böse Könige (Klopstock, Messias XVIII., 745), Tyrannen, niederträchtige Schmeichler, un= gerechte Richter, sittenverderbliche, irreligiöse Schriftsteller, die das Gift unter viele Generationen verbreiteten, empfinden werden, wenn sie sehen, welche Verheerungen sie im Leiblichen und Geistlichen an= gerichtet; dies gilt besonders absichtlichen Verführern (Matth. 13, 41) und gewissenlosen Seelsorgern. (Chrysostomus, Hom. 3 in Act. 1, p. 35, ed. Francof., tom. III., sagt: οὐκ οἴμαι εἶναι πολλοὺς ἐν τοῖς ἱερεῦσι τοὺς σωζομένους, ἀλλὰ πολλῷ πλείους τοὺς ἀπολλυμένους. H. Müller, Herzensspiegel z. 3 Pfingst., sagt: „Ich halte, daß man an keines Menschen Seligkeit mehr zu zweifeln habe, als an der Seligkeit der Prediger.") — b) Es treffen die Unseligen auch äußere Strafen. Die Offenbarung der Schande muß allen Verurtheilten besonders empfindlich sein, da sie vor den Augen aller derer, die sie vorher besonders verach= teten und anfeindeten, als Gerichtete, Verurtheilte dastehen, und dies wird in dem Grade schmerzlich sein, als sie theils früher hoch standen, theils als Heuchler sich zu verbergen wußten. Wenn die Schande ihrer Blöße offenbar wird, haben sie nichts, ihre Blöße zu decken. Offb. 3, 17; Jes. 61, 10. — Hierzu kommt nun die Scheidung von allen Frommen und Gerechten. Matth. 13, 41 f. 48—50; 25, 32. 41; Luc. 16, 26; 2. Cor. 6, 14—16. Diese Scheidung ist von Kant und Krug bestritten worden. Sie sagen: Die Menschen lassen sich nicht streng in zwei Classen scheiden; sie sind ihrem Charakter nach unendlich verschieden und mithin müßte es viele Orte der Vergeltung geben. Allein diese Mannigfaltigkeit findet nur vor Menschen, nicht auch vor Gott statt; in Gottes Augen, der in das Innere sieht, giebt es nur zwei Classen, je nach der verschiedenen Richtung des Willens, entweder gute oder böse, entweder zu Gott hin, oder von ihm abgewendet, gleich wie die Magnetnadel immer nur nach Einem Pole sich richtet. Uebrigens giebt es, wie in der Seligkeit so auch in der Verdammniß, Stufen und Grade. Luc. 12, 47; 2. Cor. 9, 6. Ohne eine solche Schei= dung würde aber eigentlich gar keine vollkommen sichtbare Vergel= tung statt finden. Sollten Gute und Böse ewig vermischt bleiben, so würde dies nur eine Wiederholung des gegenwärtigen Zustandes sein, und es würde nicht offenbar werden, welche Classe eigentlich die Belohnten, welche die Bestraften seien. Auch würden die Bösen in diesem gemischten Zustande, statt sich zu bessern, immer schlimmer werden und an Gottes Regierung endlich ganz zweifeln. 2. Petr. 3, 4. Ihre Lage müßte durch die Verbindung mit den Guten sehr erträglich sein, und die Guten wiederum könnten keine voll= kommene Seligkeit genießen, weil ihnen die Gesellschaft der Bösen immer eine Quelle von Leiden und Kummer sein würde. Diese Strafe ist auch vollkommen gerecht. Die Bösen haben es ja immer verlacht, nach Vereinigung mit dem Himmel, mit Gott, mit Christo zu streben; sie werden von Gott ganz nach ihrem Willen behandelt. Wer den Himmel verachtet, soll ihn auch nicht erhalten; es bleibt also nichts als die Ausschließung davon übrig. Matth. 8, 12; 22, 13; 7, 23; 2. Petr. 2, 17. Diese Strafe wird selbst schon eine Hölle sein, die ganze volle Hölle; denn was kann schrecklicher sein als zu denken: Du bist ewig getrennt von den Guten. Luc. 16, 26. — Dazu kommt aber noch die Verbindung der Bösen an Einem Ort der Qual, Luc. 16, 23. 27, mit dem Teufel und seinen Engeln, Matth. 25, 41. In der Hölle giebt es keine Freundschaft und die Gemeinschaft der Bösen wird eine schreckliche Pein sein, da immer einer den andern als seinen Verführer anklagt und keiner dem andern eine gute Gesinnung zutrauen kann. Auch diese Strafe ist gerecht nach dem Gesetz: Gleich und gleich gesellt sich gern. Die Bösen waren Werkzeuge des Satans und stimmten mit seinem Sinn überein, sie hatten hier auch kein Verlangen nach der Gesellschaft der Guten. — Der Ort aber, wo sie sein werden, ist ein grausenvoller, wo es an allen Mitteln fehlt, ihre mit= gebrachten Leidenschaften zu befriedigen; alles, was vorher ihr höch= stes Gut war, fehlt ihnen, und für die Freude des Himmels sind sie nicht empfänglich. Dabei wird Gott ihnen alle Freiheit, d. h. alle Gewalt, weiter Böses zu stiften und auszubreiten, nehmen. Matth. 25, 28. 29. — Von Gott empfinden sie nur seinen Zorn, Matth. 3, 7; Röm. 2, 5; 1. Thess. 1, 10. Diese Strafen zusammen nennt das Neue Testament das ewige Feuer, Matth. 18, 8; 25, 41; Luc. 16, 23; 2. Thess. 1, 8. Der Zustand der Ver= dammten ist desto unseliger, je stärker der Contrast mit dem vorigen ist. Dies wird Luc. 16 kurz aber klar angedeutet. Vorher hatten sie Ueberfluß, Genuß in der mannigfaltigsten Abwechselung; jetzt empfinden sie Mangel, Pein, Entbehrung und dabei doch Durst; früher erlaubten sie sich in ihrer Ungebundenheit alles, jetzt schmach=ten sie in elender Gefangenschaft im Kerker; früher standen sie in Ansehen, von Schmeichlern umgeben, nun sind sie verlassen und die falschen Freunde sind zu grimmigen Feinden geworden; früher lagen sie in Betäubung, jetzt ist ein schreckliches Erwachen gefolgt. Dies ist die Neutestamentliche Beschreibung der Hölle. Wenn ge=fragt wird: Giebt es eine Hölle? so ist kategorisch zu antworten: Ja! (Verglichen zu werden verdient der erste Theil von Dante's gött=licher Comödie, welcher von der Hölle handelt.)

Anm. 5. In Bezug auf die Dauer der Strafen lehrt unsere Kirche nach der Schrift die Ewigkeit derselben. Die Conf. A. XVII. p. 14 sagt: Christus impios homines ac diabolos condemnabit, ut sine fine crucientur und setzt hinzu: damnant Anabaptistas, qui sentiunt hominibus damnatis ac diabolis finem poenarum futurum esse. Diese Lehre ist sowohl mit exe=getischen als philosophischen Gründen vielfach bestritten worden. — I. Zu jenen gehört a) die Behauptung, daß αἰώνιος nicht so streng genommen werden dürfe, weil es nur die Dauer von Aeonen, nicht den metaphysischen Begriff der Ewigkeit bezeichne, 1. Mos. 17, 7; 2. Mos. 31, 14. Darauf hat schon Augustin de civ. Dei 21, 23 treffend geantwortet. Die αἰώνιος κόλασις steht Matth. 25, 46 der ζωή αἰώνιος entgegen und es muß wohl αἰώνιος das erste Mal dieselbe Bedeutung haben wie das zweite Mal. (Dicere in hoc uno eodemque sensu Matth. 25, 46, vita aeterna sine fine erit, supplicium aeternum finem habebit, multum absurdum est. Augustinus l. c.) Auch konnten die Zuhörer es nicht anders ver=stehen, weil sie sich nach ihren Vorstellungen die künftigen Strafen als ewig dachten. Judith 16, 17. (Vgl. Josephus Archäol. XVIII., 11. de bell. jud. II., 8. Philo de praem. et p. p. 713. 4. Macc. — in der Parif. u. Lond. Polyglotte — 3, 37; 9, 9; 10, 15; 16, 25; 18, 17. 18. 23.) Außerdem wird in andern Stellen die Ewigkeit der Strafen negativ ausgedrückt, indem das Aufhören derselben geleugnet wird. Marc. 9, 43 — 48. Positiv gelehrt wird aber die Ewigkeit der Strafen Joh. 3, 36; Luc. 14, 24; vgl. Matth. 18, 8; 2. Theff. 1, 9, und sie wird mit denselben Ausdrücken geschildert, wie die Ewigkeit Gottes selbst. Offb. 19, 3; 20, 10. — b) Ferner behaupten die Gegner, daß an manchen Stellen der Schrift die künftige Wiederbringung aller Dinge, mit=hin auch die Errettung der Verdammten angedeutet werde. (Ori=genes u. A. — Klopstock läßt in s. Messias XIX., 139 einen gefallenen Engel begnadigt werden, aber nur diesen einen. — Schu=bart hatte die Idee, ein Gedicht zu schreiben: Satans Wiederkehr. S. f. Leben II., 170.) Aus 1. Mos. 3, 15 folgert man, z. B. Joh. Wilh. Petersen, als Superintendent in Lüneburg 1692 ab=gesetzt, gestorben in der Nähe von Zerbst 1727, in f. Mysterium

Ἀποκαταστάσεως), daß der Satan nicht mehr sein werde, während diese Stelle nur von der Ueberwindung des Satans redet. Noch weniger kann Pf. 145, 9. 14 hierher gezogen werden. Die Haupt= stelle, auf welche sich die Vertheidiger der Wiederbringung berufen, ist Apg. 3, 20. 21. Hier redet Petrus aber nur von der Zeit, wo das Erlösungswerk ganz und gar soll ausgeführt werden. Nach Röm. 5, 18 kommt die Erlösung allerdings über alle, jedoch nur wenn sie glauben. Wenn 1. Cor. 15, 21 u. 28 sagt, daß Gott Alles in allem sein werde, so bedeutet dies nach dem Zusammen= hange nur: es wird eine solche Offenbarung Gottes statt finden, wo kein Medium mehr nöthig sein wird. In Offb. 5, 13 heißt es: alle Creaturen lobsangen Gott; aber natürlich muß man doch hinzu= setzen: nämlich die, welche zum Lobe Gottes geschickt waren. Vgl. Phil. 2, 10. — c) Wenn Tillotson u. A. die Meinung aufstell= ten, daß die ewigen Strafen nur zur Abschreckung angedroht, aber nicht eigentlich bestimmt seien, so ist dies Gottes, der durch Christum redete, ganz unwürdig, und ebenso Christi selbst, der es im vollen Ernste aussprach. Diese Meinung aber, exoterisch gemacht, wider= spräche nun auch dem Zwecke Gottes; denn wenn es allgemein an= genommen würde, Gott hätte nicht im Ernst gedroht, so würden diese Drohungen nun vollends gar nichts ausrichten. — d) End= lich behauptet man (z. B. Eckermann Dogm. III., 730 f.) Jesus habe sich blos an die jüdische Vorstellung accommodirt, die den Ju= den auszureden er nicht für weise und nützlich gehalten. Allein aus dem Ernste mit welchem Jesus, Marc. 9, 43 — 48; Matth. 25, 31 f., redet, leuchtet die Unhaltbarkeit dieser Hypothese jedem un= befangenen Exegeten ein. Jesus hat sich auch überhaupt nie acco= mobirt. Die Lehre von der Ewigkeit der Strafen kann also exe= getisch nicht widerlegt werden und es kann höchstens als ein Reser= vat der göttlichen Gnade betrachtet werden, ob ein Ende der Strafen eintreten wird, darüber wir nicht entscheiden können. Luther in seinem Sendbrief über die Frage: Ob auch Jemand ohne Glauben verstorben selig werden möge? (X., 2314) ermahnt zur Beschei= denheit im Urtheilen über solche Fragen und zur Unterwerfung unter das Wort Gottes, was ewig wahr bleibt. Ohne Glauben, sagt er, kann Gott Niemanden selig machen; er würde sich damit selbst Lügen strafen. Dann fährt er fort: „Das wäre wohl eine andere Frag, ob Gott Etlichen im Sterben oder nach dem Sterben den Glauben könnt geben und also durch den Glauben könnt selig ma= chen? Wer wollt daran zweifeln, daß er das thun könnt? Aber daß er es thu, kann man nicht beweisen. Dann wir wohl lesen, daß er Todten zuvor wieder auferweckt hat, und also den Glauben geben, er thu nu hierin, was er thu, er geb Glauben oder nicht, so ist's unmöglich, daß ohne Glauben Jemand selig werd, sunst wäre all Predigt und Evangelium und Glauben vergeblich, falsch und verführlich, sintemal das ganz Evangelium den Glauben nöthig macht."

II. Die philosophischen Einwendungen gegen die Lehre
von der Ewigkeit der Strafen sind folgende: — a) Ewige Strafen,
sagt man, widersprechen der Weisheit Gottes. Denn zu welchem
Zweck hätte wohl Gott Menschen geschaffen, die ewig unselig sind?
An ihnen erreicht Gott seinen Zweck nicht. Allein Gott erreicht
an Wesen, die sich nicht bessern lassen wollen, insofern seinen Zweck,
als er seine Gerechtigkeit offenbart. Denn Strafen sind nicht blos
Mittel, sondern Selbstzweck (wie Kant richtig behauptet) und an
sich nothwendig wegen der Heiligkeit des Gesetzes. An freien Wesen
aber kann Gott den Zweck seiner Güte nicht erzwingen. Wenn es
also blos darauf ankommt, ob ewige Strafen einen Zweck haben,
so ist die Antwort leicht. — b) Ewige Strafen sollen auch der
Gerechtigkeit Gottes widerstreiten; denn die Gerechtigkeit muß die
Strafe nach der Schuld abmessen, unendliche Strafen stehen aber
in keinem Verhältniß zur endlichen Schuld des Menschen. Das
Argument, mit welchem ältere Theologen diesen Einwurf zu entkräften suchten, ist nicht stichhaltig. Sie sagten nämlich: Die Sünden der Bösen sind unendlich, weil sie gegen den unendlichen
Gott geschehen sind. Nun ist es allerdings wahr, daß die Schuld
eines Vergehens größer wird, je erhabener das Object ist, gegen
welches man sich vergeht; aber sündigten denn die Menschen, um
Gott zu beleidigen? Vielmehr ist auf den obigen Einwurf zu
antworten, daß Gott nicht etwa blos die einzelne That oder eine
Reihe von Thaten bestraft (nicht ein Quantum), sondern den beharrlich bösen Sinn der Menschen. Wenn der Mensch in Gottes
Augen als beharrlich böse erscheint, so muß ihn auch Gott beharrlich strafen. — c) Ein anderer Einwand beruft sich auf Gottes
Güte, nach welcher es undenkbar sei, daß der liebende Gott ewig
strafen werde. (Rousseau, XXV., S. 316; Necker, Manuscrits
S. 183) Aber dieser Einwand würde beweisen, daß Gott gar
keine freien Wesen schaffen durfte, daß er sie alle zur Seligkeit durch
Naturnothwendigkeit hinleiten und die Möglichkeit zu sündigen ab-
schneiden mußte. Wenn es aber Gottes Zweck war, freie Wesen
zu schaffen, so blieb auch die Möglichkeit zu sündigen; die Folgen
aber der Sünde sind unvermeidlich. — d) Ferner ist die Behauptung
aufgestellt worden, daß ewige Strafen der moralischen Natur des
Menschen widerstreiten, nach welcher er der Besserung fähig bleibt
und es sich erwarten läßt, daß er sich einmal bekehre. Allein wenn
wahre Buße und Besserung, die aus freier Liebe zu Gott entsteht,
den Verdammten möglich sein soll, so müßten sie auf's Neue in einen Zustand versetzt werden, wo sie nicht zur Besserung genöthigt
werden, sondern sich frei dazu bestimmen könnten; also dürften die
Bösen gar nicht gestraft werden, sie müßten in einen Prüfungszu-
stand wie das gegenwärtige Leben versetzt werden. Ist es nun zu
erwarten, daß der, der ein ganzes Leben ungenutzt hat hingehen
lassen, der ein ganzes Leben hindurch beharrlich böse geblieben ist,

in einem zweiten Leben, wo dieselbe Lage wiederkehrt, sich bessern
werde? Dazu ist in diesem Fall gar keine gegründete Hoffnung.
Wenn aber die Verdammten dadurch gebessert werden und sich des=
halb Gott unterwerfen, weil sie seine Macht und Gerechtigkeit fühlen,
so ist das eine erzwungene, durch das Gefühl der Uebermacht Gottes
abgenöthigte Bekehrung, d. h. keine wahre Bekehrung aus Liebe
und Dankbarkeit. An den bösen Engeln haben wir ein Beispiel,
daß sie durch ihre Strafen nicht gebessert sind. Das gegenwärtige
Leben ist der Zustand der Freiheit, der Prüfung, welchem dann
auch die Vergeltung folgen muß. — e) Endlich wird gegen die
ewige Dauer der Strafen geltend gemacht, daß dadurch die Selig=
keit der Frommen gemindert und getrübt werden würde, weil der
Anblick solchen Elends sie mit Schmerz erfüllen müsse. Gregor
d. G. hat darauf geantwortet: Die Seligen stimmen so unbedingt
und unumschränkt in Gottes Willen ein, daß ihnen Alles recht ist,
was diesem Willen gemäß ist. Er sagt (hom. 40, tom. II., f.
144): „sanctorum animae quamvis misericordes tunc tamen
Dei justitiae conjunctae tanta rectitudine constringuntur, ut
nulla ad reprobos compassione moveantur. Ipsae quippe ju-
dici concordant, cui inhaerent et eis, quos eripere non possunt, nec ex misericordia condescendunt; quia tantum illos
tunc a se videbunt extraneos, quantum et ab eo, quem dili-
gunt, auctore suo conspiciunt repulsos. Nec injusti ergo ad
beatorum sortem transeunt, quia damnatione perpetua constringuntur, nec justi ad reprobos transire possunt, quia electi
jam per justitiam judicis eis nullo modo ex aliqua compassione miserentur." Schaaf, über die Sünde wider den heiligen
Geist, S. 158, sagt: „Wie jeder vernünftige Mensch darüber be=
ruhigt ist, wenn er einen Wahnsinnigen im Tollhause weiß, so stört
es die Seligkeit der Frommen nicht, die Gottlosen in der Verdamm=
niß zu wissen." Im Elucidarius (d. i. Inbegriff des christlichen
Glaubens aus dem 12 Jahrhundert, angeblich von Anselm. Aus=
zug daraus s. bei Bossuet, Geschichte der Welt, fortgesetzt von
Cramer, VI., 209 — 246; daselbst S. 230) wird behauptet:
„Die Gottlosen sind um der Auserwählten willen erschaffen, damit
diese durch dieselben in der Tugend geübt, vom Bösen geläutert
und in der Vergleichung mit ihnen desto herrlicher erscheinen, sich
auch, wenn sie dieselben in ihren Qualen erblicken, ihrer Seligkeit
desto mehr freuen mögen; diese hingegen gehen mit Recht verloren,
weil sie das Böse erwählen ohne dazu gezwungen zu sein, und gern
ewig leben wollen, um ewig sündigen zu können." Jedenfalls werden
die Frommen durch den Anblick der Bösen nicht gestört werden, da
sich auch an diesen die Gerechtigkeit offenbart und zeigt, nachdem sie
die Langmuth und Geduld Gottes verachtet und erschöpft haben.

Anm. 6. Zu dem Bisherigen sind noch folgende Bemerkungen
hinzuzufügen: die Vorstellung von dem Ende der Strafen der Bösen

hat für den streng Moralischen etwas ebenso Empörendes, als für den gutmüthigen Schwächling der Gedanke der endlosen Strafen etwas Schauderhaftes hat. Denn wenn die, die ihrem Charakter nach von den Guten specifisch verschieden waren, in den gleichen Zustand der Seligkeit mit diesen versetzt werden, so ist das so gut, als wenn der wesentliche Unterschied zwischen Gut und Böse selbst aufhörte, die Grenzen von beiden müssen in einander fließen. Wer, der diesen Unterschied klar einsieht und fühlt, kann dies ertragen? Jes. 5, 20. Der streng Moralische muß wollen, daß sie sich als beharrlich böse oder gut gezeigt haben, auch von einander geschieden bleiben. Es kommt nur darauf an, daß man überzeugt ist, alle Menschen seien ihrem Sinn und Charakter nach nur in zwei Classen einzutheilen, entweder gut oder böse, ein Mittleres giebt es nicht. Mitleid oder Bedauern ist hier ganz am unrechten Orte; der beharrlich Böse verdient kein Bedauern, sonst setzt man den Grund seiner Bosheit in etwas Aeußerem; er verdient Verabscheuung. Allemal werden also die Leugner jenes fortdauernden Unterschieds die Strenge und Reinheit der Moralität und des freien Willens schwächen. Dies ist auch der Grund, warum viele Philosophen (z. B. Socrates bei Plato im Gorgias, Plato im Phädon, Leibnitz in der Theodicee u. a. a. O.) und die meisten alten Religionen, namentlich die Indische die Ewigkeit der Strafen lehren. Dante setzt über die Hölle folgende Inschrift: Lasciate ogni speranza, voi ch'entrate. — Die Menschenliebe kann uns nicht berechtigen, die Lehre zu leugnen. Denn ungerechnet, daß man sich anmaßt, menschenfreundlicher zu sein, als Jesus selbst, so wird damit Niemandem geholfen. Mit allem Raisonniren und Vernünfteln wird an der Sache nichts geändert. So wenig als das Behaupten der Ewigkeit, falls Gott ein Ende eintreten ließe, die Dauer der Verdammniß auch nur um einen Augenblick verlängern könnte, so wenig wird alles Leugnen der Ewigkeit die Verdammniß auch nur um einen Augenblick abzukürzen vermögen. Die Leugner machen sich verdächtig; denn es scheint als ob sie ein Interesse dafür nur hätten, weil sie sich jetzt nicht bekehren wollen. — Zur vollen Ueberzeugung kommt Alles auf die richtige Vorstellung an. Die ewigen Strafen sind nicht etwa blos, wie manche, z. B. Lessing, Reinhard, annahmen, ein Verlust an Seligkeit und ein späteres Gelangen zur Vollkommenheit, nicht ein bloßes minus und serius. Das würde ganz auf den Irrthum der Wiederbringung aller Dinge hinauskommen. Es ist rein verlorne Mühe, wenn man diesen Begriff der Strafe in das christliche System einschieben will. Denn bei dieser Erklärung verschwindet der Gegensatz zwischen Seligkeit und Verdammniß gänzlich und es müßten der Sache nach zuletzt Alle gleich werden. Was kann aber mehr dem schneidenden Gegensatze κολασις αιωνιος und ζωη αιωνιος, und dem Johanneischen βασανισθησονται εις τους αιωνας των αιωνων, Offb. 20, 10, widersprechen? Es muß ein spezifischer Unterschied

bleiben zwischen dem Zustand der Guten und Bösen und zwar im
Innern wie im Aeußern. Die Bösen werden immer eine innere
Pein leiden, weil, wenn sie sich auch Gott unterwerfen, sie sich
den Gehorsam haben abnöthigen lassen und mithin nie in sich selbst
und in die Aufrichtigkeit ihres Willens ein beruhigendes Zutrauen
setzen, nie gewiß sein können, ob sie Gott wirklich und treu lieben,
also auch nicht fest und entschieden der Liebe Gottes trauen können;
denn das vermag der Mensch nur, wenn er selbst Gott aufrichtig
liebt. Wo dem Menschen dieses Bewußtsein fehlt, da fehlt ihm
das Seligste und Beste, da nagt der Wurm, der nie stirbt, an
dem Innern. Ja man möchte sagen: Wenn die Verdammten sich
besserten, so müßte nun erst ihre Pein recht angehen. Denn was
ist die größte Pein des Sünders? Nicht der physische Schmerz,
nicht das Uebel, der Verlust, den die Sünde erzeugt hat, — sondern das Gefühl eigener Schuld, die sich aufdringende Erkenntniß
der eignen Unwürdigkeit. Dies muß aber erst recht stark werden,
wenn die Verdammten anfangen sich zu bessern; denn da erst sehen
sie ein, wie tief sie gefallen, wie unwürdig sie der Liebe Gottes
sind. Auch werden die Ungerechten, selbst wenn ihre Strafen sich
mindern, ihr Zustand sich bessert, doch nie in das Reich der Seligkeit gelangen, wo Christus mit seinen Gläubigen ist, wo Gott in
seiner ganzen Herrlichkeit sich offenbart. Es wird immer eine Scheidewand bleiben. Diese Strafe ist gerecht, ist vielleicht auch für
die Gestraften selbst nöthig; denn wer weiß, ob nicht solche, die
sich ihre Besserung haben abnöthigen lassen, immerfort ein Gefühl
der Strafe bedürfen, um nicht wieder zurückzufallen, ob ihnen also
nicht immer eine Offenbarung des Zornes Gottes als Correctiv
nöthig ist. Eins ist festzuhalten: wir sollen uns dabei beruhigen,
daß Gott Niemand Unrecht thun wird. Ernst und schneidend ist
diese Lehre, aber wehe dem, der sich dieses Ernstes wegen sie zu
bezweifeln verleiten läßt. Ist es denn nicht der Ernst des gegenwärtigen Lebens und seiner Bestimmung, den der Mensch fühlen
muß, wenn er sich ermannen und sammeln und nicht zu spät klug
werden soll? Es ist geschehen um allen Ernst, wenn man die biblische Lehre verdreht und ihr abhandelt. Die Vorstellung des plus
und minus, prius und serius in Ansehung der Seligkeit vermag
viel zu wenig das Gemüth zu rühren und den Leichtsinnigen zu
erschüttern. Der Punkt, der die Gerichteten immer unselig machen
muß, ist wohl kein anderer, als der stets bleibende Zweifel an der
eigenen Herzensgüte, eine zwar geheime, aber schwere Pein, der zu
entgehen man alles aufbieten muß. Wer je etwas empfunden hat von
dem Zustande, wo man an sich zweifelt, wo man sich heimlich sagen
muß: „dein Herz ist doch noch falsch“, der wird es ahnen können,
wie die Verdammten ewig einen geheimen Schmerz in sich tragen.

Anm. 7. Die Frage, ob man über die Ewigkeit der Strafen
und über die Hölle predigen solle, ist sogar von Manchen verneint

worden. Aber, so kann ein evangelischer Prediger seiner Gemeinde
zurufen, warum soll ich darüber nicht predigen? Ja wenn ich pre=
digte mit der geheimen Lust, als freute ich mich, daß vielleicht recht
viele von euch in die Hölle kommen, dann möchtet ihr mir mit Un=
willen den Mund verbieten. Aber wenn ich dies wollte, würde ich
nicht von der Hölle predigen. Denn um Leute in die Hölle zu
bringen, giebt es kein besseres Mittel, als darüber ein tiefes Still=
schweigen zu beobachten und die Hölle als einen Punkt zu betrachten,
von dem kein Aufgeklärter mehr redet. Daß eine Hölle ist, steht
in deinem Herzen so gut geschrieben, als daß ein Himmel ist. Es
kommt nichts darauf an, wie und wo du dir den Ort denkst. Mei=
netwegen laß sie den schönsten Rosengarten sein. Die Hölle macht
dir dein Herz, das Gewissen schafft den Ort zur Hölle. Polybius
klagt, hist. rom., VI., 54, von seiner Zeit: es würden jetzt die
alten Lehren der Religion verachtet, aber es sei heillos; alle Furcht
würde dadurch dem Volke genommen. Die älteren Prediger haben
oft darüber gepredigt, z. B. Bourdaloue, Saurin u. A. Die
praktische Wichtigkeit dieser Lehre leuchtet auch klar ein.
Während das Leugnen handgreiflich dem Leichtsinnigen und Trägen
die Hoffnung giebt, sich auch noch in der Zukunft bessern, also ohne
sonderliche Gefahr und Einbuße seine Bekehrung auf bequemere Zeit
verschieben zu können, giebt die rechte Lehre die aller ernstesten An=
triebe und zwar zunächst das gegenwärtige Leben als die einmal
für allemal entscheidende Prüfungszeit auch mit der eifrigsten Sorg=
falt und Gewissenhaftigkeit zu gebrauchen, mithin ungesäumt Buße
zu thun, weil der Tod immer unsicher ist, und wer ohne Buße
stirbt, das Schlimmste zu fürchten hat. Darum eile, die Seele
zu retten. Diese Lehre ist auch ein kräftiges Präservativ gegen
allen Reiz der Sünde und böser Lust. Willst du die kurze Lust
mit ewiger Pein büßen? (Dante giebt gräßliche Bilder, wie jede
Sünde auf die ihr correspondirende Art gestraft wird. Nach Dante
beschrieb der Französische Missionar Bridaine die Ewigkeit so:
„Wisset ihr, was die Ewigkeit ist? Eine Thurmuhr, deren Pendel
unaufhörlich nur die beiden Worte: Immer, nimmer; nimmer,
immer während der Todtenruhe vernehmen läßt. Von Zeit zu
Zeit ruft ein Verworfener aus: Wie viel Uhr ist es? Und ein
anderer Elender antwortet ihm: Die Ewigkeit." S. bei Maury
Essai sur l'éloquence de la Chaire, I., 143.) Diese Lehre
treibt und erweckt aber auch zur ernstesten Sorge für das Seelen=
heil Anderer; sie warnt uns, Andern ein Verführer zu werden,
weil man fürchten muß, Ursach ihrer ewigen Verdammniß zu werden.
Vielmehr müssen wir alles thun, um sie zu retten, nichts aus Furcht,
Bequemlichkeit, falschen weltlichen Rücksichten unterlassen, um nicht
den schrecklichen Vorwurf uns machen zu müssen, daß wir etwas
versäumt haben, wo wir sie hätten vom Verderben retten können.

§ 58.

Ueber die Seligkeit der Gerechten.

Der Vortrag dieser Lehre ist wegen des starken Eindrucks, mit dem sie alle Saiten des menschlichen Herzens zu berühren vermag, dringend zu empfehlen, und der Prediger darf sich nur der Leitung des christlichen Geistes in der Schilderung jener Seligkeit überlassen, der sich weit über den Geist anderer Religionen erhebt. Obgleich überhaupt die Seligkeit oder die Aufnahme in das himmlische Reich Gottes nur aus Gnaden erlangt wird, so hat doch die größere oder geringere moralische Würdigkeit Einfluß auf den Grad der Seligkeit. Als Quelle der Seligkeit ist vorzüglich Folgendes hervorzuheben: 1) das selige Bewußtsein der eigenen Herzensbesserung und die Freude über das gelungene Gute, dessen Folgen erst jetzt sich ganz offenbaren und in's Unendliche entwickeln, so wie über die überstandenen Kämpfe; 2) die Offenbarung der Kinder Gottes oder die öffentliche Auszeichnung ihres guten frommen Sinnes; 3) Die Erhebung in einen freien, leidenslosen Zustand; 4) das Wachsthum in aller Art der Erkenntniß und Vollkommenheit; 5) die Versetzung in einen weit herrlicheren Wirkungskreis; 6) die Aufnahme in den Kreis gleichgesinnter reiner Seelen, in das Vaterland der Liebe und des Friedens, in die nähere Gemeinschaft mit Christo, das Anschauen Gottes, ein Ziel, nach welchem zu streben der Christ keine Mühe und keinen Kampf scheuen darf. (Vgl. die schöne Abhandlung des Amyraldus vom ewigen Leben in d. Syntagma thesium Salmuriensum. 2te Aufl. 1661. S. 859—876. Lavater, Aussichten in die Ewigkeit, wo besonders in Bb. 3 viele herrliche Gedanken. Müßlin's Predd. Bb. 3. „Aussichten des Christen in die Ewigkeit." Vgl. ferner das herrliche Lied von Augustin oder einem Andern [Opp. VI. Append., p. 597, 98; in Gerhard's Loci ed. Cotta XX., 533—35] und die andern Beschreibungen aus Augustin u. A. in Gerhard — Cotta XX., 368—376.)

Anm. 1. Leibniß hat darüber Klage geführt, daß so wenig über diesen Gegenstand gepredigt wird (Otium hannov., S. 169 f.). Die Gefahren, die dabei zu vermeiden sind, können wider den Vortrag dieser Materie nichts beweisen. Es kommt alles auf den Begriff der künftigen Seligkeit an. Das Christenthum stellt einen reinen, edlen Begriff von der Seligkeit auf, der dieselbe nicht in bloßen Genuß, in träge Ruhe setzt. Die heidnischen Religionen und auch die muhammedanische geben solche Schilderungen der Seligkeit, die anstatt das Sinnliche dem Geistigen zu unterwerfen, gerade die Sinnlichkeit reizen. Nicht so das Neue Testament; dieses unterscheidet sich hier namentlich durchaus vom Koran. Vgl. Clu-

bius, Muhammed's Religion aus dem Koran. Altona 1809. S.
215—226. Die späteren muhammedanischen Theologen haben sich
damit helfen wollen, daß sie die wollüstigen Schilderungen des
Koran allegorisch deuteten, aber Clubius a. a. O. Seite 226 f.
zeigt, daß diese Deutung nicht im Geiste des Koran liegt. Im
Neuen Testament wird die Seligkeit auch unter Bildern von Essen,
Trinken, mit Abraham zu Tische sitzen, beschrieben, aber Erklärungen
wie Luc. 20, 35. 36; Röm. 14, 17; 1. Cor. 15, 50 schneiden gleich
alle sinnliche Deutung ab. Ueberdies enthalten jene Ausdrücke durchaus nichts Unreines, das Schamgefühl Verletzendes, wie die Schilderungen des Koran; sie sind nur ein Bild der innigsten Gemeinschaft, des frohesten Zusammenseins und des leichten Gelingens alles
Guten, das nicht mehr Mühe und Plage, sondern Lust und Genuß
ist. Alle andern Schilderungen der Seligkeit im Neuen Testament
sind geistiger Art, nicht von der Art, daß sinnliche Begierde gereizt,
sondern ein reiner, edler Ehrtrieb geweckt, daß die Seligkeit als
Frucht unserer irdischen Thätigkeit und als in fortwährender Liebe
zum Guten bestehend gedacht wird. Es ist also nicht zu fürchten,
daß diese Vorstellung von der Seligkeit unbrauchbar für die
Welt macht.

Anm. 2. Die Seligkeit ist ein freies Gnadengeschenk Gottes;
denn sie ist die Aufnahme in das himmlische Reich Gottes, in die
Familie seiner Kinder, mithin ist sie nur denen bestimmt, die rein,
schuldlos, heilig sind. Das sind wir nicht durch uns; keine menschliche Tugend ist so rein und vollkommen, daß sie die überschwengliche Seligkeit, die uns verheißen ist, verdiente. Wir sind nur durch
Christum gerecht, Christus hat uns den Platz im Himmel errungen.
Das ist Gnade und schneidet alles Verdienst ab. Luc. 17, 10. Dies
muß allen Tugendstolz beugen und die dankbare Liebe gegen Gott
erhöhen. Dabei bleibt immer Buße, Besserung, Heiligung die Bedingung. Dennoch giebt es verschiedene Grade der Seligkeit. Apol.
C. A. III., p. 135, sagt: Erunt enim discrimina gloriae sanctorum. Vgl. Gerhard — Cotta, l. th. XX., 461—476.
(Jovinian leugnete die Grade der Seligkeit, s. Schröckh, K. G.
IX., 236, 246 ed. 2. Auch Augustin, hom. 50 de necess.
poenit u. hom. 4 de sanctis, sagt: nolo regnare, sufficit mihi
salvum esse.) Diese Verschiedenheit ergiebt sich aus folgenden
Stellen: Matth. 5, 19; 25, 40. 45; 1. Cor. 3, 8; 2. Cor. 9,
6; Luc. 19, 17. 19; 1. Tim. 3, 13; 2. Petr. 1, 11. Darnach
ist der Grad der Seligkeit abhängig von dem Maße der Treue und
des Eifers im Dienste Gottes, und die Verschiedenheit besteht in
der höheren, herrlicheren Auszeichnung, in einem größeren, mäch-
tigeren Wirkungskreis. Nach Dante bilden die Seligen concen-
trische Kreise um das ewige Licht; die Seligsten sind dem Centrum
am nächsten. Dies ist ein mächtiger Antrieb zum Eifer in guten
Werken. Die Regel ist: je mehr du geleistet, Gutes für Andere

gethan, je wichtiger dies Gute war und unmittelbar auf das Höchste, auf Besserung und Seligkeit der Menschen sich bezogen hat, je mehr du das Unwichtige verachtet und hintenangesetzt, also für Gottes Reich gewirkt hast, je reiner dein Herz beseelt von Liebe gegen Gott, gegen Christum und die Brüder, je freier es von Lohnsucht und Ehrgeiz war, je mehr du an irdischen Freuden, an Ruhe, Bequemlichkeit und Ehre aufgeopfert und dagegen Leiden und Kämpfe bestanden hast, desto größer wird deine Seligkeit sein. Wenn aber Origenes, homil. 10 in Ios. Opp. II., 423, eine Art von schimpflicher Seligkeit solcher erwähnt, die gleich den Gibeoniten (Ios. 9) Holzhauer und Wasserträger sind, und wenn auch Gregor v. Nazianz, orat. 40 ed. Col. 637 f. ed. Louvard p. 691 f. (vgl. Schröckh, K. G. XIII., 420) meint, daß es unter denen, die selig werden, drei Classen gebe, nämlich Knechte, Miethlinge und Kinder, so stimmt das Neue Testament nicht damit überein. Die Verschiedenheit der Stufen der Seligkeit stört die Seligkeit der einzelnen nicht, wie schon der oben angeführte Gesang Augustin's dies schön ausspricht:

> Licet cuiquam sit diversum
> Pro labore meritum:
> Charitas hoc facit suum,
> Quod dum amat alterum
> Proprium fit singulorum,
> Fit commune omnium.

Theremin, Abendstunden, S. 130, 3te Aufl., schildert dies in folgendem Gespräche: „Er. Giebt's denn hier unter euch Unterschiede von Herrlichkeit und Seligkeit? Sie. Die giebt es freilich; aber da die Allerhöchsten immer zugleich die Allerdemüthigsten sind, so drängen sie sich stets zu den Niedrigsten herunter. Und das kann er ihnen nicht verweigern, denn er, der über Allen steht, ist auch zugleich von Allen der Demüthigste. So werden denn doch die Unterschiede wieder aufgehoben, und wir sind Alle Eins in ihm."

Anm. 3. Die künftige Seligkeit wird im Allgemeinen in der vollkommensten Befriedigung aller Bedürfnisse einer geheiligten Seele durch die reichste Fülle aller Güter, welche zum Heile dienen, bestehen. Im Besondern besteht die Seligkeit in dem Besitz und Genuß folgender Güter: — a) Die Seligen haben das Bewußtsein eines gebesserten Herzens. Die Hoffnung des Christen geht nun in Gewißheit, in Schauen über. Vorher hatte der Christ nur die Hoffnung, nur den Glauben, jetzt aber weiß und schaut er es, daß er von Gott angenommen ist und bewährt erfunden. Damit verknüpft sich das Bewußtsein des Guten, das ihm mit Gott gelungen ist unter mancherlei Kämpfen, deren Frucht und Sieg er nun genießt. Offb. 14, 13; Gal. 6, 7—10. Darin wird er nicht gestört durch die Erinnerung an seine Sünden. Zwar kann nach dem Zusammenhang der Sünde mit dem ganzen übrigen Leben, wenn die Erinnerung desselben bleibt, auch die Erinnerung an die Sünde nicht ausgetilgt werden, aber die völlige Vergebung, die völlige Reinigung, auch die Beruhigung wegen der Folgen, die Christus in seiner Weltregierung gehemmt hat, muß der Erinnerung den Stachel abbrechen, ja wird nach und nach das Andenken ganz aus= löschen. Auch hier gilt Jes. 44, 22. — b) Dazu kommt die öffent= liche Auszeichnung, die Offenbarung der Frommen. Matth. 13, 43 heißt es von ihnen ἐκλάμψουσι. Röm. 8, 19. Dies wird erst aus der Vergleichung mit dem jetzigen Zustande deutlich. Hier sind die Kinder Gottes noch verdunkelt, unkenntlich, oft verkannt und zurückgesetzt, 1. Joh. 3, 2, hier werden sie oft von eitlen, werth= losen Menschen überstrahlt, verachtet, verkleinert, verfolgt; dort sollen sie aus diesem Dunkel hervortreten, gleichsam umgeben von Strahlenglanz; da soll es sich zeigen, wer sie waren, welch' ein reines Gold des Glaubens und der Liebe in ihnen war, wie pro= behaltig und Gott gefällig sie sind. Dies wird offenbar, indem die Schaar der Gerechten zur Rechten Christi steht. Auch ihre Ge= stalt, der Seelenabdruck, wird ihr Herz offenbaren. Daß dieser Zustand hier noch nicht beginnt, ist gar nicht unbegreiflich, wie Lichtenberg meint, wenn er Verm. Schr. II., 48 sagt: „Mir ist es unbegreiflich, warum der Zustand der unendlichen Herrlichkeit nicht lieber gleich angeht, da doch dieses Leben überhaupt nur ein verschwindender Punkt ist." Verherrlicht kann ja nur die reine Tu= gend werden; diese erscheint aber nur dann rein, wenn sie auch im drückenden Dunkel Probe gehalten hat. Dort werden sich die From= men einander erkennen, auch die, die sich hier noch nicht erkannten, die sich wohl gar verkannten. (Vgl. Klopstock Mess. XIV., 66 ff.) Dort soll der edle Sinn offenbar werden, über den man hier noch nicht mit zweifelloser Gewißheit entscheiden, von dem man Andere noch nicht überzeugen konnte; nun soll er Allen sichtbar werden, so daß alle Zweifel verstummen müssen. Alle geheime gute Gesinnun= gen, auch die geheimen Gebete für Andere werden offenbar werden. Matth. 6, 6. Sorge daher Jeder dafür, daß er sein Herz immer offen darlegen kann. — Es ist hier die Frage zu beantworten, ob auch die Sünden der Seligen offenbar werden und durch solche Offen= barung ihre Seligkeit vermindert wird. (Vgl. Gerhard = Cotta XIX., 208—214. Newton, Briefe III., 33—43. Ockel, Pa= lingenesie, S. 214—219.) Luther nimmt ohne Rückhalt eine volle beschämende Offenbarung aller Sünden vor allen Engeln und Menschen an, aber glaubt doch, daß durch Bekenntniß dieser Sünden vor dem Beichtvater dieser Beschämung könne vorgebeugt werden. Er sagt XIX., 1075: „Und was ist's, daß wir uns vor einem einigen Menschen so fast schämen, so wir doch am Sterben, das nicht lang hin ist, solche Scham ausstehen müssen vor Gott, allen Engeln und Teufeln, da es wird tausendmal schwerlicher zu= gehen, welchem wir allen mit dieser geringen Scham vor einem Menschen leichtlich mögen zuvorkommen." Für die Annahme, daß

die Sünden der Gerechten offenbar werden, beruft man sich auf
Stellen wie Matth. 10, 26; 1. Cor. 4, 5; 2. Cor. 5, 10; Offb.
20, 12; Pred. 12, 7; ferner darauf, daß Christus gerecht ist, und
die Gerechtigkeit diese Offenbarung fordert, und daß in der Schrift
die Sünden der Frommen erzählt werden; auch wird geltend gemacht, daß diese bevorstehende Offenbarung der Sünden jetzt zur
Warnung und künftig zur Verherrlichung der göttlichen Gnade gereiche. Diese Gründe sind nicht stringent. Das künftige Offenbar-
werden vor dem Richterstuhle Christi geht mehr auf die Totalität
des Lebens und die Beschaffenheit des Herzens, als auf eine spe-
cificirte Darlegung aller einzelnen Sünden, von der nicht zu begreifen ist, wie sie füglich geschehen könne; auch reicht die Offenbarung des Herzens hin, um die Gerechtigkeit Gottes zu offenbaren.
Andere bestreiten die Annahme, daß die Sünden der Seligen offenbar werden, weil Matth. 25 nichts davon erwähnt, auch weil verheißen ist, daß die Gläubigen nicht in das Gericht kommen sollen,
Joh. 3, 18; 5, 24; ferner weil Gott die Sünden vergeben hat,
ihrer nicht mehr gedenkt, sie hinter sich wirft, Ps. 103, 12; 25,
7; Jes. 38, 17; 43, 25; 44, 22; Mich. 7, 19; und was Gott
vergeben hat, das wird er nicht wieder vorrücken. Ferner wird
geltend gemacht, daß Christus als Heiland, Erlöser der Frommen
erscheint, Luc. 21, 28; Röm. 8, 23; Matth. 25, 35, als Freund,
Joh. 15, 15; er ist der Mittler, der die Sünde vielmehr bedeckt
als sie offenbart. Auch erscheinen die Gerechten herrlich, 1. Cor.
15, 43; Col. 3, 4; 1. Joh. 3, 3, ohne etwas Verdammliches,
Röm. 8, 1. Sie würden durch solche Offenbarung ja beschimpft,
ja vor ihren Feinden, den bösen Menschen und Engeln beschimpft,
so wie vor den guten Engeln. (Vgl. das Gebet des Ephrem,
lib. de poenit., cap. 5: Deus altissime, qui solus sine peccato
es, tribue mihi peccatori gratiam in illa hora propter multas
miserationes tuas, ne tunc appareat, quae nunc velata est
iniquitas mea coram exspectatoribus angelis et archangelis,
prophetis et apostolis, justis et sanctis, sed salva me impium
gratia et misericordia tua, et induc me in paradisum delicia-
rum.) Und sollten die oft gräßlichen Gedanken, die auch in Frommen zuweilen wider ihren Willen aufsteigen, über die sie sich entsetzen, Andern offenbar werden? Newton, a. a. O. S. 48, sagt:
„Ich muß gestehen, daß ich es nicht vertragen könnte, daß irgend
welchen von meinen Nebengeschöpfen das bekannt gemacht würde,
was nur an einem einzigen Tage in meinem Herzen vorgeht!" Aus
der Vergleichung dieser Gründe für und wider sieht man, wie wir
in solchen Dingen im Finstern tappen, die auf die Zukunft gehen.
Das Gewisseste möchte Folgendes sein: Die Sünden der Frommen
brauchen gar nicht erst geoffenbart zu werden. Wer steht uns dafür,
daß sie den himmlischen Geistern, als den unsichtbaren Zuschauern,
und den bösen Geistern, als den Verführern, längst bekannt sind

und ihnen also gar nicht brauchen bekannt gemacht zu werden? Den Frommen, mit denen wir dort zusammenkommen, können sie auch nicht verborgen bleiben, weil die Frommen selbst sich nicht verbergen, verstellen können. Dort ist Jeder, wie er wirklich ist, einem Jeden offenbar, denn das Herz liegt da aufgedeckt vor Allen vor. Die Frommen aber haben gar keine Begierde, die Sünden Anderer neugierig zu erforschen; das wäre ein böses Zeichen, das gegen sie selbst zeugte. — Es würde strafbar sein, wenn wir weit mehr darüber beschämt und beunruhigt würden, daß unsere Sünden Andern bekannt werden, als darüber, daß sie Gott kennt. Newton, a. a. O. S. 40, sagt: „Es ist ein Zeichen und Theil meiner gegenwärtigen Verdorbenheit, daß ich mich geneigt fühle, dem Urtheil der Menschen so viel Achtung einzuräumen, während dem es mich so wenig bekümmert, was ich in den Augen des reinen und heiligen Gottes bin!" Freilich ist Gott auch andererseits barmherziger als die Menschen, so daß man wohl viel lieber von ihm, als von einem Menschen sich richten lassen kann. Aber Gottes Urtheil soll uns höher stehen als der Menschen Urtheil. Bengel (s. Leben S. 490) sagt: „Ich habe mich manchmal in der Demüthigung vor Gott so dahingegeben, daß ich bereit wäre es zu dulden, wenn er auch das Geringste und Heimlichste meiner Uebertretung vor den Augen und Ohren aller Creaturen wollte kund werden lassen." Jedenfalls soll und kann den Frommen eine Erinnerung und Offenbarung ihrer Sünden nicht zur Beschimpfung oder Minderung ihrer Seligkeit gereichen. Denn Gott hat ihnen vergeben, sie begnadigt, Christus hat sie rein gewaschen und wer von Gott angenommen ist, der hat nichts zu fürchten. Wer will den verdammen, den Gott losspricht? Wer will den beschimpfen, den Gott herrlich macht? Und wenn Andere unsere Sünde wissen, so wissen sie auch die Buße, die wir gethan, so sehen sie auch das gedemüthigte, zerknirschte, lautere Herz der Gerechten, ihren vollen Glauben an Christum. Am wenigsten wird der Satan und seine Rotte es sich herausnehmen dürfen, die Frommen noch wegen ihrer früheren Sünden anzugreifen und zu verhöhnen; das wird ihm der verwehren, der die Seinen kennt, die auf ihn allein trauen. Röm. 8, 33. 34. Auch wird die Erinnerung an die nun ganz überwundene und unschädliche Sünde die Siegesfreude der Seligen erhöhen und in dieser Freude sich verwischen. Es giebt eine Lethe, aus der sie trinken. —
c) Die Seligkeit der Gerechten besteht ferner darin, daß sie in einen freien, leidenslosen Zustand erhoben sind, worauf das Neue Testament an vielen Stellen die Gläubigen vertröstet. Röm. 8, 18. 19; 1. Cor. 4, 17; 1. Petr. 1, 6; 5, 10; Hebr. 12, 10; Offb. 7, 12. Sie sind befreit von den Banden des irdischen Leibes, der von seinem ersten Entstehen an den Keim des Todes in sich trug, und damit nicht nur von Schmerzen und Hindernissen, sondern besonders auch von den Reizungen zum Bösen. Die Seligen sind überhaupt

von allen irdischen Uebeln und Leiden erlöst, 2. Tim. 4, 18. Es
wird dort eine ewige Ruhe und Sabbatsfeier eintreten, Hebr. 4,
9; eine ungestörte Heiterkeit erfüllt die Seelen. Hier auf Erden
ist unsere Heiterkeit noch viel unbeständiger als das Wetter; auf
Augenblicke ist der Himmel der Seele heiter, bald aber umzieht er
sich wieder mit finstern Wolken, Regengüsse stürzen, Stürme toben,
Ungewitter brausen. Dort sind immer dies halcyonii. Auch sind
die Seligen allen Leiden, die aus dem Zusammenleben mit bösen
Menschen entspringen, entnommen, Matth. 13, 41. Sie haben
einen neuen verklärten Leib, 1. Cor. 15, 42—44, der dem geistlichen Leben entsprechend und förderlich sein wird: Sie wohnen auf
einer neuen Erde, Röm. 8, 19; 2. Petr. 3, 13; ein neuer herrlicher Wohnplatz wird ihnen angewiesen, der nicht befleckt und entweiht ist durch Sünde und Schuld. Die Einwendung, daß im Himmel ein ewiges Einerlei zuletzt Ueberdruß und Langeweile erzeugen
müsse, ist Zeichen eines bornirten Geistes. Die künftigen Güter
verlieren ihren Reiz nicht durch die Länge der Zeit, sie sind unver-
welklich, 1. Petr. 1, 4; 5, 4, sie haben einen Alles überwiegenden
Werth, 2. Cor. 4, 17, und brauchen nicht durch Erfahrung des
Mangels schmackhafter zu werden. Alle Beweise für die Nothwendigkeit des Schmerzes sind auf Erfahrungen gegründet, die wir
an vergänglichen, von den himmlischen Gütern wesentlich verschiedenen Dingen gemacht. — d) Mit diesem glückseligen Zustande ist
ein unaufhörliches Wachsthum im geistlichen Leben verbunden, namentlich zuerst in vollkommener Erkenntniß des Reiches Gottes und
seiner Geheimnisse, 1. Cor. 13, 9—12. Es läßt sich nicht denken,
daß dies alles auf einmal wie durch einen Blitz offenbar werden
wird. Es wird eine völlige Wiederherstellung des göttlichen Ebenbildes statt finden, der ganze Christus wird ganz in den Seligen
sein. Vgl. Hieronymus, epist. 147: Dominus ac salvator
noster nunc omnia non est in omnibus, sed pars in singulis;
verbi gratia: in Salomone sapientia, in Davide bonitas, in
Job patientia, in Daniele cognitio futurorum, in Petro fides, —
in caeteris caetera. Cum vero rerum omnium finis advenerit,
tunc omnia in omnibus erit, ut singuli sanctorum omnes vir-
tutes habeant, ut sit Christus totus in cunctis. — e) Die
Seligen sind versetzt in einen höheren, seligeren Wirkungskreis,
sie werden mit Christo herrschen. Matth. 25, 14 f.; Joh. 17, 20.
22; Röm. 8, 17; 2. Tim. 2, 10—12; Offenb. 3, 21. Sie
haben Theil an der Macht und Seligkeit, die Christus genießt. Das
Herrschen ist keine Ruhe, sondern die ausgezeichnetste Thätigkeit, wo
der Wille wirksam und kräftig ist und diese Thätigkeit kostet keinen
Kampf, sondern ist mit Genuß verbunden. Christus kann die Seinen
zu gar Vielem gebrauchen. Welche Seligkeit ist damit dem Gläubigen verheißen! Welches mag jetzt die Herrlichkeit eines Paulus
sein! Ueber welche Reiche wird er herrschen, über welche Kräfte ge-

bieten, welche Schätze verwalten in dem Reiche Christi, von denen wir jetzt keine Ahnung haben! Kann es für ein liebendes Herz eine größere Seligkeit geben, als von Gott gewürdigt zu werden, daß er den Auftrag giebt, der oder jener Seele zum Heile zu verhelfen, sie in den Himmel bringen zu dürfen, daß sie aufgenommen wird in die ewigen Hütten? Luc. 16, 9. 22. Diese Thätigkeit ist stets verbunden mit Lob und Preis Gottes; im Himmel ist eine immer= während gottesdienstliche Feier. Augustin enarr. in Ps. 41. IV., 269. D. sagt: In domo Dei festivitas sempiterna est. Non enim aliquid ibi celebratur et transit. Festum sempiternum chorus angelorum: vultus praesens Dei, laetitia sine defectu. Dies hic festus ita est, ut nec aperiatur initio, nec fine clau= datur. De illa aeterna et perpetua festivitate sonat nescio quid canorum et dulce auribus cordis, sed si non perstrepat mundus. Ambulanti in hoc tabernaculo Dei admirabili et miracula Dei in redemtione fidelium consideranti mulcet au= rem sonus festivitatis illius et rapit ut cervum ad fontem aquarum. Sed quia, fratres, quamdiu sumus in hoc corpore, peregrinamur a Domino, et corpus, quod corrumpitur, aggra= vat animam et deprimit terrena inhabitatio sensum multa cogitantem, etsi nebulis utcunque diffugatis ambulando per desiderium ad hunc sonum pervenerimus interdum, ut aliquid de illa domo Dei capiamus, onere tamen quodam infirmitatis nostrae ad consueta recidimus et ad solita ista dilabimur et quomodo ibi inveneramus unde gauderemus, sic hic non de= erit, quo gemamus. — f) Endlich besteht die Seligkeit der Ge= rechten in der Vereinigung mit allen Frommen und Gleichgesinnten, mit den Engeln, mit Christo und durch ihn mit Gott. Daß es im Himmel ein Wiedersehn giebt, ist von Bahrdt u. A. bestritten wor= den. Man macht dagegen geltend, daß diese Hoffnung einen zu sinnlichen Ursprung habe. Allein dieselbe kann aus reiner Liebe und Sehnsucht hervorgehen, also einen sehr edlen Ursprung haben. Wenn man ferner sagt, es sei ein Wiedersehn und Erkennen gar nicht denkbar, weil der Körper zerstört ist, an welchem wir uns erkennen, so ist zu erwiedern, daß der künftige Leib gar wohl eine Aehnlichkeit mit dem jetzigen haben und es auch andere Zeichen geben kann, an welchem man sich erkennt. Außerdem wird noch der Ein= wand erhoben, daß gar kein moralisches Bedürfniß eines solchen Wiedersehens vorhanden sei, es sei eine Retardation, immer mit denselben umgehen zu müssen, und darum seien neue, höhere Ver= bindungen ein Bedürfniß. Allein das Wiedersehen schließt neue Ver= bindungen in keiner Weise aus. Die Bibel läßt uns ein Wieder= sehen hoffen; sie redet von einem Reiche, einer Stadt der Seligen, vom himmlischen Jerusalem, von einem Zusammensein bei Christo. Joh. 12, 26; 17, 23; Matth. 8, 11; Luc. 16, 23; Phil. 1, 13; 1. Thess. 4, 17. Auch die künftige Vergeltung macht eine solche

Wiedererkennung und Offenbarung dessen, was wir gewesen sind, nothwendig. Den Frommen würde einer der ersehntesten Wünsche unbefriedigt, ihre Glückseligkeit mangelhaft bleiben, wenn sie der Verbindung mit denen entbehren müßten, an denen ihr Herz mit der heißesten Liebe hing. Diese Hoffnung ist auch reich an praktischem Gehalt: sie verpflichtet zur Aufrichtigkeit und Heiligung, damit wir künftig nicht vor einander zu erschrecken brauchen. Dieser Gedanke an das künftige Wiedersehn ist durchaus nicht tändelnder, sondern sehr ernster Natur; es kann auch ein furchtbares Wiedersehn geben. Die Frommen werden vereinigt mit den Engeln Gottes, sie werden die Engel erkennen, die ihre unsichtbaren Freunde und Beschützer waren. Die Seligen leben in ewiger Gemeinschaft mit Christo. Joh. 12, 26; 17, 24; Luc. 23, 43; Matth. 25, 10—21. Wir sollen vor Christo stehen, mit und bei ihm sein. Wie gespannt und bange ist der Mensch, wenn er vor einen Großen und Mächtigen der Erde treten soll; soll uns nicht der Gedanke an die künftige Nähe Christi bebend machen? Wer fühlt sich würdig vor des Menschen Sohn zu stehen? Die Frommen dürfen es dennoch hoffen, denn er ist ihnen freundlich und gnädig. Die Gemeinschaft mit Christo wird aber verschiedene Grade der Nähe und Innigkeit haben. Christus wird sich zwar Allen, die ihn in irgend einem Grade liebten und suchten, mittheilen, aber den kälteren Seelen, deren Glaube und Anhänglichkeit sehr beschränkt war, kann er unmöglich sich in seiner ganzen Fülle mittheilen. Also je würdiger deine Vorstellung von Christo war, je treuer und voller dein Glaube; je inniger deine Liebe, je herzlicher und stetiger dein Umgang mit ihm, je lebendiger die Sehnsucht nach ihm war, desto voller wird er sich dir geben. Er kann sich in sehr verschiedener Weise mittheilen. Es ist Eine Sonne, die den Polarländern und Tropenländern scheint, aber wie verschieden ist ihr Ausfluß auf beide! So kann eine kalte Mondscheinseele, die den persönlichen Christus sich nicht nahe kommen ließ, in eine Welt versetzt werden, wo purer Mondschein ist, wo man von der strahlenden Sonne nichts hat als den matten Reflex des Mondes. Die, welche nicht die Sonne, Jesum Christum selbst, sondern ihn nur in dem matten Reflex menschlicher Weisheit sehen wollen, haben solches verdient. Mithin lerne: deine künftige Stellung zu Christo, dein Platz in seinem Reiche hängt davon ab, was Christus dir gewesen ist. Durch Christum kommen die Seligen zu Gott, zu seinem Anschauen. Matth. 5, 8; 1. Cor. 2, 9. Wie dieses Gottschauen beschaffen sei, können wir nicht erklären. Es ist nicht bloß eine vollkommenere Erkenntniß mit dem Verstande, sondern es schließt in sich das Hineinsehen in Gottes Herz, ihn als Vater erfahren, mithin seine Liebe schmecken. Wie oft sehnt sich das kindliche Herz des Frommen nach seinem Vater, blickt umher in der ganzen Welt und ruft in die Schöpfung hinein: „Wo bist du, mein Vater, Wo finde ich dich? Die Sonne, die Gestirne, die Geschöpfe der Erde sind ja nur deine Werke, nicht du selbst! Dich selbst suche ich!" Dieses Sehnen wird gestillt. Das ist der Gipfel aller Seligkeit. Da wird Glaube und Hoffnung aufhören und nur die Liebe noch dauern. Ibi Deum sine fine videbimus, sine fastidio amabimus, sine defatigatione laudabimus! schließt Augustin s. Buch de Civitate Dei.

Anm. 4. Der praktische Gebrauch dieser Lehre ist folgender: a) Prüfe dich, ob du Verlangen hast nach dem Himmel, ob dies dein höchstes, dein einziges Verlangen ist. Wenn du einmal in die unsichtbare Welt eintrittst, was würde denn da dein erstes Begehren, deine erste Frage sein? Etwa die Lösung von wissenschaftlichen Problemen? Das wäre kein gutes Zeichen. Wenn dem Christen freigestellt würde, einen Wunsch auszusprechen, so hat er nur Einen, nur eine Frage: wo finde ich Jesum? "Nicht nach Welt, nach Himmel nicht meine Seele wünscht und sehnet, Jesum sucht sie und sein Licht, der mich hat mit Gott versöhnet, der mich frei spricht vom Gericht. Meinen Jesum laß ich nicht." — b) Laß dich warnen vor eigener Sünde, vor Theilnahme an fremder Sünde, vor Verführung Anderer zur Sünde, auf daß du sie nicht um ihre Seligkeit bringst. Matth. 18, 26. Mit unreinem und unheiligem Herzen kannst du nicht in den Himmel eingehen. Offenb. 21, 27. Denke bei jeder Lockung zur Sünde, daß sie dich deine Seligkeit kosten kann. Stelle dir vor, wie dir sein wird, wenn du vor Heilige trittst, vor deine frommen Vorfahren, vor die Heiligen des Alten Bundes, vor die Propheten und Apostel? Muß uns da nicht peinliche Scham überfallen? Da gilt kein Verborgensein, Verstellen mehr, da wird dir alles angesehen, die Heiligen lesen in deinem Angesicht. Da hilft uns nichts als: Christi Blut und Gerechtigkeit, das ist mein Schmuck und Ehrenkleid. Dann werden die Heiligen uns nicht beschämen und demüthigen, sondern trösten und lieben. — c) Laß dich erwecken zur Hingabe an Christum Joh. 14, 6, zum Ringen nach Heiligung, zum Kampf gegen jede böse Lust. Stelle dir die Seligkeit vor; im Vergleich mit ihr verliert Alles seinen Werth. Dulde Alles, biete Alles auf, um die Krone zu erringen. Churfürst Johann Friedrich gab 1547 die irdische Krone Preis, um der himmlischen nicht verlustig zu gehen. — d) Tröste dich bei den kurzen Leiden dieser Zeit mit der Aussicht in die selige Ewigkeit. Mache dich ganz vertraut mit diesem Gedanken, daß er in dir wirken kann. Du darfst nicht alle Jubeljahr einmal nur solche Betrachtungen anstellen, immer mußt du sie vornehmen. Strebe darnach, einen Vorschmack der himmlischen Seligkeit zu erlangen, himmlisch zu denken, himmlisch dich zu freuen. In jeder Art der Leiden giebt es auch eine besondere Art der Seligkeit. Das hilft überwinden, siegen. Dazu stärke uns die Gnade des Herrn. Amen!

S. D. G.

Druckfehler.

S. 68 Zeile 2 v. o. lies H. Müllers statt G. Müllers.
- 74 » 4 » » » Die statt Alle.
- 74 » 15 » » » Gott ist statt er ist.
- 78 » 11 v. u. » welches statt welche.
- 85 » 22 » » » Mittel statt Mitteln.
- 95 » 4 v. o. » Alles nur in statt nur in.
- 96 » 11 v. u. » essendi statt escendi.
- 103 » 9 » » » Capitalschrift statt Capitolschrift.
- 145 » 11 » » » nach Heilandes ein Komma.
» 150 » 11 v. o. » schon statt sehr.
» 151 » 2 » » » Von der statt Ueber die.
- 172 » 14 » » » Odem statt Oben.
- 195 » 9 u. 10 v. u. lies Frucht statt Furcht.
- 199 » 9 v. o. lies sagt statt setzt.
- 209 » 17 » » » denn er statt denn.
- 209 » 19 » » » Satans vor statt Satans.
- 212 » 8 » » » Interesse statt Intresse.
- 218 » 2 » » streiche vinas.
- 222 » 1 » lies der Sinnlichkeit statt Sinnlichkeit.
- 231 » 16 » » » waren statt wären.
- 237 » 15 » » streiche nach Gichtel das Komma.
- 237 » 22 v. u. » » zu » vor sagen.
- 244 » 13 » » lies wahr statt mehr.
- 253 » 2 » » » werden? statt werden.
- 260 » 12 » » » Sünde und statt Sünde.
- 278 » 5 » » » seiner statt feine.
- 290 » 9 v. o. » erregt, die legale Buße; statt erregt; die legale Buße, —
- 294 » 22 v. u. » das, wenn es statt das wenn, es.

———

Gedruckt bei C. Krämer in Potsdam.